Knut Görich

Otto III.

Romanus Saxonicus et Italicus

Historische Forschungen

Im Auftrag der Historischen Kommission der Akademie der
Wissenschaften und der Literatur
herausgegeben von
Karl Erich Born und Harald Zimmermann
Redaktion: Ernst-Dieter Hehl

Band 18

Jan Thorbecke Verlag Sigmaringen
1995

Otto III.

Romanus Saxonicus et Italicus

Kaiserliche Rompolitik und sächsische Historiographie

von

Knut Görich

Jan Thorbecke Verlag Sigmaringen
1995

Die Deutsche Bibliothek — CIP-Einheitsaufnahme

Görich, Knut
Otto III., Romanus Saxonicus et Italicus : kaiserliche
Rompolitik und sächsische Historiographie / von Knut Görich.
2., unverän. Aufl. — Sigmaringen : Thorbecke, 1995
  (Historische Forschungen ; Bd. 18)
  ISBN 3-7995—0467-2
NE: GT

Zweite, unveränderte Auflage 1995

Reprovorlage: Knut Görich, Ulrich Schmidt.
Druck: Rheinhessische Druckwerkstätte, Alzey. Printed in Germany.
Gedruckt auf säurefreiem, chlorfrei gebleichtem Papier.
Umschlagmotiv: Staatsbibliothek Bamberg, Msc. Bibl. 140, fol. 59v.

Inhaltsverzeichnis

Vorwort

Romanus Saxonicus et Italicus nannte sich Otto III. in der Intitulatio einer am 23. Januar 1001 in Rom ausgestellten Urkunde für seinen früheren Lehrer, den sächsischen Bischof Bernward von Hildesheim (DO.III. 390). Zur selben Zeit wurde auch erstmals der Titel *servus apostolorum* verwendet, der dann bis zum Tod des Kaisers im Januar 1002 kanzleiüblich blieb. Das Umschlagbild zeigt eine Miniatur aus der Bamberger Apokalypse, die für diese neue Intitulatio geradezu programmatisch ist: Die beiden Apostelfürsten Petrus und Paulus krönen den thronenden Kaiser, dem vier *gentes* huldigen. Die Umschrift verdeutlicht den auch religiösen Bezug seiner irdischen Herrschaft: *Utere terreno, caelesti postea regno / Distinctae gentes famulantur dona ferentes.* Die Frage, ob die römische Politik Ottos III. eher aus ihrer kirchlichen Gebundenheit oder aus dem »Römischen Erneuerungsgedanken« (Percy Ernst Schramm) zu verstehen ist, ob sie im nordalpinen Reichsteil - besonders bei den Sachsen - als fremd und als Bruch mit der Tradition kritisiert wurde, ist der Gegenstand dieser Untersuchung.

Das Interesse an der Geschichte der Ottonenzeit, das zu der vorliegenden Darstellung führte, hat wesentlich Herr Professor Dr. h.c. Dr. Dr. Harald Zimmermann geweckt und gefördert; ihm danke ich für alle Hilfe und Unterstützung, die er mir zukommen ließ. Danken möchte ich auch Herrn Professor Dr. Tilmann Schmidt, dessen Ratschläge und Diskussionsbereitschaft stets anregend waren.

Schließlich bin ich Herrn Professor Dr. Karl Erich Born und Herrn Professor Zimmermann für die Aufnahme meiner Arbeit in die »Historischen Forschungen« der Akademie der Wissenschaften und der Literatur, Mainz, zu Dank verpflichtet.

Bei der Drucklegung unterstützte mich Herr Dr. Ernst-Dieter Hehl, bei der Herstellung der Reprovorlage half mir unermüdlich Herr Dr. Ulrich Schmidt; auch ihnen gilt mein herzlicher Dank.

Tübingen, 28. Juli 1992   Knut Görich

Einleitung

Als Otto III. »im Jahre 1002 nach seiner Vertreibung aus dem geliebten Rom in Kummer gestorben war, wurden seine Reste nach Deutschland gebracht und im Dom von Kaisersaschern beigesetzt - sehr gegen seinen Geschmack, denn er war das Musterbeispiel deutscher Selbst-Antipathie und hatte sein Leben lang schamvoll unter seinem Deutschtum gelitten.« Mit diesen Worten resümierte Thomas Mann in seinem 1947 erschienenen Roman »Doktor Faustus - Das Leben des deutschen Tonsetzers Adrian Leverkühn erzählt von einem Freunde« das Leben und Sterben Ottos III. Daß das Kaisergrab dabei von Aachen nach Kaisersaschern verlegt wurde, geschah nicht aus mangelnder Vertrautheit mit der Geschichte der sächsischen Kaiserzeit. Das Schicksal Ottos III. ist im Roman nur eines von vielen Kennzeichen der »altertümlich-neurotischen Unterteuftheit und seelischen Geheimdisposition« der Geburtsstadt Adrian Leverkühns. Kaisersaschern, nach dem Willen des Schriftstellers irgendwo zwischen Magdeburg, Merseburg und Naumburg gelegen, sucht man auf der Landkarte vergebens: Die Stadt ist kein realer, sondern ein geistiger Ort, ist Nationaltypologie und Symbol für weit zurückreichende Traditionen der deutschen Geschichte; in ihr Geflecht ist der Romanheld hineingeboren, als ihr Repräsentant endet er in der Katastrophe. Die Parallelisierung von Leverkühns Teufelspakt mit der Höllenfahrt Deutschlands im Dritten Reich macht den Künstlerroman »Doktor Faustus« gleichzeitig zu einem Deutschlandroman. Das zwiespältige Verhältnis Leverkühns zu seinem Heimatland erscheint in Otto III. schon vorweggenommen. Die Bezeichnung des Kaisers als »Musterbeispiel deutscher Selbst-Antipathie« war kein sonderbarer Einfall Thomas Manns; vielmehr konnte er diese Einschätzung in dem Bild vorgezeichnet finden, das eine nationaler Sinnstiftung verpflichtete Geschichtsschreibung von dem »undeutschen« Kaiser schon entworfen und ganz in den düsteren Farben des gekränkten Nationalbewußtseins gehalten hatte.

Bereits Wilhelm von Giesebrecht hatte in seiner nationalromantischen »Geschichte der deutschen Kaiserzeit« Otto III. als einen frühen Fall von typisch deutscher Italiensehnsucht und als schwärmerischen Jüngling gezeichnet, der nicht Deutscher, sondern Grieche oder Römer sein wollte[1]; zwischen phantastischem, pseudobyzantinischem Hofzeremoniell und übertriebener Frömmigkeit schwankend, sei er im geliebten Rom

---

[1] »Wie traurig das Ende eines Fürsten ist, der sein Volk verläßt - sei er selbst der wohlmeinendste und mit seltensten Anlagen ausgestattet - hat Niemand unter bittereren Schmerzen erfahren als Otto III. Während er sich hoch über sein Volk aufzuschwingen und von einer Höhe der Macht zur anderen zu erheben glaubte, entschwand ihm der Boden unter den Füßen, und er stürzte jählings in die Tiefe hinab.« GIESEBRECHT, Geschichte I, S. 743. Noch immer lesenswert ist die 1929 geschriebene Kritik des holländischen Historikers TER BRAAK an der einseitigen Darstellung Ottos III. in der älteren, ganz der nationalstaatlichen Typisierung verpflichteten Forschung bis in die Zeit der Weimarer Republik; vgl. TER BRAAK, Otto III., S. 405-424.

den Einflüsterungen des hochgebildeten, aber eben französisch-raffinierten Gerbert von Aurillac erlegen und habe sein politisches Ziel im Wahngebilde eines erneuerten römischen Reiches erblickt[2]. »So wurde das Naturell des geistreichen Jünglings durch (Gerberts) Schmeichelei untergraben. Die Höflinge affectirten ihm zu Gefallen griechische Art; selbst ehrliche deutsche Ritter und Recken fingen an griechisch zu stammeln ..., denn so alt ist die erbärmliche Sucht der Deutschen, ihr edles Nationalwesen mit fremdem Flitter zu verfälschen«[3].

Die theoretische Basis der nationalromantischen Geschichtsschreibung ist schon längst nicht mehr anerkannt, das Urteil über Otto III. fällt mittlerweile weniger leidenschaftlich aus, und die Einschätzung seiner Regierung bemißt sich immer weniger am Vor- oder Nachteil für die nationalstaatliche Entwicklung Deutschlands. Der »byzantinische Hofstaat« ist als ein reines Mißverständnis der Quellen erkannt[4]. Lange Zeit noch als Verletzung »deutscher Interessen« angeprangert[5], wird die Gründung der polnischen und ungarischen Erzbistümer Gnesen und Gran heute als Beginn der Verwurzelung beider Länder im Christentum römischer Prägung betrachtet und als bleibendes Verdienst Ottos III. gewürdigt[6]. Die antikisierende Terminologie der Renovatio-Politik Ottos III. hat Percy Ernst Schramm in die geistesgeschichtliche Tradition des »Römischen Erneuerungsgedankens« einzuordnen gewußt und damit die Verbindung zwischen Otto III. und den geistigen Strömungen seiner Zeit hergestellt, so daß der Weg zu einem angemesseneren Verständnis seiner Politik bereitet war[7]. Schramms Deutung blieb zwar nicht unwidersprochen[8], setzte sich in der Forschung jedoch durch und bestimmt heute noch das historische Urteil über Otto III.

Dabei fließen die Ergebnisse zweier unterschiedlicher Fragestellungen zusammen: Zum einen die Frage nach Vor- und Frühformen eines supragentilen, pränationalen Zusammengehörigkeitsbewußtseins im nordalpinen Teil des ottonischen Reichs; zum anderen die von Schramm aufgeworfene Frage nach der Bedeutung des »Romgedankens« im politischen Programm Ottos III. Die Zusammenschau der Ergebnisse beider Untersuchungsbereiche ergibt das heute gültige und auch nicht mehr kontrovers diskutierte

---

2 Vgl. dazu das Kapitel »Ottos III. phantastische Pläne« bei GIESEBRECHT, Geschichte I, S. 718-729.

3 GREGOROVIUS, Geschichte 3, S. 497.

4 Vgl. zusammenfassend, SCHRAMM, Hofstaat.

5 Vgl. dazu z. B. SCHNEIDER, Geschichte, S. 499: »... die unglückliche Polenpolitik (Ottos III.), die erste einer langen, bis heute noch nicht abgeschlossenen Reihe von Anwandlungen sentimentaler Schwäche...«; HOLTZMANN, Kaiserpolitik, S. 296, wonach die Gründung Gnesens »den deutschen Interessen überaus abträglich« und die Polenkriege Heinrichs II. daher ein »rühmenswertes Verdienst« gewesen seien. Albert BRACKMANN unterschied zwischen der Zuordnung Polens zum christlich-universalen Imperium und der auch nach Gnesen unveränderten Lehnsabhängigkeit des polnischen Herrschers vom deutschen König, vgl. DERS., Anfänge, S. 185; DERS., Reichspolitik, S. 204; DERS., Umgestaltung, S. 250. Zu BRACKMANNS persönlicher Verstrickung in die ideologisierte Ostforschung während des Dritten Reichs vgl. BURLEIGH, Germany, S. 147-154; DERS., Ostforscher.

6 Vgl. dazu den Forschungsüberblick bei HLAWITSCHKA, Grundlagen, S. 223ff.; ferner die neuesten zusammenfassenden Lebensbilder Ottos III. von BEUMANN, Ottonen, S. 155; DERS., Otto III., S. 97; THOMAS, Kaiser, S. 71; HLAWITSCHKA, Kaiser, S. 165.

7 Vgl. dazu SCHRAMM, Kaiser I, S. 87-187.

8 Siehe dazu ausführlicher unten, S. 187.

Bild einer letztlich nicht machtpolitischen Grundsätzen, sondern antiker Bildung und literarisch vermittelten Vorbildern verpflichteten Kaiserpolitik; Otto III. habe Rom zur »Zentralresidenz« des Reichs und die Römer zum »Reichsvolk« gemacht, durch die Romorientierung seiner Politik die deutschen Reichsteile vernachlässigt und damit ihre Opposition notwendig herausgefordert[9]. Otto III. wird deshalb auch als »Schlüsselfigur«[10] im Entstehungsprozeß der deutschen Nation im Spannungsfeld von universalem Kaisertum und pränationalen Tendenzen betrachtet; manche Quellenaussage über seine Regierungszeit, besonders aber seine berühmte, in der Vita Bernwardi überlieferte Rede an die Römer[11] scheint in wünschenswerter Deutlichkeit zu belegen, daß »die deutsche Nation in der Auseinandersetzung um das Kaisertum zu sich selbst gefunden« hatte[12] und daß namentlich die vom Weg seiner Vorgänger abweichende Rom- und Renovatiopolitik Ottos III. diesen Bewußtwerdungsprozeß beschleunigt hat.

Doch bedürfen manche Aspekte erneuter Untersuchung. So ist es schon deshalb schwierig, eine einigermaßen konkrete Vorstellung von der tatsächlichen Dimension der Opposition gegen Otto III. zu bekommen, weil nur sehr ungenaue und interpretationsbedürftige Quellenaussagen überliefert sind. Nicht einmal in der Auslegung der einzigen ausdrücklichen Mitteilung über eine *conspiratio* gegen den Kaiser, von der Thietmar von Merseburg im vierten Buch seiner Chronik berichtet, besteht Einigkeit: Ohne weitere Begründung wird die Opposition teils auf Sachsen beschränkt, teils aber auch den ganzen nördlichen Reichsteil umfassend vorgestellt[13]. Angesichts neuerer Erkenntnisse über die sächsische Adelsopposition gegen die ottonische Herrschaft[14] stellt sich aber die Frage, ob die *conspiratio* gegen Otto III. nicht dieser Tradition zugeordnet werden könnte.

Beim Urteil über den Widerstand gegen die romorientierte Politik Ottos III. spielt auch die Einschätzung des komplizierten Prozesses der deutschen Nationsbildung eine wichtige Rolle. In dem Maß, in dem der Beginn der deutschen Geschichte in die erste Hälfte des 10. Jahrhunderts oder sogar ins 9. Jahrhundert datiert wurde, konnte unterstellt werden, daß Otto III. Deutschland gewissermaßen schon fertig vorgefunden habe und seine Rompolitik eine Provokation für das zunehmend gefestigte Nationalbewußtsein gewesen sein müsse. Der Beginn der im engeren Sinne »deutschen« Geschichte ist jedoch ein heftig umstrittenes Problem[15]. Es war eine stillschweigende Voraussetzung

---

9 Diese Sicht der Dinge bestimmt auch die neuere Forschungsliteratur, vgl. MÜLLER-MERTENS, Regnum Teutonicum, S. 139; PRINZ, Grundlagen, S. 176; HLAWITSCHKA, Frankenreich, S. 146; GIESE, Stamm, S. 127ff.; BEUMANN, Bedeutung, S. 360; DERS., Ottonen, S. 153; HLAWITSCHKA, Kaiser, S. 162; BEYREUTHER, Otto III., S. 81ff. Für die ältere Forschung charakteristisch SCHRAMM, Kaiser I, S. 185; HOLTZMANN, Geschichte, S. 363.
10 BEUMANN, Bedeutung, S. 361.
11 Siehe dazu ausführlich unten, S. 99-110.
12 THOMAS, Regnum Teutonicorum, S. 45.
13 Siehe dazu ausführlich unten, S. 146-176.
14 Einen Überblick vermitteln ERKENS, Opposition; ALTHOFF, Königsherrschaft; ausführlicher dazu unten, S. 147.
15 Vgl. dazu den Forschungsüberblick bei HLAWITSCHKA, Grundlagen, S. 188-201; ferner BRÜHL, Geburt; DERS., Deutschland, S. 9-14 und 707-711; FLECKENSTEIN, Anfänge; FRIED, Formierung, S. 119f.

der älteren, »völkisch« orientierten Forschung, die gemeinsame »germanische« Sprache habe schon früh ein Bewußtsein volkhafter Zusammengehörigkeit im nördlichen Reichsteil bewirkt; der politischen Einheit müsse also ein einheitliches Volksbewußtsein vorausgegangen sein. Die im Rahmen des Forschungsprojekts über die »Entstehung der europäischen Nationen im Mittelalter«[16] gewonnenen Erkenntnisse messen jedoch der Sprache, die seit dem Volksbegriff der Romantik als wichtigstes der nationsbildenden Elemente galt, eine nur nachgeordnete Bedeutung zu; stattdessen wird angenommen, daß »die politische Formation als Rahmen für das Anwachsen weiterer Elemente inneren Zusammenhalts«[17], also die integrierende Kraft der neugeschaffenen staatlichen Ordnung und ihrer politischen Traditionen für die Nationsbildung entscheidend gewesen war.

Die Untersuchung von Ernst Karpf über die ottonische Historiographie des 10. Jahrhunderts hat gezeigt, wie sehr die Interpretation von Schlüsselbegriffen wie *regnum, patria, Saxonia, imperium Romanum* und *imperator Romanorum* vom Vorverständnis eines politischen Einheitsbewußtseins beeinflußt wurde[18]; sogar die »romfreie Kaiseridee« bei Widukind von Corvey wird zunehmend als keineswegs zwingende Interpretation erkennbar[19]. Vor diesem Hintergrund ergeben sich eine ganze

---

BRÜHL, Deutschland, nennt es S. 716 sogar »ein Unding«, vor der Zeit Konrads II. von »deutscher« Geschichte zu sprechen. THOMAS, Caesar, stellt S. 245 und 276 die Frage, ob es sinnvoll sein könne, schon das 10. und frühe 11. Jahrhundert für die »deutsche« Geschichte in Anspruch zu nehmen, obwohl zu diesem Zeitpunkt noch gar keine allgemein gebräuchliche Selbstbezeichnung der Deutschen existiert habe.

16 Resümierend BEUMANN, Nationenbildung.

17 EHLERS, Schriftkultur, S. 303; DERS., Nation, S. 37f.; zu dieser Thematik vgl. auch JARNUT, Gedanken, insb. S. 111: »So erschuf nicht das deutsche Volk das deutsche Reich, sondern das Reich sein Volk, um dann schließlich nach diesem benannt zu werden.« Ähnlich FLECKENSTEIN, Anfänge, S. 166. Mit der »völkischen« Geschichtsschreibung setzt sich Joachim EHLERS in seiner ausführlichen Rezension zu Walter SCHLESINGERS »Ausgewählten Aufsätzen« auseinander, insb. S. 275-278. Vgl. ferner der Überblick bei WERNER, Deutschland, insb. Sp. 783-786, und BRÜHL, Deutschland, S. 714f. Die von der älteren Forschung als Beleg für die Existenz eines »deutschen« Volkes vor einem deutschen Staat verstandenen Begriffe *theodiscus/teutoniscus* werden im 10. Jahrhundert jedoch nur im rein sprachlichen Sinn gebraucht und bedeuten »volkssprachlich«, nicht aber »deutsch«, vgl. dazu jetzt THOMAS, Rezeption; DERS., Julius Caesar; BRÜHL, Europa, S. 1089 ff.; ausführlich DERS., Deutschland, S. 211-233.

18 Vgl. zusammenfassend KARPF, Herrscherlegitimation, S. 206-213.

19 Widukind verschweigt in seinen Rerum gestarum Saxonicarum libri III bekanntlich die römische Kaiserkrönung Ottos I. im Jahr 962 und legt ihm den Imperatortitel durch die Heeresakklamation auf dem Lechfeld 955 zu, weshalb er als Vertreter einer romfreien Kaiseridee galt, vgl. dazu insb. BEUMANN, Widukind, S. 228-232; DERS., Konzeption, S. 862f.; DERS., Imperator, S. 214f.; vgl. dazu aber KARPF, Herrscherlegitimation, S. 199f. BEUMANN, Widukind, schloß deshalb S. 262-265 zunächst eine universale Bedeutung des Titels *imperator Romanorum* aus, mit der Widukind in der nach dem Tod Ottos I. entstandenen Fortsetzung seiner Sachsengeschichte den Kaiser bezeichnet hatte; BEUMANN hält jedoch nicht mehr an seiner Interpretation des Titels als nur auf den südlichen Reichsteil bezogen fest, vgl. DERS., Imperator, S. 227ff.; pointierter KARPF, Herrscherlegitimation, S. 175; DERS., Sachsengeschichte, S. 560. Auch bei der Anerkennung des konstitutiven Charakters des Papsttums für die Kaiserwürde ist ein »Sinneswandel« Widukinds eingetreten, vgl. BEUMANN, Imperator, S. 219f. Demnach paßte Widukind seine Kaiserauffassung der politischen Entwicklung nach 962 an und verharrte nicht im Widerstand gegen die Romgebundenheit der Kaiserwürde.

Reihe von Fragen: Sind die Aussagen der sächsischen Historiographen über Otto III. in der Forschungsdiskussion mit Bedeutungen eines ethnischen und politischen Einheitsbewußtseins aufgeladen worden, das für die Zeit Ottos III. aber gerade noch nicht mit undiskutierter Selbstverständlichkeit vorausgesetzt werden kann? Ist ein »sächsisches Reichsvolkbewußtseins«, das sich in der überwiegenden Ablehnung der Romgebundenheit des ottonischen Kaisertums in der sächsischen Historiographie niedergeschlagen haben soll, auch noch in der zeitgenössischen Kritik an Otto III. wirksam? Fraglich ist schließlich, ob der typisch sächsische »Unmut« über die Italienpolitik Otto I. in die Zeit Ottos III. verlängert werden kann[20] und ob der »romfreien Kaiservorstellung« und »sächsischen Reichsauffassung«[21] die Relevanz einer Widerstand begründenden, kollektiven politischen Bewußtseinslage zukam.

Weitere Fragen, denen bisher wenig Aufmerksamkeit gewidmet wurde, gelten dem literarischen Charakter so wichtiger Quellen wie der Vita quinque fratrum Bruns von Querfurt, aber auch der Chronik Thietmars von Merseburg und der Vita Bernwardi. Es scheint so, als ob die bisherige Interpretation der historiographischen Quellen deren Eigenwert als literarische Schöpfung gegenüber ihrem tatsächlichen oder vermeintlichen Informationsgehalt nicht hinreichend berücksichtigt habe. In welchem Erzählzusammenhang stehen die überlieferten Nachrichten? Kann die Kritik einzelner Historiographen als repräsentativer Ausdruck des Selbstverständnisses bestimmter Personengruppen gelten? Welche Bedeutung kommt dabei der Darstellungsabsicht des jeweiligen Autors zu, inwieweit war sein Blick auf die historischen Ereignisse von offener oder verdeckter Parteinahme getrübt[22]?

Schließlich ist die Bedeutung des gelehrten Romkults für die tatsächliche Politikgestaltung Ottos III. nicht so unzweifelhaft belegt, wie man angesichts der häufigen Behauptung in der Literatur meinen könnte. Inwieweit sind »Abstriche« von dem seit Schramm gültigen Verständnis der Rompolitik zu machen, wie es Johannes Fried erst jüngst ganz allgemein forderte[23]? Zwar wird in der Forschung die Rompolitik so gut wie ausnahmslos auf »gelehrt-literarische Provenienz« und auf »viel gelehrte(n), aus Buchwissen geschöpfte(n) Idealismus«[24] zurückgeführt und häufig als »Vision«[25] be-

---

20 Die Verleihung personaler Züge an eine kollektive Größe wie »die Sachsen« ist äußerst problematisch und führt in dem Buch von Wolfgang GIESE zu fragwürdigen Feststellungen, vgl. GIESE, Stamm, S. 126 (Sachsen »litt« unter dem »Fernsein seines Königs«); ebenda, S. 127 (die von Otto I. nach Italien geführten Truppen fehlten dort, wo es um »weitere Erschließung sächsischen Lebensraumes« ging). Auch die von UHLIRZ, Fürstentag, und DIES., Jahrbücher, S. 5f. aufgestellte These, wonach die sächsischen Fürsten Otto II. 983 nach Mainz gerufen und ihm keine weiteren Truppen mehr bewilligt haben, übernimmt GIESE, S. 127 ganz unkritisch, obwohl die Quellengrundlage für die These von UHLIRZ schon von WENSKUS, Quellenwert, und DERS., Studien, S. 43-62, als falsch erwiesen wurde. Vgl. dazu auch WATTENBACH-HOLTZMANN, Geschichtsquellen 3, S. 19* und 111*.

21 Zur »sächsischen Reichsauffassung« bei Brun von Querfurt und Thietmar von Merseburg vgl. PÄTZOLD, Auffassung, S. 273-277.

22 ALTHOFF, Causa scribendi, diskutiert einige dieser Fragen am Beispiel der beiden Mathildenviten.

23 FRIED, Formierung, S. 172.

24 BEUMANN, Otto III., S. 90; HLAWITSCHKA, Kaiser, S. 160

25 BEUMANN, Ottonen, S. 160; HLAWITSCHKA, Kaiser, S. 162.

zeichnet. Man sah in ihr sogar »eine Möglichkeit der deutschen Geschichte, die immer wiederkehren kann: ihre Versuchung durch das reine Ideal, das die Verbindung mit seinen realen Voraussetzungen verliert«[26]. Hat aber die Einordnung der Rompolitik Ottos III. in die geistesgeschichtliche Tradition des »Römischen Erneuerungsgedankens« nicht zu einer recht einseitigen Akzentuierung geführt?

All diese Fragen weisen auf drei Problemkreise hin, deren Untersuchung neues Licht auf die Regierung Ottos III. und seine Politik werfen könnte. Erstens ist die gängige Interpretation der wichtigsten Quellenaussagen über Otto III. unter den genannten Gesichtspunkten auf ihre Tragfähigkeit zu überprüfen; dabei bietet sich eine Beschränkung auf die ereignisnahe sächsische Historiographie deshalb an, weil die Ablehnung der Rompolitik Ottos III. nach herrschender Auffassung in Sachsen weit verbreitet und besonders entschieden gewesen sein soll. Zweitens sind jene politischen Konflikte im nördlichen Reichsteil genauer zu untersuchen, die die Forschung gemeinhin als Ausdruck der typisch sächsischen »reservatio mentalis« gegen die Rompolitik des Kaisers bewertet. Drittens ist zu fragen, inwieweit die Rompolitik tatsächlich an literarischen Vorbildern ausgerichtet war oder ob sie sich literarisch vermittelter Traditionen nicht nur situationsgebunden bediente. Hat die seit Schramm übliche ideengeschichtliche Einordnung andere Beweggründe für die Rompolitik, wie sie sich etwa aus der Aufgabe des Kaisers als *defensor ecclesiae* ergeben haben könnten, allzuweit in den Hintergrund gedrängt?

Jedem dieser drei Fragenkomplexe ist ein Kapitel der vorliegenden Arbeit gewidmet, an dessen Beginn der jeweilige Forschungsstand ausführlicher vorgestellt wird als es hier im Rahmen der Einleitung sinnvoll ist. Eine zusammenfassende Schlußbetrachtung bündelt die Einzelergebnisse nochmals, um ein in manchen Zügen verändertes Bild Ottos III. vorzustellen.

---

26 FLECKENSTEIN, Grundlagen, S. 201.

Teil 1: Die Kritik an Otto III. in der sächsischen Historiographie

Die folgende Untersuchung der Kritik an Otto III. in der ereignisnahen sächsischen Historiographie[1] vereint in sich zwei unterschiedliche Fragestellungen. Um darüber befinden zu können, welchen Stellenwert ein pränationales Zusammengehörigkeitsbewußtsein in einer Kritik an der Politik Ottos III. einnehmen konnte, muß zunächst die Vorstellung des jeweiligen Historiographen von der Zusammengehörigkeit des nordalpinen Reichsteils erfaßt werden. Als bisher üblicherweise angewandte Methode bietet sich dazu die Untersuchung der politisch-geographischen Terminologie an, namentlich einzelner Begriffe wie *regnum, imperium, Germania, Theutones,* aber auch *Saxonia* und *patria* in ihrem Verwendungszusammenhang. Dabei ist auch zu untersuchen, ob die Romgebundenheit des Kaisertitels abgelehnt und darin die Konkurrenz zwischen einem »deutschen« oder »sächsischen« und einem »römischen Reichsvolk« ausgedrückt wird; darüber können sowohl die Berichte über die Kaiserkrönungen als auch die Verwendung und ethnische Spezifizierung der Titel *rex* und *imperator* Auskunft geben.

Die zweite Frage gilt dem Bild, das die Quellen speziell von Otto III. und seiner Politik zeichnen; dabei müssen die von der Forschung bisher vorgegebenen Interpretationen und Prämissen einer kritischen Bewertung unterzogen werden. Darüber hinaus verlangen zwei Gesichtspunkte besondere Berücksichtigung, die in der Vergangenheit von einem nur auf die »politische« Bewertung eines Ereignisses zielenden Erkenntnisinteresse allzu leicht vernachlässigt wurden. Erstens ist zu bedenken, daß die erhaltenen Quellen nicht unmittelbar zeitgleich zu den berichteten Ereignissen, sondern ausnahmslos erst Jahre nach dem Tod Ottos III. entstanden sind; ihre Beurteilung des Geschehens kann deshalb durch die Retrospektive einerseits und die im Unterschied zur Regierungszeit Ottos III. veränderten politischen Rahmenbedingungen andererseits stark beeinflußt sein. Zweitens muß jede Interpretation die *causa scribendi* als den »archimedischen Punkt«[2] der historiographischen Quelle berücksichtigen, von dem her sich Darstellung und Beurteilung des Zeitgeschehens erst erklären: Der intentionale Hintergrund, also Anlaß und Absicht seiner Darstellung, war beispielsweise für einen Chronisten wie Thietmar von Merseburg durchaus nicht derselbe wie für einen Hagiographen wie Brun von Querfurt. Erst eine individuelle Würdigung der Quellen, die hier

---

1 Die bei Martin LINTZEL entstandene Dissertation »Otto III. im Urteil der deutschen Geschichtsschreibung vom Ende des zehnten bis zur Mitte des dreizehnten Jahrhunderts« (Maschschr., Halle/Saale 1948) von Wally SCHULZE kann eine erneute Analyse der zeitgenössischen Quellen nicht ersetzen, zumal sie im wesentlichen nur eine Nacherzählung der gesammelten Quellenbelege liefert.
2 ALTHOFF, Causa scribendi, S. 133.

in der Reihenfolge ihrer Entstehung behandelt werden, erlaubt eine Aussage darüber, ob von einem politisch relevanten sächsischen Vorbehalt gegen die Politik Ottos III. gesprochen werden kann.

I. Brun von Querfurt

Brun von Querfurt[3] wurde gemeinsam mit seinem Verwandten Thietmar von Merseburg an der Magdeburger Domschule erzogen. Wahrscheinlich in der zweiten Jahreshälfte 997 trat Brun in die Hofkapelle Ottos III. ein, begleitete den Kaiser im darauffolgenden Jahr auf seinem zweiten Italienzug und trat in Rom - wohl im Februar 998 - als Novize in das Kloster SS. Bonifacio e Alessio auf dem Aventin ein. Im Herbst des Jahres 1000 schloß sich Brun den Eremiten um Romuald von Camaldoli an und folgte ihnen zunächst in eine Einsiedelei nahe bei Rom und zog dann - wohl im März 1001 - mit Romuald nach Pereum bei Ravenna. Dort begegnete er im Frühjahr und Herbst 1001 mehrfach Otto III. Nach dem Tod des Kaisers im Januar 1002 unternahm Brun - 1004 zum Missionserzbischof geweiht - Missionsreisen in das östliche Ungarn, an den unteren Dnjepr und schließlich an die Ostsee, wo er 9. März 1009 bei den Pruzzen den Märtyrertod erlitt. Bereits diese knappen biographischen Daten machen deutlich, weshalb die Nachrichten Bruns über Otto III. besondere Aufmerksamkeit verdienen: Zum einen stand er zeitweilig in engem Kontakt mit dem Kaiser und hat seine Politik in Rom aus nächster Nähe verfolgen können. Zum anderen legt Bruns sächsische Herkunft die Frage nahe, ob und inwieweit sich in seiner Bewertung Ottos III. die Meinung einer etwaigen sächsisch-deutschen Opposition niederschlug.

Insgesamt haben sich vier Werke Bruns erhalten; sie ermöglichen einen tiefen Einblick in seine Haltung zum politischen Geschehen seiner Zeit. Als Bruns frühestes Werk kann nach den Forschungen von Johannes Fried nunmehr ein Gedicht von 32 Versen gelten, mit dem er kurz nach seinem Eintritt in die Hofkapelle 997 dem Kaiser eine Abschrift des römischen Militärschriftstellers Frontinus dedizierte[4]. Bekannter ist Brun als Autor einer Vita des heiligen Adalbert von Prag; eine längere Fassung schrieb er 1004[5], eine kürzere 1008[6]. Sein zweites hagiographisches und bei weitem umfangreichstes Werk ist die Vita quinque fratrum, eine ausführliche Erzählung über die beiden Italiener Benedikt und Johannes, die zusammen mit drei Novizen im November 1003 in ihrer polnischen Einsiedelei ermordet worden waren und dort rasch als Heilige verehrt wurden. Die Entstehungszeit der Fünfbrüdervita ist mangels

---

3 Zur Biographie Bruns von Querfurt grundlegend VOIGT, Brun; ferner DERS., Lebensbeschreibung; STEGEMANN, Persönlichkeiten, S. 112-122; FRITZE, Brun; LOTTER, Brun. In der Chronologie zum Teil erheblich abweichend MEYSZTOWICZ, Szkice.

4 FRIED, Dedikationsgedicht.

5 Brun von Querfurt, Vita S. Adalberti, Redactio longior, MPH NS 4.2, S. 1-41; zur Abfassungszeit ebenda, S. XXXIV.

6 Brun von Querfurt, Vita S. Adalberti, Redactio brevior, MPH NS 4.2, S. 43-69; zur Abfassungszeit ebenda, S. XXXIV.

eindeutiger Zeitangaben nicht genau festzustellen; man geht davon aus, daß Brun sie gegen Ende des Jahres 1008 schrieb[7], eine Abfassung der ersten, die Ereignisse in Italien betreffenden Kapitel in den Jahren 1006 und 1007 ist indessen denkbar[8]. Schließlich ist noch ein Brief an Heinrich II. erhalten, den Brun ebenfalls Ende 1008 schrieb und mit dem er den König zum Frieden mit dem polnischen Herzog Boleslaw I. Chrobry aufforderte[9]. Erst als Reinhard Kade 1882 ein Manuskript der Vita quinque fratrum aufgefunden[10] und in der Scriptoresreihe der Monumenta ediert hatte, trat auch Brun von Querfurt in das Blickfeld der Forschung.

Während Heinrich Gisbert Voigt noch vor allem die Biographie des Sachsen gründlich rekonstruiert hat, trat danach das Interesse an Bruns Religiosität in den Vordergrund. Hanns Leo Mikoletzky hob Bruns mönchische Züge hervor und stellte ihn als religiösen Eiferer dar, den das »Halbe und Verzettelnde« an Otto III. abgestoßen habe[11]. Mochten die Farben auf dem Bild des Sachsen als eines »typische(n) Bekehrer(s), unduldsam und zelotisch« auch etwas dick aufgetragen sein, so wurde doch der Missionsgedanke als »Schlüssel für Bruns Dasein und Sosein«[12] zunehmend erkennbar. Die Bedeutung des Missionsplans unterstrich dann besonders Hans-Dietrich Kahl, indem er die Hoffnung auf einen Kriegszug gegen die 983 vom Reich abgefallenen und zum heidnischen Glauben zurückgekehrten Elbslawen als entscheidend für Bruns Einstellung zu den Ereignissen seiner Zeit nachwies[13]. Schließlich zeigte auch Johannes Frieds Interpretation des Dedikationsgedichts, daß der Missionsgedanke schon seit Beginn von Bruns politischer und kirchlicher Laufbahn für sein Denken richtungweisend war[14]. Reinhard Wenskus stellte schließlich nicht Bruns religiöse Stellung, sondern die »wesentlichen Züge seiner politischen Grundanschauungen« ins Zentrum seiner umfassenden Untersuchung[15]. Wenskus stellte angesichts des hagiographischen Charakters der Schriften richtig fest, daß Brun »kein Staatstheoretiker« war und auch über »kein geschlossenes Gedankensystem« verfügte[16]. Indem er aber die Ablehnung eines rombezogenen Kaisertums sowie ein gegenüber Widukind von Corvey nicht nur sächsisches, sondern »gesamtdeutsches Reichsvolkbewußtsein«[17] als Zentrum von Bruns politischen Denken erkannte, ordnete er dem Sachsen ein politisches Programm zu, das ihn als scharfen Gegner der Rompolitik Ottos III. erscheinen läßt. Zentrale These war dabei, daß die »treibende Kraft« von Bruns Widerspruch gegen die Rompolitik Ot-

---

7 Brun von Querfurt, Vita quinque fratrum, MPH NS 4.3. Zur Entstehungszeit vgl. VOIGT, Brun, S. 148; eine Enstehung des gesamten Werkes bereits 1005 oder 1006 vermutet MEYSZTOWICZ, La vocation, S. 54 Anm. 9.
8 Vgl. MPH NS 4.3, S. XXIV.
9 Brun von Querfurt, Epistola ad Heinricum Regem, MPH NS 4.3, S. 83-106.
10 Vgl. dazu KADE, Beschreibung, S. 365.
11 MIKOLETZKY, Charakteristik, S. 385.
12 MIKOLETZKY, Charakteristik, S. 382.
13 KAHL, Wendenpolitik.
14 FRIED, Dedikationsgedicht, S. 582.
15 WENSKUS, Studien, S. 5.
16 WENSKUS, Studien, S. 5f.
17 WENSKUS, Studien, S. 201.

tos III. »sein Reichsvolkbewußtsein« und die damit verbundene Ablehnung der Stadtrömer als »Reichsvolk« gewesen sei[18]. Für ihn sollen »die Deutschen in ihrer Gesamtheit das politisch führende Volk«[19] gewesen sein, weil er sich germanischer Denkweise
entsprechend ein mehrere *gentes* umfassendes Reich nur vorstellen konnte, »wenn eine
derselben eine hegemoniale Stellung unter ihnen einnahm, das "Reichsvolk" war«[20] -
eben die Deutschen vor den Römern, die in dem Titel *imperator Romanorum* den Anspruch erheben würden, als das »Reichsvolk« zu gelten[21]. Einem solchen »gesamt-
deutschen Bewußtsein«[22] habe es entsprochen, daß Brun als einer der ersten mit *Theutonum tellus* »einen Begriff für das ganze Deutschland«[23] gebrauchte; geradezu
zwangsläufig geriet er dann auch zum »extremen Vertreter eines romfreien Kaisertums«[24].

Beim Zustandekommen dieses Ergebnisses spielte das Verständnis von Bruns poli-
tisch-geographischer Terminologie eine wichtige Rolle; fraglich ist, ob es noch ungebro-
chene Gültigkeit beanspruchen kann. Ferner ließ die Suche nach Anhaltspunkten für
Bruns Bewertung der politischen Ereignisse seiner Gegenwart die Frage nach der Funktion einer Charakteristik Ottos III. im Rahmen der Fünfbrüdervita als eines hagiographischen Werkes völlig in den Hintergrund treten. Möglicherweise könnte die Berücksichtigung von Bruns Darstellungsabsicht den Schlüssel zu einem besseren Verständnis
seines komplizierten und in sich häufig widersprüchlichen Urteils über Otto III. liefern.
Weiterhin bleiben die Erkenntnisse über Bruns Missionsgedanken auch für seine Einschätzung der kaiserlichen Politik fruchtbar zu machen; denn der Missionsgedanke ist
nicht nur im Brief an Heinrich II. Bruns zentrale politische Intention[25], sondern bildet
auch den Hintergrund seiner teilweise zeitgleich verfaßten hagiographischen Schriften.
Dieser Sachverhalt ist in den bisherigen Untersuchungen zu Brun[26] indessen nicht ge-
nügend berücksichtigt worden.

1. Die politisch-geographische Terminologie

Für das ottonische Reich verwendet Brun keinen speziellen Namen, sondern nur
den unspezifischen Begriff *regnum*, dessen Bedeutung sich - wie die Bezeichnung ganz

---

18 WENSKUS, Studien, S. 174
19 WENSKUS, Studien, S. 114.
20 WENSKUS, Studien, S. 117.
21 WENSKUS, Studien, S. 118.
22 WENSKUS, Studien, S. 115.
23 WENSKUS, Studien, S. 115.
24 WENSKUS, Studien, S. 119.
25 Vgl. dazu WENSKUS, Studien, S. 143-153.
26 An bisherigen Auseinandersetzungen mit Brun sind noch zu nennen die knappen Bemerkungen bei
SCHRAMM, Kaiser 2, S. 4ff.; BACH, Begriffe, S. 42f.; SCHULZE, Otto III., S. 23-31; UHLIRZ,
Jahrbücher, S. 583ff.; BENZINGER, Invectiva, S. 37; ausführlicher dagegen STEGEMANN,
Persönlichkeiten, S. 109-140.

verschiedenartiger Herrschaftsbereiche als *regnum* erweist[27] - nicht auf den nordalpinen Reichsteil und das deutsche Königtum einschränken läßt[28]. Das ganze Reich ist ein *regnum*, für das der Kaiser Recht und Gesetz verwaltet oder das einem Besseren überlassen werden kann[29]. Eine ethnische Spezifizierung des Begriffs zur Kennzeichnung des deutschen Reichsteils verwendet Brun nicht. Anders verhält es sich mit dem Titel *rex*: Zweimal bezeichnet Brun in der Fünfbrüdervita Heinrich II. als *rex Saxonum*[30]. Lediglich in der vier Jahre früher entstandenen Adalbertsvita finden sich zwei weitere Erwähnungen des Sachsennamens. Im einen Fall handelt es sich um das Andenken an Ohtrich, den Lehrer an der Magdeburger Domschule, dessen Ansehen *usque nunc per omnem Saxoniam habetur*. Da Brun auch den Begriff *Theutones* und sogar *Theutonum tellus* in der Adalbertsvita verwendet und damit den »germanischsprachigen« Teil des ottonischen Reichs bezeichnet[31], den Begriff also eindeutig mit weit über die räumliche Beschränkung auf Sachsen hinausgehender Bedeutung verwendet, liegt die Schlußfolgerung nahe, daß *Saxonia* nur Sachsen bedeutet und nicht pars pro toto für das ganze nordalpine Reich gelten sollte. Im anderen Fall erzählt Brun von der Jugend des heiligen Adalbert, der, nachdem er in der Magdeburger Domschule einmal gezüchtigt worden war, *eodem verbo nunc Saxo, nunc Sclavus misericordiam clamat*[32]. Die Bezeichnung »Sachse« drückt dabei aber nicht die ethnische Zuhegörigkeit aus, sondern betont nur die »Zweisprachigkeit« Adalberts, der sowohl sächsisch als auch slawisch sprach[33]. *Saxonia* kann in seiner Bedeutung deshalb ebenso wie *Saxo* auf

---

27 Als *regnum* wird bezeichnet der Herrschaftsbereich der heidnischen Pruzzen, des polnischen Herzogs Boleslaw, des böhmischen Slavnik und des russischen Wladimir, vgl. Vita Adalberti redactio longior 25, 24 und 4, MPH NS 4.2, S. 32, 29 und 5 sowie die Epistola ad Heinricum regem, MPH NS 4.3, S. 99.

28 Das zeigt sich deutlich an der von Brun mehrfach zur Bezeichnung von Heereszügen gebrauchten Formulierung *in viribus regni*: Damit beschreibt er den Zug Ottos II. gegen die Westfranken (Vita Adalberti redactio longior 10, MPH NS 4.2, S. 9) ebenso wie den Zug Ottos III. gegen Rom (Vita quinque fratrum 7, MPH NS 4.3, S. 43) oder Heinrichs II. gegen Polen (Epistola, MPH NS 4.3, S. 43), ohne daß dabei *regnum* auf einen bestimmten Reichsteil beschränkt werden könnte.

29 Vgl. die Wortverbindungen *dimittere regnum, relinquere regnum, regno suprasedere* und *regno ministrare*, Vita quinque fratrum 2, 3 und 7, MPH NS 4.3, S. 34, 38 und 47.

30 *Cum illam villam regis Saxonum exercitus magnus et validus ascenderet...* und *...quia discordia magna cum rege Saxonum erat*, Vita quinque fratrum 16 und 21, MPH NS 4.3, S. 69 und 72; vgl. dazu PÄTZOLD, Auffassung, S. 275ff.

31 Siehe dazu unten, S. 24ff.

32 Beide Stellen in der Vita Adalberti redactio longior 5, MPH NS 4.2, S. 6.

33 »Sächsisch« heißt aber nicht gleichzeitig »deutsch«, weil sächsisch eben nicht nur ein »deutscher« Dialekt oder eine Mundart war, sondern eine vollwertige Sprache, vgl. dazu auch BRÜHL, Deutschland, S. 193. Daß diese Differenzen damals begrifflich faßbar waren, zeigt die Betonung der »Dreisprachigkeit« (Fränkisch, Sächsisch, Vulgärlateinisch) Papst Gregors V. auf seinem wohl 999 entstandenen Epitaph, vgl. dazu ebenda, S. 214. Erinnert sei auch an die berühmte Anekdote, in der Otto I. als vom Wein angeheitert, scherzend und *saxonizans* vorgestellt wird, vgl. Arnold von St. Emmeram, Liber I de miraculis beati Emmerami 8, MGH SS 4, S. 552. Dieses *saxonizans* kennzeichnet nicht etwa den Unterschied zwischen lateinisch und »deutsch«; dafür kennt Arnold die Begriffe *lingua Germana* und *lingua Romana*. Arnold, der selbst drei Jahre im sächsischen Magdeburg verbracht hat, bringt mit *saxonizans* den Unterschied zwischen »bayrisch« und »sächsisch« auf den Begriff. Analog dazu ist auch Bruns *Saxo* zu erklären; vgl. dazu auch EHLERS, Schriftkultur, S. 312.

Sachsen beschränkt werden; es steht deshalb zu vermuten, daß auch in der Verbindung *rex Saxonum* nur die Sachsen gemeint sind. Daher ist fraglich, ob die zweimalige Bezeichnung Heinrichs II. als *rex Saxonum* als hinreichender Beweis für eine dezidiert sächsische Reichsauffassung betrachtet werden kann, die Brun das ganze ottonische als ein sächsisches Reich und die Sachsen als Reichsvolk eines nach ihnen benannten *regnum Saxonum* auffassen ließ[34].

Problematisch ist diese These auch deshalb, weil sich bei Brun - etwa im Unterschied zu Thietmar von Merseburg[35] - durchaus kein sächsisches Selbstbewußtsein als Zentrum seines politischen Denkens nachweisen läßt, geschweige denn das Konzept von einer sächsischen Vorrangstellung im Reich. Einzuräumen ist allerdings, daß Bruns Intention nicht deutlich erkennbar ist: Perlbach und Mikoletzky vermuteten, die Bezeichnung *rex Saxonum* sei abschätzig gemeint[36]. Aber es ist nicht erkennbar, welcher Leser oder Hörer *rex Saxonum* als abwertend verstanden haben könnte, solange sich eine ethnische Ergänzung des Titels *rex* noch gar nicht eingebürgert hatte. Für die polnischen Adressaten von Bruns Fünfbrüdervita war die Verbindung der Herrschertitels *rex* mit *Saxones* dagegen sicher ohne weiteres einleuchtend, da die Sachsen als Nachbarn und die sächsische Herkunft der Könige als selbstverständliche Bestandteile der politischen Realität bekannt waren. Am wahrscheinlichsten ist daher, daß Brun die Formel *rex Saxonum* analog zu anderen von ihm gebrauchten Wendungen wie *dux Boemiorum* (für Boleslaw II.), *dux Polanorum* (für Boleslaw I. Chrobry)[37], *senior Ruzorum* (für Wladimir von Kiew)[38] und *dux Veneticorum* (für Petrus Orseolo)[39] bildete und damit eine fest umrissene Zuordnung von Herrscher und beherrschtem Verband ausdrückte; unpräzise ist die Formel freilich insoweit, als sie die Herrschaft Heinrichs II. über die anderen deutschen Stämme nicht erfaßt[40]. Demgegenüber ist es doch recht spekulativ, als Ursache dieser Formel Brun eine geradezu programmatische, sonst bei ihm jedoch nicht nachweisbare Vorstellung von einer dominanten Rolle der Sachsen innerhalb des Reichsverbandes zu unterstellen[41].

Brun entwickelt jedoch zweifellos die Vorstellung einer bestimmten Gemeinsamkeit im nordalpinen Regnum. Ob es sich dabei aber um eine ethnische oder politische han-

---

34 So aber PÄTZOLD, Auffassung, S. 276; auch WENSKUS, Studien, S. 115 meint, Brun habe mit dem Sachsennamen wohl das »Gesamtvolk« bezeichnet.

35 Siehe dazu unten. S. 70ff.

36 PERLBACH, Lebensbeschreibungen, S. 70; MIKOLETZKY, Charakteristik, S. 382.

37 Beide Beispiele aus der Vita Adalberti redactio longior 21, MPH NS 4.2, S. 26f.

38 Epistola ad Heinricum regem, MPH NS 4.3, S. 98.

39 Vita quinque fratrum 2, MPH NS 4.3, S. 31.

40 Außer den Sachsen ist in Bruns Werken übrigens kein anderer deutscher Stamm genannt; daraus kann aber nicht geschlossen werden, daß Brun zu einer Zeit, als gentiles Denken noch vorherrschend war, alle Angehörige des nordalpinen Reichsteils als Sachsen bezeichnet hätte und *rex Saxonum* in diesem Sinne zu verstehen wäre; so aber PÄTZOLD, Auffassung, S. 276. Die Erwähnung der anderen Stämme war im thematischen Rahmen von Bruns Darstellung eben nicht nötig.

41 So PÄTZOLD, Auffassung, S. 275ff.

delt, bleibt erst noch zu untersuchen. Die Vorstellung einer alle Stammesunterschiede überwindenden politischen Gemeinsamkeit könnte sich zunächst in der Verwendung des Begriffs *Germania* widerspiegeln[42]. Brun gebraucht diesen Namen zweimal in der Fünfbrüdervita und einmal in der Adalbertsvita. In allen drei Fällen spielt dabei der Gegensatz zwischen dem nördlichen und südlichen Reichsteil eine Rolle. Auf Ottos II. Sarazenenzug »fiel die Blüte des Vaterlandes - *flos patriae* - , die purpurne Zierde der blonden Germania - *purpureus decor flave Germaniae*«[43]; Otto III. habe das Land seiner Geburt - *terra nativitatis* - , die *delectabilis Germania* nicht mehr sehen wollen; nicht sein Geburtsland - *nativa terra* - , die *desiderabilis Germania*, sondern das Land des Romulus habe ihm in seiner ehebrecherischen Schönheit gefallen[44]. *Germania* ist dabei offenkundig literarischer Tradition folgend als weibliche Personifikation einer Provinz oder eines Landes gedacht[45]. Das Bild der blonden Germania in der Vita Adalberti wird durch das der »ehebrecherischen Schönheit« des Römerlandes in der Fünfbrüdervita ergänzt; die Attraktivität der *Germania* wird also durch die Verführungskraft einer schöneren Frau, der *Roma*, in den Schatten gestellt. Eine derart allegorische Ausdrucksweise ist zweifellos mehr poetischer Tradition als politischer Programmatik verpflichtet; man wird daher den Germanianamen nicht für ein schon politisch zu verstehendes deutsches Zusammengehörigkeitsbewußtsein« bei Brun in Anspruch nehmen dürfen, zumal *Germania* in der zeitgenössischen Bedeutung auch nur einen Teil des nördlichen Reichsteils bezeichnete und die *Gallia* genannten linksrheinischen Gebiete nicht umfaßte[46].

Deutlicher als andere seiner Zeitgenossen scheint Brun aber ein sprachliches Zusammengehörigkeitsgefühl zu kennen. Das wird deutlich in dem Begriff *patria*, den er auffällig oft in Beziehung zur Sprachzugehörigkeit setzt. So spielt der Zusammenhang zwischen *patria* und Muttersprache etwa in der Schilderung von Benedikts Verzweiflung in Polen eine zentrale Rolle: Während die dringend erwartete päpstliche *licentia evangelizandi* in der polnischen Einsiedelei nicht eintrifft, fürchtet Benedikt um den Erfolg des Missionsvorhabens, dessentwegen er seine *patria* verlassen, auf mühseligem Weg über Berge, Flüsse und Täler ein Land unbekannter Sprache betreten und mittlerweile sogar schon die Fähigkeit erworben hatte, die slawische Sprache zu verstehen und leidlich gut zu sprechen[47]. Der Gegensatz zwischen vertrauter Umgebung und Muttersprache einerseits sowie der Fremde und unbekannter Sprache andererseits bestimmt

---

42 So WENSKUS, Studien, S. 114f.

43 Vita Adalberti redactio longior 10, MPH NS 4.2, S. 9.

44 Vita quinque fratrum 7, MPH NS 4.3, S. 43f.

45 So wird beispielsweise auch der Graf Manegold in den Quedlinburger Annalen als Sohn der *mater Suevia* bezeichnet, vgl. MGH SS 3, S. 68 Z. 49f.

46 So sind es auf dem Bild des Reichenauer Evangeliar Ottos III. ja auch Gallia und Germania, die dem Kaiser ihren Tribut entrichten.

47 *Hic solus Benedictus fluctuabat et impaciens temporis luctando et male vivendo secum pugnavit, ne fraudaretur a sancto desiderio et ne in purpurea spe perderet auream rem, propter quam patriam dimisit, ubi pluribus prodesse posset, et ignotae linguae terram inter montes, flumina et valles exulando, ingenti labore intravit, iamque Sclavonicam linguam intelligere et satis bene loqui paratum habebat;* Vita quinque fratrum 10, MPH NS 4.3, S. 54.

erkennbar den Bedeutungsgehalt von *patria*. Wenskus hat darauf hingewiesen, daß die Sprache in Bruns Bezeichnungen für Stammes- oder Völkergemeinschaften zentral ist[48]; so spricht Brun von der *Latina terra*, der *Sclavonica terra* oder von der *ignotae linguae provincia Polanorum*[49]. Die gemeinsame Sprache ist für ihn ein wichtiges Element der Zusammengehörigkeit: So erreicht Otto III. für zwei seiner Sprachgenossen - *suae linguae duobus alumnis* - bei Romuald die Erlaubnis, in eine entlegene Einsiedelei ziehen zu dürfen[50]; während des römischen Aufstands 1001 wird der Kaiser beinahe zusammen mit seinen Sprachgenossen - *suis linguaticis* - erschlagen[51]. Aus der Sprachbezeichnung gewinnt Brun auch den Namen für die supragentile Gemeinschaft im nordalpinen Reichsteil, für die *Theutones*: Im Kampf gegen den polnischen Herzog Mieszko mußte ihr Hochmut gedemütigt die Erde lecken; entgegen ihrer Gewohnheit werden die *Theutones* in den Schlachten Ottos II. von Unglück verfolgt[52]; Magdeburg ist die *Theutonum nova metropolis*[53], und die *Theutonum tellus* fühlt den Tod Ottos des Großen im hereinbrechenden Unheil während der Regierung Ottos II.[54]

Insbesondere das zuletzt genannte Beispiel hat Wenskus dazu veranlaßt, bei Brun ein »gesamtdeutsches Bewußtsein« zu diagnostizieren, das Deutschland schon als politische Einheit verstanden habe[55]. Das aber wird man aus dem *Theutones*-Begriff als Kennzeichnung der Sprachgemeinschaft gerade nicht folgern können. So gebraucht Brun die Wendung *Theutonum tellus* nur im Zusammenhang mit der auch für andere Quellen völlig typischen, sprachbezogenen Gegenüberstellung von nördlichem und südlichem Reichsteil: Nachdem er im neunten Kapitel der Adalbertsvita zunächst von Adalberts Reise ins »goldbelaubte Italien« spricht, nimmt er dann dessen Begegnung mit Otto II. in Verona zum Anlaß, die nachteiligen Konsequenzen der Regierung Ottos II. für die *Theutonum tellus* - eben im Gegensatz zum südlichen Reichsteil - zu

---

48 Vgl. WENSKUS, Studien, S. 112ff.; auch BUCHNER, Vorstellungswelt, S. 56.

49 In der Vita quinque fratrum: *Latina terra* (9, 13, 32; MPH NS 4.3, S. 50, 59, 65 und 82); *Sclavonica terra* (13; ebenda, S. 59 und 64); *ignotae linguae terra* (10; ebenda, S. 54); *ignotae linguae provincia Polanorum* (6; ebenda, S. 41). Besonders betont er die Mühe Benedikts und Johannes', in einem fremden Land eine fremde Sprache lernen zu müssen: *Frustra, sua derelicta, sub alio sole alienam terram intrasse, cum multo sudore ignotam linguam parasse...* (13; ebenda, S. 60).

50 Vita quinque fratrum 3, MPH NS 4.3, S. 37.

51 Vita quinque fratrum 7, MPH NS 4.3, S. 44.

52 *Actum est bellum cum Polanis, dux eorum Misico arte vicit, humiliata Theutonum magnanimitas terram lambit, Hodo pugnax marchio laceris vexillis terga vertit.* und *Extra Theutonum consuetudinem pugnantibus eis secutum est omne infortunium.* Vita Adalberti redactio longior 10, MPH NS 4.2, S. 8f. und 10.

53 Vita Adalberti redactio longior 4, MPH NS 4.2, S. 5; zur Bedeutung von *metropolis* siehe unten, S. 44.

54 *Sensit Theutonum tellus mortuum nautam maris; sensit dormientem aurigam orbis, cum quo prospera Dei cucurrerunt, multa bona christianae religioni accreverunt.* Vita Adalberti redacitio longior 9, MPH NS 4.2, S. 8.

55 Entscheidend für diese Argumentation ist die Annahme, daß der Begriff *terra* »das Land als politische Einheit« bezeichne; *tellus* begreift Wenskus als analoge Bildung, so daß *Theutonum tellus* die politische Einheit der Deutschen bezeichne, vgl. dazu WENSKUS, Studien, S. 110-116.

schildern[56]. Der Gedanke, daß sprachliche Gemeinsamkeit auch die politische Integration bedingt, ist Brun - jedenfalls mit Blick auf das ottonische Imperium - fremd. Integrierend wirkt nur die Person des Herrschers, nicht aber die Vorstellung einer politischen Einheit der *Theutones*; die oben erwähnte Bezeichnung Heinrichs II. als *rex Saxonum* ist ein deutlicher Hinweis darauf: Hätte *Theutones* tatsächlich die unterstellte politische Bedeutung, dann hätte auch die Bezeichnung Heinrichs als *rex Theutonicorum* nahegelegen, die man aber vergeblich sucht. So deutlich Brun auf dem Weg über die Sprachzugehörigkeit Ansätze zu einer Vorstellung ethnischer Zusammengehörigkeit entwickelt - weshalb auch von einem »deutschen Volksgefühl« bei Brun gesprochen wurde[57] -, so wenig gelingt es ihm, daraus die Vorstellung einer politischen Einheit zu gewinnen. Man wird Bruns Verwendung von *Theutones* daher auf italienischen Einfluß zurückzuführen und als Konsequenz seines mehrjährigen Aufenthaltes im Süden zu deuten haben; die ältesten Belege für den deutschen Volksnamen entstammen bekanntlich italienischen Quellen[58]. Denkbar ist ferner, daß seine ausgedehnten Missionsreisen und die damit verbundene Erfahrung des sprachlichen Kontrasts sein Bewußtsein für die Unterschiede zwischen den einzelnen Sprachfamilien geschärft und gleichzeitig seine Vorstellung von einer auf die Sprachgemeinschaft bezogenen *patria* begründet haben könnten. Man kann daher auch davon ausgehen, daß es für Brun nicht nur die sächsische, sondern die »deutsche« *patria* war, die Otto III. verlassen hatte[59].

Dieses Denken in größerer Dimension unterscheidet Brun auffällig von dem wesentlich engeren Horizont Thietmars von Merseburg, des Hildesheimer und Quedlinburger Annalisten: Sie alle denken entscheidend kleinräumiger. Sachsen ist vor jeder anderen Gemeinschaft ihr vorrangiger Bezugspunkt[60] und dieser engere, bestenfalls kurzfristig verlassene Herkunftsbereich erscheint auch als *patria*. Der *archiepiscopus gentium* Brun von Querfurt ist dagegen deutlich universaler orientiert: Seine weitere Perspektive scheint gleichzeitig die Voraussetzung für die deutliche Kennzeichnung eines sprachlichen Zusammenhangs im nördlichen Reichsteil gewesen zu sein. Der Sprachverband der *Theutones*, die *Theutonum tellus* war aber - etwa im Gegensatz zur *terra Polanorum* - nur ein Teil des größeren politischen Herrschaftsverbandes des ottonischen

---

56 *Igitur electus episcopus (Adalbertus) auricomam Italiam vadit; quem obesae clusae artas vias egressum prima civitas Verona recepit, quae in fauce regni pulcrae levat caput. Ibi eum pastorali virga investivit Otto secundus, qui tunc loco patris rapidis cruribus montem imperii scandit; sed non dextro omine nec vivo matureve sapientiae signo rem publicam rexit. Et dum omne, quod vult regem oportere, sequi non bene putat, collectum orbem amisit et quam patris terror peperit pacem interfecit. Sensit Theutonum tellus mortuum nautam maris; sensit dormientem aurigam orbis, cum quo prospera Dei cucurrerunt, multa bona christianae religioni accreverunt.* Vita Adalberti redactio longior 9, MPH NS 4.2, S. 7f.

57 MÜLLER-MERTENS, Regnum Teutonicum, S. 126.

58 Vgl. dazu MÜLLER-MERTENS, Regnum Teutonicum, S. 44-79; WENSKUS, Studien, S. 114 mit Anm. 144 glaubt an keinen italienischen Einfluß auf Bruns Terminologie. Überzeugender aber THOMAS, Rezeption, S. 36.

59 *... karitate caelestium spreta patria ...* Vita quinque fratrum 7, MPH NS 4.3, S. 47f. Davon genau zu unterscheiden ist jedoch die Behauptung, dieses »Verlassen des Vaterlandes« sei eine in Bruns Augen auch politisch relevante Handlung, die dem Kaiser vorzuwerfen sei; eine Art von »Vaterlandsliebe« als politischen Bewertungsmaßstab läßt Brun nicht erkennen.

60 Siehe dazu unten, S. 56, 68, 72 und 88f.

Reichs. Den Gedanken einer in Abgrenzung zum Imperium kleinräumigeren politischen Einheit der Deutschen vertritt Brun nicht. Die Untersuchung seiner politisch-geographischen Terminologie bestätigt die Feststellung von Müller-Mertens, Brun habe »den Schritt zu einer deutschen Auffassung des ottonischen Reichs«, »zu einer separierenden Betrachtung des eigentlichen deutschen Reiches« nicht vollzogen[61].

2. Die hagiographische Darstellungsabsicht und das Bild Ottos III. in der Vita quinque fratrum

Bruns Bericht über den Tod Ottos III. im siebten Kapitel der Fünfbrüdervita ist von theologischer Spekulation um Sünde und Sündenvergebung geprägt. Er beginnt mit dem Tod Ottos III. während der Vorbereitungen des Feldzugs gegen Rom im Januar 1002, den Brun scharf verurteilt[62]. Es folgt eine längere zusammenfassende Beurteilung der Rompolitik, die er als Sünde des Kaisers brandmarkt[63]. Nach einem Exkurs über die Rebellion der Römer im Februar 1001 - die Brun selbst nicht miterlebt hat[64] - nimmt er die Klage über den Rachefeldzug des Kaisers als einer schweren Sünde wieder auf[65]. Es folgt ein ausführlicher Bericht über Ottos Buße auf dem Sterbebett - wiederum war Brun nicht Augenzeuge -, der mit Spekulationen über die dadurch erlangte Sündenvergebung[66] verbunden ist. Daran schließt eine lange Klage über den vorzeitigen Tod des Kaisers an, die verschiedene Motive wieder aufnimmt oder neu beleuchtet: Der Tod als Strafe für Sünden; die Hoffnung auf Sündenvergebung durch Buße; Ottos Gelübde, Mönch zu werden[67]. Mit dem Tod des Kaisers erfüllt sich eine Weissagung

---

61 MÜLLER-MERTENS, Regnum Teutonicum, S. 139; MÜLLER-MERTENS stützt sich in seinen Betrachtungen ausschließlich auf die Ergebnisse von WENSKUS, übernimmt jedoch nicht dessen These von Bruns auch politischem Zusammengehörigkeitsbewußtsein der Deutschen.

62 *Eadem tempestate supervenientis hiemis* bis *Honora Dominum tuum sanctum Israel.* MPH NS 4.3, S. 43 Z. 1-8.

63 *Num cum sola Roma ei placeret* bis *varia cogitatione vanissime concupivit.* MPH NS 4.3, S. 43 Z. 8 - S. 44 Z. 9.

64 *Nec longum ingrati Romani* bis *castellum sancti Petri humiliato cesare exivit,* MPH NS 4.3, S. 44 Z. 10-16. Brun hat den Aufstand nicht als Augenzeuge miterlebt, da er sich nach der Rückkehr des Kaisers aus Gnesen nach Rom um die Jahresmitte 1001 Romuald angeschlossen hat und mit ihm in dessen Einsiedelei in die Nähe Roms gezogen ist, vgl. dazu ebenda, S. 33 Z. 16-25 mit Anm. 44, sowie Petrus Damiani, Vita Romualdi 25, FSI 94, S. 54 mit Anm. 2. Ferner VOIGT, Brun, S. 57 und 243 mit Anm. 257.

65 *Hunc dolorem alta mente repositum* bis *quicquid pueriliter in hoc deliquit,* MPH NS 4.3, S. 44 Z. 16 - S. 45 Z. 6.

66 *Similiter conversionis firmissima meditatio* bis *sub misericordia semper sperata Salvatoris expiravit,* MPH NS 4.3, S. 45 Z. 6-18. Daß Brun beim Tod Ottos III. in Paterno nicht zugegen war, geht aus einer Formulierung seines Berichts hervor: *Dicunt autem qui presentes fuere, quod tanta suavitate moriens emisisset spiritum...* Ebenda, S. 46 Z. 4f.

67 *Eheu mors amara, mors immatura* bis *similis ei qui proiecit,* MPH NS 4.3, S. 45 Z. 18 - S. 47 Z. 17.

der Sibylle von Cumae[68]. Nach einer Aufzählung der Eigenschaften des Kaisers, die insbesondere seine enge Verbundenheit mit der Kirche und seine Tugenden wie Demut, Milde und Festigkeit im Glauben betont, schließt Brun mit der Feststellung, daß das Heil der Seele Ottos III. gewiß sei[69].

Für die geradezu leitmotivische Würdigung der tiefen Frömmigkeit des Kaisers ist die Feststellung charakteristisch, er habe in großer Liebe zu Gott gerade so, als hätte er in dieser Welt keine bleibende Stadt, die zukünftige mit ganzem Verlangen gesucht[70]. Bruns Nachruf ist sicher nicht nur topische Klage über den Herrschertod, sondern auch Ausdruck persönlicher Trauer[71]. Die Klage über Ottos Verstrickung in Sünden und über seinen Tod erfüllt im Rahmen der Fünfbrüdervita aber auch den für die Hagiographie gattungstypischen Zweck belehrender Erbauung. Zu untersuchen bleibt, inwieweit diese Darstellungsabsicht Bruns Sicht Ottos III. hagiographischer Typisierung unterwirft und inwieweit sie über nur theologisch begründete Kritik an Sünden des Kaisers auch Kritik an seiner Politik mittransportiert.

Seine Darstellungsabsicht formuliert Brun am deutlichsten im Prolog der Fünfbrüdervita: Er möchte »Heiliges von Heiligen reden« und bittet um Verzeihung, wenn er, »arm an Geist, ein Nichts im Werk, Gutes auf schlechte Weise« sagen sollte; aber auch dann, wenn er von den besten Dingen nicht singen könne, wolle er von ihnen doch wenigstens bellen: Denn es sei verwerflich, heilige Dinge zu sehen, sie aber nicht mitzuteilen; und immer sei es nützlich, über das Gute zu schreiben; der Prolog endet mit einem langen Gebet, in dem Brun um das Gelingen seines Vorhabens bittet[72], und bewegt sich damit völlig in den Grenzen des Gattungs- und Zeittypischen; er enthält sowohl den üblichen Bescheidenheitstopos als auch den antiken, von mittelalterlichen Autoren immer wieder aufgegriffenen Begründungstopos »Wissensbesitz verpflichtet zur Mitteilung«[73]. Der eigentliche Zweck des Berichts über Leben und Taten der Heiligen liegt im *provectus virtutum*, der in den Lesern bzw. Zuhörern angeregt und begünstigt werden soll. Diese für die Hagiographie charakteristische Intention illustriert auch eine Epi-

---

68 *Videtur autem in morte eius* bis *clausa civitate mors intonuit imperatoris*, MPH NS 4.3, S. 47 Z. 17-22.

69 *Hic est Otto, monachorum pater* bis *certa salute animae suae, melius vivens in Christo Ihesu*, MPH NS 4.3, S. 47 Z. 22 - S. 48 Z. 2.

70 *Hoc saeculum mente et amore non habitavit, et in magno amore Dei quasi non haberet hic manentem civitatem, futuram toto desiderio inquisivit.* Vita quinque fratrum 7, MPH NS 4.3, S. 47.

71 *Hic est Otto, monachorum pater, episcoporum mater, humilitatis et clemenciae filius, religionis et karae fidei albus famulus, dives bonae voluntatis et pauper cum fine virtutis, sine differentia prodigus in terrena utilitate, vincens peccata de iuvene carne, karitate caelestium spreta patria, dulce decus aureae Romae, invisum funus brevi ira Dei supra se, longo luctu hominum post se, certa salute animae suae, melius vivens in Christo Ihesu.* Vita quinque fratrum 7, MPH NS 4.3, S. 47f. Auch Bruns Ausruf *Eheu mors amara, mors immatura, que in universa terra sat florum collegit, tunc temporis nec unum pulchriorem accepit* (ebenda, S. 45) ist typisch für das »ergreifende menschliche Dokument«, als das MIKOLETZKY, Charakteristik, S. 385 den Nachruf bezeichnet.

72 Vgl. dazu den Prolog der Vita quinque fratrum, MPH NS 4.3, S. 27f.; zum Gebet des Hagiographen um göttlichen Beistand vgl. STRUNK, Kunst, S. 85-104.

73 Vgl. dazu ARBUSOW, Colores rhetorici, S. 102; zum Motiv der Mitteilungspflicht im Prolog der Thangmar zugeschriebenen Vita Bernwardi vgl. GÖRICH-KORTÜM, Otto III., S. 22f.

sode, die Brun über einen der fünf Brüder erzählt; Benedikt habe, wenn das Leben der Heiligen erzählt wurde, stets gesagt: »Gut hat dieser das Seine getan. Laßt uns sehen, wie wir das Unsere machen, weil jeder seine Last tragen wird.«[74] Das *exemplum* der Heiligen fungiert als Vorbild eines gottgefälligen Lebens, die gattungstypische Absicht der Fünfbrüdervita steht außer Frage.

Das Schicksal Ottos III. ist in den größeren Zusammenhang dieser hagiographischen Belehrungsabsicht integriert. Die fünf Brüder, speziell Johannes und Benedikt, sind voller Gehorsam gegenüber Gott und von Gleichmut erfüllt, die aus der Abtötung der Leidenschaften erwächst; sie vertrauen sich Gottes Ratschluß an ohne zu murren: »Von Herzen gelassen und demütig, ließen sie in sich den Heiligen Geist wohnen, dessen Worte sind, wie der Mund des Herrn geredet hat: Auf wem wird mein Geist ruhen, wenn nicht auf dem Demütigen und Stillen und dem, der meine Worte fürchtet?«[75] Demgegenüber zeigt sich Otto III. ungehorsam und folgt wie viele Mächtige seinem eigenen Willen mehr als Gottes Willen[76]. Bruns Vorwurf ist deutlich: »Weil allein Rom ihm gefiel und er vor allen anderen das römische Volk durch Geld und Ehre besonders ausgezeichnet hatte, war er knabenhaft-unreif völlig unnützerweise darauf bedacht, dort immer zu bleiben und die Pracht der Stadt ihrer vergangenen Würde gemäß zu erneuern. Und du brauchst nicht lange nach einem *exemplum* (dafür) zu suchen, sondern findest es gleich bei dem Psalmisten: Eitel sind die Gedanken der Menschen. Das war die Sünde des Königs.«[77] Brun erhebt diese Anklage auf der Grundlage einer genau umrissenen Vorstellung von der Funktion Roms im heilsgeschichtlich determinierten Geschichtsablauf: Rom symbolisiert die Überwindung des Heidentums durch den christlichen Glauben, mit seinen heidnischen Herrschern hat die Stadt auch ihre glanzvolle weltliche Machtstellung verloren[78] und ist seit der Konstantinischen Schenkung die Apostelstadt, über die ein weltlicher Herrscher kein Recht mehr ausüben darf. Der Aufenthalt Ottos III. in Rom stellt also die *donatio Constantini* in Frage[79]. Entsprechend scharf fällt Bruns Urteil aus. Die Absicht, mit überflüssiger Anstrengung der Sitte heidnischer Herrscher folgend den toten Glanz des gealterten Rom erneuern zu

---

74 *Cum vita sanctorum narratur, hoc singulare verbum in ore Benedicti erat: Bene hic fecit sua, videamus quomodo faciamus nostra, quia unusquisque onus suum portabit.* Vita quinque fratrum 32, MPH NS 4.3, S. 82.

75 *(Johannes et Benedictus) mansueti et humiles corde, habitare in se fecerunt Spiritum Sanctum, cuius verba sunt, sicut os Domini locutum est: Super quem requiescet spiritus meus, nisi super humilem et quietum et trementem sermones meos?* Vita quinque fratrum 32, MPH NS 4.3, S. 83f.

76 *Nam quod plerumque in illis potestatibus quibuslibet licet - vel potius hoc putatur licere quod non licet - comminatus est iurans, et vehementer affirmans, non se posse cessare a periculo proposito, donec videret obprobrium civitatis, et fieret ultio de inimicis suis. Et dum ira quam mundus dat festinat...* Vita quinque fratrum 7, MPH NS 4.3, S. 44f.

77 *Num cum sola Roma ei placeret, et ante omnes Romanum populum pecunia et honore dilexisset, ibi semper stare, hanc renovare ad decorem secundum pristinam dignitatem ioco puerili in cassum cogitavit. Nec longe queras exemplum, sed in psalmista invenies: Cogitationes hominum vanae sunt. Peccatum regis hoc fuit.* Vita quinque fratrum 7, MPH NS 4.3, S. 43.

78 Siehe dazu unten, S. 39.

79 Vgl. dazu schon SCHRAMM, Kaiser 1, S. 109; WENSKUS, Studien, S. 104.

wollen, illustriert den verurteilenswerten Eigenwillen des Kaisers[80]; mit wertloser Anstrengung habe er seinen Weg fortgesetzt, er, der die Stadt zunächst zu neuem Glanz erheben und sie dann erobern wollte, um sie zu zerstören[81]. Nach der Vertreibung durch die rebellischen Römer im Jahre 1001 verstrickte er sich mit dem Plan eines Rachefeldzugs gegen Rom nur noch tiefer in seinen Ungehorsam gegen das Wort Gottes[82]. Der gute Kaiser sei auf dem falschen Weg gewesen, als er die ungeheuren Mauern des großen Rom zu zerstören beabsichtigte; auch wenn dessen Bürger Gutes mit Bösem vergolten hätten, so sei Rom selbst dennoch der von Gott gegebene Sitz der Apostel[83]. Zwar habe Otto III. durch den Hochmut der Römer Unrecht erlitten, aber als er sich zur Rache entschloß, sündigte der Kaiser gegen den heiligen Petrus[84].

In welchem Maß Brun diese Verstrickung des Kaisers in die Leidenschaften weltlicher Auseinandersetzung verurteilt, zeigt sich darin, daß er schon im ersten Satz des siebten Kapitels den weltlichen Zweck verurteilt, um dessentwillen der Feldzug gegen Rom stattfand[85]. Das persönliche Motiv für den Rachefeldzug gegen Rom erblickt Brun in der *ira quam mundus dat*[86], in den negativen Affekten also, die die Verstrickung in nichtige weltliche Ambitionen verursacht[87]. Hier zeigt sich an zentraler Stelle der Einfluß augustinischer Gedanken. Nach Augustin ist Zorn - *ira* - nichts anderes als Rachgier - *libido ulciscendi*; sie ist eng verbunden mit der als Ursache von Gewalt und Grausamkeit verurteilten Herrschgier - *libido dominandi* - und sinnt auf Vergeltung: Wer Übel getan hat, soll dafür auch Übles erleiden[88]. Genau in diesem Sinn motiviert

---

80 *Enimvero more regum antiquorum et paganorum, qui suam voluntatem difficile relinquit, inveteratae Romae mortuum decorem renovare supervacuo labore insistit.* Vita quinque fratrum 7, MPH NS 4.3, S. 44.

81 *...frivolo conamine ire cepit, qui et tunc eam novando illuminare, et paulo post destruendo capere varia cogitatione vanissime concupivit.* Vita quinque fratrum 7, MPH NS 4.3, S. 44.

82 *...hac in parte erravit ut homo, quia oblitus est Dominum dicentem: Mihi vindicta et ego retribuam, non dedit honorem Deo, et qui clavem gerit alti coeli eius precioso apostolo Petro, secundum illud: Honora Dominum tuum sanctum Israel.* Vita quinque fratrum 7, MPH NS 4.3, S. 43.

83 *Erat autem bonus cesar in non recto itinere, cogitans distruere ingentes muros maximae Romae, cuius cives quamvis sibi pro bonis mala fecissent, ipsa Roma tamen a Deo datum apostolorum domicilium erat.* Vita quinque fratrum 7, MPH NS 4.3, S. 43.

84 *Volens autem cesar vindicare iniuriam suam in superbia Romanorum - quod iter utinam numquam cepisset, in quo contra sanctum Petrum multum peccavit! -* ... Vita quinque fratrum 3, MPH NS 4.3, S. 37.

85 *...cum cesar ... contra Romuleam urbem ... seculare iter ageret ...* Vita quinque fratrum 7, MPH NS 4.3, S. 43.

86 *Et dum ira quam mundus dat festinat, quam autem Deo promisit conversio tardat, contra honorem boni imperatoris, et bonum differendo perdidit, et malum irritatus opere, sola cogitatione adimplevit, sicut dictum est...* Vita quinque fratrum 7, MPH NS 4.3, S. 44f.

87 Vgl. auch Bruns auf Otto III. gemünzte Bemerkung *solet enim amor transeuntium rerum cecare mentes hominum,* Vita quinque fratrum 7, MPH NS 4.3, S. 44.

88 *Nam et ipsam iram nihil aliud esse quam ulciscendi libidinem veteres definierunt; quamvis nonnumquam homo, ubi vindictae nullus est sensus, etiam rebus inanimis irascatur, et male scribentem stilum conlidat vel calamum frangat iratus. Verum et ista licet inrationabilior, tamen quaedam ulciscendi libido est, et nescio qua, ut ita dixerim, quasi umbra retributionis, ut qui male faciunt, mala patiantur. Est igitur libido ulciscendi, quae ira dicitur.* Augustin, De civitate Dei XIV 15, CCL 48, S. 438.

Brun den Entschluß des Kaisers, dem die Rom erwiesenen *bona* nur mit *mala* vergolten worden seien[89] und der deshalb das ihm zugefügte Unrecht vergelten wollte. Damit hat Otto III. aber den Kampf gegen die Laster verloren. Nun wird die Ursache erkennbar, weshalb Brun den Kaiser als an seinem Lebensende »arm an Tugend«[90] bezeichnet: Brun erkennt die Rachsucht als letzten Antrieb von Ottos Handeln. Er erhebt implizit den Vorwurf, daß die *libido dominandi* Herrschaft über Otto III. erlangt habe. Der Rachefeldzug gegen den Apostelsitz wiegt als Sünde so schwer, daß der frühe Tod des Kaisers die unmittelbare Strafe dafür ist - *pena delicti, pena criminis*[91]. Diese Schilderung hat im Kontext der Heiligenvita ebenso belehrende Funktion wie der breit ausgemalte gottgefällige Lebenswandel der Märtyrer; das Bild des trotz seiner Frömmigkeit in Schuld und Sünde verstrickten Kaisers erscheint gerade im Kontrast mit den vorbildlich lebenden Heiligen als besonders eindringliche Ermahnung zu ständiger Wachsamkeit gegenüber der Versuchung, die auch den zunächst Tugendhaften unfehlbar zur Sünde führt[92], wenn er nicht stets das Wort Gottes zur Richtschnur seines Lebens macht. Gleichzeitig eignet sich der Tod des Kaisers besonders gut dazu, die *dignitas transitoria* drastisch vor Augen zu führen. Diesem Zweck dient die breite Ausmalung der Vergänglichkeit aller irdischen Macht und Pracht[93].

Am Schicksal Ottos III. illustriert Brun aber nicht nur den Tod als Sündenstrafe, sondern auch die Hoffnung auf Gnade. Denn obwohl der Kaiser kurz vor seinem Tod »arm an Tugend« war, schildert ihn Brun als dennoch errettet und ist sich seines Seelenheils sogar ausdrücklich sicher[94]. Diese Heilsgewißheit verblüfft nach dem herben Urteil über die Sünden zunächst. Sie erklärt sich indessen durch die Bedeutung von Reue und Buße auf dem Sterbebett, deren sündentilgende Wirkung Brun am Beispiel des Sünders Otto III. eindrucksvoll veranschaulicht: Das reine Bekenntnis seiner Ver-

---

89 Siehe dazu oben, S. 29 Anm. 83.

90 ...*pauper cum fine virtutis*, Vita quinque fratrum 7, MPH NS NS 4.3, S. 47.

91 ...*heu pro peccatis tunc ulcisci venit, quando eum (imperatorem) hora qua non putavit pro pena delicti mors armata invenit* und *Ita incolumi Roma, dum ipse (imperator) pro pena criminis illesus non exiret, raptus in coelum ne malicia mutaret intellectum illius*... Vita quinque fratrum 7, MPH NS 4.3, S. 44 und 45. Vgl. auch die Prophezeiung Romualds über Ottos Schicksal: *Si Romam, inquit (Romualdus), ieris, Ravennam ulterius non videbis. Et apertissime illi mortem propinquam esse denuntians, quia eum revocare non potuit, procul dubio de eius certus interitu dum rex Romam properat, Romualdus navim ascendens* ... Petrus Damiani, Vita Romualdi 30, FSI 94, S. 66.

92 ...*vera mente - quod negare non est salubre - sicut et qui placere plus Deo desiderant, et infirmi non possunt, copiosa vanitate multum erravit (Otto III.)* Vita quinque fratrum 7, MPH NS 4.3, S. 46.

93 *Non iuvat inperium nec egrae diviciae, nec exercitus ille quem ingentem frustra congregavit; hasta et acutus gladius non eruerunt eum de manu mortis, que sola nescit honorare reges* und *ita voluptuosis rebus que in interitum hominem trahunt, auro, argento, regno et regalibus deliciis frustra suprasedit, similis ei qui proiecit.* Vita quinque fratrum 7, MPH NS 4.3, S. 43 und 47. Im Bericht über Otto II. macht Brun noch deutlicheren Gebrauch vom Motiv der Vergänglichkeit: *In medio cursu, cum dulcissima vita et gratissima lux iuvenibus haec est, non adiuvat honor regis, fit victima mortis, pulvis in pulverem redit. Videte quantum gloriae caesar reliquit!* Vita Adalberti redactio longior 12, MPH NS 4.2, S. 14f.

94 ...*certa salute animae suae, melius vivens in Christo Ihesu.* Vita quinque fratrum 7, MPH NS 4.3, S. 48.

gehen habe seine Seele weißer als Schnee gemacht[95]. Der Kaiser werde als wahrer Sohn der Engel, die niemals gesündigt haben, im Paradies ein demütiger Diener der Heiligen sein[96]. Möglicherweise spielt für Bruns Gewißheit auch die *bona voluntas* eine Rolle, die nach Augustin die Zustimmung des Menschen zu seiner göttlichen Berufung bedeutet, die allerdings ohne Voraussetzung im Menschen selbst, sondern nur durch Gottes Willen allein bewirkt wird[97]. Brun hebt die *bona voluntas* Ottos III. mehrfach hervor[98]; am deutlichsten dürfte sie sich für Brun in Ottos vor dem heiligen Romuald abgelegten Gelübde ausgedrückt haben, auf sein Kaisertum verzichten zu wollen[99]. Sogar Mönch und Einsiedler, ja Märtyrer zu werden, soll der Herrscher erwogen haben[100]. Die Frage, wie ernst es Otto damit letztlich gewesen ist, braucht an dieser Stelle nicht entschieden zu werden[101]. Das Gelöbnis hat jedoch deshalb einen

---

95 *...cum iaceret (Otto III.) in extremis, pura confessio suorum scelerum, delicta iuventutis purgarunt et super nivem animam dealbaverunt, secundum illud: Penitencia aboleri peccata indubitanter credimus, etiamsi in ultimo vitae spiritu peniteat amissa, et publica lamentatione peccata prodantur.* Vita quinque fratrum 7, MPH NS 4.3, S. 45.

96 *Quem etsi pena purgatoria interrogat, tam ex eius operibus, quam ex bono desiderio quod habebat, libentissime colligimus, quia Otto vivus, Otto eternus in paradiso Dei est humilis servus sanctorum, et qui numquam peccaverunt, vere filius angelorum.* Vita quinque fratrum 7, MPH NS 4.3, S. 46.

97 Vgl. dazu Augustin, De diversis quaestionibus ad Simplicianum I 2, 12, S. 185-189. So sieht auch Brun sein eigenes Gut-sein-wollen als ein Geschenk Gottes an, vgl. Epistola ad Heinricum Regem, MPH NS 4.3, S. 101: *dono Dei vellem esse bonus.*

98 *Ascendit unctus cum corona imperii imperator augustus, gerens sydereos vultus et bone voluntatis plena precordia ferens.* Vita Adalberti redactio longior 18, MPH NS 4.2, S. 23; *... rex Otto, homo bonae voluntatis ...* und *... dives bonae voluntatis ...*, Vita quinque fratrum 2 und 7, MPH NS 4.3, S. 37 und 47.

99 Brun überliefert Ottos Gelöbnis in direkter Rede: *Ex hac hora promitto Deo et sanctis eius: post tres annos intra quo imperii mei errata corrigam, meliori meo regnum dimittam, et expensa pecunia quam mihi mater pro hereditate reliquit, tota anima nudus sequar Christum.* Vita quinque fratrum 7, MPH NS 4.3, S. 34. Vgl. auch Petrus Damiani, Vita Romualdi 25 und 30, FSI 94, S. 54 und 66 als Parallelüberlieferung.

100 *Et divina clementia suam infirmitatem confortante, meliora volebat, qui etiam tria maxima bona quorum unum ad salutem sufficit: monachicum habitum, heremum et martyrium toto desiderio ardebat.* Vita quinque fratrum 7, MPH NS 4.3, S. 47.

101 Die Ernsthaftigkeit des Gelübdes wird unterschiedlich bewertet: Überwiegend wird es interpretiert als eine vorübergehende »Anwandlung von Regierungsmüdigkeit«, so VOIGT, Brun, S. 62. Vgl. auch UHLIRZ, Jahrbücher, S. 368 Anm. 80 (»unüberlegte Äußerung« aufgrund »augenblicklicher Überreizung«); BU 1404b (»übereilte Zusage«); TER BRAAK, Otto III., S. 556 (»durch ein Übermaß des Schuldbewußtseins bedrängt«); SCHRAMM, Kaiser 1, S. 180 (»Halt gegen neue Versuchungen der Welt«); BEUMANN, Ottonen, S. 96 (»kaum ernst zu nehmen«). Anders MEYSTOWICZ, La vocation, wonach der Kaiser bereits 999 ein erstes Versprechen abgelegt (S. 34) und es 1001 in Pereum und 1002 in Paterno wiederholt habe (S. 42). Neuerdings zeigt sich auch SANSTERRE, Otton III, S. 403-409 und 411 von der Ernsthaftigkeit des Gelübdes überzeugt. Die Abdankung des Kaisers wäre ein singulärer Akt ohne Präzedenzfall. Wahrscheinlich kommt daher TER BRAAK, Otto III., S. 555, mit seiner Vermutung, daß sich der Kaiser stets nur im Bewußtsein seiner Macht den Bußübungen unterwarf und im Gegensatz zu Romuald und Brun nicht an einen tatsächlich vollzogenen Übertritt zum Mönchtum dachte, der Wahrheit am nächsten. Brun jedoch scheint von Ottos fester Absicht überzeugt gewesen zu sein. Zum ebenfalls überlieferten Wunsch Heinrichs II., Mönch zu werden, vgl. HIRSCH, Jahrbücher 3, S. 364f.

zentralen Stellenwert, weil Brun darin Ottos innere Absicht erkennt, die ihn am Tag des Jüngsten Gerichts vor der Verdammung bewahren wird; diese Gewißheit ist durch Romualds Antwort an den Kaiser autoritativ abgesichert: »In dieser Absicht verharre, König, und wenn das ungewisse menschliche Leben dir diese Zeit nicht geben wird, so hast du dennoch das Werk vor den Augen dessen, der weiß, was kommen wird, und der die äußeren Werke nach dem inneren Herzen der Menschen beurteilt.«[102] Der gute Wille bleibt entscheidend; Ottos *peccatum* wird auch von seiner *bona voluntas* aufgewogen, die als das gottgewollte »Bessere« im Menschen letztlich die Gnade bewirkt.

Die Fünfbrüdervita als eine Dichtung über das Leben von Heiligen will weder unmittelbar in die politische Gestaltung der Gegenwart eingreifen noch eine Darstellung geschichtlicher Vorgänge vermitteln, sondern die Heiligen und ihre Kulte propagieren, etablieren und stabilisieren[103]. Es gehört zum Kennzeichen hagiographischer Schriften, daß sie Handlungen der Heiligen, die nicht der Grundkonzeption des heiligmäßigen Lebens entsprechen, auslassen oder verkürzen, das Persönliche und Einmalige zugunsten des Typischen abschwächen. Dasselbe Muster läßt sich in Bruns Behandlung Ottos III. beobachten; der Kaiser ist natürlich nicht als Heiliger in die Vita integriert, aber auch nicht als »Politiker«, sondern als tief religiöser, mit den Märtyrern Benedikt und Johannes durch das polnische Missionsprojekt[104] eng verbundener, trotz seiner Frömmigkeit aber schließlich »typisch« an weltlicher Versuchung gescheiterter Herrscher, dessen Schicksal ebenfalls ein *exemplum* ist, allerdings ein warnendes und kein vorbildhaftes. Deshalb zeichnet Brun auch nicht den Gang politischer Ereignisse nach, sondern schildert ganz in der Tradition der augustinischen Auffassung von Sünde und Vergebung den gänzlich typisierten Konflikt zwischen guter Absicht und böser Versuchung[105], die auf jeden Christen übertragbare Stellung des Kaisers zwischen Neigung zur Sünde und Hoffnung auf Gnade. Das exemplarische Schicksal Ottos III. steht im Kontrast zu dem Ideal der Heiligkeit, das unter den fünf Brüdern besonders Benedikt und Johannes exemplarisch vorleben. Dieser Darstellungsabsicht ordnet Brun die Auswahl der berichteten Ereignisse unter. Sein Bericht über Otto III. enthält deshalb trotz

---

102 Vgl. Vita quinque fratrum 2, MPH NS 4.3, S. 34.

103 Vgl. dazu LOTTER, Methodisches, insb. S. 307.

104 Siehe dazu unten, S. 49.

105 TER BRAAK, Otto III., bezeichnet S. 534 Bruns Bericht als ein »Muster der augustinischen Psychologie«; STEGEMANN, Persönlichkeiten, hält dies S. 125 Anm. 3 für »nicht vielsagend«. Dennoch scheint TER BRAAKS Charakterisierung den auffallend deutlichen Bezügen auf augustinische Gedanken angemessen zu sein; seine weitergehende Interpretation, wonach Brun augustinisches, pseudocyprianisches und eschatologisches Gedankengut zusammengezogen, die Regierung Ottos III. unter dem »Zeichen der Teufelsherrschaft« gesehen und den Kaiser als *rex iniquus* gezeichnet habe (ebenda, S. 535), stieß freilich auf deutliche Skepsis, vgl. die Rezension von Fedor SCHNEIDER, S. 132ff.; HAMPE, Otto III., S. 513 Anm. 1; STEGEMANN, Persönlichkeiten, S. 149ff.; WENSKUS, Studien, S. 184. Offensichtlich ist Bruns unterschiedliche Bewertung Otto II. und Otto III. TER BRAAK bei seinen Ausführungen über die »Teufelsherrschaft« der beiden Kaiser entgangen; hätte Brun Otto III. tatsächlich als *rex iniquus* bzw. als *tyrannus* dargestellt (vgl. dazu TER BRAAK, S. 439f. und 532-536, sowie BERNHEIM, Zeitanschauungen, S. 46-50), hätte er sich vom Seelenheil des Kaisers doch sicher nicht so überzeugt gezeigt.

seines Umfangs nur so auffallend wenige konkrete Informationen über die Politik des Herrschers und ist nur sehr schwer zugänglich für die Frage, ob sich hinter der belehrend-erbaulichen Demonstration des bedrohten Seelenheils eines frommen Herrschers auch konkrete Kritik an seiner Politik verbirgt, ob die Regierung Ottos III. also bestimmten Erwartungen Bruns nicht gerecht geworden ist. Die in dieser Hinsicht nur beschränkte Aussagekraft der Fünfbrüdervita könnte erweitert werden, wenn Bruns andere Schriften erkennen ließen, daß weitere Gesichtspunkte höchstwahrscheinlich eine Rolle bei seinem Urteil über Otto III. gespielt haben dürften.

3. Ottos III. *bellum iniustum* in Bruns retrospektiver Betrachtung

Zieht man die Bewertung Ottos II. in der Vita Adalberti heran und vergleicht die auffallenden Parallelen mit der Schilderung Ottos III. in der Fünfbrüdervita, so wird als Kern von Bruns Kritik nicht nur der Aspekt verurteilenswerter individueller Leidenschaft erkennbar, sondern der implizite Vorwurf eines *bellum iniustum* gegen die Apostelstadt Rom. Untersuchen wir Bruns Argumentation.

Die Verknüpfung von begangener Sünde und dafür erlittenem Tod bestimmt nicht nur Bruns Urteil über Otto III., sondern auch über Otto II. So bezeichnet Brun die Aufhebung des Bistums Merseburg zugunsten des Erzbistums Magdeburg als Sünde gegen den Schutzheiligen der Merseburger Kirche, den heiligen Laurentius[106]. Als deren Konsequenz erhoben sich viele Übel im Reich[107]; als *mala* werden die Kriege gegen den polnischen Herzog Mieszko, gegen die Westfranken und gegen die Sarazenen genannt. Die regelmäßigen Niederlagen des Kaisers waren demnach eine Strafe für die Sünde gegen den Heiligen[108]. Obwohl Otto II. die Niederlagen als Konsequenz seiner Sünde hätte erkennen müssen, machte er die unrechtmäßige Aufhebung des Bistums Merseburg nicht rückgängig und starb deshalb in jungen Jahren[109]. Brun hält den Kaiser - ganz im Gegensatz zu Otto III. - sogar für möglicherweise endgültig verworfen[110].

---

106 *Episcopatum quem pater in sacrum honorem preciosissimo martyri erexit, ambicione suorum in peccatum ductus filius destruxit.* Vita Adalberti redactio longior 12, MPH NS 4.2, S. 13. Zum Sachverhalt vgl. HOLTZMANN, Aufhebung.

107 *Tunc peccato Ottonis multa mala surrexere...* Vita Adalberti redactio longior 10, MPH NS 4.2, S. 8.

108 *Extra Theutonum consuetudinem pugnantibus eis secutum est omne infortunium. Est cuius efficiens causa contra Dominum regis tacita offensa.* Vita Adalberti redactio longior 10, MPH NS 4.2, S. 10. Auch hier liegt die augustinische Tradition nahe: Unter Aufnahme alttestamentlicher Gedanken verstand Augustin den Krieg und den Sieg des »Bösen« als Gottesgericht, das die Besiegten von ihren Sünden reinigen oder für ihre Sünden bestrafen sollte, vgl. dazu RUSSELL, Just War, S. 16. Dieser Kausalnexus war schon lange zum festen Bestandteil einer breiten christlichen Tradition geworden.

109 *Mira res! In tantis adversis illum (imperatorem) circumfluentibus non resipiscit ... quid pio Laurentio peccaverit* und *Ecce dum peccat (imperator), flagellatur et non emendat; plenus adversis media vita moritur...* Vita Adalberti redactio longior 12, MPH NS 4.2, S. 13 und 14.

110 *Inspiciamus magnae indolis virum, ex multo merito imperatorem augustum. Ecce dum peccat, flagellatur et non emendat; plenus adversis media vita moritur, iacet nunc inglorius, o utinam et non reprobus! pulchrae virtutis alumnus.* Vita Adalberti redactio longior 12, MPH NS 4.2, S. 14. Otto II. er-

Den von Brun so vehement kritisierten kriegerischen Unternehmungen beider Herrscher geht jeweils eine charakteristische Übertretung voraus: Bei Otto II. die Verfügung über Merseburg als Sünde gegen den heiligen Laurentius, bei Otto III. die Nichtachtung der Apostelstadt Rom als Sünde gegen den heiligen Petrus. Von vorneherein liegt deshalb auch der Schatten des Unrechts über den Feldzügen selbst. Folgerichtig verurteilt sie Brun ausdrücklich, und im Fall Ottos II. auch mit präziser Begründung. Dessen Kriegszüge galten nach Meinung Bruns nicht der Mehrung der Christenheit, sondern des Landes; ihr Motiv war Ehrgeiz und nicht der Vorteil Christi, um dessentwillen doch der heilige und große Kaiser Konstantin und nach ihm Karl ihre Kriege geführt hätten: Nach diesen beiden hätten nur wenige den Ruf und Ruhm vor Gott und den Menschen erhalten, Heiden zu Christen zu bekehren[111]. Statt sich dieser Aufgabe zu widmen, führen unter Otto II. Christen gegen Christen Krieg, und sogar der Kaiser selbst »ohne Scheu vor dem christlichen Brudertum mit den karolingischen Franken«, obwohl es doch besser gewesen wäre, gegen die Heiden zu kämpfen[112]. Selbst den Zug Ottos II. gegen die Sarazenen nennt Brun »beweinenswert« - *lacrimabile*[113]. Die Ablehnung der um weltliche Ehre geführten Kriege bewegt sich deutlich in den Bahnen von Augustins Lehre vom gerechten Krieg. Demnach war ein Krieg dann gerecht, wenn er Ungerechtigkeiten bestraft und dem Zweck dient, einen zu Unrecht verletzten *status quo ante bellum* wiederherzustellen[114]. Dagegen verwarf Augustin die aus Eroberungslust, Ehrgeiz oder Machtgier, kurz: Die aus *libido dominandi* entfesselten Kriege[115]. Genau diese verwerfliche Motivation unterstellt Brun aber den Kriegszügen Ottos II. und verurteilt sie deshalb als lediglich ehrgeizig und durch weltliche Ruhmsucht begründet.

Was in der Vita Adalberti mit so deutlichen Worten über Otto II. gesagt wird, kehrt in der Fünfbrüdervita mit Blick auf Otto III. nicht in gleicher Zugespitztheit wieder. Unverkennbar ist jedoch, daß Bruns Darstellung demselben Gedanken verpflichtet ist: Im Sinne der Konstantinischen Schenkung lehnt er jegliche kaiserlich-weltliche Präsenz in Rom ab und beharrt auf der Funktion der Stadt als Apostelsitz. Wohl räumt er *superbia* und *iniuria* der Römer gegen den Kaiser ein; weil aber Otto III. keinen Rechtsanspruch auf die Herrschaft über Rom besitzt, kann die ihm zugefügte *iniuria*

---

scheint als Sünder, den Theophanu durch Gebete und Almosen aus der ewigen Feuersbrunst zu befreien sucht, vgl. ebenda, S. 15; dazu jetzt FRIED, Theophanu, S. 361.

111 *Diligunt honorem suum, o Christe, non lucrum tuum. Post sanctum et imperatorem magnum Constantinum, post optimum Karolum exemplar religionis, ut converterent paganos ad Christum nomen et rem gloriae coram Deo et hominibus pauci acceperunt.* Vita Adalberti redactio longior 10, MPH NS 4.2, S. 10. Mit wörtlichen Übereinstimmungen ist diese Stelle auch im Brief Bruns an Heinrich II. enthalten, vgl. MPH NS 4.3, S. 104, wo sie den Zweck hat, den König von seinem Krieg gegen den christlichen Herrscher von Polen abzubringen.

112 *Alia hora quem rex congregat optimus populus et qualem postea videre non contingit valde grandis exercitus, cum esset melius zelo pugnare cum paganis, sine reverentia fraternae christianitatis congrediuntur cum Karolinis Francis.* Vita Adalberti redactio longior 10, MPH NS 4.2, S. 9.

113 Vita Adalberti redactio longior 10, MPH NS 4.2, S. 9.

114 Vgl. dazu RUSSELL, Just War, S. 18 mit Anm. 8; ferner DERS., Love.

115 *Nocendi cupiditas, ulciscendi crudelitas, inpacatus atque inplacabilis animus, feritas rebellandi, libido dominandi et si qua similia, haec sunt, quae in bellis iure culpantur.* Augustin, Contra Faustum Manichaeum XXII 74, Corpus scriptorum ecclesiasticorum latinorum 25, S. 672.

auch keinen Rachefeldzug gegen die Stadt begründen, der auf die Wiederherstellung eines rechtmäßigen *status quo ante bellum* abzielen könnte. Konsequenterweise sieht Brun die Motive des Kaisers nur in ganz persönlichen Leidenschaften: Otto III. wollte, in seiner Ehre verletzt, nur die »Schande der Stadt« sehen und »Rache an seinen Feinden« nehmen[116]. Der Vorwurf gegen Otto II., daß er gegen die christlichen Franken einen Bruderkrieg führte, trifft Otto III. - wenn auch nicht explizit formuliert -, so jedoch dem Sachverhalt nach umso schärfer, als er sogar gegen das *domicilium apostolorum* zu Felde zieht. Seine Rachsucht entlarvt seine *libido dominandi*; die *ira* brandmarkt Brun als Ursache des Rachefeldzugs und kennzeichnet ihn damit implizit als *bellum iniustum* - wie schon Isidor von Sevilla den Krieg als unrecht verurteilte, dessen Ursache *furor* war[117]. Die *cupiditas vindicandi* hatte Macht über Otto III. gewonnen und ihn in einen Krieg gegen Christen, ja gegen die Apostelstadt selbst getrieben, für den es aber keine andere Ursache als verwerfliche weltliche Ehrsucht gab. Das Urteil über Otto II. ist dem über Otto III. in diesem zentralen Punkt vergleichbar, wenngleich der Vorwurf gegen den Vater schärfer ausfällt als der gegen den Sohn, dessen ausgeprägte Frömmigkeit Brun von mehr Deutlichkeit abzuhalten scheint.

Wie der Brief an Heinrich II. zeigt, diente Brun die Konzeption des *bellum iniustum* nicht nur zur retrospektiven Ablehnung der Kriegszüge Ottos II. und Ottos III., sondern auch als Richtschnur für die Beurteilung der Politik ihres Nachfolgers. Brun war davon überzeugt, daß ein Herrscher immer der Versuchung ausgesetzt war, aus nur weltlicher Ursache Krieg zu führen und sich damit an der Sicherung der *pax* als einer seiner Hauptaufgaben zu versündigen[118]. Den deutlichsten Beweis liefert dafür seine scharfe Kritik am Bündnis Heinrichs II. mit den heidnischen Liutizen gegen den christlichen Boleslaw. Im Jahr 1008 schreibt Brun an den König: »Unbeschadet der Gnade des Königs möge es freistehen, folgendermaßen zu sprechen: Ist es recht, ein christliches Volk zu verfolgen und zu einem heidnischen in Freundschaft zu stehen? ... Hältst du es nicht für eine Sünde, König, wenn ein Christenhaupt - es ist schrecklich zu sagen - unter der Fahne der Dämonen geopfert wird? Wäre es nicht besser, die Treue eines solchen Mannes (Boleslaws) zu besitzen, dessen Hilfe und Rat als Tribut zu empfangen und aus dem heidnischen Volk ein heiliges und allerchristlichstes zu machen? ... Ist es nicht besser, mit Heiden um des Christentums willen zu kämpfen als Christen um weltlicher Ehre willen Gewalt anzutun?«[119] Was er in der Vita Adalberti anläßlich der Fehler Ottos II. vorwurfsvoll festgestellt hatte, wiederholt Brun fast wörtlich in seinem Brief und

---

116 *...donec videret (imperator) obprobrium civitatis, et fieret ultio de inimicis suis.* Vita quinque fratrum 7, MPH NS 4.3, S. 44.

117 *Iniustum bellum est quod de furore, non de legitima ratione initur...* Isidor von Sevilla, Etymologiarum sive Originum Libri XX, XVIII I, 2, Bd. 2 (unpaginiert).

118 Zur Wahrung des Friedens als Herrscherpflicht vgl. WENSKUS, Studien, S. 159-162.

119 *Ut autem salva gratia regis, ita loqui liceat: bonumne est persequi christianum, et habere in amicitia populum paganum? ... Non credis peccatum, o rex, quando christianum caput, quod nefas est dictu, inmolatur sub demonum vexillo? Nonne melius esset talem hominem habere fidelem, cuius auxilio et consilio tributum accipere, et sacrum, christianissimum facere de populo pagano posses? ... Nonne melius pugnare cum paganis propter christianitatem, quam christianis vim inferre propter saecularem honorem?* Epistola ad Heinricum Regem, MPH NS 4.3, S. 101ff.

stellt Heinrich II. den heiligen Kaiser Konstantin und Karl den Großen als treffliches Vorbild der Frömmigkeit vor Augen: Nach diesen beiden Herrschern gäbe es jetzt wohl jemanden, der den Christen verfolgt, aber niemanden, der die Heiden bekehrt[120]. Ein profanes Kriegsziel akzeptiert Brun nicht, *pax* und Krieg schließen sich nur dann nicht gegenseitig aus, wenn der Krieg christlicher Zielsetzung wegen geführt wird, also ein Missionskrieg ist[121]. Er ereifert sich darüber, daß »noch heute« die Liutizen irrigerweise und halsstarrig fremden Göttern nachliefen[122]. In seiner Aufforderung an Heinrich II., er möge dem christlichen Polen Frieden gewähren und die vom Glauben abgefallenen Liutizen »nötigen, hereinzukommen in die Kirche« - *compellere intrare*[123] - formuliert Brun den Anspruch der Kirche an die im König repräsentierte weltlichchristliche Obrigkeit, die einstmals getauften, dann aber abtrünnig gewordenen Liutizen zu deren eigenem Heil wieder in die Kirche zurückzuholen[124].

Die Hoffnung auf eine Christianisierung der Liutizen, die sich 983 in einem großen Aufstand aus der Tributabhängigkeit vom Reich befreit und gleichzeitig das noch weitmaschige Netz der neugegründeten christlichen Bistümer zerrissen hatten[125], bestimmte schon früh Bruns Erwartungen an die Politik der Herrscher seiner Zeit[126]. Die Slavenkriege während der Vormundschaftsregierung und der ersten Jahre der selbständigen Regierung Ottos III. hatten zweifellos Bruns entschiedene Zustimmung gefunden. Die Unternehmungen gegen die Elbslawen stellt er in seinem Brief an Heinrich II. denn auch als Vorbild für das erfolgreiche Zusammenwirken zwischen dem Reich und Polen dar[127]. Nach 997 trat zunehmend der Süden des Reichs ins Zentrum der Politik Ottos III. Möglicherweise war Brun enttäuscht darüber, daß die Rompolitik den Missionskrieg im Osten verzögerte, und es erscheint zunächst denkbar, daß er diesen Aufschub dem Kaiser zum Vorwurf gemacht haben könnte. Indessen ist diese Annahme nur wenig plausibel, weil die Christianisierung während der Regierung Ottos III. insoweit näher rückte, als der gemeinsam mit Boleslaw I. Chrobry verfolgte Missionsplan

---

120 *Eheu nostra infelicia tempora! Post sanctum imperatorem magnum Constantinum, post exemplar religionis optimum Karolum, est nunc qui persequatur christianum, nemo prope qui convertat paganum.* Epistola ad Heinricum regem, MPH NS 4.3, S. 104. Zu den wörtlichen Übereinstimmungen mit der Vita Adalberti vgl. oben, S. 34 Anm. 111.

121 Vgl. dazu WENSKUS, Studien, S. 160; ausführlich dazu KAHL, Wendenpolitik.

122 *Ea tempestate effrena gens Luttizi pagani iugum christianitatis deponunt et, quo errore adhuc laborant, post deos alienos erecto collo cucurrerunt.* Vita Adalberti redactio longior 10, MPH NS 4.2, S. 8.

123 *Rursum cum Liutici pagani sint, et idola colant, non misit Deus in cor regis, hos tales propter christianismum glorioso certamine debellare, quod est iubente evangelio compellere intrare.* Epistola ad Heinricum regem, MPH NS 4.3, S. 103f.

124 Vgl. dazu KAHL, Wendenpolitik, S. 221; demnach konnte Brun, 1002 zum Missionserzbischof geweiht, sein *compellere intrare* als Aufforderung zur Durchsetzung der innerkirchlichen Disziplinargewalt gegenüber den vom Glauben Abgefallenen rechtfertigen.

125 Vgl. dazu ausführlich FRITZE, Aufstand, S. 31-38.

126 Vgl. dazu FRIED, Dedikationsgedicht, S. 583.

127 *O quanta bona et commoda in custodiendo christianismo et in convertendo paganismo concurrerent, si sicut pater Mysico cum qui mortuus est imperatore, ita filius Bolezlavo cum vobis qui sola spes orbis superstat viveret nostro rege.* Epistola ad Heinricum regem, MPH NS 4.3, S. 105. Zu den Slawenzügen Ottos III. vgl. LUDAT, Elbe, S. 43-48 mit weiteren Literaturhinweisen.

die Garantie dafür bieten konnte, daß die Elbslawen zukünftig sowohl vom östlichen Sachsen als auch von Polen aus einem starken Christianisierungsdruck ausgesetzt sein würden[128]. Bruns begeisterte Bereitschaft zur Mitarbeit in der Mission schlägt sich noch im Bericht über die Gespräche nieder, die er im Frühjahr 1001 mit dem Kaiser über das Missionsprojekt geführt hatte[129]. Dessen Verwirklichung rückte nach dem Tod Ottos III. jedoch schlagartig in weite Ferne, als Heinrich II. das bisherige Freund-Feind-Verhältnis genau umkehrte; sein Bündnis mit den Liutizen leitete ein »renversement des alliances« ein, der den Piastenfürsten zum Feind und die slawischen Heiden zu Freunden machte. Diese Wendung des neuen Königs wollte und konnte Brun nicht mitvollziehen. Ein Passus aus der Fünfbrüdervita belegt, wie entschieden er die veränderte politische Situation ablehnte: Brun beklagt, daß nach dem Tod Ottos III. der Kampf der Christen untereinander so entfesselt wie nie zuvor tobe[130].

Sofern die Entstehung der Fünfbrüdervita in der Zeit nach 1002 bisher überhaupt als Problem erkannt wurde, galt als sicher, daß sich die Bewertung der Politik Ottos III. »nicht wesentlich durch den Tod des Kaisers geändert haben« könne[131]. Bruns Äußerungen werden als eine geradezu synchron zum politischen Geschehen abgegebene Meinungsäußerung verstanden[132]. Diese Annahme ignoriert jedoch die Auswirkung des mit dem Tod Ottos III. unauflösbar verknüpften politischen Kurswechsels gegenüber Polen auf Bruns Sicht der Dinge, die für ein angemessenes Verständnis seiner Aussagen berücksichtigt werden muß. Brun schreibt die Fünfbrüdervita wahrscheinlich sechs Jahre nach dem Tod des Kaisers: Ottos Regierung wird nicht nur von ihrem Ende her betrachtet, sondern auch unter dem Eindruck des danach eingetretenen, grundstürzend veränderten Verhältnisses zu Boleslaw. Das politische Koordinatensystem ist vom Umschwung in der »Ostpolitik« und den Kriegen Heinrichs II. gegen Boleslaw bestimmt, den Otto III. *populi Romani amicus et socius* sowie *cooperator imperii* genannt hatte[133]. Bruns eigenes, noch mit dem Kaiser gemeinsam entworfenes Missionsprojekt ist hinfällig geworden. Mit dem Kaiser sind auch Bruns Hoffnungen ins Grab gesunken. Sein Geschichtsbild vermittelt ihm jedoch die Sicherheit, daß es so richtig und notwendig gewesen sein muß. Dem Wandel in der politischen Wirklichkeit verleiht er durch eine ausgreifende geschichtstheologische Spekulation Sinn und innere Not-

---

128 Siehe dazu ausführlicher unten, S. 48f.

129 Vgl. dazu SANSTERRE, Otton III, S. 400-407.

130 *Post obitum vero imperatoris, in sua viscera conversus christianus mundus ad prelia et opiniones preliorum exestuavit in potestate, sicut mare in tempestate, quod numquam plus fuit, peccatorum nostrorum exigentibus meritis, quam est hodie; et sedentibus in pace omnibus paganis impugnantibusque impune christianos, ceperunt pugnare inter se christiana regna iniquo odio, sevo et infatigabili prelio.* Vita quinque fratrum 9, MPH NS 4.3, S. 48.

131 STEGEMANN, Persönlichkeiten, S. 111.

132 Vgl. z. B. VOIGT, Brun, S. 70: Mit dem Kapitel sieben »ermöglicht (Brun) doch wie kaum einer ein objektives Urteil über den Verstorbenen (Otto III.).« Nur allgemein auch SCHRAMM, Kaiser 2, S. 4. SCHULZE, Otto III., betont zwar S. 29, »daß (Brun) bald nach dem Tode des Kaisers schrieb«, berücksichtigt diesen Umstand aber nicht bei ihrer Interpretation von Bruns Werk.

133 Zu diesen vielzitierten und schwer verständlichen, in der Chronik des Gallus Anonymus überlieferten Titeln Boleslaws vgl. LUDAT, Elbe, S. 72 mit Anm. 422.

wendigkeit, indem er im frühen Tod Ottos III. einen heiligen, wenn auch unerforschlichen Ratschluß Gottes erkennt[134], ihn aber auch als Strafe für die Sünde gegen den heiligen Petrus deutet. Mittelbar ist diese Sünde ursächlich für den beklagten Bruch mit dem polnischen Herrscher, der ja erst nach dem Tod Ottos III. eintrat. Diese Sichtweise bestimmt Bruns Bericht über den verstorbenen Kaiser; charakteristisch für diese retrospektiv erfolgte Sinnverleihung sind die »Vorzeichen« des - zum Zeitpunkt des Schreibens ja schon bekannten - schlimmen Endes: So war das stürmische Gewitter beim Einzug Ottos III. in Rom ein »trauriges Vorzeichen künftigen Unheils«[135] und auch der Rachezug gegen Rom stand »unter ungünstigem Vorzeichen«[136]; die Bemühungen um die Wiederherstellung des alten Glanzes der *Roma* nennt Brun »eitel« - allerdings erst nach dem Tod Ottos III. Auch die Otto III. angeblich vorgetragene und von ihm nicht verstandene Prophezeiung des heiligen Benedikt über den Verfall Roms[137] ist nurmehr eine Prophezeiung ex eventu.

Über Bruns Haltung zu Lebzeiten Ottos III. ist damit jedoch noch nichts ausgesagt - und angesichts der Quellenlage erscheint es geradezu aussichtslos, darüber Aufschluß erhalten zu wollen: Denn es gibt keinen Beleg dafür, daß Brun schon 1001/02, als er noch mit der Durchführung des Missionsplans und der Unterstützung Ottos III. rechnen konnte, ein so scharfer Kritiker der Rompolitik war, zumal ein Erfolg der Mission angesichts des Zusammenwirkens mit Boleslaw in greifbare Nähe gerückt - und noch nicht durch das Liutizenbündnis Heinrichs II. ad absurdum geführt war. Zwar kann nicht ganz ausgeschlossen werden, daß Brun schon früher den Aufenthalt Ottos III. in Rom beargwöhnte; aber seine Kritik dürfte doch erst nach Januar 1001 an Bestimmtheit gewonnen haben, als der Kaiser seinen aus Bruns Perspektive größten Fehler beging, nämlich den Rachefeldzug gegen Rom vorzubereiten. Dennoch: Wir kennen nur die Meinung des Brun, der eine seinen eigenen ursprünglichen Zielen diametral entgegengesetzte politische Entwicklung durch den Tod Ottos III. ausgelöst sieht, den er sich wiederum nur als Sündenstrafe erklären kann. Vor dem Hintergrund seiner eigenen Überzeugung von der unverändert gültigen Konstantinischen Schenkung erkennt er in der Rompolitik das für Ottos frühen Tod entscheidende Vergehen gegen den heiligen Petrus. Diese geschichtstheologische Spekulation wirft aber einen dichten Schleier über Bruns Einstellung zu dem Zeitpunkt, als der Kaiser noch am Leben war und eine Durchsetzung seiner Ziele an der Grenze zu den Elbslawen keineswegs außerhalb der politischen Möglichkeiten lag.

---

134 *Quem si vivere liceret in adultam etatem, ubi Pitagorica littera monstrat dextrum ramum si non fefellit opinio, qualem hominum oculi meliorem non viderunt, rectus et exoptatissimus imperator esset. Sed multo melius quod voluit et permisit Deus, cuius iudicia cum sint semper sancta, nobis qui sumus peccatores merito sunt incerta.* Vita quinque fratrum 7, MPH NS 4.3, S. 45f.

135 *Eius vero ingressum ingens tempestas secuta est, et que misero presagio malum quod futurum erat prenunciavere, insolenti inundatione repentina pluvia, et maiore periculo horrisona tonitrua surrexere.* Vita quinque fratrum 2, MPH NS 4.3, S. 33.

136 *... cum cesar ... contra Romuleam urbem non dextro omine seculare iter ageret ...* Vita quinque fratrum 7, MPH NS 4.3, S. 43.

137 Vgl. Vita quinque fratrum 7, MPH NS 4.3, S. 44 Z. 4-7.

4. Die Bedeutung Roms in Bruns politisch-religiösem Denken

Seit der Untersuchung von Reinhard Wenskus gilt Brun jedoch als »extreme(r)n Vertreter eines romfreien Kaisertums«[138]. Diese Position hätte Brun natürlich auch vor dem Tod Ottos III. einnehmen und ihn noch zu Lebzeiten des Kaisers zum Kritiker seiner Politik machen können. Genaueren Aufschluß über dieses Problem erlaubt eine Untersuchung der Funktion Roms und der Romgebundenheit des Kaisertums in Bruns politischem Denken. Es zeigt sich dabei, daß die von Wenskus vorgeschlagene Deutung in zentralen Punkten nicht überzeugt.

a) Rom als Apostelstadt

Die Bedeutung Roms als Apostelstadt ist ausschlaggebend für die Verurteilung der Rompolitik Ottos III. Wie schon angedeutet, stellt Brun die Stadt Rom als Symbol des christlichen Sieges über das Heidentum in den Zusammenhang eines heilsgeschichtlich bestimmten Geschichtsablaufs. Daß sich Brun diese geschichtstheologische Betrachtung zueigen gemacht hat, geht aus einer beiläufigen Bemerkung hervor, in der er die durch die Nähe des kaiserlichen Hofes bedingte Beeinträchtigung von Romualds Einsiedelei bei Ravenna mit dem Schicksal Roms vergleicht: »Die zu einem Nichts gemachte Einöde verlor ihre Ordnung wie er selbst (Otto III.) damals (1001) Rom und Rom einst die Welt verlor.«[139] Die frühere Pracht der Stadt ist für Brun unauflöslich mit ihrer früheren weltlichen Machtstellung als *caput mundi* verbunden. In dem Maße, in dem Rom seine Weltstellung verlor, ging auch der äußere Glanz der Stadt zugrunde. Die Bemühungen Ottos III. um die Wiederherstellung der früheren Pracht müssen Brun also als versuchter Eingriff in den gottgewollten Ablauf der Geschichte vorkommen. Entsprechend scharf ist seine Kritik an dieser »Sünde« des Kaisers. Denn seit dem Sieg des Christentums liegt ein anderer Glanz über der *aurea Roma*[140]: Es ist die Heiligung der Stadt durch das Martyrium der Apostel Petrus und Paulus. Die goldene Roma ist für Brun *mater martyrum*[141], *nutrix sanctorum filiorum*[142], *domicilium apostolorum*[143] und *hortus sancti Petri*[144]. Rom verdankt seine neue Stellung als *domina mundi*[145] nicht mehr seiner Funktion als weltlichem Machtzentrum, sondern als Mut-

---

138 WENSKUS, Studien, S. 119 und passim.

139 *...ad nihilum redacta heremus perdidit ordinem suum, sicut et tunc ipse (imperator) Romam et olim Roma perdidit mundum.* Vita quinque fratrum 2, MPH NS 4.3, S. 34.

140 Brun benutzt den Ehrennamen *aurea Roma* mehrfach für Rom: Vita Adalberti redactio longior 12, MPH NS 4.2, S. 13; Vita quinque fratrum 7 und 11, MPH NS 4.2, S. 48 und 54.

141 Vita Adalberti redactio longior 12, MPH NS 4.2, S. 13.

142 Vita Adalberti redactio longior 12, S. 15.

143 Vita Adalberti redactio longior 12, S. 15 und Vita quinque fratrum 7, MPH NS 4.3, S. 43.

144 Vita quinque fratrum 11, MPH NS 4.3, S. 54.

145 Vita quinque fratrum 12, MPH NS 4.3, S. 57.

ter der Kirchen, als *mater ecclesiarum*[146]. In diesem Sinne gibt es für Brun eine neue, eine geistliche *Roma magna*[147], *Roma maxima*[148] und *Roma dulcis*[149].

Es leuchtet ein, daß Brun von diesem Standpunkt aus die Politik Ottos III. nur als Sünde verurteilen konnte, weil sie die Stellung Roms als Apostelsitz nicht respektierte. Brun wendet sich gegen Ottos Absicht, weltliche Macht in der Apostelstadt auszuüben. Diese Sicht der Dinge überträgt er auch auf die Römer, die er nicht nach verschiedenen Machtgruppierungen differenziert, sondern in ihrer Gesamtheit geradezu als Garanten der Konstantinischen Schenkung begreift. Den Aufstand der Römer sieht Brun deshalb in ihrem Unwillen über die lange Anwesenheit Ottos III. in Rom begründet[150] und entschuldigt die Rebellion insoweit fast als berechtigte Verteidigung der geistlichen Stellung Roms. Allerdings ist er in diesem Punkt nicht konsequent, denn er brandmarkt das Verhalten der Römer gleichzeitig als *iniuria* und führt die Rebellion sogar auf ihre *superbia* zurück[151], läßt also keinen Zweifel an seiner Verurteilung des Aufstands gegen Otto III. Hier wird ein Widerspruch erkennbar: Einerseits sieht Brun Rom als die Stadt Petri, die keiner weltlichen Herrschaft unterworfen sein darf. Andererseits geht er von einer als selbstverständlich vorausgesetzten Gehorsamspflicht der Römer gegenüber dem Kaiser aus; die Wurzel hierfür dürfte in den römischen Kaiserkrönungen seit Otto I. und der seitdem auch in Rom ausgeübten kaiserlichen Herrschaft zu suchen sein. Offenbar stehen in Bruns Denken die traditionelle, vielleicht aus seiner Magdeburger Zeit herrührende Vorstellung von der ottonischen imperialen Herrschaft und neu aufgenommene Gedanken über die Stellung des päpstlichen Rom noch unverarbeitet nebeneinander.

b) Die Romgebundenheit der Kaiserwürde

Den seit Otto III. kanzleioffiziellen Titel *imperator Romanorum* sucht man bei Brun vergebens; diese Tatsache versteht Wenskus als Ablehung des in diesem Titel angeblich ausgedrückten Anspruchs der Römer, als das eigentliche Reichsvolk zu gel-

---

146 Vita quinque fratrum 12, MPH NS 4.3, S. 57.

147 Vita quinque fratrum 1, MPH NS 4.3, S. 30; Vita Adalberti redactio longior 13 und 15, MPH NS 4.2, S. 15 und 18.

148   Vita quinque fratrum 7, MPH NS 4.3, S. 43.

149 Vita Adalberti redactio longior 17, MPH NS 4.2, S. 19.

150 *(Romani) indignantes volentem (cesarem) extra preeuntium regum consueta sedulo stare apud illos...* Vita quinque fratrum 7, MPH NS 4.3, S. 44. An anderer Stelle sieht Brun allerdings den Neid Satans auf das ruhige Leben der romualdinischen Einsiedler als Ursache für die römische Rebellion: *Movet invidiam diabolus quieti servorum Dei, quia Roma, cui prope stat hec heremus, dedignata non sic promerentem benignum cesarem Ottonem, dum repudiaret, pro verecundia, Ravennam petere coegit.* Vita quinque fratrum 2, S. 33f.

151 *Volens autem cesar vindicare iniuriam suam in superbia Romanorum...* Vita quinque fratrum 3, MPH NS 4.3, S. 37.

ten[152]; Brun sei ganz wie Widukind von Corvey der »extreme Vertreter eines romfreien Kaisertums«[153]. Diese Erklärung stützt sich auf Helmut Beumanns These, daß Widukind bewußt auf den Titel *imperator Romanorum* verzichtet habe, um so seine Opposition gegen die Romgebundenheit des Kaisertums auszudrücken; aus dem gleichen Grunde nenne Brun den Herrscher immer nur *imperator, cesar, imperator augustus, augustus cesar* oder einfach *rex* ohne ethnischen Zusatz[154]. Helmut Beumann hat seine Interpretation des Titel *imperator Romanorum* bei Widukind mittlerweile modifiziert[155]; auch deshalb ist fraglich, ob das von Wenskus gezeichnete Bild noch Bestand haben kann.

Betrachten wir zunächst Bruns Verwendung der Herrschertitel. Sowohl für Otto II. wie auch für Otto III. benutzt er die Titel *rex* und *imperator* - und zwar ganz unabhängig davon, ab das jeweils geschilderte Ereignis vor oder nach der Kaiserkrönung liegt[156]. Anders hingegen verhält es sich mit dem Titel Heinrichs II. Er wird durchgehend nur als *rex* bezeichnet. Der Grund für diese Ungleichbehandlung liegt offen zutage: Zu Bruns Lebzeiten hat die Kaiserkrönung Heinrichs II. noch gar nicht stattgefunden. Aus der Bezeichnung für Heinrich läßt sich schließen, daß Brun den Titel *imperator* nur durch die römische Krönung und nicht etwa durch ein imperiales Königtum begründet sah[157]. Schon deshalb ist es fraglich, ob Brun tatsächlich die Idee eines »romfreien Kaisertums« vertrat.

Verstärkt werden diese Zweifel vollends durch den Krönungsbericht in Bruns Adalbertsvita: »Unterdessen betrat der in Purpur geborene König Otto III. mit großem Gefolge Rom, um den Gipfel des Kaisertums zu ersteigen, wie es seit Karl dem Großen die Sitte der fränkischen Könige ist. Das seit langem ersehnte Haupt zeigte er dem lateinischen Lande, gerade so, als ob nach Gott die zweite Gerechtigkeit käme; die Unwürdigen zittern alle, die Guten geben sich großer Freude hin. Er führte aus, weshalb er kam; Papst Gregor, den er (Otto III.) in seine Hofkapelle gezogen und (nun) zum Papst gesetzt hatte, weihte ihn zum Kaiser, (während) das Volk mit erhobener Stimme Kyrie Eleison sang. Gesalbt stieg der Imperator Augustus mit der Krone des Reiches empor, mit strahlendem Antlitz und einem Herz voller guten Willen.«[158] Als Vorlage für diese

---

152 WENSKUS, Studien, S. 118; diese Argumentation ist analog zu BEUMANNS These über das »sächsische Reichsvolkbewußtseins« bei Widukind von Corvey, auf die sich WENSKUS häufig beruft, vgl. etwa S. 112 Anm. 133; S. 117 Anm. 166; S. 120 Anm. 190.

153 WENSKUS, Studien, S. 119.

154 WENSKUS, Studien, S. 117.

155 Siehe dazu schon oben, S. 14 Anm. 19.

156 Daß Brun im Fall Ottos II. und Ottos III. nicht ganz streng nach dem Muster *tunc rex, nunc imperator* verfährt, erklärt sich durch die rückblickende Berichterstattung, die von der Kaiserkrönung als stattgefundenem Ereignis ausgehen konnte.

157 JÄSCHKE, Königskanzlei, versuchte, die Vorstellung eines imperialen Königtums in der Zeit vor der Kaiserkrönung Ottos I. nachzuweisen. Kritisch dazu STENGEL, Königtum; HOFFMANN, Geschichte, insb. S. 38-45; BRÜHL, Deutschland, S. 176 Anm. 593.

158 *Interea purpura natus Otto rex tercius causa scandendi culmen imperii, ut mos est a magno Karolo regum Francorum, multo comitatu Romam intravit; optatum diu caput Latinae terrae ostendit, quasi post Deum secunda iusticia veniat; iniqui omnes tremunt, boni magno gaudio gaudent. Fecit propter quod venit, quem ipse capella sua tractum posuit, papa Gregorius caesarem benedixit, populus Kyrieeley-*

Schilderung diente Brun die um das Jahr 1000 in Rom entstandene Adalbertsvita des Johannes Canaparius[159]; dort hat der Krönungsbericht folgenden Wortlaut: »Gerade zu dieser Zeit kam der König der Franken, Otto III., nach Rom, eines schönen Kaisers schönster Sprößling ... (kurze Beschreibung Ottos) ... Roma aber, da sie das Haupt der Welt und die Herrscherin der Städte ist und genannt wird, macht allein, daß die Könige (kaisergleich) befehlen; und da sie den Leib des Fürsten der Heiligen in ihrem Schoße birgt, steht es ihr mit Recht zu, auch den (vornehmsten) Fürsten der Länder zu bestimmen ... (Otto erfährt in Ravenna vom Tod Johannes XV.' und schickt Brun als Nachfolger zusammen mit Erzbischof Willigis von Mainz und Hildebold von Worms nach Rom voraus) ... Als auch der König hinzukommt, wird er nach römischer Sitte ehrenvoll empfangen; dann erlangt er unter dem großen Jubel aller die Krone der Kaiser. Mit den Vornehmen der Stadt freuen sich die Geringen, mit den bekümmerten Armen jauchzen die Scharen der Witwen, (weil) der neue Kaiser dem Volk Recht spricht, Recht spricht (auch) der neue Papst.«[160] Bei Brun fehlt zwar die von Canaparius aus der Funktion Roms als Apostelstadt abgeleitete, explizite Feststellung, daß es nur Rom allein zukommt, die kaiserliche Würde zu verleihen; daraus kann jedoch nicht gefolgert werden, Brun wende sich damit gegen eine Legitimierung des Kaisertums durch die römische Krönung[161]. Dagegen spricht doch schon der neue Titel des Gekrönten: Erst durch die päpstliche Weihe wird der bisherige *rex* zum *imperator augustus*. Hinsichtlich dieser allein durch den Krönungsakt bedingten Unterscheidung hält sich Brun exakt an den Bericht seiner Vorlage und übernimmt damit auch deren Verständnis von zwei unterschiedlichen Qualitäten der Herrschaft vor und nach der römischen Krönung. Von einer »polemischen Haltung Bruns«[162] gegen seine Vorlage ist hier nichts zu spüren.

Es ist auch ein Mißverständnis, Brun dahingehend zu interpretieren, er habe aus Opposition gegen jede Beteiligung der Römer an der Kaiserkrönung »den Bericht des Canaparius über die Akklamation *Romano more* bei der Krönung Ottos III.« einfach ausgelassen und stattdessen nur die Weihe durch Gregor V. erwähnt[163]. Die einschlägige Textpassage der römischen Adalbertsvita enthält überhaupt keine Aussage über

---

son caelsa voce canunt. Ascendit unctus cum corona imperii imperator augustus, gerens sydereos vultus et bone voluntatis plena precordia ferens. Vita Adalberti redactio longior 18, MPH NS 4.2, S. 23. Mit *corona imperii* meint Brun nur das unmittelbare Zeichen der Kaiserwürde, nicht aber im übertragenen Sinn das Reich; zu dieser jedoch ebenfalls nachweisbaren übertragenen Bedeutung vgl. CLASSEN, Krone.

159 Zur Entstehungszeit vgl. die Edition der römischen Adalbertsvita in MPH NS 4.1, S. XLIX.

160 *Hoc ipso tempore iter agit Romam rex Francorum Otto tercius, pulchri caesaris pulcherrima proles. ... Roma autem cum caput mundi et urbium domina sit et vocetur, sola reges imperare facit; cumque principis sanctorum corpus suo sinu refoveat, merito principem terrarum ipsa constituere debet. ... Superveniens etiam rex Romano more aegregiae accipitur; deinde et magno gaudio omnium imperatorum attigit apicem. Laetantur cum primatibus minores civitatis, cum afflicto paupere exultant agmina viduarum, quia novus imperator dat iura populis, dat iura novus papa.* Johannes Canaparius, Vita Adalberti 21, MPH NS 4.1, S. 32f.; dazu auch SCHRAMM, Kaiser 1, S. 132.

161 So aber WENSKUS, Studien, S. 122.

162 WENSKUS, Studien, S. 117 Anm. 170.

163 WENSKUS, Studien, S. 117.

eine Kaiserakklamation der Römer. Dort heißt es lediglich, der König sei *Romano more* in die Stadt eingeholt worden, und das bedeutet nach römischer Sitte, daß er an der Stadtgrenze von den Römern empfangen wurde[164]. Die Römer haben auch im Bericht des Canaparius keinen unmittelbaren Einfluß auf die Kaiserkrönung: Ohne Erwähnung der Beteiligten heißt es dort nur, Otto III. habe die Krone der Kaiser erlangt; nicht einmal der Papst wird dabei erwähnt - ganz im Gegensatz zu Brun, der ausdrücklich die päpstliche Weihe verzeichnet. Er drückt auch sehr deutlich aus, was in seinen Augen seit Karl dem Großen die Sitte der *reges Francorum* ist: Gemeint ist damit nicht etwa die karolingische Tradition des romfreien Kaisertums[165], sondern der Romzug *causa scandendi culmen imperii,* der seit den Zeiten Karls des Großen mit der Krönung durch den Papst sein Ziel erreicht. Mit der römischen Krönung des Karolingers begann für Brun der Brauch der Kaiserkrönungen. Daß Brun in der Tradition der Idee eines »romfreien Kaisertums« gestanden hätte, läßt sich aus seinem Krönungsbericht nicht herauslesen. Auf dessen Grundlage müssen wir vielmehr annehmen, daß Brun das Kaisertum erst durch den römischen Akt konstituiert sah. Der Gedanke eines »Reichsvolks« als »Träger des Imperiums«[166], das Rom seine Funktion bei der Kaiserkrönung streitig machen könnte, spielt in dem Krönungsbericht überhaupt keine Rolle.

Unzutreffend ist auch das Ergebnis, zu dem Wenskus nach der Gegenüberstellung der Roma als *caput mundi* aus der römischen Adalbertsvita mit der Bemerkung Bruns kommt, Otto III. habe sein lange ersehntes Haupt dem lateinischen Lande gezeigt: »Roms Weltstellung ist an den deutschen König übergegangen.«[167] Dazu hat schon Mathilde Uhlirz mit Recht festgestellt: »Dieser Schluß wäre allenfalls zutreffend, wenn Brun zu *caput* das Beiwort *mundi* oder *orbis* gesetzt hätte. Das ist aber nicht der Fall, und überdies handelt es sich um zwei Stellen, die einander inhaltlich nicht entsprechen. Die Worte Bruns besagen nur, daß Otto ... sein Haupt der lateinischen Erde zeigte, d.h. daß er in Italien erschien.«[168]

Angreifbar ist ferner die Feststellung, die »eigenartig verschrobene Wendung« *inter Romana fata ubi de regibus loquitur,* mit der Brun eine Prophezeiung der Sibylle von Cumae wiedergibt[169], habe er nur deshalb gewählt, um dem Terminus *Imperator Romanorum* »aus dem Wege zu gehen«[170]. Diese Argumentation ist keineswegs zwingend: Wenn Brun tatsächlich den Rombezug im Kaisertitel hätte vermeiden wollen, hätte er ebenso gut *imperatoribus* ohne ethnischen Zusatz statt *regibus* schreiben können. Brun verwendet zur Bezeichnung der antiken heidnischen Kaiser

---

164 Vgl. dazu Uhlirz, Kaiserkrönung, S. 265 mit Anm. 2; Laudage, Kaiserkrönung, S. 19.
165 So aber Wenskus, Studien, S. 122.
166 Wenskus, Studien, S. 122.
167 Wenskus, Studien, S. 108.
168 Uhlirz, Rezension zu Wenskus, S. 288.
169 Vita quinque fratrum 7, MPH NS 4.3, S. 47.
170 Wenskus, Studien, S. 99f.

jedoch stets nur den Begriff *rex*[171], möglicherweise deshalb, weil für ihn *imperator* nur die Würde des christlichen Kaisers ist, die er nicht mit der eines heidnischen begrifflich auf dieselbe Ebene stellen wollte. Ebenso gut möglich ist, daß sich *regibus* durch den Bezug auf die - übrigens ansonsten unbekannte[172] - Sibylle von Cumae als Bruns Vorlage erklärt. Ganz sicher aber kann Bruns Wortwahl nicht als Beleg für seine angebliche »Tendenz« ins Feld geführt werden, »das Gesamtreich nicht auf Rom bezogen zu denken«[173].

Diese Ergebnisse relativieren die These, Brun habe eine »Polemik« gegen die römische Adalbertsvita geschrieben, nicht unwesentlich, denn sie gründet zu einem großen Teil auf problematischen Einzelinterpretationen, denen man ihrer Einseitigkeit wegen nicht ohne weiteres folgen kann. So hat für Wenskus auch die »Polemik« Bruns gegen die Schilderung Magdeburgs in der »offiziösen Adalbertsvita des Canaparius«[174] zentrale Bedeutung: Magdeburg erscheint dort als *urbs quondam nota populis ... nunc autem pro peccatis semiruta domus;* Brun habe diese Herabsetzung Magdeburgs durch den Römer »mit einer scharfen Entgegnung bedacht«, indem er Magdeburg als *Theutonum nova metropolis* bezeichnet habe[175]. Daß Brun mit *metropolis* jedoch eine »Hauptstadt« der »Deutschen« gemeint und sich damit gegen eine angemaßte Stellung Roms gewandt habe, ist wenig wahrscheinlich. *Metropolis* bezeichnet stattdessen Magdeburg als Sitz eines Erzbischofs, so daß Brun wesentlich unspektakulärer die »Hauptstadt einer neuen Kirchenprovinz der Deutschsprechenden« gemeint haben muß. Das im fernen Rom geschriebene *semiruta domus* muß auch nicht automatisch eine böswillige Abwertung Magdeburgs im Streit um den Status einer »Hauptstadt« bedeutet haben, sondern wird eher das im Süden des Reichs nur verschwommene, aber eben doch vorhandene Wissen um die Verwüstungen der Erzdiözese durch den Slawenaufstand von 983 wiedergeben[176]: Im Kloster von SS. Bonifacio e Alessio konnte man schon deshalb Kenntnis von den verheerenden Ereignissen gehabt haben, weil gerade Brun dort längere Zeit verbracht hat.

Eine besondere, auf ein »deutsches Reichsvolkbewußtsein« gegründete Ablehnung der Römer kann bei Brun nicht festgestellt werden. Ebensowenig vertritt er eine romfreie Kaiseridee; ganz im Gegenteil stellt er die ottonische Kaiserwürde unmißverständlich als an Rom gebunden dar.

---

171 *Enimvero more regum antiquorum et paganorum...* Vita quinque fratrum 7, MPH NS 4.3, S. 44; dagegen die Bezeichnung Konstantins als *imperator magnus*, vgl. Vita Adalberti redactio longior 10, MPH NS 4.2, S. 10.

172 Vgl. dazu SACKUR, Texte, S. 124.

173 WENSKUS, Studien, S. 100.

174 WENSKUS, Studien, S. 180ff.; vgl. auch S. 115. Schon BEUMANN-SCHLESINGER, Urkundenstudien, sahen S. 380 darin einen Beleg für »Stimmungsmache gegen Magdeburg«.

175 Textgegenüberstellung bei WENSKUS, Studien, S. 180; die Interpretation von WENSKUS auch bei CLAUDE, Geschichte 1, S. 189 (die römische Adalbertsvita als »Zeugnis für die gegen Magdeburg gerichtete Propaganda«).

176 Vgl. dazu BU 1226c; ferner KOSSMANN, Deutschland, S. 443 Anm. 172.

c) Die undankbaren Römer

Das persönliche Verhältnis Ottos III. zu Rom umschreibt Brun mit den Begriffen *amor, amare, placere;* die Stadt sei für den Kaiser die *dilecta Roma* gewesen[177]. In diesem Gefühl sieht Brun die Ursache für die verschiedenen, von ihm mit *pecunia, honor, bona* und *beneficia* umschriebenen Wohltaten, die Otto III. Rom erwies. Welche konkreten politischen Maßnahmen damit gemeint sein könnten, auf welches Ziel das *renovare* und *novare* hinauslaufen sollte, braucht an dieser Stelle nicht erörtert zu werden[178]. Das Gute, das die Römer von Otto III. erfahren haben, stellt Brun beständig dem römischen Aufstand gegenüber. Die Antithese *amans (imperator) - sed non amantes (Romani)* ist charakteristisch für seine wirkungsvoll kontrastierende Schilderung. Es ist der Vorwurf der Undankbarkeit, der - zunächst unausgesprochen - diese Gegensätze in den ersten drei Abschnitten des siebten Kapitels bestimmt. Den Begriff *ingratus* selbst spart sich Brun aber bis zum Ende seiner Ausführungen über Rom auf. Seinen abschließenden Bericht über die römischen Ereignisse beginnt er dann mit der gleichzeitig summarischen und pointierten Charakteristik der Aufständischen als *ingrati Romani*[179]; diesen Vorwurf erhebt er schon implizit in den vorangegangenen häufigen Gegenüberstellungen von guter Absicht des Kaisers und böser Vergeltung durch die Römer. Die Anklage der Undankbarkeit kann man als Reaktion auf den römischen Ungehorsam gegenüber dem Kaiser und damit auch als eine unmittelbare Bewertung des politischen Ereignisses ansehen, die im Gegensatz zum Sündenvorwurf an Otto III. nicht durch die retrospektive Betrachtung in Verbindung mit geschichtstheologischen Spekulationen bedingt ist.

5. Brun und die Gründung des Erzbistums Gnesen

Abschließend ist noch Bruns Einstellung zur Gründung des Erzbistums Gnesen durch Otto III. im Frühjahr 1000 zu betrachten. Brun widmet dieser Angelegenheit lediglich in der Fünfbrüdervita eine äußerst knappe Bemerkung: *et de Sancto Adalberto, ad quem orationis causa perrexit, Otto Imperator, religionis amator, ex studio reverteretur*[180]. Die Gnesenfahrt geschieht *causa orationis*, eine Begründung, die auch die Quedlinburger und Hildesheimer Annalen sowie Thietmar von Merseburg überlie-

---

177 Die einschlägigen Stellen finden sich ausnahmslos im siebten Kapitel der Fünfbrüdervita: *Num cum sola Roma ei placeret; tantus sibi amor habitare Italiam fuit; Nec sic nativa terra et desiderabilis Germania ad amorem ei venit, verum Romulea tellus ... placet; amans (Otto) sed non amantes; a miserae dilectae Romae cum verecundia (imperatorem) expulerunt (Romani),* MPH NS 4.3, S. 43f.

178 Dazu siehe dazu unten, S. 237-263.

179 *Nec longum ingrati Romani beneficiis a cesare illis persepe exhibitis, obliti montem pecuniarum quas frustra - amans sed non amantes - plena manu quasi fudit (imperator) in abissum,* Vita quinque fratrum 7, MPH NS 4.3, S. 44.

180 Vita quinque fratrum 2, MPH NS 4.3, S. 33.

fern[181]; im Gegensatz zu den Hildesheimer Annalen und zu Thietmar berichtet Brun jedoch nicht von der Gründung des Erzbistums.

Die Forschung erkennt darin seit langem Beweis genug für Bruns Ablehnung des Gnesenplans Ottos III.[182]; Brun hätte doch, zumal er auch sonst vereinzelte Mitteilungen zur politischen Ereignisgeschichte in seine Fünfbrüdervita einstreut, gewiß über die Gnesenfahrt berichtet, wenn er sie nicht abgelehnt hätte[183]. Diese Interpretation wurde umso bereitwilliger akzeptiert, je mehr in einem »Reichsvolkbewußtsein« oder in »nationalen Motiven« die treibende Kraft für Bruns Widerstand gegen die Rom- und Renovatiopolitik gesucht wurde[184]. Unter diesem Vorzeichen betrachtet hätte Brun gegen den Gnesener Akt die Missionsaufgaben und Ansprüche Magdeburgs auf die weitere kirchenpolitische Abhängigkeit Polens gewahrt wissen wollen[185] und wäre also »mit Thietmar einig«[186], dessen auf das neue Erzbistum bezogener Stoßseufzer *ut spero legitime*[187] als repräsentativ für den sächsischen Widerstand gegen die Schmälerung der Magdeburger Position gilt. Auch Johannes Fried geht von »Bruns Aversion« gegen Gnesen aus[188], führt sie allerdings auf ein Konkurrenzverhältnis zwischen Brun als dem neuen Erzbischof der Heiden und dem Erzbischof von Gnesen, Radim-Gaudentius, zurück[189]. Ohne an dieser Stelle auf die für Frieds These wichtige Frage nach Bruns Missionsvorhaben eingehen zu können, kann doch zusammenfassend gesagt werden, daß Bruns Schweigen über die kirchenpolitische Neuordnung Polens deshalb allgemein als Kritik verstanden wird, weil er mehr als einmal Anlaß gehabt hätte, sie zu erwähnen[190]. Diese Prämisse wird geradezu als Schlüssel zur Erkenntnis jener Position gebraucht, die Brun »in Wahrheit« vertrat - allerdings aus irgendwelchen dunklen Gründen in seinen Schriften nicht formulierte. So sicher Schweigen seinen Grund haben kann, so wenig muß deshalb immer Kritik die Ursache davon sein - zumal im Falle

---

181 Siehe dazu unten, S. 59 und 91 Anm. 480; Thietmar, Chronicon IV 44.

182 Vgl. z. B. BRACKMANN, Erneuerungsgedanke, S. 119; WENSKUS, Studien, S. 179.

183 Typisch für diese Überlegung, die das Erkenntnisinteresse des modernen Historikers mit Bruns Darstellungsabsicht gleichsetzt, ist etwa die Begründung für Bruns »innere Unsicherheit und bewußte oder unbewußte Ablehnung« der Gründung des Erzbistums Gnesen bei SCHULZE, Otto III., S. 28: »... zudem die Überlegung auftaucht, daß, selbst wenn Brun die Gnesener Fahrt nicht mitmachte, er doch sonst ausführlich genug ist und häufig nur Gehörtes berichtet, es also auch hier tun könnte, kommt man zu der Vermutung, daß diese Ehrung des Toten durch das neue polnische Erzbistum etwas war, von dem er am liebsten nicht sprach.«

184 So beobachtet denn auch SCHULZE, Otto III., S. 30 ein »ausgeprägtes stolzes deutsches Nationalgefühl« bei Brun.

185 Die von der Forschung bisher angenommene kirchenpolitische Eingliederung Polens in das Magdeburger Erzbistum über Bischof Unger von Posen als Suffragan Magdeburgs stellt neuerdings FRIED, Otto III., S. 144-147 mit guten Gründen in Frage.

186 WENSKUS, Studien, S. 180. Vgl. ferner DERS., Forschungsbericht, S. 528; BEUMANN-SCHLESINGER, Urkundenstudien, S. 392; Brun als Vertreter der Magdeburger Ansprüche auch bei CLAUDE, Geschichte 1, S. 243-248.

187 Thietmar, Chronicon IV 45; zum Standpunkt Thietmars in der Gnesener Frage siehe unten, S. 80f.

188 FRIED, Otto III., S. 85 Anm. 21.

189 Vgl. dazu ausführlich FRIED, Otto III., S. 94-100.

190 So auch FRIED, Otto III., S. 76.

Bruns nicht recht erkennbar ist, was ihn von einer deutlich ausgedrückten Ablehnung der Gnesener Ereignisse hätte abhalten sollen: Otto III. war schon seit Jahren tot, und wenn die Adalberts- und die Fünfbrüdervita in sächsische Hände oder gar an den Hof Heinrichs II. gelangt wäre, dann hätte Brun doch mit eifriger Zustimmung rechnen dürfen - dies umso mehr, wenn in Sachsen die Kritik an der Gründung des polnischen Erzbistums tatsächlich so weit verbreitet gewesen sein sollte. Oder sollte Brun aus Rücksicht auf polnische Adressaten der Fünfbrüdervita seine wirkliche Meinung unterdrückt haben? Aber auch dann bliebe seine Motivation für ein solches Schweigen im Dunkeln[191]. Jedenfalls kann die Interpretation, Bruns kurze Bemerkung über Gnesen sei charakteristisch für seine ansonsten zwar nicht belegbare, aber eben doch erschließbare Ablehnung der Gnesener Konzeption, nicht vorbehaltlos akzeptiert werden. Vielmehr ist auch die Möglichkeit zu erwägen, daß die knappe Aussage durch Bruns Darstellungsinteresse begründet sein könnte.

Ein solcher Blickwinkel zwingt zunächst dazu, den umittelbaren Kontext der Aussage zu berücksichtigen. Die knappe Bemerkung über Ottos Rückkehr *de Sancto Adalberto* steht nicht etwa im Zusammenhang einer längeren Ausführung über die Politik Ottos III. im allgemeinen oder über seine Gnesenfahrt im besonderen; wäre das der Fall, dann allerdings hätte Bruns Schweigen ein ganz besonderes Gewicht. Im zweiten Kapitel der Fünfbrüdervita kommt der Notiz über Ottos Rückkehr aber nur die Funktion eines zeitlichen Orientierungspunktes für die Ankunft Romualds in Rom zu; das anschließend erwähnte Gewitter nach dem Einzug des Kaisers in Rom wertet Brun als böses Vorzeichen einer Entwicklung, die Romuald nach dem römischen Aufstand dazu zwang, Ravenna aufzusuchen[192]. Der eigentliche Gegenstand von Bruns Berichterstattung ist an dieser Stelle also weder die Adalbertsverehrung Ottos III. noch die Gnesenfahrt, sondern das Schicksal Romualds. In ihren Kontext gestellt ist deshalb die knappe Notiz weder »erstaunlich« noch ein Zeichen dafür, daß er über die Gnesenfahrt einfach »hinweggehen« wollte[193]. Diese Interpretation ex silentio unterstellt Brun die Absicht, möglichst vollständig über politische Ereignisse berichten zu wollen, die zum Zeitpunkt seiner Arbeit an der Fünfbrüdervita schon acht Jahre zurückliegen. Dabei bleibt unberücksichtigt, daß Brun kein Historiograph, sondern eben ein Hagiograph war, der keine Ereignisgeschichte im Stil der Annalen oder Chroniken verfaßte, sondern eine Heiligenvita schrieb. In diesem Rahmen kann er aber einen Bericht über die politischen Implikatonen der Gnesenfahrt durchaus für entbehrlich gehalten haben - gerade so, wie es auch Lambert von Deutz in seiner Vita Heriberti nicht mit seiner Darstellungsabsicht verein-

---

191 FRIED, Otto III., vermutet zwar S. 76, Brun habe eine Revision der Gnesener Entscheidung erstrebt, räumt aber gleichzeitig ein, daß unklar sei, »wonach er eigentlich trachtet«. Eine Untersuchung von Bruns eigenem Missionsplan, die hier allerdings nicht geleistet werden kann, dürfte dieses Problem einer Lösung näher bringen.

192 Vgl. dazu Vita quinque fratrum 2, MPH NS 4.3, S. 33f.

193 WENSKUS, Studien, S. 179; ebenso DERS., Forschungsbericht, S. 528.

baren konnte, über die Taten des Kaisers zu berichten[194]; Brun berichtet auch nichts über den Aufenthalt Ottos III. in Aachen nach der Gnesenfahrt, ohne daß deshalb in der Forschung vermutet worden wäre, er hätte damit die Karlsgraböffnung als Störung der Totenruhe kritisieren wollen, wie es in den Hildesheimer Annalen geschieht[195].

Jenseits dieser Überlegungen zur Textinterpretation ist für das Verständnis von Bruns Bericht aber auch das veränderte Bild wichtig, das die neuere Forschung gegenüber der älteren von den Verhältnissen im Osten um das Jahr 1000 zeichnet. Hatten die deutschen Historiker die Missionspolitik stark vor dem Hintergrund eines deutsch-polnischen, national begründeten Antagonismus betrachtet und die Mission als eine vom östlichen Sachsen aus voranzutreibende, gleichsam natürliche deutsche Aufgabe verstanden, in deren Konsequenz auch eine ebenso natürliche Unterwerfung Polens lag, so haben insbesondere die Forschungen Herbert Ludats ein tieferes Verständnis der gemeinsamen Missionspolitik Ottos III. und Boleslaws ermöglicht[196]. Indem Otto III. in Gnesen die ohnehin schon weit fortgeschrittene Konsolidierung des Piastenstaates begünstigte, schuf er sich gleichzeitig einen wichtigen Bundesgenossen gegen die Elbslawen, die 983 das Missionswerk Ottos I. im östlichen sächsischen Vorfeld zum Einsturz gebracht hatten. Die Gnesener Lösung war deshalb die »logische und zugleich geniale Fortsetzung einer den Realitäten Rechnung tragenden Politik, für die die Wiederaufnahme alter Ziele ottonischer Kirchenpolitik in einer durch den Slavenaufstand von Grund auf veränderten Welt keine echte Alternative mehr bedeutete; an die Stelle der bisherigen, vordringlichsten Aufgabe, die Ostgrenze durch Abwehr der Heiden zu sichern, war die Neuordnung der gesamten lateinischen Christenheit in politischer und kirchlicher Hinsicht getreten. So wurden die erneuten Ansprüche Magdeburgs, als geistliche Metropole für den gesamten Raum der Sclavania zu gelten, übergangen, weil nach Auffassung aller Beteiligten, des Kaisers, des Papstes und des polnischen Herzogs, die gewaltige Ausweitung des piastischen Herrschaftsbereichs durch die Erwerbung Pommerns, Schlesiens und des Krakauer Landes den Aufbau einer eigenen landeskirchlichen Organisation dringlich machte«[197].

Die Errichtung des Erzbistums Gnesen vollendete gleichzeitig die ältere, erstmals in dem berühmten Dagome-iudex-Regest greifbare polnische Initiative, das Land der römischen Kirche zu unterstellen und von der sächsisch-deutschen Kirchenorganisation unabhängig zu machen[198]. Die politische Lage nach dem Slawenaufstand hatte den Kaiser und den Polenherzog in einer Interessengemeinschaft zusammengeführt: Boleslaw wurde in Gnesen *cooperator imperii*, der Akt war begleitet von einer weltlichen

---

194 *Quotiens cum imperatore Romam ierit (Heribert) et redierit, utque augustus arcem imperii, res Italiae moderando, disposuerit, potius regiae videtur inscribendum chronicae, quam in laudem sancti violenter inflectere.* Lantbert von Deutz, Vita Heriberti archiepiscopi Coloniensis 4, MGH SS 4, S. 742.
195 Siehe dazu unten, S. 90.
196 LUDAT, Elbe, insb. S. 67-92.
197 LUDAT, Elbe, S. 76.
198 Vgl. dazu FRIED, Formen, S. 350; WARNKE, Ursachen; FRIED, Otto III., S. 90; DERS., Theophanu, S. 369.

Königserhebung Boleslaws[199]. Der Fortgang der Mission im Osten war damit sicher-
gestellt. Der von Otto III. und Brun in Pereum 1001 entworfene Missionsplan[200]
konnte auf diese »völlige Harmonie«[201] zwischen dem Polenherzog und dem Kaiser als
wichtigster Voraussetzung für ein Gelingen ganz selbstverständlich aufbauen. So wurden die auf Initiative Bruns und Ottos III. nach Polen gesandten italienischen Eremiten
Benedikt und Johannes von Boleslaw freundlich aufgenommen und unterstützt[202]. Petrus Damiani berichtet in seiner Vita Romualdi sogar, Boleslaw selbst habe den Kaiser
um die Entsendung der Missionare gebeten[203]. Welche großartigen Perspektiven das
Zusammenwirken der beiden Herrscher eröffnet hatte, klingt noch Jahrzehnte später
im Bericht des Bremer Magisters Adam nach: *Bolizlaus rex christianissimus cum Ottone tercio confederatus omnem Sclavaniam subiecit et Ruzziam et Pruzzos*[204].
Der frühe Tod Ottos III. veränderte die Situation schlagartig; berücksichtigt man die
enge Verbindung zwischen Boleslaw und Otto III., so ist auch Bruns Bericht über die
Trauer des Polenherzogs durchaus glaubwürdig[205]. Zieht man zusätzlich das von Brun
selbst als freundschaftlich bezeichnete Verhältnis zwischen ihm und Boleslaw in Betracht[206] sowie seine massive Kritik am Liutizenbündnis Heinrichs II., so steht außer
Zweifel, daß Brun bei weitem mehr der Gnesenkonzeption Ottos III. zugeneigt haben
muß als einer etwaigen Verteidigung ohnehin fragwürdiger Magdeburger Ansprüche.
Demnach ist sein Schweigen über die Errichtung des Gnesener Erzbistums kaum als
»bewußte oder unbewußte Ablehnung« des Gnesener Akts aufgrund des damit verbundenen »Verlust(s) für seine mitteldeutsche Heimat«[207] zu erklären. Im Gegenteil
wird man ihn als ganz entschiedenen Befürworter der Polenpolitik Ottos III. zu bewer-

---

199 Den bisherigen Forschungsstreit um eine Königskrönung Boleslaws in Gnesen dürfte Frieds Interpretation entschieden haben, vgl. FRIED, Otto III., S. 117-125. Schon KOSSMANN, Deutschland,
nahm S. 419 eine nicht rein lehnsrechtliche, aber auch nicht mit dem modernen Begriff der Souveränität erklärbare, jedoch qualitativ neue Beziehung Boleslaws zum Reich an und sprach von einer
»dominus-Würde« Boleslaws, die ihn aus der bisherigen Unterordnung unter die sächsischen Markgrafen herauslöste (S. 430-433) und zum »autonomen Mitstreiter« für die Christenheit an der Seite des
Kaisers machte.
200 Die Initiative dazu ging von Otto III. aus, vgl. Vita quinque fratrum 2, MPH NS 4.3, S. 35.
201 LUDAT, Elbe, S. 77.
202 Vgl. dazu Vita quinque fratrum 6, MPH NS 4.3, S. 41f.
203 *Interea ... Busclavus rex preces imperatori direxit ut sibi spirituales viros mitteret qui regni sui gen-
tem ad fidem vocarent.* Petrus Damiani, Vita Romualdi 28, FSI 94, S. 61; vgl. auch FRIED, Otto III.,
S. 95.
204 Adam von Bremen, Gesta Hammaburgensis ecclesiae pontificum II 35, MGH SS rer. Germ. 2,
S. 95f.
205 *Cuius (imperatoris) mortem nullus maiore luctu planxit, quam Bolizlao, cui multa bona pre ceteris
facere rex puer frustra in desiderio habebat, scilicet apud quem sancti viri Benedictus et Iohannes in heremo stetere. Qui supradictus Bolizlao, si fidem habet, ante omnes maiorem memoriam animae eius in
corde tenet.* Vita quinque fratrum 8, MPH NS 4.3, S. 48.
206 *Si quis etiam hoc dixerit, quia huic seniori (Boleslao Poloniae duci) fidelitatem, et maiorem ami-
citiam porto, hoc verum est: certe diligo eum ut animam meam, et plus quam vitam meam.* Epistola ad
Heinricum Regem, MPH NS 4.3, S. 101.
207 SCHULZE, Otto III., S. 28.

ten haben[208]. Die nur kurze Erwähnung der Gnesenfahrt erklärt sich als Konsequenz der thematischen Begrenzung von Bruns hagiographischer Darstellung.

6. Zusammenfassung

Das gewonnene Bild von Bruns Urteil über Otto III. und seine Politik unterscheidet sich in wesentlichen Punkten von den Ergebnissen, die Reinhard Wenskus vorgelegt hat. Die These, das »deutsche Reichsvolkbewußtsein« sei zentral für Bruns Verdikt über Otto III. und sogar das eigentliche Movens seiner Kritik, vermag nicht mehr zu überzeugen. Von politischer Relevanz bestimmter Kategorien kann sinnvollerweise nur gesprochen werden, wenn sie auch Argumente für oder gegen eine bestimmte politische Wirklichkeit liefern konnten. Vermeintlich politisch bedeutsame Gefühle[209] bleiben demgegenüber nur schwer verifizierbar, und die Spekulation darüber hängt von umstrittenen und fragwürdig gewordenen Prämissen ab. Ein »deutsches Reichsvolkbewußtsein« sollte deshalb nur dann als für Bruns Urteil ausschlaggebend angesehen werden, wenn diese Einstellung aus seinen Äußerungen als politisch relevant auch zwingend abgeleitet werden könnte. Gerade das aber ist nicht der Fall: Brun argumentiert zwar eindeutig gegen die Rompolitik Ottos III., aber nicht deshalb, weil sie die »Deutschen« zurücksetzte[210], sondern weil sie ein gegen den heiligen Petrus gerichtetes *peccatum* war. Eine vergleichbar präzise Argumentation auf der Basis eines als politische Denkkategorie wirksamen »Reichsvolkbewußtseins« sucht man dagegen vergeblich. Deshalb liegt die Annahme nahe, daß die politische Substanz eines »deutschen Reichsvolkbewußtseins« bei Brun so gering war, daß sie in seinem Urteil über Otto III. keine Rolle spielte. Die These von Wenskus beruhte auf einer unverhältnismäßig starken Gewichtung vermeintlich eindeutig ein pränationales Zusammengehörigkeitsbewußtsein signalisierender Begriffe; jedoch ist die Deutung von Worten wie *Germania* und *Theutones* als Aussagen über ein ethnisches und politisches Einheitsbewußtsein im nordalpinen Reichsteil nicht haltbar. Der höchstwahrscheinlich während Bruns jahrelangem Aufenthalt im südlichen Reichsteil aufgenommene *Theutones*-Begriff kennzeichnet nur die germanische Sprachgemeinschaft des nördlichen im Gegensatz zur romanischen des südlichen Reichsteils; er ist so wenig politisch gedacht wie der geographische - und als weibliche Personifikation auch poetische - Begriff *Germania*. Der supragentilen Realität des ottonischen Reiches setzt Brun keine Auffassung eines eth-

208 So zuletzt auch KOSSMANN, Deutschland, S. 441-447 und 450.

209 WENSKUS, Studien, S. 109 meint, durch die Rompolitik Ottos III. seien »Gefühle verletzt« worden, die »politisch nicht bedeutungslos« waren.

210 So jedoch schon SCHRAMM, Kaiser 1, S. 148 Anm. 2. Ausführlich dann WENSKUS, Studien, S. 171ff., dessen Ergebnisse in der Forschung bestimmend blieben, vgl. z. B. MÜLLER-MERTENS, Regnum Teutonicum, S. 122; PÄTZOLD, Auffassung, S. 275ff.; auch BRÜHL, Anfänge, S. 176, der allerdings insoweit deutlich abschwächt, als er Brun als »Literaten« und »Intellektuellen« bezeichnet, um dessen Kritik sich die offizielle Politik des Hofes nicht gekümmert habe.

nisch-politisch homogenen »deutschen« Reichsteils entgegen[211]; ebensowenig ist erkennbar, daß er das ottonische Herrschaftsgebiet insgesamt als ein »sächsisches« Reich betrachtet[212].

Revidiert werden muß auch die Einschätzung Bruns als eines extremen Vertreters der romfreien Kaiseridee. Er war nicht »wie Widukind ein Gegner des Romkaisertums«[213]. Im Gegenteil erkennt er die strikte Rombezogenheit der Kaiserwürde schon im Gebrauch des *imperator*-Titels an, schildert gerade die römische Kaiserkrönung Ottos III. ohne die Spur eines Vorbehalts und stellt den römischen Akt eindeutig als konstitutiv für das ottonische Kaisertum dar. Politisch relevant für das Urteil über die Rompolitik Ottos III. ist ausschließlich Bruns vorbehaltlose Anerkennung der Konstantinischen Schenkung, die man auch vor dem Hintergrund seiner ungewöhnlich ausgeprägten Petrusideologie verstehen muß[214]. Die Anklage, daß der Rachefeldzug gegen die Apostelstadt ein *bellum iniustum* gewesen sei, erhebt Brun nicht explizit, sie ist jedoch als eigentlicher Kern seiner Herrscherkritik erschließbar, die ganz auf christlich-augustinischer Ethik basiert, darüber aber nicht hinausweist. Bruns persönliche Überzeugungen prägen das Bild Ottos III. in der Fünfbrüdervita, das gänzlich der typisch hagiographischen Belehrungsabsicht verpflichtet ist und dementsprechend stark den Gegensatz zwischen Tugend und Laster, Sünde und Vergebung, Gehorsam und Ungehorsam gegen Gott akzentuiert.

Damit ist über die Haltung Bruns zu Lebzeiten des Kaisers jedoch keine Aussage getroffen; denn es ist die Perspektive der Rückschau, die den Abschnitt über Otto III. in der Fünfbrüdervita bestimmt und für sein Verständnis ganz zentral ist. In Bruns heilsgeschichtlich determiniertem Geschichtsbild kommt der Rompolitik erst retrospektiv die Funktion der Sünde gegen den heiligen Petrus zu, für die der Kaiser mit einem frühen Tod bestraft wurde. Ob Brun den Sündenvorwurf auch erhoben hätte, wenn Otto III. nicht schon 1002 gestorben wäre, muß offenbleiben: Wäre das gemeinsam mit Boleslaw geplante Missionsprojekt verwirklicht worden, hätte Brun seine Hoffnung auf Christianisierung der Liutizen zunehmend erfüllt sehen können, anstatt den Krieg Heinrichs II. gegen den Piasten als Katastrophe für die Christenheit miterleben und als Strafe Gottes deuten zu müssen[215]. Das schwierige Verhältnis von deutlich dominanter hagiographischer Darstellungsabsicht, eingeflossener historiographischer Überlieferung und geschichtstheologischer Spekulation macht Bruns Bericht so wenig transparent für eine Kritik, die er eventuell gegen den lebenden Kaiser vorzubringen gehabt hatte.

---

211 So auch MÜLLER-MERTENS, Regnum Theutonicum, S. 139.
212 So aber PÄTZOLD, Auffassung, S. 276.
213 WENSKUS, Studien, S. 201.
214 Vgl. dazu FRITZE, Brun, S. 235. Eine - nicht vollständige - Zusammenstellung von Bruns Bezügen auf den Apostelfürsten bei HIRSCH, Jahrbücher 2, S.264 Anm. 1; die Vita quinque fratrum war damals noch nicht bekannt, vgl. VOIGT, Brun, S. 169.
215 Siehe dazu schon oben, S. 37 Anm. 130.

II. Die Quedlinburger Annalen

Die Quedlinburger Annalen[216] sind im Quedlinburger Stift St. Servatius entstanden, das seit seiner Gründung durch die Königin Mathilde der ottonischen Dynastie besonders eng verbunden war. Von 966 bis 999 stand Ottos III. Tante Mathilde als Äbtissin an der Spitze des Stifts, von 999 bis 1045 Ottos III. Schwester Adelheid[217]. Der Berichtszeitraum der Annalen reicht bis ins Jahr 1025; in diesem Jahresbericht bricht der Text der einzigen erhaltenen, im späten 16. Jahrhundert entstandenen Handschrift mitten im Satz ab. Seit den Forschungen Robert Holtzmanns[218] kann die Entstehungsgeschichte der Annalen als geklärt angesehen werden. Demnach ergibt sich für die Frage nach Quellen, Entstehungszeit und Verfasserschaft folgendes Bild: Als wichtigste Quelle fungierten die auf die verlorenen Hersfelder Annalen zurückgehenden, ihrerseits ebenfalls verlorenen Annales Hildesheimenses maiores, die dem Quedlinburger Annalisten in einer bis 1002 reichenden Fassung vorlagen. Sie dienten ihm als »annalistisches Gerippe«[219]. Die Niederschrift der Annalen begann einige Zeit nach dem Jahr 1000, die Berichte über die Ereignisse um die Jahrtausendwende sind sicher erst nach dem Tod Ottos III. geschrieben worden[220], aber wohl noch vor 1008. Die politische Situation war damals bereits durch das Liutizenbündnis Heinrichs II. und die Kämpfe mit Boleslaw I. Chrobry gekennzeichnet - eine Entwicklung, die auf deutliche Kritik des Annalisten stößt. Bis 1016 wurden die Berichte zeitgleich niedergeschrieben[221], desgleichen nach einer vierjährigen Unterbrechung ab 1020. Wegen des durchgehend einheitlichen Stils kann davon ausgegangen werden, daß es nur einen Verfasser der Annalen und nicht mehrere Autoren gab[222]. Sein Werk ist vor allem deshalb wichtig, weil der Annalist auch eigene Berichte hinzufügt. Bis 983 beschränkt er sich dabei auf vereinzelte, fast ausschließlich auf Mitglieder des sächsischen Herrscherhauses bezogene Ergänzungen, für die Zeit bis 1002 kommen zunehmend selbständige Berichte hinzu, von 1003 an war der Verfasser gänzlich auf eigene Kenntnisse angewiesen[223].

---

216 Annales Quedlinburgenses, MHG SS 3, S. 22-90; vgl. dazu WATTENBACH-HOLTZMANN, Geschichtsquellen 1, S. 44ff.

217 Zur rechtlichen Bindung des Quedlinburger Stifts an die ottonische Familie und zu seinem Charakter als »Königskloster« bzw. »Reichskloster« vgl. SCHMID, Thronfolge, S. 126-136. Zu Mathilde und Adelheid von Quedlinburg vgl. GLOCKER, Verwandte, S. 201-206.

218 HOLTZMANN, Quedlinburger Annalen. Die dort S. 254 als wünschenswert bezeichnete Neuedition der Annalen ist bisher nicht erfolgt.

219 HOLTZMANN, Quedlinburger Annalen, S. 214f. Zur Abhängigkeit von den verlorenen größeren Hildesheimer Annalen vgl. TRADELIUS, Jahrbücher, S. 6-18. Zur Benutzung der Quedlinburger Annalen bei Thietmar von Merseburg vgl. HOLTZMANN, Chronik, S. 186-200.

220 Das geht aus der Bemerkung zur »letzten Reise« des Kaisers nach Italien hervor: ...ille (Otto III.), ut decreverat, in Italiam ultima, proh dolor! profectione acceleraturus, illa (seine Schwester Adelheid) monasterium cui specialiter praeerat revisura, utrique cassa spe ulterius sese in hac luce videndi, discedunt. Annales Quedlinburgenses ad a. 1000, MGH SS 3, S. 77.

221 Vgl. HOLTZMANN, Quedlinburger Annalen, S. 254.

222 HOLTZMANN, Quedlinburger Annalen, S. 229-243; ALTHOFF, Frauenklöster, gibt S. 136 zu bedenken, daß es sich natürlich auch um eine Autorin gehandelt haben kann.

223 HOLTZMANN, Quedlinburger Annalen, S. 229, 221 und 214.

Im Unterschied zu den ebenfalls auf die verlorenen größeren Hildesheimer Annalen zurückgehenden Annales Hildesheimenses sind die Annales Quedlinburgenses in einer häufig phrasenreichen und im Blick auf die Ottonen panegyrischen Sprache verfaßt, so daß die Art und Weise der Herrscherverehrung unbedingt als eine Besonderheit der Quedlinburger Annalen anzusehen ist. Darin drückt sich gleichzeitig die Funktion des Quedlinburger Stifts als eines Zentrums der familienorientierten Totenmemoria der Ottonen aus[224]. Eine enge Beziehung des Annalisten zu den Mitgliedern der kaiserlichen Familie, insbesondere zu den beiden Quedlinburger Äbtissinnen, darf vorausgesetzt werden. Charakteristisch für den Verfasser ist seine dezidierte Gegnerschaft zu Heinrich II., die die Jahresberichte bis 1015 nahezu durchgehend charakterisiert. Die ältere Forschung vermutete deshalb einen Verfasserwechsel. Holtzmann vertrat die Ansicht, daß die Ablehnung Heinrichs II. auf dessen im Vergleich zu Otto III. grundlegend veränderte Slawen- und Polenpolitik zurückgehe[225]; diese Einstellung habe sich erst ab 1020 verändert, nachdem Heinrich II. zwei Jahre zuvor in Bautzen endgültig Frieden mit dem polnischen Fürsten geschlossen hatte. Gerd Althoff führt die Kritik an Heinrich II. neuerdings jedoch auf den Bedeutungsverlust zurück, den das Quedlinburger Stift unter dem Nachfolger Ottos III. erlitt, und erklärt die seit 1014 neutrale und seit 1021 deutlich panegyrische Schilderung aus dem mittlerweile gebesserten Verhältnis der Äbtissin zum Herrscher[226]. Mit den Quedlinburger Annalen liegt jedoch eine den Ottonen - mit Ausnahme Heinrichs II. - grundsätzlich günstig gesonnene Quelle vor; jedoch ist sie nicht bloßer Spiegel des herrscherlichen Selbstverständnisses, sondern betont auch die Belange des Kloster[227].

1. Die politisch-geographische Terminologie

Regnum ist auch in den Quedlinburger Annalen ein mehrdeutiger Begriff, der nicht strikt an das Königtum gebunden ist. So erscheint der Herrschaftsbereich Heinrichs I. beim Herrschaftsantritt seines Sohnes 936 nicht als ein *regnum*, sondern als *regna paterna*[228]; beim ersten Aufbruch Ottos I. nach Italien wird freilich von *omne regnum suum* gesprochen[229]. Das nicht näher spezifizierte *regnum* umfaßt nicht automatisch nur den nordalpinen Herrschaftsbereich, zerfällt dieser doch schon in mehrere *regna*, darunter beispielsweise das *regnum Baioaricum*[230]. Wie vielschichtig die Bedeutungen

---

224 Vgl. dazu ALTHOFF, Adels- und Königsfamilien, S. 167-171 und 179-200.
225 Vgl. dazu HOLTZMANN, Quedlinburger Annalen, S. 239ff.
226 Vgl. dazu ALTHOFF, Frauenklöster, S. 143f.
227 Vgl. ALTHOFF, Frauenklöster, S. 144. Zum Bild Ottos III. in den Quedlinburger Annalen bisher nur SCHULZE, Otto III., S. 2-12; allgemeiner BACH, Begriffe, S. 31ff. und KARPF, Sachsengeschichte, S. 578. TIERSCH, Vergangenheitsbild, beschränkt sich S. 73-82 auf die Berichte der Annalen zu den Jahren 913 bis 985.
228 Annales Quedlinburgenses ad a. 936, MGH SS 3, S. 54.
229 Annales Quedlinburgenses ad a. 951, MGH SS 3, S. 58.
230 Annales Quedlinburgenses ad a. 995, MGH SS 3, S. 73.

von *regnum* sein konnten, zeigt auch der Jahresbericht zu 985; *invadere regnum (Ottonis tercii), cura regni* und *regnum regere* stehen nebeneinander und bezeichnen so unterschiedliche Sachverhalte wie »Herrschaft entreißen«, »Sorge für den Staat« und »das Reich/den Herrschaftsbereich regieren«[231]. Belegen diese drei Stellen die abstrakte Bedeutung, mit der *regnum* gebraucht werden kann, so zeigen sie gleichzeitig, daß der Begriff nicht einfach den nördlichen Reichsteil bezeichnet hat. Eine umfassendere Bedeutung ist häufig nachweisbar, beispielsweise im Bericht zu 984, als Adelheid in Italien weilt und durch Boten von der Usurpation Heinrichs des Zänkers erfährt: Sie solle schnell in den Norden eilen, *si quid de regno ac nepote curaret.* Daß *regnum* das ganze Reich bedeuten kann, zeigt die Zusammensetzung des Gefolges, mit dem die Kaiserin dann über die Alpen zieht; alle Reichsteile sind darin vereint: *(cum) fratre suo rege Burgundiae Conrado, et duce Francorum eius aequivoco, cum totius Italiae, Galliae, Sueviae, Franciae, Lotharingiae primis; occursu quoque Saxonum, Thuringorum, Sclavorum cum universis optimatibus*[232]. Das ganze Reich umfassend muß *regnum* auch im Bericht zu 991 gedacht sein, als Markgraf Hugo von Tuszien *ad obsequium imperatorii honoris* nach Quedlinburg und von dort aus mit Theophanu *quocunque regni vel imperando vel regendo* bis nach Nimwegen zog[233]: Auch hier geht es um die Regierung des ganzen Reichsverbandes durch die *imperatrix, regnum* steht für *imperium.* In diesem umfassenden Sinn wird ansonsten häufig der Begriff *imperium* gebraucht[234], einmal auch die Wendung *imperium Romanum*[235].

Patria ist für den Quedlinburger Annalisten - wie auch für Thietmar[236] - das engere, unmittelbare Herkunftsgebiet. So kehrt Heinrich der Zänker vom Reichstag in Rara in seine bayerische *patria*[237] und eine Quedlinburger Nonne von ihrer Pilgerreise nach Rom wohlbehalten in ihre sächsische *patria*[238] zurück. Der spätere Kaiser Heinrich II. wird von den Bewohnern seines bayerischen Regnum *pater patriae*[239] genannt. Die sächsische *patria* ist auch gemeint, wenn sich Ottos III. Schwester Adelheid im Quedlinburger Stift den Heiligen Dionysius und Servatius *pro patria* weiht[240]. Schwieriger ist die Interpretation des Lobs der Äbtissin Mathilde für ihre eifrige Tätigkeit *pro patria*[241]. Dabei kommt der Frage besondere Bedeutung zu, ob Mathildes Stellvertreter-

231 Annales Quedlinburgenses ad a. 985, MGH SS 3, S. 67.
232 Annales Quedlinburgenses ad a. 984, MGH SS 3, S. 66.
233 Annales Quedlinburgenses ad a. 991, MGH SS 3, S. 68.
234 Z. B. Annales Quedlinburgenses ad a. 991 und ad a. 999, MGH SS 3, S. 68 und 76.
235 Annales Quedlinburgenses ad a. 996, MGH SS 3, S. 74; vgl. dazu unten, S. 58.
236 Siehe dazu unten, S. 67f.
237 Annales Quedlinburgenses ad a. 984, MHG SS 3, S. 66.
238 Annales Quedlinburgenses ad a. 1008, MGH SS 3, S. 79.
239 Annales Quedlinburgenses ad a. 995, MGH SS 3, S. 73.
240 Annales Quedlinburgenses ad a. 995, MGH SS 3, S. 73. BACH, Begriffe, bezieht S. 58 *patria* auf das ganze nordalpine Regnum.
241 *...quanta lenitate pios permulserit, quanta districtione reos terruerit, quantaque industria patriam conservaverit adiuverit et auxerit, nec notis intellectuum nec etiam vocum cuiquam edicibile reor.* Annales Quedlinburgenses ad a. 999, MGH SS 3, S. 75. BACH, Begriffe, versteht S. 58 auch hier unter *patria* den nördlichen Reichsteil.

schaft des abwesenden Kaisers als *matricia* auf das ganze nördliche Reich bezogen oder aber nur auf Sachsen beschränkt war. Die Quellen drücken sich unklar aus[242], jedoch wird man vor allem aufgrund der seit Otto I. nachweisbaren Tradition, für Sachsen eine besondere *procuratio* während der Abwesenheit des Kaisers einzurichten, von einer Begrenzung auf Sachsen ausgehen müssen[243], so daß der Annalist bei seinem Lob die besondere Sorge der *matricia* für Sachsen gemeint haben wird. Dem entspricht auch die - möglicherweise von Otto III. selbst verfaßte[244] - Grabinschrift Mathildes: *matricia invice su(i) Saxonie prae(posuit)*[245]; ferner ist darauf zu verweisen, daß in den hier untersuchten zeitgenössischen Quellen kein einziger Fall nachzuweisen ist, in dem ein Verfasser *Saxonia* geschrieben, damit aber das ganze nördliche Reich gemeint hat. Schließlich legt auch der unmittelbare Textzusammenhang im Bericht über Mathildes Taten *pro patria* den Bezug auf Sachsen nahe: Der Begriff wird gebraucht, wenn der Annalist die Rolle der Äbtissin auf einem *colloquium* in Magdeburg äußerst vorteilhaft schildert. Von den Teilnehmern dieses *colloquium* wird aber nur Herzog Bernhard von Sachsen namentlich genannt[246]. Dieses Indiz spricht dafür, daß es sich bei den Tätigkeiten *pro consolidenda re publica* um sächsische Belange gehandelt haben dürfte - hätte sich doch der Annalist kaum die Gelegenheit entgehen lassen, das Erscheinen anderer Reichsfürsten vor seiner Äbtissin zu vermelden, wenn das der Fall gewesen wäre. Aus der Sicht des Annalisten ist Sachsen auch für Otto III. die *patria*: Die nach dem Tod der Kaiserin Adelheid und der Äbtissin Mathilde verzweifelte *patria* sucht der Kaiser gleichsam als Tröster auf[247], von Gnesen kehrt er in die *patria* nach

---

242 Thietmar von Merseburg, Chronicon IV 41: *commissa erat regni istius cura*, MGH SS rer. Germ. NS 9, S. 178; Hildesheimer Annalen ad a. 997: *summa rerum ... delegata*, MGH SS rer. Germ. 8, S. 27; Quedlinburger Annalen ad a. 999: *imperatoria vice commissa sibi regna*, MGH SS 3, S. 75. Vgl. dazu Stengel, Grabinschrift, S. 366f. Stengel geht von einer Begrenzung auf Sachsen aus, während Erdmann, Forschungen, S. 97 eine Reichsverweserschaft für ganz Deutschland annimmt. Mit *regna* muß jedoch keineswegs das ganze Reich gemeint sein, der Begriff kann auch nur einige, etwa die sächsischen Teilgebiete umfassen, vgl. Stengel, S. 367. Ein ähnlicher Sprachgebrauch läßt sich im um 990 entstandenen Regelbuch von Niedermünster in Regensburg beobachten, wo es fol. 4[V] vom bayrischen Herzog Heinrich dem Zänker heißt: *Bawarica regna gubernans*, zitiert nach Fried, Otto III., S. 43.

243 So Giese, Stamm, S. 131; vgl. dort auch die ältere Literatur zu dieser Frage. Aufgrund der nicht eindeutigen Quellenstellen in dieser Frage unentschieden Glocker, Verwandte, S. 205.

244 Vgl. dazu Erdmann, Grab, S. 80 Anm. 3.

245 Die vollständige rekonstruierte Grabinschrift bei Stengel, Grabinschrift, S. 362-363. Jedoch geht Erdmann, Forschungen, S. 98 davon aus, daß *Saxonia* »nach damaligem Sprachgebrauch in doppelter Weise verstanden werden kann«, also im engeren Sinne Sachsen, im weiteren den gesamten nördlichen Reichsteil bezeichnen kann. Als Begründung für eine weitergefaßte Bedeutung, die auch für Otto III. als möglichem Urheber der Inschrift angeblich nahe gelegen habe, verweist Erdmann auf die Titeltrias *Romanus Saxonicus et Italicus* in DO.III. 390. In diesem Selbstzeugnis Ottos III. steht *Saxonia* jedoch gerade nicht für das ganze nordalpine Reich, sondern drückt ein sächsisches Selbstbewußtsein des Kaisers aus, vgl. dazu unten, S. 106ff.

246 *Novissimis namque temporibus suis (Mathildis), colloquio apud Parthenopolim habito, conventu episcoporum cum duce Bernhardo, comitum ac totius senatus plebisque concursu, confluentibus quoque ibidem omni ex natione legatis...* Annales Quedlinburgenses ad a. 999, MGH SS 3, S. 75.

247 *...patriam desolatam quasi consolaturus citato cursu adeundam deliberat (Otto III.)* Annales Quedlinburgenses ad a. 1000, MGH SS 3, S. 77.

Quedlinburg zurück, wo er das Osterfest feiert[248]. Dem Annalisten ist demnach nur das engere Herkunftsgebiet, nicht aber der weitere Herrschaftsbereich als *patria* des Kaisers vorstellbar.

Auch der Begriff *Germania* wird vereinzelt verwendet[249]; ebenso geläufig ist jedoch auch die Aufzählung der einzelnen Stammesverbände[250]. Der Annalist im Stift der ottonischen Familie verfügt über keinen Namen für den ganzen Herrschaftsverband. Der Name *Saxonia* ist in seiner Bedeutung eindeutig auf Sachsen beschränkt[251], eine Bedeutungsausweitung auf den nordalpinen Reichsteil ist nicht erkennbar. Mit den Königen und Kaisern verbindet die Sachsen ein besonders enges Verhältnis. In die goldene Treue - *fides aurea* - der Sachsen konnten die Vorgänger Heinrichs II. ihre Hoffnung legen, für sie waren die Sachsen die Säule ihrer Herrschaft - *columna regni* - und besonderer Schutzwall - *munimen egregium* -, ihnen waren die Herrscher in väterlicher Zuneigung - *paterno affectu* - verbunden[252]. Zweifellos drückt sich hier der Stolz auf die sächsische Herkunft der Herrscherfamilie aus, eine politisch relevante Vorrangstellung vor den anderen Völkern oder gar das Vorrecht auf Vergabe des Königtums wird den Sachsen aber nicht eingeräumt.

2. Die Romgebundenheit der Kaiserwürde

Die Kaiserwürde ist für den Quedlinburger Annalisten ganz selbstverständlich an den päpstlichen Weiheakt in Rom gebunden. Bis zur römischen Krönung wird der Herrscher *rex*, danach *imperator* genannt[253]. Daß Otto III. in zwei Notizen zu den Jahren 991 und 995 bereits als *imperator* bezeichnet wird[254], ist - ebenso wie die Be-

---

248 *In patriam revertitur, ac Quedelingnensi civitate sanctum pascha celebraturus...* Annales Quedlinburgenses ad a. 1000, MGH SS 3, S. 77.
249 *Commune damnum in pestilentia porcorum et boum omnem Germaniam vexat* und *...conductisque Germaniae primis...* und *...Germanicas pervenit (Heinrich II.) ad oras,* Annales Quedlinburgenses ad a. 995, 1021 und 1022, MGH SS 3, S. 73, 87 und 88.
250 *...cum totius Italiae, Galliae, Sueviae, Franciae, Lotharingiae primis; occursu quoque Saxonum, Thuringorum, Sclavorum, cum universis optimatibus.* Annales Quedlinburgenses ad a. 984, MGH SS 3, S. 66; vgl. dazu auch HOLTZMANN, Quedlinburger Annalen, S. 235: »Deutschland besteht gewissermaßen nur aus seinen Teilen«. Vgl. ferner die Nachricht über den Empfang Otto III. im Jahr 1000 nördlich der Alpen mit Erwähnung von *Gallia, Francia, Suevia, Saxonia, Thuringia,* Annales Quedlinburgenses ad a. 1000, MGH SS 3, S. 77.
251 Vgl. die zahlreichen Erwähnungen Sachsens, Annales Quedlinburgenses ad a. 936, 937, 984, 991, 994, 997, 998, 1009, 1013 und 1025 sowie der Sachsen ad a. 985-987, 994-997, 1002, 1007 und 1021.
252 Annales Quedlinburgenses ad a. 1021, MGH SS 3, S. 87f.
253 *(Gregor V.) domnum Ottonem, huc usque vocatum regem, non solum Romano, sed et pene totius Europae populo acclamante ... imperatorem consecravit augustum.* Annales Quedlinburgenses ad a. 996, MGH SS 3, S. 73. Zur Akklamation Europas siehe unten, S. 57 Anm. 256.
254 *Ubi etiam marchio Tuscanorum ... ad obsequium imperatorii honoris* und *(Adelheid) astante germano fratre suo imperatore tertio Ottone...* Annales Quedlinburgenses ad a. 991 und 995, MGH SS 3, S. 68 und 72.

zeichnung des bayrischen Herzogs als *Heinricus futurus rex*[255] - ein Beleg dafür, daß die Aufzeichnungen erst in einigem zeitlichen Abstand zu den geschilderten Ereignissen einsetzten. Die Annalen erwähnen die Akklamation nicht nur der römischen, sondern fast der ganzen europäischen Bevölkerung. Damit liegt natürlich keine Schilderung der realen Ereignisse in Rom vor, sondern ein bildlicher Ausdruck für die durch die Krönung manifest gewordene, universale Herrschaft des Kaisers über mehrere Völker[256]. Europa ist in den Annalen - wie übrigens auch bei Widukind von Corvey[257] - häufig ein Oberbegriff für verschiedene Volksgruppen, ohne daß damit ein konkreter geographischer Begriff verbunden wäre[258]. Die Herrschaft über mehrere Völker ist ein zentraler Punkt in der Vorstellung des Quedlinburgers von der Kaiserwürde. Bei der Kaiserkrönung Heinrichs II. ist jedoch nur von der römischen *civitas* die Rede, die ihren Herrn »mit Wünschen und Lobgesängen empfängt und bis zu den Sternen erhöht«: Von ihr empfing der Kaiser das *nomen imperatoris*[259]. Die Romgebundenheit des Kaisertums steht in Quedlinburg außer Frage, und der Annalist gebraucht den Römernamen ganz selbstverständlich in Verbindung mit dem Imperatortitel. Unwahrscheinlich ist, daß er sich dabei den Römernamen nur auf die Stadtrömer beschränkt vorgestellt haben könnte, zumal im jeweiligen Textzusammenhang von speziell stadtrömischen Angelegenheiten, die eine solche Bedeutungsverengung signalisieren könnten, nicht die Rede ist. Ganz im Gegenteil gilt dem Annalisten die *imperatrix Romanorum* Adelheid als Zierde des ganzen, »von ihrem Gemahl, dem erhabenen, großen und friedenstiftenden Otto zu Lande und zur See unterworfenen Reiches«[260]. Ebenso universale Bedeutung hat der Römername, wenn der Annalist, der in diesem Fall sicher Augenzeuge war, die prächtige Ausstattung der Quedlinburger Basilika durch den *imperator Romanorum* Heinrich II. schildert[261]. Die Bezeichnung Ottos III. als *imperator Romanus*[262] hat

---

255 *Quo mortuo (Heinrich der Zänker), filius suus Heinricus, rex futurus, Baioaricum ducatum, rege Ottone tertio donante, suscepit.* Annales Quedlinburgenses ad a. 995, MGH SS 3, S. 73.

256 SCHULZE, Otto III., vermutet S. 7, durch die Akklamation der Völker Europas werde das alte Vorrecht der Römer, den Kaiser allein durch ihre Zustimmung zu erheben, in Frage gestellt; da der Text aber keine Zweifel am Recht der römischen Ansprüche erkennen läßt, sei dies eine »vom Annalisten unbeabsichtigte Wirkung«. BENZINGER, Invectiva, vermutet S. 38, der Annalist habe vielleicht in »etwas naiv anmutender Generalisierung«, jedenfalls aber »mit Genugtuung« die Akklamation nicht nur des römischen Volkes vermerkt. Indessen dürfte der Formulierung die für die mittelalterliche Kaiseridee typische Vorstellung der Herrschaft über mehrere Völker zugrundeliegen. Diese »europäische« Akklamation steht insoweit analog zu den Provinz- und Völkerkatalogen, auf die im Umkreis Ottos III. mehrfach Bezug genommen wird, vgl. dazu FRIED, Otto III., S. 59.

257 Vgl. dazu ERDMANN, Forschungen, S. 46 mit Anm. 2.

258 Vgl. dazu die Erwähnungen Europas in den Annales Quedlinburgenses ad a. 991, 1021, 1022 und 913, MGH SS 3, S. 68, 86, 88 und 52.

259 *Quo sibi et contectali imperatorium nomen obtinuit.* Annales Quedlinburgenses ad a. 1014, MGH SS 3, S. 82.

260 *Modici igitur intervalli spatio Adelheida, praefatae Mechtildis genitrix, inclita Romanorum imperatrix augusta, quae statum imperii terra marique sibi subacti una cum suo consorte, augusto scilicet magno et pacifico Ottone, non minus meritis moribusque insignierat egregiis, quam ille viribus et triumphis consolidasset eximiis.* Annales Quedlinburgenses ad a. 999, MGH SS 3, S. 76.

261 *Hac denique regali aula pretiosis reliquiis venerabiliter suffulta, imperator Romanorum (Heinrich II.) eximius, contectali sua imperatrice Cunigunda pignoreque regali...* Annales Quedlinburgenses ad a. 1021, MGH SS 3, S. 87.

zweifellos die gleiche universale Bedeutung; *imperium Romanum* wird nur an einer Stelle gebraucht und bezeichnet dem Zusammenhang nach das ganze ottonische Herrschaftsgebiet mit seiner besonderen Qualität der Herrschaft über Rom[263]. Rom gilt dem Annalisten als *domina mundi*[264]. Insgesamt zeigt sich im Gebrauch des Römernamens in den Quedlinburger Annalen deutlich der Gedanke eines universalen römischen Kaisertums, dem vielleicht auch schon die erste Quedlinburger Äbtissin Mathilde nahestand[265].

3. Otto III. und Rom

Die Herrschaft über Rom gehört zu den unbestreitbaren Rechten der Kaiser; ganz folgerichtig ist der Aufstand der Römer gegen Otto III. eine zu rächende *iniuria*, ein *crimen*, dem *ultio* völlig zurecht bestimmt ist[266]. Über das Verhältnis Ottos III. zu Rom bemerkt der Annalist, daß der Kaiser Rom höher als Aachen schätzte[267] und daß er die Römer *quasi privilegio quodam specialis amoris* den anderen Völkern vorzog[268]. Daß der Annalist die Bevorzugung Roms »zum mindesten für etwas fragwürdig« hielt[269], geht aus dem Text nicht hervor. Stattdessen wird die Liebe des Kaisers zu den Römern mit deren unwürdigem Angriff auf den Leichenzug Ottos III. kontrastiert: Die *nostri* kämpfen gegen die *hostes Romani*, um die Leiche des Kaisers zu schützen[270]. Den Römern wird die Ungeheuerlichkeit ihrer verborgenen Arglist - *immanitas doli latentis* - vorgeworfen. Hätte der Kaiser davon gewußt, so muß man den Gedanken wohl fortsetzen, so hätte er die Römer niemals durch sein *privilegium amoris* ausgezeichnet. Deshalb mußte Rom nach dem Aufstand für Otto III. keine allen anderen Städten vor-

---

262 *Legatosque haec primo Franciae ... deinde ad imperatorem Romanum Ottonem, fratruelem videlicet ipsius, Romae deportaturos omni sub celeritate transmittunt.* Annales Quedlinburgenses ad a. 999, MGH SS 3, S. 76.

263 *...quem (Ottonem tertium) ab ipso matris utero, divina subsecuta miseratione, Romano sublimavit (Otto II.) imperio ...* Annales Quedlinburgenses ad a. 997, MGH SS 3, S. 74. Im Jahresbericht zu 1025 fällt auch der Name *regnum Romanorum* (ebenda, S. 90), bezeichnet dem Zusammenhang nach aber nur die engere Umgebung Roms.

264 Annales Quedlinburgenses ad a. 1020, MGH SS 3, S. 85.

265 So KELLER, Kaisertum, S. 289f.; anders zuletzt BEUMANN, Ottonen, der S. 110 Mathilde als Adressatin von Widukinds Sachsengeschichte eher den Vertretern eines romfreien Kaisertums zurechnen möchte.

266 *Moestus (Otto III.), ut ferunt, in cuiusdam castelli munimina transvolat, ibique pro ulciscendae assiduo tractatu iniuriae instantem penitus consummavit annum* und *...et ultionem crimine destinatarum.* Annales Quedlinburgenses ad a. 1001 und 1002, MGH SS 3, S. 77f.

267 *Aquisgrani, quam etiam cunctis tunc post Romam urbibus praeferre moliebatur...* Annales Quedlinburgenses ad a. 1000, MGH SS 3, S. 77.

268 Annales Quedlinburgenses ad a. 1002, MGH SS 3, S. 78.

269 So SCHULZE, Otto III., S. 8; für BENZINGER, Invectiva, S. 38 klingt »Spott« aus dieser Bemerkung der Annalen.

270 Annales Quedlinburgenses ad a. 1002, MGH SS 3, S. 78; zu den wenigen *noster*-Bezügen in den Quedlinburger Annalen vgl. EGGERT, Wir-Gefühl, S. 96f.

zuziehende, sondern vor allen anderen zu verabscheuende Stadt gewesen sein[271]. Für den Quedlinburger ist der Aufstand eine monströse Undankbarkeit der Römer, worin er denn auch den Teufel am Werk sieht: Wie schon Crescentius 997 durch teuflische List verblendet war[272], so kroch der Satan auch 1001 als Schlange ins Herz der Römer, blies ihnen Gift ein und überredete sie mit dreifach gespaltener Zunge, sie sollten sich gegen den Kaiser erheben[273]. Über die politischen Verhältnisse in Rom ist der Annalist völlig uninformiert. Die Rebellion ist ihm nur als Teufelslist erklärbar, an deren Verurteilung er keinerlei Zweifel zuläßt. Die Herrschaft über Rom, die in seinen Augen ja eine Erhöhung ist, stellt er aber ebensowenig in Frage wie die Rom- und Italienpolitik Ottos III. im besonderen. Vom südlichen Reichsteil besitzt der Annalist offenbar keine konkrete Vorstellung, es fehlt jedes Detail, das ihn als auch nur mäßig vertraut mit der dortigen politischen Konstellation ausweisen könnte.

4. Die Gründung des Erzbistums Gnesen

Der gleiche Mangel an Einsicht in die politische Dimension des Geschehens, der den Bericht über die römische Rebellion charakterisiert, prägt auch den Bericht über den Zug Ottos III. nach Gnesen. Der Annalist sieht ihn ausschließlich religiös motiviert und stellt das Geschehen in kausalen Zusammenhang mit dem Tod Papst Gregors V., der Kaiserin Adelheid und der Quedlinburger Äbtissin Mathilde: Nachdem diese »drei Säulen« rasch nacheinander gefallen waren, ruhte die ganze Last der *sancta ecclesia Dei* auf den Schultern des Kaisers[274]. In dieser Situation bricht er in die verzweifelte Heimat auf, um Trost zu bringen; dann sucht er gemäß der Anweisung des Evangeliums und ganz in der Tradition der gottesfürchtigen Sitte seiner kaiserlichen Eltern den heiligen Märtyrer Adalbert in Polen auf und erfleht seine Fürbitte[275]. *Causa orandi* sei der Kaiser nach Osten aufgebrochen[276]. Von den politischen Implikationen der Reise weiß der Annalist nichts zu berichten; man hat die Nichterwähnung des neugegründeten Erzbistums Gnesen als »Vertuschung und Verschleiern« gewertet, als einen Fall

---

271 *...ab urbe prius prae caeteris amata sed ulterius prae cunctis detestanda recederet (Otto III.)* Annales Quedlinburgenses ad a. 1001, MGH SS 3, S. 77.

272 *Hoc etiam anno Crescentius quidam, diabolica fraude deceptus, Romam absente papa Gregorio invasit ...* Annales Quedlinburgenses ad a. 997, MGH SS 3, S. 74.

273 *Interim callidus nequitiae autor totiusque doli repertor, mille ut est nocendi artibus instructus, reinduto quem, primos decepturus homines, quondam sibi aptaverat colubrino amictu, inter Romanorum praecordia serpit, venena inflat, linguis trisulcis, ut manus improbas sui causa ipso caesari inferre moliantur, persuadet.* Annales Quedlinburgenses ad a. 1001, MGH SS 3, S. 77.

274 *Sanctam Dei ecclesiam, quae continuato trium lapsu columnarum ... discessibus vacillare, sibique iam soli inniti conspiciens (Otto III.), curarum pondere gravatur.* Annales Quedlinburgenses ad a. 1000, MGH SS 3, S. 77.

275 *Ille vero evangelici non immemor praecepti, quo dicitur: Primum quaerite regnum Dei, iuxta morem parentum suorum imperatorum, omnia sua divina regi ac meliorari exoptans clementia, humili devotione in Sclaviam sanctum Adalbertum nuper pro Christo laureatum adiit, eiusque interventum obnixius petiit.* Annales Quedlinburgenses ad a. 1000, MGH SS 3, S. 77.

276 *...sed dandi et orandi causa eo loci adventasset (Otto III.)* Annales Quedlinburgenses ad a. 1000, MGH SS 3, S. 77.

von schweigender Kritik des Annalisten[277]. In der Tat gilt seine Aufmerksamkeit ausschließlich der frommen Haltung des Kaisers, die er als allein ausschlaggebend für die Gnesenreise ansieht: In einer gerade auch familiär schwierigen Situation nach dem Tod seiner Großmutter und seiner Tante sucht der junge Kaiser Zuflucht am Grab eines Heiligen und betet inständig um dessen Hilfe.

Die Darstellungsabsicht zielt offenkundig darauf ab, eine für die ganze ottonische Familie charakteristische Religiosität auch für Otto III. als handlungsbestimmend zu erweisen; dieser Befund deckt sich mit der bekannten Tendenz zur Herrscherpanegyrik in den Quedlinburger Annalen. Erinnert sei an die Funktion des Quedlinburger Stifts als Zentrum der ottonischen Totenmemoria. Der Annalist zeichnet Otto III. als frommes, um himmlischen Beistand bemühtes Mitglied der Herrscherfamilie; die kirchenpolitische Neuordnung in Polen mag unter diesen Voraussetzungen im Unterschied zur persönlichen Verehrung des Märtyrers durch den Kaiser nicht als erwähnenswert erschienen sein. Die Vermutung, daß das Schweigen des Annalisten gleichzeitig Kritik bedeutet, ist keineswegs zwingend und auch wenig überzeugend, da sie die Darstellungsabsicht des Annalisten ignoriert. Unterstellt man einmal, der Quedlinburger wäre tatsächlich ein eifriger Verfechter der Magdeburger Ansprüche in Polen und der Rolle des Erzbistums in der Slawenmission, somit also auch zwangsläufig ein Kritiker der Ereignisse in Gnesen gewesen, so läge die Vermutung nahe, er hätte entsprechende Äußerungen wenigstens über die Rolle Magdeburgs in die Annalen aufgenommen. Indessen sucht man auch nach Spuren einer Unterstützung Magdeburger Ansprüche vergeblich. Auch dieser Befund dürfte die Ansicht rechtfertigen, daß der Quedlinburger in der Erhebung Gnesens zum Erzbistum keine Schmälerung sächsischer Interessen sah. Dazu paßt, daß der polnische Herrscher keineswegs durchweg negativ gezeichnet wird: Zwar findet seine unrechtmäßige Besetzung Böhmens deutliche Kritik[278], andererseits wird Boleslaws Friedensbereitschaft recht wirkungsvoll zu den vom Annalisten mit wenig Zustimmung bedachten Polenkriegen Heinrichs II. in Kontrast gesetzt[279]. Das Verhältnis zwischen Otto III. und Boleslaw beschreibt der Annalist nicht näher; immerhin erwähnt er, daß Boleslaw dem Kaiser »in schuldigem Gehorsam« Geschenke machen wollte, die Otto III. jedoch mit der Begründung ablehnte, er sei nicht gekommen, um zu raffen, sondern um zu geben und zu beten[280]. Otto III. gegenüber verhält sich Boleslaw also keineswegs so anmaßend wie gegenüber Heinrich II., und insoweit wird das Verhältnis wenn auch nicht ausdrücklich als freundschaftlich, so doch als positiv und entspannt gekennzeichnet.

---

277 SCHULZE, Otto III., S. 10; ebenso FRIED, Otto III., S. 119 Anm. 11.

278 Vgl. Annales Quedlinburgenses ad a. 1004, MGH SS 3, S. 79; ähnlich scharfe Kritik ad a. 1015 und die bekannte Kritik an Boleslaws Krönung ad a. 1025.

279 Vgl. Annales Quedlinburgenses ad a. 1005, 1007, 1010, 1012, 1013 (Boleslaws Friedensangebot), 1017, 1018 (zweiter Friede mit Boleslaw, ohne daß der Annalist berichtet, auf welche Art Boleslaw die Gnade des Kaisers wiedererlangt hat).

280 *Ibi summo conanime a duce Sclavonico Bolizlavone susceptus, xeniis omnigeni census ubique terrarum studiosissime quaesiti obsequialiter donatur; licet nihil tunc temporis ex his acceperit* (Otto III.), *quippe qui non rapiendi nec sumendi, sed dandi et orandi causa eo loci adventasset.* Annales Quedlinburgenses ad a. 1000, MGH SS 3, S. 77.

5. Zusammenfassung

Der Bericht der Quedlinburger Annalen ist deutlich vom Gedanken eines universalen römischen Kaisertums durchzogen, dem Europa untertan und fast der ganze Erdkreis tributpflichtig sei[281]. Die Orientierung an antiken Vorbildern wird deutlich in der mehrfach wiederkehrenden Formel von »Senat und Volk« - *senatus ac plebs* -, mit der Zusammenkünfte auch außerhalb Roms bezeichnet werden[282]. Die Regierung Ottos III. wird nicht kritisiert, seinen Tod - der übrigens weder als Konsequenz eigener noch fremder Sünden erscheint! - betrauert nahezu der ganze Erdkreis[283]. Otto III. war der »größte Trost der Seinigen«[284]. Auf den Händen der Engel wird er in den Schoß Abrahams getragen, um nach der Auferstehung besser gekrönt zu werden und glücklicher zu herrschen[285]; der Quedlinburger ist sicher, daß die Seele Ottos III. durch das Gebet aller bei seinem Begräbnis Anwesenden in den himmlischen Palast aufgenommen wird[286]. Die Totenklage um Heinrich II. fällt demgegenüber deutlich bescheidener aus[287], und es ist anzunehmen, daß sich in der wortreichen Klage um Otto III. die Trauer seiner Schwester, der Quedlinburger Äbtissin Adelheid widerspiegelt: Sie hatte der Kaiser den Annalen zufolge besonders geliebt[288]. Das völlig kritikfreie Bild Ottos III. erklärt sich zweifellos aus der Nähe des Annalisten zur Kaiserfamilie; daß er entgegen seiner eigenen Überzeugung gewissermaßen aus vorauseilender Rücksicht auf den vermuteten Wunsch von Ottos Schwester jede Kritik an der Rompolitik und an den Ereignissen in Gnesen verschwiegen haben soll[289], erscheint wenig wahrscheinlich.

---

281 Von der Kaiserin Adelheid heißt es, sie habe *regni videlicet censum* und was ihr *toto orbe tributario iure* zustand, an die Armen verteilt, vgl. Annales Quedlinburgenses ad a. 999, MGH SS 3, S. 76.

282 Vgl. z.B. Annales Quedlinburgenses ad a. 995, 999 und 1000, MGH SS 3, S. 72, 75 und 77.

283 *...toto pene lugendus orbi...* Annales Quedlinburgenses ad a. 1002, MGH SS 3, S. 77.

284 *suum plurimum solatium*, Annales Quedlinburgenses ad a. 1002, MGH SS 3, S. 78.

285 *...in gremio Abrahae patriarchae magni, tempore futurae resurrectionis in melius coronandus ac felicius regnaturus, angelicis transvectus manibus collocatur.* MGH SS 3, S. 78.

286 *Sed et omnium, ut credimus, qui aderant unanimi oratione spiritus coeli recipitur palatio.* MGH SS 3, S. 78.

287 *...quod summi Arcitenentis dono acceperat, homine deposito, coeli intulit palatio* (Heinrich II.) ... *Bavenbergensi castello defertur, et qui vivus sanctae ecclesiae magnum extiterat solatium, perpetuo lugendus, ingenti honore, mixto etiam fletu ac moerore, terrae deponitur.* Annales Quedlinburgenses ad a. 1024 MGH SS 3, S. 89.

288 *...sororem (Adelheidam) quam intime diligebat (Otto III.)* Annales Quedlinburgenses ad a. 1000, MGH SS , S. 77.

289 So SCHULZE, Otto III., S. 10; dagegen HOLTZMANN, Quedlinburger Annalen, S. 253: Der Annalist »war ein entschiedener Anhänger Ottos III. und seines Hauses und vor allem auch ein überzeugter Vertreter seiner Kirchen- und Slawenpolitik«. Die Unterstützung gerade der Slawenpolitik bezweifelt neuerdings FRIED, Otto III., S. 119 Anm. 11.

III. Thietmar von Merseburg

Über Herkunft und Werdegang Thietmars sind wir durch seine eigenen Angaben recht gut unterrichtet; es genügt, hier die wichtigsten Stationen seines Lebens kurz in Erinnerung zu rufen[290]. Im Jahr 975 als Sohn des Grafen Siegfried von Walbeck geboren, wurde Thietmar zunächst im Stift Quedlinburg erzogen. 987 kam er nach Magdeburg, zunächst in das Johanneskloster Berge, dann 990 ins Domstift. An der Domschule erhielt er - zeitweise gemeinsam mit seinem Verwandten Brun von Querfurt - seine weitere Ausbildung. Am 21. Dezember 1004 empfing er aus den Händen des Magdeburger Erzbischofs Tagino, den Heinrich II. im selben Jahr gegen einen Kandidaten des Domkapitels durchgesetzt hatte, die Priesterweihe. Auf Fürsprache Taginos wurde Thietmar am 20. April 1009 zum Bischof des erst 1004 von Heinrich II. wiederhergestellten Bistums Merseburg erhoben. Die Besitzsicherung und -erweiterung des nicht vollständig seiner früheren Größe entsprechenden Bistums war Thietmars zentrales Anliegen[291]. In seinem politischen Standpunkt lehnte er sich zwar eng an den König an, jedoch hat er trotz seines engen Kontakts zum Königshof nie eine Rolle als Berater Heinrichs II. oder als besonders engagierter Teilnehmer seiner Feldzüge gegen Boleslaw Chrobry gespielt. Thietmar starb am 1. Dezember 1018. Sein Tätigkeitsbereich blieb Zeit seines Lebens - von wenigen Reisen nach Süddeutschland und in die Rheingebiete abgesehen - auf den engeren Umkreis Magdeburgs bzw. Merseburgs beschränkt. An den Italienzügen Ottos III. und Heinrichs II. hat er nicht teilgenommen[292]. Während Thietmar durch Erzbischof Tagino auch schon vor seiner Bischofserhebung in engeren Kontakt zu Heinrich II. trat, war seine Beziehung zum Kaiserhof unter Otto III. nur sporadisch gewesen: Elfjährig dürfte er 986 in Quedlinburg den Hoftag des damals gerade sechsjährigen Otto miterlebt haben[293]. Erbstreitigkeiten nach dem Tode von Thietmars Vater und Großmutter wurden mit Hilfe des Kaisers zu Gunsten von Thietmars Mutter entschieden[294]. Wahrscheinlich ist Thietmar Otto III. auch auf der Hin- bzw. Rückreise des Kaisers nach Gnesen begegnet, die über Zeitz und Meißen bzw. Magdeburg und Quedlinburg[295] führte. Was der Merseburger Bischof über Otto III. zu berichten weiß, ist demnach aus größerer Distanz geschrieben und von geringerer persönlicher Kenntnis des Kaisers geprägt als etwa die Äußerungen Bruns von Querfurt. Die Regierungszeit des Kaisers hatte Thietmar in der Magdeburger Domschule zunächst als Schüler und seit etwa 1000 als

---

290 Zur Biographie Thietmars vgl. HOLTZMANN in seiner Edition der Chronik Thietmars, MGH SS rer. Germ. NS 9, S. XVI-XXVIII, sowie Trillmich in seiner zweisprachigen Ausgabe, S. IX-XXIII; ausführlich LIPPELT, Thietmar.

291 Zu Thietmars Bemühungen um die Wiederherstellung des Bistums Merseburg in seinen alten Grenzen und zu seinem Reichsdienst vgl. LIPPELT, Thietmar, S. 89-118.

292 Im Februar 1004 reiste Thietmar nach Augsburg, von wo aus Heinrich II. zu seinem ersten Italienzug aufbrach. Thietmar und Erzbischof Tagino von Magdeburg kehrten jedoch nach Sachsen zurück, vgl. dazu Thietmar, Chronicon VI 3, MGH SS rer. Germ. NS 9, S. 276ff.

293 Thietmar, Chronicon IV 9, MGH SS rer. Germ. NS 9, S. 140.

294 Thietmar, Chronicon IV 17, MGH SS rer. Germ. NS 9, S. 152.

295 Zum Itinerar Ottos III. vgl. BU 1349a-d und 1350a-c.

Mitglied des Domkapitels verbracht, also in großer Entfernung von den Brennpunkten der Politik Ottos III. und ohne persönlichen Kontakt zu ihm.

Mit der Abfassung seiner Chronik begann Thietmar gegen Ende des Jahres 1012; die Eintragungen setzte er bis in sein Todesjahr 1018 fort. Als chronologische Gliederung der acht Bücher seines Werks diente ihm die Regierungszeit der sächsischen Herrscher, beginnend bei Heinrich I. Die Zeit Ottos III. wird im vierten Buch behandelt, das wohl in der zweiten Hälfte des Jahres 1013[296] geschrieben wurde. Weil von einigen fehlenden Blättern abgesehen das Handexemplar Thietmars vollständig erhalten blieb, kann man ein sehr genaues Bild von seiner Arbeitsweise gewinnen und die Entstehung der Chronik in Diktat, Korrekturen, eigenhändigen Ergänzungen und Nachträgen bis ins Detail nachvollziehen[297]. So ist etwa erkennbar, daß dem Autor eine bis 998 reichende Abschrift der Quedlinburger Annalen vorlag, die er gegen Ende 1013 bei der ersten Niederschrift des vierten Buchs benutzte und auch für Nachträge zu den ersten drei, schon fertiggestellten Büchern ausschrieb[298]. Eine zweite Handschrift der Chronik Thietmars entstammt dem 14. Jahrhundert und ist ihrerseits die Kopie einer Überarbeitung der Chronik, die 1120 im Kloster Corvey vorgenommen worden war. Sie unterscheidet sich vom Autograph durch einige kleinere, aber charakteristische Veränderungen. Robert Holtzmann hat in seiner Edition der Chronik die Fassungen beider Handschriften einander gegenübergestellt, so daß Abweichungen von Thietmars Original mühelos zu erkennen sind. Wichtig ist die Corveyer Fassung vor allem deshalb, weil sie die Lücken des Originalcodex ausfüllt, möglicherweise allerdings mit leicht modifiziertem Text. Dieses Dilemma zeigt sich schon bei der Interpretation des Prologs zum ersten Buch der Chronik, der lediglich in Gestalt der Corveyer Abschrift erhalten ist. Helmut Lippelt hat deshalb zu bedenken gegeben, daß die im Prolog so weitgefaßte Zielsetzung der Chronik, nämlich *Saxoniae regum vitam moresque piorum* zu erzählen, vielleicht nicht von Thietmar selbst stamme, sondern eine Corveyer Zutat sei, die der schließlich erreichten Werkgestalt erst nachträglich Rechnung trage[299]. Im ersten Kapitel steckt sich Thietmar das eher bescheidene Ziel, lediglich eine Geschichte von Stadt und Bistum Merseburg schreiben zu wollen[300]. Jedoch bedingte die Gründung des Bistums Merseburg durch Otto I., seine Auflösung durch Otto II., die Bemühungen um seine Wiederherstellung unter Otto III. und die schließliche Neugründung und Konsolidierung unter Heinrich II. eine enge thematische Verschmelzung von Bistums- und Reichsgeschichte. Das Werk wurde dadurch eine allgemeine Chronik der Reichsgeschichte zu Anfang des 11. Jahrhunderts und gleichzeitig die bedeutendste Quelle dieser

---

296 Zur Abfassungszeit vgl. HOLTZMANN, Chronik, S. 209; WATTENBACH-HOLTZMANN, Geschichtsquellen 1, S. 54; TRILLMICH, S. XXV.

297 Zur Überlieferung ausführlich HOLTZMANN, Chronik; ferner WATTENBACH-HOLTZMANN, Geschichtsquellen 1, S. 56f.; TRILLMICH, S. XXVIIIff.

298 Vgl. dazu HOLTZMANN, Chronik, S. 186-200.

299 LIPPELT, Thietmar, S. 140; anders EGGERT, Wir-Gefühl, S. 99 Anm. 569. Zum Text Thietmar, Chronicon I Prolog, MGH SS rer. Germ. NS 9, S. 3 (nur Corveyer Fassung).

300 *Quocirca ego Thietmarus ... Merseburgensis seriem civitatis olim longe lateque cluentem, nunc autem oblivionis senio caligantem fervens retegere...* Thietmar, Chronicon I 1, MGH SS rer. Germ. NS 9, S. 5 (nur Corveyer Fassung).

Zeit für die Geschichte besonders Sachsens und des angrenzenden Gebiets der Elbslawen. Die Reichhaltigkeit ihrer Nachrichten machte Thietmars Chronik zum Gegenstand unterschiedlichster Untersuchungen[301]. Im Rahmen unserer Fragestellung interessiert insbesondere Thietmars Urteil über Otto III. und sein Bild von der Stellung Sachsens im ottonischen Herrschaftsverband[302].

1. Die politisch-geographische Terminologie

Die politisch-geographische Terminologie Thietmars wurde schon von Elisabeth Bach einer ersten, allerdings recht undifferenzierten Betrachtung unterzogen; ihre Ergebnisse leiden unter einer anachronistischen Begrifflichkeit, die bei Thietmar »Nationalgefühl« und ein »alles dominierendes Staatsbewußtsein«, »subtile Staatsvergötzung« und den schroffen Gegensatz zwischen »Ideal und Wirklichkeit« diagnostiziert[303].

a) *Regnum* und *patria*

Bach vermutet, daß Thietmar mit dem Begriff *patria* »bereits Deutschland (gemeint habe), vielmehr, das Gebiet des regnums, in dem die Souveränität des Herrschers anerkannt wird.« Sie spricht von einer »Gleichstellung von regnum und patria«, in der Darstellung Thietmars werde dem König »das gesamte Reich zum Vaterland«[304]. So eindeutig drückt sich Thietmar jedoch nicht aus.

Betrachten wir zunächst den Begriff *regnum*, den Thietmar in zwei verschiedenen Bedeutungen gebraucht: Im konkreten Sinn als Bezeichnung für die staatlichen Gebilde der Ottonenzeit, im abstrakten zur Bezeichnung der Sphäre von Staatlichkeit[305]. In

---

301 Aus der Forschungsliteratur seien neben der Arbeit von LIPPELT noch folgende Titel genannt: SCHNEIDER, Studien; DIES., Thietmar; FREUND, Modernus, untersucht S. 53-58 Thietmar als »laudator temporis acti«; zu Thietmars Wissen von der Vergangenheit vgl. TIERSCH, Vergangenheitsbild, S. 82-96; zu Thietmars Slawenbild vgl. SCHRÖDER, Völker; GUTH, Kulturkontakte; WEINRICH, Slawenaufstand.

302 Zu diesem Problemkreis vgl. auch die Ausführungen bei SCHRAMM, Kaiser 2, S. 6; SCHULZE, Otto III., S. 42-50; BACH, Begriffe, S. 19-37 und 58; SCHNEIDER, Thietmar, S. 59f.; LIPPELT, Thietmar, S. 162-166; EGGERT, Wir-Gefühl, S. 98-119; KARPF, Sachsengeschichte, S. 573-577.

303 BACH, Begriffe, S. 29 und 35f.

304 BACH, Begriffe, S. 58.

305 Eine Untersuchung der Bedeutung von *regnum* bei Thietmar gibt es - von einigen aspekthaften Bemerkungen bei BACH, Begriffe, S. 25ff.; ERDMANN, Forschungen, S. 99; HOFFMANN, König, S. 73ff.; EGGERT, Wir-Gefühl, S. 108 - nicht. Grundlegend für den Bedeutungsgehalt des Begriffs sind die Studien von GOETZ, Staatsvorstellung, und DERS., Regnum, insb. S. 173-185. Die unterschiedlichen Bedeutungsebenen von *regnum* sind nicht nur für die von GOETZ untersuchte Karolingerzeit typisch, sondern auch für die Autoren der Ottonenzeit. Die von GOETZ beobachtete abstrakte Bedeutung des Begriffs zur Kennzeichnung einer vom personalen Bezug auf den Herrscher unabhängigen staatlichen Ordnung findet sich auch in zahlreichen Formulierungen Thietmars: *regni gubernacula* (I 8, MGH SS

seiner konkreten Bedeutung ist *regnum* nicht auf das deutsche Königtum eingeschränkt, sondern bezeichnet ganz unabhängig vom Titel des Herrschers allgemein
einen Herrschaftsbereich. Außerhalb des ottonischen Reiches gibt es das *regnum* des
polnischen Herzogs oder des Obodritenfürsten Mistizlaw, innerhalb des Reichs verfü-
gen die bayrischen und lothringischen *duces* über das *regnum Bawarii* und das *regnum
Liutharii*[306]. Für Thietmar ist der nördliche Reichsteil aus einzelnen *regna* zusammen-
gesetzt; angesichts dessen ist die Behauptung, *regnum* sei auf Sachsen bezogen bei
Thietmar nicht nachweisbar[307], kaum aufrechtzuerhalten: Zwar ist richtig, daß der
ethnische Bezug auf die Sachsen in Verbindung mit *regnum* nicht erscheint; jedoch ist
anzunehmen, daß Sachsen für den Merseburger Bischof ebenso ein *regnum* war wie
Bayern oder Lothringen. In Einzelfällen legt der Verwendungszusammenhang einen
Bezug auf das sächsische *regnum* denn auch nahe[308].

Der absolut gebrauchte Begriff *regnum* bezieht sich je nach Kontext auf unterschiedliche Herrschaftsbereiche. Als Namen für das ganze ottonische Reich gebraucht
Thietmar zuweilen die Bezeichnung *imperium Romanum*, die allerdings in zumindest
einem Fall auf den italienischen Reichsteil beschränkt ist[309]; weil die Bedeutung aber
schwankt, kann man Thietmar deshalb keinen engen Römerreichsbegriff unterstellen,
wovon die ältere Forschung jedoch noch ausging[310]. Ansonsten bezeichnet er das Reich
nur allgemein als *regnum*, vereinzelt mit personalem Bezug auf den Herrscher[311]. Die

---

rer. Germ. NS 9, S. 12); *cura regni* (V 2, S. 222; V 17, S. 241; VI 30, S. 310); *apex regni* (V 14,
S. 236); *arx regni* (I 6, S. 10); *procuratio regni* (VI, 81, S. 372); *cum corona regnum committere*
(II 23, S. 66); *in regno sedere* (II Prolog, S. 38); *regnum curare* (VI 74, S. 364); *regnum disponere*
(IV 20, S. 154). In diesen auf die abstrakte Herrschaftsausübung bezogenen Begriffsverbindungen erscheint der Staat ganz im Sinne der Ergebnisse von GOETZ, Regnum, S. 180 als eine zwar grundsätzlich personal orientierte Institution, die aber nicht an eine bestimmte Person gebunden ist. Ähnlich für
Thietmar schon HOFFMANN, König, S. 73ff.
306 *Regnum* Boleslaws: IV 12, S. 144 und VIII 2, S. 494; *regnum* Mistizlaws: VIII 5, S. 498; *Bawarii regni ducatus*: V 14, S. 236; *Bawarii caput regni*: II 6, S. 44; *regnum Luithariorum*: V 19, S. 243;
ducatus regni Liutharii: II 23, S. 66. *Ducatus* ist in den genannten Fällen nicht im territorialen Sinn
gebraucht, sondern bezeichnet die Amtsfunktion, vgl. dazu allgemein WERNER, La genèse, S. 284f.
307 ERDMANN, Forschungen, S. 99.
308 Z. B. bei der Wendung *habitatores regni illius* (Chronicon VIII 17, MGH SS rer. Germ. NS 9,
S. 514); geschildert wird hier eine militärische Unternehmung der Sachsen gegen die bei Altkalkar
(heute Nordrhein-Westfalen) gelegene Monreburg. Auf Sachsen bezogen ist der Begriff auch in der
Formulierung *cura istius regni* (IV 41, S. 178), womit Thietmar die Stellvertreterschaft der Äbtissin
Mathilde von Quedlinburg für den abwesenden Otto III. umschreibt, vgl. dazu schon oben, S. 55.
309 Beschränkung auf den Süden eindeutig nur in einem Fall: *Cunctis apud Transalpinos (!) bene dis-
positis Romanum visitabat (Otto III.) imperium*... Chronicon IV 47, MGH SS rer. Germ. NS 9,
S. 186. In den anderen drei Fällen liegt dagegen der Bezug auf das ganze Reich nahe: *Interim cesar
(Otto II.) Romanum sic regebat imperium, ut, quod patrem suum prius respiciebat, omne detineret...;
(Calabria) licet Romano specialiter serviat inperio*... und *Romani corona inperii exivit (Otto III.) ab hoc
seculo*. Chronicon III 20, III 23 und IV 49, MGH SS rer. Germ. NS 9, S. 122, 126 und 188.
310 Vgl. dazu SCHLIERER, Weltherrschaftsgedanke, S. 9f.; auf dieser Grundlage ERDMANN, Reich,
S. 422, und noch SCHNEIDER, Thietmar, S. 41 Anm. 26 und S. 43 Anm. 38.
311 Vgl. z. B. *decus regni* (II Prolog, MGH SS rer. Germ. NS 9, S. 38) und *principes regni suimet*
(II 39, S. 88), jeweils mit Bezug auf Otto I.

Behauptung, *regnum* stehe bei Thietmar »natürlich für das deutsche Reich«[312] - bezeichne also das engere, deutsche Herrschaftsgebiet im Unterschied zum weiteren *imperium* oder zum engergefaßten *imperium Romanum* -, setzt eine Begriffsbedeutung voraus, die erst in der Wendung *regnum teutonicum* seit dem letzten Drittel des 11. Jahrhunderts als Selbstbezeichnung im nördlichen Reichsteil[313], nicht aber schon zu Thietmars Zeit üblich war. Der ohne ethnischen Bezug gebrauchte Begriff bezeichnet bei Thietmar keineswegs per se den deutschen Reichsteil, sondern das ganze Reich. Inhaltlich besteht kein Unterschied, wenn Thietmar für Otto I. einmal die Wendung *regnum suum* gebraucht, für Otto II. ein anderes Mal die Formulierung *imperium suum*[314]. Der personale Bezug auf den Herrscher ordnet ihm das ganze von ihm beherrschte Reich zu, das *imperium* ist ein *regnum*, dessen Herrscher *imperator* ist[315]. Einen Bedeutungsunterschied zwischen *imperium* und *regnum* gibt es nur insoweit, als eine Verwendung des Begriffs *imperium* an die erlangte Kaiserwürde gebunden ist; von dieser höheren Würde abgesehen gibt es jedoch keinen inhaltlichen Unterschied, so daß *imperium* ebenso wie *regnum* auf der konkreten Bedeutungsebene das ganze Reichsgebiet bezeichnen kann.

Das ist auch eindeutig dort der Fall, wo Thietmar Otto II. *tercius regni procurator nostri* nennt[316]. Auf den ersten Blick spricht diese Formulierung zwar für eine separierende Kennzeichnung des deutschen Reichsteils als *regnum*: Otto II. wird als dessen dritter *procurator* genannt, wodurch Heinrich I. zwangsläufig zum ersten *procurator regni nostri* wird. Da Heinrich I. nicht zum Kaiser gekrönt wurde und Thietmar diesen qualitativen Unterschied zur Herrschaft seiner Nachfolger Otto I. und Otto II. nicht berücksichtigt, sondern im Gegenteil durch seine Zählweise Kontinuität ausdrückt, liegt zunächst die Vermutung nahe, Thietmar verstehe unter *regnum nostrum* nur den nordalpinen Teil des Ottonenreichs, über das der Liudolfinger Heinrich I. als erster geherrscht habe; die Wendung *regnum nostrum* wäre dann ein eindrucksvoller Beleg für ein bei Thietmar bereits deutlich ausgeprägtes politisches Zusammengehörigkeitsgefühl im nördlichen Reichsteil. Diese Interpretation hat sich denn auch in der Forschungsliteratur unwidersprochen durchgesetzt[317]. Man wird ihr dennoch nicht zustimmen können, denn was zum Allgemeinwissen des Historikers gehört - daß Heinrich I. eben nicht zum Kaiser gekrönt wurde -, wußte der Sachse Thietmar knapp achtzig Jahre nach

---

312 ERDMANN, Forschungen, S. 99 Anm. 5.

313 Vgl. dazu MÜLLER-MERTENS, Regnum Teutonicum, insb. S. 316-327.

314 *...principes regni suimet...* (Chronicon II 39, MGH SS rer. Germ. NS 9, S. 88); *...optimos ex meo imperio...* (Chronicon III 21, S. 124).

315 Es erscheint daher angebracht, bei der Parallelnennung von *regnum* und *imperium* in den Verbindungen *regni tutor et imperii* (Chronicon III 26, MGH SS rer. Germ. NS 9, S. 130) und *cura regni et imperii* (Chronicon II 23, S. 68) nicht beide Begriffe konkret auf das Ottonenreich zu beziehen; stattdessen dürfte *regnum* dabei abstrakt im Sinne von »staatlicher Ordnung« zu verstehen sein, so daß die Wendung nicht mit »Königtum und Kaisertum« zu übersetzen wäre (so in TRILLMICHS Thietmar-Übersetzung, S. 114 und 61), sondern eher mit »Staat und (Kaiser-)Reich«.

316 Thietmar, Chronicon III 1, MGH SS rer. Germ. NS 9, S. 96.

317 ERDMANN, Forschungen, S. 99; GIESE, Stamm, S. 62; EGGERT, Wir-Gefühl, S. 108 mit Anm. 637.

Heinrichs Tod durchaus nicht mehr: Für ihn erlangte der Liudolfinger genauso wie
Otto I. und Otto II. in Rom die Kaiserkrone[318] und herrschte damit wie seine beiden
Nachfolger gleichermaßen über den nördlichen und südlichen Reichsteil. Zwischen
dem *regnum* Heinrichs I. und dem Ottos II. gibt es in Thietmars Vorstellung also keinen
Unterschied nach Umfang und Qualität, *regnum nostrum* bezeichnet daher weder nur
Sachsen noch den nordalpinen Reichsteil allein, sondern das ganze ottonische Reich,
eben das *imperium*. Thietmars Wir-Gefühl bezieht sich hier offenbar auf das ganze ottonische Herrschaftsgebiet und nicht etwa nur auf seinen deutschen Teil. Die Voraussetzung für diese Identifikation mit »unserem Reich« ist offenbar die für Herrscher und
Historiographen gemeinsame sächsische Herkunft. Über sie sieht sich Thietmar mit
dem Kaiser und dem von ihm beherrschten Reich verbunden, der Erfolg der ottonischen Dynastie war die entscheidende Voraussetzung für die Identifikation mit ihrem
Herrschaftsbereich[319]. Die Wendung *regnum nostrum* kommt in Thietmars Chronik
allerdings nur insgesamt zwei Mal vor, davon nur einmal in dieser umfassenden Bedeutung[320].

Zwischen konkreter und abstrakter Bedeutung oszilliert auch der Begriff *patria*[321].
Auf der konkreten Bedeutungsebene bezeichnet *patria* das Herkunftsgebiet, das Thietmar mit dem jeweiligen Herzogtum gleichsetzt: Der aus Bayern stammende Merseburger Bischof Boso stirbt 970 *in patria Bawaria*[322], der sächsische Markgraf Gero I. errichtet das Kloster Gernrode nach der Rückkehr in seine *patria*[323], und Otto I. kehrt
nach dem ersten Italienzug in seine *patria Saxonia* zurück[324]. Aus dem Textzusammenhang ergibt sich ferner, daß Thietmar bei den Verfügungen Heinrichs II. zugunsten
der bedrohten *patria* während zweier Aufenthalte in Magdeburg und Goslar die sächsische *patria* meint[325]. Dieser Bezug ist in den Berichten über kriegserfahrene sächsische

---

318 *Anno dominicae incarnacionis DCCCCXXXI imperator effectus est.* Thietmar, Chronicon I 15,
MGH SS rer. Germ. NS 9, S. 22. Siehe dazu ausführlicher unten, S. 73f.; ferner TIERSCH, Vergangenheitsbild, S. 93f.

319 Vgl. dazu auch KARPF, Sachsengeschichte, S. 574-578.

320 Im anderen Fall ist die Bedeutung weniger klar: *Quorum (Saxoniae regum) temporibus regnum
velut ardua cedrus/Enituit nostrum longe lateque timendum,* Chronicon I Prolog, MGH SS rer. Germ.
NS 9, S. 3 (nur Corveyer Fassung). *Regnum* könnte sich hier konkret auf Sachsen beziehen, könnte
aber auch auf abstrakter Bedeutungsebene das Größerwerden des »Staates« mit dem Wachstum der
Zeder parallelisieren. Anders EGGERT, Wir-Gefühl, der S. 108 und 117 eine Beziehung nur auf den
deutschen Reichsteil vorschlägt, die aber gerade deshalb unwahrscheinlich ist, weil sich diese enge Bedeutung des absolut gebrauchten Begriffs *regnum* ansonsten nicht nachweisen läßt.

321 Vgl. dazu jetzt EICHENBERGER, Patria, S. 149f. und 152-155.

322 Thietmar, Chronicon II 36, MGH SS rer. Germ. NS 9, S. 84.

323 Thietmar, Chronicon II 19, MGH SS rer. Germ. NS 9, S. 60.

324 Thietmar, Chronicon II 11, MGH SS rer. Germ. NS 9, S. 50. Die Wendung *revisens laetus patriam* geht zwar auf Vergils Äneis zurück; zu Thietmars Kenntnis antiker Schriftsteller vgl. LIPPELT,
Thietmar, S. 74f. und 81ff. Wie die Ergänzung der klassischen Wendung durch das vorangestellte *Saxonia* zeigt, gibt Thietmar aber nicht nur eine Reminiszenz aus dem Magdeburger Lateinunterricht
wieder. Wahrscheinlich ist deshalb auch Sachsen gemeint, wenn Thietmar anläßlich des Todes Ottos I.
von der *flebilis patria* spricht, vgl. Chronicon II Prolog, S. 38.

325 Thietmar, Chronicon VII 52 und 54, MGH SS rer. Germ. NS 9, S. 462 und 466.

Adlige und über die Verteidigung der sächsischen Ostgrenze ebenfalls deutlich: Als *defensores patriae* bezeichnet Thietmar Gero I., den Markgrafen der sächsischen Ostmark[326]; seinen eigenen Vater, den Grafen Siegfried von Walbeck[327]; Gunzelin, den Markgrafen von Meißen[328]. Die Arneburg an der Elbe dient der *defensio patriae*[329], und der Billunger Graf Wichmann III. ist *utilis in omnibus patriae*[330]. Insoweit die Verteidigung Sachsens aber gleichzeitig die Belange des im Kaiser verkörperten »Staates« betrifft, sind diese Begriffsverbindungen grundsätzlich auch offen für einen abstrakten, auf den »Staat« beziehbaren Bedeutungsgehalt. Das gilt etwa für die Bezeichnung Ottos I. und Heinrichs II. als *defensores patriae*[331], das gilt aber auch für Wendungen wie *salus communis patriae, defensio communis patriae* und *salus patriae tocius,* mit denen Thietmar die Errichtung des Erzbistums Magdeburg und des dortigen Mauritiusklosters bezeichnet[332]. Das *commune* könnte zwar in Thietmars Vorstellung nur die ihm selbst und dem Herrscher »gemeinsame« *patria* bezeichnen, also die sächsische Abstammungsgemeinschaft zum Bezugspunkt haben; ebensogut kann Thietmar aber auch die Bedeutung Magdeburgs als neues politisches Zentrum nicht nur für Sachsen, sondern für das ganze ottonische Reich gemeint haben[333]. Gegenüber einem solchen Bedeutungsgehalt abstrakter Staatlichkeit dominiert bei Thietmar jedoch eindeutig der konkrete Bezug von *patria* auf die *Saxonia.* Für die ottonischen Herrscher gilt, daß ihr Herkunftsland nur einen kleinen Teil ihres Herrschaftsgebietes ausmacht. Deshalb spricht Thietmar weder von einem *imperium* noch von einem als nordalpinen Reichsteil deutbaren *regnum,* sondern von *Saxonia* als der *patria* Ottos I. Daß die *patria* dagegen ein »größeres gemeinsames Vaterland«[334] bezeichnet habe, das auf den deutschen Reichsteil beschränkt gedacht werden kann, ist nicht erkennbar. Der Begriff *patria* eignet sich nicht dazu, bei Thietmar eine Frühform von »deutschem Nationalgefühl« nachzuweisen; seine *patria* ist Sachsen[335].

---

326 Thietmar, Chronicon II 19, MGH SS rer. Germ. NS 9, S. 60.

327 Thietmar, Chronicon IV 17, MGH SS rer. Germ. NS 9, S. 150.

328 Thietmar, Chronicon VI 2, MGH SS rer. Germ. NS 9, S. 276.

329 Thietmar, Chronicon IV 38 und VI 28, MGH SS rer. Germ. NS 9, S. 174 und 308.

330 Thietmar, Chronicon VII 47, MGH SS rer. Germ. NS 9, S. 456.

331 Thietmar, Chronicon II 45 und VI 6, MGH SS rer. Germ. NS 9, S. 92 und 280; dabei ist Thietmars Vorstellung interessant, daß Heinrich II. auch in Verona als *defensor patriae* empfangen wird.

332 Thietmar, Chronicon II 3, 17 und 20, MGH SS rer. Germ. NS 9, S. 40, 58 und 62.

333 Vgl. dazu jetzt EICHENBERGER, Patria, S. 152ff.

334 BACH, Begriffe, S. 58.

335 EICHENBERGER, Patria, resümiert S. 146, daß der Begriff bis in die Stauferzeit hinein »für die Bezeichnung der Herzogtümer praktisch monopolisiert war«; vgl. auch S. 244.

b) *Germania, Theutones* und *Saxonia*

In der Gegenüberstellung der antiken Begriffe *Germania* und *Italia* spiegelt sich die Zweiteilung des Reichs in Nord und Süd[336]. *Germania* umfaßt dabei die verschiedenen Teile des nördlichen Reichs[337], die Thietmar sonst einzeln als *Alemannia* bzw. *Suevia, Bawaria, Francia, Saxonia, Thuringia* und *Luthariorum regnum* bezeichnet. Entsprechendes gilt für *Italia*, das die *partes Romanorum* ebenso umfaßt wie *Calabria, Apulia* und *Langobardia*. Die Wendungen *regnum Teutonicum* und sogar *Teutonicum imperium* stehen nur in der Corveyer Überarbeitung von Thietmars Chronik[338] und sind insoweit ein eindrucksvoller »Beleg für das Vorhandensein eines deutschen Reichsbewußtseins im sächsischen Corvey«[339] des frühen 12.(!) Jahrhunderts, sagen jedoch nichts über Thietmars Denken aus. Die Bewohner des nördlichen Reichsteils bezeichnet Thietmar als *cisalpini*[340], an einer Stelle wohl versehentlich sogar als *transalpini*[341]. Auch fällt der Begriff *Theutonici*, und zwar in der Schilderung des Feldzuges Herzog Ottos von Kärnten gegen Arduin von Ivrea: Entscheidend ist hier die Gegenüberstellung von *Theutonici* und *Longobardi*[342]. Da dieser Abschnitt aber ebenfalls nur in der Corveyer Fassung überliefert ist, muß dahingestellt bleiben, ob auch Thietmar schon diesen Begriff verwendete[343]. Der Bericht über militärische Auseinandersetzungen im südlichen Reichsteil führt Thietmar jedenfalls nicht automatisch dazu, stets den von verschiedenen Stammeszugehörigkeiten absehenden Begriff *Teutonici* zu gebrauchen. So differenziert er etwa im Bericht über die Kämpfe Heinrichs II. in Pavia zwischen *Alemanni, Franci* und *Liutharienses*[344].

Allerdings verwendet Thietmar bei der Schilderung von Kämpfen in Italien, Böhmen, Polen und an der sächsischen Ostgrenze häufig den Begriff *nostri* zur Bezeichnung der kämpfenden Partei, mit deren Interesse er sich identifiziert. Bei den militärischen Unternehmungen dieser »Unsrigen« ist allgemein schwer zu unterscheiden, ob Thiet-

---

336 So heißt es im Bericht über die Heirat Ottos II. mit Theophanu: *Quos idem non audivit, sed eandem dedit (Otto I.) tunc filio suimet in uxorem, arridentibus cunctis Italiae Germaniaeque primatibus.* Thietmar, Chronicon II 15, MGH SS rer. Germ. NS 9, S. 56.

337 In diesem Sinne etwa im Bericht über die Ungarneinfälle: *Inde accidit, ut Germania, caeteris comprovincialibus suis inpar, viribus his succumberet.* Thietmar, Chronicon II 7, MGH SS rer. Germ. NS 9, S. 46.

338 *...ex eo Saxonia in Teutonico regno principatur...* und *Qui imperatores Romanum et Teutonicum imperium...* Thietmar, Chronicon VII 75 und VIII 34, MGH SS rer. Germ. NS 9, S. 493 und 533.

339 MÜLLER-MERTENS, Regnum Teutonicum, S. 330.

340 Thietmar, Chronicon V 20, MGH SS rer. Germ. NS 9, S. 245 (nur Corveyer Fassung).

341 Thietmar, Chronicon IV 47, MGH SS rer. Germ. NS 9, S. 186.

342 Vgl. Thietmar, Chronicon V 25 und 26, MGH SS rer. Germ. NS 9, S. 249ff. (nur Corveyer Fassung).

343 Vgl. dazu WEINRICH, Slawenaufstand, S. 81; EGGERT, Wir-Gefühl, S. 110 mit Anm. 648. THOMAS, Rezeption, vermutet S. 37f. ohne Problematisierung der Corveyer Überlieferung, Thietmar habe hier einen ihm aus Italien zugegangenen Bericht ziemlich wörtlich in seine Chronik inseriert und dabei auch die nur in Italien verbreitete Form *Teutonici* rezipiert; vgl. auch DERS., Julius Caesar, S. 263 mit Anm. 91.

344 Thietmar, Chronicon VI 8, MGH SS rer. Germ. NS 9, S. 282.

mar dabei an die Sachsen oder an gemeinsame Kontingente des Reichsheeres dachte[345]. Diese Unbestimmtheit der Bezüge läßt Raum für eine »volkhafte und politische« Deutung von Thietmars *noster*, die den Merseburger Bischof zum frühen Vertreter eines »Volks- und Reichsbewußtseins« machte[346]. Allerdings wird damit dort Eindeutigkeit nahegelegt, wo doch noch Zweideutigkeit herrscht: Denn Thietmar mag zwar damit beginnen, den Schritt zur auch politischen Identifikation mit dem deutschen Reichsteil zu vollziehen und insoweit ein »Reichsbewußtsein« in Ansätzen zeigen, es war aber keineswegs ausschlaggebend für sein politisches Denken: Das zeigt sich insbesondere in seinem ausgeprägt sächsisch-gentilen Selbstbewußtsein[347]. Zwar versteht sich Thietmar als Angehöriger einer sprachlichen Gemeinschaft, wenn er mehrfach zwischen *sermo teutonicus* und *sclavonicus* unterscheidet[348]. Daß er dabei allerdings eine umfassende »direkte Identifikation« mit den »Deutschen«[349] mitgedacht habe, ist äußerst unwahrscheinlich. Thietmar unterscheidet stattdessen nur zwischen dem in Sachsen üblichen, volkssprachlichen und dem slawischen Namen[350]. Selbst wenn *teutonicus* dabei nicht nur »volkssprachlich«, sondern schon »deutsch« bedeuten sollte, dann ist *nos teutonice* mit »wir auf deutsch« zu übersetzen und eben nicht mit »wir Deutsche«[351] - ein wichtiger Unterschied, der gern übersehen wird[352]. Vollends fehlt jeder Beleg dafür, daß Thietmar einen ethnisch einheitlichen »deutschen« Volksverband mit einem einheitlichen politischen Herrschaftsverband nördlich der Alpen gleichsetzt. Dieser Blick auf Thietmars Begrifflichkeit bestätigt die jüngst von Ernst Karpf vorgetragene These, daß sich bei Thietmar zwar »im Ansatz ein die Stammesvielfalt umschließendes Denken« zeigt, nicht aber »eine politische Definition des Herrschaftszusammenhangs«[353].

Im gehäuften Auftreten der Bezeichnung *rex noster* bei Thietmar wurde ein »stark ausgeprägtes Reichsbewußtsein«[354] erkannt; im darin wirksamen überregionalen Wir-Gefühl lassen sich Tendenzen eines »übergentilen Denkens«[355] festmachen. Sie dürfen jedoch nicht überbewertet werden. Der supragentile Herrschaftsverband ersetzt nicht Sachsen als zentralen Bezugspunkt in Thietmars politischer Vorstellungswelt. Dies wird in seinem Exkurs über die Nachfolgeregelung deutlich. In der sächsischen Her-

---

345 Vgl. dazu mit den entsprechenden Belegstellen EGGERT, Wir-Gefühl, S. 108-117; ferner MÜLLER-MERTENS, Regnum Teutonicum, S. 122.
346 Vgl. BUCHNER, Vorstellungswelt, S. 56ff.
347 Dazu siehe unten, S. 72.
348 *...in provintiam, quam nos Teutonice Deleminci vocamus, Sclavi autem Glomaci appellant; Dobrawa enim Sclavonice dicebatur, quod Teutonico sermone Bona interpretatur* und *Primoque ad curtem meam, Sclavonice Malacin dictam, Teutonice autem Egisvillam.* Thietmar, Chronicon I 3, IV 55 und VI 42, MGH SS rer. Germ. NS 9, S. 6, 194 und 326.
349 So EGGERT, Wir-Gefühl, S. 108.
350 Vgl. dazu jetzt auch BRÜHL, Deutschland, S. 212.
351 So schon BUCHNER, Vorstellungswelt, S. 56.
352 Vgl. EGGERT, Wir-Gefühl, S. 108; TRILLMICH übersetzt *nos Teutonice* S. 7 mit »Deutsche«.
353 KARPF, Sachsengeschichte, S. 574.
354 BUCHNER, Vorstellungswelt, S. 57. Die einzelnen Belegstellen verzeichnet EGGERT, Wir-Gefühl, S. 104-108.
355 PÄTZOLD, Auffassung, S. 275.

kunft der auf Heinrich I. folgenden Herrscher sieht er Gefahr für Sachsen abgewendet und gleichzeitig die sächsischen Rechte innerhalb des Herrschaftsverbandes garantiert; sobald aber die direkte Vater-Sohn-Nachfolge unterbrochen werde, drohe die Fremd-herrschaft und damit Unterdrückung und große Gefahr für die *libertas*[356]. Aus dieser Perspektive betrachtet barg schon der Herrschaftsantritt Heinrichs II. besondere Ge-fahren. Was an seinen Vorgängern gerühmt wurde, so resümiert Thietmar jedoch er-leichtert, achte auch der neue König[357]. Thietmar sieht also einen Interessengegensatz zwischen dem *regnum* und Sachsen als einem seiner Bestandteile. Das erkannte auch Heinrich II. an, indem er es nach Thietmars Bericht als seinen Wunsch bezeichnete, die Sachsen *ad regni provectum nostramque salutem* zu erhalten und ihre Eigenständig-keit *salvo honore regni* zu respektieren[358]. Deshalb versprach er vor seiner Mersebur-ger »Krönung« den versammelten sächsischen Großen, ihr Recht nicht anzutasten, sondern streng beachten zu wollen[359] und damit die *libertas* anzuerkennen, die offen-bar unter der Herrschaft eines Bayern für bedroht gehalten wurde[360]. Der Wechsel von Otto III. zu Heinrich II. kann Thietmar für Sachsen als ungefährlich hinstellen, weil der Nachfolger bereit war, die besonderen Pflichten gegenüber dem Stammland seines Vorgängers wahrzunehmen[361]. Für die Nachfolgeregelung nach dem Tod des kinderlo-sen Heinrich II. sieht Thietmar jedoch eine erneute Gefahr für Sachsen voraus[362].

Wenn man also von einem Zurücktreten des gentilen Denkens bei Thietmar spre-chen will, dann nur in dem Sinne, daß für ihn - etwa im Gegensatz zu Widukind von Corvey - die Symbiose von sächsischem Stamm und Königtum nicht mehr zwingend ist, daß er die Königsherrschaft nicht mehr als an Sachsen gebunden und in diesem Sinne nicht mehr gentil definiert[363]. Er fordert kein Recht der Sachsen auf Vergabe des Kö-

---

356 *Ve populis, quibus regnandi spes in subsecutura dominorum sobole non relinquitur et, inter se facta dissensione et longa contentione, aliquod consilium vel solamen cito non providetur! Si in consanguinitatis linea aliquis tali offitio dignus non inveniatur, saltem in alia bene morigeratus, omni odio procul remoto, assumatur; quia maxima perdicio est alienigenos regnare: hinc depressio et libertatis venit magna pericli-tatio.* Thietmar, Chronicon I 19, MGH SS rer. Germ. NS, S. 24ff.

357 *Ab hoc, de quo dixi, Heinrico (I.) et successoribus suis usque huc Saxones elevati et in omnibus sunt honorati. Quicquid in hiis laudatur, ab equivoco eius, de quo scripturus sum vita comite, diligenter serva-tur, et post, ut vereor, finitur.* Thietmar, Chronicon I 19, MGH SS rer. Germ. NS 9, S. 26.

358 Vgl. Thietmar, Chronicon V 16, MGH SS rer. Germ. NS 9, S. 239 (nur Corveyer Fassung).

359 *Legem igitur vestram non in aliquo corrumpere, sed vita comite malo clementer in omnibus adimp-lere...* Thietmar, Chronicon V 16, MGH SS rer. Germ. NS 9, S. 239 (nur Corveyer Fassung).

360 Bezeichnenderweise soll Heinrich II. seine Vorgänger vor den in Merseburg versammelten Großen als *reges vestri* (ebenda), als »eure Könige« bezeichnet haben - und nicht etwa als *reges nostri*, was nahegelegen hätte, wenn ein den Sachsen und Heinrich II. gemeinsames »deutsches Reichsbewußt-sein« existiert hätte. Stattdessen nahm der neue König ausdrücklich auf die sächsische Herkunft seiner Vorgänger Bezug.

361 Vgl. dazu BEUMANN, Franken, S. 908ff.; KARPF, Sachsengeschichte, S. 575ff.

362 Dies ist der Kern von Thietmars Befürchtung, Heinrich II. werde der letzte sein, der achte, was an den zuvor erhobenen sächsischen Herrschern gerühmt worden sei; zum Text siehe schon oben, Anm. 357.

363 Thietmars Meinung muß nicht repräsentativ für die der sächsischen Großen gewesen sein, deren Haltung in der Forschung auch unterschiedlich gedeutet wird. SCHMIDT, Königsumritt, sieht S. 124 die Merseburger Krönung durch den Akt der Lanzenübergabe »in gewisser Weise« an die vorangegangene

nigtums, sondern den Schutz der sächsischen *libertas* innerhalb des Herrschaftsverbandes[364]. Darin liegt der entscheidende Unterschied zwischen der Auffassung Thietmars und jener der älteren sächsischen Autoren. Deshalb kann Thietmars Formulierung von den *reges Saxoniae* - von der fraglichen Authentizität ganz abgesehen[365] -
letztlich auch nicht als Fortsetzung einer im 10. Jahrhundert vorhandenen »sächsischen
Reichsauffassung« gelten[366]. Eine solche Annahme übergeht Thietmars Verständnis
des *regnum* als nichtsächsisch ebenso wie die Bedeutung, die *Saxonia* ansonsten in seiner Chronik hat: Der Begriff bezeichnet ganz eindeutig nur das Gebiet Sachsens[367],
und nur dessen Einwohner sind *Saxones*[368]. Aus dem Bericht über die Krönung Heinrichs II. in Merseburg kann zweifelsfrei geschlossen werden, daß die sächsischen
Großen eine deutlich gentil geprägte Eigenständigkeit innerhalb des *regnum* beanspruchen. In Thietmars Ausführungen über die Nachfolgefrage wird deutlich, daß dieser
Grundsatz auch für ihn Gültigkeit besitzt. Insoweit zeigt sich der Merseburger Bischof
wie der sächsische Adel noch immer vom gentilen Prinzip geprägt, das für ihn nicht hin-
ter ein »gewisses Nationalgefühl« zurücktritt, sondern im Zentrum seines politischen
Denkens steht. Für Thietmar befindet sich das Verhältnis zwischen Königtum und
Sachsen in einem so labilen Gleichgewicht, daß es wenig plausibel erscheint, ihn zum
Vertreter eines politisch relevanten, supragentilen »Reichsbewußtseins« zu stempeln.

2. Die Romgebundenheit der Kaiserwürde

Der Befund eines ausgeprägten sächsischen Selbstbewußtseins macht die Frage
nach Thietmars Bild vom südlichen Reichsteil besonders interessant. Rom selbst gegenüber nimmt er eine deutlich reservierte und mißtrauische Haltung ein: Zwar nennt
er die Stadt »aus vielerlei Gründen Haupt aller Städte«[369], geht aber mit keinem Wort
auf die von Brun so hervorgehobene Funktion Roms als Apostelstadt ein. Als besondere
Qualitäten der Römer weiß Thietmar dagegen ihre Bestechlichkeit[370], ihre Unzuverläs-

---

Mainzer Königserhebung angenähert, die die Sachsen jedoch grundsätzlich als verbindlich anerkannt
hätten. Auch SCHNEIDER, Königserhebung, sieht S. 99 die Merseburger Vorgänge nicht als konstitutiv
für die Königskrönung an. Demgegenüber meint SCHLESINGER, Nachwahl, S. 262 und 264, daß sich
die Sachsen das Recht auf die Vergabe des Königtums vorbehalten hätten und deshalb erst in Merseburg die formelle Königserhebung stattgefunden habe, vgl. auch DERS., Erbfolge, S. 246f. Zuletzt dazu
GIESE, Stamm, S. 30f., der die Frage unentschieden läßt, aber »ein ausgeprägtes Eigenständigkeitsge-
fühl« des sächsischen Stammes betont.
364 Vgl. dazu KARPF, Sachsengeschichte, S. 577.
365 Siehe dazu oben, S. 63.
366 So aber PÄTZOLD, Auffassung, S. 274f. und 285.
367 Vgl. Thietmar, Chronicon II 11, II 22, II 42, IV 52 und IV 74, MGH SS rer. Germ. NS 9,
S. 50, 64, 90, 190 und 218.
368 Vgl. Thietmar, Chronicon I 19 und IV 12, MGH SS rer. Germ. NS 9, S. 26 und 144.
369 *In arce Romulea, quae omnium est capud urbium ob diversarum qualitatem causarum...* Thietmar,
Chronicon VII 71, MGH SS rer. Germ. NS 9, S. 484.
370 *Corruptis tum pecunia cunctis primatibus maximeque Romanis, quibus cuncta sunt semper venalia,
iudicibus...* Thietmar, Chronicon III 13, MGH SS rer. Germ. NS 9, S. 112. Die Corveyer Hand-

sigkeit[371] und ihre lügenhaften Worte[372] hervorzuheben. Diese Charakteristik fügt sich bruchlos in Thietmars mit besonders grellen Farben gemaltes Bild des südlichen Reichsteils ein. Das Land südlich der Alpen steht für ihn im schärfsten Kontrast zu der *serenitas nostrae regionis*: »Weder das Klima noch die Eigenschaften der Menschen im Süden passen zu unseren Gegenden. Zu unserem Kummer herrschen im Römerland und in der Lombardei alle Arten von Hinterlist. Jene, die dorthin kommen, werden wenig hochgeschätzt; alles, was die Gäste dort erfragen, muß betrügerisch hoch bezahlt werden, und viele sterben durch Gift.«[373] Auch gegenüber Angehörigen des nördlichen Reichsteils geizt Thietmar nicht mit moralischen Vorwürfen - so prangert er beispielsweise die »unersättliche Habgier der Bayern« an; diese Ausfälle sind Zeichen für seinen engen Horizont und seine provinzielle Lebensweise ohne eigene Kenntnis anderer Länder[374].

Welche Rolle spielte Rom in Thietmars Vorstellung vom Kaisertum? Für den Bischof von Merseburg ist die Kaiserkrönung gegenüber dem Königtum ein *honor maior*[375]. Die Weihe durch den Papst ist für ihn ganz selbstverständlich der konstitutive Akt, der den *rex* zum *imperator* macht. So steht Thietmar auch dem Bericht Widukinds, dessen Sachsengeschichte zu den Quellen seiner Chronik gehörte, über die Kaiserakklamation Heinrichs I. und Ottos I. durch das siegreiche Heer 933 und 955[376] einigermaßen verständnislos gegenüber. Den Erwerb des Kaisertitels durch Otto I. knüpft Thietmar unmißverständlich an die römische Krönung von 962, dementsprechend wird Otto I. im Bericht über den Sieg auf dem Lechfeld auch nicht *imperator* genannt.

Die Zeit Heinrichs I. liegt noch weiter zurück, und Thietmar ist sich offenbar weder der Ereignisse noch der Verläßlichkeit von Widukinds Sachsengeschichte sicher. So bemerkt er dort, wo er Heinrichs Ungarnkriege streift, ohne weitere Erklärung: *(Heinricus 931) imperator effectus est*[377]. Bezeichnenderweise schließt diese Notiz aber nicht unmittelbar an die Bemerkung über die Ungarn an, sondern an die Erwäh-

---

schrift weist an dieser Stelle eine für die verbreitete Romkritik bezeichnende Glosse auf: *Nota avariciam Romanorum.*

371 (Es spricht Otto I.): *Nam fidem Romanam antecessoribus nostris sepius suspectam non ignoro.* Thietmar, Chronicon IV 32, MGH SS rer. Germ. NS 9, S. 171 (nur Corveyer Fassung). Zu dieser Stelle siehe unten, S. 77.

372 *...verbis eorundem mendacibus diffidens (Otto III.)* Thietmar, Chronicon IV 48, MGH SS rer. Germ. NS 9, S. 186.

373 Thietmar, Chronicon VII 2, MGH SS rer. Germ. NS 9, S. 400. Diese Stelle fügte Thietmar eigenhändig ein. Vgl. zu diesem Italienbild auch BENZINGER, Romkritik, S. 43.

374 *insaciabilis avaricia Bawariorum* Thietmar, Chronicon V 19, MGH SS rer. Germ. NS 9, S. 243 (nur Corveyer Fassung); vgl. dazu auch FICHTENAU, Horizont, S. 81f. und 93 sowie schon oben S. 62 zu den wenigen Reisen Thietmars.

375 *...hoc solum ingemiscens (Arduin von Ivrea), quod rex (Heinrich II.) ad maiorem tunc vocatus accessit honorem.* Thietmar, Chronicon VI 93, MGH SS rer. Germ. NS 9, S. 384ff.

376 Vgl. Widukind, Rerum gestarum Saxonicarum I 39 und III 49, MGH SS rer. Germ. 60, S. 57ff. und 128f.; vgl. dazu die diesbezüglichen Berichte bei Thietmar, Chronicon I 15 und II 10, MGH SS rer. Germ. NS 9, S. 20ff. und 48ff.

377 Thietmar, Chronicon I 15, MGH SS rer. Germ. NS 9, S. 22.

nung einer - übrigens nie erfolgten - Pilgerreise Heinrichs I. nach Rom[378]. Die etwas hilflose Reihung der Ereignisse sowie der zunächst ausradierte, dann von Thietmar eigenhändig doch wieder hinzugefügte Nachtrag über den *imperator* Heinrich I. zeigt einerseits deutlich, daß sich der Merseburger Bischof das Ereignis nicht recht erklären konnte; andererseits scheint ihm Widukinds Nachricht über den Imperator-Titel zu wichtig, um sie gänzlich unter den Tisch fallen zu lassen. Jedoch hielt er ihn als Folge einer Heeresakklamation offenbar für abwegig und stellte ihn stattdessen in den Zusammenhang einer Romreise Heinrichs I., die Thietmar im Gegensatz zu Widukind, der nur vom Plan einer solchen Reise berichtet[379], als tatsächlich stattgefunden darstellt. Einen »Heerkaiser« gab es demnach für Thietmar nicht[380], und er konnte sich einen Kaisertitel für Heinrich I. nicht anders als mit Rom verbunden vorstellen.

Der Rombezogenheit des Kaisertums entspricht auch der Gebrauch des Imperator-Titels: Thietmar verfährt strikt nach der Regel *tunc rex, nunc imperator* und gebraucht die Bezeichnungen *imperator* und *caesar* für die drei Ottonen stets erst nach dem Bericht über die römische Krönung[381]. Der entscheidende Vorgang der Kaisererhebung ist die päpstliche *benedictio imperialis*[382] bzw. die *unctio imperialis*[383]. Die Krönungszüge Ottos I. und Heinrichs II. sind für Thietmar einerseits deutlich mit der Vor-

---

378 *Audivi, quod hic (Heinricus), Romam causa orationis petens, plus pedibus quam equo laboraret, et a multis interrogatus, cur sic ageret, culpam profiteretur.* Thietmar, Chronicon I 15, S. 22.

379 *Perdomitis itaque cunctis circumquaque gentibus, postremo Romam proficisci statuit, sed infirmitate correptus iter intermisit.* Widukind von Corvey, Rerum gestarum Saxonicarum I 40, MGH SS rer. Germ. 60, S. 59. Vgl. dazu BEUMANN, Widukind, S. 92, und DERS., Ottonen, S. 50f. sowie neuerdings WOLF, Romzugsplan.

380 HLAWITSCHKA, Ottonen-Einträge, interpretiert eine offensichtlich irrtümliche Notiz der Annales Lausannenses über den Tod Ottos I. zu 956 als später mißverstandene, ursprünglich zu Memorialzwecken gedachte Notiz über die Imperator-Akklamation auf dem Lechfeld und rechnet sie S. 135 zusammen mit zwei Einträgen der Trierer und Merseburger Necrologe zu den »interessantesten Quellen für die nichtrömische Kaiseridee«. Thietmars Einfluß auf die Merseburger Necrologführung ist bekannt, vgl. dazu ALTHOFF, Adels- und Königsfamilien, S. 154f., und eine Notiz über die Imperatorakklamation im Necrolog könnte die oben vorgetragene These, Thietmar habe keine »romfreie Kaiseridee« vertreten, in Frage stellen. Die Notiz *IIII. Id. Aug.: Magnus Oddo imperator* (vgl. Necrologien von Merseburg, MGH Libri mem. NS 2, Tafel 10) gehört zur Ergänzungsschicht des Merseburger Necrologs, die ihrerseits auf ein Necrolog der ottonischen Familie zurückgeht, das möglicherweise den Sieg auf dem Lechfeld im Gedenken berücksichtigte, vgl. dazu ALTHOFF, Zeugnisse, S. 386f. und DERS., Adels- und Königsfamilien, S. 160. Jedoch wurde diese Ergänzungsschicht erst 1017/18 ins Necrolog eingetragen, so daß die Notiz keine Beweiskraft für die Titulatur *imperator* vor der Krönung 962 liefert. Der Titel kann vielmehr Ergebnis einer späteren Redaktion sein, worauf schon ALTHOFF, Adels- und Königsfamilien, S. 170 Anm. 143 hinwies. Der gleiche Vorbehalt gilt gegenüber den anderen von HLAWITSCHKA angeführten Belegen: Die Annales Lausannenses sind nur in einer Kopie des 13. Jahrhunderts erhalten, das Trierer Necrolog sogar nur in einem Druck des 17. Jahrhunderts. Diese Quellen können deshalb nicht als Beleg für die Existenz der »romfreien Kaiseridee« herangezogen werden.

381 Eine Ausnahme findet sich für Otto III., den Thietmar einmal im Vorgriff auf die stattgefundene Kaiserkrönung als *imperator* bezeichnet: *Inperator, iam factus vir...* Thietmar, Chronicon IV 10, MGH SS rer. Germ. NS 9, S. 142.

382 Thietmar, Chronicon II 13 (für Otto I.) und II 35 (für Otto II; vgl. auch II 15).

383 Thietmar, Chronicon IV 27 (für Otto III.) und VII 1 (für Heinrich II.)

stellung einer Unterwerfung Roms verbunden[384]; die Kaiserkrönung selbst geschieht in seinen Berichten ohne ausdrückliche Beteiligung der Römer. Andererseits schreibt er aber zur Krönung Ottos I., Rom selber habe diesen Mächtigen zu seinem Kaiser gemacht: *Imperatorem fecit sibi Roma potentem/Hunc*[385]. Die *Roma* erscheint in dieser metaphorischen Wendung als Subjekt, Otto I. als Objekt der Handlung: Deutlicher kann die Vergabe der Kaiserwürde durch Rom nicht anerkannt werden.

Die negative Bewertung des gegenwärtigen Rom[386] überlagert nicht seine Bedeutung als »Haupt aller Städte«, die in den Jahrhunderten nicht verlorengegangen ist, sondern auch noch den sächsischen *imperator* Otto I. im unvergleichlichen Glanz der antiken Tradition erstrahlen läßt. So wenig tatsächliches Wissen über die Antike Thietmar zu erkennen gibt, so sicher bedeutet ihm aber antike Tradition ein Zuwachs an Ehrwürdigkeit: Merseburg verdankt seiner Meinung nach seine Gründung dem Volk des Romulus, »das einst dem allgewaltigen, durch Leibes- und Geistesstärke hervorragenden Julius Caesar, dem Schwiegersohne des Pompeius, hierher folgte.«[387] Die Burg Lebusa in der Lausitz identifiziert Thietmar aufgrund eigener Lucanlektüre als Caesars Lager[388]. Zweifellos ist die Antike für ihn nur eine »halbzerstörte Erinnerung«[389], jedoch fehlt es an jedem vergleichbar starken Gegengewicht zur antiken Tradition, deren Kenntnis im Grammatik- und Rhetorikunterricht durch die Lektüre der klassischen Schriftsteller begründet, vertieft und gleichzeitig als Bezugspunkt für die Beschreibung der gegenwärtigen politischen Situation in Anspruch genommen wurde. Der Imperator-Titel und die Herrschaft über Rom sind von dieser Tradition zumal für einen Geistlichen mit Kenntnissen der antiken Literatur[390] nicht zu trennen.

Thietmars Notiz über die Erhebung Ottos I. zum *imperator* durch die *Roma* läßt erkennen, daß Rom für ihn eine zentrale Bedeutung für die Würde der ottonischen Herrscher hatte. Diese aufschlußreiche Passage aus dem Reimprolog auf Otto I. wurde bisher übersehen; stattdessen wurde Thietmars »Reichsvolkgedanke« als Grund für sein Schweigen über die Rolle der Römer ins Feld geführt[391]. Thietmar habe sich, so die zugrundeliegende Vermutung, auf diese Weise gegen den Anspruch der Römer gewandt,

---

384 ...*donec primi Ottonis magni imperatoris Romam cum exercitu iam acquisituri...* und *Ista dies pulchro signetur clara lapillo,/Qua regi nostro se subdit Roma benigno* Thietmar, Chronicon IV 31 und VII Prolog, MGH SS rer. Germ. NS 9, S. 169 (nur Corveyer Fassung) und 396.

385 Thietmar, Chronicon II Prolog, MGH SS rer. Germ. NS 9, S. 36 (die Corveyer Fassung setzt an dieser Stelle auffälligerweise *rectorem* statt *imperatorem*, vgl. S. 37). Es ist also nicht richtig, daß Thietmar die Erhöhung seiner Könige konsequent zu einem Triumph über Rom macht; so aber SCHNEIDER, Thietmar, S. 41.

386 Siehe dazu schon oben, S. 72f.

387 Thietmar, Chronicon I 2, MGH SS rer. Germ. NS 9, S. 5 (nur Corveyer Fassung). Vgl. auch I 18, wo Thietmar die Mauern Merseburgs als *opus Romanorum* bezeichnet; zur Rolle Caesars als Städtegründer in der mittelalterlichen Historiographie vgl. jetzt THOMAS, Julius Caesar, S. 253ff.

388 *Hanc (urbem) cum diligenter lustrarem, opus Iulii Cesaris et magnam Romanorum structuram Lucano ammonente tractavi.* Thietmar, Chronicon VI 59, MGH SS rer. Germ. NS 9, S. 348.

389 FREUND, Modernus, S. 57.

390 Thietmars lateinische Anfangslektüre scheint Vergil gewesen zu sein, der Rhetorikunterricht vermittelte ihm die Kenntnis von Horaz, vgl. LIPPELT, Thietmar, S. 81.

391 SCHNEIDER, Thietmar, S. 41 mit Anm. 30.

als das eigentliche Reichsvolk zu gelten; diesen Anspruch habe Thietmar als Angehöriger des sächsischen »Reichsvolks« in dem Kaisertitel *imperator Romanorum* ausgedrückt finden müssen[392]. Diese These erweist sich schon angesichts der Vergabe der Kaiserwürde durch die *Roma* als hinfällig. Sie steht aber auch sonst auf schwachen Füßen, denn gerade den für einen Sachsen angeblich so anstößigen Titel gebraucht Thietmar ausdrücklich für Otto I. und nennt ihn in Zusammenhang mit der Absetzung Papst Benedikts V. *Romanorum prepotens imperator augustus*[393].

Allem Anschein nach hat Thietmar die seit Otto II. offiziell gewordene Herrschertitulatur rezipiert, ohne sich dabei am Römernamen im Kaisertitel zu stoßen. Auch dies ist ein wichtiges Indiz dafür, daß es für Thietmar kein »sächsisches Reichsvolk« gab, das zu einem »römischen Reichsvolk« in Konkurrenz getreten ist. Thietmar kennt den Antagonismus zwischen Königsherrschaft oder *honor regni* und der sächsischen *libertas*, nicht aber zwischen zwei konkurrierenden Reichsvölkern.

3. Otto III. und Rom

Thietmars Kritik bezieht sich denn auch nicht auf die Herrschaft über Italien und Rom im allgemeinen oder auf die Rompolitik Ottos III. im besonderen. An der Verwerflichkeit der Rebellion des Crescentius läßt er keinen Zweifel und verurteilt ausdrücklich, daß sich der Römer mit der Einsetzung des Johannes Philagathos als Gegenpapst Johannes XVI. kaiserliche Rechte angemaßt habe[394]. Die Niederwerfung des Aufstandes kommentiert er zustimmend mit der Bemerkung *et cesar (Otto III.) sine omni infestacione deinceps dominabatur*[395]. Auch die römische Rebellion von 1001 verurteilt Thietmar mit deutlichen Worten, spricht von »Hinterhalt« und »Aufstand« und sieht dadurch den *honor* des Kaisers verletzt; das Ansehen soll durch eine militärische Unternehmung wiederhergestellt werden, die Unbotmäßigkeit der Römer muß gerächt werden. Wie Brun von Querfurt gebraucht auch Thietmar hier das Wort *ulcisci*[396]. Die Verwüstung römischer Besitzungen sieht er als legitime Maßnahme an, um die Stadt wieder in den Gehorsam zurückzuzwingen - wie der kaiserlichen Herrschaft ja alles Land im Römer- und Lombardenreich mit Ausnahme Roms selbst treu ergeben war[397]. Auch die besondere Wertschätzung des Kaisers für Rom stößt bei Thietmar nicht auf ausdrückliche Kritik: Er beschränkt sich darauf, sie

---

392 SCHNEIDERS Argumentation geht an dieser Stelle auf die Ausführungen von WENSKUS über Brun von Querfurt als Vertreter der »romfreien Kaiseridee« zurück.

393 Thietmar, Chronicon II 28, MGH SS rer. Germ. NS 9, S. 72.

394 *...et sibi imperium tali presumpcione usurpavit...* Thietmar, Chronicon IV 30, MGH SS rer. Germ. NS 9, S. 167 (nur Corveyer Fassung).

395 Thietmar, Chronicon IV 30, MGH SS rer. Germ. NS 9, S. 169 (nur Corveyer Fassung).

396 *...demandans (imperator) singulis quibusque, si umquam de honore sui vel incolumitate curarent, ad ulciscendum eum ac amplius tuendum armato ad se milite properarent.* Thietmar, Chronicon IV 48, MGH SS rer. Germ. NS 9, S. 186. Zu Thietmars Vorstellung über Ehre und Ehrverlust vgl. HOFFMANN, König, S. 64-69.

397 Vgl. dazu Thietmar, Chronicon IV 48, MGH SS rer. Germ. NS 9, S. 186.

ohne erkennbare Bitterkeit festzustellen[398] und die *mala* anzuprangern, mit denen die
Römer die *ineffabilis pietas* Ottos III. vergalten[399]. Die Kritik richtet sich also nicht
gegen die Rompolitik Ottos III. oder seine lange Anwesenheit in der Stadt, sondern
gegen die als notorisch unzuverlässig eingeschätzten Römer und ihren Undank, mit
dem sie das besondere Wohlwollen des Kaisers vergalten[400].

Hierbei verdient eine Erzählung besondere Beachtung, die Thietmar unmittelbar
nach dem Bericht über die Niederwerfung des Crescentius einschaltet. Von der Feststellung, daß der Kaiser seitdem unangefochten über die Stadt herrschte[401], leitet er mit
der Bemerkung *videtur michi optimum* zu einem Bericht über das Leben des Grafen
Ansfried über, der als Schwertträger bei der Kaiserkrönung Ottos I. in Rom anwesend
gewesen war. Bei dieser Gelegenheit soll Otto I. folgende Worte an den Grafen gerichtet
haben:»Während ich heute an der heiligen Schwelle der Apostel beten werde, halte du
beständig das Schwert über mein Haupt. Ich weiß nämlich sehr gut, daß die römische
Treue unseren Vorgängern häufig verdächtig war. Es ist Aufgabe des Wissenden, alles
zukünftige Unheil vorher zu bedenken, damit es ihn nicht unvorbereitet trifft.«[402] Unabhängig von der Frage, ob diese Äußerung Ottos I. authentisch ist oder nicht, könnte
sie im Kontext von Thietmars Bericht doch immerhin eine indirekte Kritik an Otto III.
darstellen[403]. Ihr Kern wäre dann der Vorwurf, daß der Kaiser - im Gegensatz zu seinem Großvater - die Römer falsch eingeschätzt habe. Freilich hat diese Interpretation
zu berücksichtigen, daß Thietmar erst mehr als zehn Jahre nach der römischen Rebellion gegen Otto III. schrieb und seine Kritik deshalb eine Einsicht formulieren kann, die
durch den Gang der Ereignisse, insbesondere durch den frühen Tod Ottos III. und den
damit verbundenen Abbruch der Rompolitik, schon lange als berechtigt erwiesen
scheinen konnte.

---

398 *...Roma solum, quam pre caeteris diligebat ac semper excolebat...* Ebenda. BENZINGER, Invectiva,
S. 38 erkennt in dieser Formulierung eine »Gegnerschaft« Thietmars gegen die Bevorzugung Roms.
399 *Et vulgus numquam suis contentum dominis malum huic pro ineffabili pietate restituit.* Thietmar,
Chronicon IV 48, MGH SS rer. Germ. NS 9, S. 186. Die von TRILLMICH, S. 165 für *ineffabilis* vorgeschlagene Übersetzung »unsäglich« impliziert eine negative Wertung, die aus Thietmars Bericht nicht
hervorgeht. Gemeint ist lediglich »in außergewöhnlichem Maß«, so ist etwa die Aufnahme Ottos III.
durch Boleslaw II. Chrobry *dictu incredibile ac ineffabile*, vgl. Thietmar, Chronicon IV 45, MGH SS
rer. Germ. NS 9, S. 182.
400 Den Vorwurf der Undankbarkeit erkannte schon TER BRAAK, Otto III., S. 591 Anm. 273 als
Kern von Thietmars Bericht über die römische Rebellion.
401 Siehe dazu oben, S. 76.
402 *Dum ego hodie ad sacra limina apostolorum perorabo, tu gladium continue super caput meum te-
neto. Nam fidem Romanam antecessoribus nostris sepius suspectam non ignoro. Sapientis enim est, ad-
versa queque longe adhuc posita cogitando prenoscere, ne forte improvisa valeant superare.* Thietmar,
Chronicon IV 32, MGH SS rer. Germ. NS 9, S. 169ff. (nur Corveyer Fassung).
403 TIERSCH, Vergangenheitsbild, S. 91 versteht die Nachricht ganz allgemein als »antirömische
Spitze«.

4. Thietmar und die Öffnung des Karlsgrabes in Aachen

Eine zweifellos deutliche Kritik steckt in Thietmars Bemerkung *quae diversi diverse sentiebant*, womit er die Bestrebungen Ottos III. kommentiert, das großenteils verfallene römische Brauchtum zu erneuern[404]. Es wäre interessant zu wissen, welche Maßnahmen Thietmar damit genau verurteilen wollte. Als einziges Beispiel erwähnt er nur die neue Angewohnheit des Kaisers, allein an einem halbkreisförmigen erhöhten Tisch zu speisen[405] - ein Brauch, der sich im byzantinischen Zeremoniell findet[406], und von dessen Existenz Otto III. möglicherweise durch seine Mutter Theophanu wußte. Es wurde vermutet, daß sich der Kaiser auch bei der Öffnung des Karlsgrabs in Aachen von literarisch überlieferten antiken Vorbildern leiten ließ: So berichtet Lucan von einem Besuch Caesars und Sueton vom Besuch des Augustus am Alexandergrab und von der Entnahme eines Brustpanzers im Auftrag Caligulas[407]. Thietmar jedoch begründet diese ungewöhnliche Maßnahme anders und stellt sie nicht in Zusammenhang mit der versuchten Wiederbelebung überholter römischer Tradition. So nennt er als Motiv Ottos III. ausdrücklich das Unwissen über die genaue Lage des Grabes: Otto ließ dort, wo man das Grab vermutete, den Bodenbelag aufbrechen und so lange nachgraben, bis die Gebeine des Kaisers gefunden waren[408]. Angesichts der kurz nach der Kaiserkrönung im Juni 996 erstmals in den Urkunden nachweisbaren und in den Folgejahren immer wieder belegten Karlsverehrung Ottos III.[409] erscheint eine solche

---

404 *Imperator antiquam Romanorum consuetudinem iam ex parte magna deletam suis cupiens renovare temporibus, multa faciebat, quae diversi diverse sentiebant.* Thietmar, Chronicon IV 47, MGH SS rer. Germ. NS 9, S. 184. Ein Indiz dafür, daß Thietmar auch persönlich diesen Anknüpfungen an vermeintlich römische Traditionen Unverständnis entgegenbrachte, liefert die Tatsache, daß er *magna* mit eigener Hand in die bereits fertige Niederschrift nachträglich einfügte.

405 *Solus ad mensam quasi semicirculus factam loco caeteris eminenciori sedebat.* Thietmar, Chronicon IV 47, S. 184.

406 Vgl. dazu SCHRAMM, Kaiser 1, S. 111f. Die germanische Tradition kennt zwar die Erhöhung des Hausherrn auf einem Hochsitz, nicht aber dessen Isolierung von der Tafelgemeinschaft, vgl. dazu HAUCK, Speisegemeinschaft, S. 619; ferner ALTHOFF, Verwandte, S. 204f.

407 Lucan X 19ff. und Suet., Aug. 18 und Calig. 52. BEUMANN, Grab, vermutet S. 33, Thietmar habe auch die Graböffnung als eine der versuchten Wiederbelebungen römischen Brauchtums kritisiert; vgl. auch DERS., Ottonen, S. 151.

408 *Karoli cesaris ossa ubi requiescerent, cum dubitaret, rupto clam pavimento, ubi ea esse putavit, fodere, quousque haec in solio inventa sunt regio, iussit. Crucem auream, quae in collo eius pependit, cum vestimentorum parte adhuc imputribilium sumens, caetera cum veneratione magna reposuit.* Thietmar, Chronicon IV 47, MGH SS rer. Germ. NS 9, S. 184ff. Ademar von Chabannes berichtet, Otto habe den Thron Karls des Großen geborgen und Boleslaw geschenkt, vgl. Chronicon III, S. 154. Unbekannt ist, was mit den entnommenen Gegenständen geschah.

409 Keine der Urkunden aus der Zeit der Vormundschaftsregierung betont besonders das Andenken an Karl den Großen; die einzige Ausnahme DO.III. 90 (*gloriosum principum Karolum*) geht auf Empfängerdiktat zurück. Zum ersten Mal wird das Karlsgedenken ausdrücklich in DO.III. 215 vom 26. Juni 996 hervorgehoben (*piae recordationis Carolus imperator augustus*); vgl. ferner DDO.III. 258 (*pro salute dive mentionis anime Karoli magni imperatoris*), 339 (*Karolus quidem sanctae* (!) *memoriae imperator augustus*) und 347 (*Karolo famosissimo imperatore augusto*). Die urkundlichen Belege für die besondere Karlsverehrung Ottos III. wurden bisher nicht berücksichtigt; vgl. ansonsten SCHRAMM, Kaiser 1, S. 93 und 140; BEUMANN, Grab.

Maßnahme jedoch weniger außergewöhnlich. In einer Urkunde des Jahres 997 für die Marienkapelle in Aachen bekennt sich Otto III. sogar ausdrücklich dazu, die *memoria* Karls des Großen erneuern und vermehren zu wollen[410]. Die Graböffnung sollte den Bestattungsort seines großen Vorgängers endgültig der Vergessenheit entreißen; war vielleicht sogar an die Errichtung eines Epitaphs gedacht, wie es 998 auf Veranlassung Gerberts und Ottos III. über dem Grab des Boethius in Pavia errichtet worden war[411]? Die Entnahme des goldenen Halskreuzes und einiger unversehrter Gewandstücke weist doch weniger auf die Vorbildfunktion »antiker Verhaltensmuster«[412] als vielmehr in den Vorstellungsbereich der Berührungsreliquien[413], so daß auch schon vermutet wurde, Karl der Große sei für Otto III. bereits ein »heiliger« Kaiser gewesen[414].

Für Thietmars Haltung in der Frage der Graböffnung ist auch seine persönliche Vorstellung vom Tod[415] zu berücksichtigen. Thietmar erblickte in der Störung der Grabesruhe einen außerordentlicher Frevel. Er berichtet, er habe als Walbecker Propst dem Drängen seines Bruders nachgegeben und dessen verstorbene Frau in der Walbecker Eigenkirche aus Platzmangel im Grab des früheren Propstes Willigis beigesetzt und damit »durch Schändung von Grab und Gebeinen meines Mitbruders etwas verübt, was schon bei den Heiden als ruchlos galt.«[416] Thietmar bettete die aufgefundenen Gebeine offenbar um, denn er berichtet weiter von einer nächtlichen Erscheinung des Willigis, der ihm vorgeworfen habe, seinetwegen nunmehr ruhelos umherirren zu müssen. Dieses Vergehen suchte Thietmar mit einer Pilgerfahrt nach Köln zu sühnen; für seine Selbstanklage gebraucht er deutliche Worte: *iniquitas, miser, nefas, deiectio sepulcri et ossium, peccare, culpa*. Schon dieses krasse Sündenbewußtsein vor dem Hintergrund eigenen Frevels machte den Merseburger Bischof sicher sensibel für Kritik an vergleichbar frevelhaften Unternehmungen; hätte er die Karlsgraböffnung als ähnlich schwerwiegendes Vergehen empfunden, hätte er seine Kritik wohl kaum nur in dem Wörtchen *clam* verborgen, sondern eine deutlichere Verurteilung formuliert. Deshalb ist zu erwägen, ob das Verehrungsbedürfnis Ottos III. die Störung der Grabesruhe Karls des Großen in Thietmars Augen nicht gerechtfertigt haben kann. Das Wörtchen *clam* muß nicht als Kritik[417], sondern könnte als Hinweis auf eine nächtliche - und nur in-

---

410 ...*pro illius venerande memorie Karoli magni imperatoris qui eam quam redintegrare vel augere studemus...* DO.III. 257.

411 Zu Gerberts Epitaph vgl. MOEHS, Gerbert, S. 350; laut Gerberts *Elogium Boethii* ließ Otto III. dem Philosophen *monimenta* errichten, vgl. ebenda, S. 348; RICHÉ, Gerbert, S. 199.

412 BEUMANN, Ottonen, S. 151.

413 Zur Berührungsreliquie vgl. KÖTTING, Reliquienverehrung, S. 327f.

414 So LADNER, L'immagine, S. 34.

415 Vgl. dazu LIPPELT, Thietmar, S. 62f. und 199f.

416 Thietmar, Chronicon VI 45, MGH SS rer. Germ. NS 9, S. 330.

417 So aber TER BRAAK, Otto III., S. 589 Anm. 237; SCHRAMM, Kaiser 1, S. 140.

soweit »heimliche« - Grabung nach den Gebeinen zu verstehen sein, was auch nicht weiter ungewöhnlich wäre[418].

Weder die Öffnung des Kaisergrabes noch die Entnahme von Grabbeigaben bedürfen der Erklärung durch literarische Vorbilder aus den antiken Kaiserbiographien; beides ist vielmehr als Ausdruck der seit 996 kontinuierlich nachweisbaren Karlsverehrung Ottos III. unmittelbar verständlich.

5. Thietmar und die Gründung des Erzbistums Gnesen

Deutliche Kritik übt Thietmar aber an der Errichtung des Erzbistums Gnesen im Jahre 1000, genauer gesagt: An der damit verbundenen Verkleinerung der Diözese des Bischofs Unger von Posen. Er kommentiert den Vorgang mit seinem berühmten Vorbehalt *ut spero legitime*[419], den die Forschung bisher so gut wie einhellig als Verteidigung der Zugehörigkeit Posens zum Erzbistum Magdeburg verstand. Demgegenüber machte Johannes Fried jüngst plausibel, daß Thietmars Kritik nichts über eine kanonische Zuordnung Ungers zur Kirchenprovinz Magdeburg aussagt und die später ausdrücklich erhobenen Magdeburger Ansprüche auf die polnische Kirchenprovinz der rechtlichen Wirklichkeit im Jahr 1000 nicht entsprachen[420]. Um Thietmars *ut spero legitime* zu erklären, muß man ihn nicht zum Verfechter Magdeburger Rechte machen; es genügt der Hinweis auf Thietmars eigene unermüdliche, aber nur teilweise erfolgreiche Anstrengung, die Diözese des Bistums Merseburg in ihrer früheren Größe wiederherzustellen. Vor diesem Hintergrund war dem Merseburger Bischof der Gneseener Einspruch seines Amtskollegen Unger von Posen gegen die Verkleinerung seiner Diözese schon Anlaß genug, die Rechtmäßigkeit von Ottos Verfügung in Zweifel zu ziehen.

Ebenso deutlich ist Thietmars Vorwurf an Otto III., er habe den Polenherzog vom *tributarius* zum *dominus* gemacht: Verbittert notiert er, der Kaiser habe Boleslaw so sehr erhöht, daß dieser seines Vaters Beispiel vergessend die ihm bisher stets Überge-

---

418 Von einer nächtlichen Grabung nach den Gebeinen der heiligen Hildesheimer Bischöfe Godehard und Bernward berichtet die Translatio Godehardi episcopi Hildesheimensis I, MGH SS 12, S. 642f., und die Historia canonizationis et translationis sancti Bernwardi III 17, Acta Sanctorum Oct. XI, S. 1030.

419 Thietmar, Chronicon IV 45, MGH SS rer. Germ. NS 9, S. 184.

420 FRIED, Otto III., S. 144-147 , vgl. auch S. 91 Anm. 21, S. 94, 97, 103 Anm. 11, 104 und 106. Es bleibt hervorzuheben, daß schon 1920 KEHR, Erzbistum, S. 37-41 Thietmars Vorbehalt so verstand und die polnische Forschung stark beeinflußte, vgl. dazu BANASZAK, Abhängigkeit, insb. S. 215ff.; auch TER BRAAK, Otto III., S. 513 sah darin 1929 keinen Beleg für eine »nationalistische« Gegenströmung gegen Ottos Politik, sondern den Ausdruck von Thietmars »körperliche(r) Auffassung von der Verstümmelung eines Bistums«. Diese frühen Würdigungen des Thietmars Kritik zugrundeliegenden kirchenrechtlichen Aspekts konnten sich in der Folgezeit jedoch nicht gegen die Tendenz durchsetzen, die Gründung Gnesens ganz im Banne vermeintlich »deutscher« Interessen zu bewerten.

ordneten allmählich zur Unterordnung zu erniedrigen wage[421]. Dieser Bericht muß so verstanden werden, daß Boleslaw seit der vom Gallus Anonymus überlieferten Erhebung zum *cooperator imperii* in den sächsischen Marken Herrschaftsrechte über freie Sachsen ausübte und nicht mehr den sächsischen Adligen untergeordnet war[422]. Die seit den Ereignissen von Gnesen neue Qualität der Beziehungen zwischen dem Kaiser und Boleslaw hatte das bisher rein lehnsrechtlich bestimmte Verhältnis überwunden und gipfelte, wie Fried überzeugend vorschlägt, in einer weltlichen Königserhebung des Polenfürsten[423]. Daran entzündete sich vornehmlich Thietmars Kritik, die gegenüber Boleslaw »gelegentlich den Charakter von Geschichtsverfälschung« anzunehmen droht[424] und sich aus einer tiefsitzenden Abneigung erklärt, den Polen in einem anderen als nur vasallitischen Verhältnis stehend anzuerkennen[425]. Die Erklärung dieser Abneigung durch einen allgemeinen politischen Gegensatz zwischen Sachsen und Polen dürfte zu kurz greifen. Zunächst ist zu berücksichtigen, daß Thietmar die Vorwürfe erst dreizehn Jahre nach dem Gnesener Ereignis erhob. Das ist zwar keine lange Zeitspanne, sie ist jedoch seit dem Tod Ottos III. 1002 durch die kontinuierlich verlustreichen Auseinandersetzungen Heinrichs II. mit Boleslaw Chrobry geprägt. Herbert Ludat hat zu bedenken gegeben, daß die nachträgliche Bewertung des Gnesener Akts erheblich von der Erfahrung langjähriger Kriege an der Ostgrenze bestimmt war[426]. Aber ein weiterer Gesichtspunkt verdient noch Beachtung: Im Gegensatz zu anderen sächsischen Adelssippen hatte die Familie Thietmars, die Grafen von Walbeck, keine verwandtschaftlichen Beziehungen zu den mächtig gewordenen Piasten in Polen. Dagegen waren die benachbarten Grafen von Haldensleben und die Markgrafen von Meißen eng mit dem polnischen Herrschergeschlecht verbunden[427]. Mit diesen beiden Adelssippen aber standen wiederum die Walbecker in äußerst gespanntem

---

421 *Deus indulgeat imperatori, quod tributarium faciens dominum ad hoc umquam elevavit, ut, oblita sui genitoris regula, semper sibi prepositos auderet in subiectionem paulatim detrahere...* Thietmar, Chronicon V 10, MGH SS rer. Germ. NS 9, S. 232.

422 Vgl. dazu KOSSMANN, Deutschland, S. 431-435; LUDAT, Boleslaw, Sp. 364; FRIED, Otto III., S. 71f.; ferner SCHRÖDER, Völker, S. 116f.

423 FRIED, Otto III., S. 123ff.

424 FRIED, Otto III., S. 72; eine Zusammenstellung der negativen Züge Boleslaws in Thietmars Berichterstattung bei SCHRÖDER, Völker, S. 61-64.

425 Von KOSSMANN, Deutschland, S. 447f. stammt die Überlegung, daß für die polnischen Kriege Heinrichs II. Fragen des Ehrenkodex unter Umständen bedeutender waren als reine Territorialfragen. Der Konflikt könnte von einem »typischen Limeskomplex« (S. 445) geprägt gewesen sein, für den »herrisches Selbstgefühl« auf der sächsisch-deutschen und persönlicher Geltungsdrang Boleslaws nach ebenbürtiger Zugehörigkeit zur europäischen Fürstenfamilie bestimmend war.

426 Vgl. dazu LUDAT, Elbe, S. 70. Thietmars Urteil über Gnesen bildete noch im 12. Jahrhundert die Grundlage für die Feststellung der Magdeburger Annalen, vgl. dazu auch FRIED, Otto III., S. 145; ferner KESSEL, Thietmar, S. 79f.

427 Oda, die Tochter des Markgrafen Dietrich von Haldensleben, wurde die zweite Frau Herzog Mieszkos von Polen, vgl. SCHÖLKOPF, Grafen, S. 95; LUDAT, Elbe, S. 24. Die gleichnamige Tochter des Markgrafen Ekkehard wurde - allerdings erst nach 1002 - die vierte Frau Boleslaws. Zu den nicht ganz klaren Verwandtschaftbeziehungen zwischen der Familie des Markgrafen und den Piasten vgl. SCHÖLKOPF, Grafen, S. 68f.; ausführlich LUDAT, Elbe, S. 18-32.

Verhältnis[428]. Sollte Thietmars Feindschaft gegen die Piasten letztlich ein Reflex innersächsischer Machtrivalitäten gewesen sein? Schließlich konnten die Familien zweifellos einen Zugewinn an Macht und Einfluß verbuchen, die mit dem von Otto III. begünstigten Boleslaw in freundschaftlichem Verhältnis standen. Thietmars Familie gehörte aber nicht nur nicht zu diesem Kreis, sondern war auch noch mit ihm verfeindet.

Die Kritik am »Akt von Gnesen« und an der Erhöhung Boleslaws wird als eigentlicher Kern von Thietmars Bewertung Ottos III. betrachtet. Helmut Lippelt bezeichnete die »neue Politik Ottos III.«[429], die er im Gnesener Akt und der Wiederbelebung der *antiqua Romanorum consuetudo* verwirklicht fand, als entscheidend für das Urteil über den Kaiser; Lippelts Analyse mündet in die Feststellung, daß Thietmar »der Politik Ottos III. sehr skeptisch gegenüberstand«[430] und sie - im Gegensatz zu der Ottos I. - »nicht als Norm feiern« wollte[431]. Demgegenüber ist aber festzuhalten, daß Thietmar insgesamt - und auch rückblickend! - gerade nicht sagt, daß Otto III. mit der Politik seiner Vorgänger grundsätzlich gebrochen hätte. Anders ist seine Bemerkung nicht zu verstehen, der Kaiser habe nach seiner Kaiserkrönung *imperium illud priorum suorum more*[432] regiert. Selbst wenn mit *illud imperium* nicht das ganze ottonische Reich, sondern nur dessen südlicher Teil gemeint sein sollte[433], geht daraus doch zumindest hervor, daß sich die von Otto III. betriebene Italien- und Rompolitik nach Thietmars Urteil völlig in den Bahnen der Politik seiner Vorgänger bewegte. Gerade also in diesem Bereich, der doch als charakteristischste Eigentümlichkeit der Regierungszeit Ottos III. betrachtet wird, verzeichnet Thietmar nicht etwa Wandel, sondern ausdrücklich Kontinuität.

---

428 Die Walbecker und Haldenslebener rivalisierten insbesondere um das Markgrafenamt in der Nordmark. Auf Dietrich von Haldensleben (+985) folgte Liuthar von Walbeck (+1003), Thietmars Onkel. An Stelle von dessen 1009 abgesetztem Sohn Werner erhielt Dietrichs Sohn die Markgrafschaft, so daß die Sohnesfolge nachträglich wieder eintrat, vgl. dazu SCHÖLKOPF, Grafen, S. 96; LUDAT, Elbe, S. 42 und 54f. sowie Anm. 283; LEYSER, Herrschaft, S. 77. Zum Konflikt der Walbecker mit Markgraf Ekkehard von Meißen siehe ausführlich unten, S. 155ff.

429 LIPPELT, Thietmar, S. 164.

430 LIPPELT, Thietmar, S. 165; vgl. aber HOLTZMANN, Chronik, S. 185, für den Thietmar die Politik Ottos III. »sehr gepriesen« hat.

431 LIPPELT, Thietmar, S. 166 und 154ff.

432 *Post hec vero imperium illud priorum suorum more gubernavit, etatem suam moribus industriaque vincens.* Thietmar, Chronicon IV 27, MGH SS rer. Germ. NS 9, S. 165 (nur Corveyer Fassung). Auffallend ähnlich urteilt übrigens Rodulfus Glaber, Historiarum Liber I 11, S. 30: *obiit Otto, relinquens filium Ottonem videlicet tertium, adolescentem tamen fere duodecim annorum, qui, ut erat iuvenculus, acer tamen viribus et ingenio suscepit iure paterno regimen imperii.* Vergleichbar auch die etwa 1074 geschriebene Bemerkung Adams von Bremen, Gesta Hammaburgensis ecclesiae pontificum II 24, MGH SS rer. Germ. 2, S. 82: *Illi tercius Otto, cum adhuc puer esset, in regnum substitutus annos XVIII forti et iusto sceptrum ornavit imperio.*

433 So SCHLIERER, Weltherrschaftsgedanke, S. 11.

An Thietmars Urteil wurde häufig Unabhängigkeit und Originalität sowie die Eigenständigkeit gelobt, mit der er sich des Materials seiner Vorlagen bediente[434]; seine gedankliche Selbständigkeit hat ihn nicht einmal gegenüber Heinrich II. blind für Kritik gemacht, obwohl er doch gerade diesem Herrscher wegen der Wiederherstellung des Merseburger Bistums besonders verpflichtet war[435]. Diese Beobachtung kann auf Thietmars Haltung gegenüber Otto III. übertragen werden; so erkennt er es als ein Verdienst des Kaisers an, sich um die Merseburger Angelegenheit gekümmert zu haben, ohne ihn aber deshalb mit Vorwürfen wegen anderer Fehler zu verschonen. Zweifellos stellte sich das Gnesener Unternehmen aus der historischen Erfahrung Thietmars nachträglich als politischer Fehler dar; gleichermaßen erntet Otto III. zwar diplomatisch formulierte, aber doch ernstzunehmende Kritik für die am vermeintlich antik-römischen Vorbild orientierten Veränderungen im Zeremoniell. Von »Skepsis« gegenüber Otto III. wird man deshalb sprechen dürfen, sicher aber nicht von »tiefem Ressentiment«[436]. Diese Verschärfung von Lippelts Urteil gründet Wolfgang Eggert auf die Feststellung, daß Otto III. als einziger der sächsischen Kaiser von Thietmar nicht ausdrücklich als *imperator noster* bezeichnet wird. Unbestritten ist, daß ein »unser-Bezug« Indizien für ein besonderes Zugehörigkeits- und Verbundenheitsgefühl liefern kann[437], jedoch ist der Umkehrschluß, daß im Falle keines ausdrücklich formulierten »Wir-Gefühls« Distanz oder Ressentiment vorauszusetzen ist, allzu schematisch[438]. So bezeichnet Thietmar sogar den hochgeschätzten Otto I. nur zweimal - und dies, wie Eggert irritiert vermerkt, an »recht versteckter Stelle«[439] - als »unseren Kaiser« bzw. »unseren König«[440]; Otto II. wird nur ein einziges Mal *cesar noster* genannt[441]. Man wird demnach die Bedeutung der *noster*-Verbindungen für Zustimmung oder Ablehnung als nicht besonders aussagekräftig bewerten dürfen. Auch ist es sicher zu kurz gegriffen, Thietmar eine »direkte Identifikation mit den Gegnern« Ottos III. zu unterstellen, weil er in seinem knappen Bericht über die Gegner des Kaisers den Wir-Bezug *nostri duces et comites* gebraucht[442]. Wie gezeigt werden kann, setzt sich dieser Personenkreis aus sächsischen Adeligen und zum größten Teil aus Verwandten Thietmars zusammen. Die Verwendung von »unser« liegt also doppelt nahe und erklärt sich vielleicht aus der Parteinahme des Bischofs für seine Verwandten, deren Ungehorsam er durch weitge-

---

434 So übernimmt er beispielsweise nicht den panegyrischen Duktus der Quedlinburger Annalen in sein Werk, und seine Bemerkung über Ottos III. Regierung steht deshalb auch nicht im Verdacht unverbindlich-topischen Herrscherlobs. Zu Thietmars eigenwilliger Benutzung seiner Vorlagen vgl. LIPPELT, Thietmar, S. 76-85; nur allgemein SCHNEIDER, Thietmar, S. 71.

435 Vgl. dazu LIPPELT, Thietmar, S. 166-173.

436 So aber EGGERT, Wir-Gefühl, S. 106.

437 Vgl. dazu die grundlegenden Überlegungen bei BUCHNER, Geschichtsbild, S. 54-57.

438 So enthalten etwa die Quedlinburger Annalen keinen einzigen *noster*-Bezug auf die Herrscherfamilie, stehen deshalb aber keineswegs in Distanz zu ihr, siehe dazu schon oben, S. 61.

439 EGGERT, Wir-Gefühl, S. 105.

440 Thietmar, Chronicon II 5 und II 15, MGH SS rer. Germ. NS 9, S. 42 und 56.

441 Thietmar, Chronicon III 10, MGH SS rer. Germ. NS 9, S. 108.

442 So aber EGGERT, Wir-Gefühl, S. 106.

hendes Verschweigen aber eher verbirgt als rechtfertigt[443]; als Identifikation Thietmars mit einer angeblich verbreiteten Kritik an der Rompolitik Ottos III. kann dieser *noster*-Bezug allerdings nicht gedeutet werden.

Thietmar betrauert den Tod des jungen Kaisers[444], der für ihn ein »Fall großen Erschreckens« und ein mahnendes Beispiel für die menschliche Hinfälligkeit, die *humana fragilitas*, ist[445]. Der Tod ist für den Merseburger Bischof nicht wie für Brun von Querfurt die direkte Strafe für die Sünden des Kaisers, sondern für die Sünden aller[446]. Ganz der Memorialstruktur seines Werkes[447] verpflichtet, mahnt er schließlich zur Fürbitte für die Seele des Verstorbenen[448].

6. Zusammenfassung

Eine Deutung, die Thietmar als eingeschworenen Gegner der Politik Ottos III. darstellt, erweist sich als nicht differenziert genug. Wie an anderen Herrschern, so übt er an Otto III. sehr wohl deutlich, aber doch nur punktuell Kritik. Das gilt insbesondere für die Errichtung des Erzbistums Gnesen auf Kosten des Bischofs von Posen. Die energische Kritik an der Erhebung Boleslaws zum *dominus* erklärt sich aus den lehnsrechtlichen Kategorien, in denen Thietmar in Hinsicht auf den Polen zu denken gewohnt war; eine Königserhebung Boleslaws kehrte die bisher gültigen Über- und Unterordnungsverhältnisse um - und es ist nicht überraschend, daß die damit verbundene Notwendigkeit zum »neuen Denken« sich nicht widerstandslos in allen Köpfen durchsetzen konnte. Außerdem verfügte Thietmars Familie im Gegensatz zu anderen sächsischen Adelssippen über keine familiären Bande zu den Piasten; denkbar ist, daß die Walbekker den mit Boleslaws Königserhebung verbundenen Macht- und Ansehenszuwachs auch seiner sächsischen Anhänger, mit denen die Walbecker rivalisierten, gefürchtet haben. Schließlich formulierte Thietmar seine Kritik erst nach über einem Jahrzehnt zäher Kämpfe zwischen Heinrich II. und Boleslaw I. Chrobry: Das ursprüngliche Konzept Ottos III. zur harmonischen Zusammenarbeit mit dem Polenfürsten hatte keine

---

443 Siehe dazu unten, S. 174f.

444 *Theuphano, tercii mater Ottonis et, pro dolor! in hoc ordine ultimi* und *...suis insuperabilem relinquens merorem, quia tempore eo non fuit ullus largior ac per omnia clemencior illo.* Thietmar, Chronicon IV 1 und IV 49, MGH SS rer. Germ. NS 9, S. 130 und 188.

445 BORNSCHEUER, Miseriae regum, S. 120.

446 *Dominicae resurrectionis festa ... propter fragilitatem convenientium non valuerunt digna veneracione compleri, quia peccatis hoc promerentibus suis agnoverunt pariter vindictam Dei.* Thietmar, Chronicon IV 53, MGH SS rer. Germ. NS 9, S. 192. Ebenfalls im Unterschied zu Brun verbindet Thietmar den Slawenaufstand von 983 nicht mit der Sünde Ottos II. (der Aufhebung des Bistums Merseburg), sondern mit den Sünden aller, vgl. Thietmar, Chronicon III Prolog; LIPPELT, Thietmar, S. 156-162; WEINRICH, Slawenaufstand, S. 84.

447 Vgl. dazu LIPPELT, Thietmar, S. 129-137; zu Thietmars Totengedenken vgl. WELLMER, Memento, S. 61-82, und ALTHOFF, Adels- und Königsfamilien, S. 166f.

448 *Acquirat animae istius veniam cum lacrimis, quicumque sit professione fidelis Deo, quod is (Otto III.) nostram renovare studuit aecclesiam conatu mentis summo.* Thietmar, Chronicon IV 53, MGH SS rer. Germ. NS 9, S. 192. Vgl. dazu auch BORNSCHEUER, Miseriae regum, S. 119.

Chance zur friedlichen Entfaltung gehabt; der frühe Tod des Kaisers und der anschließende Umschwung unter Heinrich II. veränderten die politische Landschaft von
Grund auf. Thietmars Kritik an der Gründung des Gnesener Erzbistums ist von seiner
Kritik an der Erhebung Boleslaws zu trennen: Ist in diesem Fall das bisher traditionelle
Verhältnis zu Polen, vielleicht auch die Interessenlage seiner eigenen Familie von ent-
scheidender Bedeutung, so ist es in jenem der Vorbehalt gegen die Nichtberücksichti-
gung des Einspruchs von Bischof Unger. Beide Kritikpunkte sind aber nicht durch eine
Ablehnung der politischen Konzeption Ottos III. miteinander verbunden.

Auf Thietmars Unverständnis stößt ferner das veränderte Speisezeremoniell Ottos III. und andere, leider nicht genannte Versuche des Kaisers, »größtenteils verfalle-
nes römisches Brauchtum zu erneuern«. Einen inneren Zusammenhang zwischen diesen einzelnen Anlässen zur Kritik erkennt Thietmar nicht; überhaupt ist ihm eine eventuell neuartige politische Gesamtkonzeption Ottos III. verborgen geblieben. Stattdessen
betont er die Kontinuität der Politik des Kaisers im Vergleich zu Otto I. und Otto II. -
möglicherweise sogar besonders mit Blick auf Italien; nicht einmal das von der Forschung gerne zur Kennzeichnung von Ottos Politik gebrauchte Argument der jugendlichen Unvernunft findet in Thietmars Bericht eine Stütze, betont der Merseburger Bischof doch ausdrücklich, daß der Kaiser das Imperium nach Art seiner Vorgänger regiert habe, indem er sein (jugendliches) Alter durch charakterliche Reife und eifrige Tätigkeit wettmachte[449]. Die Bevorzugung Roms durch Otto wird knapp und nüchtern
konstatiert; die Römer müßten dem Kaiser deshalb zu besonderer Dankbarkeit verpflichtet sein. Ihre Rebellion und gänzliche Undankbarkeit überrascht den Merseburger
Bischof indessen offenbar nicht, da dieses Ereignis völlig ins Bild seiner festgefügten
Vorstellung von der habituellen Unzuverlässigkeit der Römer paßt. Dennoch erhöht die
päpstliche Weihe in Rom Ansehen und Würde der ottonischen Herrscher und ist unabdingbare Voraussetzung ihres Kaisertums. Wie die eigenartige Entstellung von Widukinds Nachricht über die Imperator-Akklamation Heinrichs I. zeigt, ist Thietmar die
»romfreie Kaiseridee« offensichtlich fremd. Im Gegenteil zeigen Begriffsverbindungen
wie *imperium Romanum* und *imperator Romanorum*, daß Thietmar den »offiziellen«
Rombezug des Kaisertums übernahm.

Thietmar verfügt über kein ausgeprägtes »Reichsbewußtsein«, das ein »deutsches
Volk« in gemeinsamer politischer Verfaßtheit dem quasi usurpatorischen Anspruch eines »römischen Reichsvolks« entgegensetzte. Auch macht ihn kein »sächsisches Reichsvolkbewußtsein« zum Gegner der Rompolitik Ottos III. Spürbar ist sein Stolz auf die
mit dem ruhmreichen Herrschergeschlecht gemeinsame sächsische Abstammungsgemeinschaft[450]: Mit den Ottonen teilt er die gemeinsame *patria*, die *Saxonia* - und nicht
etwa »Deutschland«. Eine politische Vorrangstellung Sachsens im nordalpinen Reichsteil beansprucht Thietmar jedoch nicht. Sein sächsisches Selbstbewußtsein wird nicht
durch die Römer als vermeintliche Rivalen im Kampf um die Rolle des »Reichsvolks«

---

449 Daß Thietmar damit ein besonderes Lob ausdrückt, wird deutlich, wenn man den von ihm ansonsten stets betonten Zusammenhang von Unvernunft bzw. politischer Dummheit und Jugendlichkeit berücksichtigt, vgl. Thietmar, Chronicon III 1, IV 15, VI 29 und 35, VII 4 und VIII 21.
450 Vgl. dazu auch KARPF, Sachsengeschichte, S. 570 und 579.

herausgefordert, sondern - wie seine Überlegungen zur Nachfolgefrage zeigen - durch die im König repräsentierten Interessen des *regnum*, wenn der König nicht aus sächsischem Geschlecht stammt und Sachsen deshalb Fremdherrschaft droht. Dieser Anspruch auf sächsische Eigenständigkeit wiegt bei weitem am schwersten und reduziert etwaige Ansätze zu einem »Reichs- und Volksbewußtsein« bei Thietmar auf einen politisch noch bedeutungslosen Schritt auf dem Weg zum supragentilen Einheitsbewußtsein nördlich der Alpen. Die sächsische Herkunft erweist sich als entscheidend für seine Bereitschaft zur Identifikation mit den Ottonen: Das gilt auch für sein Verhältnis zu Otto III., dessen Politik Thietmar ausdrücklich in der Tradition seiner Vorgänger sieht. Es gibt daher keinen Anlaß zu der Annahme, Otto III. gehöre nicht in die Reihe der *reges nostri et imperatores*[451], mit denen sich der Merseburger Bischof durch ein besonderen Zusammengehörigkeitsgefühl verbunden weiß.

IV. Die Hildesheimer Annalen

Die im Autograph erhaltenen Annales Hildesheimenses gelten als ein kurzer Auszug aus den verlorenen Annales Hildesheimenses maiores[452], die ihrerseits bis zum Jahresbericht 974 eine Abschrift der ebenfalls verlorenen Hersfelder Annalen darstellen. Auf der Grundlage der Hildesheimenses maiores wurden die erhaltenen kleineren Hildesheimer Annalen zu unterschiedlichen Zeiten angefertigt: Die Jahresberichte bis 994 entstanden wohl in den zwanziger oder dreißiger Jahren des 11. Jahrhunderts und die Berichte von 1000 bis 1040 erst gegen Ende der sechziger Jahre. Die verbliebene Lücke von 995 bis 999 wurde wahrscheinlich erst um 1100 geschlossen. Die Forschung geht davon aus, daß die Ereignisse nach 974 in den größeren Hildesheimer Annalen zeitgleich aufgezeichnet wurden[453]. Die erhaltenen Annales Hildesheimenses geben demnach zeitgenössische Notizen wieder. Weil allerdings nicht oder nur ausnahmsweise feststellbar ist, inwieweit sie ihre Vorlage verkürzen oder ergänzen, verbietet sich ihre Bewertung als unmittelbar zeitgenössische Quelle. Über Auslassungen oder bestimmte Wertungen, die die späteren Kompilatoren gegenüber ihrer Vorlage vornahmen, können also mangels Vergleichsmöglichkeit keine eindeutigen Angaben gemacht werden. Grundsätzlich jedoch kann davon ausgegangen werden, daß die Eintragungen der Hildesheimer Annalen für die Regierungszeit Ottos III. von 994 bis 1002 zeitgenössisch sind - sofern nicht einzelne Besonderheiten für eine spätere Ergänzung sprechen. Die Annalen sind deshalb von besonderem Wert, weil sie im Unterschied zu den anderen hier besprochenen sächsischen Quellen über Otto III. nicht von vorneherein rückblickend, sondern parallel zu den geschilderten Ereignissen berichten, ihre Nachrichten

---

451 Thietmar, Chronicon I 26, MGH SS rer. Germ. NS 9, S. 34.
452 Annales Hildesheimenses, MGH SS rer. Germ. 8. Zur Entstehungsgeschichte vgl. ausführlich TRADELIUS, Jahrbücher, insb. S. 44-59; ferner WATTENBACH-HOLTZMANN, Geschichtsquellen 1, S. 42ff.
453 Vgl. TRADELIUS, Jahrbücher, S. 17 und 44.

deshalb nicht unter dem Eindruck späterer politischer Ereignisse formuliert worden sind; eine verändernde Überarbeitung ist aber nicht auszuschließen[454].

1. Die politisch-geographische Terminologie

Betrachten wir zunächst wieder die politisch-geographische Terminologie der Quelle. Das ottonische Reich wird in einem Eintrag zum Jahr 963 *imperium Romanum* genannt[455]; allerdings geht diese Notiz auf die Hersfelder Annalen zurück[456] und kann deshalb keine Auskunft über die Begriffsbedeutung zur Zeit Ottos III. geben. Das Herrschaftsgebiet besteht aus mehreren *regna*[457]; der südliche Reichsteil wird einmal als *regnum Italicum* bezeichnet[458]; der nördliche bleibt indessen namenlos, und der unspezifisch gebrauchte Begriff *regnum* kann an den wenigen Stellen, an denen er überhaupt auftaucht, in seiner Bedeutung nicht auf den »deutschen« Reichsteil beschränkt werden[459]. Barbara Pätzold hält es jedoch für sicher, daß der Annalist mit der im Jahresbericht zu 965 gebrauchten Wendung *regnum Saxonum* das ganze nordalpine *regnum* gemeint habe und bezeichnet die Formulierung deshalb als Ausdruck einer »sächsischen Reichsauffassung«[460].

Der Text selbst legt jedoch ein anderes Verständnis nahe: *Otto imperator de Langobardia venit ad Franconofort, et illum annum integrum in regno Saxonum manebat*[461]. Das den angeschlossenen Hauptsatz einleitende *et* kennzeichnet an dieser Stelle - wie auch sonst häufig in den Annalen - einen zeitlichen Ablauf. Die zwei Verben *venire* und *manere* sowie die durch *et* eingeleitete Absetzung der einen von der anderen Handlung entsprechen der ansonsten üblichen, die Geschehnisse aneinanderreihenden Berichterstattung des Annalisten. Im zitierten Satz werden demnach zwei aufeinanderfolgende Ereignisse berichtet, die eine Übersetzung etwa folgendermaßen zu berücksichtigen hat: Kaiser Otto kam aus Langobardien nach Frankfurt und blieb das ganze - und nun wäre dem lateinischen Wortlaut noch ergänzend hinzuzufügen: »restliche« - Jahr im Land der Sachsen[462]. Dieses Textverständnis wird durch einen Blick auf das

---

454 Der Bericht der Hildesheimer Annalen für die Regierungszeit Ottos III. fand bisher lediglich bei SCHULZE, Otto III., S. 12-20 ausführlichere Aufmerksamkeit. Ferner TRADELIUS, Jahrbücher, S. 50ff.

455 *Benedictus papa ab apostolica sede deiectus est, eo quod iniuste vindicavit sublimitatem Romani imperii...* Annales Hildesheimenses ad a. 963, MGH SS rer. Germ. 8, S. 22.

456 Siehe dazu schon oben, S. 86.

457 *(Otto II.) obiit, filio et equivoco eius regna relinquens.* Annales Hildesheimenses ad a. 983, MGH SS rer. Germ. 8, S. 24.

458 Annales Hildesheimenses ad a. 1004, MGH SS rer. Germ. 8, S. 29.

459 Vgl. z. B. Annales Hildesheimenses ad a. 1007: *in presentia regis et archiepiscopi ceterorumque regni primorum;* ad a. 1018: *cum episcopis ceterisque regni primoribus sinodo habita* und ad a. 1024: *et cum tocius regni merore,* MGH SS rer. Germ. 8, S. 29, 32 und 34.

460 Vgl. dazu PÄTZOLD, Auffassung, S. 231-245.

461 Annales Hildesheimenses ad a. 965, MGH SS rer. Germ. 8, S. 22.

462 So auch das Textverständnis bei BO 393a.

Itinerar Ottos I. abgestützt: Im April 965 war er in Frankfurt[463], und am 17. Juni ur-
kundet er auf sächsischem Boden[464].

Es läßt sich im Text noch ein weiteres Indiz für die Richtigkeit der Vermutung finden, daß *regnum Saxonum* nur für Sachsen steht. Im Anschluß an die zitierte Stelle
fahren die Annalen mit der Bemerkung fort *interimque omnes suos adunavit ad
pacem et ad concordiam.* Folgt man dem Vorschlag Pätzolds, so hätte man unter den
sui des Kaisers alle Deutschen zu verstehen. Einem solchen Verständnis steht aber entgegen, daß mit den »Seinen« in einer Nachricht zu 992 die Sachsen bezeichnet sind[465].
Dagegen kann eingewandt werden, daß die Notiz zu 992 auf die verlorenen größeren
Hildesheimer Annalen zurückgeht, die zu 965 jedoch auf die Hersfelder Annalen[466],
der Sprachgebrauch insoweit also kein einheitlicher sein muß. Diese Möglichkeit ist
einzuräumen, jedoch unterstützt gerade der Hinweis auf die Hersfelder Herkunft der
Notiz zu 965 das hier vorgeschlagene Verständnis von *regnum Saxonum,* denn diese
Formulierung erklärt sich am einleuchtendsten durch den Entstehungsort der Quelle:
Wenn ein Mönch im mittelfränkisch-hessischen Kloster Hersfeld den Aufenthalt Ottos I. in Sachsen mit den Worten *in regno Saxonum manebat* umschreibt, nachdem er
zuvor den Aufenthalt des Kaisers im fränkischen Frankfurt vermerkte, dann markiert
regnum Saxonum höchstwahrscheinlich den Ortswechsel von Franken nach Sachsen.
Regnum Saxonum bezeichnet für den fränkischen Annalisten das Land der Sachsen.
Demgegenüber bleibt die Feststellung, die gute Beziehung zwischen Kloster Hersfeld
und Otto I. habe dort zur Ansicht geführt, »das ottonische Reich nördlich der Alpen sei
ein sächsisches«[467], höchst spekulativ[468]. Für eine eingeschränkte Begriffsbedeutung
spricht ferner, daß die Begriffe *Saxonia* oder *Saxones* ansonsten eindeutig nur Sachsen
und die Sachsen bezeichnen[469]. Das *regnum Saxonum* ist demnach nur eines von

---

463 BO 380a.

464 BO 394; vgl. auch BO 393a und 393b.

465 *Otto rex cum valida suorum manu iterum Brennanburg adiit;* der Hilfszug der Bayern und
Böhmen wird von den sächsischen Kontingenten Ottos III. abgesetzt: *venitque ad eum Heinricus dux
Baiariorum et Bolizlao Boemanorum princeps cum ingenti multitudine in auxilium regis.* Annales
Hildesheimenses ad a. 992, MGH SS rer. Germ. 8, S. 25.

466 Den Eintrag mit der Wendung *regnum Saxonum* führte schon LORENZ, Jahrbücher, S. 101 auf
Hersfelder Herkunft zurück; dazu auch PÄTZOLD, Auffassung, S. 234.

467 PÄTZOLD, Auffassung, S. 236.

468 Auch PÄTZOLDS Hinweis auf eine zweite Hersfelder Quelle, die *regnum Saxonum* schreibt, stützt
ihre These nicht überzeugend. Es handelt sich dabei um die etwa 935 entstandenen Miracula sancti
Wigberti. Dort heißt es: *Est locus Quidilingonburch nominatus, nunc in Saxonum regno propter regalis
sedis honorem sublimis et famosus, quondam autem istius congregationis (Hersfeldensis) utilitati subditus*
(zitiert nach PÄTZOLD, Auffassung, S. 236 mit Anm. 315). *In Saxonum regno* kann dabei als nähere
Ortsbestimmung zu Quedlinburg gemeint sein oder aber umschreiben, wo Quedlinburg nunmehr durch
seine Rangerhöhung - im Vergleich zu vormaligen relativen Bedeutungslosigkeit - *sublimis et famosus*
geworden ist: In beiden Fällen ist es plausibler, *regnum Saxonum* in seiner Bedeutung auf Sachsen zu
beschränken und nicht »auch hier das Reich der Sachsen auf das gesamte Herrschaftsgebiet des ottonischen Königs zur Zeit der Niederschrift der Quelle zu beziehen«; so aber PÄTZOLD, Auffassung,
S. 237.

469 Vgl. dazu Annales Hildesheimenses ad a. 963, 984-987, 990-993, 995 und 1004.

mehreren nordalpinen *regna*, deren Gesamtheit in den Hildesheimer Annalen namenlos bleibt.

Wie weit der Hildesheimer Annalist davon entfernt war, den politischen Zusammenhang des nördlichen Reichsteils begrifflich zu fassen, verdeutlicht ferner die Begriffstrias *Germania, Francia, Gallia*[470]. Staatsrechtliche Identitäten zwischen Germania einerseits und Francia und Gallia andererseits abzugrenzen, ist unmöglich; es handelt sich lediglich um eine historisch-geographische Begriffsreihe. Die Terminologie des Annalisten erlaubt es daher nicht, ihm ein auf den ganzen nordalpinen Raum bezogenes politisches Zusammengehörigkeitsgefühl zu unterstellen; für lokale Verhältnisse ist es ihm dagegen sehr wohl vertraut[471].

Zwischen Sachsen als dem Herkunftsgebiet der Herrscherdynastie und dem Kaiser selbst besteht für den Annalisten allerdings eine nahe Beziehung: Sachsen ist ganz selbstverständlich die *patria* Ottos III.[472]. Daß im Denken des Annalisten damit auch eine politische Vorrangstellung der Sachsen im Reich begründet worden wäre, geht aus seinen Berichten jedoch nicht hervor.

2. Die Romgebundenheit der Kaiserwürde

Das Kaisertum ist an die Weihe durch den Papst in Rom gebunden; die Annalen gebrauchen hierfür den Ausdruck *benedictio augustalis*[473] bzw. *imperatorem consecrare*[474]. Der Annalist läßt keinen Zweifel daran, daß die päpstliche Weihe den Titel *imperator* erst legitimiert: Im Bericht über die Krönungen Ottos I. und Ottos II. heißt es nahezu wortgleich, die Weihe finde statt, damit der Herrscher in Zukunft *imperator augustus* genannt werde und es auch sein möge[475]. Falls diese Stellen auf Hersfelder Provenienz zurückgehen sollten, so belegen sie, daß im fränkischen Kloster Hersfeld schon zu Widukinds Zeiten die Vorstellung eines »romfreien« Kaisertums nicht geteilt wurde. Daß das unverändert auch für die Hildesheimer Fortsetzer gilt, zeigt die Tatsa-

---

470 *Unde (Johannes Philagathos) ab universis episcopis Italiae, Germaniae, Franciae et Galliae excommunicatur.* Annales Hildesheimenses ad a. 997, MGH SS rer. Germ. 8, S. 27.

471 Zum »gesamt-hildesheimischen« Wir-Gefühl vgl. EGGERT, Wir-Gefühl, S. 140.

472 *Verum dominus rex (Otto III.), bonis Sclavorum promissionibus confidens suisque principibus resistere nolens, pacem illis iterum concessit et inde in patriam remeavit.* Annales Hildesheimenses ad a. 992, MGH SS rer. Germ. 8, S. 25.

473 Annales Hildesheimenses ad a. 961 (für Otto I.) und ad a. 967 (für Otto II.), MGH SS rer. Germ. 8, S. 22f.

474 Annales Hildesheimenses ad a. 996 (für Otto III.), MGH SS rer. Germ. 8, S. 27; bei der Krönung Heinrichs II. wird ausdrücklich die *diadema imperialis coronae* sowie eine *electio generalis* erwähnt, vgl. ebenda ad a. 1014, S. 31.

475 *...auxitque super eum (Ottonem I.) augustalem benedictionem, ut imperator augustus vocaretur et esset ...* und *commendavitque (Otto I.) illum (filium suum) apostolico Iohanni posteriore, ut ab eo augustalem benedictionem recepisset, ut imperator augustus foret appellatus a cunctis, qui eum agnovissent, veluti pater eius.* Annales Hildesheimenses ad a. 961 und 967, MGH SS rer. Germ. 8, S. 22f.

che, daß sie die Titelfrage strikt nach dem Grundsatz *tunc rex, nunc imperator* lösen[476].

3. Otto III. und Rom

Die Römer selbst treten im Bericht der Annalen nicht hervor, lediglich für das Jahr
997 werden sie erwähnt: Otto III. zieht nach Rom, um »den Pfuhl der Römer« zu säu-
bern[477] - also den Aufstand des Crescentius niederzuwerfen. Den kaiserlichen Herrschaftsanspruch über Rom hält der Annalist offenbar für legitim, seine Wortwahl läßt
allerdings erkennen, daß ihm Rom als stets befriedungsbedürftiger Schauplatz bekannt
ist - ohne daß er aber eine Vorstellung davon entwickelt, welche politischen Ursachen
dafür verantwortlich sind. Über die römische Rebellion von 1001 gegen Otto III.
schweigen die Annalen völlig; diesbezügliche Nachrichten, die die Annales maiores
wahrscheinlich enthielten, sind in dem generell knappen Auszug der kleinen Hildesheimer Annalen gänzlich entfallen. Weder die Italienpolitik Ottos III. noch seine besondere Vorliebe für Rom erregt in den Annalen irgendwie Anstoß; es ist nicht erkennbar,
ob die größeren Jahrbücher eine andere Haltung einnahmen, Indizien dafür gibt es jedenfalls keine. Aussagen über eine besondere Bevorzugung der Römer durch Otto III.
werden nicht gemacht.

4. Die Öffnung des Karlsgrabes in Aachen

Kritik verdient in den Augen der späteren Kompilatoren der kleinen Hildesheimer
Annalen jedoch die Öffnung des Karlsgrabs in Aachen: Der Kaiser handelt hier gegen
die Bestimmungen der Religion[478]. In der Formulierung *ammirationis causa* klingt ein
besonderes Verehrungsbedürfnis Ottos III. - und nicht etwa eine verurteilenswerte Neu-
gierde - als eigentliches Motiv der Graböffnung an[479]. Dagegen wurde die Kritik an der
Graböffnung erst retrospektiv formuliert; dafür spricht jedenfalls, daß der baldige Tod
des Kaisers als göttliche Strafe für den Frevel angesehen wird, die Otto III. sogar noch

---

476 Das gilt auch für Otto III., der allerdings im Bericht zum Krönungsjahr 996 schon *imperator* ist,
bevor über die Krönung selbst berichtet wird, vgl. Annales Hildesheimenses ad a. 996, MGH SS rer.
Germ. 8, S. 27. Man wird darin ein Indiz für eine etwas verspätete Aufzeichnung des Sachverhalts
erblicken dürfen.

477 *Imperator quoque, ut Romanorum sentinam purgaret, Italiam perrexit* ... Annales Hildesheimenses
ad a. 997, MGH SS rer. Germ. 8, S. 27.

478 *Quo tunc ammirationis causa magni imperatoris Karoli ossa contra divine religionis ecclesiastica*
(*officia* ist zu ergänzen) *effodere precepit; qua tunc in abdito sepulture mirificas rerum varietates invenit.*
Annales Hildesheimenses ad a. 1000, MGH SS rer. Germ. 8, S. 28. Ausführlich zur Karlsgraböffnung
BEUMANN, Grab, insb. S. 348ff. und 370ff.

479 So aber SCHULZE, Otto III., S. 20; TRADELIUS, Jahrbücher, konstatiert S. 50 einen Widerspruch
zwischen »kaiserfreundlicher und theologisch-kirchlicher Betrachtungsweise des Autors«.

durch den Geist Karls des Großen angekündigt worden sei[480]. Diese legendenhaften Züge sind zweifellos spätere Zusätze, die auf das Konto eines späten Kompilators gehen dürften, nicht aber ursprünglicher Bestandteil der Annales maiores waren.

5. Nachrichten zur Gründung des Erzbistums Gnesen

Die Reise Ottos III. nach Gnesen schließlich begründen die Annalen mit seiner Verehrung für den heiligen Adalbert; daß die dort vorgenommene kirchenpolitische Neuordnung im Osten aber in Hildesheim ebenfalls bekannt war, geht aus der insgesamt recht entstellten Nachricht deutlich hervor[481]. Die rätselhafte Erwähnung von sieben Bistümern, über die Otto III. Anordnungen getroffen habe, ist nicht restlos aufzuhellen, während sich die Verwechslung von Gnesen mit Prag als Sitz des neuen Erzbistums durch eine spätere irrtümliche Interpolation erklären dürfte: Ursache für diese Verwechslung war die zwischenzeitlich erfolgte Übertragung der Adalbertsreliquien nach Prag[482]. Dennoch ist die Notiz der Annalen nicht ohne Wert: Denn von der späteren irrtümlichen Ersetzung der polnischen durch böhmische Bezüge abgesehen ist dieser kurze Bericht ein Reflex der unmittelbar zeitgenössischen Meinung über den »Akt von Gnesen«, weil der Bericht der Hildesheimer Annalen auf die zeitgenössischen Eintragungen der Annales maiores zurückgeht. Diese jedoch entstanden, soweit erkennbar, als einzige der erhaltenen Quellenstellen zu den Gnesener Ereignissen nicht erst unter dem Eindruck der Konfrontation zwischen Boleslaw I. Chrobry und Heinrich II., sondern zu einem Zeitpunkt, als zwischen Otto III. und dem Polenkönig noch Einvernehmen bestand. Der Text ist freilich durch die anzunehmende Verkürzung der ursprünglichen Nachricht in den Hildesheimenses maiores sowie durch die Verwechslung Gnesens mit Prag so entstellt, daß man an ihn keine weitreichenden Folgerungen knüpfen kann. Es läßt sich nur feststellen, daß in der überlieferten Gestalt nicht die Spur einer möglicherweise in der Vorlage formulierten Kritik an Ottos Unternehmung enthalten ist. Vielleicht hielt der Autor der verlorenen Annales Hildesheimenses maiores eine Beeinträchtigung Magdeburger, sächsischer oder »deutscher« Interessen für gar nicht be-

---

480 *Sed de hoc, ut postea claruit, ulcionem aeterni vindicis incurrit (Otto III.) Nam predictus ei imperator (Karolus) post tantae commissionis facinus comparuit et ei predixit.* Annales Hildesheimenses ad a. 1000, MGH SS rer. Germ. 8, S. 28. Gegen die Ansicht von TRADELIUS, Jahrbücher, S. 50 Anm. 24 zeigt die Formulierung *ut postea claruit* deutlich, daß rückblickend und bereits in Kenntnis des frühen Todes Ottos III. berichtet wird, der vom Annalisten - so muß man seine Angabe zu Ende denken - als die »göttliche Strafe« betrachtet wird; vgl. dazu ausführlicher GÖRICH, Erzbistum, S. 20.
481 *Imperator Otto III. causa orationis ad sanctum Adalberdum episcopum et martirem quadragesimae tempore Sclaviam intravit; ibique coadunata sinodo episcopia septem disposuit, et Gaudentium, fratrem beati Adalberti, in principali urbe Sclavorum Praga ordinari fecit archiepiscopum, licentia Romani pontificis, causa petitionis Bolizlavonis Boemiorum ducis, ob amorem pocius et honorem sui venerandi fratris, digni pontificis et martiris.* Annales Hildesheimenses ad a. 1000, MGH SS rer. Germ. 8, S. 28.
482 FRIED, Otto III., S. 87-93 und 116f. vermutet, daß die Erwähnung Prags auf einen ursprünglichen Plan Ottos III. zurückgeht, nicht Gnesen, sondern Prag zum Erzbistum zu erheben; wahrscheinlicher ist aber doch ein Mißverständnis in den Hildesheimer Annalen, vgl. dazu GÖRICH, Erzbistum.

richtenswert, weil er eine Verletzung dieser Interessen in Ottos Maßnahmen nicht erkennen konnte[483].

6. Zusammenfassung

Insgesamt erweist sich der Bericht der Hildesheimer Annalen als gleichbleibend neutral; mit Ausnahme der in späteren Jahren eingefügten Kritik an der Karlsgraböffnung fehlt jede Parteinahme für oder gegen bestimmte Entscheidungen Ottos III. Die Italien- und Rompolitik wird in den Krönungsberichten nur gestreift und erlangt darüberhinaus keine Aufmerksamkeit; allerdings erweisen die dürren Ereignisberichte über die römischen Krönungen die Rombindung des Kaisertums als politische Selbstverständlichkeit, gegen die der Annalist keinerlei Vorbehalte äußert. Die Gründung des Erzbistums Gnesen stößt nicht auf Kritik.

V. Die Thangmar zugeschriebene Vita Bernwardi

Als Quelle für den »Rom-Gedanken« und die Rompolitik Ottos III. kommt der Lebensbeschreibung des Bischofs Bernward von Hildesheim[484] deshalb eine besondere Bedeutung zu, weil ihr angeblicher Verfasser Thangmar ein unmittelbarer Zeitzeuge war: Der Hildesheimer Domdekan hatte seinen Bischof 1001 auf einer Reise an den Hof Ottos III. nach Rom begleitet, dort den Aufstand der Römer gegen den Kaiser miterlebt und nach der Rückkehr nach Hildesheim den Kaiser erneut um die Jahreswende 1001/1002 in Todi aufgesucht. Thangmar gilt als der »einzige Augenzeuge«[485] der Ereignisse in Rom und sein Bericht in der Vita Bernwardi, die Thangmar in drei Etappen zwischen 1007 und 1023 verfaßt haben soll[486], als besonders glaubwürdig. Tatsächlich jedoch hat sich Entstehungszeit und Überlieferungsgeschichte der Vita Bernwardi als höchst problematisch erwiesen. Zweifelsfrei dem frühen 11. Jahrhundert entstammt nur ein Teil der Vita Bernwardi, und zwar jene Kapitel, die den Streit zwischen den Erzbischöfen von Mainz und Bernward von Hildesheim um die Diözesanzugehörigkeit des Klosters Gandersheim behandeln und deshalb »Hildesheimer Denkschrift« genannt wurde[487]. Diesen Bericht überlieferte eine 1945 zerstörte Pergament-

---

483 SCHULZE, Otto III., registriert S. 14, daß der Gnesener Akt trotz seiner »kirchen- und staatspolitisch gefährlichen Folgen nicht die geringsten Bedenken« erregt; ähnlich auch TRADELIUS, Jahrbücher, S. 51. Jedoch dürfte die Interpretationsprämisse, daß von vorneherein breiter sächsischer Widerstand bestand, falsch sein.

484 Thangmar, Vita Bernwardi, MGH SS 4, S. 754-782.

485 UHLIRZ, Jahrbücher, S. 587.

486 Vgl. dazu BEELTE, Thangmar, S. 11ff.; DIETERICH, Vita Bernwardi, S. 439-446; WATTENBACH-HOLTZMANN, Geschichtsquellen 1, S. 61.

487 Der diesbezügliche Bericht des Dresdner Codex umfaßt die Kapitel 12-17 (mit Ausnahme von *non suam iniuriam* bis *feminarum deplorans* und *O dignae memoriae virum* bis *ad ordinem redeamus*), 18-22, 28 Satz 3 bis 37 Satz 3, 39, 43 (mit Ausnahme des Einschubs zwischen den Teilen in direkter

handschrift der Sächsischen Landesbibliothek aus dem 11. Jahrhundert, der sogenannte »Dresdner Codex«[488]. Der Bericht des Dresdner Codex zerfiel seinerseits in
drei Teile[489], deren erste zwei im Großen und Ganzen unverändert, im Detail jedoch
mit charakteristischen Überarbeitungen in die Vita Bernwardi übernommen wurden.
Georg Heinrich Pertz, der die Vita 1841 in der MGH-Scriptoresreihe edierte, hatte die
besondere Bedeutung des Dresdner Codex als ältester Schicht der Vita Bernwardi nicht
erkannt und dessen Abweichungen gegenüber dem Text des Hannoveraner Codex
lediglich im Variantenapparat verzeichnet. Deshalb kann man heute nur noch recht
mühsam eine zudem unvollkommene Vorstellung von der ursprünglichen Textgestalt
des Dresdner Codex gewinnen.

Dieser »älteste Kern« der Vita wurde später durch zahlreiche Kapitel ergänzt, die
die Hildesheimer Denkschrift einrahmen, teilweise auch unterbrechen. Die Entstehungszeit dieser Ergänzungen ist strittig: Die ältere Forschung vermutete noch - beeinflußt von der falschen Datierung durch Pertz - eine Abfassung bis spätestens 1023, ein
Jahr nach Bernwards Tod. Die neuere Forschung hat demgegenüber die innere Unein-
heitlichkeit der Vita, die früher noch als Konsequenz ihrer dreiphasigen Entstehung
galt, näher untersucht[490]. Sicher ist demnach, daß dem Verfasser der Vita neben dem
Bericht des Dresdner Codex auch andere Informationen aus dem frühen 11. Jahrhundert vorlagen[491]; sie wurden etwa in die biographischen Kapitel 1-10[492], aber auch in

---

Rede sowie des Schlußsatzes), 44-45 sowie 48 und 54 Satz 2-5 der Vita Bernwardi in der Fassung des
Hannoveraner Codex. An dem von GOETTING, Bischöfe, S. 167 vorgeschlagenen Begriff »Hildesheimer
Denkschrift« wird hier festgehalten, wenngleich klar ist, daß es sich um eine »Denkschrift« im moder-
nen Sinne natürlich nicht handelt. Das Schriftstück entstand während des langjährigen Gandersheimer
Streits und diente als eine Art Promemoria.

488 Zur Beschreibung des Codex vgl. DIETERICH, Vita Bernwardi, S. 448.

489 Von einer ersten Hand stammte die Schilderung des Gandersheimer Streits bis zur vorläufigen Ei-
nigung zwischen Erzbischof Willigis von Mainz und Bischof Bernward von Hildesheim auf der Pöhlder
Synode von 1007. Ein zweiter Schreiber resümierte die Ereignisse zwischen 1007 und 1022, dem Todesjahr Bernwards; dieser Bericht wurde offenbar durch den 1020 von Erzbischof Aribo von Köln,
dem zweiten Nachfolger des Erzbischofs Willigis, wiederaufgenommenen Streit um Gandersheim notwendig gemacht. Der dritte, wiederum von einer anderen Hand stammende Teil des Dresdner Codex
enthielt die sog. Continuatio Vitae Bernwardi. Sie schildert den weiteren Verlauf der Auseinandersetzungen unter Bernwards Nachfolger Godehard bis zur Synode von Grone im März 1025. Vgl. dazu
DIETERICH, Vita Bernwardi, S. 432 Anm. 2; DERS., Streitfragen, S. 27f.; ferner DRÖGEREIT, Vita Bernwardi, S. 10f.

490 In einem um 1880 entstandenen Manuskript vermutete der Hildesheimer Dombibliothekar Johann Michael KRATZ eine Entstehung der Vita Bernwardi mit zum Teil guten Argumenten erst für das
Jahr 1194. Auf diese Überlegungen machte erstmals aufmerksam SEELAND, Bennoburg. Die Diskussion
um die Vita Bernwardi wurde dann fortgesetzt von ALGERMISSEN, Persönlichkeit; DRÖGEREIT, Vita
Bernwardi; ALGERMISSEN, Quellen; DRÖGEREIT, Bischof Bernward. Zuletzt GÖRICH-KORTÜM, Otto III.

491 Die allgemein unbestrittene Priorität des Dresdner Codex vor der Vita Bernwardi stellt BENZ, Untersuchungen, S. 268-291 aufgrund einer Untersuchung des Kapitels 43 der Vita in Frage. Sein
Hauptargument zielt dabei auf eine Rede (vgl. dazu nur knapp GÖRICH-KORTÜM, Otto III., S. 33
Anm. 144), die der Dresdner Codex als Rede des Erzbischofs Willigis überliefert, die die Vita Bernwardi jedoch in eine Rede des Königs und eine des Erzbischofs unterteilt. BENZ hält die Fassung der
Vita für richtig, weil die Rede des Dresdner Codex »keinen äußeren und inneren Zusammenhang« (S.
289) habe. Dieser Einwand kann jedoch durch die Annahme entkräftet werden, daß Willigis seinen

die Italienkapitel 23-27 eingearbeitet. Dennoch entstand die Redaktion der Vita Bernwardi, die der Hannoveraner Codex überliefert, wahrscheinlich erst gegen Mitte des 12. Jahrhunderts, als die vom Hildesheimer Bischof Bernhard I. zuerst auf einer Provinzialsynode in Erfurt 1150 eingeleitete Kanonisation Bernwards auch eine Lebensgeschichte des Heiligen notwendig gemacht hatte[493]; sofern damals bereits eine ältere »Ur-Vita« vorgelegen haben sollte - deren Existenz sich bisher allerdings durch keinerlei Handschriftenfunde beweisen ließ - , so wurde sie einer verfälschenden Überarbeitung mit deutlich hagiographischer Tendenz unterzogen. Thangmar kommt daher als Autor der ganzen Vita nicht in Betracht; sogar seine Beteiligung an der Abfassung der Hildesheimer Denkschrift ist fraglich, weil der Bericht von drei verschiedenen Händen stammt. Thangmar hatte nur deshalb als Autor der Denkschrift gegolten, weil ihr Text in die unter seinem Namen überlieferte Vita Bernwardi inseriert ist. Dieser Befund erweist die durchgehende Autorschaft Thangmars als Fiktion, zu der die Hildesheimer Mönche von St. Michael im 12. Jahrhundert griffen, um die Lebensbeschreibung ihres Klostergründers besonders glaubwürdig erscheinen zu lassen. Jede Interpretation der Vita bzw. ihrer einzelnen Bestandteile muß deshalb die komplizierte Textgeschichte berücksichtigen. Besonders sorgfältige Überprüfung ihrer Authentizität verlangen namentlich jene Passagen, die nicht im Bericht des Dresdner Codex enthalten sind und deshalb auch nicht ohne weiteres als Überlieferung des 11. Jahrhunderts gelten können.

Verzicht auf Gandersheim zunächst vor allen Versammelten erklärte und sich dann an Bernward persönlich wandte, so daß keine Rede des Königs angenommen werden muß. Die eigentliche Urteilsverkündung durch Heinrich II. kann schon vorher erfolgt sein, jedenfalls stehen dieser Annahme die Quellenaussagen nicht entgegen.

492 Trotz mancher Bedenken entscheidet sich LAUDAGE, Priesterbild, S. 94-104, dafür, gerade die ersten Kapitel der Vita einem Autor des 11. Jahrhunderts zuzuschreiben (anders GÖRICH-KORTÜM, Otto III., S. 22-29). Schwerpunkt seiner Argumentation ist dabei der Bericht über die von Bernward praktizierte kanonikale Lebensform im fünften Kapitel der Vita (MGH SS 4, S. 759f.). Bis in Einzelheiten ähnliche Aussagen über Sittenstrenge und asketische Gesinnung - illustriert an den Beispielen von Fasten, häufigem Gebet, Mildtätigkeit gegen Arme und gemeinsame Mensa - enthalten aber auch die Kapitel 38 und 39 der Vita Godehardi prior (MGH SS 11, S. 195f.), freilich nicht auf Bernward, sondern auf Godehard bezogen. Wahrscheinlich diente die Godehardsvita der Bernwardsvita zumindest teilweise als Muster (so GÖRICH-KORTÜM, S. 31ff. und 47 mit Anm. 216); das Ergebnis von LAUDAGE, wonach »der Text einen historischen Zustand wiederzugeben (scheint), der durchaus in der ersten Hälfte des 11. Jahrhunderts angesiedelt werden darf« (S. 101f.), hat dennoch durchaus Bestand; allerdings dürfte Kap. 5 der Bernwardsvita im Kern die Zustände zur Zeit des Bischofs Godehard (1022-1038) schildern, die in der Bernwardsvita des 12. Jahrhunderts dann auf seinen Vorgänger zurückprojiziert wurden.

493 Diese Vermutung äußerte zuerst ALGERMISSEN, Quellen, S. 3, freilich nur sehr allgemein und ohne systematische Untersuchung der Quellen zur Kanonisation Bernwards 1150 und 1193; vgl. dazu jetzt GÖRICH-KORTÜM, Otto III., S. 42-52.

1. Die politisch-geographische Terminologie

Als Bezeichnung für das ganze ottonische Herrschaftsgebiet dient der Begriff *impe-rium*. Heinrich II. wird im Bericht über die römische Synode im Jahre 1001 *decus imperii* genannt[494]. Diese Formulierung erinnert an die Bezeichnung Ottos I. als *decus amborum imperiorum* in den Gesta Ottonis der Hrotsvit von Gandersheim[495]; war dieser Begriff Anlaß dazu, über einen möglicherweise eingeschränkten Römerreichsbe-griff Hrotsvits nachzudenken, der *ambo imperia* in ein italisches *imperium Romanum* und ein nordalpines *imperium Saxonum/Francorum* aufzulösen erlauben würde[496], so enthält die Bernwardsvita keinen Hinweis auf eine engere Bedeutung von *imperium*.

Der ethnisch nicht näher spezifizierte Begriff *regnum* ist wiederum mehrdeutig: Nach dem Tod Ottos III. streiten sich mehrere Fürsten um das *fastigium regni*[497], Heinrich II. wird 1002 in Mainz von Bischof Bernward *cum caeteris regni principibus* gekrönt[498]. Ist im letzten Fall eine Begrenzung von *regnum* auf den nördlichen Reichs-teil wenn auch nicht deutlich, so doch denkbar, dann verschwimmt die Differenzierung zwischen *regnum* und *imperium* als engerem und weiterem Herrschaftsgebiet jedoch schon wieder, wenn beim Tod der Kaiserin Theophanu und Ottos III. von der Trauer *to-tius regni* gesprochen wird[499]. Der *regnum*-Begriff kann auch in der Vita Bernwardi den ganzen ottonischen Herrschaftsbereich bezeichnen. Ein besonderer Name für den nordalpinen Reichsteil wird weder im Dresdner noch im Hannoveraner Codex benutzt, obwohl in beiden der Name zur abgrenzenden Charakterisierung durchaus zur Verfü-gung stand: So werden im Dresdner Codex ausdrücklich die *theotisci episcopi* erwähnt, die Otto III. und Silvester II. 1001 zu der Synode nach Todi einluden[500]. Dem Verfasser war dabei die Mitteilung wichtig, daß nicht alle Bischöfe, sondern nur die des nördli-chen Reichsteils in Todi erscheinen sollten[501]. Zur Beschreibung ihrer Zusammengehö-rigkeit dient das Adjektiv *theotiscus*; dem Hildesheimer Autor war offenbar der im süd-lichen Reichsteil zur Kennzeichnung der germanischen Sprachgemeinschaft im Norden geläufige Begriff bekannt, was aufgrund der Italienreise Bischof Bernwards, Thangmars und ihres Hildesheimer Gefolges auch nicht weiter verwunderlich ist. Die Zugehörigkeit zur nicht-romanischen Sprachgemeinschaft diente dem Hildesheimer Autor nur als

---

494 Vita Bernwardi 22, MGH SS 4, S. 768.
495 Hrotsvit von Gandersheim, Gesta Ottonis, v. 1501, S. 437.
496 So Erdmann, Reich, S. 421f.; dagegen überzeugend Karpf, Herrscherlegitimation, S. 135.
497 Vita Bernwardi 38, MGH SS 4, S. 775.
498 Vita Bernwardi 38, MGH SS 4, S. 775.
499 *Theophanu imperatrix...dolore totius regni rebus excessit.* Vita Bernwardi 3, MGH SS 4, S. 759; vgl. auch den Bericht über die Beisetzung Ottos III. in Aachen: *susceptumque est (corpus imperatoris) sancta die palmarum festivo obsequio totius regni*, Vita Bernwardi 37, S. 775.
500 Vita Bernwardi 30, MGH SS 4, S. 772. Zum Ereignis vgl. BZ 957, BU 1435c.
501 Ende 1001 war Otto III. auf militärische Unterstützung für den geplanten Romzug angewiesen; ob allerdings tatsächlich alle Reichsbischöfe zum Italienzug aufgefordert wurden, wie der Hildesheimer Bericht suggeriert, ist fraglich; siehe dazu ausführlich unten, S. 134-139.

Abgrenzungsmerkmal gegenüber den Bischöfen im Süden[502]. Das Bewußtsein einer politischen Einheit des nördlichen Reichsteils läßt sich aus dem Begriff jedenfalls nicht ableiten. Auch an anderen Stellen ist in der Begegnung mit dem Süden lediglich ein Kontrastbewußtsein erkennbar, ohne daß damit aber eine separierende, speziell deutsche Auffassung des ottonischen Reichs ausgedrückt wird: So hatte Bernward bei seiner Italienreise im Jahr 1001 nach dem Bericht des Dresdner Codex Briefe von allen Bischöfen »diesseits der Alpen« bei sich[503]; an der römischen Synode im Januar 1001 nahmen Bischöfe *de Romania, de Italia et Tuscia* teil, *de nostris* aber die namentlich genannten Bischöfe von Augsburg, Würzburg und von Zeitz[504]. *Nostri* nennt der Autor also nicht nur Bischöfe aus Sachsen, sondern wie selbstverständlich alle diesseits der Alpen. Der Hannoveraner Codex berichtet von der *legio Theutonum*, die 1002 die Leiche Ottos III. durch das aufrührerische Norditalien sicher nach Aachen überführte[505]. Da diese Textpassage jedoch nicht im Dresdner Codex enthalten und ihre Entstehung erst im 12. Jahrhundert deshalb nicht auszuschließen ist, kann dieser Beleg nicht als Beispiel für die Begriffsverwendung im beginnenden 11. Jahrhundert herangezogen werden.

Deutlich ausgeprägt ist jedoch das Bewußtsein der Zugehörigkeit zum sächsischen Stamm, der zwei Mal als *gens nostra* bezeichnet wird[506]. Der Begriff *Saxonia* selbst bezeichnet unmißverständlich immer nur das Gebiet des sächsischen Herzogtums[507], eine geographisch weitergefaßte Bedeutung des Namens ist nicht erkennbar. Was die Bedeutung des *patria*-Begriffs angeht, so ist zwischen den beiden Schichten der Vita zu unterscheiden. Im Dresdner Codex wird *patria* an zwei Stellen verwendet; einmal im antiken Ehrennamen *pater patriae*[508]. Die Formelhaftigkeit der Wendung macht es naturgemäß schwierig, eine genau umrissene Bedeutung des Wortes festlegen zu wollen; im Textzusammenhang ist von Stiftungen der liudolfingisch-ottonischen Dynastie, deren Angehörige der Autor als »unsere Herren« bezeichnet, für das Kloster Gandersheim die Rede. Zweifelsohne dominiert dabei der konkret sächsische Bezug: »unsere Herren« sind hier die sächsischen »Herzöge und Könige«, und es dürfte deshalb mit der antikisierenden Formel die sächsische *patria* gemeint sein, deren *patres* die

---

502 Dagegen stellt BRÜHL, Deutschland, S. 204 einen bereits erweiterten Wortsinn und eindeutig »volkliche(n) Bezug« fest; weshalb die Sprachzugehörigkeit als Unterscheidungskriterium in diesem Fall jedoch nicht ausreichen soll, ist nicht ersichtlich. Auch ist die Passage nicht »nach 1022« geschrieben (ebenda), sondern kurz nach 1007; zur Entstehungszeit der einzelnen Bestandteile des Dresdner Codex siehe schon oben, S. 93 Anm. 489.

503 *habens secum scripta omnium cisalpinorum episcoporum*, Vita Bernwardi 19, MGH SS 4, S. 767.

504 Vgl. Vita Bernwardi 22, MGH SS 4, S. 768.

505 Vita Bernwardi 37, MGH SS 4, S. 775.

506 *...claro nostrae gentis sanguine* und *quia ab ipso principio novellae christianitatis nostrae gentis*, Vita Bernwardi 1, MGH SS 4, S. 758 (Hannoveraner Codex) und 12, S. 762 (Dresdner Codex).

507 *...ex quo primum episcopia per Saxoniam disterminata sunt* und *synodum quoque episcopis per Saxoniam indici*, Vita Bernwardi 12 und 22, MGH SS 4, S. 762 und 769 (beide Stellen im Dresdner Codex); *Saxonia quippe magna ex parte* und *simile nil in omni Saxonia invenias*, Vita Bernwardi 7 und 8, S. 760 und 762 (beide Stellen nur im Hannoveraner Codex).

508 *...et devotione dominorum nostrorum patrum patriae, ducum ac regum...* Vita Bernwardi 14, MGH SS 4, S. 764.

liudolfingisch-ottonischen Herrscher waren[509]. Die zweite Stelle findet sich unter den »gemüthlichen Einzelheiten«[510], die später in der Fassung des Hannoveraner Codex ausfielen; hier wird berichtet, daß Otto III. Bernward nach seiner Ankunft in Rom Met und Bier reichen ließ, von denen er wußte, daß sie in des Bischofs *patria* üblich waren[511]. Diese Spezialitäten gab es natürlich nicht nur in Sachsen, und *patria* hat an dieser Stelle sicher eine schillernde Bedeutung. Und dennoch scheint der Autor mit *patria* das sächsische Herkunftsgebiet Bernwards bezeichnen zu wollen: Schließlich will sein Bericht anschaulich machen, wie sehr es dem Kaiser darauf ankam, Bernward im fremden Rom mit einem vertraut heimatlichen Mahl zu begrüßen. Im Hannoveraner Codex sind die zwei verschiedenen Bedeutungsebenen von *patria* deutlicher unterscheidbar. In zwei Fällen umfaßt der Begriff nur Sachsen[512]; deutlich anders jedoch verhält es sich im Fall von Bernwards Rückkehr von seiner Pilgerreise nach Paris: Glücklich erreicht der Bischof seine *patria*. Damit muß jedoch der ganze ostfränkisch-deutsche Herrschaftsbereich gemeint sein, denn der eigentliche *reditus* nach Sachsen und nach Hildesheim stand noch aus, weil sich Bernward zuvor in Aachen aufhält[513]. Der im 12. Jahrhundert schreibende Verfasser des Hannoveraner Codex kann sich unter *patria* also auch schon den ganzen nordalpinen Reichsteil vorstellen[514].

2. Die Romgebundenheit der Kaiserwürde

Als Bezeichnung für den Kaiser erscheinen in der Vita Bernwardi die Begriffe *rex* und *imperator*. Die Fassung des Hannoveraner Codex aus dem 12. Jahrhundert verwendet die Begriffe zuweilen synonym[515]. Demgegenüber verfährt der Dresdner Codex

---

509 Auch Widukind von Corvey bezeichnet bekanntlich Heinrich I. und Otto I. als *pater patriae*; wie jetzt EICHENBERGER, Patria, S. 151 und 159f. überzeugend feststellt, dürfte Widukind damit Leistungen zum Wohle Sachsens gemeint haben. Eine solche Deutung bietet sich auch für das Verständnis des Titels im vorliegenden Fall an.

510 LÜNTZEL, Geschichte 1, S. 150 Anm. 1.

511 *...naturales quoque cibos, quibus in patria illum usum noverat (Otto III.), pius conviva exhibebat, medum quoque et cervisia fama praecurrente in adventum amantissimi hospitis (Bernwardi) praeparabat...* Vita Bernwardi, MGH SS 4, S. 767 Var. h.

512 *(Bernwardus) accepta licentia ad patriam redeundi* (es handelt sich hierbei um den Beschluß Bernwards, aus Rom nach Hildesheim zurückzukehren) und *hinc (Bernwardum) patriae defensorem* (diese Bezeichnung bezieht sich auf die in Kap. 7 der Vita geschilderten Maßnahmen Bernwards zur Sicherung des Bistums gegen feindliche Einfälle), Vita Bernwardi 27 und 54, MGH SS 4, S. 770 und 781. Auch Thietmar von Merseburg gebraucht den Titel *defensor patriae* im Zusammenhang mit Maßnahmen zur Landesverteidigung, siehe dazu oben, S. 68.

513 *(Bernwardus) felici cursu patriam repedabat. Et quamquam post tanti itineris difficillimum laborem, celerem reditum vota omnium praeoptarent, vicit tamen affectus, quo semper dominis obsequebatur, et benignissimum regem Aquis positum adiit.* Vita Bernwardi 41, MGH SS 4, S. 776.

514 BACH, Begriffe, S. 59, versteht *patria* ohne Berücksichtigung des Textzusammenhangs immer als auf den ganzen nördlichen Reichsteil bezogen und unterscheidet auch nicht zwischen den zu verschiedenen Zeiten entstandenen Teilen der Vita Bernwardi.

515 Heinrich II. wird in der Schilderung der Synode von Pöhlde 1007 sowohl *rex* als auch *imperator* genannt, vgl. Vita Bernwardi 43, MGH SS 4, S. 777. DRÖGEREIT, Vita Bernwardi, S. 26, erblickte in

strikt nach dem Muster *tunc rex, nunc imperator.* Für die Zeit vor 996 wird Otto III.
rex genannt[516], während Otto II. als *imperator* und Theophanu als *mater imperatrix*
bezeichnet werden[517]; für die Zeit nach der Kaiserkrönung von 996 findet sich ausschließlich *imperator* als Bezeichnung für Otto III.[518]. Heinrich II. wird als *rex* bezeichnet[519] und lediglich an einer Stelle im zweiten, um 1022 und damit mindestens
acht Jahre nach der Kaiserkrönung Heinrichs II. geschriebenen Teil des Dresdner Codex *imperator* genannt[520].

Von den Epitheta *piissimus, humilissimus* und *mitissimus* abgesehen[521] wird *rex*
oder *imperator* in fast allen Fällen ohne erläuternden Zusatz oder Namen verwendet.
Zweimal jedoch wird Otto III. ausdrücklich als *noster* bezeichnet: Einmal ohne Na-
mensnennung zusammen mit dem Papst als *domini nostri*[522], das andere Mal - beim
Bericht über seinen Tod - als *imperator noster*[523]. Ferner wird im Bericht über die Geschichte des Klosters Gandersheim der besondere Eifer »von unseren Herren, den Vätern des Vaterlandes, Herzögen und Königen« bei der Ausstattung des Klosters hervorgehoben[524]; dieser »unser«-Bezug gilt offensichtlich der herrschenden liudolfingisch-ottonischen Dynastie. Alle drei *noster*-Stellen sind im Dresdner Codex enthalten, und
zwar in seinem ersten und ältesten, die Ereignisse bis 1007 schildernden Teil.

Im selben Teil des Dresdner Codex ist auch der Bericht über die Pöhlder Synode
von 1007 enthalten. Dort wird Heinrich II. als *rex venerandus Heinricus totius
Romani Imperii potentissimus* bezeichnet[525]. Die Umschreibung Heinrichs II. als
»des Römischen Reiches höchstmächtigen König« soll zweifellos seine Autorität und
damit auch die Unumstößlichkeit der von ihm zugunsten von Hildesheim getroffenen
Entscheidung betonen. Es hat den Anschein, als ob dabei die Bezugnahme auf die
Machtstellung des Königs im *imperium Romanum* einen Ersatz für und - vielleicht

---

dieser Bezeichnung Heinrichs II. als *imperator* für die Zeit noch vor seiner Kaiserkrönung ein Indiz für
die Entstehung der Vita Bernwardi zu einem späteren Zeitpunkt, vgl. dazu auch Dieterich, Vita Bernwardi, S. 450. Übrigens wird auch der noch unmündige Otto III. in Vita Bernwardi 2, S. 759 *imperator* und *rex* genannt; ein näherer Anhaltspunkt für die Entstehungszeit der Kapitel kann daraus aber
nicht gewonnen werden, sicher ist nur, daß die entsprechenden Passagen nach der Kaiserkrönung von
Otto III. bzw. Heinrich II. geschrieben wurden.

516 *praesente domno rege tercio Ottone*, Vita Bernwardi 13, MGH SS 4, S. 764.

517 *secundi imperatoris Ottonis filia; cum matre imperatrice domna Theuphanu*, Vita Bernwardi 13,
MGH SS 4, S. 764.

518 Vita Bernwardi 13, 18, 19, 22, 37 und 44.

519 Vita Bernwardi 43, MGH SS 4, S. 777; im Hannoveraner Codex wird *sapientissimus rex* des
Dresdner Codex (Vita Bernwardi 43, S. 777 Var. e in *sapientissimus imperator* umgeändert.

520 ...*duobus imperatoribus tertio Ottone et benigno Heinrico*... Vita Bernwardi, MGH SS 4, S. 778
Var. a; diese Stelle fehlt in der Vita Bernwardi des Hannoveraner Codex.

521 Vita Bernwardi 19, 25, 27, 37 und 47, MGH SS 4, S. 767, 770, 775 und 778.

522 ...*dominorum nostrorum, apostolici et imperatoris, suffragia petiit*... Vita Bernwardi 28, MGH SS
4, S. 772.

523 ...*obitus videlicet mitissimi imperatoris nostri*... Vita Bernwardi, MGH SS 4, S. 774 Var. v; diese
Stelle enthält nur der Dresdner Codex.

524 ...*tanto studio et devotione dominorum nostrorum patrum patriae, ducum ac regum*... Vita Bernwardi 14, MGH SS 4, S. 764.

525 Vita Bernwardi 43, MGH SS 4, S. 777.

auch gleich den Anspruch auf - den zu diesem Zeitpunkt noch nicht erlangten *imperator*-Titel darstellen sollte[526]. Der Rombezug der Kaiserherrschaft tritt in dieser Vorstellung deutlich zutage und wird zusätzlich durch die Bezeichnung des ottonischen Reichs als *imperium Romanum* unterstrichen, obwohl dieser Name erst unter Konrad II. offiziell wurde. Dem Rombezug im Reichsnamen entspricht auch, daß die Herrschaft des Kaisers über Rom für den Autor des Dresdner Codex selbstverständlicher Bestandteil der politischen Wirklichkeit ist: Die Römer haben den Befehlen des Kaisers zu gehorchen[527]. Diese Vorstellung gilt auch für den später schreibenden Verfasser der eigentlichen Bernwardsvita, für den Kaiser und Papst die *principes Urbis*[528] sind. Der ältere Dresdner Codex setzte an dieser Stelle *principes Orbis*[529] und betonte damit - wie auch mit der Bezeichnung von Silvester II. und Otto III. als *domini nostri* - den universal-christlichen Aspekt der Herrschaft von Kaiser und Papst.

3. Die Rede Ottos III. an die Römer

Die in der Vita Bernwardi überlieferte Rede Ottos III. an die aufständischen Römer gilt gemeinhin als eine der wichtigsten Quellen für den Romgedanken des Kaisers. Diese gängige Interpretation ignoriert jedoch die Probleme, die sich aus der Zusammensetzung der Vita aus Textteilen unterschiedlichen Alters ergeben. Berücksichtigt man indessen diesen Gesichtspunkt, so ergeben sich wichtige Konsequenzen für das Verständnis des Texts.

a) Der Kontext der Rede

Das Kapitel 25 der Vita Bernwardi, das die Rede Ottos III. enthält, gehört zu jenen Teilen der Vita, die nicht im Dresdner Codex überliefert sind und deren Entstehungszeit deshalb nicht zweifelsfrei zu klären ist. Bevor wir uns der Rede selbst zuwenden, muß daher noch kurz ihr Kontext vorgestellt werden. Die gerade für die Kaiser- und Reichsgeschichte, insbesondere für den Aufenthalt Ottos III. in Rom wichtigen Kapitel 23 bis 27 sind in den aus dem Dresdner Codex übernommenen Bericht über die römische Synode im Januar 1001 und die Pöhlder Synode im Juni 1001 eingeschaltet: Die noch im Dresdner Codex erwähnte Entsendung des Kardinalpriesters Friedrich zur Pöhlder Synode fungiert als »Verbindungsstück« zwischen den Textteilen. Die Mitteilung, daß der Legat im Schmuck päpstlicher Gewänder und Insignien auftrat, ganz so, als ob der

---

526 Vgl. zu diesem Problemkreis SCHNEIDER, Heinrich II., wonach der Titel *rex Romanorum* den Anspruch des noch nicht zum Kaiser gekrönten Königs auf das ganze Imperium fomuliert. In diesem Sinn dürfte auch die zitierte Bezeichnung Heinrichs II. in der Denkschrift zu verstehen sein.

527 Im Dresdner Codex heißt es: *Romani imperialibus iussis obnitentes*, vgl. dazu unten S. 102 mit Anm. 545.

528 Vita Bernwardi 36, MGH SS 4, S. 774.

529 Vita Bernwardi, MGH SS 4, S. 774, Var. d.

Papst selbst käme, wiederholt sich mit wörtlichen Übereinstimmungen zu Beginn des Kapitels 28[530] und verbindet den Einschub der Kapitel 23 bis 27 wieder mit dem Bericht des Dresdner Codex, der mit Kapitel 28 Satz 3 fortgesetzt wird. Zweifellos verarbeiten die inserierten Kapitel zumindest teilweise zeitgenössische Informationen des frühen 11. Jahrhunderts. Anders ist schon die Mitteilung der Belagerung Tivolis[531], die in sonst keiner anderen deutschen Quelle erwähnt wird, nicht zu erklären. Gleiches gilt für die genaue Beschreibung von Bernwards Reiseroute zurück über die Alpen[532]. Auch geht die Charakterisierung des Bischofs Leo von Vercelli als *vir litteris eruditus*[533] wohl auf einen Begleiter Bernwards oder auf Bernward selbst zurück. Ebenso sicher aber wurden diese frühen Nachrichten einer späteren Umformung oder Überarbeitung unterzogen. Dafür spricht die stilisierte Rolle Bernwards als Heiliger im Bericht über die Belagerung Tivolis und über den Ausfall der Palastbesatzung gegen die römischen Belagerer[534]. Das Geschehen im Umkreis Bernwards wird als Konsequenz seines Wirkens als Heiliger dargestellt, eine für das hagiographische Schrifttum typische Verfahrensweise[535]. Diese Stilisierung fand wahrscheinlich erst im Hinblick auf die bischöfliche Kanonisation Bernwards auf der Erfurter Provinzialsynode 1150 statt; in diesen Jahren dürften auf der Grundlage von heute verlorenen Aufzeichnungen des frühen 11. Jahrhunderts die Italienkapitel in die Form gebracht worden sein, in der sie die Vita Bernwardi des Hannoveraner Codex schließlich überliefert[536]. Die Rede selbst könnte schon in der älteren Vorlage enthalten gewesen sein: Jedenfalls ist kein Grund dafür erkennbar, weshalb sie erst im Zuge einer Überarbeitung mit hagiographischer Tendenz in die Vita hätte aufgenommen werden sollen - wenn man nicht ausschließlich literarisch motivierte Absicht zur wirksamen Vergegenwärtigung der dramatischen Situation in Rom unterstellen will. Es kann deshalb nicht ausgeschlossen werden, daß die Rede noch dem 11. Jahrhundert entstammt. Die Frage, ob sie vor oder nach Bernwards Tod 1022 niedergeschrieben wurde, läßt sich aber schon nicht mehr beantworten[537].

Andererseits begründet ihre Einordnung in einen wenig glaubwürdigen Ereignisablauf Zweifel an einer frühen Entstehung: Wie Kapitel 24 schildert, wurde der Aufstand der Römer durch den erfolgreichen Ausfall der Belagerten unter Bernwards Führung

---

530 *(Frithericus) vicarius domni apostolici eligitur atque dirigitur, apostolicis paramentis atque insigniis non minus infulatus, quam si ipse papa procedat* und *Interea affuit, ab apostolico et imperatore vice papae directus, cardinalis presbiter Frithericus, omnibus insigniis apostolicis acsi papa procedat infulatus, equis apostolica sella Romano more ostro instratus.* Vita Bernwardi 22 und 28, MGH SS 4, S. 769 und 771. Zu den Insignien des Kardinallegaten vgl. DEÉR, Anspruch, S. 140-143.

531 Vgl. Vita Bernwardi 24, MGH SS 4, S. 770.

532 Vgl. Vita Bernwardi 27, MGH SS 4, S. 771.

533 Vgl. Vita Bernwardi 27, MGH SS 4, S. 771.

534 Vita Bernwardi 24 und 25, MGH SS 4, S. 770; vgl. dazu GÖRICH-KORTÜM, Otto III., S. 17-21 sowie S. 50 zur hagiographischen Überarbeitung einzelner Stellen des Dresdner im Hannoveraner Codex.

535 Vgl. dazu LOTTER, Methodisches, S. 345.

536 Vgl. dazu GÖRICH-KORTÜM, Otto III., S. 54f.

537 Daß die Rede »um 1015« geschrieben worden ist, vermuten ohne weitere Begründung WERNER, Les nations, S. 297 sowie im Anschluß daran BRÜHL, Anfänge, S. 169.

- vom Kaiser ist eigenartigerweise nicht die Rede - niedergeschlagen. Auf Bernwards Gebet hin wurde der Kampf durch göttliche Gnade beendet. Die Bitte der Römer um Frieden schildert die Vita als unmittelbare Konsequenz von Bernwards Intervention: Sie legten ihre Waffen nieder, versprachen, am nächsten Tag an den Palast zu kommen, baten dort erneut um Frieden, erneuerten ihren Eid und gelobten dem Kaiser ewige Treue; der heilige Bernward hat also »mitgekämpft« und dadurch die entscheidende Wende herbeigeführt[538]. Die anschließende Rede des Kaisers soll den Aufstand endgültig beendet, die Römer zu Tränen gerührt, mit Reue erfüllt und schließlich dem Kaiser und seinen Begleitern einen weiterhin friedlichen Aufenthalt in der Stadt ermöglicht haben[539]. Die Versöhnung soll sogar so tiefgreifend gewesen sein, daß Otto III. einige Tage später die Stadt nur unter den Tränen der Bürger - *immensis lacrimis civium*[540] - verlassen konnte. Damit steht der Bericht des »einzigen Augenzeugen« Thangmar in denkbar krassem Widerspruch zur gesamten anderen Überlieferung. Denn alle übrigen zeitnahen Quellen berichten übereinstimmend von einer dramatischen Flucht Ottos III. aus Rom und unterscheiden sich in der diesbezüglichen Schilderung nur in Einzelzügen[541]. Die Vita Bernwardi stellt als einzige Quelle den römischen Aufstand als noch während der Anwesenheit des Kaisers in Rom friedlich beigelegt dar. Durch das Eingreifen des Bischofs und die darin offenbar gewordene Gnade Gottes sollen die Römer zum Frieden bewogen worden sein. Aus der Parallelüberlieferung ergibt sich jedoch auch für die Friedensbereitschaft der Römer ein anderes Bild: So zeigten sie sich laut Thietmar von Merseburg zwar nach dem Abzug Ottos III. zu einem Friedensschluß bereit, allerdings erst unter dem Eindruck von Verwüstungen des römischen Umlands[542]. Bereits Anfang Juni 1001 erschien Otto III. wieder vor Rom und ließ Besitzungen des Klosters San Paolo fuori le mura brandschatzen[543]. Vergeltungsmaßnahmen dieser Art waren sicher dazu geeignet, die um ihre Besitzungen im Umland fürchtenden römischen Adelsfamilien zu einer Verständigung zu bewegen[544]. Insoweit erscheint Thietmars Bericht also durchaus glaubwürdig. Demgegenüber hat der Hildesheimer Autor den Sinneswandel der Römer zeitlich etwas vorverlegt und ursächlich mit Bernwards Intervention verknüpft. Für diesen Unterschied zu Thietmars Bericht dürfte die Absicht

---

538 Vgl. dazu Vita Bernwardi 24, MGH SS 4, S. 770. Zu diesem für die hagiographische Stilisierung eines Heiligen typischen Motiv vgl. auch GRAUS, Schlachtenhelfer.

539 *Hac ratione imperatoris ad fletus usque compuncti, satisfactionem promittunt (Romani) ... Hac autem seditione sedata...* Vita Bernwardi 25 und 26, MGH SS 4, S. 770.

540 *Egressi itaque papa et imperator dominica Exurge quare, immensis lacrimis civium, non longe ab Urbe castra ponunt.* Vita Bernwardi 27, MGH SS 4, S. 770.

541 Vgl. dazu ausführlich GÖRICH-KORTÜM, Otto III., S. 12f.

542 *Romani autem, manifestati tunc sceleris culpa se erubescentes seque invicem supra modum redarguentes, omnes inclusos emisere securos, gratiam imperatoris et pacem modis omnibus suppliciter expetentes. Quos ubicumque vel in ipsis vel in rebus suis cesar ledere potuit, verbis eorundem mendacibus diffidens, nocere non tardavit.* Thietmar von Merseburg, Chronicon IV 48, MGH SS rer. Germ. NS 9, S. 186.

543 Vgl. dazu BU 1418c; UHLIRZ, Jahrbücher, S. 378.

544 Zu den Verflechtungen des römischen Adels mit dem römischen Umland vgl. TOUBERT, Les structures 2, S. 1000ff.

des Hildesheimers ausschlaggebend gewesen sein, den Erfolg des heiligen Bischofs besonders deutlich und wirkungsvoll zu demonstrieren. Damit geriet der Vitenschreiber allerdings in Widerspruch zu den historischen Tatsachen, denn der römische Aufstand wurde ja keineswegs friedlich beendet. Dieser Sachverhalt spiegelt sich auch noch im Bericht des Dresdner Codex zur Jahreswende 1001/1002 wider, wo ausdrücklich vom Ungehorsam der Römer die Rede ist[545]. Weil der später schreibende Autor der Vita aber an seiner Darstellungsabsicht festhalten wollte, verschleierte er an dieser Stelle den Bericht seiner Vorlage absichtlich. Deshalb weicht die Vita Bernwardi des Hannoveraner Codex an dieser Stelle charakteristisch vom Dresdner Codex ab und nennt nur recht unbestimmt »gewisse Personen«, die sich den kaiserlichen Befehlen widersetzten[546], nicht aber die Römer. Dieser Unterschied ist gewiß nicht nur zufällig, sondern gibt eine bestimmte Intention zu erkennen: Wäre der fortgesetzte Ungehorsam der Römer erwähnt worden, so hätte sich der Erfolg von Bernwards Eingreifen nur als vorübergehend und vorläufig dargestellt. Gerade das aber sollte vermieden und stattdessen der Eindruck erweckt werden, daß die Unruhe mit dem Eingreifen des Heiligen ein für alle Mal ihr Ende gefunden habe.

Die Rede Ottos III. ist demnach Bestandteil eines in sich widersprüchlichen, teilweise sogar falschen Berichts über das Ende der römischen Rebellion im Februar 1001. Wie die hagiographische Stilisierung der Rolle Bernwards erkennen läßt, ist der Bericht auch erst im Laufe der Arbeit an einer zusammenhängenden Bernwardsvita in die vorliegende Fassung gebracht worden und insoweit ein Produkt des 12. Jahrhunderts. Damit ist allerdings noch nicht nachgewiesen, daß auch die Rede selbst erst so spät entstanden sein muß; immerhin ist denkbar, daß sie unverändert aus einer älteren Vorlage übernommen und in einen überarbeiteten und veränderten Bericht inseriert worden ist[547]. Die Zweifel an der Zuverlässigkeit des Textzusammenhangs erweisen also die Rede selbst keinesfalls als unzuverlässig; sie bedarf vielmehr eigenständiger Betrachtung.

---

545 *Romani vero imperialibus iussis obnitentes, crebra incursione fatigantur.* Vita Bernwardi, MGH SS 4, S. 773 Var. x. Ganz ähnlich der Bericht in Wolfhers Vita Godehardi prior, der bei ihrer Abfassung zwar die Hildesheimer Denkschrift des Dresdner Codex, nicht aber die Vita Bernwardi in der Fassung des Hannoveraner Codex benutzte: *quod tamen crebra Romanorum imperialibus sane iussis obnitentium controversia...* Wolfher, Vita Godehardi prior 23, MGH SS 11, S. 185; zum Abhängigkeitsverhältnis vgl. GÖRICH-KORTÜM, Otto III., S. 30f.

546 *Eodem tempore quibusdam iussis imperialibus obnitentibus...* Vita Bernwardi 35, MGH SS 4, S. 774.

547 THOMAS, Rezeption, geht S. 36 Anm. 84 aufgrund der Verwendung der im späteren 11. Jahrhundert unüblichen Form *Theodisci* von der »Echtheit« der Rede aus. Ihre Entstehungszeit muß deshalb jedoch nicht zwangsläufig den Lebzeiten Ottos III. angenähert werden, denn auch Wolfher verwendete in seiner 1034 geschriebenen Vita Godehardi prior noch denselben Begriff, vgl. MGH SS 11, S. 182 Z. 49. Auch kann nicht a priori ausgeschlossen werden, daß bei der Endredaktion der Vita Bernwardi um 1150 durch Verwendung der mittlerweile ungebräuchlich gewordenen Form bewußt der Eindruck von authentischer Altertümlichkeit erweckt werden sollte. Eine vergleichbare Intention liegt jedenfalls einer um 1200 hergestellten Fälschung eines Siegels des Markgrafen Gero zugrunde, die das (unmögliche) prothetische H dem Namenszug »Geronis« voransetzt, vgl. dazu FRIED, Otto III., S. 48 Anm. 42.

b) Der rhetorische Aufbau

Eine inhaltliche Analyse hat gleichzeitig den rhetorischen Aufbau der Rede[548] zu berücksichtigen. Als Typ der Conquestio bzw. Indignatio zielt die Rede besonders stark auf Mitleid und Entrüstung beim (gedachten) Zuhörer[549]. Um diese gewünschten Affekte wachzurufen, empfahl die im Mittelalter rezipierte antike Schulrhetorik die Verwendung bestimmter *loci misericordiae*[550]. Die einleitende Aufzählung der Rom erwiesenen Wohltaten und die anschließende Klage des Kaisers über die ihm widerfahrene schlechte Behandlung entspricht genau zwei für den Redetyp der Conquestio bzw. Indignatio vorgesehenen *loci* - daß nämlich ein bestimmtes Geschehen erwiesenen Wohltaten unwürdig sei und dann als besonders empörend empfunden werde, wenn es von nahestehenden Personen ausgeht. Zwei weitere *loci* runden den Argumentationsgang ab: Die Klage über die Trennung von einer teuren Person, die in der Rede als Trennung von der geliebten Stadt Roma erscheint, und die Klage über das Unglück jener, die einem teuer sind - womit in der Rede sowohl die ermordeten *familiares* des Kaisers als auch jene *fidissimi* gemeint sind, die sich nunmehr schändlicherweise unter den Aufständischen befinden[551]. Diese Argumentationskette wird besonders wirkungsvoll durch einige charakteristische *sedes argumentorum* eingeleitet. Als *locus a persona* fungiert der Hinweis Ottos III., er habe seine *patria*, seine Sachsen, ja alle *Theotiscos* und damit sein eigenes Blut zugunsten der Römer verlassen; der *locus a modo* als Beschreibung der seelischen Täterdisposition vermischt sich mit dem *locus a causa* als Beschreibung des eigentlichen Tatmotivs in der Aussage des Kaisers, er habe nur aus väterlicher Liebe zu den Römern für die Verbreitung ihres Namens und ihres Ruhmes gesorgt; schließlich erscheint der *locus a comparatione* in der Behauptung Ottos III., er habe den Römern zu einer für ihre Väter noch undenkbaren Ausdehnung ihrer Herrschaft verholfen[552].

---

548 Vgl. dazu bereits bereits ausführlicher GÖRICH-KORTÜM, Otto III., S. 6-11.

549 Vgl. dazu LAUSBERG, Handbuch, S. 239f.

550 Vgl. dazu und zur folgenden Aufzählung MARTIN, Rhetorik, S. 163.

551 Die Aufzählung der Wohltaten mündet in die resümierende Feststellung *vos filios adoptavi, vos cunctis praetuli. Causa vestra, dum vos omnibus proposui, universorum in me invidiam et odium commovi.* Unmittelbar danach folgen die Vorwürfe an die Römer und die Klage über die Trennung von Rom: *Et nunc pro omnibus his patrem vestrum abiecistis, familiares meos crudeli morte interemistis, me exclusistis, cum tamen excludere non potestis; quia quos paterno animo complector, numquam ab affectu meo exulari patior.* Es folgt die Klage darüber, daß sich die Führer des Aufstandes furchtlos öffentlich zeigen können; die Klage über den Verrat einiger Getreuer schließt die Rede ab: *nichilominus etiam fidissimos meos, de quorum innocentia triumpho, sceleratorum admixtione commaculari, nec posse distingui, monstro simile arbitror.* Vita Bernwardi 25, MGH SS 4, S. 770.

552 *Propter vos quidem meam patriam propinquos quoque reliqui. Amore vestro meos Saxones et cunctos Theotiscos, sanguinem meum, proieci; vos in remotas partes nostri imperii adduxi, quo patres vestri, cum Orbem ditione premerent, numquam pedem posuerunt; scilicet ut nomen vestrum et gloriam ad fines usque dilatarem.* Ebenda. Zu den *loci* als *sedes argumentorum* vgl. LAUSBERG, Handbuch, S. 201-206, 208ff., 214 und 218. Zu den verschiedenen Stilmitteln, zu wörtlichen Anklängen an antike und biblische Textstellen vgl. GÖRICH-KORTÜM, Otto III., S. 10f.

Insgesamt ist die Rede rhetorisch wirkungsvoll aufgebaut und an einer exponierten Stelle der Bernwardsvita eingefügt, wo sie den erzählten Ereignissen dramatisch akzentuierte Gegenwärtigkeit verleiht. Die direkte Rede war schon für die antiken Geschichtsschreiber ein gern gebrauchtes, wirkungsvolles Stilmittel gewesen und findet sich - durch die Rezeption der antiken Historiographen vermittelt - auch in mittelalterlichen Werken. So bedient sich etwa Widukind von Corvey des Redeauftritts mehrfach und genau auf Wirkung kalkuliert als eines gliedernden und dramatisierenden Strukturelements[553]. Die Einschätzung der Rede Ottos III. als einer »nach klassischem Vorbild stilisierte(n) Ansprache«, die er selbst an die Römer richtete[554] und die von Thangmar als »Ohrenzeuge« dem Sinne nach »sicher richtig« wiedergegeben wurde[555], erscheint nach Freilegung des rhetorischen Musters recht fragwürdig. Stattdessen wird anzunehmen sein, daß die konsequente Stilisierung einen auf eine möglicherweise tatsächlich gehaltene Rede zurückgehenden Kern nahezu unkenntlich macht; die Rede gibt daher nur zu erkennen, was ihr Hildesheimer Autor - und nicht der Kaiser - für richtig und wichtig gehalten hat[556]. Vereinzelt wird diese Meinung in der Forschung auch favorisiert; aber selbst diejenigen Historiker, die die Möglichkeit einer fernab des Geschehens erfolgten, buchstäblichen Erfindung erwogen haben, halten die Rede dennoch für eine gute Charakteristik der »Stimmung des Jünglings« Otto III.[557], für ein »bedeutsames Zeugnis für den übersteigerten Romgedanken des jugendlichen Kaisers«[558] oder für den Beleg für »eine verbreitete sächsische Einstellung gegenüber der neuen Kaiserpolitik und der Erhebung der Römer zum Reichsvolk«[559], für den »locus classicus für das Reichsvolkproblem in ottonischer Zeit«[560]. Der überlieferte Redetext wirft jedoch mehr Probleme auf, als es seine meistzitierten beiden Sätze zunächst erkennen lassen: *Propter vos quidem meam patriam propinquos quoque reliqui. Amore vestro meos Saxones et cunctos Theotiscos, sanguinem meum, proieci.* Schon die Übersetzung von *patria* ist pro-

---

553 Vgl. dazu BEUMANN, Widukind, S. 69-84.

554 BU 1400c; vgl. auch UHLIRZ, Jahrbücher, S. 363f. Damit revidierte UHLIRZ ihre früher vertretene Ansicht, daß die Rede zur aus der antiken Literatur bekannten Gattung der Ermahnungsreden des Feldherrn gehöre und ihr Autor - also keineswegs Otto III. - die Sätze so gestaltet habe, wie es ihm nötig erschien, vgl. UHLIRZ, Gefolge, S. 24. Den Auftritt Ottos III. als eines regelrechten Volkstribunen schildert LABANDE, Mirabilia Mundi, S. 470: »(le discours d'Otton III) prouve l'extrème sensibilité du prince, et avec quelle science des comportements populaires celui-ci amnoeuvre une foule toujours éprise, après dix siècles et plus, de l'éloquence des rostres. Tour à tour son ton évoque les héros de Salluste, préfigure Bonaparte haranguant l'armée d'Italie, on rappelle par l'affliction des reproches les impropères du vendredi saint.«

555 SCHRAMM, Kaiser 1, S. 178. Diese Ansicht wird von der Forschung auch heute noch häufig vertreten.

556 Diese Unterscheidung ist zentral für die Interpretation rhetorisch stilisierter Reden, vgl. dazu BLIESE, Rhetoric, für das Beispiel der Schlachtenrede als rhetorischem Genre.

557 So HARTMANN, Geschichte 4.1, S. 143.

558 So KALLFELZ in seiner Edition der Vita Bernwardi, S. 319 Anm. 84; ähnlich BRÜHL, Deutschland, S. 625 Anm. 539: »auf jeden Fall gibt sie Ottos Gedanken getreulich wieder«.

559 BEUMANN, Ottonen, S. 153.

560 BEUMANN, Bedeutung, S. 360; vgl. auch DERS., Romkaiser, S. 175; DERS., König, S. 76f.; DERS., Otto III., S. 95.

blematisch: Welche Bedeutung hat dieser Begriff? Ist damit der ganze nordalpine Reichsteil gemeint - oder aber nur Sachsen? Welches Verhältnis Ottos III. zu den Sachsen und den *Theotisci* liegt der Rede zugrunde? Die Gefahr ist groß, bei der Suche nach Antworten mehr auf traditionelle Forschungsergebnisse zur Politik Ottos III. zurückzugreifen und weniger Aufmerksamkeit dem unmittelbaren Textzusammenhang in der Quelle und ihrem sonstigen Sprachgebrauch zu widmen. Nur so aber kann man sich dem Vorstellungshorizont ihres Autors möglichst weitgehend annähern.

c) Die Interpretation der Rede

Fraglich ist zunächst, ob die Nennung der *Saxones* vor den *cunctis Theotiscis* ein Beweis dafür ist, daß den Sachsen als deutschem Teilstamm im Denken des Redenverfassers ein deutliches Übergewicht vor den anderen deutschen Stämmen zukommt[561]. Diese Interpretation ist deshalb problematisch, weil sie a priori von der These vom »sächsischen Reichsvolkbewußtsein« ausgeht und auf den Hildesheimer Autor unbesehen anwendet. Demnach hätte der sächsische Geistliche mit seiner Rede Otto III. die Verstimmung der Sachsen über ihre Zurücksetzung hinter die Römer in den Mund gelegt. Diese Konstruktion bedarf aber genauer Überprüfung ihrer Gültigkeit - zumal sie nur eine der beiden Alternativen ist, die der Text zuläßt. Denkbar ist doch auch, daß die Erstnennung der Sachsen nurmehr der herkunftsbedingten Verbundenheit des Kaisers mit diesem Stamm Rechnung trägt. Möglich sind denn auch zwei verschiedene Interpretationen des Satzes: Entweder hat Otto III. die Sachsen in ihrer politischen Rolle als »Reichsvolk« zurückgesetzt - oder er hat sie als seine unmittelbare Abstammungsgemeinschaft verlassen. Im ersten Fall liegt der Akzent auf der politischen Dimension des Handelns: Otto III. hätte dann den sächsisch dominierten nordalpinen Reichsteil einem usurpatorischen Anspruch der Römer ausgesetzt, nunmehr ihrerseits als »Reichsvolk« zu gelten. Die Rede wäre dann geschrieben aus der Perspektive des in seinem »Reichsvolkbewußtsein« verletzten Sachsen, sie wäre als eine ausdrücklich politische Kritik zu verstehen - eine Ansicht, die nahezu ausnahmslos in der Forschung vertreten wird[562]. Im zweiten Fall liegt der Akzent auf der persönlichen Dimension von Ottos III. Handeln: Im Zentrum stünde dann die persönliche Tragik Ottos III., der seine sächsische *patria* verlassen und im Aufstand den Undank der Römer hätte erkennen müssen. Die Rede wäre dann geschrieben aus der Perspektive eines um Anschaulichkeit des Herrscherschicksals bemühten sächsischen Historiographen, sie würde mehr das Motiv der verlassenen sächsischen Heimat[563] und der feindseligen Fremde, damit aber

---

561 So z. B. EGGERT, Wir-Gefühl, S. 121.

562 Insoweit ist die Auffassung von SEIDEL, Opposition, S. 67 typisch: Aus der Rede gehe hervor, daß Otto III. »den deutschen und sächsischen Interessen« geschadet habe.

563 Einem solchen Verständnis scheint WERNER, Les nations, S. 298, zuzuneigen, indem er den Kern der Rede Ottos III. folgendermaßen resümiert: »C'est la patrie saxonne que l'empereur a quittée pour les Romains ingrats...«

auch gleichzeitig ein enges Zusammengehörigkeitsgefühl zwischen Sachsen und dem Kaiser betonen. Zwischen diesen zwei Polen dürfte sich die Darstellungsabsicht des »Redenschreibers« bewegt haben. Sie scheint bisher zu wenig untersucht worden zu sein. Will man eine präzisere Vorstellung vom Horizont des Hildesheimer Autors gewinnen, so stellt sich zunächst die Frage, ob sich das Bild, das er vom Verhältnis Ottos III. zu den Sachsen zeichnet, vom Selbstverständnis des Kaisers unterscheidet. Es bedarf also einer näheren Untersuchung der in Selbstaussagen des Kaisers ausgedrückten Beziehung zu den Sachsen.

Nur wenige Quellenstellen geben zu diesem Problemkreis überhaupt Auskunft. Heranzuziehen ist etwa der berühmte Brief, den Otto III. um 996/997 an Gerbert von Aurillac geschrieben hat; darin bekennt er sich - in einer für die Sachsen allerdings wenig schmeichelhaften Form - zu seiner sächsischen Abstammung: Als eine seiner Eigenschaften konstatiert er nämlich seine »sächsische Rohheit« - rusticitas Saxonica. Durch Unterricht in den Wissenschaften und Ratschlag in politischen Angelegenheiten möge Gerbert jedoch seinen anderen Wesenszug ausbilden: Die subtilitas Grecisca[564]. Die »griechische Feinheit« als Erbteil seiner Mutter, der byzantinischen Prinzessin Theophanu, und die »sächsische Rohheit« bezeichnen an dieser Stelle - der Herkunft der Eltern entsprechend - zwei Wesenszüge des jungen Kaisers.

Mehr politisches Gewicht kommt der Selbstbezeichnung Ottos III. als Saxonicus zu. Sie findet sich in der Intitulatio einer am 23. Januar 1001 in Rom ausgestellten Urkunde für das Bistum Hildesheim. Dort wird Otto III. nach dem formalen Vorbild gentiler Triumphaltitel der römischen Kaiserzeit als Romanus, Saxonicus et Italicus bezeichnet[565]. Der Bedeutungsgehalt der Titeltrias ist nicht unproblematisch[566]. Auch

---

564 *Huius ergo nostrae voluntatis in non neganda insinuatione volumus vos Saxonicam rusticitatem abhorrere, sed Greciscam nostram subtilitatem ad id studii magis vos provocare, quoniam, si est, qui suscitet illam, apud nos invenietur Grecorum industriae aliqua scintilla.* Gerbert von Aurillac, MGH Epp. DK 2, ep. 186 (= DO.III. 241). Den Einfluß Gerberts als Ratgeber Ottos III. relativiert ZIMMERMANN, Gerbert. Eine stilistische Untersuchung des Briefs bei PIVEC, Sprachentwicklung, S. 42 und AUERBACH, Prosa, S. 59f. Eine Überarbeitung des Briefs durch einen Kapellan oder durch Gerbert selbst ist zwar nicht auszuschließen, gemeinhin wird jedoch davon ausgegangen, daß der Brief von Otto III. selbst geschrieben wurde, vgl. dazu jetzt HOFFMANN, Eigendiktat, S. 397. Der Wortlaut des Briefes könnte zunächst vermuten lassen, daß mit *rusticitas Saxonica*, vor der Gerbert zurückschrecken könnte, nur eine Art allgemeiner Charakteristik jenes östlichen Reichsteils darstellen könnte, in den der Kaiser Gerbert zu kommen bittet. Die antithetische Gegenüberstellung von *rusticitas Saxonica* und *subtilitas Grecisca* macht jedoch deutlich, daß Otto III. damit zwei durch seine Abstammung bedingte Anlagen umschreibt. Dabei sind die Worte des Kaisers aber durchaus nicht als Absage an seine sächsische Heimat aufzufassen, vgl. dazu BRACKMANN, Erneuerungsgedanke, S. 9f. Ebenso SCHRAMM, Basileus, S. 460f. Verfehlt ist dagegen die Interpretation des Briefes als Beleg für Ottos »zwiespältiges« und »undeutsches« Wesen bei SEIDEL, Opposition, S. 67.

565 DO.III. 390. Das »x« und vielleicht auch die vier darauffolgenden Buchstaben von *Saxonicus* stehen auf Rasur. Die deshalb seinerzeit von ERBEN, Anwendung, S. 26 geforderte Untersuchung des Orginals kann nicht mehr erfolgen, weil die Urkunde 1943 bei der Bombardierung Hannovers verbrannt ist, vgl. BU 1400. Die einrahmenden Worte *Romanus* und *et Italicus* erkannten die Herausgeber der Urkunden Ottos III. jedoch als echt und unverändert an. Es ist auch nicht ersichtlich, welches Wort *Sa.....us* zuerst an der Stelle von *Saxonicus* gestanden haben sollte. Die Rasur wird also durch einen Schreibfehler in *Saxonicus* notwendig gemacht worden sein, die Authentizität des Wortes steht außer Zweifel.

ihre Herkunft war zunächst nicht sicher: Bisher wurde angenommen, die Urkunde sei außerhalb der Kanzlei entstanden und möglicherweise von Thangmar verfaßt worden[567]. Diese Annahme gründet auf angeblich »mehrere(n) mit der Vita Bernwardi übereinstimmende(n) Wendungen«[568]. Mit dem Nachweis, daß die Vita Bernwardi in der vorliegenden Form erst im 12. Jahrhundert entstand und wahrscheinlich auch in ihren ältesten Teilen nicht von Thangmar stammt, ist dieses Fundament aber nicht mehr tragfähig. Jüngst konnte schließlich Hartmut Hoffmann aufgrund stilistischer Untersuchungen wahrscheinlich machen, daß der Entwurf der Urkunde für Hildesheim Otto III. zugeschrieben werden, also der Kaiser selbst als ihr Diktator gelten muß[569]. Entgegen der älteren, schon von Paul Kehr vertretenen Ansicht, der kanzleiunübliche

---

566 Schwierigkeiten bereitet schon die Interpretation von *Romanus*. Nach WOLFRAM, Intitulatio 2, S. 160 soll sich der Titel auf die Stadtrömer bezogen haben. Dieses Verständnis auch bei FOLZ, L'interpretation, S. 17. Jedoch wäre zu bedenken, daß Otto III. aufgrund seiner Herrschaft über das Reich »Römer« war. So bezeichnet Gerbert 996/997 Otto III. als *homo genere Grecus, imperio Romanus* (Gerbert von Aurillac, MGH Epp. DK 2, ep. 187). Auch in der vielzitierten Widmung des *Liber de rationali et ratione uti* an Otto III. formuliert Gerbert sein Verständnis, daß Otto III. als Kaiser und damit als Erbe der antiken Kaisertradition über Rom herrsche *(Romani hereditario jure imperas)*, nicht aber selbst »Stadtrömer« sei. Die Interpretation, daß *Romanus* ausschließlich stadtrömischen Bezug habe, ist also keinesfalls zwingend. Es ist im Gegenteil wahrscheinlicher, daß die Titeltrias Ottos III. dem Verständnis Gerberts entspricht.

567 In der Vorbemerkung zu DO.III. 390 vermutet FOLTZ, daß der Hildesheimer Diktator mit Thangmar, der damals noch unumstritten als Autor der Vita Bernwardi galt, identisch gewesen sei. Diese Annahme geht offenbar auf eine Vermutung von FANTA zurück, vgl. dazu KEHR, Urkunden, S. 136 Anm. 1: »Nach Fantas scharfsinniger Vermutung...«. FANTA war Mitarbeiter an der Edition der Urkunden Ottos III., verstarb aber schon 1887, vgl. die Vorrede zu DDO.III., S. II. Eine Suche nach diesbezüglichen Aufzeichnungen FANTAS in der Wiener Diplomataabteilung blieb erfolglos, vgl. GOETTING, Chirograph, S. 50 Anm. 47. Obwohl FANTAS These nie durch eine Untersuchung der Urkunde selbst verifiziert wurde, wurde sie von der Forschung als Tatsache übernommen, vgl. KEHR, Urkunden, S. 136; ERBEN, Anwendung, S. 26; SCHRAMM, Kaiser 1, S. 157 und 283; UHLIRZ, Jahrbücher, S. 362; WOLFRAM, Intitulatio 2, S. 158; GROTEN, Gebetsverbrüderung, S. 3; ALTHOFF, Vormundschaft, S. 282. Bisher ließ nur GOETTING, Chirograph, S. 50f., die Frage, ob Thangmar Diktator und Schreiber der Urkunde war, »vorläufig dahingestellt«.

568 So FOLTZ in der Vorbemerkung zu DO.III. 390; ähnlich auch BU 1400. Ein Textvergleich zwischen Urkunde und Vita ergibt aber, daß sie sich im Wortlaut nirgends ähneln. Die Narratio der Urkunde enthält lediglich einige Informationen, die auch die Vita Bernwardi enthält: Daß Bernward auf Intervention Ottos III. und Herzog Heinrichs von Bayern vor Papst Silvester II. in Angelegenheiten der Hildesheimer Kirche vorstellig wurde, deckt der Bericht des Dresdner Codex über die römische Synode im Januar 1001. Der Hinweis auf die Funktion Bernwards als Lehrer und Erzieher Ottos III. findet seine Parallele im ersten Kapitel der Bernwardsvita. Gerade dieser biographische Teil der Vita ist jedoch nur im Bericht des Hannoveraner Codex enthalten und ist mit größter Wahrscheinlichkeit erst im 12. Jahrhundert entstanden und keinesfalls von Thangmar verfaßt, vgl. GÖRICH-KORTÜM, Otto III., S. 25f. Inhaltliche Parallelen zwischen DO.III. 390 und der erst im Zusammenhang mit der Kanonisation Bernwards im 12. Jahrhundert entstandenen, fälschlich Thangmar zugeschriebenen Vita Bernwardi können deshalb nicht als Beleg dafür herangezogen werden, daß Thangmar der Verfasser der Urkunde war.

569 Vgl. dazu HOFFMANN, Eigendiktat, S. 392-397.

Titel dürfe »nicht ohne weiteres als Zeugnis für die Anschauungen Ottos III.« gelten[570], muß man nunmehr in der Titeltrias einen ganz bewußten Ausdruck des kaiserlichen Selbstverständnisses erblicken. Umso interessanter ist deshalb die Frage, welche Vorstellung von der Rolle Sachsens im Beinamen Saxonicus ausgedrückt wird. Bisher wurde die Meinung vertreten, *Saxonicus* beziehe sich auf die Stellung Ottos III. als Herrscher über den gesamten nicht-italienischen Herrschaftsbereich[571]. Dieses Verständnis kann sich darauf berufen, daß in einigen frühen Urkunden Ottos I. und auch in der Sachsengeschichte Widukinds der Doppelbegriff *Francia et Saxonia* mit territorial nicht eindeutig auflösbarem Bedeutungsgehalt gebraucht wird. Doch schon aus der späteren Regierungszeit Ottos I. gibt es dafür keine Belege mehr[572], geschweige denn in den Urkunden Ottos II. und Ottos III. Die politische Realität der Herrschaft über mehrere Stämme, die sich unter Otto I. endgültig etabliert hatte, verbot eine solche Ineinssetzung von Sachsen und dem ganzen Reichsgebiet. Zwar hat auch die Kanzlei Ottos III. noch keinen Namen für den nordalpinen Reichsteil entwickelt; ebensowenig ist aber eine Ausweitung der territorialen Bedeutung von *Saxonia/Saxonicus/Saxones* erkennbar. Ganz im Gegenteil ist der Begriff an den wenigen Stellen, an denen er in den Urkunden Ottos III. überhaupt verwendet wird, immer eindeutig auf das sächsische Herzogtum bzw. auf den Stamm der Sachsen bezogen[573]. Wenn also die Titeltrias von Otto III. selbst stammt, ohne sich freilich später als Kanzleinorm durchgesetzt zu haben, so kann man mit an Sicherheit grenzender Wahrscheinlichkeit ausschließen, daß *Saxonicus* seine Herrschaft über das ganze offiziell noch namenlose *regnum* nördlich der Alpen bezeichnet haben soll. Eine solche Begriffsbedeutung wäre innerhalb der sonstigen Kanzleigewohnheiten völlig singulär und ist auch bei Otto III. sonst nicht belegt. Kein Anzeichen spricht dafür, daß im Umfeld des Kaisers eine solche »sächsische Reichsauffassung« existierte. Stattdessen bezieht sich *Saxonicus* nur auf das Herkunftsgebiet der ottonischen Herrscherdynastie. Für eine eingeschränkte Bedeutung des Begriffs spricht schließlich, daß der Adressat Bernward von Hildesheim ebenfalls Sachse war: In diesen Kontext gestellt drückt *Saxonicus* die Verbundenheit des Kaisers mit seinem Herkunftsland aus, das er mit dem seines früheren und in der Narratio besonders gelobten Lehrers Bernward teilt. Ausgerechnet der wegen seiner Romliebe in

---

570 KEHR, Urkunden, S. 136 Anm. 2.

571 Vgl. WENSKUS, Studien, S. 115 Anm. 151; WOLFRAM, Intitulatio 2, S. 160.

572 Vgl. zu dieser Problematik MÜLLER-MERTENS, Reichsstruktur, S. 133-163 und 248; PÄTZOLD, Vorstufe, S. 28; DIES., Auffassung, S. 202-230.

573 Die noch während der Vormundschaftsregierung ausgefertigte Urkunde DO.III. 36 für Adelheid, die Großmutter Ottos III., bestätigt ihr nach der Vorurkunde DO.II. 109 die als Witwengut zugewiesenen Besitzungen *in Elesazia videlicet, Francia, Turingia, Saxonia, Slavonia.* Die Errichtung eines täglichen Marktes gewährt Otto III. dem Bischof von Freising und dem Erzbischof von Salzburg *consensu et consilio episcoporum atque laicorum astantium, ipsius quoque summi apostolici Gregorii, Romanorum, Francorum, Baioariorum, Saxonum, Alsatiensium, Suevorum, Lotharingorum* (DDO.III. 197, 208); ausdrücklich wird nach verschiedenen Stämmen bzw. Völkerschaften differenziert, die Sachsen spielen dabei keine besondere Rolle. An anderer Stelle wird mit ebenso klarem Bezug das sächsische Stammesrecht als *lex Saxonica* erwähnt (DO.III. 235), und mit Blick auf seine eigene Herkunft spricht Otto III. von seiner *rusticitas Saxonica*, vgl. dazu oben, S. 106 Anm. 564.

der sächsischen Historiographie angeblich - und von den modernen Historikern tatsächlich - vielgeschmähte Otto III. ist ausweislich dieser Textstelle noch Träger eines gentilen sächsischen Selbstbewußtseins[574].

Kommen wir nun wieder auf die *Saxones* in der Rede Ottos III. zurück. Es zeigt sich, daß die *Saxones* in der Absicht des Redenverfassers die sächsische Abstammungsgemeinschaft des Kaisers bezeichnet haben dürfte. Daß ein solches »Bekenntnis« zu Sachsen für Otto III. möglich und durchaus nicht außergewöhnlich gewesen wäre, zeigt die Selbstbezeichnung Ottos III. als *Saxonicus* ebenso wie sein Hinweis auf seine *rusticitas Saxonica* im Brief an Gerbert.

Die Beziehung zu den Sachsen stellt der Hildesheimer mit seiner Formulierung *meos Saxones* als besonders eng dar. Die Selbstaussagen des Kaisers lassen erkennen, daß eine solche Bindung für ihn tatsächlich existierte. Zu untersuchen bleibt noch, in welchem Sinn die Rede von einer Zurücksetzung der »Deutschen« gegenüber den Römern spricht. Der Text baut einen Gegensatz auf zwischen dem Kaiser, den Sachsen und »Deutschen« auf der einen und den Römern auf der anderen Seite: Nicht nur den Sachsen, sondern *cunctis Theotiscis* habe der Kaiser die Römer vorgezogen und deshalb den Haß aller - *universorum invidiam et odium* - auf sich gezogen. Die gängige Interpretation der Rede, die mit undiskutierter Selbstverständlichkeit den Gegensatz zwischen *Theotisci* und *Romani* als Gegensatz zwischen zwei konkurrierenden Reichsvölkern versteht, läßt unberücksichtigt, daß der Begriff *Theotisci* zur Abgrenzung des »germanischsprachigen« nördlichen vom romanischen südlichen Reichsteil in Italien durchaus nicht ungewöhnlich war. In der um eindringliche Glaubwürdigkeit bemühten Schilderung der bedrängten Lage des Kaisers in Rom kann *Theotiscus* deshalb nicht als spektakulärer Beweis eines »deutschen« Zusammengehörigkeitsbewußtseins gelten: Die Rede Ottos III. beweist lediglich, daß der Hildesheimer Historiograph den im südlichen Reichsteil üblichen Begriff kannte und ihn bei seiner Anprangerung der undankbaren Römer dem Kaiser in den Mund legte. Zwei Feststellungen sollten davor warnen, diesen *Theotisci*-Beleg als qualitativ neues Bekenntnis zu einem einheitlichen »deutschen« Volk oder zu dessen Nation zur Zeit Ottos III. zu verstehen[575]; erstens ist der Otto III. beigelegte Bezug auf seine eigene Zugehörigkeit zur Gemeinschaft der *Theotisci* nicht ungewöhnlich, zumal damit nur eine den gedachten römischen Zuhörern geläufige Tatsache mit einem Terminus umschrieben wird, den sowohl die kaiserliche Kanzlei[576] als auch der Hildesheimer Historiograph selbst schon rezipiert hatten. Zweitens ist die Entstehungszeit der Rede unbekannt, so daß - selbst wenn man an einem »volklichen Bezug« von *Theotisci* festhalten will - noch immer unsicher bleibt, welcher Phase des 11. Jahrhunderts diese erweiterte Begriffsbedeutung zugewiesen werden muß.

---

574 Vgl. dazu auch neuerdings die Bemerkungen von EHLERS, Schriftkultur, S. 316f.
575 So allerdings zumeist gedeutet, vgl. BUCHNER, Vorstellungswelt, S. 55f.; WERNER, Les nations, S. 298; BRÜHL, Anfänge, S. 170; THOMAS, Regnum Teutonicorum, S. 45; BEUMANN, Bedeutung, S. 361. Auch BRÜHL, Deutschland, meint S. 204, in der Rede dominiere »eindeutig« der »volkliche Bezug« des Wortes.
576 Vgl. dazu THOMAS, Rezeption, S. 29-36.

Die Kritik des Hildesheimers gilt den Römern nicht deshalb, weil sie den Sachsen die Bedeutung als »Reichsvolk« streitig gemacht hätten oder weil sie vom Kaiser gar zum »Reichsvolk« erhoben worden wären, sondern weil sie sich in einem Akt des unberechtigten Widerstands gegen Otto III. ungehorsam und undankbar verhalten haben. Die Auseinandersetzung mit den »Fremden«, den Römern, zwingt Otto III. in der Vorstellung des Hildesheimer Autors zur konkreten Benennung der »Eigenen«, der *Theotisci*. Insoweit illustriert die Rede Ottos III. das Kontrastbewußtsein, das bei der Beschreibung ähnlicher Konfliktsituationen zwischen Angehörigen des nördlichen und südlichen Reichsteils fast regelmäßig nachweisbar[577] ist und auch der Vorstellungswelt des Hildesheimers angehört. Daß sich Otto III. durch seine »Bevorzugung« der Römer den Haß aller Deutschen zugezogen habe, ist keinesfalls als Schilderung der politischen Wirklichkeit zu verstehen[578]. Auch hier dominiert die Rhetorik: Der Aussage kommt nur in ihrem Verwendungszusammenhang Bedeutung zu. Und in diesem Rahmen hat sie die Funktion, durch das Motiv der verlassenen Heimat den Hauptvorwurf an die Römer, ihren Undank nämlich, umso berechtigter und wirkungsvoller erscheinen zu lassen. Demselben Zweck dient auch die durchgängig verwendete *pater-filius*-Metapher[579]: Auch sie prangert die Römer als ungehorsame und undankbare Söhne eines treusorgenden Vaters an.

4. Zusammenfassung

Fassen wir zusammen: In der Bernwardsvita des Hannoveraner Codex werden die nur absolut und ohne nähere ethnische Bezeichnung gebrauchten Begriffe *rex* und *imperator* zuweilen synonym gebraucht, im älteren Dresdner Codex dagegen gilt der Herrscher vor der Kaiserkrönung strikt als *rex*, danach ebenso ausschließlich als *imperator*. Demnach maß der Autor der römischen Krönung konstitutive Bedeutung für das Kaisertum zu: Erst dieser Akt machte den Herrscher zum *imperator* und stellte ihn damit auf eine qualitativ höhere Stufe. Für das Verhältnis des Schreibers zum Herrscher sind die Wir-Bezüge zu berücksichtigen. Die Bezeichnung von Kaiser und Papst als »unsere

---

577 Für diese ja bekannte Tatsache seien einige anschauliche Beispiele aufgeführt, etwa der Bericht der Quedlinburger Annalen über die Kämpfe zwischen den *hostes Romani* und den *nostri* beim Leichenzug Ottos III., siehe dazu oben, S. 58, und die Erwähnung der *legio Theutonum* aus demselben Anlaß in der Vita Bernwardi 37, S. 775. Zur Kennzeichnung der Angehörigen beider Reichsteile verwendet auch die Kanzlei Ottos III. die Bezeichnungen *Teutonicus* und *Italicus*, vgl. dazu DDO. III. 324 und 329 (*Teutonicus sive Latinus*). Vgl. auch den Bericht über die Kämpfe zwischen *acies Theutonicorum* und *hostis Langobardus* bei Thietmar von Merseburg, Chronicon V 26, MGH SS rer. Germ. NS 9, S. 251 (nur Corveyer Fassung), und die Schilderung des Streits *inter Romanos et Teutonicos* während der Kaiserkrönung Konrads II. bei Wipo, Gesta Chuonradi II imperatoris 16, MGH SS rer Germ. 61, S. 36f.

578 So schon SCHRAMM, Kaiser 2, S. 6f. Zum politischen Widerstand gegen Otto III. siehe unten, S. 123-186.

579 *Auscultate verba patris vestri...; vos filios adoptavi...; Et nunc pro omnibus his patrem vestrum abiecistis...; quia quos paterno animo complector...* Vita Bernwardi 25, MGH SS 4, S. 770.

Herren« wird als Identifizierung mit den beiden Häuptern des *imperium christianum* zu betrachten sein, entspringt also christlich-universalen Vorstellungen. Die Bezeichnung *domini nostri* drückt demnach das Zugehörigkeitsgefühl des Autors zur gesamten christlichen Gemeinschaft, zur *christianitas* aus[580]. Anders dagegen verhält es sich mit der nur im Dresdner, nicht aber im Hannoveraner Codex überlieferten Bezeichnung Ottos III. als *imperator noster* und der Herrscher aus der ottonischen Dynastie als *domini nostri*. Bei diesen beiden Unser-Bezügen fungiert ganz offensichtlich der aus Sachsen stammende Herrscher als Kristallisationspunkt für das Wir-Gefühl des sächsischen Autors[581]. Otto III. konnte also in Hildesheim trotz seiner Abwesenheit aus Sachsen noch immer als »unser Kaiser« bezeichnet werden. Das deutet weder auf Entfremdung noch auf Opposition hin, sondern bezeugt im Gegenteil ein recht ausgeprägtes Gefühl von Zugehörigkeit. Die vertraute Beziehung zwischen Bischof Bernward und Otto III.[582] spielte dabei sicher eine besondere Rolle. Auch dürfte die kaiserliche Unterstützung Hildesheims im Gandersheimer Streit sowie die Schenkungen Ottos III. an die Hildesheimer Kirche dem Kaiser dort ein besonderes Wohlwollen gesichert haben[583]. Als Namen für das ottonische Reich gebraucht der Dresdner Codex an einer Stelle ausdrücklich die Bezeichnung *imperium Romanum,* ansonsten nur *imperium*; der jüngere Hannoveraner Codex setzt mehrfach *regnum*, womit das ganze Reich oder nur ein Teil desselben bezeichnet werden konnte. Das ottonische Reich stellt sich als eine supragentile Einheit dar, eine Differenzierung nach den einzelnen *gentes* fehlt. Eine Ablehnung oder gar Verurteilung des Rombezugs ist weder in den Begriffen für die Kaiserwürde noch in der politisch-geographischen Terminologie der Vita erkennbar. Deutlich dagegen wird ein Zugehörigkeitsgefühl ihres Autors zum sächsischen Stamm, der zweimal als *gens nostra* bezeichnet wird. Dem entspricht, daß Sachsen auch die eigentliche *patria* ist; erst im jüngeren Hannoveraner Codex erstreckt sich die Wortbedeutung von *patria* auch auf das ganze nordalpine Reich. Wie die Formulierung *theotiscos episcopos* zeigt, war dem Autor des älteren Dresdner Codex die Einheit des nordalpinen Reichsteils in der Konfrontation mit dem südalpinen nur als Sprachgemeinschaft beschreibbar, nicht aber als politisch definierter Zusammenhang. Dieses noch recht undeutliche Zusammengehörigkeitsgefühl beinhaltete weder eine besondere Vorrangstellung der Deutschen oder speziell der Sachsen vor anderen Stämmen oder Völkern noch eine be-

---

580 Anders EGGERT, Wir-Gefühl, S. 122, der das Wir-Gefühl dieser Aussage »als auf die deutschen Reichsangehörigen bezüglich« interpretiert. Es erscheint aber wenig plausibel, eine so exklusive Beziehung zwischen nördlichem Reichsteil und Kaiser und Papst als den beiden Häuptern der ganzen Christenheit herzustellen.

581 EGGERT übersieht bei seiner Untersuchung der Vita Bernwardi (Wir-Gefühl, S. 119-122) den Beleg für Otto III., weil er nicht zwischen dem Dresdner und dem Hannoveraner Codex unterscheidet; die nur im Variantenapparat der MGH-Edition verzeichnete Stelle fiel deshalb unter den Tisch.

582 Vgl. dazu GOETTING, Bischöfe, S. 174-177; ferner Vita Bernwardi 2 und 19, MGH SS 4, S. 759 und 767 sowie die auszeichnende Erwähnung Bernwards in DO.III. 390.

583 Zur Parteinahme Ottos III. im Gandersheimer Streit vgl. GÖTTING, Bischöfe, S. 188 sowie Vita Bernwardi 21, 22, 34 und 36, MGH SS 4, S. 768f., 773 und 774f. Ferner DO.III. 390 zur Schenkung der Burg Dahlem und Vita Bernwardi 8 und 36, S. 762 und 775 zur Schenkung der Kreuzesreliquie bzw. anderer Kostbarkeiten an Bernward.

sondere Rivalität mit den Römern um die Rolle des »Reichsvolks«. Nichts spricht dafür, daß sich dem Hildesheimer Zeitgenossen Ottos III. die politische Ordnung des Reiches als ein konkurrierender Dualismus zwischen den beiden Reichshälften dargestellt hätte. Stattdessen steht die Einheit des Reichs mit der Integrationsfigur des Kaisers im Mittelpunkt seines politischen Denkens. Weder im Dresdner noch im Hannoveraner Codex findet sich eine allgemeine Distanz zu der imperial-supragentilen Qualität der ottonischen Herrschaft noch speziell zu der Politik Ottos III. Das supragentile Reich erscheint als akzeptierte politische Wirklichkeit.

Für die in der Vita Bernwardi überlieferte Rede Ottos III. an die Römer ergibt sich folgendes Bild. Der rhetorischer Schulübung verpflichtete Aufbau läßt sie als Werk eines literarisch ambitionierten Hildesheimer Historiographen erkennen, der die Rede an einer dramaturgisch exponierten Stelle der Bernwardsvita einfügte. Inhaltlich verfolgt die Rede das Ziel, die Undankbarkeit der Römer wirkungsvoll anzugreifen und zu verurteilen. Diesem Zweck dient das Motiv der verlassenen *patria*, die pointierte Gegenüberstellung von Sachsen bzw. »Deutschen« und Römern, die konsequent eingesetzte Metapher vom Kaiser als gutem Vater und den Römern als ungehorsamen Söhnen sowie, damit eng verbunden, der Kontrast zwischen dem *amor* Ottos III. gegenüber Rom und der üblen Vergeltung durch die Römer. Der Kern der Rede ist der Vorwurf der Undankbarkeit - was in der Forschung bisher nur am Rande vermerkt worden ist[584]; in diesem Punkt unterscheidet sich das Urteil über die aufständischen Römer nicht von den Bewertungen in den anderen untersuchten sächsischen Quellen. Die Kritik an den Römern ist auch in der Vita Bernwardi nur situationsgebunden, sie bezieht sich auf den Aufstand von 1001. Die Rompolitik Ottos III. wird dabei nirgends als fundamentaler Irrtum oder als grundsätzlicher politischer Fehler hingestellt; stattdessen ist auch in der Vita Bernwardi der Herrschaftsanspruch des Kaisers über Rom unbestritten, Kritik gilt den Römern, die sich einem berechtigten und legitimen Anspruch widersetzen; eine Konkurrenz zwischen Sachsen und Römern um die Rolle des »Reichsvolks« oder ein »sächsisches Reichsvolkbewußtsein« dagegen wird nicht zum Ausdruck gebracht. Die Rede Ottos III. kann deshalb auch nicht als Beweis für »eine verbreitete sächsische Einstellung gegenüber ... der Erhebung der Römer zum Reichsvolk«[585] herangezogen werden. Stattdessen verpflichtet der Hildesheimer Autor Otto III. ganz im Gegenteil auf die konsequente Weiterführung seiner Rompolitik, indem er ihn sagen läßt, niemals werde er jene aus seiner Zuneigung entlassen, die er mit väterlicher Liebe umfangen habe[586]. In dieser Formulierung spiegelt sich auch der anderweitig belegte Vorsatz des Kaisers

---

584 So stellte TER BRAAK, Otto III., S. 590 Anm. 264 fest, daß das »Nationalgefühl« Ottos III. nur als »Kontrastwirkung« der »Undankbarkeit der Römer« gegenübergestellt werde. Vgl. auch WERNER, Les nations, S. 298: »les Romains ingrats«.

585 BEUMANN, Ottonen, S. 153; DERS., Bedeutung, S. 340, konstatiert »unverhüllte sächsische Kritik an der Rompolitik Ottos III.«; GIESE, Stamm, spricht S. 128 von einem Ärgernis, das die Rompolitik Ottos III. »den Sachsen« gewesen sei; vgl. auch EGGERT, Wir-Gefühl, S. 121, wonach Thangmar als Autor der Vita von der Warte eines mit Widukind vergleichbaren sächsischen Stammesstolzes aus »Kritik an der übersteigerten Rompolitik Ottos III.« geübt habe.

586 *quia quos paterno animo complector, numquam ab affectu meo exulari patior.* Vita Bernwardi 25, MGH SS 4, S. 770.

wider, Rom zurückzuerobern[587]. Festzuhalten bleibt ferner, daß die Rede zwar einen besonderen Stolz ihres sächsischen Autors auf die mit dem Kaiser gemeinsame sächsische Herkunft erkennen läßt, daraus aber keinerlei politische Sonderrolle der Sachsen im nordalpinen Reich ableitet. Der Bezug Ottos III. auf seine sächsische Herkunft, den der Hildesheimer Autor dem Kaiser in den Mund legt, deckt sich mit diesbezüglichen Selbstzeugnissen Ottos III. und gibt insoweit einen Aspekt des kaiserlichen Selbstverständnisses bestimmt richtig wieder. Die Gegenüberstellung von *Romani* und *cuncti Theotisci* sollte bei der Suche nach Belegen für ein »deutsches Zusammengehörigkeitsbewußtsein« nicht überbewertet werden: Wie wir gesehen haben, illustriert die Rede eine Situation, in der sich Angehörige des nördlichen und des südlichen Reichsteils bewaffnet gegenüberstehen. In einem solchen Zusammenhang ist die Bezeichnung *Theotisci* aber nicht ungewöhnlich, sondern war als Rezeption des im südlichen Reichsteil üblichen Volksnamens schon in das Standardvokabular vergleichbarer Konfliktschilderungen eingesickert[588]; erkennbar wird darin ein sprachliches, aber noch kein politisches Zusammengehörigkeitsbewußtsein.

VI. Resümee

Vor dem Hintergrund der gewonnenen Einzelergebnisse sind nunmehr einige zusammenfassende Überlegungen zu der eingangs gestellten Frage möglich, ob und inwieweit in der ereignisnahen sächsischen Historiographie eine spezifisch sächsische oder deutsche Opposition gegen die Rompolitik Ottos III. greifbar wird. Bisher wird als ein im deutschen Reichsteil tief verankertes pränationales Zusammengehörigkeitsbewußtsein, namentlich das »sächsische Reichsvolkbewußtsein« als politisch relevantes Gegengewicht zur Politik Ottos III. verstanden. An dieser Annahme sind manche Korrekturen nötig, wenn sie sich nicht sogar insgesamt als irrig erweist. So läßt sich bei keinem der untersuchten Historiographen ein auf den ganzen nördlichen Reichsteil bezogenes politisches Zusammengehörigkeitsbewußtsein als Voraussetzung für die Empfindung eines Bedeutungsverlusts gegenüber dem südlichen Reichsteil und Rom als zentrale Vorstellung nachweisen: In den Quellen bleibt das »deutsche« Reich namenlos, und das Bewußtsein einer »volkhaften« und politischen Einheit besitzt nirgends die Durchschlagskraft einer zur Opposition gegen eine etwaige Südorientierung mobilisierenden politischen Idee.

---

587 Vgl. dazu Gesta episcoporum Cameracensium, MGH SS 7, S. 451: *...et ad ulciscendam irrogatam iniuriam cogit (imperator) auxilium.* Wichtig sind auch die diesbezüglichen Belege in der Fünfbrüdervita Bruns von Querfurt, vgl. dazu oben, S. 40. In demselben Zusammenhang steht die Notiz in der Vita Bernwardi 30, MGH SS 4, S. 772, über die Verstärkung für Otto III.: *...iubent (apostolicus et imperator) universos Theotiscos episcopos circa natale Domini (1001) ad illorum praesentiam festinare, non solum ad synodum, sed cum omni suo vassatico ita instructos, ut ad bellum, quocumque imperator praecipiat, possent procedere.* Zum Problem der Heeresfolge 1001 siehe ausführlich unten, S. 134-139.
588 Vgl. dazu THOMAS, Rezeption, S. 36f.; DERS., Julius Caesar, S. 262f.

1. *theotiscus/teutonicus*

Dafür liefert schon die Verwendung der Begriffe um *theotiscus/teutonicus* einen ersten wichtigen Beleg. In den Hildesheimer und Quedlinburger Annalen werden diese Worte im untersuchten Zeitraum überhaupt nicht verwendet; in Thietmars Chronik und im Dresdner Codex der Vita Bernwardi erscheinen sie nur vereinzelt. Thietmar unterscheidet in adjektivischem Wortgebrauch zwischen dem *sermo teutonicus* und der slawischen Sprache, und in der Bernwardsvita wird ebenfalls adjektivisch von den *theotisci episcopi* im Unterschied zu jenen des südlichen Reichsteils gesprochen. Das Substantiv *Teutones* erscheint - von den in ihrer Authentizität fragwürdigen und daher nicht als Beleg verwertbaren Stellen bei Thietmar und in der Bernwardsvita abgesehen - nur in der Adalbertsvita Bruns von Querfurt. In der Wendung *Teutonum tellus* gebraucht Brun als einziger der vorgestellten Zeitgenossen mit *Teutones* den Eigennamen für die Gesamtheit der germanischsprachigen Völkerschaften des ottonischen Reichs und setzt ihn damit neben die Namen anderer Völker. Die Tatsache, daß sich Brun lange Jahre hindurch in Italien aufhielt, sollte jedoch davor warnen, in seinem Wortgebrauch bereits ein spezifisch »deutsches Volksgefühl«[589] ausgedrückt sehen zu wollen: Stattdessen übernimmt Bruns Wendung die im südlichen Reichsteil geläufige und in der ottonischen Kanzlei seit Otto I. rezipierte Bezeichnung[590] für die nichtromanische Sprachgruppe nördlich der Alpen. Ein politisch relevantes »gesamtdeutsches Bewußtsein«[591], das dem italienischen Reichsteil ein als politische Einheit verstandenes »deutsches« Reich entgegensetzt, wird man darin kaum erblicken dürfen. Wie schon für Liutprand von Cremona sind die *Teutones* auch für Brun lediglich ein Sprach-, nicht aber ein Reichsvolk[592]. Es bleibt hinzuzufügen, daß Brun weder in seiner Fünfbrüdervita noch in seinem Brief an Heinrich II. den Namen *Teutones* auch nur ein einziges Mal verwendet. Insgesamt betrachtet spielt dieses Wort in seinen Werken eine ebenso marginale Rolle wie in den anderen untersuchten Texten. Dieser Befund untermauert die jüngst von Heinz Thomas vertretene These, wonach die spärlichen Belege für *theodiscus/teutonicus* bzw. für den Volksnamen *Theodisci/Teutonici* dagegen sprechen, daß es bereits damals nördlich der Alpen ein volkssprachliches Äquivalent für diese aus dem italienischen Mittellatein entlehnten Begriffe gegeben habe. Der nur vereinzelt nachzuweisende Gebrauch der Wörter war »nicht etwa - wie das oft stillschweigend vorausgesetzt wird - das leichte Kräuseln auf einem breit dahinfließenden, für uns aber unsichtbaren Traditionsstrom«, sondern »im wesentlichen das gesamte Rinnsal«[593], das den aus Italien stammenden und stets die Sprachgemeinschaft, nicht aber den politischen Verband bezeichnenden Begriff seit dem Ausgreifen der Ottonen nach Süden in den nordalpinen Reichsteil transportierte[594]. Die neuere Forschung zur Entstehung der

---

589 MÜLLER-MERTENS, Regnum teutonicum, S. 126.
590 Vgl. dazu THOMAS, Rezeption, S. 30-34.
591 WENSKUS, Studien, S. 115.
592 Zur Begriffsverwendung bei Liutprand vgl. THOMAS, Rezeption, S. 29f.
593 THOMAS, Rezeption, S. 36.
594 THOMAS, Rezeption, S. 38ff; DERS., Julius Caesar, S. 274.

Nationen im Mittelalter hat die Sprache in der Hierarchie der nationsbildenden Elemente auf einen nachgeordneten Platz verwiesen und demgegenüber vor allem die Bedeutung historischer Traditionsbildung für das Bewußtsein politischer Zusammengehörigkeit und Einheit betont[595]. Dem aus dem Sprachgebrauch im südlichen Reichsteil übernommenen Begriff *teutonicus* fehlte nördlich der Alpen die politische und historische Dimension[596]; dementsprechend konnte der neue Name auch nicht die politisch-historische Dimension der bisherigen identitätsstiftenden traditionellen Namen von Franken oder Sachsen ausfüllen; ebenso wenig konnte der aus der Perspektive des romanischen Südteils nur die Gemeinsamkeit der germanischen Sprachen erfassende Begriff die Namen der einzelnen Stämme verdrängen. Aus diesem Grund setzt sich bei Thietmar und beim Quedlinburger Annalisten - wie übrigens auch in der Kanzlei Ottos III. - der nördliche Reichsteil noch aus den Stämmen zusammen und nicht aus einem als politische Einheit gedachten deutschen oder gar sächsischen Reichsvolk[597]. Es kann daher auch nicht überraschen, daß nicht einmal die Historiographen, die den Begriff *teutonicus* kennen, ihn zur ethnischen Spezifizierung des Titels *rex* oder des nördlichen Reichsteils gebrauchen: Die *gens teutonica* bleibt als »Sprachvolk« ein apolitisches Phänomen[598], und an dem Begriff selbst konnte zur Zeit Ottos III. noch kein ethnisches Selbstbewußtsein auskristallisieren, das dem supragentilen Herrschaftsbereich der Ottonen im nördlichen Reichsteil seinen Namen hätte geben können.

2. Die politisch-geographische Terminologie

Ebensowenig ist der von Brun und Thietmar gebrauchte, der Tradition antiker Länderbezeichnungen entsprechende Name *Germania* dazu geeignet, ein spezifisch deutsches Reichs- oder Volksbewußtsein zu belegen. Auch der *regnum*-Begriff ist für den Nachweis eines pränationalen Zusammengehörigkeitsbewußtseins untauglich, weil er in einem breiten Spektrum zwischen konkreter und abstrakter Bedeutung oszilliert: *regnum* ist weder auf einen bestimmten Herrschaftsbereich noch auf einen bestimmten

---

595 Siehe dazu schon oben, S. 14 mit Anm. 17.

596 THOMAS, Julius Caesar, S. 263ff.

597 Zu Thietmar und den Quedlinburger Annalen siehe oben, S. 69f. und 54. Zum Gebrauch in der Kanzlei vgl. die Aufzählung der Stämme in den kurz nach der Kaiserkrönung 996 in Rom ausgestellten DDO.III. 197 und 208: *consensu et consilio episcoporum atque laicorum astantium ... Romanorum, Francorum, Baioariorum, Saxonum, Alsatiensium, Suevorum, Lotharingorum.* Auch Leo von Vercelli zählt in seinem kurz nach Ottos III. Tod entstandenen Versus de Ottone et Heinrico die Provinzen *Baioaria, Francia, Alemannia, Lotharingia, Turingia, Saxonia, Sclavus, Italia (Germania, Belgica)* auf, vgl. MGH Poetae 5, S. 482f. Dieser Gebrauch erscheint als Ausdruck einer schon früher völlig geläufigen Tradition, vgl. z. B. DO.I. 340: *residentibus cum eis Romanorum, Francorum, Langobardorum atque Saxorum, Allamanorum genus*, ferner die Nachricht über den Reichstag von Verona 983 unter Otto II.: *Imperator itaque ad placitum Veronae conventus Saxonum, Francorum, Lotharingorum, Bawariorum, Italicorum, aliorumque natione lingua et habitu dissimilium, occursum gloriosissimum habuit.* Annales Magdeburgenses, MGH SS 16, S. 157. Ähnliche Wendungen gebrauchte auch Wipo, vgl. dazu THOMAS, Julius Caesar, S. 263.

598 Vgl. THOMAS, Julius Caesar, S. 265.

Herrschertitel festgelegt und kann daher in seinem Bezug auch nicht auf die deutsche Königsherrschaft eingeengt werden. Thietmar meint an einer Stelle mit *regnum* deutlich das ganze ottonische *imperium* - eine Bedeutung, die der Begriff vereinzelt auch in Urkunden Ottos III. hat[599] -, mit dem er sich durch das hinzugesetzte *nostrum* ausdrücklich identifiziert: »Unser Reich« kann bei dem Merseburger Chronisten also auch das *regnum italicum* miteinschließen. Integrierend wirkt dabei offenkundig nicht ein volkhaftes oder politisches Sonderbewußtsein nördlich der Alpen, sondern die Person des Herrschers, genauer gesagt: Das im Historiographen lebendige Bewußtsein einer mit dem Herrscher gemeinsamen, nicht etwa im Unterschied zur italienischen »deutschen«, sondern im Unterschied zu jeder anderen sächsischen Abstammungsgemeinschaft[600]. Im selben Sinn gebraucht der zeitgenössische Teil der Vita Bernwardi die Wendung *imperator noster* für Otto III.: Darin drückt sich nicht das politische Zusammengehörigkeitsbewußtsein der deutschen Stämme aus, die für ihre politische Gemeinsamkeit noch keinen Namen gefunden hatten, sondern die herkunftsbedingte Zugehörigkeit des Kaisers zu den Sachsen, zu denen sich auch der Hildesheimer Historiograph rechnet. Durch die Selbstbezeichnung *Saxonicus* gab auch der Kaiser selbst seine Verbundenheit mit der sächsischen Abstammungsgemeinschaft zu verstehen[601].

Während also von einer Identifikation der sächsischen Historiographen mit dem deutschen Reichsteil nicht die Rede sein kann, tritt jedoch ein sächsisches Sonderbewußtsein umso deutlicher hervor. Bei Thietmar steht die sächsische *liberalitas* dem *honor regni* gegenüber, es besteht also ein Interessengegensatz zwischen Königsherrschaft und sächsischer Eigenständigkeit. Ein supragentiles »Reichsbewußtsein« hat sein gentiles Denken noch nicht verdrängt; Sachsen ist für Thietmar zwar in den größeren Rahmen einer durch die Königsherrschaft repräsentierten staatlichen Ordnung integriert, hat damit aber keineswegs seine Funktion als identitätsstiftender Bezugspunkt eingebüßt. Diese Priorität spiegelt sich bei Thietmar ebenso wie bei den anderen Historiographen auch im Gebrauch des Wortes *patria* wider, mit dem nicht das ganze Reich oder dessen nördlicher Teil, sondern überwiegend nur die *Saxonia* bezeichnet wird[602]. Brun ist insoweit eine Ausnahme, als sein *patria*-Begriff über die gemeinsame Sprache definiert scheint: Als Konsequenz des in Italien übernommenen, auf die Sprachzugehörigkeit zielenden Begriffs *Teutones* bezeichnet er die von ihnen bewohnte *Germania* als

---

599 Vgl. DO.III. 198, S. 606 Z. 35f. und DO.III. 269, S. 688 Z. 25. Zur Thietmarstelle siehe oben, S. 67.

600 Vgl. die grundsätzlichen Überlegungen zur Bedeutung von *Saxonia* während der ersten Phase der Literaturproduktion im ottonischen Sachsen bei KARPF, Sachsengeschichte, S. 570.

601 Zu dieser Selbstaussage des Kaisers in DO.III. 390 siehe oben, S. 106ff.

602 Auch bei Hrotsvit von Gandersheim ist nicht das Reich, sondern nur *Saxonia* die *patria*, vgl. dazu KARPF, Herrscherlegitimation, S. 130ff. Der Begriff *patria* konnte auch in karolingischer Zeit eine emotionale Verbundenheit mit dem eigenen Reich im Sinne von Heimat oder Herkunftsland ausdrücken, vgl. dazu GOETZ, Regnum, S. 121, 140, 144 und 173. Als »unpolitische Raumbezeichnung« wird der Begriff auch Ende des 10. Jahrhunderts in der französischen Historiographie gebraucht, vgl. SCHNEIDMÜLLER, Nomen Patriae, S. 54 mit Anm. 98. Die von BACH, Begriffe, S. 58 schon für Thietmar reklamierte Gleichsetzung von *patria* mit dem Reich setzt erst später ein, vgl. dazu EICHENBERGER, Patria, S. 146.

patria. Empfand der weitgereiste Brun die sprachliche Einheit nördlich der Alpen deutlicher als die anderen ortsansässigen Historiographen?

Die These, bei Thietmar und Brun sei eine »sächsische Reichsauffassung« im Sinne einer Bedeutungsausweitung der Begriffe *Saxonia* bzw. *rex Saxonum* auf den ganzen nordalpinen Reichsteil wirksam[603], beruht auf einer einseitigen Begriffsinterpretation, die den Verwendungszusammenhang des eindeutig auf die *Saxonia* bezogenen Wortes nicht hinreichend berücksichtigt und in den Schriften der beiden Sachsen auch keine Bestätigung findet. Zurecht wurde festgestellt, daß das ausgeprägte Selbstbewußtsein der Sachsen in Verbindung mit dem gentilen Denken der Entwicklung einer supragentilen Einheitsvorstellung im Wege stand[604]; umgekehrt konnte aber auch nicht eine einzelne *gens* namengebend für den ganzen Herrschaftsverband werden, weil ein solcher Name den supragentilen Charakter des Reichs nicht erfaßt hätte. Zwar wird - besonders bei Thietmar - sächsisches Selbstbewußtsein und sächsische Eigenständigkeit formuliert, nicht aber sächsischer Vorrang im ottonischen Herrschaftsverband.

3. Die Romgebundenheit der Kaiserwürde

Die These von Brun als einem »extremen Vertreter des romfreien Kaisertums«[605] kann nicht aufrechterhalten werden. Keiner der sächsischen Historiographen zieht die zentrale Bedeutung Roms für das ottonische Kaisertum in Zweifel. Wie aus den Krönungsberichten und dem Gebrauch des Kaisertitels nach dem Schema *tunc rex, nunc imperator* hervorgeht, wird die Romgebundenheit des Kaisertums von Thietmar und Brun, vom Hildesheimer und Quedlinburger Annalisten und auch vom Autor der Hildesheimer Denkschrift in der Vita Bernwardi vorbehaltlos anerkannt. Von der Idee eines romfreien Kaisertums ist in der sächsischen Historiographie zur Zeit Ottos III. keine Spur zu entdecken. Auch Thietmar hatte keine Bedenken, den von ihm hochgeschätzten Otto I. als *imperator Romanorum* zu bezeichnen. Zwar taucht dieser seit Otto III. kanzleioffizielle Kaisertitel ansonsten nur noch in den Quedlinburger Annalen auf; jedoch ist, wie das Beispiel Bruns von Querfurt in aller Deutlichkeit zeigt, der Gebrauch oder Nichtgebrauch des durch den Römernamen spezifizierten Kaisertitels keineswegs aussagekräftig für die Ablehnung der Romgebundenheit durch den jeweiligen Historiographen. Die römische Komponente ist in den untersuchten sächsischen Quellen bereits ein selbstverständlicher Bestandteil der politischen Tradition des ottonischen Reiches; die Annahme, in der sächsischen Historiographie sei das Bewußtsein einer Rivalität zwischen einem deutschen oder sächsischen und einem römischen Reichsvolk virulent gewesen und habe sich in der Ablehnung des Römernamens im Kaisertitel oder der Romgebundenheit des Kaisertums allgemein niedergeschlagen, hält einer Überprüfung ihrer Belege nicht stand. Die diesbezüglichen früheren Interpretationen der Werke

---

603 Vgl. PÄTZOLD, Auffassung, S. 274 und 285f.
604 EHLERS, Schriftkultur, S. 317.
605 WENSKUS, Studien, S. 119.

Thietmars und Bruns sind in der zumeist unausgesprochenen Prämisse befangen, daß der deutsche Nationsbildungsprozeß zur Zeit Ottos III. bereits fortgeschritten genug war, um gegen die Rompolitik des Kaisers eine breite, im politischen Einheitsbewußtsein des nördlichen Reichsteils wurzelnde politische Opposition zu wecken. Diese Sicht der Dinge findet in den Quellen aber ebensowenig eine Stütze wie die Vermutung, ein »sächsisches Reichsvolkbewußtsein« mit antirömischer Tendenz sei auch für die Historiographen zur Zeit Ottos III. als typisch vorauszusetzen. Die imperiale, römische Qualität der Kaiserherrschaft war vielmehr durchgehend akzeptiert und die Bezeichnung *imperium Romanum* in der sächsischen Historiographie der Ottonenzeit vorweggenommen: Wie schon vor ihm Hrotsvit von Gandersheim[606], so verwendet auch Thietmar die Bezeichnung *imperium Romanum* lange vor ihrem kanzleioffiziellen Gebrauch unter Konrad II.[607] als Name für das ganze Reich.

Was das Bild betrifft, das in der sächsischen Historiographie von Otto III. und seiner Politik gezeichnet wird, so fällt es bei genauerer Betrachtung durchaus weniger einheitlich aus, als bisher angenommen wurde. Namentlich die »Bevorzugung« Roms und die Gründung des polnischen Erzbistums Gnesen sollen nach Darstellung der modernen Historiker auf einhelligen Widerstand und auf in Sachsen weitverbreitete Ablehnung gestoßen sein. Indessen zeigt sich, daß das Verständnis der einschlägigen Quellenaussagen von mehreren Faktoren stark beeinflußt wurde. Zum einen litt das Verständnis der überlieferten Nachrichten unter der zumeist stillschweigend akzeptierten, jedoch nicht bewiesenen Voraussetzung, im Urteil der Historiographen sei ein pränationales Zusammengehörigkeitsgefühl im »deutschen« Reichsteil oder ein »sächsisches Reichsvolkbewußtseins« wie bei Widukind von Corvey wirksam; eine solche Haltung ist als politisch relevanter und zur Opposition gegen die Rompolitik herausfordernder Faktor jedoch nicht nachweisbar. Zum anderen wurde zu wenig berücksichtigt, daß die erhaltenen Quellen ausnahmslos erst Jahre nach dem Tod Ottos III. entstanden sind; ihre Beurteilung des Geschehens ist durch die Retrospektive und die im Unterschied zur Regierungszeit Ottos III. veränderten politischen Rahmenbedingungen nachhaltig beeinflußt.

4. Kritik an einer »Bevorzugung« Roms durch Otto III.?

Betrachtet man zunächst die Bewertung der Rompolitik Ottos III., so bleibt festzuhalten, daß in keiner einzigen Quelle die Herrschaft des Kaisers über Rom in Frage gestellt wird. Die Vertreibung Ottos III. durch die Römer im Januar 1001 wird - von den

---

606 Vgl. dazu KARPF, Herrscherlegitimation, S. 207.

607 Zum Reichsnamen in der Kanzlei Konrads II. vgl. ERDMANN, Forschungen, S. 47. Auch außerhalb der sächsischen Historiographie wurde der Begriff verwendet, vgl. z. B. Odilo von Cluny, Epitaphium domine Adelheide auguste, S. 28 Z. 5f., S. 33 Z. 14 und Z. 16, S. 35 Z. 13 und Z. 16. Während der Herausgeber PAULHART, S. 10 als Entstehungszeit »etwa das Jahr 1000« annahm, plädiert BORNSCHEUER, Miseriae Regum, S. 43 für die Zeit nach dem Tod Ottos III. am 23. Januar 1002 und vor der Königserhebung Heinrichs II. am 6./7. Juni 1002.

Hildesheimer Annalen abgesehen, die darüber überhaupt nicht berichten - in allen Quellen scharf verurteilt. Auch Brun, der doch ganz im Sinne der Konstantinischen Schenkung Rom keiner weltlichen Herrschaft unterworfen sehen will, - auch Brun kontrastiert nach dem Schema *amans (Otto III), sed non amantes (Romani)* den römischen Aufstand mit den Wohltaten, die der Kaiser der Stadt erwiesen hatte. Der zentrale Vorwurf an die Adresse der Römer ist der der Undankbarkeit, für die Otto III. zwar nicht nach Meinung Bruns, wohl aber nach Ansicht Thietmars und des Quedlinburger Annalisten billigerweise Rache nehmen konnte[608]. Jedoch werden die Rom erwiesenen Ehren nicht als Zurücksetzung des nördlichen Reichsteils oder der Sachsen empfunden, auch und gerade nicht in der berühmten Rede Ottos III., die die Vita Bernwardi überliefert: Sie illustriert die Undankbarkeit der Römer am wirkungsvollsten und läßt keinen Zweifel daran, daß der Kaiser auch weiterhin legitimerweise auf der Unterordnung der Stadt bestehen kann.

Ausführliche Kritik an der Rompolitik Ottos III. findet sich nur bei Brun von Querfurt. Sein Bericht ist aber durch die Retrospektive und eine ausgreifende geschichtstheologische Spekulation vielfach gebrochen; es wäre daher ein Mißverständnis, ihn als parallel zum Geschehen entstanden zu betrachten und als Beleg für eine aus unmittelbarem Miterleben erwachsene Kritik zu beanspruchen. Bruns heftige Verurteilung des kaiserlichen Aufenthaltes in Rom ist weder durch die »romfreie Kaiseridee« noch durch das »sächsische Reichsvolkbewußtsein« begründet, sondern beruht auf seiner Überzeugung, daß die Apostelstadt nach der Konstantinischen Schenkung keiner weltlichen Herrschaft unterworfen sein dürfe. Daß Brun dabei den Vorwurf des *peccatum* gegen Otto III. erhebt, erklärt sich aus seiner ganz dem belehrend-erbaulichen Darstellungsinteresse der Fünfbrüdervita entsprechenden, von den augustinischen Vorstellungen über Sünde und Gnade durchdrungenen Zeichnung des Kaisers als eines trotz guten Willens an weltlicher Versuchung typisch scheiternden Herrschers. Bruns Äußerungen über die Notwendigkeit der Heidenmission lassen zudem vermuten, daß in seinem Urteil über Otto III. implizit der Vorwurf mitschwingt, der Kaiser habe statt des erforderlichen Krieges gegen die vom Christentum abgefallenen Elbslawen eine schon im Grundsatz verfehlte Auseinandersetzung um die Herrschaft über Rom geführt: Die Strafe für dieses *bellum iniustum* gegen Rom, für diese Sünde gegen Petrus war der frühe Tod des Kaisers. Diese Kritik formuliert Brun jedoch erst zu einem Zeitpunkt, als sein noch unter dem Einfluß Ottos III. entstandenes Missionsprojekt durch den Konflikt zwischen Heinrich II. und Boleslaw Chrobry undurchführbar geworden war. In Bruns Rückblick beendete der frühe Tod Ottos III. die Phase der zum Wohle der ganzen *christianitas* friedlichen Zusammenarbeit zwischen dem Reich und Polen. Die Verurteilung der Rompolitik als für den unerwartet frühzeitigen Tod ursächliche Sünde gegen den Apo-

---

608 Auch die Gesta episcoporum Cameracensium stellen in einer romfeindlichen Passage den guten Willen Ottos III. der Böswilligkeit der Römer gegenüber: *Quo enim inclinatiorem Romanis prestabat (imperator) gratiam, tanto cervicatiorem prodidere superbiam. Plerumque etenim maxima familiaritas contemptum parit.* Die Vertreibung aus Rom erscheint auch dem ressentimentgeladenen Chronisten aus Cambrai als *irrogata iniuria*, die Rache verdient, vgl. Gesta episcoporum Cameracensium, MGH SS 7, S. 451.

stelfürsten ist deshalb das Zentrum von Bruns Vorwürfen an den Kaiser. Eine vergleichbar folgerichtige Argumentation sucht man in anderen Quellen vergeblich - wie man überhaupt nach Kritik an der Rompolitik Ottos III. vergeblich sucht. Nicht einmal Thietmar empfand einen Bruch in der Italienpolitik, sondern stellt Otto III. ausdrücklich in eine Reihe mit seinen Vorgängern[609]. Daß der Merseburger Bischof mit seiner Skepsis gegenüber der Wiederbelebung von - mit Ausnahme des Speisezeremoniells ungenanntem - »verfallenem römischen Brauchtum« überhaupt die gesamte Rompolitik abgelehnt hätte, geht aus seinem Text nicht hervor; und daß Thietmar seine Meinung in diesem Punkt zu verbergen Anlaß hatte, müßte erst eigens plausibel gemacht werden, kann aber nicht einfach vorausgesetzt werden.

5. Kritik an der Gründung des Erzbistums Gnesen?

Ganz ähnlich verhält es sich mit der in Sachsen angeblich weitverbreiteten Kritik an der Gründung des polnischen Erzbistums Gnesen im Jahr 1000. Brun von Querfurt, der Quedlinburger Annalist und die Vita Bernwardi erwähnen die neue Metropole mit keinem Wort, die Hildesheimer Annalen enthalten lediglich eine spätere Interpolation ohne jeden wertenden Zusatz. Das Schweigen der sächsischen Quellen wird in der Forschung als Kritik verstanden, obwohl doch gerade im Falle Bruns von Querfurt die Fragwürdigkeit dieser Voraussetzung greifbar wird: Seine kurze, nichtssagende Bemerkung über die Gnesenfahrt hat im Kontext der Fünfbrüdervita nur die Funktion eines zeitlichen Orientierungspunktes im ansonsten dem Schicksal Romualds von Camaldoli geltenden Bericht[610]. Auch ist nicht einzusehen, weshalb Brun seine Kritik unterdrückt haben sollte - zumal er doch gerade in diesem Punkt mit Zustimmung hätte rechnen können, wenn die Ablehnung der Maßnahme Ottos III. tatsächlich so weit verbreitet gewesen wäre wie die modernen Historiker behaupten. Ausdrückliche Kritik am Akt von Gnesen formuliert nur Thietmar von Merseburg. Jedoch ist es mehr als fraglich, ob der Anlaß für seinen gern zitierten Stoßseufzer *ut spero legitime* tatsächlich eine Verteidigung von Magdeburger Ansprüchen auf die Oberhoheit über die polnische Kirchenprovinz war. Angesichts seiner ansonsten eindeutig antipolnischen Einstellung überrascht es, daß sich Thietmar an keiner Stelle für die Rechte des sächsischen Erzbistums gegenüber einer vermeintlichen polnischen Usurpation einsetzt. Es ist deshalb wahrscheinlicher, daß sein Zweifel an der Rechtmäßigkeit der Erhebung Gnesens nur auf die damit verbundene Verletzung der Diözesanrechte Bischof Ungers von Posen zielte, dessen Einspruch gegen die Verkleinerung seiner Diözese vom Kaiser übergangen wurde. Thietmar war vor dem Hintergrund der Geschichte seines eigenen, 981 aufgelösten und dann 1004 in verkleinertem Umfang wiederhergestellten Bistums Merseburg gegenüber jeglicher Veränderung der Diözesangrenzen ohne Zustimmung des betreffenden Bischofs zweifellos besonders sensibel, kämpfte er doch selbst noch um die

---

609 Siehe dazu oben, S. 82.
610 Zur Einordnung von Bruns Bemerkung siehe oben, S. 47.

Rückgabe ehemals Merseburger Gebiete, die den Diözesen von Magdeburg und Meißen zugeteilt worden waren. Erst kürzlich hat Johannes Fried Überlegungen Paul Kehrs aufgegriffen und weitergeführt; demnach ist offenkundig, daß die Vermutungen über die Abhängigkeit Posens von Magdeburg auf äußerst brüchigem Fundament ruhen[611], jedenfalls nicht als Ausgangspunkt für weitreichende Spekulationen über einen Widerstand gegen Otto III. taugen, der sich dann nicht einmal in klarer Ablehnung niedergeschlagen haben soll. Es will nicht einleuchten, daß die sächsischen Historiographen Jahre nach dem Tod Ottos III. ihre Kritik an der Gründung des Erzbistums Gnesen verschwiegen haben sollten, wenn die »sächsische« Haltung in dieser Angelegenheit tatsächlich so einhellig abweisend war[612]. Damit ist das Rätsel des berühmten Magdeburger »Urkundenentwurfs« für einen Johannespapst mit dem Anspruch auf die Zugehörigkeit Posens zur sächsischen Metropole zwar nicht gelöst; die mittlerweile unstrittige Datierung des Stücks in die Zeit nach dem Tod Ottos III. legt indessen die Frage nahe, ob es nicht Interessen widerspiegeln könnte, die sich erst nach dem Regierungsantritt Heinrichs II. und nach den im Laufe des Thronstreits von 1002 entstandenen Macht- und Bedeutungsverschiebungen innerhalb des sächsischen Adels formiert hatten.

Schließlich äußert gerade Thietmar als Angehöriger einer nicht mit der polnischen Herrscherdynastie verbundenen Familie, die vielmehr mit den piastenfreundlichen Sippen der Grafen von Haldensleben und der Ekkehardiner rivalisierte, antipolnische Ressentiments und kritisiert verbittert die Erhebung Boleslaws vom *tributarius* zum *dominus* durch Otto III. Damit steht er in bemerkenswert deutlichem Gegensatz zu einem anderen Sachsen - zu Brun von Querfurt, der durch seine völlig unterschiedliche Interessenlage bedingt den polnischen Herrscher als freundschaftlich Verbündeten im Kampf gegen die Heiden betrachtet.

Die Annahme, daß die den befragten Historiographen gemeinsame sächsische Herkunft ein ihnen gemeinsames »sächsisches« Interesse bedingt hätte, das sie in Gegensatz zu der von Otto III. verfolgten Politik gebracht haben soll, erweist sich nicht einmal für Thietmar und Brun, die beiden an der Magdeburger Domschule erzogenen Hauptrepräsentanten der sächsischen Historiographie, als richtig[613]. Die von ihnen

---

611 FRIED, Otto III., S. 144-147.

612 In diesem Zusammenhang ist die Feststellung interessant, daß die erst im 12. Jahrhundert entstandenen Gesta archiepiscoporum Magdeburgensium, MGH SS 14, S. 390 Otto III. *decus imperii, sector iusticie* und die Annales Magdeburgenses, MGH SS 16, S. 161 den Kaiser *decus rei publicae, sector iusticiae* nennen, obwohl beide Quellen den Magdeburger Anspruch auf Gnesen als rechtmäßig darstellen und die Verfügung des Kaisers kritisieren. Die Magdeburger Geschichtsschreibung hat Otto III. offenbar nicht in so schlechter Erinnerung behalten, daß sie ihn nicht aus eigenem Antrieb einen »Anhänger der Gerechtigkeit« nennen konnte; die genannten Epitheta sind denn auch eine gegenüber den als Vorlage benutzten Quedlinburger Annalen eigenständige Magdeburger Ergänzung.

613 Über die schon erörterten Unterschiede hinaus gilt dies auch für die völlig unterschiedliche Einstellung zur Mission. Während Brun ein eifriger Vertreter des Missionsgedankens ist, zeigt Thietmar kaum Interesse an einer wirksamen Bekehrungsarbeit. Diesen Unterschied hält FRITZE, Aufstand, S. 19 zurecht für umso auffälliger, als Brun und Thietmar der gleichen sozialen Schicht entstammen, dem sächsischen Hochadel jener Zeit.

aus ganz unterschiedlicher Motivation formulierte Kritik an einzelnen Aspekten der
Regierung Ottos III. - bei Brun die Rompolitik, bei Thietmar die Polenpolitik - ist kein
Beweis für eine in Sachsen angeblich nicht mitgetragene Abwendung Ottos III. von der
Politik seines Großvaters. Die besondere Thietmars und Bruns für Otto I.[614] wird zwar
stets als indirekte Abwertung Ottos III. verstanden. Dabei wird jedoch übersehen, daß
der Vergleich der Gegenwart mit der Zeit Ottos I. unter dem Eindruck des verheerenden
Slawenaufstandes von 983 stehen mußte. Angesichts der verwüsteten Bistümer, der
kriegerischen Auseinandersetzungen mit den Elbslawen und des verurteilten Bündnis-
ses mit den Heiden lag Thietmars Verklärung der Zeit Ottos I. als *aureum saeculum*
sehr nahe. Brun kontrastiert sein Lob der Regierungszeit Ottos I. als *aurea tempora*
ausdrücklich mit den durch den Liutizenaufstand verursachten Verwüstungen. Es ist
daher irreführend, die Politik Ottos I. als eine gefeierte »Norm« der davon vermeintlich
abweichenden Politik Ottos III. gegenüberzustellen[615]. Stattdessen beeinflußte die un-
erfreuliche Gegenwart maßgeblich Thietmars und Bruns Vergangenheitsbild, indem
beide die Hoffnung auf Befriedung und Christianisierung der Slawen in der Vergangenheit vorbildhaft verwirklicht finden[616]. Damit ist aber kein typisch »sächsischer« Vorbehalt gegen die Politik Ottos III. formuliert.

---

614 Vgl. Thietmar, Chronicon II 13 und II 45, MGH SS rer. Germ. NS 9, S. 52 und 92ff.; Brun,
Vita Adalberti red. longior 9, MPH NS 4.2, S. 8.
615 So aber LIPPELT, Thietmar, S. 154ff. und 166.
616 Zu Thietmar als *laudator temporis acti* vgl. FREUND, Modernus, S. 73ff., allerdings ohne Problematisierung des Liutizenaufstandes und seiner Auswirkung auf Thietmars Zeitkritik.

Teil 2: Die »deutsche Opposition« gegen die Politik Ottos III.

Die modernen Historiker haben - über die diesbezüglichen Berichte der zeitgenössischen Historiographen weit hinausgehend - gewisse politische Konflikte der Regierungszeit Ottos III. als Ausdruck einer »deutschen Opposition« gegen die Renovatiopolitik des Kaisers[1] gewertet. Jedoch berechtigt das Ergebnis der Quellenanalyse zu der Frage, ob im Einzelfall die Eigenart der jeweiligen Auseinandersetzung hinreichend berücksichtigt wurde; eine Verknüpfung mit der vermeintlich eindeutigen Kritik in der Historiographie könnte den Blick für die eigentlichen Konfliktursachen getrübt haben.

I. Der Gandersheimer Streit

Als eigentliche Ursache des Streites zwischen den Mainzer Erzbischöfen und ihren Hildesheimer Suffraganen um die Diözesanzugehörigkeit des Stifts Gandersheim wird die 856 durch die Errichtung des liudolfingischen Hausstifts Gandersheim von Bischof Altfried vorgenommene Verschiebung der Hildesheimer Diözesangrenze nach Süden und damit auf das Gebiet der Mainzer Erzdiözese angesehen[2]. Wohl auch deshalb, weil der Verlauf der Grenze nicht so genau festgelegt war, übten die Hildesheimer Bischöfe ungestört das Besitzrecht über Gandersheim aus. Streitig gemacht wurde es ihnen erst 987 durch den Mainzer Erzbischof Willigis, der während seiner langen Amtszeit von 975 bis 1011 die Mainzer Erzdiözese »zu einem einheitlichen kirchlichen und weltlichen Herrschaftsbezirk« auszubauen suchte[3]. Als der Streit am 17. Mai 1030 durch eine Teilung des strittigen Gebietes und die Festschreibung der Hildesheimer Jurisdiktion über Gandersheim endlich beigelegt wurde[4], hatte er über 40 Jahre gedauert und für Konfliktstoff in den Regierungszeiten der Kaiser Otto III., Heinrich II. und Konrad II., der Mainzer Erzbischöfe Willigis und Aribo sowie der Hildesheimer Bischöfe

---

1 Eine monographische Behandlung des Themas liefert die 1944 bei Martin LINTZEL entstandene Dissertation »Die deutsche Opposition gegen Otto III.« von Annemarie SEIDEL; sie ist in Aufbau und Fragestellung erkennbar den diesbezüglichen Überlegungen LINTZELS in seinem 1924 erschienenen Buch »Die Beschlüsse der deutschen Hoftage von 911 bis 1056«, S. 117-123, verpflichtet. Auf die ansonsten vorgetragenen Ansichten über den Widerstand gegen den Kaiser und seine Politik wird im jeweiligen Einzelfall hingewiesen.

2 Vgl. dazu GOETTING, Bischöfe, S. 159 und 183f.; WOLTER, Synoden, S. 183f.

3 HEINEMEYER, Erzbischof, S. 53. Zur verwaltungsmäßigen Durchdringung vgl. MAY, Organisation. Das Verhältnis des Erzbischofs zu Mönchtum und Reformidee untersucht HALLINGER, Forschungen, und DERS., Willigis.

4 Vgl. dazu GOETTING, Bischöfe, S. 246f.

Osdag, Bernward und Godehard gesorgt: Bereits die Dauer des Konflikts sollte vor einer ausschließlichen Verbindung mit der angeblichen »Autoritätsschwäche« des Kaisertums unter Otto III. warnen.

1. »Entfremdung« zwischen Erzbischof Willigis und Otto III.?

Und doch wird der Gandersheimer Streit seit Heinrich Böhmers 1895 erschienenen Untersuchung über Willigis von Mainz so verstanden; seitdem sind Licht und Schatten auf die streitenden Parteien deutlich verteilt: Noch ganz im Bann des von Giesebrecht gezeichneten Bildes von Otto III. als einem realitätsfremden Schwärmer beschrieb Böhmer den Konflikt als Auseinandersetzung zwischen der energischen Kraftnatur Willigis als dem »mächtigste(n) und geistig bedeutendste(n) Prälat(en) des Stammes« einerseits und dem Bündnis zwischen dem klugen Bernward von Hildesheim, dem »phantastischen weltkaiserlichen Plänen« verfallenen Otto und dem »französischen Disputierkünstler« von »niedriger Denkart« Gerbert-Silvester II.[5] andererseits. So ergab sich das Bild einer römischen, päpstlich-kaiserlichen Allianz gegen den Primas der deutschen Kirche; mit dieser Optik betrachtet wurde der Gandersheimer Streit zum Kampf zwischen römischer Kurie, die unter Zuhilfenahme pseudoisidorischer Grundsätze[6] die Metropolitanhoheit des Mainzers zugunsten des Papstes untergraben wollte, und deutscher Reichskirche, die sich sowohl gegen die römische Oberherrschaft als auch gegen die »undeutsche« Politik Ottos zu Wehr setzte. Die neuere Forschung hat diesen Holzschnitt in wichtigen Einzelzügen als Verzerrung der historischen Tatsachen nachgewiesen[7].

Gehalten hat sich jedoch die Interpretation des Gandersheimer Streits als Ausdruck eines durch die Rom- und Renovatiopolitik bedingten Gegensatzes zwischen Otto III. und Willigis, wobei der Mainzer Erzbischof dabei für eine allgemeine deutsche Opposition gegen den Kaiser in Anspruch genommen wird[8]; eine zentrale Rolle spielt dabei die wiederum auf Böhmer zurückgehende Annahme, das ursprünglich vertrauensvolle Verhältnis zwischen Otto III. und Willigis habe sich in dem Maße abgekühlt, in dem das selbständige politische Konzept des jungen Kaisers in den Vordergrund getreten sei: Als Beweis für den politischen Dissens betrachtete Böhmer und die Forschung nach ihm die seit Ende der Vormundschaftsregierung 994 stetig abnehmenden und nach 997

---

5 BÖHMER, Willigis, S. 96, 80, 83 und 83 Anm. 4; zum Gandersheimer Streit S. 87-105.
6 Vgl. dazu HAMPE, Otto III., S. 531; HAUCK, Kirchengeschichte 3, S. 271; BÖHMER, Willigis, S. 163; LINTZEL, Beschlüsse, S. 119; GÜNTER, Bischöfe, S. 146; SEIDEL, Opposition, S. 39f.
7 So ist etwa die Bezugnahme auf Pseudoisidor in den einschlägigen Entscheidungen Silvesters II. nicht nachweisbar, vgl. FUHRMANN, Einfluß 2, S. 327-335.
8 LINTZEL, Beschlüsse, S. 119; SEIDEL, Opposition, S. 29-42; HOLTZMANN, Geschichte, S. 552ff.; JOHNSON, Activities, S. 52; UHLIRZ, Jahrbücher, S. 346 und passim; PRINZ, Grundlagen, S. 174; BEUMANN, Ottonen, S. 154.

völlig versiegenden Interventionen des Erzbischofs in den Herrscherurkunden[9]. Dabei wird jedoch nicht deutlich zwischen den Verhältnissen während der vormundschaftlichen Regierung, die vom Erzkapellan Willigis und vom Kanzler-Bischof Hildebold von Worms als den Spitzen der Hofkapelle in Abstimmung mit Ottos Mutter Theophanu und Großmutter Adelheid geführt wurde, und der selbständigen Regierung Ottos III. unterschieden. Denn die nachweisbaren »regelmäßigen« Interventionen des Mainzer Erzbischofs brachen nicht etwa erst Mitte 997 ab, sondern schon mit der Wehrhaftmachung Ottos III. Ende September 994 auf dem Sohlinger Reichstag[10]. Das Zurücktreten von Willigis als Intervenient dürfte sich aus der Abgabe seiner bisherigen Funktion während der Vormundschaftsregierung erklären; für eine politisch motivierte Gegnerschaft zwischen ihm und Otto III. fehlt insoweit der Beleg[11].

Zu bezweifeln ist auch, ob die Vorgänge um den Mainzer Suffragan Bischof Adalbert von Prag, der sein Bistum zweimal verließ und von Willigis zur Rückkehr aufgefordert wurde[12], tatsächlich zu einer »Entfremdung« oder »Gegnerschaft« zwischen Otto III. und dem Mainzer Erzbischof beigetragen haben[13]. Diese Vermutungen beruhen auf der Annahme, Otto habe Adalbert in seinem Vorhaben einer Missionsreise zu den Liutizen gegen Willigis unterstützt, der stattdessen auf Wiederbesetzung des Prager Bistums gedrängt habe. Die Quellen wissen weder von einer solchen Konfrontation zwischen dem Kaiser und dem Erzbischof noch von Ottos Einflußnahme zugunsten Adalberts. Im Mai 996 beschloß eine römische Synode auf Antrag von Willigis, der Prager Bischof solle in sein Bistum zurückkehren[14]. Nach einer Pilgerreise nach Paris, Fleury und Tours hielt sich Adalbert noch kurze Zeit am Hof Ottos III. in Mainz auf, von wo er *secundum placitum archipresulis sui*[15] nach Prag aufbrach. Nach dem

---

9 BÖHMER, Willigis, S. 85-86; noch WOLTER, Synoden, spricht S. 183 Anm. 363 vom Auslaufen der »regelmäßigen Interventionen«; ALTHOFF, Vormundschaft, verknüpft S. 283 den Rückgang der Interventionen mit dem Gandersheimer Streit.

10 Neuerdings plädiert LAUDAGE, Problem, S. 272ff. für eine Mündigkeit Ottos III. bereits seit dem 6. Juli 994. - Den über vierzig Interventionen von Willigis bis Sept. 994 stehen noch ganze vier bis Juli 997 gegenüber; dabei lagen drei (DDO.III. 154, 169, 176 aus den Jahren 994 und 995) wohl noch in der Konsequenz der bisherigen Wahrnehmung von Regierungsaufgaben durch den Mainzer Erzbischof. Die vierte und letzte nachweisbare Intervention (DO.III. 251 vom 17. Juli 997) galt der Mainzer Kirche St. Viktor. Vgl. auch SCHETTER, Intervenienz, S. 39-43. HALLINGER, Willigis, untersucht S. 101f. die Interventionen des Erzbischofs unter dem Gesichtspunkt der Beziehungen zu Reformklöstern.

11 HEINEMEYER, Erzbischof, bemerkt S. 47, daß Willigis die »imperiale Konzeption« Ottos nicht gebilligt habe, relativiert die ältere Forschungsmeinung jedoch wenigstens insoweit, als er ein »Mißtrauen« zwischen dem Erzbischof und Otto III. ausschließt.

12 Zu den Ereignissen vgl. BU 1174a, 1189b, 1195a, 1210a, 1217a, 1217e; BZ 668, 688, 707, 756, 762; BÜTTNER, Bistumserrichtung, S. 17-21; HILSCH, Bischof, S. 16-30; HEINEMEYER, Erzbischof, S. 48f.; jetzt auch FRIED, Theophanu, S. 369f.

13 BÖHMER, Willigis, S. 82 (»innerlich ... stark entfremdet«); SEIDEL, Opposition, S. 47-50: Willigis als »Gegner« Ottos, für dessen »Tschechenfreundschaft« weder Bischöfe noch Fürsten Verständnis gehabt hätten. Differenzen zwischen Willigis und Otto III. wegen Adalberts Missionsreise vermuten FLECKENSTEIN, Hofkapelle 2, S. 104; HILSCH, Bischof, S. 26f. und 30; GOEZ, Leben, S. 24; WOLTER, Synoden, S. 148.

14 Vgl. BZ 756.

15 Johannes Canaparius, Vita Adalberti 25, MPH N.S. 4.1, S. 37.

übereinstimmenden Bericht von Johannes Canaparius und Brun von Querfurt erfuhr Adalbert jedoch auf dem Weg nach Prag von der Ermordung seiner Familie durch den Böhmenherzog im Vorjahr, woraufhin er sein Ziel änderte und zum Polenherzog Boleslaw zog; eine mit dessen Unterstützung nach Prag geschickte Gesandtschaft kehrte mit dem Bescheid zurück, daß Adalbert in Prag nicht erwünscht sei[16]. Mit einer solchen Entwicklung scheint man bereits auf der römischen Synode gerechnet zu haben, soll Gregor V. Adalbert doch für den Fall erneuter Widersetzlichkeit der Böhmen die Erlaubnis zum Verlassen der Heimatdiözese und zur Heidenmission erteilt haben[17]. Nach Erhalt der Nachricht aus Prag brach Adalbert zu seiner Missionsreise auf. Ob er in der Zwischenzeit dazu auch die Zustimmung seines Metropoliten eingeholt hat, ist unbekannt; jedoch dürfte seine Entscheidung kaum auf den Widerspruch des Erzbischofs gestoßen sein[18], da diesem an einem konfliktfreien Verhältnis zwischen seinem Prager Suffragan und dem böhmischen Herzog gelegen sein mußte - wovon im Falle Adalberts allerdings nicht die Rede sein konnte[19]. Der Sachverhalt gibt demnach keinen Anlaß dazu, in der Frage von Adalberts Rückkehr einen Gegensatz zwischen Willigis und Otto III. anzunehmen; im Gegenteil liefern Adalberts Anwesenheit in Mainz und eine zu dieser Zeit vorgenommene umfangreiche Schenkung des Kaisers für das Mainzer Erzbistum[20] eher Indizien für ein ungestörtes Verhältnis.

Insgesamt ist die bisherige Beurteilung des Gandersheimer Streits noch weitgehend der Bewertung von Ottos Politik als »undeutsch« sowie einer angreifbaren Zeichnung des persönlichen Verhältnisses zwischen Willigis und dem Kaiser verpflichtet. Davon abgesehen erscheint eine nochmalige Untersuchung des Konflikts auch aus einem anderen wichtigen Grunde geboten: Zwar wurde mittlerweile vor allem unter landesgeschichtlichem und besitzrechtlichem Blickwinkel das Interessendreieck Mainz-Gandersheim-Hildesheim näher analysiert[21], die Verfahrensfragen des relativ gut doku-

---

16 Johannes Canaparius, Vita Adalberti 25 und 26, MPH N.S. 4.1, S. 37ff.; Brun von Querfurt, Vita Adalberti redactio longior 20-23, MPH N.S. 4.2, S. 25-29. Vgl. dazu auch HILSCH, Bischof, S. 28.

17 Vgl. dazu BZ 762.

18 So schon BÜTTNER, Erzbischof Willigis, S. 12.

19 Das Prager Bistum war der Mainzer Erzdiözese, obwohl gebietsmäßig von ihr getrennt, erst 975 als Entschädigung für die an das neugegründete Erzbistum Magdeburg abgetretenen Mainzer Suffragane Havelberg und Brandenburg eingegliedert worden, vgl. BÜTTNER, Bistumserrichtung, S. 8ff. Zur Feindschaft zwischen Adalberts Familie der Slavnikiden und der Herzogsfamilie der Premysliden vgl. HILSCH, Bischof, S. 22-25; die Auswahl des Prager Bischofs verlangte deshalb Rücksicht auf die böhmischen Verhältnisse, was im Falle von Adalberts Nachfolger Thieddag auch beherzigt wurde, vgl. HILSCH, S. 31-35. Trifft es ferner zu, daß Willigis den Böhmenherzog sogar gegen die Slavnikiden unterstützt hat (so FRIED, Theophanu, S. 369), so ist die Annahme, Willigis habe sich gegen Adalberts endgültigen Weggang aus Prag gesperrt, noch unwahrscheinlicher.

20 Zu Adalberts Anwesenheit am Kaiserhof vgl. BU 1210a, 1217a und 1217e; zur Schenkung vgl. BU 1213.

21 Vgl. dazu die unten, S. 127 Anm. 27 genannten Arbeiten von Hans GOETTING mit Hinweisen auf weitere Untersuchungen desselben Autors zu diesem Themenkomplex.

mentierten Streits blieben dagegen so gut wie unbeachtet[22]. Möglicherweise wurde damit ein wesentlicher Aspekt des Gandersheimer Streites und vielleicht auch die eigentliche Ursache für seine Eskalation übersehen. Diese Frage verdient deshalb besonderes Interesse, weil sie auch das Verhältnis zwischen Willigis und Otto III. in anderem Licht erscheinen lassen könnte.

2. Verfahrensrechtliche Probleme und Streitverlauf

Der jahrelange Konflikt warf schon in der Auseinandersetzung zwischen Erzbischof Willigis und Bischof Osdag um die Zuständigkeit bei der Zeremonie der Jungfraueneinkleidung von Sophie, der Schwester Ottos III., am 18. Oktober 987 in Gandersheim seine Schatten voraus; zwar konnte er damals noch gütlich beigelegt werden[23], aber die Gegensätze zeichneten sich bereits ab: Auf der einen Seite der Mainzer Erzbischof und die ottonische Prinzessin, auf der anderen Seite der Hildesheimer Bischof. Gunther Wolf vermutet neuerdings, daß Sophie und Willigis ein Verhältnis miteinander gehabt hätten und der Erzbischof deshalb am Kaiserhof in Ungnade gefallen sei; auch sei die Arroganz der Prinzessin gegenüber Bischof Bernward der Anlaß für den Gandersheimer Streit gewesen[24]. Überzeugender ist die Annahme von Gerd Althoff, wonach Sophie versucht habe, ihren Rang als ottonische Prinzessin durch ein sonst unübliches Weihezeremoniell zu unterstreichen[25]. Endgültig entzündete sich der Konflikt aber erst am 21. September 1000 anläßlich der Wiederweihe des 971/72 durch Brand beschädigten Gandersheimer Münsters[26]: Der Mainzer Erzbischof beanspruchte - darin von Sophie kräftig unterstützt - das Weiherecht für sich. Bernward von Hildesheim verweigerte es ihm indessen unter Hinweis auf das geltende Kirchenrecht.

Auf eine erschöpfende Darstellung der Ereignisse während der langwierigen Auseinandersetzungen, die dem Streit um die Münsterweihe folgten, sei hier zugunsten eines resümierenden Überblicks verzichtet[27]. Hauptkennzeichen des Gandersheimer

---

22 BOYE, Synoden, faßt S. 211-215 nur den Instanzenzug »Provinzialsynode, Nationalsynode (mit und ohne Kaiser), allgemeine Synode« ins Auge.

23 Vgl. dazu GOETTING, Bischöfe, S. 159 mit Datierung auf 987 gegen BU 1017e.

24 Vgl. dazu WOLF, Prinzessin, insb. S. 114ff. und 122.

25 ALTHOFF, Frauenklöster, S. 132.

26 Vgl. zu den Ereignissen Vita Bernwardi 16-18, MGH SS 4, S. 765ff.; Wolfher, Vita Godehardi prior 21, MGH SS 11, S. 181f.; BU 1390e-f; GOETTING, Bischöfe, S. 184ff.; WOLTER, Synoden, S. 186ff.

27 Über den Streitverlauf berichtet die zum größten Teil noch zu Lebzeiten Bernwards von Hildesheim entstandene Hildesheimer Denkschrift des Dresdner Codex, die in der erst dem 12. Jahrhundert zuzuschreibenden Vita Bernwardi überliefert ist, siehe dazu schon oben, S. 93 Anm. 489. Die Denkschrift benutzte auch Wolfher bei der Abfassung der Kapitel 19 bis 25 seiner ersten Lebensbeschreibung von Bernwards Nachfolger Godehard, der Vita Godehardi prior. Einen stark verkürzten Abriß des Gandersheimer Streits bietet ferner Kapitel 17 in Wolfhers Vita Godehardi posterior. Zur Überarbeitung der Denkschrift in den Hildesheimer Bischofsviten vgl. DRÖGEREIT, Vita Bernwardi; ein Quellenverzeichnis zu den mit der Gandersheimer Frage beschäftigten Synoden bei BOYE, Quellenkatalog, S. 69f.; zum Ereignisablauf vgl. den zusammenfassenden Überblick bei

Streits während der Zeit Ottos III. war sein Wandel von einem zunächst recht unspek-
takulären Besitzstreit zu einem Konflikt über Fragen des Verfahrensrechts. In seinem
Verlauf traten der Reihe nach drei juristische Probleme auf. Erstens: Durfte der Mainzer Erzbischof eine Metropolitansynode ohne Zustimmung seines Hildesheimer Suffra-
gans in dessen Diözese einberufen? Während Willigis dieser Ansicht war, entschied
nach Bernwards Appellation an den Papst im Januar 1001 eine römische Synode ge-
genteilig[28]. Zweitens spielte das Problem der Parteilichkeit des Richters und damit zu-
sammenhängend die Frage nach dem zuständigen Gericht von vornherein eine zentrale
Rolle: Willigis war sowohl streitende Partei als auch - in seiner Eigenschaft als Metropo-
lit - Vorsitzender der Synode, dem die Verkündung des Urteils oblag. Bernward scheint
aufgrund dieser Befangenheit und wohl wegen der ohnehin übermächtigen Position des
Erzbischofs im Rahmen synodaler Entscheidungsfindung[29] befürchtet zu haben, kein
gerechtes Urteil bekommen zu können. Ziel seiner Appellation war daher, dem Erzbischof als streitende Partei verfahrensrechtlich gleichgestellt zu werden, um so die Parteilichkeit von Willigis ebenso zu neutralisieren wie seinen dominierenden Einfluß auf die
Synodenteilnehmer[30]. Bernwards Taktik war insoweit Erfolg beschieden, als Silvester II. den Kardinalpriester Friedrich als seinen *vicarius* nach Pöhlde entsandte, wo im
Juni 1001 unter dem Vorsitz des Papstlegaten der Streit um die Diözesanzugehörigkeit
des Klosters Gandersheim abschließend verhandelt werden sollte. In Pöhlde aber trat
dann ein weiteres Verfahrensproblem zutage: Willigis bestritt aufgrund des Mainzer
Vikariats den Vorrang des Papstlegaten und beanspruchte den Synodenvorsitz für sich
selbst. Weil er seine Position gegen die anderen Synodalen nicht durchsetzen konnte,
entzog er sich dem weiteren Verfahren durch vorzeitige Abreise. Dadurch setzte sich
Willigis offen ins Unrecht und zog für seinen Ungehorsam gegen den Legaten sowohl
die Suspension von priesterlichen Amtshandlungen als auch die Zitation vor eine päpstliche Synode auf sich, deren Termin auf Weihnachten 1001 festgesetzt wurde[31].
     Dennoch unternahm Willigis auf einer im August in Frankfurt zusammengetrete-
nen Synode einen erneuten Versuch, seine Position durchzusetzen, scheiterte aber an

---

GOETTING, Gandersheim, S. 89-93; ausführlich DERS., Bischöfe, S. 159-162, 180-193, 197-200 und
239-247; WOLTER, Synoden, S. 182-193 und 200-210. Verlauf und Problematik des Verfahrensstreits
hoffe ich in nächster Zeit an anderer Stelle ausführlicher behandeln zu können.

28 Vgl. Vita Bernwardi 20-22, MGH SS 4, S. 767ff.; Wolfher, Vita Godehardi prior 21-22, MGH
SS 11, S. 182f.

29 Zur inhaltlichen Kontrolle von Synodalbeschlüssen durch die Mainzer Erzbischöfe in der ersten
Hälfte des 10. Jahrhunderts vgl. HEHL, Mainzer Einfluß, S. 120-131.

30 Die Frage nach dem zuständigen Gericht wurde während der Weihnachtssynode in Todi 1001 ausdrücklich an Silvester II. gerichtet: *(Thangmarus dicens) ... vestrum expetit (Bernwardus) iudicium, ut
vestra auctoritas iubeat, in quo foro vel sub quibus iudicibus causam terminare debeat.* Vita Bernwardi 36, MGH SS 4, S. 774; Wolfher, Vita Godehardi prior 23, MGH SS 11, S. 184. Der Vortrag
Thangmars ist nach der gemeinsamen Vorlage der Hildesheimer Denkschrift in wörtlicher Rede überliefert.

31 Vgl. zu den Ereignissen in Pöhlde Vita Bernwardi 28-29, MGH SS 4, S. 771f.; Wolfher, Vita Go-
dehardi prior 22, MGH SS 11, S. 183; BU 1422d; BZ 945; GOETTING, Bischöfe, S. 190f.; WOLTER,
Synoden, S. 200-203. Zum Vikariat des Erzbischofs Willigis vgl. THOMAS, Erzbischof, S. 374-379;
BOSHOF, Spitzenstellung, S. 32ff.; RATHSACK, Fälschungen 1, S. 287ff.

der Mehrheit der anwesenden Bischöfe, die die Hildesheimer Position teilten und den Besitzstreit so lange aufzuschieben verlangten, bis die Frage des zuständigen Gerichts und der durch den Ungehorsam des Erzbischofs zusätzlich aufgeworfene Konflikt vor dem Papst entschieden sei[32]. Man verständigte sich in Frankfurt darauf, daß weder Willigis noch Bernward über Gandersheim Rechte ausüben sollten, bis acht Tage nach Pfingsten 1002 in der Pfalz im fränkischen, an der Grenze zu Sachsen gelegenen Fritzlar eine Entscheidung getroffen werde[33]. Wahrscheinlich hatte Otto III. seine Rückkehr und die Behandlung des Streits auf einem Fritzlarer Hoftag bereits angekündigt[34]. Ausserdem mußte das Ergebnis der Weihnachtssynode abgewartet werden, bevor man die Angelegenheit erneut aufgreifen konnte.

Die Synode wurde in Todi vor Papst und Kaiser zwar eröffnet, dann aber bis zum 11. Januar 1002 mehrfach vertagt, weil sich das Eintreffen der deutschen Bischöfe verzögerte[35]. Wenige Tage später, am 24. Januar, starb Otto III. in Paterno. In Todi war noch beschlossen worden, eine Synode in Rom abzuhalten - ein Plan, der sich wegen des anhaltenden Widerstands der Römer[36] rasch als undurchführbar erwiesen haben muß. Jedoch gibt eine bisher so gut wie unbeachtet gebliebene Nachricht der älteren Godehardsvita Aufschluß über den damals geplanten weiteren Verlauf: Wolfher berichtet, die Synode sei auf einen Zeitpunkt vertagt worden, zu dem »der Kaiser mit Gottes Gnade zurückkehren und diese Sache friedlich in Sachsen verhandeln könne«[37]. Auch Rodulfus Glaber weiß von einer geplanten Rückkehr des Kaisers nach Sachsen[38].

Beide Quellenaussagen fügen sich bruchlos in die rekonstruierbare Situation ein: Weder war die Frage des zuständigen Richters und Gerichts noch der eigentliche Be-

---

32 Vgl. zu den Ereignissen in Frankfurt Vita Bernwardi 33, MGH SS 4, S. 773; Wolfher, Vita Godehardi prior 23, MGH SS 11, S. 184 (stark geraffter Bericht); GOETTING, Bischöfe, S. 192; WOLTER, Synoden, S. 203-207.

33 *Instantibus tamen cunctis, ut vestituram Gandenesheimensis coenobii Bernwardus praesul possideret, nullo modo episcopus consensit, sed ut neute illorum, usque octavas pentecostes Fridislare ad palatium conveniant, se intromittat.* Vita Bernwardi 33, MGH SS 4, S. 773. Der Kompromißcharakter der Entscheidung wird in Thangmars Vortrag vor der Weihnachtssynode in Todi deutlich: *Tandem in commune reverendi patres decreverunt, ut neque archiepiscopus nec meus senior in Gandenesheimense coenobium se intromittat,...* Vita Bernwardi 36, S. 774.

34 So BU 1422c.

35 Vgl. zu den Ereignissen Vita Bernwardi 34-36, MGH SS 4, S. 773ff.; Wolfher, Vita Godehardi prior 23, MGH SS 11, S. 184f.; BU 1434b, 1435c; BZ 955, 957; GOETTING, Bischöfe, S. 192f.; WOLTER, Synoden, S. 207-210.

36 Vgl. dazu Wolfher, Vita Godehardi prior 23, MGH SS 11, S. 185.

37 *Sinodus tamen inde publice est prolata, usque dum imperatori in Dei gratia remeanti haec eadem pacifice tractare liceret in Saxonia.* Wolfher, Vita Godehardi prior 23, MGH SS 11, S. 185; vgl. dazu nur knapp WOLTER, Synoden, S. 210 Anm. 456. UHLIRZ, Jahrbücher, deutet S. 382 Anm. 137 die Formulierung *Fridislare ad palatium conveniant*, mit der die Hildesheimer Denkschrift die Vereinbarung der Frankfurter Synode wiedergibt (vgl. Vita Bernwardi 33, MGH SS 4, S. 773), als Aussage über einen vorgesehenen Hoftag unter kaiserlichem Vorsitz. WOLTER, Synoden, läßt S. 206 Anm. 446 diese Frage offen. Wolfhers Nachricht ist Mathilde UHLIRZ offenbar unbekannt geblieben, steigert ihre Vermutung jedoch zur Sicherheit.

38 Vgl. Radulfus Glaber, Historiarum libri I 15, S. 36: *Tandem quoque, nitens remeare ad Saxoniam, morte superveniente in Italia obiit.* Zu dieser Stelle UHLIRZ, Jahrbücher, S. 391 Anm. 8; BU 1450/IVa.

sitzstreit entschieden worden. Offenbar wurde die Behandlung des ganzen Komplexes einer Synode vorbehalten, der der Kaiser - nach Rückkehr vom geplanten Feldzug gegen das rebellische Rom - hätte vorsitzen sollen. Damit wäre an den bisherigen Stand der Dinge angeknüpft worden: Termin (nach der Pfingstoktav) und Ort (Fritzlar) waren schon in Frankfurt festgesetzt worden. Dort sollte dann unter dem Vorsitz des Kaisers der Streit zwischen Hildesheim und Mainz endgültig beigelegt werden.

Mit dem unerwarteten Tod Ottos III. trat jedoch eine jahrelange Unterbrechung des Verfahrens ein: Erst im Januar 1007 konnte der Streit durch Heinrich II. zu einem - vorläufigen - Ende gebracht werden[39]. Das dabei von Heinrich II. gewählte Verfahren berücksichtigte alle von Bernward in den Jahren zuvor erhobenen rechtserheblichen Einwände. Die Synode selbst fand in Pöhlde statt; indem Gandersheim als Versammlungsort vermieden wurde, wurde auch jegliche symbolische Vorentscheidung über den Besitzanspruch der einen oder anderen Partei vermieden. Ferner führte nicht Willigis, der streitende Partei war, sondern der Magdeburger Erzbischof den Synodenvorsitz[40]. Willigis - möglicherweise durch die rückgängig gemachte, königliche Schenkung Hilwartshausens an Bernward[41] und durch die Zusage Heinrichs II., das neue Bistum Bamberg der Mainzer Kirchenprovinz einzugliedern[42], dazu bewogen - verzichtete förmlich auf seine Rechte, während Bernward die Zugehörigkeit Gandersheims zu seiner Diözese zugesprochen bekam.

Wäre nicht Ottos Tod dazwischengetreten, so hätte der Streit wohl schon in Fritzlar in einem vergleichbaren Verfahren beigelegt werden können: Der »neutrale« Versammlungsort sowie die Verhandlung im Beisein des Kaisers lassen die geplante Fritzlarer Versammlung in zentralen Punkten als Vorwegnahme des schließlich von Heinrich II. in Pöhlde gewählten Verfahrens erscheinen. Nichts berechtigt zu der Annahme, daß sich Willigis einem derartigen Vorgehen Ottos III. widersetzt hätte, zumal er sich während des Rechtsstreits dem Kaiser gegenüber loyal verhielt; zumindest ist die Entsendung eines Mainzer Kontingents nach Italien[43] ein deutliches Zeichen dafür.

Wie die Entscheidung der Frankfurter Synode zeigte, war Willigis dazu bereit, den Streitfall unter Vorsitz des Kaisers auf einem Hoftag entscheiden zu lassen. Für einen »Autoritätsschwund« Ottos III. im nördlichen Reichsteil liefert also der Gandersheimer Streit gerade kein Indiz, im Gegenteil erkannte der mächtigste Vertreter des Reichsepiskopats die Autorität des Kaisers ausdrücklich an, indem er sich seinem Urteil zu beugen bereit war. Dagegen scheint Willigis den Papst nicht als entscheidungsberechtigt angesehen zu haben; jedenfalls unterwarf er sich weder der Entscheidung des Papstlegaten noch war er bereit, das Urteil der päpstlichen Weihnachtssynode Ende 1001 abzuwarten oder sich ihr zu stellen. Wahrscheinlich berief sich der Mainzer Erzbischof dabei auf seine Führungsrolle im deutschen Episkopat, die ihm 975 von Papst Bene-

---

39 Vgl. dazu Vita Bernwardi 43, MGH SS 4, S. 777; Wolfher, Vita Godehardi prior 24, MGH SS 11, S. 185; GOETTING, Bischöfe, S. 197ff.; WOLTER, Synoden, S. 227-230.
40 Vgl. WOLTER, Synoden, S. 229.
41 So die Vermutung von GOETTING, Gründung, S. 172; DERS., Bischöfe, S. 199.
42 So HEINEMEYER, Erzbischof, S. 54.
43 Siehe dazu unten, S. 134 und 139.

dikt VII. noch mit einer etwas vagen Formel zugestanden, später aber durch den Titel *vicarius papae* ergänzt worden ist[44].

Der Blick auf die verfahrensrechtliche Seite des Gandersheimer Streits zeigt, daß sich weder der Mainzer Erzbischof noch sein Hildesheimer Suffragan in einem rechtsfreien Raum bewegten, in dem sie nur mittels ihres persönlichen Vertrauensverhältnisses zu Otto III. eine Entscheidung des Besitzstreits in ihrem Sinne hätten erreichen können[45]. Deshalb ist das Kriterium der »persönlichen Beziehung zum Kaiser«, das ja für Willigis aufgrund seiner Parteinahme zugunsten Ottos während dessen Minderjährigkeit ebenso gilt wie für Bernward als Ottos Erzieher, wenig geeignet, den Kern des Konflikts freizulegen. Auch übernimmt die bisher dominierende Deutung des Streits zwischen Bernward und Willigis allzu unkritisch die zweifellos und verständlicherweise einseitig parteilichen Darlegungen der Hildesheimer Denkschrift[46]. Mit - wiederum auf der einseitigen Hildesheimer Überlieferung beruhenden - Spekulationen über die Temperamentsausbrüche des Erzbischofs auf den einzelnen Synoden[47] wird man die juristische Dimension der Auseinandersetzung jedenfalls ebenso wenig erfassen können wie mit undifferenzierter Parteinahme für Willigis[48].

Wie der (vorläufige) Ausgang des Konflikts zeigt, mußte Willigis in den verfahrensrechtlichen Fragen seine zunächst eingenommene Haltung durchgehend aufgeben[49]. Die vorausgegangene Eskalation des Streits beruhte auf den rechtlich unhaltbaren Positionen des Erzbischofs; die von Hildesheimer Seite stets bemühten *canones* konnten deshalb durchgesetzt werden. Eine Charakterisierung des Gandersheimer Streits als von »eigentlich persönlicher Natur«[50], als »an sich wenig bedeutende Angelegen-

---

44 ...*quo in tota Germania et Gallia post summi culmen pontificis in omnibus ecclesiasticis negotiis, id est in rege consecrando et synodo habenda ceteris omnibus tam archiepiscopis quam et episcopis apostolica auctoritate, sicut iustum et rectum esse videtur, premineas.* ZIMMERMANN, Papsturkunden 1, n. 237 S. 472; vgl. auch BZ 542. Der Titel *vicarius* findet sich erst in einer Urkunde Gregors V., in deren Inscriptio Willigis *vicarius noster* genannt wird, vgl. ZIMMERMANN, Papsturkunden 2, n. 341 S. 665. Zum Mainzer Vikariat siehe schon oben, S. 128 mit Anm. 31.

45 Ein solches unjuristisches Verständnis des Rechtsstreits liegt den Darstellungen zugrunde, die den Gandersheimer Streit unter Vernachlässigung aller verfahrensrechtlichen Fragestellungen als Ausdruck einer »Opposition« gegen Otto III. interpretieren.

46 Der Erzbischof wird mehrfach als eifersüchtig auf die angeblich bevorzugte Stellung Bernwards am Kaiserhof dargestellt, vgl. Vita Bernwardi 7 und 18. Dieser Charakteristik ist auch Mathilde UHLIRZ vorbehaltlos gefolgt, vgl. Jahrbücher S. 336 und 383, obwohl doch gerade die persönlich gefärbten Herabsetzungen des Erzbischofs auf äußerste Skepsis stoßen müssen.

47 Willigis wird insbesondere bei der Schilderung der Gandersheimer und Pöhlder Synode als jähzornig und als vor Wut bebend dargestellt, vgl. Vita Bernwardi 20, 28, 29 und auch 33; dazu UHLIRZ, Jahrbücher, S. 383: »Eifersucht«, »hartnäckige Gegnerschaft«, »maßlose Ausbrüche seines Zorns«.

48 So verkennt etwa BÖHMER, Willigis, S. 164 die Rechtsverstöße des Erzbischofs als ein »besonders kräftig entwickeltes Geschick ... zu den Künsten der Verhandlung.«

49 Zufrieden stellt die Hildesheimer Denkschrift fest: ...*tanta auctoritate pertinaciam animi illius (Willigisi) digna invectione confregit (Heinrich II.), ut se totamque controversiam illius iudicio et fratrum submitteret, et in nullo vel eius iussis vel fratrum votis obstaret.* Vita Bernwardi 43, MGH SS 4, S. 777. Zur Überarbeitung der Denkschrift in Kapitel 43 der Bernwardsvita vgl. DRÖGEREIT, Vita Bernwardi, S. 26ff.

50 UHLIRZ, Jahrbücher, S. 346.

heit«[51], als »ärgerliche, an sich geringfügige Angelegenheit«[52], als »kein gutes Verfahren«[53] oder als »im Grunde skurrilen Streit«[54], der nur wegen mangelnder Autorität Ottos III. im nördlichen Reichsteil eskalieren konnte, wird weder dem Sachverhalt noch den beteiligten Parteien gerecht, die um die Durchsetzung ihres Rechtsstandpunktes im Rahmen einer ihrerseits erst noch in der Entwicklung begriffenen Rechtsordnung stritten[55].

II. Die Heeresfolge 1001/02

Das zentrale Vorhaben Ottos III. war nach der römischen Rebellion im Januar 1001 die Rückgewinnung der Stadt; ein erster Zug gegen Rom im Juni 1001 blieb erfolglos[56]. Um den Widerstand brechen zu können, benötigte der Kaiser militärische Unterstützung aus dem Norden, die Anfang 1002 auch eintraf, zum Teil jedoch erst nach Ottos Tod. Diese Hilfe war nach Einschätzung vieler Historiker jedoch nur gering, weil die meisten der deutschen Fürsten den Kaiser aus Opposition gegen seine Politik nicht mehr zu unterstützen bereit gewesen seien[57]. Diese Interpretation ist der Annahme eines Interessengegensatzes zwischen dem von Otto »vernachlässigten« nördlichen und dem von ihm »bevorzugten« südlichen Reichsteil verpflichtet, nicht aber das Ergebnis systematischer Untersuchung der überlieferten Informationen. Mit Blick auf die Heeresorganisation enthält diese Interpretation die unausgesprochene Prämisse, daß eine von der »Zentralgewalt« reichsrechtlich verbindlich geregelte Heerfahrtspflicht bestanden hat, vor deren Hintergrund ein »unbegründetes« Fernbleiben der Fürsten als Akt des Widerstandes erscheint. Die Gültigkeit dieser Voraussetzung ist jedoch fraglich; die Heerfahrtsleistung läßt sich nicht in ein rechtliches System zwängen, sondern erweist sich als Produkt aus den Spannungen zwischen den zu *auxilium* und *consilium* verpflichteten Vasallen, dem Streben des Herrschers nach weitgehender Nutzung dieser Verpflichtung und der Absicht des Vasallen, diese Verpflichtung zugunsten eigener Interessen gering zu halten - sofern nicht gerade die eigene Interessen-

---

51 HOLTZMANN, Geschichte, S. 352.

52 SMIDT, Königtum, S. 52.

53 GOEZ, Leben, S. 26.

54 PRINZ, Grundlagen, S. 174.

55 Unter diesem Gesichtspunkt verdient auch der Hinweis GOETTINGS auf jeweils eine Hildesheimer und eine Mainzer Canones-Handschrift, die von den Parteien im Gandersheimer Streit als Hilfsmittel benutzt wurden (vgl. GOETTING, Gandersheim, S. 89 Anm. 7), besondere Beachtung. Die von GOETTING in Aussicht gestellte diesbezügliche Untersuchung ist bisher noch nicht erschienen.

56 Vgl. dazu BU 1418a-d.

57 So CARTELLIERI, Otto III., S. 202; KNUSSERT, Italienfahrten, S. 54; GÜNTER, Fürstentum, S. 210; HOLTZMANN, Geschichte, S. 360; SEIDEL, Opposition, S. 41; auch LINTZEL, Beschlüsse, S. 56 scheint dieser Meinung zu sein. An neuen Darstellungen vgl. PRINZ, Grundlagen, S. 176; BEUMANN, Ottonen, S. 154.

lage eine intensive Unterstützung des Herrschers angeraten sein läßt[58]. So war die tatsächliche Leistung des Kriegsdienstes nicht nur von Rechtsnormen, sondern auch von anderen, akzidentiellen Faktoren abhängig, etwa von der Autorität des Königs bei der Durchsetzung seines Aufgebotsrechtes, von seinem persönlichen Verhältnis zu den aufgebotenen Fürsten, von deren Besitzumfang und materieller Leistungsfähigkeit sowie nicht zuletzt von der Lage des Kriegsschauplatzes[59]. Eine rein formale Wertung von Teilnahme als Unterstützung und von Fernbleiben als Widerstand wird daher weder den tatsächlichen Strukturen der Heeresorganisation gerecht noch der Tatsache, daß einzelne Fürsten durchaus auch im Interesse des Kaisers aufgrund besonderer politischer oder militärischer Notwendigkeiten an einer Heerfahrt nicht teilnahmen. Berücksichtigt man zusätzlich, daß keine einzige, weder eine zeitgenössische noch eine jüngere Quelle das Fehlen einzelner Reichsfürsten mit ihrem Widerstand gegen die Politik Ottos III. begründet, so wird erkennbar, daß die vorherrschende Interpretation der Heeresfolge 1001/02 einem Zirkelschluß nahekommt: Die »Hilfsverweigerung« wird als Zeichen der Fürstenopposition verstanden, und die - mit Ausnahme der Bemerkung bei Thietmar von Merseburg[60] nirgends belegte - Opposition wird in der »Hilfsverweigerung« greifbar.

Diese Sicht der Dinge kann nicht überzeugen. Die Nachrichten über das Heeresaufgebot 1001/02 müssen zunächst als Aussage über einen militärischen - und nicht politischen - Sachverhalt verstanden und daraufhin überprüft werden, wie sie sich in das bekannte und ja keineswegs vollständige Bild der Heeresorganisation in ottonischer Zeit einfügen. In einem zweiten Schritt ist dann das bloße Faktum der Teilnahme oder Nichtteilnahme auf seine Aussagekraft bezüglich eines möglicherweise existenten Widerstands zu überprüfen, und zwar durch vergleichende Einordnung der Nachricht in das Gesamtbild der Heeresfolge unter Otto III. Der erstgenannte Aspekt wurde bereits von Karl-Ferdinand Werner und Leopold Auer in ihren Arbeiten über Kriegführung und Kriegsdienst angesprochen[61], ohne daß die diesbezüglichen Ergebnisse jedoch in den neueren Darstellungen Ottos III. fruchtbar gemacht worden wären. Der zweite Aspekt ist bisher gänzlich übergangen worden: So ist ein systematischer Vergleich der Aufgebote von 1001/02 mit den anläßlich der früheren Italienfahrten Ottos III. beteiligten Kontingenten unterblieben, obwohl nur auf dieser Grundlage eine Aussage über Qualität und Quantität des letzten Heeresaufgebots getroffen werden kann.

---

58 So resümiert GATTERMANN, Fürsten, S. 239 seine Untersuchung zur Heerfahrt in der Stauferzeit. Das beschriebene Interessendreieck ist aber auch schon für die Ottonenzeit gültig, vgl. dazu AUER, Kriegsdienst, S. 53-59.

59 Vgl. AUER, Kriegsdienst, S. 64f.

60 Dazu siehe unten, S. 146-176.

61 WERNER, Heeresorganisation, S. 809f.; AUER, Kriegsdienst, S. 388f.

1. Die Teilnehmer an der Heerfahrt

Der Kreis jener Fürsten, die Ottos Aufgebot Folge leisteten, läßt sich zu einem wesentlichen Teil rekonstruieren: Erzbischof Heribert von Köln traf kurz nach dem 11. Januar 1002 beim Kaiser in Paterno ein[62]. Bischof Burchard von Worms, Bischof Heinrich von Würzburg und Abt Erkanbald von Fulda, denen sich auch das Mainzer Aufgebot des Erzbischofs Willigis angeschlossen hatte, waren ebenfalls im Anmarsch und befanden sich in der Nähe von Lucca, als sie dort kurz nach dem 24. Januar 1002 die Nachricht vom Tod Ottos III. erhielten[63]. Auch Bischof Megingaud von Eichstätt[64] und Bischof Lambert von Konstanz[65] haben sich mit ihrem Kontingent beim Kaiser eingefunden. Unberücksichtigt blieb bisher die Nachricht der Hildesheimer Denkschrift im Dresdner Codex, daß auch Bischof Bernward von Hildesheim ein Aufgebot zu Otto III. geschickt hat[66]; denkbar ist, daß das Hildesheimer Kontingent zusammen mit dem Hildesheimer Domdekan Thangmar, der des Gandersheimer Streits wegen nach Süden aufgebrochen war, Mitte Dezember beim Kaiser eintraf[67]. Im Unterschied zu den genannten Bischöfen waren Notger von Lüttich, Siegfried von Augsburg und Hugo II. von Zeitz bereits zu Weihnachten 1001 in Todi[68]. Eine sichere Aussage über den Zeitpunkt der Ankunft der drei Bischöfe läßt sich aufgrund der lückenhaften Quellen nicht machen, es ist aber nicht auszuschließen, daß außer Notger von Lüt-

---

62 Vgl. BU 1437a und b.

63 Vgl. BU 1450/IVc; einzige Quelle dafür ist Vita Burchardi 8, MGH SS 4, S. 836. Zur Stilisierung Burchards in diesem Bericht vgl. ENGELS, Reichsbischof in ottonischer Zeit, S. 164f.

64 Bischof Megingaud erhielt von Otto III. am 11. Januar 1002 in Paterno eine Besitzbestätigung, vgl. BU 1439 = DO.III. 424. Weil Megingaud zuvor nur im November 995 beim Kaiser nachweisbar ist, vgl. BU 1155 = DO.III. 181, wird angenommen, daß seine Anwesenheit in Paterno durch die Heeresfolge begründet ist, vgl. HEIDINGSFELDER, Regesten, n. 146; UHLIRZ, Jahrbücher, S. 390; AUER, Kriegsdienst, S. 389. Eine Romfahrt Megingauds erwähnt auch der Anonymus Haserensis, De gestis episcoporum Eistetensium, S. 51. Daß Megingaud aus diesem Anlaß von seinen Eichstätter Brüdern im voraus einen Dispens für 100 Flüche erbeten und vorzeitig ausgeschöpft hat, dürfte nicht mit den anderweitig belegten Schwierigkeiten des Anmarschs (siehe dazu unten, S. 145 Anm. 129), sondern mit der durchgehend unvorteilhaften Darstellung Megingauds als eines äußerst diesseitigen Kirchenfürsten zu erklären sein. Zu Megingaud vgl. allgemein WERNER, Anonymus, S. 58-73.

65 Vgl. LADEWIG-MÜLLER, Regesta 1, n. 408; BU 1450/IVb. Einzige Quelle ist die Nachricht bei Adalbold von Utrecht, Vita Heinrici secundi, MGH SS 4, S. 684.

66 *Frater quippe Bernwardi episcopi Tammo comes, imperatori gratus, cum aliquibus vassis, quos praefatus episcopus in arma imperialia destinaverat...* Vita Bernwardi, MGH SS 4, S. 773 Var. x.

67 Mathilde UHLIRZ berücksichtigt in den Regesten nur die Fassung der Vita Bernwardi nach dem Hannoveraner Codex und datiert die Unternehmung Tammos als Führer eines Teils des kaiserlichen Heeres auf Ende November, vgl. BU 1432a. Da sich diese Heeresabteilung jedoch nach ausdrücklicher Mitteilung der Hildesheimer Denkschrift aus Bernwards Vasallen zusammensetzte und im Textzusammenhang die Ereignisse zum Zeitpunkt der Ankunft Thangmars bei Otto III. geschildert werden, dürfte Tammos Aktion erst auf nach Mitte Dezember 1001 zu datieren sein. Zu Thangmars Ankunft vgl. BU 1434b.

68 Vgl. BU 1435c; die Bischofsnamen erwähnt die Vita Bernwardi 36, MGH SS 4, S. 774 und Wolfhers Vita Godehardi prior 23, MGH SS 11, S. 184.

tich[69] auch Siegfried von Augsburg direkt aus seiner Heimatdiözese noch rechtzeitig zur Synode eingetroffen ist[70]. Von den weltlichen Herren sind nur Herzog Otto von Niederlothringen, Graf Heinrich von Luxemburg und ein Graf Wichmann als Begleiter des Leichzugs namentlich belegt; zumindest Herzog Otto und Graf Heinrich befanden sich schon zuvor längere Zeit im Gefolge des Kaisers[71].

Dem Heeresaufgebot haben also auffälligerweise nur Angehörige des Reichsepiskopats Folge geleistet, weltliche Fürsten sind dagegen namentlich nicht nachweisbar; ihr Fehlen als deutlichen Ausdruck von Unzufriedenheit mit der kaiserlichen Politik zu werten, heißt gleichzeitig vorauszusetzen, daß ein entsprechender Befehl Ottos III. an die weltlichen Amts- und Würdenträger auch ergangen ist. Gerade diese

---

69 Notger von Lüttich ist zum letzten Mal am 9. Mai 998 in Rom nachweisbar, vgl. BU 1279c und BZ 834, dann erst wieder als Teilnehmer der Weihnachtssynode 1001 in Todi, vgl. BU 1435c und BZ 957. Wahrscheinlich ist Notger mit einem als *clericus* und *capellanus* bezeichneten *Notticherus gentis Lotheringorum* identisch, der im März 999 als kaiserlicher Missus in Gaeta nachweisbar ist, vgl. BU 1279c, 1302a, 1303b und 1305f. Deshalb hat KURTH, Notger 1, S. 99-105 angenommen, daß Notger seit 998 ununterbrochen im kaiserlichen Auftrag im Süden war. Diese Meinung ist allgemein akzeptiert worden, vgl. UHLIRZ, Jahrbücher, S. 388 Anm. 161; AUER, Kriegsdienst, S. 389; WOLTER, Synoden, S. 208 mit Anm. 452. Jedoch läßt die zeitliche Lücke zwischen 999 und Dezember 1001 durchaus Raum für eine Rückkehr nach Lüttich. Berücksichtigt man, daß Notger zwischen 995 und 998 regelmäßig am Kaiserhof nachweisbar ist (vgl. BU 1136, 1163d, 1170, 1174b, 1185, 1223, 1223/I, 1237 und 1279c = BZ 834), so gewinnt diese Vermutung zusätzlich an Überzeugungskraft, zumal eine langjährige Anwesenheit sich in den Urkunden des damals ebenfalls in Italien weilenden Kaisers niedergeschlagen haben dürfte. Die Neuausfertigung der Schenkung für Notger zugunsten des Johannesklosters in Lüttich (BU 1306 und BZ 861 datieren auf 999 nach April 9 - 1002 Anfang) kann auch während des Aufenthalts in Todi erfolgt sein; damals jedenfalls intervenierte Notger zugunsten der Klöster Stablo und Malmédy, vgl. die Neudatierung des Privilegs Silvesters II. auf Ende Dezember 1001 in BZ 958 gegenüber der Datierung auf 999-1003 in BU 1316b. Die von KURTH, S. 102 herangezogene Stelle der anonymen Vita Notgeri (*Igitur deductis Notgerus universis laboribus, quibus ad honorem imperii et decorem domus ecclesie Dei bona fide et bono fine diversis in locis et temporibus feliciter laboravit...*) ist zu allgemein, als daß sie die Thesen von Notgers Anwesenheit im Süden zwischen 999 und 1001 beweisen könnte. Zu Notger vgl. ferner KUPPER, Leodium, S. 67f.
70 Ebenso wie Siegfried ist auch Hugo II. von Zeitz außer auf der Weihnachtssynode 1001 in Todi nur noch während der Januarsynode 1001 in Rom nachweisbar, vgl. BU 1396e und 1435c. Unter Bezugnahme auf die Formulierung *manu multum episcoporum* in Bruns Vita quinque fratrum 3, MPH NS 4.3, S. 37, hält BENZ, Untersuchungen, S. 84 die Anwesenheit Siegfrieds und Hugos II. im November 1001 bei der Weihe der Adalbertskirche in Pereum für möglich, räumt aber gleichzeitig ein, daß damit auch nur die kurz zuvor zahlreich in Ottos Gefolge nachweisbaren italienischen Bischöfe (vgl. DO.III. 411) gemeint sein können. Da konkrete Informationen über das Itinerar der beiden Bischöfe fehlen, kann gegen AUER, Kriegsdienst, S. 389 und WOLTER, Synoden, S. 208 Anm. 452 nicht ausgeschlossen werden, daß Siegfried im Gegensatz zu den anderen Bischöfen rechtzeitig in Todi angekommen sind. Zumindest für den Augsburger war der Anmarschweg relativ kurz, der Zeitzer dürfte sich indessen spätestens seit Januar 1001 beim Kaiser aufgehalten haben.
71 Vgl. BU 1450/IVb. Die Adeligen werden nur in Adalbolds Vita Heinrici erwähnt. Herzog Otto von Niederlothringen war schon im Jahr 1000 mit Otto nach Italien gezogen, vgl. BU 1370e. Graf Heinrich ist erstmals im April 1001 belegt, vgl. BU 1407c-e. Die Nachricht des Annalista Saxo ad a. 1001 - *Interea convenientibus cum Heriberto Coloniensi archiepiscopo Leodicensi, Augustensi, Constantiensi episcopis, et Ottone, Heinrico, Witmanno comitibus, cum plurima fidelium suorum turba, inperator letatur* (MGH SS 6, S. 646) - ist aus Thietmar, Chronicon IV 48, und Adalbold, Vita Heinrici secundi 3, zusammengezogen und ohne eigenständigen Wert.

Annahme aber schließt die einzige überlieferte Nachricht über den Befehl des Kaisers aus. Die zeitgenössische Hildesheimer Denkschrift, der man in diesem Punkt kaum verzerrende Parteilichkeit wird vorwerfen können, berichtet, daß sich der kaiserliche Befehl nur an *universos Theotiscos episcopos* gerichtet habe: Sie sollten des Gandersheimer Streits wegen zu Weihnachten 1001 an einer Synode in Todi teilnehmen und dort mit ihren Vasallen erscheinen, um den Kaiser in den bevorstehenden Feldzügen - gegen Rom - zu unterstützen[72]. Es bleibt einzuräumen, daß es kaum der Darstellungsabsicht dieser Quelle entsprochen haben dürfte, auch eine eventuelle Aufforderung an die weltlichen Fürsten zu erwähnen; der Gandersheimer Streit steht ganz im Zentrum der Hildesheimer Quelle, und unter diesem Gesichtspunkt war die Weihnachtssynode ungleich wichtiger als die Heeresfolge. Dennoch vermittelt das rekonstruierbare Gesamtbild den Eindruck, daß überhaupt nur die geistlichen Fürsten zur Hilfeleistung aufgefordert waren. Eine »Hilfsverweigerung« der Fürsten anzunehmen besteht aufgrund der Quellen jedenfalls kein Anlaß.

Es ist schon mehrfach beobachtet worden, daß die Reichskirche von Otto III. stärker als von seinen Vorgängern zum Reichsdienst verpflichtet wurde und die diesbezügliche Praxis Heinrichs II. eine Fortsetzung und Intensivierung politischer Vorgaben seines Vorgängers war[73]. Insoweit fügt sich die ausschließliche Heranziehung von Reichsbischöfen zur Heeresfolge 1001/02 in das schon bekannte Bild ein. Die Kontingente der Kölner und Mainzer Erzbischöfe, der Bischöfe von Worms und Würzburg sowie des Abtes von Fulda waren die Masse des Heeres, das zu Ottos Unterstützung über die Alpen zog; diese Zusammensetzung bestätigt Werners These, daß die Truppen der um Köln vergrößerten Francia die »Dispositionsstreitmacht des Ottonenreichs« waren[74]: Die - etwa im Gegensatz zu den sächsischen und bayerischen - nicht mit eigener Grenzsicherung belasteten fränkischen Reichsbischöfe stellten den Kern der disponiblen Streitmacht.

Die Anführer der eingetroffenen Heeresabteilungen standen denn auch alle in besonderer Nähe zum Kaiser. Fast alle waren vor ihrer Erhebung zum Bischof Mitglied der Hofkapelle gewesen[75]. Heribert, den Otto III. schon 992 *doctor meus et capellanus mihi carissimus* nannte[76], wurde zu Beginn der selbständigen Regierung Ottos

---

72 ...*iubent (apostolicus et imperator) universos Theotiscos episcopos circa natale Domini ad illorum praesentiam festinare, non solum ad synodum, sed cum omni suo vassatico ita instructos, ut ad bellum, quocumque imperator praecipiat, possent procedere.* Vita Bernwardi 30, MGH SS 4, S. 772; dieser Passus der Denkschrift wurde unverändert in die Vita Bernwardi übernommen.

73 Vgl. dazu Fleckenstein, Hofkapelle 2, S. 140-145; Weinfurter, Zentralisierung, insb. S. 286 und 297; Beumann, Ottonen, S. 156.

74 Werner, Heeresorganisation, S. 831; zum gemeinsamen Anmarsch der Kontingente von Mainz, Worms, Würzburg und Fulda ebenda, S. 809f.

75 Das gilt für Heribert von Köln, Burchard von Worms, Heinrich von Würzburg und Bernward von Hildesheim, vgl. dazu Fleckenstein, Hofkapelle 2, S. 115. Notger von Lüttich war noch zu Zeiten Ottos I. in die Hofkapelle berufen worden. Ob auch Siegfried von Augsburg Kapellan war, ist unsicher; zwar verzeichnet ihn Fleckenstein, S. 211 als solchen, jedoch ohne Quellennachweis; ebenso Finck von Finckenstein, Bischof, S.229. Eine Identität zwischen dem als Kapellan belegbaren Siggo und dem späteren Augsburger Bischof scheint indessen ausgeschlossen, vgl. Volkert, Regesten 1, n. 208.

76 DO.III. 92.

zum Kanzler für Italien erhoben; 998 übernahm er nach dem Tod des deutschen Kanzlers Hildebold von Worms auch dessen Amt in Personalunion und wurde im Sommer 999 zusätzlich noch Erzbischof von Köln. Heribert war der zuverlässigste und gleichzeitig mächtigste Vertraute des Kaisers im deutschen Episkopat[77]. Zum Nachfolger des Würzburger Bischofs Bernward wurde 995 Heriberts Bruder Heinrich erhoben, nachdem Otto zunächst Heribert selbst für das Amt vorgesehen, dieser sich jedoch für Heinrich eingesetzt hatte[78]. Burchard war der Bruder des von Otto hochgeschätzten Bischofs Franco von Worms; kurz vor seinem Tod hatte noch Franco selbst seinen Bruder als Nachfolger empfohlen[79]. Bernward von Hildesheim war einer der Lehrer Ottos III. gewesen und genoß das besondere Vertrauen des Kaisers[80]. Auch für Abt Erkanbald von Fulda, einem Verwandten Bernwards, und für Bischof Lambert von Konstanz dürfen gute Beziehungen zu Otto angenommen werden[81]. Von einem vergleichbar engen Verhältnis des Bischofs Megingaud zum Kaiser ist dagegen nichts bekannt; allerdings stand er in freundschaftlicher Verbindung zu Heinrich von Würzburg, dessen Erhebung durch den *sapiens imperator* er anekdotenhafter Überlieferung zufolge besonders gelobt haben soll[82].

Heribert von Köln und die Bischöfe von Konstanz, Worms und Würzburg sowie Abt Erkanbald von Fulda unterstützten den Kaiser innerhalb weniger Jahre mehrfach im Süden[83]. Dieser besonderen Belastung entsprach auch eine besondere Förderung durch den König: Heribert erhielt das Kastell Deutz und umfangreiche Güter zum Zweck der Klostergründung[84]. Burchard von Worms, den Otto III. schon vor seiner Erhebung zum Bischof reich beschenkt hatte[85], erhielt zwei Gefolgsleute Ottos samt

---

77 Vgl. dazu MÜLLER, Heribert, S. 83-95 und 114-117.

78 Vgl. dazu BU 1146a; MÜLLER, Heribert, S. 91-95; zu Heinrich vgl. WENDEHORST, Bistum 1, S. 74-88; FINCK VON FINCKENSTEIN, Bischof, S. 154ff.

79 Vgl. dazu BU 1324a, e und 1356a; UHLIRZ, Jahrbücher, S. 307; FLECKENSTEIN, Hofkapelle 2, S. 87f.; ENGELS, Reichsbischof, weist S. 55f. darauf hin, daß der Bericht über die Designation Burchards durch seinen Bruder nicht unbedingt historische Tatsache sein muß; möglicherweise versuchte der Autor der Vita Burchardi, mit dieser Nachricht die Nominierung von einer weltlichen auf eine kirchliche Autorität zu verlagern.

80 Vgl. Vita Bernwardi 2, MGH SS 4, S. 759; zum Verhältnis zwischen Bernward und dem Kaiser siehe schon oben, S. 108.

81 *...consanguinitate etiam sibi propinquum...* Vita Bernwardi 45, MGH SS 4, S. 778; zum Reichsdienst Erkanbalds von Fulda vgl. WEHLT, Reichsabtei, S. 282f. Bischof Lambert entstammte zwar noch nicht wie sein Nachfolger Ruthard der Hofkapelle, stand aber ebenso wie sein Vorgänger Gebhard (979-995) in enger Verbindung mit dem Kaiserhof; während der Amtszeit beider Bischöfe bahnte sich die volle »Einbeziehung der bislang noch durch die schwäbische Herzogsgewalt mehr oder weniger spürbar mediatisierten Konstanzer Bischofskirche in die umfassende Reichskirche« an, vgl. MAURER, Konstanz, S. 31.

82 Anonymus Haserensis, De gestis episcoporum Eistetensium 22, S. 52f. mit S. 142 Nr. 102 zur Verwechslung des Würzburger Bischofs Heinrichs mit Macelinus.

83 Die Belege im einzelnen siehe unten, S. 142f.

84 BU 1366 und 1370e (Deperditum; die Schenkung wird nur in Lantberts Vita Heriberti 7, MGH SS 4, S. 745 erwähnt).

85 BU 1118 und 1158.

deren Besitz zu eigen sowie das Kastell Weilburg[86]. Heinrich von Würzburg erhielt umfangreiche Schenkungen[87], darunter die Grafschaften Waldsassen und Rangau[88]. Vergleichbar umfangreicher Zuwendungen konnten sich Konstanz und das Kloster Fulda nicht erfreuen. Schenkungen und Besitzbestätigungen sind nur in geringerem Umfang nachweisbar: So erhielt Lambert von Konstanz auf ausdrückliche Fürsprache Ottos III. während des ersten Italienzuges von Papst Gregor V. einen Schutzbrief für das Kloster Petershausen[89]. Fulda erhielt noch unter Erkanbalds Vorgänger Hatto kurz nach Beginn der selbständigen Regierung Ottos auf dessen Intervention hin ein bedeutendes Privileg Papst Johannes XV.[90] und unter Abt Erkanbald eine Besitz- und Rechtsbestätigung Papst Silvesters II.[91] sowie von Otto III. zu unbekanntem Zeitpunkt ein Wahlrechtsprivileg[92]. Namentlich im Fall von Köln, Würzburg und Worms belohnten umfangreiche Entschädigungen in Form von Güterschenkungen und Rechtsverleihungen die Treue von Ottos engsten Anhängern im Reichsepiskopat und sicherten damit gleichzeitig die kaiserliche Macht, denn die verlangten bischöflichen Kontingente konnten nur bei gesicherter wirtschaftlicher Grundlage aufgestellt werden. Häufig erwähnen die Urkunden ausdrücklich die treuen Dienste des Begünstigten; beachtet man dabei den Zeitpunkt der Ausstellung, so steht der ursächliche Zusammenhang zwischen erwiesenem Dienst - während der Italienzüge - und erhaltener Belohnung außer Frage[93].

Die Stärke der Otto III. zur Jahreswende 1001/02 zugesandten Truppen kann wenigstens annähernd bestimmt werden. Als Grundlage können dabei die im sog. *indiculus loricatorum* überlieferten Zahlenstärken der von den weltlichen und geistlichen Herrschaften mindestens zu stellenden Panzerreiterkontingente herangezogen werden; der *indiculus* beleuchtet nicht nur schlaglichtartig die Heeresorganisation und -struktur unter Otto II.[94], sondern belegt die für einen Zeitraum von nahezu zwei Jahrhunderten

---

86 BU 1376, 1380 und 1395.

87 BU 1209, 1311, 1353, 1360, 1365; zu DO.III. 315 (= BU 1311), das Heinrich den Besitz von fünf, 993 durch Urkundenfälschung an Würzburg gelangten Klöstern bestätigte, vgl. ZIMMERMANN, Klosterrestitutionen.

88 BU 1373.

89 BU 1174c und 1299e; BZ 755 = ZIMMERMANN, Papsturkunden 2, n. 327.

90 BU 1118a und 1121a; BZ 723 = ZIMMERMANN, Papsturkunden 2, n. 321.

91 BU 1138d; BZ +895 und +896 = ZIMMERMANN, Papsturkunden 2, n. +379 und n. +380 (die Fälschungen gehen auf ein echtes Privileg Silvesters II. zurück).

92 BU 1446 (Deperditum).

93 Für Heinrich von Würzburg: DO.III. 229 nach dem ersten Italienzug; DO.III. 315 während des zweiten Italienzugs; DO.III. 361 vor Aufbruch zum dritten Italienzug, an dem Heinrich teilnimmt, vgl. BU 1396e und DO.III. 393. Für Burchard von Worms: DO.III. 386 während des dritten Italienzuges. Im Bericht über die Schenkung Ottos III. an Heribert spielt die persönliche Verbundenheit zwischen beiden eine besondere Rolle, vgl. Lantbert, Vita Heriberti 7, MGH SS 4, S. 745.

94 Die Edition des *indiculus loricatorum* bei K. UHLIRZ, Jahrbücher, S. 247f. ist dem von Weiland 1893 besorgten Abdruck in den MGH Const. 1 Nr. 436 vorzuziehen. Eine Karte mit der Anzahl der *loricati* bei ZIELINSKI, Reichsepiskopat, Karte 3 mit Text auf S. 14ff. Die Datierung des *indiculus* ist umstritten, zuletzt sprach sich AUER, Kriegsdienst, S. 372-377 nach Diskussion der verschiedenen bisherigen Datierungsvorschläge auf 980, 981 und 983 für 980 aus. Daß die genannten Zahlen Mindestzahlen sind, ist anerkannt, vgl. WERNER, Heeresorganisation, S. 835; AUER, Kriegsdienst, S. 68.

weitgehend unverändert gebliebene Grundstruktur der Reichsheeresverfassung[95]. Die mächtigsten der Vasallen - in unserem Fall Heribert von Köln, Willigis von Mainz sowie die Bischöfe von Worms und Würzburg - waren zweifellos zu bedeutend umfangreicherer Unterstützung fähig[96]. Bei Zugrundelegung der im *indiculus* genannten Mannschaftsstärken erhält man deshalb eine ziemlich zuverlässige Mindestzahl für die Truppe des Reichsepiskopats, die Otto III. bei seinem Feldzug gegen Rom unterstützen sollte: Mainz und Köln stellten jeweils mindestens 100, Würzburg und Fulda jeweils 60 und Worms 40 *loricatos*; hinzuzuzählen sind weitere 40 für Konstanz, 50 für Eichstätt und 50 für Hildesheim; möglicherweise wurden auch die Aufgebote von Augsburg (100) und Lüttich (60) zugeführt, so daß man von einer Mindestanzahl von etwa 660 *loricati* ausgehen kann[97]. Für die Romfahrt Ottos III. im Jahr 996 stellte die Reichskirche insgesamt etwa 700 Reiter[98], also ein nur unwesentlich größeres Kontingent als 1001/02. Daß es sich bei Abteilungen dieser Größenordnung um eine schlagkräftige Truppe handelte, zeigen die zahlreichen, allerdings unpräzisen Quellenaussagen über diesen Verband[99]. Beachtung verdienen dabei auch die Mitteilungen Thietmars und Lamberts, wonach die einzelnen Truppenteile relativ weit auseinanderlagen[100]; bedenkt man, daß die Versorgung eines großen Heeres an einem Ort nur schwer zu bewerkstelligen war, so dürfen diese Mitteilungen als weiteres Indiz dafür gelten, daß Otto III. kurz vor seinem Tod eine starke Heeresmacht für den römischen Feldzug zusammengezogen hatte - zumal zu den Kontingenten des deutschen Episkopats auch noch die des italienischen hinzuzuzählen sind.

---

95 Vgl. dazu WERNER, Heeresorganisation, S. 833-836.

96 Vgl. dazu mit Beispielen WERNER, Heeresorganisation, S. 835; AUER, Kriegsdienst, S. 66.

97 Für Hildesheim nennt der *indiculus* keine Zahlen; WERNER, Heeresorganisation, S. 827 gibt aus anderen (jedoch nicht genannten) Quellen die Anzahl von 50 an. AUER, Kriegsdienst, S. 68 nennt eine Mindestanzahl von 650 Panzerreitern für das Aufgebot 1001/02.

98 Vgl. dazu AUER, Kriegsdienst, S. 383 Anm. 10 und S. 68.

99 ... *cum cesar in viribus regni et electo exercitu virorum fortium contra Romuleam urbem* ... und *Non iuvat imperium nec exercitus ille quem ingentem frustra congregavit* (Otto III.), Brun von Querfurt, Vita quinque fratrum 7, MPH NS 4.3, S. 43. *Conveniente tum cum Heriberto, sanctae Agripinae archiepiscopo, plurima fidelium turba, inperator laetatur.* Thietmar von Merseburg, Chronicon IV 48, MGH SS rer. Germ. NS 9, S. 186. ... *iussu imperatoris episcopus* (Burchardus) *cum apparatu magno et milites Moguntinenses necnon et abbas Fuldensis atque episcopus Wirtzburgensis cum non modica multitudine in Italiam profecti sunt.* Vita Burchardi 8, MGH SS 4, S. 836. *Imperator contra Romanos cum multa expeditione committere bellum profectus...* Gesta episcoporum Cameracensium I 114, MGH SS 7, S. 451.

100 ... *quoad exercitus undique tum dispersus per internuntios colligeretur.* Thietmar von Merseburg, Chronicon IV 50, MGH SS rer. Germ. NS 9, S. 188. *Deinde Romae proximans, et diviso exercitu adversantes sternens et populans,* Lantbert von Deutz, Vita Burchardi 7, MGH SS 4, S. 745.

2. Die Teilnahme des deutschen Reichsepiskopats an den Italienzügen Ottos III.

Ergibt sich demnach das Bild einer zweifellos starken militärischen Unterstützung Ottos durch die deutschen Reichsbischöfe im Winter 1001/02[101], so ist damit die These der »Hilfsverweigerung« jedoch noch nicht automatisch widerlegt. Denn nach dem Bericht der Hildesheimer Denkschrift hatte sich der kaiserliche Befehl schließlich an *universos Theotiscos episcopos* gerichtet; da aber nur ein Bruchteil dieses Adressatenkreises tatsächlich eintraf, ließe sich behaupten, daß das Fernbleiben der übrigen mit ihrer Opposition gegen den Kaiser zu erklären sei. Um die Qualität der 1001/02 zum Kaiser gesandten Unterstützung beurteilen zu können, muß daher die Inanspruchnahme der Reichskirche für Ottos frühere Unternehmungen im südlichen Reichsteil vergleichend herangezogen werden. Die Quellengrundlage für ein solches Vorhaben ist allerdings ziemlich dünn, da die Kaiserurkunden der damaligen Zeit noch keine Zeugenlisten enthielten, die Aufschluß über die Zusammensetzung des Gefolges geben könnten. Aufgrund fehlender Quellenaussagen ist im Einzelfall auch meist nicht mit letzter Sicherheit feststellbar, ob sich ein Bischof mit seinem Aufgebot oder aber nur zur Erledigung gänzlich unkriegerischer Geschäfte beim Kaiser einfand. Die belegbare Anwesenheit in Ottos Gefolge bleibt häufig der einzige Anhaltspunkt für den Aufenthalt im Süden.

Theoretisch kommen 37 Diözesen des nördlichen Reichsteils in Frage, aus denen Otto III. im Zeitraum zwischen 996 und 1002 Unterstützung für seine italienischen Unternehmungen hätte erhalten können[102]. Die Bischöfe von zwölf Diözesen sind jedoch kein einziges Mal als Teilnehmer der Italienzüge nachweisbar. Für diesen Sachverhalt bieten sich folgende Erklärungen an: Die Bischöfe von Brandenburg und Havelberg waren nach der Verwüstung ihrer Diözesen durch den Slawenaufstand von 983 als *episcopi in partibus infidelium* gar nicht zu militärischer Unterstützung in der Lage[103]; auch die Bischöfe Ramward von Minden (996-1002) und Suitger von Münster (993/995-1011)[104] sowie Eid von Meißen (992-1015) und Erzbischof Giselher von Magdeburg (981-1004) dürften wegen des permanenten Kriegszustandes mit den slawischen Stämmen keine Kontingente in den Süden entsandt haben - wobei im Falle Giselhers noch mit seiner Gegnerschaft zu Ottos III. Plan der Wiederher-

---

101 Im Ergebnis ganz richtig, allerdings ohne genauere Analyse sprach schon UHLIRZ, Jahrbücher, S. 391 von »großen Heerscharen der deutschen Fürsten«, ohne sich damit allerdings in der Forschung durchsetzen zu können.

102 Vgl. das Verzeichnis der Diözesen und Bischöfe bei FINCK VON FINCKENSTEIN, Bischof, S. 194-271.

103 Zu Volkmar I. (980-983) und Wigo von Brandenburg (vor 1004-1017/19) vgl. ABB-WENTZ, Brandenburg, S. 21; zu Hilderich von Havelberg (vor 992-1008) vgl. WENTZ, Bistum, S. 29.

104 Bischof Ramward von Minden bekämpfte im Herbst 997 die Welataben, die als Reaktion auf den Zug Ottos III. gegen die Heveller in den Bardengau um Lüneburg eingefallen waren, vgl. BU 1235a. Nachrichten über Ramwards Beziehungen zum Hof liegen nicht vor, vgl. ORTMANNS, Minden, S. 35f.; HERPICH-KLUGER, Minda, S. 95. Bischof Suitger von Münster ist im Reichsdienst unter Otto III. überhaupt nicht nachweisbar, vgl. BÖRSTING, Geschichte, S. 34; WOLTER, Monasterium, S. 121f.

stellung des Bistums Merseburg zu rechnen ist[105]. Erzbischof Liawizo-Libentius I. von Hamburg-Bremen (988-1013) spielte während der Regierung Ottos III. auf Reichsebene keine Rolle und scheint sich vor allem der nördlichen Missionspolitik gewidmet zu haben[106]. Die Überlieferungslage für die Bischöfe von Chur und Brixen ist so ungünstig, daß ihre reichspolitische Tätigkeit völlig im Dunkeln bleibt[107]. Der von Otto III. aus der Hofkapelle als Regensburger Bischof eingesetzte Gebhard I. (995-1023) hatte sich möglicherweise durch die Bedrückung des Klosters St. Emmeram mit dem Kaiser überworfen[108]. Rethar von Paderborn (983-1009) scheint vor allem den inneren Ausbau seines Bistums betrieben zu haben; zumindest seit dem Jahr 1000, als ein verheerendes Feuer seine Bischofsstadt schwer geschädigt hat, dürfte für ihn die Teilnahme an einer Heerfahrt aus materiellen Gründen ausgeschlossen gewesen sein[109]. Über die reichspolitische Tätigkeit Bischof Bertholds von Toul (996-1019) ist nichts weiter bekannt[110]. Das Faktum, daß die Bischöfe der genannten zwölf Diözesen zwischen 996 und 1002 nie im Süden nachweisbar sind, ist für die Frage nach ihrer Haltung zur Politik Ottos III. nicht aussagekräftig: Wollte man ihr Fehlen als Widerstand begreifen, so hätte er sich schon vor der Kaiserkrönung gegen Otto III. manifestiert. Solche weitreichenden Schlußfolgerungen verbieten sich jedoch angesichts der Überlieferungslage von selbst. Es bleibt nur festzustellen, daß für ein Drittel des Reichsepiskopats keine Nachrichten über eine Teilnahme an den Italienzügen Ottos III. vorliegen.

Aus 25 Diözesen des nördlichen Reichsteils haben sich jedoch Bischöfe bei Otto III. im Süden eingefunden[111]. Während des ersten Italienzuges aus Anlaß der Kaiserkrö-

---

105 Dazu siehe unten, S. 162-166.

106 Zu Liawizo-Libentius I. vgl. GLAESKE, Erzbischöfe, S. 25-33; REINECKE, Hammaburgensis, S. 24f. Am 25. Juli 1001 bestätigte Otto III. in Paterno dem Erzbischof den Besitz des Klosters Ramesloh, vgl. BU 1421 = DO.III. 407. Liawizo-Libentius war noch am 22./23. Juni 1001 auf der Synode in Pöhlde anwesend, vgl. BU 1419c. Da der dort ebenfalls anwesende Kardinallegat Friedrich jedoch erst »nach Mitte August« beim Kaiser eintraf, vgl. BU 1422d, müßte Liawizo-Libentius von Pöhlde aus in aller Eile nach Süden aufgebrochen und dort nach gerade vier Wochen angelangt sein. Das ist jedoch unwahrscheinlich; stattdessen dürfte die Ausstellung von DO.III. 407 auf die Initiative des ausdrücklich als Intervenienten genannten Kapellans Meinwerk zurückgehen, der damit vielleicht eine diesbezügliche Bitte des Erzbischofs erfüllte.

107 Zu Chur und Brixen vgl. FINCK VON FINCKENSTEIN, Bischof, S. 139f. und 143f.; wegen der geopolitisch wichtigen Lage beider Bistümer sei allgemein eine kaiserliche »Stützungspolitik« anzunehmen.

108 Otto III. setzte Gebhard gegen Tagino, den Kandidaten Heinrichs des Zänkers, als Regensburger Bischof durch, vgl. BU 1121b, 1142a und 1163c. Zu Gebhards Konflikt mit Ramwold ferner BU 1163c; STABER, Kirchengeschichte, S. 28; HAUSBERGER, Geschichte 1, S. 66-69.

109 Zu Rethar vgl. BANNASCH, Bistum, S. 94-150

110 Die Regesten verzeichnen nur seinen Amtsantritt 996, vgl. BU 1164c.

111 JOHNSON, Activities, nennt S. 143 noch eine Zahl von 19. AUER, Kriegsdienst, S. 390 nennt 24. Gegenüber AUER sind jedoch folgende Korrekturen notwendig: Bischof Rethar von Paderborn war 1000/01 nicht persönlich in Rom (so aber AUER, S. 387), sondern schickte lediglich Boten, die sich die beim verheerenden Brand in der Bischofsstadt vernichteten Kaiserurkunden bei Otto III. erneut ausstellen ließen, vgl. dazu BANNASCH, Bistum, S. 123f. Andererseits war Bischof Bernhar II. von Verden im Oktober 999 wohl doch in Rom, vgl. BU 1329c und BZ 886, um die Fernintervention des Erzbischofs Willigis von Mainz zugunsten des Klosters Lorsch dem Papst zu überbringen (anders AUER, S. 385); zur damaligen Aufhebung der Unterstellung des Klosters unter den Wormser Bischof

nung 996 sind die Erzbischöfe von Mainz, Salzburg und Trier sowie die Bischöfe von Worms, Straßburg, Speyer, Lüttich, Verdun, Konstanz, Freising und Passau als Teilnehmer erkennbar[112]; die ebenfalls nachweisbaren Bischöfe von Prag, Oldenburg, Osnabrück und Cambrai waren aus anderen Gründen nach Rom gezogen oder haben den Kaiser damals militärisch nicht unterstützt[113]. Im Laufe des zweiten Italienzuges erscheinen in den Jahren zwischen 997 und Ende 999 wiederum die Bischöfe von Worms, Straßburg, Lüttich, Konstanz und Passau[114] sowie erstmals die Bischöfe von Verden, Halberstadt, Würzburg, Utrecht und Metz[115]; der Kanzler Heribert wurde noch im Lager vor Benevent zum neuen Erzbischof von Köln geweiht[116]. Nicht in je-

---

auf Betreiben des Lorscher Diözesans Willigis vgl. WEHLT, Reichsabtei, S. 45f.; SEMMLER, Geschichte, S. 94f. Zu den von AUER genannten Bischöfen kommt noch Bischof Arnulf von Halberstadt hinzu, der Ende 999 bei Otto III. in Rom weilte. Einziger Beleg hierfür ist die lückenhafte Unterschriftenreihe in DO.III. 339 *Arnolfus ... aecclesiae episcopus interfui et subscripsi.* Die Lücke füllt BU 1336 mit *Halberstatensis* aus: Erzbischof Arnulf von Reims könne nicht gemeint sein, weil er sicher als *archiepiscopus* bezeichnet worden wäre; ebenso BZ 894.

112 Das während der römischen Krönungssynode am 24. Mai 996 ausgestellte Privileg Gregors V. für das rheinische Kanonissenstift Vilich nennt zehn Reichsbischöfe: Die Erzbischöfe Willigis von Mainz und Hartwig von Salzburg; die Bischöfe Hildebold von Worms, Widerold von Straßburg, Rupert von Speyer, Notger von Lüttich, Heimo von Verdun, Lambert von Konstanz, Gottschalk von Freising und Christian von Passau, vgl. ZIMMERMANN, Papsturkunden 2, n. 326 (= BZ 754; BU 1174b). Erzbischof Liudolf von Trier nahm im März/April an einem Placitum in Verona teil, vgl. BU 1165b und 1214, und kann daher als Teilnehmer des ersten Italienzuges gelten.

113 Zu Adalbert von Prag siehe oben, S. 125f. Bischof Gunther von Osnabrück hatte sich nur zur Bestätigung seiner Wahl eingefunden, vgl. BU 1171a. Bischof Erluin von Cambrai hatte sich ebenfalls zum Empfang seiner Weihe, die er von Gerbert des Reimser Bistumstreits wegen nicht empfangen konnte, nach Rom begeben, vgl. BZ 756 und 757. Erluin hatte am 5. Februar 996 an der die Romfahrt vorbereitenden Reichssynode in Ingelheim teilgenommen, vgl. BU 1163a, weshalb eine militärische Unterstützung Ottos III. zunächst nicht unwahrscheinlich ist; der Bischof hatte jedoch seit seiner Einsetzung im Oktober 995 (vgl. BU 1149a) mit großen Widerständen bei der Wiederherstellung entfremdeten Kirchenguts zu kämpfen, vgl. BU 1159a und BZ 757, so daß die Annahme von AUER, Kriegsdienst, S. 351, Erluin habe kein Kontingent schicken können, plausibel ist. Bischof Reginbert von Oldenburg nahm im März/April an dem Veroneser Placitum teil, vgl. BU 1156b und 1214; sein Bischofssitz Starigard-Oldenburg war während des Slawenaufstands 983 wahrscheinlich vernichtet worden, woraufhin sich Reginbert nach Mecklenburg, dem Sitz der christianisierten Abodritenfürsten begeben zu haben scheint, vgl. PETERSOHN, Lubeka, S. 54; LÜBKE, Regesten, n. 250. Dagegen vermutet FINCK VON FINCKENSTEIN, Bischof, S. 132f., der Bischof hätte bei einem seiner Amtsbrüder im Reich Zuflucht gefunden. Daß Reginbert ein Kontingent hätte stellen können, ist jedenfalls unwahrscheinlich.

114 Für Worms vgl. u.a. BU 1287b und 1324a (Tod Bischof Hildebolds und seines Nachfolgers Franco während des zweiten Italienzuges); für Straßburg vgl. u.a. BU 1323b (Tod Bischof Widerolds im Lager vor Benevent); für Notger von Lüttich vgl. BU 1250b, 1259a und 1279c = BZ 834; für Lambert von Konstanz vgl. BU 1299c = BZ 846; für Christian von Passau vgl. BU 1300.

115 Für Bernhar II. von Verden vgl. BU 1329c, BZ 886 = ZIMMERMANN, Papsturkunden 2, n. 376; für Arnulf von Halberstadt siehe oben, S. 141 Anm. 111; für Heinrich von Würzburg vgl. BU 1311; für Ansfried von Utrecht vgl. BU 1308; für Adalbero II. von Metz vgl. BU 1312.

116 BU 1323d.

dem Fall wird man militärische Unterstützung annehmen können[117]. Als Teilnehmer am dritten Italienzug ab Juni 1000 sind erneut der Kölner Erzbischof, die Bischöfe von Worms, Cambrai und Würzburg[118] sowie erstmals die Bischöfe von Hildesheim, Augsburg und Zeitz[119] belegt. Beim Tod Ottos III. im Januar 1002 sind schließlich die Vertreter von neun Diözesen, die den Kaiser auch schon zuvor unterstützt hatten, im südlichen Reichsteil nachweisbar: Das Erzbistum Mainz und das Bistum Hildesheim durch die entsandten Kontingente, persönlich anwesend waren der Erzbischof von Köln, die Bischöfe von Worms, Würzburg, Konstanz, Augsburg, Lüttich und Zeitz; weiterhin Bischof Megingaud von Eichstätt, der damit erstmals im Süden erscheint[120].

Setzt man voraus, daß sich Ottos Befehl zur Heeresfolge tatsächlich an alle der insgesamt 25 Diözesen gerichtet hat, deren Vertreter während seiner Regierungszeit im südlichen Reichsteil nachweisbar sind, so bleiben fünfzehn Diözesen, die 1001/02 nicht vertreten waren. Davon hatten die Bischöfe von Prag und Oldenburg wahrscheinlich überhaupt keine Kontingente stellen können[121]. Die Bischöfe von Straßburg[122],

---

117 So meint AUER, Kriegsdienst, S. 385, daß sich die Bischöfe von Konstanz, Würzburg und Passau nicht an der eigentlichen expeditio nach Rom beteiligt haben. Das gilt wohl auch für den Bischof von Verden, siehe oben, S. 141 Anm. 111. Der Umstand, daß die Schenkungen für Utrecht, Würzburg und Metz sogar erst im April 999 erfolgten sowie der Verzicht auf jede Erwähnung besonderer Verdienste als Anlaß für die Urkundenausstellung läßt an einer militärischen Beteiligung dieser Bischöfe an der Niederwerfung des Crescentius im April 998 zweifeln und unterstützt die Vermutung AUERS, S. 385, daß das militärische Übergewicht während des zweiten Italienzuges wohl bei den weltlichen Fürsten lag.

118 Für Heribert von Köln vgl. die Interventionen in DDO.III. 376, 378, 380 und 381; für Burchard von Worms vgl. BU 1395; für Erluin von Cambrai vgl. BU 1410; für Heinrich von Würzburg vgl. BU 1396e und Intervention in DO.III. 393.

119 Für Bernward von Hildesheim vgl. u.a. BU 1396c-e und 1400; AUER, Kriegsdienst, S. 387 vermutet aufgrund der Formulierung praemissi omnibus suis in der Vita Bernwardi 27, MGH SS 4, S. 770, daß Bernward mit einem Hildesheimer Kontingent in Rom erschienen ist. Für Siegfried von Augsburg und Hugo II. von Zeitz vgl. als einzigen Beleg BU 1396e.

120 Die Belege im einzelnen siehe oben, S. 134f.

121 Zu den Verhältnissen in Prag unter Adalberts Nachfolger Thieddag vgl. HILSCH, Bischof, S. 31-35; zu Oldenburg siehe oben, S. 142 Anm. 113.

122 Zum Nachfolger des Anfang 1001 verstorbenen Bischofs Alawich (vgl. BU 1400d) setzte Otto III. den im kaiserlichen Dienst offenbar bewährten Adligen Werner (1001-1029) ein; dessen Weihedatum war der 4. Mai des Jahres 1001 oder 1002, vgl. WENTZCKE, Regesten 1, n. 216. Werner wurde von Otto in der ausdrücklichen Erwartung treuer Dienste zum Bischof erhoben, vgl. WENTZCKE, n. 220; BG 1525 = DH.II. 34 vom 15. Januar 1003: tercius Otto ... venerabilem virum Uuerinharium, iuge eius servitium et fidei bonae constantiam attendens, divina dispensante gratia sanctae Argentoratensi ecclesiae ordinavit et praefecit episcopum. Berücksichtigt man ferner, daß Werners Vorgänger Widerold (992-999) und Alawich (999-1001) die italienischen Unternehmungen des Kaisers militärisch unterstützt haben (siehe oben, S. 142 Anm. 112 und 114), darf unterstellt werden, daß sich Otto auch auf Werners Zuzug hätte verlassen können. Das Fehlen der Straßburger Kontingente wird man deshalb wohl mit der noch nicht erfolgten Weihe oder noch unzureichend gefestigter Position Werners oder aber damit zu erklären haben, daß sich der Befehl gar nicht an ihn richtete. Zu Werner vgl. SCHERER, Bischof, allerdings ohne Informationen zum fraglichen Zeitraum 1001/02.

Utrecht[123] und Cambrai[124] hätten wohl ebenfalls nicht Heeresfolge leisten können. Bischof Adalbero II. von Metz entzog sich *data sibi a Deo sapientia datoque animi ingenio* den Heereszügen Ottos und unterstützte den Kaiser stattdessen trotz beschränkter Mittel regelmäßig mit finanziellen Zuwendungen[125]. Es bleiben demnach also neun Diözesen übrig, die ohne erkennbaren Grund nicht teilnahmen: Salzburg, Trier, Verdun, Speyer, Freising, Passau, Halberstadt, Verden und Osnabrück. Auffallenderweise sind sechs dieser neun fehlenden Diözesen - Trier, Salzburg, Speyer, Verdun, Freising, Osnabrück - auf dem Krönungszug 996 nachweisbar[126]. Möglicherweise hielten diese Bischöfe die Heerfolgepflicht mit der Teilnahme am ersten Romzug für erledigt.

Das Schweigen der Quellen bedeutet jedoch für jede Interpretation der Abwesenheit ein letztlich unüberwindliches Hindernis. Zentrale Fragen bleiben offen: Hat Ottos Befehl zur Heerfolge überhaupt alle Diözesen erreicht? Schließlich war die kurze Zeitspanne von knapp vier Monaten zur Übermittlung des kaiserlichen Befehls, zur Sammlung des Aufgebots und zur Anreise nach Todi doch viel zu knapp bemessen, um tatsächlich das Erscheinen von »allen« deutschen Bischöfen ernsthaft erwarten zu können[127]. Darf die Nachricht der Hildesheimer Denkschrift - *universos Theotiscos epi-*

---

123 Zu Ansfried von Utrecht (995-1010) vgl. allgemein ALBERTS-WEINFURTER, Traiectum, S. 188f.; GROSSE, Bistum, S. 115-210. GROSSE lehnt S. 172 die Möglichkeit einer »Befehlsverweigerung« Ansfrieds ab und gibt S. 173 zu bedenken, daß der Bischof 1001/02 wohl schon deshalb nicht zum Kaiser zog, weil sich bereits Heribert von Köln, Notger von Lüttich und Herzog Otto von Niederlothringen dort aufhielten und »der Nordwesten des Reichs sonst ohne ordnende Hand gewesen wäre«.
124 Bischof Erluin von Cambrai (995-1012), den Otto III. auf Fürsprache seines Vertrauten Bischof Notgers von Lüttich erhoben hatte (vgl. BU 1149a), mußte die Wiederherstellung entfremdeten Kirchenguts gegen massive Widerstände durchsetzen, vgl. BU 1159a; AUER, Kriegsdienst, S. 351. Im April 1001 hielt sich Erluin beim Kaiser in Ravenna auf, vgl. BU 1410. Die seit Ende 1000 andauernde schwere Auseinandersetzung mit Graf Balduin von Flandern, die sich nach dem Tod Ottos noch verschärfte (vgl. BU 1390h; JOHNSON, Activities, S. 131ff.), dürfte die militärischen Kräfte Erluins gebunden haben.
125 Dies berichtet Constantin von St. Symphorian, Vita Adalberonis 25, MGH SS 4, S. 667. Vgl. dazu FICHTENAU, Reichsbischöfe, S. 88ff.; ENGELS, Reichsbischof in ottonischer Zeit, S. 165f.; FOLZ, Adalbéron, S. 405f. Da das kirchliche Recht dem Kleriker Waffengebrauch untersagte (vgl. AUER, Kriegsdienst, S. 318-322), ist zu bedenken, daß das Lebensbild eines Bischofs sich über diese Norm auch nicht ohne weiteres hinwegsetzen konnte; die Nachricht der Vita Adalberonis entspricht daher nicht unbedingt gänzlich der historischen Wirklichkeit, ist im Kern jedoch sicher zutreffend, vgl. ENGELS, S. 53f. Adalbero II. hatte - entgegen der Nachricht der Vita, er sei nie zum Kaiser gezogen - Otto III. im Frühjahr 999 in Rom aufgesucht und war nach Ausweis der Bezeichnung *noster nepos dilectus* in DO.III. 316 ein Verwandter des Kaisers, vgl. dazu FINCK VON FINCKENSTEIN, Bischof, S. 81 und Tafel III.
126 Bischof Gunther von Osnabrück (996-998) war wohl ohne Kontingent nur zum Empfang der Weihe nach Rom gezogen, siehe oben, S. 202 Anm. 157. Von seinem Nachfolger Odilolf ist nur bekannt, daß er vor dem 28. Juli 1002 geweiht worden sein muß und am 7. Februar 1003 starb, vgl. KLUGER/SPICKER-WENDT, Osnabrugensis, S. 147.
127 Entgegen der Annahme von BU 1402c und UHLIRZ, Jahrbücher, S. 366 wurden im Februar/März 1001 keine Boten mit der Aufforderung zur Heeresfolge an Heribert von Köln und Heinrich von Würzburg gesandt, vgl. AUER, Kriegsdienst, S. 388; MÜLLER, Heribert, S. 141 Anm. 221. Der Befehl zum Aufgebot erging erst Ende August 1001, vgl. dazu BU 1422d; UHLIRZ, Jahrbücher, S. 380 Anm. 124.

scopos - angesichts der Tatsache, daß sich zu keinem Zeitpunkt jemals »alle deutschen Bischöfe« in Italien eingefunden haben, überhaupt wörtlich genommen werden? Waren die neun Vertreter des Reichsepiskopats durch schwerwiegende, uns unbekannte Gründe verhindert, dem kaiserlichen Befehl Folge zu leisten - wie vielleicht auch andere, die 1001 erstmals zur Heeresfolge aufgefordert worden sein könnten[128]? Machte eine Hungersnot (mancherorts) die Aufstellung von Kontingenten unmöglich[129]?

3. Zusammenfassung

Die für viele der Bischöfe nur lückenhaften Informationen, die Zufälligkeiten der Überlieferung, die nur in groben Zügen erkennbare Heeresorganisation in ottonischer Zeit und die dadurch begründeten methodischen Schwierigkeiten lassen eine Bewertung der Heeresfolge von 1001/02 als Ausdruck von »Unterstützung« oder »Ablehnung« der Politik Ottos III. nicht zu. Festzuhalten bleibt jedoch, daß die Vertreter des Reichsepiskopats mit besonderer »Königsnähe« - Erzbischof Heribert von Köln, die Bischöfe Bernward von Hildesheim, Burchard von Worms, Heinrich von Würzburg, Lambert von Konstanz und vielleicht auch Bischof Notger von Lüttich - den bei weitem größten Teil der Streitmacht stellten, die sich 1001/02 bei Otto III. einfand. In dieser Hinsicht entspricht die Situation unter Otto III. den bekannten Verhältnissen unter seinem Vorgänger und seinem Nachfolger: Denn auch Otto II. und Heinrich II. waren bei ihren Heerfahrten in den südlichen Reichsteil besonders auf die Unterstützung jener Bischöfe angewiesen, mit denen sie ein besonderes Vertrauensverhältnis verband[130].

Vom Umfang her entsprach die Truppenstärke von 1001/02 ziemlich genau dem Kontingent des Reichsepiskopats für die Romfahrt 996; legte man die gleichen Bewertungskriterien wie zur Beurteilung der Heeresfolge 1001/02 als »Hilfsverweigerung« an, müßte also schon damals der Großteil des Reichsepiskopats in »Opposition« zu Otto III. gestanden sein - eine absurde These. Es bleibt noch die Frage, weshalb Otto nur das Aufgebot der geistlichen Fürsten anforderte, nicht aber das der weltlichen. Wahrscheinlich wird man diesen Umstand mit der Notwendigkeit zu erklären haben,

---

128 So hätte beispielsweise Bischof Rethar von Paderborn, in dessen Bischofsstadt im Sommer oder Herbst 1000 ein verheerender Brand gewütet hatte (vgl. BANNASCH, Bistum, S. 123f.), kaum Heeresfolge leisten können.

129 Nach Mitteilung der Vita Burchardi war der Anmarsch durch die Toscana nur *maximo sudore* möglich, vgl. Vita Burchardi 7, MGH SS 4, S. 836. Die Hildesheimer Denkschrift berichtet an zwei nicht in die Vita Bernwardi übernommenen Stellen ebenfalls von größeren Schwierigkeiten als Grund für die verspätete Ankunft Heriberts und der übrigen Kontingente: *Nam per omnes regiones comitatus et marcas dispersi sedebant, sicuti necessaria invenire poterant* und *Immensa namque penuria omnium sumptuum miserabiliter laborabant*, Vita Bernwardi, MGH SS 4, S. 774 Var. t und v. Diese Nachrichten deuten wohl auf Versorgungsschwierigkeiten während des Anmarschs, vgl. BU 1436a, wurden aber auch als Aussage über eine Hungersnot im nördlichen Reichsteil verstanden, die das Kommen der Bischöfe verhinderte, vgl. DIETERICH, Vita Bernwardi, S. 436; ähnlich DRÖGEREIT, Vita Bernwardi, S. 23. Entgegen der Annahme von SCHERFF, Studien, S. 146 gibt es also durchaus Nachrichten über Versorgungsschwierigkeiten bei Feldzügen nach und in Italien.

130 Für Otto II. vgl. AUER, Kriegsdienst, S. 379; für Heinrich II. ZIELINSKI, Reichsepiskopat, S. 222-228; ENGELS, Reichsbischof, S. 78; DERS., Reichsbischof in ottonischer Zeit, S. 165.

bei einem längeren Aufenthalt in Italien die Kontingente austauschen zu müssen[131]:
Otto III. konnte während entscheidender Phasen seiner drei Italienzüge regelmäßig auf
die militärische Hilfe der Herzöge von Bayern, Schwaben und Kärnten sowie des sächsischen Markgrafen Ekkehard und damit der bedeutendsten weltlichen Fürsten - und
der späteren vier Thronanwärter! - zählen[132]. Zur Jahreswende 1001 ist von den weltlichen Großen nur Herzog Otto von Niederlothringen im Gefolge des Kaisers belegt[133],
der bezeichnenderweise weder am ersten noch am zweiten Italienzug teilgenommen
hatte. Die Vermutung liegt nahe, daß Otto deshalb ein Kontingent nur des Reichsepiskopats anforderte, weil die vorausgegangene intensive Inanspruchnahme der weltlichen Vasallen nunmehr einen Austausch der Heeresteile erforderlich gemacht hatte.
Ferner entsteht der Eindruck, daß sich Otto von vorneherein nur an seine engsten Anhänger unter den Reichsbischöfen gewandt haben könnte, die ihm der vielfältigen materiellen Begünstigung wegen auch besonders verpflichtet waren und von denen er annehmen konnte, daß sie so rasch und in so ungünstiger Jahreszeit den Anmarsch wag-
ten. Diese Vermutung ist zwar nicht mit letzter Sicherheit zu beweisen, jedoch erscheint
sie vor dem Hintergrund der untersuchten Beteiligung des Reichsepiskopats an den anderen Italienzügen Ottos plausibel. Dagegen entbehrt die Behauptung, die Heeresfolge
der geistlichen Fürsten zur Jahreswende 1001/02 beweise die »Isolation« des Kaisers[134], jeder nachprüfbaren Grundlage; der rekonstruierbare Ausschnitt des militä-
risch-politischen Geschehens spricht nicht für eine »Hilfsverweigerung« der Fürsten,
sondern legt im Gegenteil ein eindrucksvolles Zeugnis für die Effektivität ab, mit der
Otto III. die materielle Mehr- und Sonderausstattung von Angehörigen des Reichsepiskopats mit deren verstärkter Inanspruchnahme für den Reichsdienst verband.

III. Die *conspiratio* gegen Otto III. nach Thietmar IV 49

Die einzige konkrete Nachricht über eine Adelsopposition gegen Otto III. findet sich
in der Chronik Thietmars von Merseburg; dort heißt es, daß vor dem nahen Tod Ottos III. - also wohl im Jahr 1001 - »viele unserer Herzöge und Grafen nicht ohne Mit-

---

131 Vgl. dazu Auer, Kriegsdienst. S. 371.
132 Herzog Heinrich IV. von Bayern nahm an allen drei Italienzügen teil, vgl. BG 1483g, m-q, w-aa.
Die Teilnahme Herzog Konrads von Schwaben (983-997) am ersten Italienzug ist nicht nachweisbar,
wohl aber die seines Sohnes und Nachfolgers Hermann II. (vgl. BU 1191), der auch 999 beim Kaiser
in Rom war (vgl. BU 1305) und dessen Kontingent im Juni 1001 am ersten erfolglosen Zug gegen
Rom beteilgt war, vgl. Thietmar, Chronicon IV 59, MGH SS rer. Germ. NS 9, S. 198: *Nam cum ducis Herimanni milites...* Herzog Otto von Kärnten ist während aller drei Italienzüge nachweisbar, vgl.
BU 1164d, 1165a, 1167b und d, 1248a, 1249, 1250a, 1255 und 1407c. Der von Otto III. hochge-
schätzte Markgraf Ekkehard von Meißen (985-1002) nahm 996 am ersten Italienzug teil (vgl.
BU 1170 und 1190) und hatte 998 bei der Erstürmung der Engelsburg maßgeblichen Anteil, vgl.
BU 1267a. Herzog Bernhard I. von Sachsen blieb während des Krönungszugs 996 zur Slawenabwehr
zurück (vgl. BU 1163a) und erschien im April 1001 beim Kaiser in Ravenna wohl zum einzigen Mal
im südlichen Reichsteil, vgl. BU 1413.
133 Herzog Otto nahm am dritten Italienzug von Anfang an teil (vgl. BU 1370e) und hielt sich beim
Tod Ottos in dessen Umgebung auf, vgl. BU 1415 und 1450/IVb.
134 Labande, Mirabilia mundi, S. 473.

wissen von Bischöfen danach trachteten, sich gegen ihn in vielen Dingen zu verschwö-
ren; hierfür forderten sie die Unterstützung Herzog Heinrichs, seines späteren Nachfolgers. Dieser aber behielt die letzten Ermahnungen seines Vaters, der in Gandersheim
gestorben war und dort ruht, in seinem Sinn, blieb dem Kaiser in allem treu ergeben
und verweigerte ihnen seine Zustimmung. Der Kaiser erfuhr sofort davon und nahm es
ruhig auf.«[135] Thietmar drückt sich jedoch gleichzeitig so allgemein aus, daß die Erkenntnisse über eine Adelsopposition gegen Otto III. bisher nicht über die Annahme
eines - je nach Meinung der einzelnen Historiker - engeren oder weiteren Geltungsbe-
reichs für die unspezifische Nachricht hinausreichen: Möglicherweise opponierten die
Fürsten im ganzen nördlichen Reichsteil[136], vielleicht aber auch nur in Sachsen[137]. Die
Frage nach dem Anlaß zu diesem Ungehorsam wird jedoch einhellig mit dem Hinweis
auf die Vernachlässigung der »Deutschen« durch die Bevorzugung Roms sowie auf die
Gründung des Erzbistums Gnesen und die dadurch bedingte Herauslösung Polens aus
der kirchenorganisatorischen Abhängigkeit von Magdeburg und damit vom Reich beantwortet. Schramms Formulierung, daß der »Aufstand als Ergebnis der Renovatio
imperii Romanorum« zu werten sei[138], ist immer noch repräsentativ. Dabei steht die
Sonderstellung Ottos III. und seiner Politik im Vergleich zu seinen Vorgängern so un-
umstößlich fest, daß die Forschungsergebnisse über Entstehungsbedingungen und
Zusammensetzung der sächsischen Adelsopposition unter Otto I. und Otto II. zur Erklärung von Thietmars Nachricht untauglich oder überflüssig erscheinen. Jedoch zeigte
schon die Untersuchung der sächsischen Historiographie, daß die herrschende Meinung über Otto III. in zentralen Punkten auf fragwürdigen Prämissen beruht. Möglicherweise führt es zu neuen Ergebnissen, wenn man Otto III. weniger stark isoliert,
sondern mehr in den Zusammenhang langlebiger politischer Rahmenbedingungen
stellt, die das Verhältnis zwischen den sächsischen Herrschern und dem sächsischen
Adel bestimmten.

    Die oppositionellen Strömungen während der Ottonenzeit wurden in einer ganzen
Reihe neuerer Arbeiten untersucht[139]; dabei stand die Frage nach dem Handlungs-

---

135 *Appropinquantem eius obitum multa prevenere importuna. Namque nostri duces et comites, non sine
conscientia episcoporum, multa contra eum conspirare nituntur, Heinrici ducis, postea successoris sui, ad
hoc auxilium postulantes. Hic ultima patris suimet et equivoci monita, qui in Gonneshem obiit ac requiescit, memori servans in pectore et sibi hactenus in cunctis fidelis, nullum his prebuit assensum. Imperator hoc statim comperiens et pacienti ferens animo ...* Thietmar, Chroni-con IV 49, MGH SS rer.
Germ. NS 9, S. 188; zur erwähnten Ermahnung Heinrichs des Zänkers an seinen Sohn vgl. Chronicon
IV 20, S. 154.

136 CARTELLIERI, Otto III., S. 202; BRACKMANN, Sachsengeschichte, S. 173; KIRCHBERG, Kaiseridee,
S. 71; HOLTZMANN, Geschichte, S. 360; SEIDEL, Opposition, S. 43; SCHULZE, Otto III., S. 48;
UHLIRZ, Jahrbücher, S. 383; BU 1420b; HAUCK, Kirchengeschichte 3, S. 261; BENZINGER, Invectiva,
S. 36f.; MÜLLER-MERTENS, Regnum Teutonicum, S. 131f.; PRINZ, Grundlagen, S. 176.

137 TER BRAAK, Otto III., S. 461 mit Anm. 22 schließt eine reichsweite organisierte Opposition aus;
SCHRAMM, Kaiser 1, S. 183 Anm. 3; JOHNSON, Activities, S. 38; BEUMANN-SCHLESINGER, Urkundenstudien, S. 381; GIESE, Stamm, S. 127; LEYSER, Herrschaft, S. 55; HLAWITSCHKA, Frankenreich, S. 146.

138 SCHRAMM, Kaiser 1, S. 183.

139 WOLF, Hintergründe; NAUMANN, Rätsel; LEYSER, Herrschaft; ERKENS, Opposition; ALTHOFF,
Frage; DERS., Bett des Königs; DERS., Adels- und Königsfamilien, S. 77-127; DERS., Königsherrschaft.

spielraum des Königs unter den Bedingungen eines konkurrierenden Mitherrschaftsan-
spruchs des Adels im Vordergrund. Den Aufständen gegen Otto I. - unter Führung
seines Halbbruders Thankmar (937), seines jüngeren Bruders Heinrich (939) und seines Sohnes Liudolf (953/54) - liegen ebenso wie den Erhebungen Heinrichs des Zänkers 974 und 976/77 gegen Otto II. und seinem Anspruch auf Thronfolge 983/84 zwei
zentrale Motive zugrunde: Zum einen zeigt die Beteiligung von Mitgliedern der Königsfamilie, daß über ihren Anteil an der Herrschaft nicht immer Einvernehmen
bestand[140]; zum anderen zeigt die Beteiligung vieler Angehöriger bedeutendster Adelsfamilien, daß sich eine Opposition relativ rasch und in für den König bedrohlichem
Ausmaß zusammenfinden konnte, sobald sich einige Adlige in ihren Rechten oder Interessen durch königliche Handlungen beeinträchtigt fühlten und von einem gleichermaßen gekränkten Mitglied der Königsfamilie um sich versammelt und angeführt wurden[141]. Die Aufstände waren im Rahmen der Königsherrschaft deshalb geradezu
»systemimmanent«[142], weil der König das Reich nur mit Hilfe des Adels regieren
konnte, also auf ihn angewiesen war, gleichzeitig aber auch dessen Recht auf Teilhabe
zu berücksichtigen hatte. Insbesondere Gerd Althoffs Untersuchungen haben tiefere
Erkenntnisse über den Charakter der oppositionellen Zusammenschlüsse in ottonischer
Zeit ermöglicht: Das gemeinsame Handeln der Adligen scheint nicht nur durch spon-
tane und vorübergehende Interessengemeinschaft, sondern durch die gilden- oder bru-
derschaftsähnliche Form der gegenseitig verpflichtenden Schwurgemeinschaft - der
coniuratio - begründet gewesen zu sein[143]. Als wichtiges Indiz für die Richtigkeit dieser
Überlegungen gilt die erstaunliche personelle Kontinuität, mit der Mitglieder mehrerer
Generationen ein- und derselben Familie zum Kreis der Verschwörer zählen; das betrifft etwa die frühen Wettiner, die Grafen von Weimar und den Wichmann-Zweig der
Billunger[144]. Bislang ging die gründliche Analyse der sächsischen Adelsopposition unter den Ottonen zeitlich nicht über die letzte *rebellio* Heinrichs des Zänkers von 983/84
hinaus; jedoch könnten prosopographische Untersuchungen möglicherweise auch zu
einem besseren Verständnis von Thietmars Andeutungen über eine erneute Verschwörung unter Otto III. führen. Zwar läßt es der Wortlaut des Berichts zunächst aussichtslos erscheinen, die Anonymität zu durchbrechen und einzelne Mitglieder des Verschwörerkreises namhaft zu machen; jedoch weist die Bitte - oder sogar die Forderung
(*postulantes!*) - der opponierenden Adligen nach Unterstützung durch Herzog
Heinrich IV. von Bayern darauf hin[145], daß zwischen diesem noch in den Anfängen

---

Zur Darstellung dieser Widerstände in der zeitgenössischen sächsischen Historiographie vgl. KARPF,
Herrscherlegitimation, passim; FRASE, Friede, S. 135-279.
140 Vgl. dazu insbesondere ALTHOFF, Frage.
141 Vgl. dazu ERKENS, Opposition, S. 361-366; LEYSER, Herrschaft, S. 53.
142 ERKENS, Opposition, S. 366.
143 Vgl. dazu ALTHOFF, Frage; kritisch dazu FRASE, Friede, S. 284-287. Zur *coniuratio* als Form der
Bildung sozialer Gruppen vgl. OEXLE, Conjuratio.
144 Vgl. ALTHOFF, Frage, S. 131.
145 Das von Thietmar, Chronicon IV 49 in diesem Zusammenhang gebrauchte Verb *postulare* statt
des schwächeren *rogare* könnte auf eine rechtsförmige Verpflichtung als Grundlage dieser Forderung
der Verschwörer und damit auf den ungebrochenen Fortbestand der *coniuratio* hinweisen, die auch die

steckenden Aufstandsversuch und früheren Aufständen personelle Verbindungen existiert haben: Offenbar wollte ein Kreis aus welchen Gründen auch immer unzufriedener Adliger den bayerischen Herzog an seine Spitze stellen. Daß die Wahl dabei gerade Heinrich traf, war schwerlich ein Zufall, hatten doch schon sein Vater und Großvater sächsische Adlige gegen Vater und Großvater von Otto III. geführt. Wie in den früheren Erhebungen scheinen Zusammenhalt und Legitimation des Aufstandes auch 1001 nur durch die Führung eines bedeutenden Angehörigen der Königsfamilie selbst gewährleistet worden zu sein. Wenn also Herzog Heinrich IV. nach dem Willen der Aufrührer die Funktion hätte übernehmen sollen, die sein Vater Heinrich der Zänker innehatte, dann liegt die Vermutung nahe, daß auch die Aufrührer von 1001 ihrerseits mit den früheren Aufrührern verbunden, vielleicht sogar mit ihnen identisch waren. Diese Spur ist vielversprechend genug, um weiterverfolgt zu werden.

1. *Duces et comites* als Verschwörer

Thietmars Bericht legt eine Zweiteilung der Untersuchung nahe: Mit der Konspiration begonnen haben *nostri duces et comites*; demgegenüber signalisiert die Formulierung *non sine conscientia episcoporum* einen wohl geringeren aktiven Anteil der Bischöfe an der Verschwörung. Der Impuls dazu dürfte nicht von Angehörigen des Episkopats ausgegangen sein, man wird auf ihrer Seite Mitwissen und vielleicht auch wohlwollendes Einverständnis annehmen, jedoch nicht die eigentliche Initiative suchen können. Aus diesem Grunde sei zuerst der Kreis der weltlichen Fürsten untersucht.

Thietmars Begriff *duces* weist zunächst auf eine Beteiligung der Herzöge an der Verschwörung hin. In Frage kommen dabei Bernhard I. von Sachsen (973-1011), Dietrich I. von Oberlothringen (978-1027?), Otto von Niederlothringen (991-1006), der Salier Otto von Kärnten (978-985 und 995-1004), Hermann II. von Schwaben (997-1003) sowie Heinrich IV. von Bayern (995-1002), um dessen Unterstützung die Verschwörer laut Thietmar nachsuchten. Zu berücksichtigen ist auch der dem thüringischen *ducatus* durch Volkswahl vorstehende Markgraf Ekkehard von Meißen (985-1002)[146].

Verschwörer um Heinrich den Zänker miteinander verbunden hat, vgl. dazu ALTHOFF, Frage, S. 133; DERS., Adels- und Königsfamilien, S. 85f. und S. 94-100. Thietmars Verwendung von *postulare* an anderen Stellen könnte eine solche Vermutung stützen: In Chronicon III 13, IV 11 und IV 46 wird mit *postulare* die Forderung aufgrund eines Versprechens, Lehnsverhältnisses und kirchenrechtlichen Grundsatzes umschrieben. Aber Thietmars Begriffsverwendung ist nicht einheitlich, vgl. Chronicon IV 1 und IV 5, so daß auf den Gebrauch von *postulare* keine allzu weitreichenden Schlußfolgerungen über den Charakter der Beziehung zwischen den Verschwörern und Heinrich IV. von Bayern gebaut werden können.
146 Diese Nachricht bei Thietmar, Chronicon V 7, MGH SS rer. Germ. NS 9, S. 228; zu Ekkehards Herzogstitel siehe unten, S. 151.

Betrachten wir zunächst ihr Verhältnis zu Heinrich dem Zänker[147]. Bernhard I. von Sachsen, Dietrich I. von Oberlothringen und Otto von Kärnten standen in den Auseinandersetzungen zwischen 983 und 985 auf seiten der ottonischen Vormundschaftsregierung[148]. Im Fall von Schwaben und Niederlothringen waren zur Zeit der selbständigen Regierung Ottos III. bereits die Söhne Hermann II. und Otto ihren Vätern Konrad (983-997)[149] und Karl (977-991), die beide ebenfalls Gegner des Zänkers waren[150], im Herzogtum nachgefolgt. Anders liegt der Fall Ekkehards von Meißen: Sein Vater, Markgraf Gunther von Merseburg, hatte sich 976 aus unbekanntem Grund Heinrich dem Zänker angeschlossen und wurde deshalb von Otto II. 976-979 seines Amtes entsetzt; diese Zeit der Verbannung teilte Ekkehard mit seinem Vater. Beide wurden jedoch wieder in die kaiserliche Gnade aufgenommen[151]; seitdem verfolgte die Familie eine königstreue Politik: Gunther fiel im Dienst Ottos II. am Cap Colonne gegen die Sarazenen[152], Ekkehard unterstützte 983/84 die ottonische Partei gegen den Zänker[153]. Heinrich IV. von Bayern schließlich, der als Sohn des Zänkers noch am ehesten einer Gegnerschaft zu Otto III. verdächtigt werden könnte, scheidet nach Thietmars Bericht über dessen Treue zum Kaiser aus dem Kreis der Verschwörer aus. Auf seiten der Herzöge ergeben sich demnach keine Verbindungen zu den Umtrieben des Zänkers, in deren Kontinuität eine eventuelle Teilnahme an einer erneuten Verschwörung stehen könnte. Es bleibt die Frage, ob sich während der selbständigen Regierung Ottos III. entscheidende Interessengegensätze aufgebaut haben, die ursächlich für Widerstand hätten werden können.

So berichtet Thietmar, Markgraf Ekkehard von Meißen habe seinen Ärger darüber, daß Otto III. Erzbischof Giselher von Magdeburg ihm in allem vorgezogen habe, zunächst nur insgeheim, dann aber ganz offen gezeigt[154]. Thietmar selbst berichtet an anderer Stelle jedoch ausführlich über das hohe Ansehen, das Ekkehard bei Otto III.

---

147 Zu den teilweise unklaren Ereignissen während des Thronstreits vgl. KOHLENBERGER, Vorgänge; UHLIRZ, Jahrbücher, S. 10-44; GIESE, Stamm, S. 23-26; ALTHOFF, Adels- und Königsfamilien, S. 96-99; LAUDAGE, Problem, S. 262-268.

148 Vgl. für Bernhard I. BU 956 u/1; für Dietrich I. BU 956 b/1 und y/2; für Otto BU 963a.

149 Die Identität Herzog Konrads I. von Schwaben mit Graf Kuno von Öhningen wurde erstmals erschlossen von WOLF, Kuno.

150 Vgl. für Konrad BU 957a; für Karl BU 956n/1.

151 Thietmar, Chronicon IV 39, MGH SS rer. Germ. NS 9, S. 176.

152 Thietmar, Chronicon III 20, MGH SS rer. Germ. NS 9, S. 122ff.

153 BU 956u/1. Zu Markgraf Ekkehard I. von Meißen vgl. POSSE, Markgrafen, S. 32-46; LÜPKE, Markgrafen, S. 23-31; SCHÖLKOPF, Grafen, S. 65ff. Ekkehards Verwandtschaft mit den Ottonen erschloß zuerst HLAWITSCHKA, Thronkandidatur. Die These blieb nicht unwidersprochen, zum jüngsten Diskussionsstand vgl. ALTHOFF, Thronbewerber, und die Replik von HLAWITSCHKA, Thronbewerber. Zur Abstammung Ekkehards zuletzt METZ, Probleme, S. 88-94.

154 *Augusto sepe memorato Gisillerus archipresul multum carus fuit, quod Ekkihardum marchionem primo latenter momordit posteaque paululum emersit, cum hunc in omnibus sibi priorem esse non sine gravi dolore persensit.* Thietmar, Chronicon IV 73, MGH SS rer. Germ. NS 9, S. 214; vgl LÜBKE, Regesten, n. 311a.

genoß[155], so daß ihr Verhältnis also keineswegs kontinuierlich schlecht gewesen sein kann. So lassen denn auch die Erwähnungen Ekkehards in den Urkunden Ottos III. ein deutlich positiveres Urteil zu: In einer am 23. März 1000 in Magdeburg ausgestellten Urkunde bezeichnet der Kaiser den Markgrafen als *noster amabilis marchio*[156], ein ungewöhnlich deutlicher Ausdruck persönlicher Wertschätzung. Berücksichtigt man ferner, daß sich das Verhältnis zwischen dem Kaiser und Erzbischof Giselher zu diesem Zeitpunkt wegen der Merseburger Frage bereits entscheidend verschlechtert hatte[157], so steht außer Frage, daß die gegenteilige Bemerkung Thietmars das Verhältnis zwischen Otto III. und Ekkehard zu einem früheren Zeitpunkt - höchstwahrscheinlich noch während der vormundschaftlichen Regierung - charakterisiert[158], als Giselher tatsächlich großen Einfluß am Hof hatte[159], Ekkehard dagegen nicht[160].

Unklar ist Thietmars Bericht über die Wahl Ekkehards an die Spitze des thüringischen *ducatus*[161] und die Frage, ob dadurch sein Verhältnis zum Kaiser beeinträchtigt wurde; die neuere Forschung stimmt darin überein, daß Ekkehard nicht zum thüringischen Stammesoberhaupt gewählt worden sein kann, sondern Thietmars Worte die von den übrigen Großen anerkannte überragende Machtstellung Ekkehards im Altsiedelland umschreiben[162]; ob Otto III. diesem Vorgang ablehnend oder zustimmend gegenüberstand, wird allerdings unterschiedlich beurteilt[163]. Die ältere Forschung nimmt an, daß diese Entwicklung nur wegen der Autoritätsschwäche Ottos III. und des zuneh-

---

155 Thietmar, Chronicon IV 40 und 45 sowie V 7, MGH SS rer. Germ. NS 9, S. 178, 182 und 228.

156 DO.III. 350.

157 Dazu siehe unten, S. 162-166.

158 CLAUDE, Geschichte 1, bezieht S. 181 die Bewertung Thietmars auf die Jahre vor 994. Die Annahme eines langandauernden Gegensatzes zwischen dem Kaiser und Ekkehard bei POSSE, Markgrafen, S. 42 und LÜPKE, Markgrafen S. 29 trifft nicht zu; vgl. auch SCHÖLKOPF, Grafen, S. 66; PATZE, Entstehung, S. 108f. und 120f.

159 CLAUDE, Geschichte 1, vermutet S. 174f. aufgrund einer Statistik der Interventionen Giselhers in den Urkunden Ottos III., daß seit 994/95 eine »Entfremdung« aus unbekanntem Anlaß zwischen dem Kaiser und Giselher zu beobachten ist.

160 Ekkehard erscheint erstmals Anfang 992 als Intervenient in einer Urkunde Ottos III., vgl. BU 1047, wird 993 bereits als *fidelis noster* bezeichnet, vgl. DO.III. 132, und taucht dann mit Ausnahme der Jahre 995, 999 (vgl. aber BU 1323/I) und 1001 regelmäßig in den Herrscherurkunden auf, vgl. BU 1086, 1099, 1100, 1170, 1190, 1217, 1234, 1235, 1266, 1294 (?), 1323/I (?), 1351 und 1359.

161 *Super omnem Thuringiam communi totius populi electione ducatum promeruit.* Thietmar, Chronicon V 7, MGH SS rer. Germ. NS 9, S. 228.

162 POSSE, Markgrafen, schlägt S. 39ff. vor, die »Wahl« nur als Zustimmung der thüringischen Adligen zur Funktion Ekkehards als »Heerführer der thüringischen Heerhaufen« zu verstehen. Die Annahme eines thüringischen Herzogs ohne Existenz eines thüringischen Stammesherzogtums bei TELLENBACH, Reichsadel, S. 920 mit Anm. 130; ähnlich SCHÖLKOPF, Grafen, S. 66f. und PATZE, Entstehung, S. 121. HELBIG, Ständestaat, erblickt S. 55 in Ekkehards Politik den »einzigartige(n) Versuch zur Begründung eines Herzogtums«.

163 Ablehnend: HELBIG, Ständestaat, S. 55; BEUMANN-SCHLESINGER, Urkundenstudien, S. 382; BEUMANN, Ottonen, S. 154. Zustimmend: BU 1382a; SCHÖLKOPF, Grafen, S. 67; LÜBKE, Regesten, n. 342.

menden Widerstands gegen seine Italienpolitik im nördlichen Reichsteil eingetreten sein kann[164]. Völlig unbeachtet in der Diskussion um den Herzogstitel blieb bisher jedoch die Tatsache, daß Ekkehard in zwei Urkunden Ottos III. aus den Jahren 996 und 998 als *dux* bezeichnet wird[165]. Die Annahme einer unäbhängig vom Kaiser oder sogar gegen dessen Willen durchgesetzten Eigenmächtigkeit des Markgrafen verliert damit an Überzeugungskraft; stattdessen scheint Otto III. Ekkehard den Titel *dux* als persönliche Auszeichnung für seine militärischen Erfolge gegen die Slawen und bei der Erstürmung der Engelsburg zugestanden zu haben[166]. Ekkehards Stellung als »Herzog über Thüringen« zeigt ebenso wie der Aufstieg der Billunger unter Otto III.[167], daß das ungestörte Verhältnis zum Kaiser für die einheimischen Familien auch gleichzeitig die Voraussetzung für den Ausbau ihrer Machtpositionen war. Was Ekkehard betrifft, ist kein Gegensatz zu Otto III. erkennbar, der ihn in die Nähe der Verschwörer hätte rükken können.

Nachrichten über ein belastetes Verhältnis zwischen den anderen Herzögen und Otto III. liegen nicht vor. Der Kaiser erhielt - mit Ausnahme von Herzog Dietrich I. von Oberlothringen - von ihnen allen regelmäßige und entscheidende militärische Hilfe für die Italienzüge[168]. Zwar beinhaltet die herzogliche Doppelstellung als königlicher Beauftragter und als fürstlicher Eigenherr mit starker Vasallenschaft von vorneherein ein gewisses Konfliktpotential, so daß einzelne Interessenkollisionen mit Otto III. durchaus nicht unwahrscheinlich sind; jedoch deuten keine Indizien auf so massive Gegensätze, daß ihretwegen eine Teilnahme der Herzöge an einer gegen Otto III. gerichteten Konspiration plausibel erschiene.

Für das Verständnis von Thietmars Formulierung *nostri duces* ergibt sich als Ergebnis der bisherigen Untersuchung, daß der Merseburger Bischof mit *duces* an dieser Stelle offenbar nicht die Inhaber der Amts- bzw. Stammesherzogtümer, sondern

---

164 So LÜPKE, Markgrafen, S. 27ff. (»Neubelebung des Stammesbewußtseins« als Folge der »italienischen Neigungen« Ottos III.); HOLTZMANN, Geschichte, S. 363; SEIDEL, Opposition, S. 46.

165 Der Name *Naychardus dux* in DO.III. 193 und *Aichardus inclitus dux* in DO.III. 281 wird in BU 1170 und BU 1266 mit Ekkehard von Meißen identifiziert; vgl. auch DO.III. 302 (= BU 1294) mit der Erwähnung des *Anardi* (wohl statt *Aicardi*) *marchionis caesaris summi consiliarii*. Zu den Namensformen vgl. schon UHLIRZ, Kirchenpolitik, S. 263 Anm. 5. Die Teilnahme Ekkehards am zweiten Italienzug Ottos III. ist durch Thietmar, Chronicon IV 30 bezeugt, so daß zumindest die Identifizierungen für DDO.III. 281 und 302 als sicher gelten können. Für eine Teilnahme Ekkehards am ersten Romzug wäre die Nennung des *Aichardus inclitus dux* der einzige Beleg. Ekkehard wird sogar noch in einer Urkunde Papst Johannes XIX. aus dem Jahr 1028 für das Bistum Zeitz-Naumburg als *dux* bezeichnet, vgl. ZIMMERMANN, Papsturkunden 2, n. 581: ... *heres cuiusdam Wichardi ducis* ... Damit ist die Feststellung von POSSE, Markgrafen, S. 40 Anm. 108 (der die Papsturkunde nicht gelten lassen will) und HELBIG, Ständestaat, S. 54, Ekkehard werde in Urkunden nur *comes* oder *marchio* genannt, hinfällig.

166 Ein ganz ähnlich gelagerter Fall ist unter Otto I. für Markgraf Gero zu beobachten: In DDO.I. 76 und 105 wird Gero als *dux et marchio* bezeichnet. HOLTZMANN, Geschichte, spricht S. 173 daher von einem »Markherzogtum« Geros; zu Geros Titel vgl. auch KIENAST, Herzogstitel, S. 327f.

167 Vgl. dazu FREYTAG, Herrschaft, S. 29-32; ALTHOFF, Adels- und Königsfamilien, S. 101-107.

168 Dazu siehe oben, S. 146. Zur Intervention der Herzöge in den Urkunden Ottos III. vgl. SCHETTER, Intervenienz, S. 89-100.

»Führer« in einem allgemeinen Sinn[169] auf der Ebene unterhalb der Herzogtümer und damit eine Funktion gemeint haben muß, die natürlich auch die *comites* wahrnehmen konnten.

Um die Gruppe potentieller Verschwörer gegen Otto III. einkreisen zu können, sei zunächst wieder danach gefragt, welche der unter Otto III. noch lebenden Adligen zu den früheren Anhängern des Zänkers gehört haben. Ein Teil der sächsischen Adelsopposition schloß sich nach dem Ausgleich mit dem bayerischen Herzog im Jahr 985 dauerhaft der ottonischen Partei an. Dazu gehörte der Billunger Egbert der Einäugige: Er stand 953 auf seiten Liudolfs und rebellierte bis 956 gegen Otto I., schloß sich 977 dem Aufstand des Zänkers gegen Otto II. an und unterstützte ihn 983 im Thronstreit[170], stand aber nach dem Ausgleich der ottonischen Partei mit dem Zänker 985 bis zu seinem Tod im April 994 auf seiten Ottos III.[171] Anfang der Neunziger Jahre kam es auch zum Ausgleich zwischen dem rebellischen Wichmann-Zweig und dem königstreuen Zweig der Billungersippe[172]; über Gegensätze zwischen Egbert und Bernhard I., einem der wichtigsten Anhänger Ottos III. in Sachsen, ist nichts bekannt. Auch Egberts Sohn Wichmann III. scheint sich dann wie sein Vater königstreu verhalten zu haben[173]. Der Wettiner Graf Dedi, der noch 976 den Zänker unterstützt hatte, fiel - wie Ekkehards Vater Graf Gunther von Merseburg - 982 in der Schlacht bei Cap Colonne[174]. Sein Sohn Dedi-Ziazo, der noch 977 ebenfalls als Parteigänger des Bayernherzogs ein böhmisches Heer gegen Zeitz geführt hatte[175], wandte sich nach der Aussöhnung seines Vaters mit Otto II. 983/84 gegen den Zänker[176], wurde später Vasall Ottos III. und erwarb sich nach Thietmars Bericht schnell dessen Gunst und Vertrauen[177]; möglicherweise ist Dedi sogar mit dem engen Vertrauten des Kaisers und römischem *patricius* Ziazo identisch[178].

---

169 Der Begriff wird von Thietmar auch an anderen Stellen in dieser allgemeineren Bedeutung gebraucht, vgl. das Register zu Holtzmanns Thietmar-Ausgabe unter dem Lemma *dux*. Die Übersetzung von *duces et comites* mit »Herzöge und Grafen« hat beispielsweise GIESEBRECHT, Geschichte 1, S. 751 und CARTELLIERI, Weltstellung, S. 260 dazu geführt, eine reichsweite Verschwörung anzunehmen.

170 Vgl. BORK, Billunger, S. 71-78; ALTHOFF, Adels- und Königsfamilien, S. 77-84 und S. 94ff.

171 Die Teilnahme Egberts an Hoftagen (BU 1027, 1046a) und Slawenzügen (BU 1024a, 1078e) sowie Interventionen in den Urkunden Ottos III. (BU 1028, 1047, 1079) erlauben diesen Schluß.

172 Vgl. ALTHOFF, Adels- und Königsfamilien, S. 102.

173 Zur genealogischen Einordnung Wichmanns III. als einem Sohn Egberts vgl. BORK, Billunger, S. 86-90; FREYTAG, Herrschaft, S. 54ff.; ALTHOFF, Adels- und Königsfamilien, S. 417 G 136.

174 Vgl. HOLTZMANN, Geschichte, S. 248 und 269; LIPPELT, Thietmar, S. 55.

175 Thietmar, Chronicon III 18, MGH SS rer. Germ. NS 9, S. 120; vgl. LÜBKE, Regesten, n. 191.

176 Thietmar, Chronicon IV 2, MGH SS rer. Germ. NS 9, S. 134.

177 Thietmar, Chronicon VI 50, MGH SS rer. Germ. NS 9, S. 336.

178 Vgl. BU 956u/1, 1146, 1344; LUDAT, Elbe, S. 137 mit Anm. 268.

a) Graf Wilhelm II. von Weimar

Ein anderes Bild ergibt sich im Falle der Grafen von Weimar[179]. Graf Wilhelm I. (+963) gehörte 953 zu den Verschwörern um Liudolf, verlor deshalb seine Ämter und wurde mit Verbannung bestraft, scheint die Gunst Ottos I. jedoch wiedererlangt zu haben[180]. Sein Sohn Wilhelm II. (963-1003) unterstützte 984 tatkräftig Heinrich den Zänker und war sogar ein enger Freund von ihm[181]. Bis 1002 ist Wilhelm II. nicht ein einziges Mal als Intervenient oder Empfänger einer Urkunde Ottos III. und auch sonst nicht in dessen Gefolge nachweisbar; das Verhältnis des Grafen zu der ottonischen Partei scheint nachhaltig gestört gewesen zu sein. Diese Entfremdung wurde noch durch eine andere Entwicklung verstärkt: Die Meißener Markgrafen und die Grafen von Weimar standen wegen Interessenüberschneidungen im thüringischen Raum in einem gespannten Verhältnis zueinander[182]. Durch seine bevorzugte Stellung am Kaiserhof war Ekkehard in eine übermächtige Position gekommen. Ganz folgerichtig stellte sich Wilhelm II. nach dem Tod Ottos III. gegen die Thronkandidatur Ekkehards und unterstützte stattdessen Herzog Heinrich IV. von Bayern[183], dem er noch vor der Merseburger »Nachwahl« als neuem König huldigte. Nach der Ermordung Ekkehards im Mai 1002 war Wilhelm II. von Weimar der »nunmehr mächtigste Mann Thüringens«[184]. Aufgrund seiner Gegnerschaft zu den Ottonen und seiner Rivalität mit Markgraf Ekkehard dürfte Graf Wilhelm II. zum Kreis der Verschwörer gerechnet werden können.

b) Liuthar von Walbeck, Markgraf der sächsischen Nordmark

Auch in der Familie der Grafen von Walbeck - der Familie Thietmars von Merseburg - zeichnet sich eine deutlich oppositionelle Tradition ab. Thietmars Großvater Liuthar (+964) war 941 als Parteigänger des aufständischen Königsbruders Heinrich am Quedlinburger Mordkomplott gegen Otto I. beteiligt, entging nur knapp der Hinrichtung und mußte hohe Bußgelder entrichten[185]. Thietmars Vater Graf Siegfried (+992) und dessen Bruder Liuthar (+1003) standen 984 während des Thronstreits auf

---

179 Zu dieser Grafensippe vgl. POSSE, Markgrafen, S. 124-154; SCHÖLKOPF, Grafen, S. 56-61.

180 Vgl. SCHÖLKOPF, Grafen, S. 57; ALTHOFF, Adels- und Königsfamilien, S. 395 G 38.

181 ... *Willehelmum comitem, duci nimis familiarem* ... Thietmar, Chronicon IV 7, MGH SS rer. Germ. NS 9, S. 138; vgl. auch BU 956m/2.

182 Vgl. dazu SCHÖLKOPF, Grafen, S. 58.

183 Vgl. dazu Thietmar, Chronicon V 8 und 14, MGH SS rer. Germ. NS 9, S. 228ff. und 236.

184 *Willehelmus, Thuringiorum tunc potentissimus* Thietmar, Chronicon V 14, MGH SS rer. Germ. NS 9, S. 236. Vgl. auch die Bezeichnung Wilhelms II. als *princeps Toringorum* bei Adalbold von Utrecht, Vita Heinrici secundi 10, MGH SS 4, S. 686. Zu Wilhelm II. vgl. POSSE, Markgrafen, S. 129ff.; SCHÖLKOPF, Grafen, S. 57f.

185 Thietmar, Chronicon II 21, MGH SS rer. Germ. NS 9, S. 62; vgl. dazu LEYSER, Herrschaft, S. 57-74 und 180f.

der Seite Heinrichs des Zänkers[186]. Liuthar erhielt nach dem Ausgleich mit dem Zänker 985 die seit dem Slawenaufstand von 983 wesentlich verkleinerte sächsische Nordmark[187]. Liuthar scheint während der Vormundschaftsregierung Ottos III. über einen gewissen Einfluß am Hof verfügt zu haben: So erhob Otto III. auf sein Anraten 992 Reginbert, den Propst des Walbecker Eigenklosters, zum Bischof von Oldenburg[188]. Jedoch geriet der Markgraf mit dem Kaiser dann in Konflikt: Ein Erbschaftsstreit zwischen ihm und Thietmars Mutter entschied Otto zugunsten der Mutter[189]. Zweifelsohne belastender wirkte sich die Anklage Liuthars im Zusammenhang mit dem Verlust der Arneburg am 2. Juli 997 an die Slawen aus. Nur durch einen Eid konnte er sich vor Otto III. von den gegen ihn erhobenen Vorwürfen reinigen[190]. Aber auch das zunehmend enge Verhältnis zwischen Ekkehard von Meißen und Otto III. brachte für Liuthar Nachteile mit sich. Zu einem Zeitpunkt, als Ekkehard im Ansehen des Kaisers noch nicht so hoch stand, - wahrscheinlich in den letzten Jahren der Vormundschaftsregierung -, bahnte Liuthar eine enge Verbindung zwischen den beiden Familien an: Sein Sohn Werner sollte Ekkehards Tochter Liudgard heiraten - ein Projekt, das bei einem Treffen der beiden Sippen von Ekkehard gutgeheißen und verbindlich bestätigt wurde[191].

Der Meißener stieg jedoch nach der Übernahme der Regierungsgeschäfte durch Otto III. rasch in dessen Ansehen. Aus dem engen Verhältnis zum Kaiser hoffte Ekkehard, besonderen Vorteil für seine Familie ziehen zu können; offenbar konnte er seiner »Königsnähe« wegen auf eine vorteilhaftere Heiratsverbindung seiner Tochter hoffen und versuchte bereits vor seinem Aufbruch zum zweiten Italienzug Ottos III. im Jahr 997, die verabredete Verlobung seiner Tochter zu hintertreiben[192]. Werner nutzte dar-

---

186 Zwar gibt es keine diesbezügliche direkte Quellenaussage; die Tatsache, daß Thietmar weder seinen Vater noch seinen Onkel unter den Anhängern der ottonischen Vormundschaftsregierung beim Treffen auf der Asselburg erwähnt (vgl. Chronicon IV 2), läßt aber den Schluß zu, daß beide auf seiten des Zänkers standen; so schon HOLTZMANN in MGH SS rer. Germ. NS 9, S. IX. Thietmar verrät durch sein Schweigen indirekt »die Trennungslinie, die innerhalb der höheren sächsischen Aristokratie verliefen«, (LEYSER, Herrschaft, S. 75).
187 Wann genau Liuthar das Markgrafenamt erhielt, ist nicht festzustellen; durch Thietmar, Chronicon IV 38 ist er erstmals für 997 als *marchio* belegt. Zur Datierung vgl. LUDAT, Elbe, S. 25 mit Anm. 166; LEYSER, Herrschaft, S. 76; LÜBKE, Regesten, n. 235. Zu 983 vgl. FRITZE, Aufstand S. 31ff.; LÜBKE, nn. 220-224. Zu Liuthar allgemein vgl. GIESE, Lothar.
188 Thietmar, Chronicon VI 43, MGH SS rer. Germ. NS 9, S. 326ff.; vgl. BU 1078d. Zu Bischof Reginbert siehe oben, S. 142 Anm. 113. Während der vormundschaftlichen Regierung ist Liuthar ein einziges Mal in einer Gemeinschaftsintervention nachweisbar, vgl. BU 1099; wohl in der zweiten Jahreshälfte 995 erhielt er eine Schenkung des Kaisers, vgl. BU 1145. Danach ist er am Hof nicht mehr belegbar.
189 Thietmar, Chronicon IV 17, MGH SS rer. Germ. NS 9, S. 152; zur Datierung in die Zeit der Vormundschaftsregierung vgl. UHLIRZ, Jahrbücher, S. 414 Anm. 105.
190 Thietmar, Chronicon IV 38, MGH SS rer. Germ. NS 9, S. 176. Vgl. BU 1226c, 1230c und 1246e; LÜBKE, Regesten, n. 322.
191 Vgl. Thietmar, Chronicon IV 40, MGH SS rer. Germ. NS 9, S. 178.
192 *Qui cum tercio Ottoni multum placeret et apud eundem inter alios primates plurimum valeret, nescio qua causa depravatus pactum firmissime stabilitum interrumpere quam maxime conatur.* Thietmar, Chronicon IV 40, MGH SS rer. Germ. NS 9, S. 178. POSSE, Markgrafen, denkt S. 42 sogar an die phantastische Möglichkeit, Ekkehard habe seine Tochter mit Otto selbst verheiraten wollen.

aufhin die Abwesenheit Ekkehards dazu, die inzwischen der Äbtissin Mathilde von Quedlinburg zur Erziehung übergebene Liudgard unter Mithilfe von Thietmars Brüdern Heinrich und Friedrich 998 zu entführen[193]. Die während Ottos Abwesenheit als *matricia* in Sachsen regierende Äbtissin berief dann auf Rat der Großen im Januar 999[194] einen Hoftag nach Magdeburg ein, wo Werner seine Verlobte gegen deren erklärten Willen wieder in die Obhut Mathildes zurückgeben mußte - *non pro retentione, sed pro timoris magni confirmatione,* wie Thietmar berichtet[195]. Mit dieser Bemerkung werden die politischen Implikationen des Ereignisses allerdings mehr verschleiert als offengelegt: Denn es steht außer Frage, daß beim Zustandekommen dieser Entscheidung nicht nur die Rücksicht auf die Stellung Mathildes, sondern auch die Haltung Herzog Bernhards I. von Sachsen, eines treuen Anhängers Ottos III. und durch die zweite Heirat seiner Schwester Swanhild[196] ein Schwager des Markgrafen Ekkehard, eine entscheidende Rolle gespielt haben muß. Weder konnte die Demütigung der *matricia* durch Werners Eigenmächtigkeit geduldet werden noch ließ sich Ekkehard von dem jungen Grafen seine Heiratspolitik zunichte machen: Mit Herzog Bernhard I., aber auch mit seinem der ersten Ehe Schwanhilds entstammenden Stiefsohn - dem Markgrafen Gero II. von der sächsischen Ostmark[197] -, hatte er während seiner Abwesenheit zweifellos mächtige Anwälte seiner Interessen in Sachsen. Die Entführung Liudgards wurde von Liuthar selbst wohl nicht gutgeheißen. Es ist anzunehmen, daß er sich über die geringen Erfolgschancen eines solchen Unternehmens im klaren gewesen wäre. Daß Werner jedoch grundsätzlich auf die Unterstützung seines Vaters zählen konnte, geht aus Thietmars Bemerkung hervor, Liuthar habe »voller Sorge« - *anxia mente* - überlegt, wie er die Verlobung gegen Ekkehards Widerstand durchsetzen könnte[198]. Ekkehard behielt jedoch die Oberhand - erst nach seiner Ermordung konnte die Heirat zwischen Liudgard und Werner stattfinden[199]. Während Ekkehard in der Gunst Ottos III. immer höher stieg und im Mai 1000 sogar den größten Teil seiner Lehen als Eigen erhielt[200], verschlechterte sich die Beziehung zwischen den beiden Markgrafen nachhaltig bis

---

193 Vgl. Thietmar, Chronicon IV 41, MGH SS rer. Germ. NS 9, S. 178.

194 Zur Datierung vgl. BU 1299h.

195 Thietmar, Chronicon IV 42, MGH SS rer. Germ. NS 9, S. 180.

196 Zu Swanhild vgl. BORK, Billunger, S. 114-117.

197 Zu Markgraf Gero II. (993-1015) vgl. SCHÖLKOPF, Grafen, S. 47f.; ALTHOFF, Adels- und Kö-nigsfamilien, S. 409 G 100. Über Geros Verhältnis zu Otto III. liegen keine ausdrücklichen Nachrich-ten vor, immerhin ist er in den Jahren 995 und 1000 als Intervenient nachweisbar, vgl. BU 1147 und 1361 (jedoch nicht zusammen mit dem Markgrafen Ekkehard!) = LÜBKE, Regesten, n. 302 und 341. Während der Vormundschaftsregierung Gemeinschaftsintervention u. a. mit Ekkehard von Meißen in DDO.III. 118 und 131 sowie später alleinige Intervention in DDO.III. 173 und 359. Die Tatsache, daß von den deutschen Grafen und Markgrafen nur Ekkehard und Gero mehrfach als Intervenienten in Urkunden Ottos III. auftauchen (vgl. dazu SCHETTER, Intervenienz, S. 114ff.), darf als Indiz für ihr gutes Verhältnis zum Kaiser gewertet werden. Gero stand außerdem - wie sein Stiefvater Ekkehard auch - in guter Beziehung zu Boleslaw I. Chrobry von Polen, vgl. LUDAT, Elbe, S. 28 mit Anm. 202, und LÜBKE, Regesten, n. 499; er dürfte daher auch die Polenpolitik Ottos III. unterstützt haben.

198 Thietmar, Chronicon IV 40, MGH SS rer. Germ. NS 9, S. 178.

199 Thietmar, Chronicon VI 86, MGH SS rer. Germ. NS 9, S. 376.

200 Thietmar, Chronicon V 7, MGH SS rer. Germ. NS 9, S. 228; vgl. BU 1364.

hin zur Feindschaft. Im Thronstreit nach Ottos Tod 1002 war Liuthar ein entschiedener Gegner Ekkehards und ein ebenso entschlossener Anhänger Heinrichs von Bayern, der durch Liuthars maßgeblichen Einsatz die Zustimmung der sächsischen Großen erhielt[201].

c) Die Grafen von Katlenburg und von Northeim

Das gescheiterte Heiratsprojekt mußte Liuthar nicht nur in seiner Ehre verletzt haben, sondern auch Ansehensverlust und das vorläufige Ende des geplanten Ausbaus seiner Machtposition in Sachsen durch die Verbindung mit der mächtigen Familie Ekkehards bedeuten. Nimmt man die demütigende Anklage vor dem Kaiser hinzu, so besteht aller Grund zu der Annahme, daß Liuthar mit den bestehenden Machtverhältnissen in Sachsen und mit ihren Konsequenzen für seine eigene Stellung unzufrieden war. Es kann deshalb auch als sicher gelten, daß er mit den Mördern Ekkehards in Verbindung stand. Bekanntlich wurde der Markgraf von Meißen am 9. Mai 1002 in der Königspfalz zu Pöhlde von den beiden Brüderpaaren Siegfried II. und Benno von Northeim sowie Heinrich und Udo von Katlenburg ermordet[202]. Heinrich und Udo gelten als Söhne des um 994 im Kampf mit normannischen Piraten gefallenen Graf Luder-Udo von Stade[203]. Dessen Schwester Kunigunde war die Frau von Liuthars Bruder Siegfried von Walbeck und die Mutter Thietmars von Merseburg; Thietmar nennt den Katlenburger Udo denn auch *nepos meus*[204]. Markgraf Liuthar und Udos Bruder Heinrich könnten durch ihren gemeinsamen Haß auf Markgraf Ekkehard zusammengefunden haben: Heinrich wurde eines unbekannten Vergehens wegen auf Veranlassung Ekkehards und auf Befehl Ottos III. mit Geißelhieben bestraft und trug sich deshalb laut Thietmar schon seit langem mit Rachegedanken[205]. Von einer direkten Verbindung zwischen Liuthar und den Mördern berichtet Thietmar zwar nicht, aber dieses Schweigen wird sicher zurecht mit seiner Verwandtschaft zu den Mördern erklärt[206].

---

201 Thietmar, Chronicon IV 52 und V 3, MGH SS rer. Germ. NS 9, S. 190 und 222ff.

202 Vgl. dazu Thietmar, Chronicon V 4-8, MGH SS rer. Germ. NS 9, S. 224-230. Daß mit den bei Thietmar, Chronicon V 5 ohne weiteren Zusatz genannten Brüdern Heinrich und Udo die Katlenburger Grafen gemeint sind, ergibt sich aus dem entsprechenden Zusatz des Annalista Saxo ad a. 1002, MGH SS 6, S. 647. Zur Mordtat vgl. ROGGE, Verbrechen, S. 34-45; WINZER, Grafen, S. 69-75.

203 So zuerst USLAR-GLEICHEN, Abstammung, S. 41; ihm folgten HUCKE, Grafen, S. 16; LANGE, Stellung, S. 4; WINZER, Grafen, S. 9-12.

204 Thietmar, Chronicon VIII 33, MGH SS rer. Germ. NS 9, S. 532. HUCKE, Grafen, S. 16 und LANGE, Stellung, S. 4 identifizieren diesen Udo mit dem Katlenburger Udo und entkräften damit den Einwand von SCHÖLKOPF, Grafen, S. 127, Thietmar habe keinen der beiden Katlenburger unter seinen zahlreichen Verwandten als solchen aufgeführt.

205 Thietmar, Chronicon V 7, MGH SS rer. Germ. NS 9, S. 228.

206 So ROGGE, Verbrechen, S. 42; LANGE, Stellung, S. 4; WINZER, Grafen, folgt S. 73 zu gutgläubig Thietmars Bericht und nimmt an, der Bischof habe nur Gerüchte aufgeschrieben und selbst nichts gewußt. Zu weitgehend dagegen die Vermutung bei USLAR-GLEICHEN, Abstammung, S. 41, derzufolge auch Thietmar »seine Hand im Spiel« gehabt habe und eine »gemeinsame Aktion des Oheims und des Neffen« anzunehmen sei. Daß Thietmar am 7. Mai 1002, also nur wenige Tage nach der Ermordung

Zumindest ein Mitwissen Liuthars an der Mordtat darf angenommen werden[207]. Aus welchem Grunde sich die Northeimer Brüder am Mord beteiligten, bleibt im Dunkeln[208]; direkte Thronambitionen scheiden sicher aus[209]. Weil die Tat jedoch ursprünglich nicht in Pöhlde, sondern in Northeim begangen werden sollte, dort allerdings von der Stiefmutter der beiden Grafensöhne verhindert werden konnte[210], liegt die Schlußfolgerung nahe, daß auch der Vater, Graf Siegfried I. von Northeim, ein Gegner Ekkehards war[211]. Im Gefolge Ottos III. ist der Northeimer denn auch ebensowenig belegbar wie Graf Wilhelm II. von Weimar und Markgraf Liuthar.

d) Richbert, Graf im Harzgau

Es überrascht nicht, daß in Liuthars Umgebung ein weiterer Adliger erscheint, dessen Machtposition gelitten hatte und der ebenfalls nicht Ekkehard unterstützte. Gemeint ist Liuthars Onkel Richbert aus der Familie der Harzgaugrafen[212]. Ihm hatte Otto III. aus unbekanntem Anlaß die Grafschaft entzogen und einem Vasallen Bischof Arnulfs von Halberstadt übertragen[213]. Nach dem Tod des Kaisers und noch vor der Ermordung Ekkehards zog Richbert mit Liuthar zu Heinrich IV. von Bayern, der ihm

---

Ekkehards - von seinem Onkel Liuthar zum Propst in Walbeck ernannt wurde, versteht USLAR-GLEICHEN als Belohnung für Thietmars Tatbeteiligung. Dieser Interpretation steht jedoch Thietmars durchaus glaubwürdiger Bericht entgegen, daß er sich schon mehrfach an seinen Onkel gewandt habe und erst nach langen Verhandlungen und gegen hohe Bezahlung die Propstei übernehmen konnte, vgl. Thietmar, Chronicon VI 44, MGH SS rer. Germ. NS 9, S. 328ff.

207 So von USLAR-GLEICHEN, Abstammung, S. 41; ROGGE, Verbrechen, S. 42; LANGE, Stellung, S. 4.

208 So auch WINZER, Grafen, S. 74. USLAR-GLEICHEN, Abstammung, vermutet S. 39f. als eines der Tatmotive das Streben der Northeimer Grafen Siegfried II. und Benno, Hermann II. von Schwaben durch Beseitigung Ekkehards die Thronfolge zu erleichtern: Denn Bennos Gemahlin war eine Tochter des Grafen Bruno VI. von Braunschweig, dessen zweite Frau eine Tochter Hermanns II. war. Indessen erscheint ein solches Tatmotiv doch recht weit hergeholt.

209 Vgl. SCHÖLKOPF, Grafen, S. 123.

210 Vgl. Thietmar, Chronicon V 5, MGH SS rer. Germ. NS 9, S. 226.

211 So auch HUCKE, Grafen, S. 76.

212 Richbert - von Thietmar, Chronicon V 3 als Liuthars *avunculus* bezeichnet - war der Bruder von Liuthars Mutter Mathilde und damit auch ein Bruder Bruns von Querfurt, vgl. HIRSCH, Jahrbücher 1, S. 455f.; SCHÖLKOPF, Grafen, S. 88f. Aufgrund dieses Verwandtschaftsverhältnisses dürfte Thietmar den Grafen Richbert auch in seinem Totengedenken berücksichtigt und in das Merseburger Necrolog eingetragen haben. Dort findet sich auf fol. 4^r unter dem 13. 7. ein *Richbertus com(es)* verzeichnet, vgl. MGH Libri mem. NS 2, Tafel 9. Der Eintrag gehört zur ersten Ergänzungsschicht, die vor dem 22. Mai 1017 entstanden ist und in der das familiäre Bezugsfeld Thietmars dominiert, vgl. ebenda, S. XXIV und XXVI. Es ist deshalb anzunehmen, daß der bisher nicht identifizierte *Richbertus* des Merseburger Necrologs (vgl. ALTHOFF, Adels- und Königsfamilien, S. 407 G 86) Thietmars Großonkel ist. Das Todesjahr Richberts ist nicht bekannt, sein Nachfolger ist erstmals 1021/22 belegbar, vgl. SCHÖLKOPF, Grafen, S. 89.

213 Thietmar, Chronicon V 3, MGH SS rer. Germ. NS 9, S. 222; vgl. dazu KRAH, Absetzungsverfahren, S. 315.

- offensichtlich als Gegenleistung für seine Unterstützung - die Restitution der Grafschaft in Aussicht stellte; ein Versprechen, das Heinrich auch eingehalten hat[214].

e) Heinrich von Schweinfurt, Markgraf im bayrischen Nordgau

Der mächtige Markgraf im bayrischen Nordgau, Heinrich von Schweinfurt, war über seine Mutter Eila von Walbeck ein Neffe Liuthars[215]. Jedoch rechtfertigt diese Verwandtschaft nicht die Annahme eines politischen Interessengleichklangs: Ihre recht selbständige Herrschaft mit Zentrum in mainfränkischen Grafschaften brachte die Schweinfurter in Gegensatz zu Heinrich dem Zänker und damit nahezu zwangsläufig auf die Seite der Ottonen. Heinrichs Vater Berthold (+980) unterstützte Otto II. 976 gegen den Zänker[216]. Über Heinrichs Haltung im Thronstreit 983/84 ist nichts bekannt, die Wiedereinsetzung des Zänkers 985 in sein bayerisches Herzogtum dürfte den alten Gegensatz jedoch belebt haben. Schwierig gestaltete sich auch das Verhältnis Heinrichs zum Bistum Würzburg: Noch während der Vormundschaftsregierung wurde der Markgraf auf Anordnung Ottos III. wegen einer Eigenmächtigkeit gegenüber Vasallen des Würzburger Bischofs Bernward des Landes verwiesen, erlangte aber schon kurz darauf wieder die Gnade des Kaisers[217]. Im Reichsdienst unter Otto III. ist der Schweinfurter nicht belegbar, er taucht nur ein einziges Mal als Empfänger einer Schenkung Ottos auf[218]. Demgegenüber sind die reichen Schenkungen Ottos an den von ihm hochgeschätzten Würzburger Bischof Heinrich I. auch als Gegengewicht zu der sich verfestigenden Adelsherrschaft des Markgrafen zu verstehen[219]. Wenngleich auch in diesem Fall ein durch lokale Interessenkonflikte bedingter Gegensatz zu Otto III. denkbar erscheint, steht einer solchen Annahme doch Thietmars ausdrückliche Feststellung entgegen, daß Heinrich dem Kaiser treu ergeben war[220]. Der Markgraf von Schweinfurt kann deshalb der Adelsopposition nicht zugerechnet werden.

---

214 Thietmar, Chronicon V 3, MGH SS rer. Germ. NS 9, S. 222. Zur Wiedereinsetzung Richberts vgl. SCHÖLKOPF, Grafen, S. 89; BG 1539; LEYSER, Herrschaft, S. 192.

215 Vgl. Thietmar, Chronicon V 3, MGH SS rer. Germ. NS 9, S. 222ff.

216 Vgl. HOLTZMANN, Geschichte, S. 248.

217 Vgl. Thietmar, Chronicon IV 21, MGH SS rer. Germ. NS 9, S. 154ff. Zur Datierung UHLIRZ, Jahrbücher, S. 414 Anm. 105. Zum Konflikt vgl. auch WENDEHORST, Bistum, S. 72; SCHMALE, Franken, S. 55; KRAH, Absetzungsverfahren, S. 314f.

218 BU 1164.

219 Vgl. dazu SCHMALE, Franken, S. 55; ENDRES, Rolle, S. 10f.

220 *Similiter et iste usque in finem ultimi Ottonis ei fidelis erat seniorique suo usque ad haec infelicia strennue ministrabat tempora.* Thietmar, Chronicon V 33, MGH SS rer. Germ. NS 9, S. 258; als Grund für das gute Verhältnis zwischen Heinrich von Schweinfurt und Otto III. vermutet ENDRES, Rolle, S. 12f., daß der Kaiser dem Markgrafen die Expektanz auf das bayerische Herzogtum eingeräumt hat.

2. *Episcopi* als Mitwisser der Verschwörung

Es bleibt nunmehr Thietmars Andeutung über den Kreis der bischöflichen Mitwisser nach ihren möglichen Hintergründen zu untersuchen. Wer könnten die *episcopi* gewesen sein, von deren *conscientia* die Rede ist, und welche Interessenlage hätte sie in die Nähe der Verschwörer bringen können?

a)　Erzbischof Giselher von Magdeburg und Ottos Gnesenplan

Ein tiefgreifender Gegensatz zwischen Erzbischof Giselher von Magdeburg und Otto III. wurde aufgrund ihrer angeblich unterschiedlichen Ostpolitik vermutet. Gemeinhin wird als erwiesen betrachtet, daß sich Giselher der mit der Gründung des Erzbistums Gnesen verbundenen Herauslösung des Bistums Posen aus der Magdeburger Kirchenprovinz und damit der kirchenorganisatorischen Unabhängigkeit Polens vom Reich widersetzt habe[221]. Der Haupteinwand gegen diese These ist jedoch, daß keine einzige zeitgenössische Quelle, auch nicht Thietmar, vom Widerstand des Magdeburger Erzbischofs gegen Ottos Gnesenplan berichtet - eine Tatsache, die Johannes Fried zu recht für »uneingeschränkt aussagekräftig«[222] hält. Die Suche nach den möglichen Beweggründen Giselhers führte in der Forschungsliteratur häufig zu unbeweisbaren Prämissen. Zuletzt hat Dietrich Claude zwar materielle Erwägungen, geistliche Motive wie etwa den Magdeburger Wunsch nach einem größeren Missionsgebiet oder die aktive Mitwirkung Magdeburgs bei der Christianisierung Polens und schließlich auch reines Prestigedenken als Ursachen für einen Widerstand Giselhers überzeugend abgelehnt[223], beharrt aber dennoch auf der Ansicht, daß sich der Erzbischof der Gründung Gnesens widersetzt habe: Der in der »Tradition der ottonischen Reichskirche« aufgewachsene Giselher habe durch »die Erhaltung des Posener Suffraganverhältnisses den unmittelbaren politischen Einfluß des Reiches auf Polen aufrechtzuerhalten« versucht[224].

Gerade den Beweis dafür kann Claude jedoch nicht erbringen. Unsicher ist doch schon, ob Posen überhaupt der Kirchenprovinz Magdeburg zugeordnet war. Fried hat jüngst zentrale Gesichtspunkte eindrucksvoll zusammengefaßt, die gegen eine solche Annahme sprechen[225]. Seine Ausführungen können mit Hinweisen auf den Magdeburger »Entwurf« für die Urkunde eines Johannespapstes, in dem erstmals die Zugehörigkeit Posens zur Erzdiözese Magdeburg behauptet wird[226], unterstützt werden. Der Datierung dieses allgemein als Fälschung betrachteten Schriftstücks kommt eine

---

221 Vgl. HOLTZMANN, Geschichte, S. 345; BEUMANN-SCHLESINGER, Urkundenstudien, S. 377-380; SCHLESINGER, Kirchengeschichte 1, S. 79; BEUMANN, Ottonen, S. 151.

222 FRIED, Otto III., S. 144 Anm. 4.

223 CLAUDE, Geschichte 1, S. 191f.

224 CLAUDE, Geschichte 1, S. 192.

225 FRIED, Otto III., S. 144-147.

226 Die Edition bei ZIMMERMANN, Papsturkunden 2, n. +412.

Schlüsselfunktion für die Frage zu, ob und ab wann Magdeburg tatsächlich Rechte an Posen besaß bzw Ansprüche auf Posen erhob. Paul Kehr datierte die Fälschung 1920 auf »bald nach 1004 oder bald nach 1012«[227]. Demgegenüber sprach sich Beumann 1955 für eine Entstehung »spätestens 995« im Zusammenhang mit der damals von Otto III. betriebenen Vergrößerung des Bistums Meißen aus[228]. Auf diese frühe Datierung stützte sich dann seine zusammen mit Walter Schlesinger vertretene These einer gemeinsam von Otto III., Giselher und Ekkehard von Meißen betriebenen Ostpolitik, deren Linie der Kaiser 999 unter dem Einfluß Boleslaws und der Gnesenkonzeption verlassen und damit den Bruch mit Giselher und Ekkehard vollzogen habe[229]. Die Frühdatierung des Magdeburger »Entwurfs« nahm Beumann jedoch wieder zurück und interpretierte ihn 1971 als eine »Reaktion« auf die Gründung des Erzbistums Gnesen im Jahr 1000[230]. Die von Kehr vorgeschlagene Spätdatierung findet neuerdings Unterstützung durch die Datierungen von Harald Zimmermann auf Ende 1003 und von Mogens Rathsack, der eine Entstehung sogar erst zwischen 1011 und 1012 vermutet[231], so daß eine Initiative Giselhers nicht mehr wahrscheinlich wäre. Damit entfällt aber auch die Grundlage für die Annahme eines Bruchs zwischen Otto III. einerseits und Giselher und Ekkehard andererseits wegen eines seit 999 neuen Kurses Ottos in der ursprünglich gemeinsam betriebenen Ostpolitik[232].

Die These, Giselher habe gegen Ottos Gnesenplan opponiert, steht also auf brüchigem Fundament. Man wird den Magdeburger Erzbischof auch nicht zum Vertreter von »Reichsinteressen« gegenüber Polen machen dürfen, wie es jedoch infolge der traditionellen Annahme von der im ottonischen Reichsbischof lebendigen »Reichstradition« allzu leicht geschieht. Nach dem Vorbild des Erzbischofs Brun von Köln (953-965) soll die Wahrnehmung von geistlichen und weltlichen Aufgaben im Interesse des Königs das charakteristischste Kennzeichen für den neuen Bischofstypus und sein Selbstverständnis gewesen sein[233]. Jedoch rückt die neue Forschung immer mehr von der alten Annahme ab, Otto I. habe einem systematischen Plan folgend die Reichskirche in die

---

227 KEHR, Erzbistum, S. 53-60; anders BRACKMANN, Anfänge, 170f., der darin die Position Ottos I. formuliert sieht.

228 BEUMANN-SCHLESINGER, Urkundenstudien, S. 332-344, Zitat auf S. 343.

229 Vgl. BEUMANN-SCHLESINGER, Urkundenstudien, S. 377-386.

230 BEUMANN, Schisma, S. 488ff.; DERS., Ottonen, S. 206f. Vgl. auch CLAUDE, Geschichte 1, S. 178f.

231 RATHSACK, Fälschungen, S. 271-277. Eine Zusammenfassung der Forschungsdiskussion gibt ZIMMERMANN, Papsturkunden 2, S. 781ff. im Editionskommentar zu n. +412.

232 Gegen die Annahme von BEUMANN-SCHLESINGER spricht schon, daß sich das Verhältnis zwischen Otto III. und Ekkehard nach 998 nicht etwa verschlechterte, sondern weiterhin verbesserte (siehe dazu schon oben, S. 150ff.), was angesichts eines Bruchs mit der zuvor gemeinsam verfolgten politischen Konzeption doch nicht recht einleuchten würde. Die von BEUMANN-SCHLESINGER unterstellte gemeinsame Ostpolitik zwischen Ekkehard und Giselher lehnt denn auch CLAUDE, Geschichte 1, S. 178-182 mit überzeugenden Gründen ab.

233 So ist Giselher für BEUMANN-SCHLESINGER, Urkundenstudien, S. 384 der »Typus des Reichsbischofs der ottonischen Zeit, ein Mann der Kirche, der zugleich Heerführer und Politiker war«; dieses Verständnis liegt auch der Darstellung Giselhers bei CLAUDE, Kirchengeschichte 1, S. 135-213 zugrunde.

Königsherrschaft integrieren wollen und betont stattdessen vorottonische, westfränkische und auch italienische Kontinuitäten beim Erwerb weltlicher Hoheitsrechte durch die Bischöfe[234]. Damit wird es auch gleichzeitig fragwürdig, die Wahrung eines »Reichsinteresses« als verpflichtende Norm im Selbstverständnis des Bischofs und als politischen Handlungsantrieb im Einzelfall vorauszusetzen[235]. Giselher hätte im Falle Gnesens das »Reichsinteresse« immerhin gegen das regierende Reichsoberhaupt durchsetzen müssen: Diese Vostellung einer Identität zwischen dem abstrakten Staatsinteresse und der Politik des Erzbischofs, die sich dann gegen den ausdrücklichen Willen des Kaisers als personifizierter Repräsentanz des Reiches gerichtet hätte, ist für das beginnende 11. Jahrhundert jedoch sicher anachronistisch und unglaubwürdig.

b) Erzbischof Giselher und das Bistum Merseburg

So wenig also über ein Zerwürfnis zwischen Giselher und Otto III. wegen der Gnesenpläne feststellbar ist, so scharf prallten jedoch im Konflikt um das Bistum Merseburg die Gegensätze zwischen Kaiser und Erzbischof aufeinander: 968 von Otto I. gegründet, wurde das Magdeburger Suffraganbistum Merseburg 981 von Otto II. und Papst Benedikt VII. aufgelöst[236]. Dabei wurde eine Aufteilung der Diözese auf die Bistümer Magdeburg, Halberstadt, Meißen und Zeitz beschlossen sowie der seit 971 als Merseburger Bischof amtierende Giselher als Nachfolger des 981 verstorbenen Erzbischofs Adalbert von Magdeburg eingesetzt, obwohl sich das Domkapitel für Ohtrich entschieden hatte[237]. Wird schon Giselhers Sukzession vom Schatten der Unrechtmässigkeit verdüstert - Thietmar spricht von ungeheuren Bestechungssummen -, so war auch die Aufhebung des Bistums Merseburg selbst und die Translation des Bischofs auf einen anderen Sitz eine kirchenrechtlich ungewöhnliche Maßnahme, die unter Berufung auf historische Vorbilder gerechtfertigt wurde[238]. Eine Hauptursache für die

234 Vgl. dazu die Zusammenfassung der Forschungsdiskussion bei ENGELS, Reichsbischof, S. 75f. und DERS., Reichsbischof in ottonischer Zeit, S. 135ff. sowie jüngst SCHIEFFER, Reichsepiskopat.
235 Ein solches Amtsverständnis bezweifelt REUTER, Church System, S. 371 mit Anm. 137 sogar für den »Idealtypus« des ottonischen Reichsbischofs, Brun von Köln; stattdessen sieht er in Bruns enger Verwandtschaft mit Otto I. die eigentliche Ursache seiner Politikgestaltung. Was das Selbstverständnis des Bischofs betrifft, so weist ENGELS, Reichsbischof in ottonischer Zeit, S. 152-162 nach, daß in den Bischofsviten noch bis zur Mitte des 11. Jahrhunderts nicht offen von der politischen Zusammenarbeit des Bischofs mit der Königsgewalt gesprochen wurde; die Annahme, das Vorbild Bruns von Köln habe im Normativen die Scheu vor einer Beteiligung des Bischofs an staatlichen Aufgaben überwunden und zur Ausbildung eines neuen Bischofstypus wesentlich beigetragen, ist also falsch, vgl. ebenda, S. 160.
236 Zur Merseburger Frage vgl. HOLTZMANN, Aufhebung; SCHLESINGER, Kirchengeschichte 1, S. 60-67 und 76-82; CLAUDE, Geschichte 1, S. 139-206. Zur römischen Synode, auf der im September 981 die Aufhebung beschlossen wurde, vgl. BZ 597-600; WOLTER, Synoden, S. 123-128; neuerdings auch SCHOLZ, Translation, S. 177-187. Die Urkunden Benedikts VII. sind ediert bei ZIMMERMANN, Papsturkunden 2, n. 269 und 270. Eine gute Hilfe zur geographischen Orientierung sind die Karten im Anhang zu POSSE, Markgrafen, und SCHLESINGER, Kirchengeschichte 1.
237 Thietmar, Chronicon III 12-16, MGH SS rer. Germ. NS 9, S. 110-118.
238 Vgl. dazu ZIMMERMANN, Rechtstradition, S. 186f.; FUHRMANN, Einfluß 2, S. 321f.; SCHOLZ, Translation, S. 181f.

Suppression des Bistums war der langjährige Widerstand des Bischofs Hildeward von Halberstadt (968-996) gegen die mit der Gründung Merseburgs verbundene Verkleinerung seiner Diözese[239]; vielleicht war das verhältnismäßig kleine Bistum Merseburg auch den mit der Missionsaufgabe verbundenen Belastungen nicht gewachsen[240]. Ein Hauptimpuls für die 981 gefundene Lösung war aber sicher der persönliche Ehrgeiz Giselhers[241]. Sechzehn Jahre nach der Auflösung des Bistums wurde im Februar 997 die Merseburger Frage auf einer Synode unter Vorsitz von Papst Gregor V. erneut belebt: Giselher wurde - übrigens vergeblich - wegen unkanonischen Verlassens seiner Diözese Merseburg und Invasion der Magdeburger Kirche zur Satisfaktion nach Rom bestellt[242]. Die Initiative, die Entscheidung von 981 zu revidieren, ging vermutlich von Otto III. selbst aus[243]. Für den Zeitpunkt der Wiederaufnahme der Angelegenheit dürfte ausschlaggebend gewesen sein, daß Bischof Hildeward von Halberstadt etwa vier Monate zuvor am 25. November 996 gestorben war; Hildewards Widerstand gegen die Verkleinerung seiner Diözese durch die Gründung des Erzbistums Magdeburg und seiner Suffragane hatte entscheidenden Anteil an der Suppression Merseburgs[244]. Als Nachfolger setzte Otto III. seinen Kapellan Arnulf ein, der ein verläßlicher Anhänger des Kaisers blieb[245]. Damit waren andere Ausgangsvoraussetzungen für die Wiederherstellung Merseburgs geschaffen: Die Besetzung des Bistums mit einem Vertrauten Ottos III. setzte den Schlußpunkt hinter die Reihe der Halberstädter Bischöfe Bernhard (923-968) und Hildeward (968-996), die die kirchenpolitische Neuordnung im Zusammenhang mit der Gründung des Erzbistums Magdeburg und seiner Suffragane nach Kräften behindert hatten[246]. Unter

---

239 Vgl. dazu ENGELS, Gründung, S. 144-148 und 153f.; DERS., Reichsbischof, S. 71-74; WOLTER, Synoden, S. 124f.; BEUMANN, Entschädigungen, S. 388f.

240 Vgl. HOLTZMANN, Aufhebung, S. 102ff.

241 Dieses Motiv versucht zwar HOLTZMANN, Aufhebung, S. 104 zu entkräften; überzeugender sind jedoch die Ausführungen bei CLAUDE, Geschichte 1, S. 142 und 146; auch SCHLESINGER, Kirchengeschichte 1, S. 62 und WOLTER, Synoden, S. 125f. betonen den persönlichen Antrieb Giselhers.

242 Vgl. BZ 786 = ZIMMERMANN, Papsturkunden 2, n. 341; BU 1217i und 1218e; WOLTER, Synoden, S. 154ff.

243 BEUMANN-SCHLESINGER, Urkundenstudien, vermuten S. 377ff., daß die Initiative zur Wiederaufnahme der Merseburger Angelegenheit schon Anfang 997 von Boleslaw Chrobry ausgegangen sei, der im Einvernehmen mit der Kurie Giselher als »Haupthindernis« für den Gnesenplan habe ausschalten wollen; ebenso SCHLESINGER, Kirchengeschichte 1, S. 72 und 77. Dieser Ansicht folgen CLAUDE, Geschichte 1, S. 184; LIPPELT, Thietmar, S. 91; KARPF, Giselher, Sp. 146. WOLTER, Synoden, nimmt S. 155 eine Initiative Ottos III. an, begründet sie aber auch mit dessen Absicht, damit den »Hauptwidersacher« seiner Ostpolitik auszuschalten. Gerade der Widerstand Giselhers ist jedoch nicht erwiesen, siehe dazu schon oben, S. 160f. Eine Initiative des Kaisers vermuteten schon SCHRAMM, Briefe, S. 118, und BU 1217f.

244 Vgl. BU 1214a; ALTHOFF, Adels- und Königsfamilien, S. 334 B 167. Bisher wies lediglich ENGELS, Gründung, S. 148 beiläufig auf diesen zeitlichen Zusammenhang hin (allerdings irrig 995 statt 996 als Todesjahr), der jedoch tatsächlich entscheidend, zumindest aber bedeutsamer gewesen sein dürfte als der diesbezügliche Einfluß Gerberts auf Otto III., den BEUMANN, Otto III., S. 89 sicher überschätzt.

245 Zu Bischof Arnulf von Halberstadt siehe unten, S. 169f.

246 Vgl. dazu BEUMANN, Entschädigungen, S. 384-390.

diesen Umständen konnte der Kaiser eine leichtere Durchsetzung seiner Ziele erwarten. Denn der Widerstand gegen die Aufhebung Merseburgs war trotz der Autorität Ottos II. und des neuen Erzbischofs Giselher zwischen 981 und 997 nicht verstummt[247]. Schon die Synode im September 981 hatte Anlaß gehabt, Giselher ausdrücklich gegen den Vorwurf der *cupiditas* in Schutz zu nehmen[248]. Gerade diese Anschuldigungen standen fast zwei Jahrzehnte später Anfang Januar 999 wiederum zur Verhandlung an, als ein römisches Konzil unter Vorsitz Gregors V. und im Beisein Ottos III. die Merseburger Frage erneut beriet. Gegen Giselher wurde die Anklage der *ambitio* und *avaritia* sowie der Vorwurf der fehlenden *invitatio* und *electio* durch Klerus und Volk von Magdeburg erhoben[249]. Aber nicht nur in den päpstlichen Konzilsakten, sondern auch in den Werken Bruns von Querfurt und Thietmars von Merseburg, die beide während Giselhers Amtszeit an der Magdeburger Domschule erzogen worden sind, wird der Erzbischof scharf angegriffen. Während Brun die Hauptschuld für die Merseburger Suppression bei Otto II. sucht und Giselher nur indirekt erwähnt, indem er von der Bereicherung des ohnehin in Prunk und Pracht stehenden Magdeburger Erzbistums spricht und als Motiv Ottos II. die *ambitio suorum* und den *amor hominis* - also die Rücksicht auf Giselhers Ehrgeiz - angibt[250], verschweigt Thietmar den Anteil Ottos II. fast gänzlich und sieht dafür im Erzbischof keinen Hirten, sondern einen »stets auf Emporkommen gerichteten Krämer«, der sein Ziel mittels hemmungsloser Bestechung erreicht habe[251]. Gewiß ist Thietmars Darstellung parteiisch, seine Vorwürfe gegen Giselher sind jedoch im wesentlichen durch Brun von Querfurt abgedeckt, so daß sie berechtigter und weniger übertrieben sein dürften

---

247 So aber CLAUDE, Geschichte 1, S. 144.

248 *Et quia Giselhari(us) ... aecclesiae non cupiditate nefanda, sed publica electione consecutus est* und *... predictum Giselhariu(m) episcopum, qui non cupiditate hunc honorem affectatum, sed electione atque peticione filiorum, ut diximus subiverat,* ZIMMERMANN, Papsturkunden 1, n. 269 S. 528.

249 *Si Gislarius sanctae Magdeburgensis ecclesiae archiepiscopus potuerit canonice comprobare, quod per ambitionem de minori sede Merseburgensi ad maiorem Magdeburgensem non migraverit, ut non deponatur iudicatum est. Sed si cleri et populi invitatione et electione migravit, in eadem permaneat metropoli. Quodsi absque invitatione, non tamen per ambitionem et avaritiam, factum esse constiterit, ad priorem redeat sedem. At si ambitionem et avaritiam negare non potuerit, definitum est, ut amittat utramque.* MGH Const. 1, n. 24. Vgl. dazu auch ZIMMERMANN, Papsturkunden II n. 361; BZ 846 und 862; BU 1299c und 1305c; WOLTER, Synoden, S. 167-170.

250 *Episcopatum quem pater (Otto I.) in sacrum honorem preciosissimo martyri erexit, ambicione suorum in peccatum ductus filius (Otto II.) destruxit; non faciens ordinem, quasi qui aquam in mare fundit, episcopatum deiecit, ut plenum deliciis archiepiscopatum ditaret ... Factum est contra ius in aecclesia Dei ...* und *sive amor hominis suasit, sive ira Dei ita iussit.* Brun von Querfurt, Vita Adalberti redactio longior 12, MPH NS 4.2, S. 13f. mit Anm. 67. Die Aufhebung Merseburgs bezeichnet Brun schon in seinem wohl 997 verfaßten Dedikationsgedicht an Otto III. als *error iners*, vgl. dazu FRIED, Dedikationsgedicht, S. 580.

251 *Gisillerus, eiusdem non pastor sed mercenarius, ad maiora semper tendens.* Thietmar, Chronicon III 14, MGH SS rer. Germ. NS 9, S. 114. Giselher wird auch in der späteren Geschichtsschreibung durchweg negativ gezeichnet, vgl. Annales Magdeburgenses ad a. 982, MGH SS 16, S. 156; Gesta archiepiscoporum Magdeburgensium 13, MGH SS 14, S. 386f.; Chronica episcoporum ecclesiae Merseburgensium, MGH SS 10, S. 168ff.; Annalista Saxo ad a. 981, MGH SS 6, S. 628.

als gemeinhin angenommen wird[252]. In der gleichlautenden Kritik Bruns und Thietmars muß man den Beleg für eine »sächsische Opposition gegen Giselher«[253] sehen, ohne daß jedoch klar ist, wer die treibende Kraft hinter den Merseburger Restitutionswünschen war. Die Vorwürfe gegen Giselher dürfte auch Otto III. inhaltlich als berechtigt anerkannt haben, denn spätestens seit der Januarsynode 999, vielleicht sogar bereits seit der Paveser Synode im Februar 997 arbeitete er beharrlich auf die Wiederherstellung des Bistums Merseburg und die Rückkehr Giselhers in sein altes Bistum, bei Nichtentkräftung der Vorwürfe sogar auf dessen Deposition hin[254]. Das Problem wurde zu Lebzeiten des Kaisers nicht mehr gelöst, obwohl es noch im Jahr 1000 bei einer Begegnung Ottos III. mit Giselher[255] und danach auf mehreren, leider nur schlecht dokumentierten Synoden in Magdeburg, Quedlinburg und Aachen im Zentrum stand[256]. Auch Heinrich II. griff die Merseburger Frage auf und forderte Giselher nur wenige Tage vor dessen Tod am 25. Januar 1004 auf, nach Merseburg zurückzukehren; kurz darauf verfügte Heinrich II. die Wiederherstellung des Bistums[257].

Welche Motive Otto III. zu seiner unnachgiebigen Haltung gegenüber Giselher gedrängt haben, ist nicht eindeutig erkennbar. Die Vermutung, er habe mit Giselher den mächtigen Gegner seiner Gnesenkonzeption auf dem Magdeburger Erzstuhl ausschalten wollen[258], führt deshalb nicht weiter, weil Giselhers Gegnerschaft und als Voraussetzung dafür die Zugehörigkeit Posens zu Magdeburg überhaupt nicht erwiesen sind. Stattdessen ist anzunehmen, daß sich Otto III. die vorgebrachten Bedenken gegen den problematischen Amtsantritt Giselhers als Magdeburger Erzbischof zueigen gemacht

---

252 Thietmars Parteilichkeit betont insbesondere HOLTZMANN, Aufhebung, S. 93f. und 100; CLAUDE, Geschichte 1, S. 142f.

253 So FRIED, Otto III., S. 145 mit Blick auf Brun. Die Aussagekraft der Übereinstimmung zwischen Brun und Thietmar wird allzu sehr bagatellisiert, wenn man den Unwillen gegen Giselher »nur« bei diesen beiden Autoren ausgedrückt sieht und ihm jegliche Repräsentativität absprechen will; so aber BEUMANN-SCHLESINGER, Urkundenstudien, S. 377 Anm. 245. Erstaunlich ist doch vielmehr, daß beide während Giselhers Amtszeit in der Magdeburger Domschule erzogen wurden und dennoch in ihrer Kritik am Erzbischof übereinstimmen! Ob sich in der Domschule Verbitterung darüber gehalten hat, daß ihr gerühmter und gelehrter Leiter Ohtrich als gewählter Nachfolger Erzbischof Adalberts 981 durch Giselhers Winkelzüge ausgeschaltet worden war? Siehe dazu auch unten, S. 166 Anm. 262.

254 Die gegenteilige Meinung HOLTZMANNS, Geschichte, S. 336, diese Konkretisierungen bedeuteten eine von Otto III. beabsichtigte Verbesserung von Giselhers Position, konnte sich nicht durchsetzen, vgl. BEUMANN-SCHLESINGER, Urkundenstudien, S. 379.

255 BU 1340a; LÜBKE, Regesten, n. 333 und 334. Spekulativ bleiben jedoch die Überlegungen, Giselher habe bei der Begegnung in Staffelsee den Verbleib Posens in der Magdeburger Provinz durchgesetzt oder zunächst auf Posen verzichtet, sei dann aber zu einer wirklichen Durchführung des Verzichts nicht bereit gewesen, so BEUMANN-SCHLESINGER, Urkundenstudien, S. 380; CLAUDE, Geschichte 1, S. 190; SCHLESINGER, Kirchengeschichte 1, S. 79. Die Annahme von einer solchen Aktivität Giselhers beruht auf unbeweisbaren Prämissen, siehe dazu schon oben, S. 162ff.

256 Vgl. BU 1351a und e, 1370a; WOLTER, Synoden, S. 179ff.

257 Vgl. dazu Thietmar, Chronicon V 39-40 und VI 1, MGH SS rer. Germ. NS 9, S. 264ff. und 274; HOLTZMANN, Aufhebung, S. 112-126; CLAUDE, Geschichte 1, S. 202-206; WOLTER, Synoden S. 218ff.; BG 1553a, b und g; BZ 981, 990.

258 So BEUMANN-SCHLESINGER, Urkundenstudien, S. 377ff.; SCHLESINGER, Kirchengeschichte 1, S. 72 und 77; CLAUDE, Geschichte 1, S. 145 und passim.

hatte. Laut Thietmar hatte sogar schon die Kaiserin Theophanu auf ihren Sohn dahingehend eingewirkt, daß er das Bistum noch zu Lebzeiten Giselhers oder nach dessen Tod wiederherstellen solle[259] - eine Initiative, die Theophanu während der Vormundschaftsregierung noch für kurze Zeit verfolgt haben dürfte[260]. Die Einsetzung Arnulfs als Bischof von Halberstadt ebnete dann den Weg für eine Lösung des Problems. Fragt man nach weiteren Einflüssen, denen Otto III. bei der Lösung dieser Frage ausgesetzt gewesen sein könnte, so gerät natürlich auch Brun von Querfurt ins Blickfeld: Er war im Juni 997 von Otto in die Hofkapelle geholt worden, begleitete den Kaiser auf seinem zweiten Italienzug und trat im Frühjahr 998 in das Kloster SS. Bonifacio e Alessio auf dem Aventin ein[261], war also zum Zeitpunkt der Januarsynode 999 in Rom. Es ist sehr gut denkbar, daß sich Brun als entschiedener Gegner der Suppression des Bistums Merseburg bei Otto III. nachdrücklich für die Revision der Entscheidung von 981 einsetzte und ihn in seiner Haltung gegen Giselher bestärkte[262]. Während diese Möglichkeit bisher unbeachtet blieb, vermutete Holtzmann, Gregor V. und mit ihm auch die Mehrheit der deutschen Geistlichkeit hätten die Aufhebung des Bistums »aus Reformgeist« verurteilt[263]. Auch kann Ottos eigene Religiosität zu seinem Entschluß beigetragen haben, die von Brun als Vergehen am heiligen Laurentius, dem Schutzpatron Merseburgs, empfundene Suppression rückgängig machen zu wollen. Schließlich hätte die Wiederherstellung Merseburgs auch den nützlichen Effekt einer Vermehrung des Reichskirchenguts zur Folge gehabt - ein Motiv, das schon für Otto III. durchaus eine Rolle gespielt haben kann[264].

Um wieder zum Ausgangspunkt zurückzukehren: Für die Frage nach Giselhers Haltung zu einer eventuellen Oppositionsbewegung in Sachsen ist entscheidend, daß er im Falle eines Erfolgs der von Papst und Kaiser verfolgten Politik mit einer Verkleinerung seiner Magdeburger Diözese, vielleicht sogar mit seiner Deposition zu rechnen hatte. Giselhers Widerstand gegen jede Schmälerung des einmal erreichten Besitz-

---

259 Thietmar, Chronicon IV 10, MGH SS rer. Germ. NS 9, S. 142; vgl. dazu auch Fried, Theophanu, S. 367. Nach der Chronica episcoporum Merseburgensium, MGH SS 10, S. 170 war diese Absicht Theophanus die eigentliche Ursache von Ottos diesbezüglichen Initiativen.

260 Vgl. dazu Holtzmann, Aufhebung, S. 105; Claude, Geschichte 1, S. 146.

261 Vgl. dazu Voigt, Brun, S. 34-57; die dort vorgeschlagene Chronologie blieb in der deutschen Forschung bisher unangefochten. Der polnische Historiker Walerian Meysztowicz verlegt dagegen Bruns Eintritt in die Kapelle ins Jahr 995 und läßt ihn schon am Krönungszug im Jahr 996 teilnehmen, vgl. Meysztowicz, Szkice, S. 456ff.

262 Diese Möglichkeit ist auch angesichts von Bruns Bewunderung für den von Giselher um die Nachfolge auf dem Magdeburger Erzstuhl gebrachten Magdeburger Dommagister Ohtrich ernsthaft in Erwägung zu ziehen; zum Verhältnis Brun-Ohtrich vgl. Wenskus, Studien, S. 166 sowie Ohtrichs Charakteristik in Bruns Adalbertsvita: *Scolis preerat tunc Ohtricus quidam facundissimus, aetate illa quasi Cicero unus, cuius memoriale clarum usque nunc per omnem Saxoniam habetur.* Vita Adalberti redactio longior 5, MPH NS 4.2, S. 5f.

263 Holtzmann, Aufhebung, S. 107. Auf dem Januarkonzil 999 waren in Rom von den deutschen Bischöfen nur Lambert von Konstanz und Heinrich I. von Würzburg anwesend, vgl. BZ 846. Ob von diesen beiden Anhängern Ottos III. entsprechende Impulse ausgegangen sind?

264 Wolter, Synoden, vermutet S. 218f. dieses Motiv für Heinrich II.; die Überlegung ist ansprechend und kann ebensogut für Otto III. gelten.

standes[265] dürfte seinen Grund aber auch im »Eheband« mit der eigenen Bischofskirche und der Gewissensüberzeugung gefunden haben, dereinst auf die Fürsprache des Kirchenpatrons im Jüngsten Gericht angewiesen zu sein. Diese Haltung brachte ihn sicher in Opposition zum Kaiser und verhinderte die Restitution des Bistums Merseburg zu seinen Lebzeiten. Schließlich hatte auch Otto I. seinen Plan der Gründung eines Erzbistums Magdeburg nicht gegen den Widerstand von Erzbischof Wilhelm von Mainz und Bischof Bernhard von Halberstadt durchsetzen können, die sich erfolgreich der damit verbundenen Verkleinerung ihrer Diözesen widersetzt hatten. Auch Giselhers Nachfolger Tagino weigerte sich trotz seiner Heinrich II. gegebenen Zustimmung zur Wiederherstellung Merseburgs, die neun ehemals Merseburger Burgwarde wieder herauszugeben[266]. Nicht weniger wichtig für Giselhers Position war sicher, daß er selbst in das kleinere und ärmere Bistum hätte zurückkehren, schlimmstenfalls sogar mit völligem Amtsverlust hätte rechnen müssen. Dieser bedrohlichen Entwicklung dürfte er mit jeder erfolgversprechenden Möglichkeit zur Festigung seiner Position entgegengewirkt haben - und sei es durch Annäherung an oppositionelle Adelskreise.

Dieser Methode hatte sich Giselher schon einmal erfolgreich bedient: 984 unterstützte er nicht etwa die ottonische Vormundschaftsregierung, sondern Heinrich den Zänker[267] und stand schon von daher auch in Beziehung zu Markgraf Liuthar und Graf Wilhelm II. Was den Grund für Giselhers damalige Parteinahme betrifft, so wurde zur Diskussion gestellt, daß der um Sicherung der östlichen Reichsgrenze besorgte Erzbischof in der bedrängten Lage nach dem Slawenaufstand von 983 nicht ein unmündiges Kind, sondern einen tatkräftigen Herzog an der Reichsspitze sehen wollte[268]. Es liegt aber noch ein anderer möglicher Grund für seine Entscheidung nahe: Wenn Thietmars Bericht über die Absicht der Kaiserin Theophanu, die Suppression Merseburgs rückgängig zu machen, richtig ist - und die in späteren Quellen ganz unabhängig voneinander erhobenen Vorwürfe gegen Giselhers persönlichen Ehrgeiz und die kirchenrechtliche Fragwürdigkeit des Einsetzungsverfahrens von 981 sprechen für einen lebhaften Widerstand gegen den Magdeburger Erzbischof -, dann mußte er um seine neue Stellung bangen, falls die ottonische Partei über den Zänker obsiegen sollte. Es entsprach daher seinen ureigensten Interessen, daß sich Giselher damals dem Zänker angeschlossen hat: Ihn konnte er durch seine Hilfe ebenfalls zur Unterstützung verpflichten - Unterstützung gegen die Wiederherstellung des Bistums Merseburg. Tatsächlich ruhten die diesbezüglichen Pläne ja auch während der Vormundschaftsregierung; vielleicht hatte eine diesbezügliche Abmachung bei dem nicht mehr zufriedenstellend rekonstruierbaren Ausgleich mit dem Zänker im Jahr 985 eine Rolle gespielt, möglicherweise wurde der Konflikt mit dem Magdeburger Erzbischof wegen der prekären Lage an der Slawengrenze nicht weiter ausgefochten[269].

---

265 Vgl. dazu allgemein SCHIEFFER, Reichsepiskopat, S. 297.
266 Zur Frage der Burgwarde vgl. Thietmar, Chronicon III 16, VI 62 und 81 sowie VII 24; dazu HOLTZMANN, Aufhebung, S. 119ff.; LIPPELT, Thietmar, S. 110ff.
267 Vgl. dazu CLAUDE, Geschichte 1, S. 158ff.
268 BEUMANN-SCHLESINGER, Urkundenstudien, S. 382; CLAUDE, Geschichte 1, S. 159.
269 Diesen letzten Gesichtspunkt betont CLAUDE, Geschichte 1, S. 161.

Eine ähnliche Konstellation wiederholte sich 1002 nach dem Tod Ottos III.: Daß sich Giselher in Frohse nach einer Besprechung mit Markgraf Liuthar gegen die Thronkandidatur Ekkehards von Meißen wandte[270], paßt in das Bild der Beziehungen zwischen dem Erzbischof und Markgraf Liuthar. Jedoch lag - im Gegensatz zu der Lage vor Ottos Tod - keine Interessenidentität mehr zwischen ihnen vor. Während die sächsischen Adligen um Liuthar Herzog Heinrich IV. von Bayern unterstützten, wandte sich Giselher zunächst dem schwäbischen Herzog Hermann II. zu[271]. Diese Parteinahme überrascht zwar auf den ersten Blick, ist im Grunde aber nicht seltsam[272], sondern erklärt sich wiederum aus Giselhers bedrohter Magdeburger Lage: Mit diesem Entschluß wollte er wahrscheinlich - analog zu seiner Parteinahme für den Zänker 984 - den Thronkandidaten Hermann II. im Gegenzug dazu verpflichten, die Merseburger Angelegenheit nicht weiter zu verfolgen. Gerade das aber hätte Giselher von Ekkehard kaum erwarten dürfen: Seit der Erzbischof 995 die Stärkung des Bistums Meißen hatte hinnehmen müssen, war sein politischer Wirkungskreis nicht unerheblich beschnitten und seine Beziehung zu Ekkehard nachhaltig gestört[273]. Von ihm konnte Giselher offenbar keine Unterstützung erwarten, weshalb er sich in Frohse gegen die Thronkandidatur des Markgrafen wandte und anfangs Herzog Hermann II. von Schwaben unterstützte. Denn auch eine Parteinahme zugunsten des Bayernherzogs dürfte ihm nicht sinnvoll erschienen sein: Heinrich II. war mit der Position Ottos III. vertraut[274] und zeigte dann auch im Jahr 1004, daß er die Frage im Sinne seines Vorgängers lösen wollte. Eine wichtige Erklärung für seine Haltung liefert die Nachricht, er habe sich eidlich zur Trennung der Magdeburger und Merseburger Kirche verpflichtet[275]; indessen ist nicht auszumachen, wann und gegenüber wem Heinrich II. diese Verpflichtung eingegangen war und ob sie schon für seine Haltung im Jahr 1002 bestimmend war. Jedenfalls hatte Giselher offensichtlich Grund zu der Befürchtung, daß die Merseburger Frage unter Heinrich II. nicht von der Tagesordnung verschwinden würde; wahrscheinlich schloß er sich deshalb nicht von vornherein dem von Liuthar und seinem Umkreis favorisierten Bayernherzog an[276]. Die Verbindung mit der sächsischen Adelsopposition hätte zwar

270 Thietmar, Chronicon IV 52, MGH SS rer. Germ. NS 9, S. 190.

271 Thietmar, Chronicon V 39, MGH SS rer. Germ. NS 9, S. 264.

272 So aber CLAUDE, Geschichte 1, S. 201.

273 Während BEUMANN-SCHLESINGER, Urkundenstudien, S. 377-386 das Bild einer von Giselher und Ekkehard gemeinsam geführten Ostpolitik entwarfen, machte CLAUDE, Geschichte 1, S. 178-182 wahrscheinlich, daß die 995 von Otto III. betriebene Vergrößerung der Meißener Diözese »eindeutig dem Markgrafen zugute« kam und »ein Zeichen für den sinkenden Einfluß des Magdeburgers« war (Zitate auf S. 182).

274 Eine Teilnahme Heinrichs an der Januarsynode 999 ist nicht direkt belegt, vgl. BU 1299c; jedoch befand er sich zu dieser Zeit im Gefolge Ottos III. in Rom, vgl. BU 1300 und 1314, so daß er die Position des Kaisers in der Merseburger Frage zweifellos kannte.

275 Vgl. BG 1556; LÜBKE, Regesten, n. 378.

276 Das zunächst wegen Giselhers Entscheidung für Hermann II. von Schwaben stark belastete Verhältnis zu Heinrich II. verbesserte sich jedoch; der König vertraute dem Erzbischof bald die Verwaltung des Königsgutes in Sachsen an, vgl. Thietmar, Chronicon V 39, MGH SS rer. Germ. NS 9, S. 264ff. Dennoch ist Giselher am Hof Heinrichs nicht nachweisbar, vgl. CLAUDE, Geschichte 1, 203. Offenbar hatte man sich auf eine Art »Waffenstillstand« geeinigt: Denn die eher unfreundliche Stimmung in

noch Giselhers Position gegenüber Otto III. stützen können, entsprach jedoch nicht mehr der neuen Konstellation nach des Kaisers Tod.

Die mit der Wiederherstellung des Bistums Merseburg verbundene Verkleinerung der angrenzenden Diözesen könnte auch den Widerstand der Bischöfe von Halberstadt, Zeitz und Meißen geweckt haben. Schließlich hatte sich insbesondere Halberstadt gegen die Gründung Magdeburgs und Merseburgs gewehrt, und die Suppression Merseburgs war maßgeblich auf die anhaltenden Auseinandersetzungen zwischen Merseburg und Halberstadt zurückzuführen gewesen[277]. Über die Haltung der drei Bischöfe zu Ottos Restitutionsplänen schweigen die Quellen. Jedoch kann ihre Haltung zur Wiederherstellung Merseburgs unter Heinrich II.[278] Rückschlüsse auf ihre Einstellung zu dem selben Vorhaben Ottos III. erlauben.

c) Bischof Arnulf von Halberstadt

Besondere Bedeutung kommt dabei der Position Bischof Arnulfs von Halberstadt (996-1023)[279] zu. Die überlieferten Nachrichten deuten darauf hin, daß Arnulf, der bis zu seiner Bischofserhebung durch Otto III. der Hofkapelle angehört hatte[280], ein enger Vertrauter des Kaisers war: Schon kurz nach seinem Amtsantritt Ende 996[281] erhielt Arnulf am 20. April 997 von Otto III. den Wildbann in sechs dem liudolfingischen Hausgut zuzurechnenden Forsten verliehen[282]; weitere umfangreiche Besitzschenkungen im Harzgau folgten 998 und 1000[283]. Ein Vasall Arnulfs namens Liudger erhielt die Graf Richbert, dem Großonkel Thietmars von Merseburg, entzogene Grafenwürde im Harzgau[284]. Als zuständiger Diözesanbischof weihte Arnulf im Auftrag der Äbtissin Mathilde von Quedlinburg die Kirche in Quedlinburg[285] und das von Mathilde gestiftete Nonnenkloster in Walbeck[286]; am 9. September 999 weihte er auf Wunsch Ottos III. dessen Schwester Adelheid zur Äbtissin des Kanonissenstifts zu Quedlin-

---

Sachsen sowie der beginnende Konflikt mit Boleslaw I. Chrobry dürfte es Heinrich II. verboten haben, bereits unmittelbar nach seiner Anerkennung durch die sächsischen Großen im Sommer 1002 einen Konflikt mit dem sächsischen Erzbischof auszutragen.

277 Vgl. BZ 599.

278 Zu den Bemühungen Thietmars um die Wiederherstellung der Diözese in ihrem alten Umfang vgl. LIPPELT, Thietmar, S. 89-115.

279 Zu Arnulf vgl. allgemein FRITSCH, Besetzung, S. 21f.; FLECKENSTEIN, Hofkapelle 2, S. 89.

280 Thietmar, Chronicon IV 26, MGH SS rer. Germ. NS 9, S. 162.

281 BU 1214a.

282 BU 1225. In den Gesta episcoporum Halberstadensium, MGH SS 23, S. 89 wird diese Schenkung mit der *dilectio specialis* begründet, die Otto III. mit Arnulf verbunden habe. Da dieser Passus über Arnulf aber nicht den ältesten Teilen der Chronik zuzurechnen ist (vgl. JÄSCHKE, Bischofschronik, S. 170-177), kann diese Bemerkung nur unter Vorbehalt als zeitgenössisches Urteil über die Beziehung zwischen Bischof und Kaiser gelten.

283 BU 1297 und 1354.

284 BU 1420c; siehe dazu oben, S. 158f.

285 Annales Quedlinburgenses ad a. 997, MGH SS 3, S. 74.

286 BU 1225c.

burg[287]. Kurz darauf muß Arnulf nach Süden aufgebrochen sein, denn Anfang Dezember scheint er sich beim Kaiser in Rom aufgehalten zu haben[288]. Mit dem von
Otto III. hochgeschätzten Bischof Heinrich I. von Würzburg stand er - möglicherweise
seit der gemeinsamen Zeit in der Hofkapelle - in freundschaftlicher Verbindung[289].
Schließlich war jener Graf Hermann, der 985 entscheidenden Anteil am Zustandekommen des Ausgleichs mit Heinrich dem Zänker hatte, möglicherweise ein Bruder
Arnulfs[290]. Insgesamt ist deshalb die Vermutung, daß Arnulf ein verläßlicher Anhänger Ottos III. in Sachsen war, gut begründet; dazu paßt auch, daß Arnulf - zusammen
mit Ottos treuen Parteigängern Bischof Bernward von Hildesheim und Herzog Bernhard I. von Sachsen - 1002 die Kandidatur des Markgrafen Ekkehard unterstützte[291].

Die Rückgabe des 981 übertragenen Merseburger Burgwards an das Bistum Merseburg im Jahr 1004 läßt sich Arnulf von Heinrich II. mit 100 Hufen Land vergüten[292];
das weitaus größere Gebiet zwischen Unstrut und Saale jedoch, das 968 dem neugegründeten Bistum Merseburg von der Halberstädter Diözese zugeschlagen worden und
981 wieder zurückgegeben worden war, verblieb nun auf Dauer bei Halberstadt[293].
Diese Regelung trug dem jahrzehntelangen Widerstand Halberstadts unter Arnulfs
Vorgänger Hildeward (968-996) gegen die Gebietsabtretungen an Merseburg Rechnung; dieser Verzicht und der Ersatz für den Burgward Merseburg war von Arnulf also
offenbar zur Bedingung seiner Zustimmung zur Wiederherstellung Merseburgs gemacht worden[294]. Man darf davon ausgehen, daß auch Otto III. die Vorbehalte Arnulfs
kannte und in seine Planung einbezog, als er die Merseburger Angelegenheit aufgriff.
Eine Kompensation für Halberstadt, die derjenigen Heinrichs II. vergleichbar war,
mußte schon Otto III. ins Auge gefaßt haben, wenn er das Verhältnis zu Arnulf und das
Merseburger Projekt nicht aufs Spiel setzen wollte. Soweit erkennbar, hatte Bischof Arnulf der Merseburger Frage wegen keinen Anlaß, sich der sächsischen Adelsopposition
gegen Otto III. anzunähern.

---

287 BU 1305a und 1328a.

288 Siehe dazu oben, S. 141 Anm. 111.

289 Vgl. Arnulfs Intervention zugunsten Heinrichs I. von Würzburg in BU 1353; während der Auseinandersetzungen um die Gründung des Bistums Bamberg vermittelte Arnulf zwischen Heinrich II.
und dem Würzburger Bischof, vgl. dazu seinen Brief an Heinrich I., ed. JAFFÉ, Monumenta Bambergensia, S. 472-479.

290 BU 969l.

291 Thietmar, Chronicon V 4, MGH SS rer. Germ. NS 9, S. 224.

292 Thietmar, Chronicon V 44, MGH SS rer. Germ. NS 9, S. 270ff.

293 Vgl. dazu die Karten bei POSSE, Markgrafen; SCHLESINGER, Kirchengeschichte 1.

294 Vgl. HOLTZMANN, Aufhebung, S. 116ff.; LIPPELT, Thietmar, S. 99; BG 1554; LÜBKE, Regesten,
n. 376. Heinrich II. wußte, daß er nur so Arnulfs Einverständnis gewinnen konnte, vgl. Thietmar,
Chronicon V 44, MGH SS rer. Germ. NS 9, S. 270ff.

d) Bischof Hugo II. von Zeitz

Ein ähnliches Bild ergibt sich für Bischof Hugo II. von Zeitz (991-1002); wenngleich über ihn weniger Informationen als über Arnulf vorliegen, so ist doch der Schluß erlaubt, daß auch Hugo II. zu Otto III. in gutem Verhältnis stand: 995 erhielt er *ob frequens et infatigabile servitium* eine umfangreiche Schenkung[295]; im Februar 1000 empfing Hugo II. den Kaiser während der Gnesenfahrt ehrenvoll in Zeitz[296] und begleitete ihn dann auf dem dritten Italienzug ab Mitte 1000[297]. Das Bistum Zeitz hatte 981 einen großen Teil des aufgelösten Bistums Merseburg erhalten[298]; da Thietmar von keinen weiteren Auseinandersetzungen mit Hugos Nachfolger Hildeward (1003-1030) berichtet, ist davon auszugehen, daß sich die beiden Zeitzer Bischöfe in der Merseburger Frage von vornherein nicht widersetzten[299]. Wenn sich Hugo II. in dieser Angelegenheit mit dem Kaiser überworfen haben sollte, hätten sich für ihn wohl Mittel und Wege finden lassen, an Ottos Italienzug im Jahr 1000 nicht teilzunehmen. Insgesamt ist daher kein Grund erkennbar, weshalb der Bischof von Zeitz mit den Verschwörern sympathisiert haben sollte.

e) Bischof Eid von Meißen

Es bleibt noch Bischof Eid von Meißen (992-1015)[300]. Über sein Verhältnis zu Otto III. ist am wenigsten bekannt; 992 wurde er auf Empfehlung Erzbischof Giselhers von Otto III. zum Bischof erhoben[301]. Von zwei Schenkungen im Jahr 995 abgesehen[302] erscheint Eid in keinen späteren Urkunden und ist auch sonst nicht im Gefolge des Kaisers nachweisbar. Die ebenfalls dem Jahr 995 zuzurechnende umstrittene Grenzbestimmung Ottos III. für das Bistum Meißen zeigt, daß damals eine Erweiterung Meißens auf Kosten Magdeburgs beabsichtigt war[303]. Anfang Februar 1000 wurde Otto auf seiner Gnesenfahrt von Bischof Eid und Markgraf Ekkehard in Meißen ehrenvoll empfangen[304]. Damit sind die Nachrichten über Eid bereits erschöpft. Das Bistum Meißen hatte 981 den östlich der Mulde gelegenen Teil der Merseburger Diö-

---

295 DO.III. 163 = BU 1135.
296 BU 1349b.
297 BU 1396e und 1435c; siehe dazu schon oben, S. 135 Anm. 70.
298 Thietmar, Chronicon III 16, MGH SS rer. Germ. NS 9, S. 116ff.; vgl. die Karten bei POSSE, Markgrafen; SCHLESINGER, Kirchengeschichte 1.
299 Thietmar, Chronicon VI 1, MGH SS rer. Germ. NS 9, S. 274; vgl. HOLTZMANN, Aufhebung, S. 119.
300 Zu Eid vgl. BÖNHOFF, Eid; SCHLESINGER, Eid, S. 388. Sehr unkritisch dagegen MACHATSCHEK, Geschichte, S. 24-31, und RITTENBACH-SEIFERT, Geschichte, S. 29-38.
301 Thietmar, Chronicon IV 6, MGH SS rer. Germ. NS 9, S. 138.
302 BU 1148 und 1157.
303 BU 1160 = DO.III. 186; den Streit um diese Urkunde entscheiden BEUMANN-SCHLESINGER, Urkundenstudien, S. 306-332 zugunsten der Echtheit.
304 BU 1349b.

zese erhalten[305]; obwohl Eid der Wiederherstellung Merseburgs 1004 gegenüber Heinrich II. zustimmte[306], bemühte sich Thietmar noch 1017 nach dem Tod Eids bei dessen
Nachfolger Eilward (1016-1023) vergeblich um die Herausgabe dieses Teils seiner
Diözese[307]; demnach hatte also Eid von Meißen - ähnlich wie Giselhers Nachfolger -
den Hauptteil der ehemaligen Merseburger Diözese »zähe festzuhalten«[308] gewußt.
Die Annahme Holtzmanns, Thietmar und Eid seien »keine Freunde« gewesen, ist da-
her plausibel[309]. Aufgrund von Eids Widerstand nach 1004 ist ferner anzunehmen,
daß er den Merseburger Plänen schon zu Zeiten Ottos III. ablehnend gegenüberstand.
Ein Indiz für ein getrübtes Verhältnis zum Kaiser könnte Thietmars Bericht über den
Empfang Ottos in Meißen im Februar 1000 liefern: Ekkehard wird als *apud
(Ottonem) inter precipuos* bezeichnet, Eid erhält lediglich das wenig aussagekräftige
Epitheton *venerabilis* beigelegt[310]. Erscheint ein Gegensatz zwischen Eid und dem
übermächtigen Markgrafen Ekkehard von Meißen zwar theoretisch denkbar, so liegen
diesbezügliche Nachrichten jedoch nicht vor, weshalb auch allgemein von einer engen
Zusammenarbeit zwischen beiden ausgegangen wird[311]. Ein Interessengegensatz zu
Ekkehard, der Eid den Adligen um Markgraf Liuthar nahegebracht haben könnte, ist
daher unwahrscheinlich. In seiner Position in der Merseburger Frage könnte sich Eid
jedoch leicht mit Giselher zusammengefunden haben. Immerhin spricht die 992 auf
Fürsprache Giselhers erfolgte Erhebung Eids für eine engere Beziehung zum Magdeburger Erzbischof, die 1001/02 die Abstimmung gemeinsamer Interessen erleichtert
haben könnte.

3. Zusammenfassung

Die Leitfrage nach einer möglichen personellen Kontinuität zwischen früheren
sächsischen *coniurationes* und der Adelsopposition kurz vor Ottos Tod führt zu folgen-
dem Ergebnis: Ein Teil der früheren Anhänger des Zänkers steht nach 980 auf seiten
der ottonischen Partei; das gilt für Ekkehard von Meißen und seinen Vater Graf Gunther von Merseburg, den Billunger Egbert den Einäugigen und seinen Sohn Wichmann III. sowie für die beiden Wettiner Dedi und Dedi-Ziazo. Für einen anderen Teil
jedoch legen zahlreiche Indizien nahe, daß sich die Opposition gegen die Ottonen und

---

305 Thietmar, Chronicon III 16, MGH SS rer. Germ. NS 9, S. 116. Vgl. die Karten bei Posse,
Markgrafen; Schlesinger, Kirchengeschichte 1.

306 Thietmar, Chronicon VI 1, MGH SS rer. Germ. NS 9, S. 274.

307 Thietmar, Chronicon VII 52, MGH SS rer. Germ. NS 9, S. 462ff. Vgl. dazu Bönhoff, Eid,
S. 109; Holtzmann, Aufhebung, S. 121f.; Lippelt, Thietmar, S. 112.

308 Schlesinger, Kirchengeschichte 1, S. 68.

309 Holtzmann, Aufhebung, S. 121; daß Thietmar Eid »aus Hochachtung vor seiner Persönlichkeit«
die Vergrößerung »neidlos zugestand« (Rittenbach-Seifert, Geschichte, S. 36), ist dagegen unwahrscheinlich.

310 Thietmar, Chronicon IV 44, MGH SS rer. Germ. NS 9, S. 182.

311 So Bönhoff, Eid, S. 172; Schlesinger, Kirchengeschichte 1, S. 73; Rittenbach-Seifert, Geschichte, S. 34; Claude, Geschichte 1, S. 182.

besonders gegen Otto III. fortsetzte. Das gilt für Liuthar von Walbeck, den Markgrafen der sächsischen Nordmark, und für Graf Wilhelm II. von Weimar. Ihre Interessenlage traf sich - soweit trotz der dürftigen Quellenlage erkennbar - in einem zentralen Punkt, nämlich in der Gegnerschaft zu Markgraf Ekkehard von Meißen. Im Falle Liuthars trat wohl noch ein durch die Anklage vor Otto III. begründeter Groll gegen den Kaiser selbst hinzu. Auffälligerweise erscheinen gerade im Umfeld Liuthars weitere Adlige, die Otto III. kaum wohlgesonnen gewesen sein dürften: Das gilt für Richbert, der auf des Kaisers Befehl hin seine Grafschaft verlor, ebenso wie für Heinrich von Katlenburg, der auf Befehl Ottos III. gegeißelt wurde - wenn auch erst auf entsprechende Klage Ekkehards. Mangelnde Anerkennung militärischer Leistung bei Liuthar, Amtsverlust bei Richbert, persönliche Demütigung bei Heinrich von Katlenburg: Diese Verletzungen der persönlichen *dignitas* durch Maßnahmen Ottos III. verursachten zweifellos die Konfliktbereitschaft der genannten Adligen[312]. Gerade in der Person des Grafen Heinrich von Katlenburg wird eine Verknüpfung von Motiven erkennbar, die als typisch für den benennbaren Kreis der Unzufriedenen betrachtet werden kann: Seine Gegnerschaft richtete sich zunächst gegen Ekkehard - Heinrich war 1002 einer der Mörder des Markgrafen.

Ekkehard seinerseits genoß die besondere Wertschätzung Ottos III., was seine Machtstellung in Sachsen nachhaltig festigte. Daher ist der Rückschluß erlaubt, daß sich die Unzufriedenheit mit Ekkehard bei jenen, die keinen unmittelbaren Grund für einen Gegensatz zum Kaiser hatten, mittelbar doch auch auf Otto III. erstrecken konnte, weil dessen Protektion den Meißener stark begünstigte; eine solche Interessenlage ist für Graf Wilhelm II. von Weimar und wohl auch für Graf Siegfried I. von Northeim anzunehmen, der zwar 984 auf seiten der Vormundschaftsregierung gegen Heinrich den Zänker stand, sich dann aber seit Ekkehards Aufstieg der ottonischen Partei entfremdet zu haben scheint.

Es ist sicher nicht abwegig, eine Verbindung der verschiedenen Gegner Ekkehards untereinander zu vermuten; ihre gemeinsame Haltung dürfte einen engeren Zusammenschluß nahegelegt haben: Jene von Thietmar namentlich nicht genannten *pauci excepti* unter den Grafen Ostsachsens, auf die sich Ekkehard bei seiner Thronbewerbung 1002 nicht stützen konnte[313], dürften ihm schon vorher nicht wohlgesonnen gewesen und sich untereinander kaum unbekannt geblieben sein. Als Gründe für eine Verschwörung kommen Unzufriedenheit mit als ungerecht empfundenen Entscheidungen Ottos III. sowie Unzufriedenheit und Herrschaftskonkurrenz mit dem Markgrafen Ekkehard, seinem wichtigsten Vasallen in Sachsen in Betracht - Motive, die bei den einzelnen Verschwörern in unterschiedlichem Maß ausgeprägt waren. Um diesem Unzufriedenheitspotential eine gemeinsame Stoßrichtung zu geben, die Adelsgruppe zu einer Einheit zu formieren und ihren Zusammenschluß auch zu legitimieren, bedurfte es aber erfahrungsgemäß der Anführung durch ein mächtiges Mitglied der Königsfamilie, das

---

312 Zur verletzten *dignitas* als Konfliktauslösung vgl. ALTHOFF, Königsherrschaft, S. 267.
313 *Comites vero orientales paucis tantum exceptis regnumque in spe habuit.* Thietmar, Chronicon V 7, MGH SS rer. Germ. NS 9, S. 228.

sich ebenfalls zurückgesetzt fühlte[314]. Diese Rolle sollte nach der Vorstellung der Verschwörer Heinrich IV. von Bayern übernehmen, der sich ihnen jedoch verweigerte.

Damit war aber auch gleichzeitig die Gefahr eines für Otto III. unmittelbar bedrohlichen Adelsaufstandes gebannt - wenn auch nicht die Ursache für die oppositionelle Bewegung beseitigt. Jedoch erweist sich Thietmars Bericht, der Kaiser habe der Nachricht von der *conspiratio* kein großes Gewicht beigemessen[315], vor diesem Hintergrund als glaubhaft. Otto III. konnte sich auf den bayerischen Herzog verlassen, Herzog Bernhard I. von Sachsen, Markgraf Gero II. und Markgraf Ekkehard von Meißen erwiesen sich ebenfalls als zuverlässige Anhänger. Die sächsische Opposition im Jahre 1001/02 war demnach weit entfernt von dem politischen Gewicht, das der entschlossenen Demonstration von Bernhards I. Vater Hermann Billung zukam, des von Otto I. für die Dauer des dritten Italienzuges eingesetzten *procurator Saxoniae*: Hermann hatte 972 bei einer Versammlung der Großen in Magdeburg bei Tisch den Platz des Kaisers eingenommen und in dessen Bett genächtigt[316]; diese selbstbewußte Usurpation herrscherlichen Zeremoniells signalisierte dem 972 seit sechs Jahren ununterbrochen im südlichen Reichsteil weilenden Otto I. die wachsende Unzufriedenheit in den höchsten Kreisen des sächsischen Adels[317] und bewog ihn zu rascher Rückkehr nach Sachsen[318]. Dagegen lag der Grund für Ottos III. Gleichmut angesichts der sächsischen Verschwörung nicht etwa in seiner Lebensmüdigkeit[319], sondern in der Sache selbst: Erst im Juni des Jahres 1000 aus dem nördlichen in den südlichen Reichsteil gezogen, plante Otto III. aus Anlaß des Gandersheimer Streits seine Rückkehr nach Sachsen bereits für die erste Jahreshälfte 1002[320]; die Adelsopposition war auf einen kleinen Kreis beschränkt und ohne integrierende Führungsgestalt, die wichtigsten sächsischen Vasallen des Kaisers erwiesen sich als zuverlässig. Nichts spricht dafür, daß Otto III. seine Stellung in Sachsen in vergleichbarem Ausmaß für gefährdet halten mußte wie Otto I. die seine im Jahr 972.

Gelingt es also, die von Thietmar nur verschwommen beschriebene Szenerie der Adelsverschwörung mit einigen Personen zu bevölkern, so verdient der Bericht des

---

314 Cartellieri, Otto III., erliegt S. 202 mit seiner Annahme, Heinrich hätte vielleicht für die »Einsetzung einer Regentschaft« gewonnen werden sollen, weil Zweifel an Ottos »volle(r) Regierungsfähigkeit« bestanden hätten, völlig unhaltbaren Spekulationen über Charakter und Gemüt Ottos III.

315 *Inperator hoc statim comperiens et pacienti ferens animo...* Thietmar, Chronicon IV 49, MGH SS rer. Germ. NS 9, S. 188.

316 Thietmar, Chronicon II 28, MGH SS rer. Germ. NS, S. 74.

317 Vgl. dazu Althoff, Bett des Königs.

318 Vgl. Widukind, Rerum gestarum Saxonicarum III 75, MGH SS rer. Germ. 60, S. 152; Giese, Stamm, S. 127; Althoff, Bett des Königs, S. 151. Daß Widukind die Nachricht vom sächsischen Widerstand gegen Otto I. als *fama* bezeichnet, womit er gemeinhin nur Falsches oder Zweifelhaftes meint, entspringt »der politischen Absicht, seinen Stamm in Schutz zu nehmen«, vgl. Beumann, Widukind, S. 58.

319 Cartellieri, Weltstellung, vermutet S. 260, Otto würde deshalb nichts gegen die Verschwörung unternehmen, weil er »mit dem Leben abgeschlossen« habe; ebenso Ders., Otto III., S. 202.

320 Siehe dazu oben, S. 129f.

Merseburger Bischofs noch unter einem anderem Blickwinkel Aufmerksamkeit. Die dürren Sätze im vierten Buch seiner Chronik verschweigen bedauerlicherweise jeden Namen; andererseits zeigt sich Thietmar doch erstaunlich gut informiert - denn keine einzige andere zeitgenössische Quelle weiß überhaupt von einer Opposition gegen Otto III. zu berichten, geschweige denn von der Absicht der Aufrührer, sich mit Herzog Heinrich IV. von Bayern zu verbinden[321]. Betrachtet man aber Thietmars Familie, dann kann sein Schweigen nicht überraschen, waren die wichtigsten Verschwörer doch allesamt mit ihm verwandt. Der Markgraf Liuthar war ein Onkel, der Graf Richbert ein Großonkel und die beiden Katlenburger Grafen waren Vettern Thietmars, und Thietmars Brüder Heinrich und Friedrich hatten ihrem Vetter Werner, dem Sohn Liuthars, bei der Entführung von Ekkehards Tochter Liudgard geholfen[322]. Die Schlußfolgerung, daß Thietmar tatsächlich erheblich mehr wußte als er in seiner Chronik mitteilte, dürfte also zulässig sein[323]. Die Namen der Verschwörer verschwieg er deshalb, weil er im wesentlichen nur seine eigenen Verwandten hätte aufzählen können und vielleicht - wenn er ganz bei der Wahrheit geblieben wäre - von eigener Sympathie oder gar Beteiligung hätte berichten müssen. Die Mitteilung solcher Einzelheiten hätte ihn in seinem neuen Amt als Merseburger Bischof jedoch in unvorteilhaftem Licht erscheinen lassen: Er, der erklärtermaßen die Geschichte der sächsischen Herrscher und die Geschichte seines Bistums niederschreiben wollte, hätte die Verschwörung einiger seiner Familienmitglieder gegen Otto III. eingestehen müssen - gegen jenen Kaiser also, dessen Andenken sich der Bischof Thietmar deshalb besonders verpflichtet fühlte, weil er sich beharrlich für die Wiederherstellung des Bistums Merseburg eingesetzt hatte[324]. Thietmar wußte also genau, weshalb er es bei Andeutungen beließ und durch Schweigen sich und seine Familie schützte.

Betrachtet man dann den Kreis der durch die Wiederherstellung des Bistums Merseburgs betroffenen Bischöfe, so ergeben sich insbesondere für Erzbischof Giselher von Magdeburg, weniger deutlich aber auch für Bischof Eid von Meißen Anhaltspunkte dafür, daß beide aufgrund ihrer Interessenlage den Plänen Ottos III. ablehnend gegenüberstanden. Die gerade im Jahr 1000 beharrlichen Versuche des Kaisers, die Merseburger Frage zu lösen, paßt in den von Thietmar angegebenen zeitlichen Rahmen der

---

321 Der Bericht des fast eineinhalb Jahrhunderte später schreibenden Annalista Saxo ist - von leicht veränderter Wortwahl abgesehen - mit dem Thietmars völlig identisch: *Nam nostri duces et comites non sine conscientia episcoporum multorum contra eum conspirare nituntur, Heinrici ducis, postea regis, ad hoc auxilium postulantes. Hic ultima patris sui monita, qui in Gonnesheim obiit ac requiescit, memori servans in pectore, et sibi hactenus in cunctis fidelis, nullum his prebuit assensum* und *Interea machinationes principum adversum se comperiens, patienti animo ferebat*, Annalista Saxo ad a. 1001 und 1002, MGH SS 6, S. 646. Daraus kann geschlossen werden, daß der vielbelesene Annalista bei der Abfassung seines Werkes zwischen 1144 und 1152 für seinen Bericht über die Adelsopposition gegen Otto III. einzig und allein auf Thietmars Chronik zurückgreifen konnte; zum Forschungsstand zum Annalista Saxo vgl. ALTHOFF, Heinrich, S. 73.

322 Thietmar, Chronicon IV 41, MGH SS rer. Germ. NS 9, S. 178.

323 Auch über die Beteiligung seines Großvaters am Komplott gegen Otto I. im Jahr 941 wußte Thietmar offenbar mehr als er schrieb, vgl. LIPPELT, Thietmar, S. 151.

324 Siehe dazu schon oben, S. 165f.

Verschwörung: Giselher und Eid mußten bei der für 1002 geplanten Rückkehr Ottos nach Sachsen damit rechnen, daß er eine Restitution des Bistums auch gegen ihren Widerstand durchsetzen würde. Zur Stärkung ihrer Position mögen sie die Verbindung zu den aus anderen Gründen unzufriedenen Adligen um Markgraf Liuthar gesucht haben. Deren insbesondere gegen Ekkehard von Meißen gerichtete Interessen deckten sich mit der Haltung Giselhers, der vom Markgrafen seit Mitte der neunziger Jahre zunehmend ins politische Abseits gedrängt wurde. Ihre Interessenlage in der Merseburger Angelegenheit legt es nahe, die von Thietmar erwähnte *conscientia episcoporum* auf den Erzbischof von Magdeburg und mit Vorbehalt auch auf den Bischof von Meißen zu beschränken.

IV. Der »Groll« verdrängter Ratgeber gegen Otto III.

Schließlich bleibt noch ein weiteres Motiv für Unzufriedenheit als Voraussetzung einer Verschwörung zu überprüfen: Hat sich Otto III. durch neue, für seine Politik nunmehr maßgebliche Berater in seinem Gefolge die Gegnerschaft der dadurch verdrängten alten Ratgeber zugezogen? Ein Passus in den Gesta episcoporum Cameracensium gibt Anlaß zu dieser Frage. In einem mit antirömischem Ressentiment geradezu gespickten Bericht[325] heißt es, der Kaiser habe zur effektiveren Durchsetzung seiner kirchenpolitischen Ziele in Rom ungenannte Römer wegen ihrer Vertrautheit mit dem Ort und den dort herrschenden Sitten seinen *Teutonici* vorgezogen und sie zu seinen einflußreichsten Ratgebern gemacht[326]. Diese Nachricht läßt zunächst an Benachteiligung und Zurücksetzung der bisherigen Ratgeber denken und könnte damit ein wichtiges zusätzliches Motiv für die Bereitschaft weiterer Adliger zur Verschwörung gegen den Kaiser liefern. Daß der im Konsens der Adligen und in ihrem *consilium* ausgedrückte Anspruch auf Teilhabe am Reich und Mitgestaltung der Politik Voraussetzung für eine als legitim empfundene königliche Machtausübung war[327], ist ebenso bekannt wie die Tatsache, daß der Bedeutungsverlust wichtiger Adliger Aufstände verursachen

---

325 Die Römer werden der *avaritia* und *superbia* sowie des *contemptus* bezichtigt, vgl. Gesta episcoporum Cameracensium I 114, MGH SS 7, S. 451

326 *Ut autem efficacius hoc perfecisset, summam familiaritatis gratiam exhibebat Romanis; ipsosque, ut locorum accolas et morum ac consuetudinum gnaros suis Teutonicis preferens, consiliarios sibi habebat et primos.* Gesta episcoporum Cameracensium I 114, MGH SS 7, S. 451. SCHRAMM, Kaiser 2, sieht S. 7 darin eine »Bevorzugung Roms« und die »Zurücksetzung Deutschlands« ausgedrückt. Der älteste, bis Buch III Kap. 50 reichende Teil der Bischofschronik von Cambrai wurde ein knappes Vierteljahrhundert nach Ottos Tod wohl in den Jahren 1024-1025 geschrieben, vgl. dazu MINGROOT, Onderzoek, S. 331. Die Gefahr verzerrender Darstellung ist deshalb sicher größer als bei Brun von Querfurt, den Quedlinburger Annalen und Thietmar von Merseburg.

327 Vgl. dazu die Ausführungen bei ERKENS, Opposition, S. 322ff. mit Literaturhinweisen. Die Verwendung der *consensus/consilium*-Formel diente den Karolingern nach ihrer Herrschaftsusurpation zunächst dazu, durch den Konsens des Reichsadels die Legitimität ihrer Herrschaft zu sichern, war jedoch spätestens seit der Zeit Ludwigs des Frommen auch ein Zeichen dafür, daß der König ohne Zustimmung seiner Berater und der Großen des Reiches wichtige Entscheidungen nicht mehr fassen konnte; vgl. dazu HANNIG, Consensus, S. 152-195.

konnte, die auch ein Kampf um den Einfluß am Hof und damit auf die Politikgestaltung waren: So war der Aufstand Liudolfs von Schwaben 953/54 nicht zuletzt der Versuch, mit Herzog Heinrich von Bayern, dem Bruder Ottos I., den »regierenden Ratgeber« im Umkreis des Kaisers zu stürzen[328]. Handelte der Herrscher gegen den ausdrücklichen Rat der Großen, so stellte er den Konsens des Adels als Grundlage seiner Herrschaft ebenso in Frage wie die Legitimität der konkret ergriffenen Maßnahme: So handelt sich etwa Otto II. schärfste Kritik bei Brun von Querfurt ein, weil er bei seinem desaströsen Sarazenenfeldzug »auf eine Frau« - also wohl auf Theophanu - gehört habe und damit »kindlichen Ratschlägen« gefolgt sei, nicht aber den Ansichten der Großen des Reiches[329].

Vergleichbare Quellenaussagen über einen Konflikt zwischen Otto III. und seinen Beratern aus dem Kreis der Reichsfürsten fehlen. Jedoch wurden Vermutungen über den »Groll verdrängter Räte«[330] gegen Otto III. angestellt, womit meist die Erzbischöfe Willigis von Mainz und Giselher von Magdeburg gemeint waren[331]. Was Willigis betrifft, so nahm sein aufgrund von Urkundeninterventionen belegbarer Einfluß mit dem Beginn von Ottos selbständiger Regierung ab, ohne daß dafür ein politischer Gegensatz als ursächlich erkennbar wäre. Falls Otto III. gegen den Mainzer Erzbischof tatsächlich wegen dessen Beziehung zur Kaiserschwester Sophie seit 997 »Groll« gehegt haben sollte, dann war der Grund dafür, wie Gunther Wolf betont, eine »menschliche Enttäuschung«, nicht aber ein politischer Gegensatz[332]. Wenn auch seit dem Gandersheimer Streit möglicherweise persönlich distanziert, stand Willigis dennoch politisch loyal zu Otto III., wie die Entsendung des Mainzer Aufgebots zum Kaiser im Winter 1001/02 trotz der eskalierten Auseinandersetzung um Gandersheim deutlich zeigt. Dagegen büßte Giselher seine zunächst einflußreichere Stellung tatsächlich seit 994 rasch ein und stand dann der Merseburger Frage wegen in einem Dauerkonflikt mit dem Kaiser[333]. Daß sich Willigis und Giselher jedoch der Rompolitik wegen mit dem Kaiser

---

328 Vgl. dazu insbesondere NAUMANN, Rätsel, S. 95; Korrekturen dazu bei ERKENS, Opposition, S. 322 Anm. 72. Die »Nichtberücksichtigung ihrer Meinung« sieht auch ALTHOFF, Frage, S. 138 als Ursache für die Aktivität der Aufständischen um Liudolf.

329 *Qui cum stupentibus oculis nefas horret (Otto II.), tandem pudet quia mulierem audivit, tandem sero paenitet, quia infantilia consilia secutus sententias maiorum proiecit.* Brun, Vita Adalberti redactio longior 10, MPH NS 4.2, S. 9. Dagegen versteht FRIED, Theophanu, S. 361, Bruns Äußerung als Kritik an Theophanus Einmischung in Verhältnisse an der sächsischen Ostgrenze; so eindeutig ist der Bezug jedoch nicht, da im unmittelbaren Zusammenhang nur vom verlustreichen Sarazenenfeldzug die Rede ist.

330 GÜNTER, Fürsten, S. 213.

331 Vgl. GÜNTER, Fürsten, S. 213 (bezieht sich wohl auf Willigis); HAMPE, Otto III., S. 531 (Willigis und Giselher); UHLIRZ, Jahrbücher, S. 249 (Willigis und Giselher).

332 WOLF, Prinzessin, S. 120; zum Verhältnis zwischen Willigis und Otto III. siehe schon oben, S. 124ff.

333 Dazu siehe oben, S. 162ff.; UHLIRZ, Jahrbücher, sieht S. 249 das Verhältnis zwischen Otto III. und Giselher noch für das Jahr 997 ungetrübt. Für das Jahr 1000 nach Ottos Rückkehr aus Gnesen als Zeitpunkt des Bruchs zwischen Giselher und dem Kaiser plädiert HOLTZMANN, Wiederherstellung, S. 111; für Anfang 999 BEUMANN-SCHLESINGER, Urkundenstudien, S. 379. Dagegen jedoch die überzeugenden Darlegungen von CLAUDE, Geschichte 1, S. 172-176, der eine Entfremdung schon seit 994 annimmt.

überworfen haben sollen, ist wenig plausibel und aus den Quellen auch nicht schlüssig belegbar.

Zweifellos war aber mit dem Beginn der selbständigen Regierung Ottos III. eine Veränderung im Kreis seiner auf die Politikgestaltung einwirkenden Berater verbunden: Das schlagendste Indiz dafür ist der Einfluß jener ungenannten »junger Heißsporne«, auf den Thietmar von Merseburg die Entfernung der Kaiserin Adelheid vom Hof zurückführt[334]; über sechzigjährig hatte die Kaiserinwitwe nach dem Tod Theophanus 991 die Regierung übernommen und bis zu Ottos Mündigkeit im September 994 geführt. Offenbar hatte sie die Gegnerschaft einiger *iuvenes* in Ottos Umkreis auf sich gezogen[335]. Es dürfte keine unzulässige Psychologisierung sein, unter den Motiven für eine solche Entscheidung auch den Generationenkonflikt zu vermuten, der den jungen König in eine gewisse Abwehrhaltung gegen den fortdauernden Einfluß von während der Vormundschaftsregierung maßgeblichen Personen gebracht haben könnte; es sei daran erinnert, daß sich auch Otto II. von seinem Vater von der Herrschaftsausübung ferngehalten fühlte[336]. Daher liegt es zwar nahe, ganz allgemein Rivalitäten zwischen einzelnen, aus Ottos persönlicher Umgebung nach dessen Regierungsantritt zu Einfluß gelangenden jungen Adligen und der älteren »Politikergeneration« zu unterstellen, die möglichen Konstellationen und Konflikte nachzuzeichnen verhindert jedoch der Mangel an konkreten Quellenaussagen[337].

Daß Adelheid bei Otto III. zumindest vorübergehend in Ungnade fiel, dürfte namentlich für Erzbischof Giselher von Magdeburg nachteilig gewesen sein, der seine Stellung bei Hof besonders auf das Vertrauen der Kaiserinwitwe gestützt hatte[338]. Giselhers Verhältnis zu den sächsischen Herrschern hatte schon zuvor Höhen und Tiefen

---

334 *Quod cum inclita inperatrix Aethelheidis comperiret, tristis protinus effecta regem tunc VII annos regnantem visitando consolatur ac vice matris secum tamdiu habuit, quoad ipse, protervorum consilio iuvenum depravatus, tristem illam dimisit (Otto III.).* Thietmar, Chronicon IV 15, MGH SS rer. Germ. NS 9, S. 150. Dazu auch ALTHOFF, Vormundschaft, S. 281.

335 Mit *iuvenis* können in diesem Fall junge adlige Krieger gemeint sein, die bereits die Schwertleite erhalten haben, vgl. dazu allgemein THORAU, Iuvenes. Mathilde UHLIRZ vermutete einen Gegensatz zwischen der Kaiserin Adelheid und dem jungen Heribert, der von ihr aus Ottos Umkreis entfernt worden sei, vgl. BU 1117a; ihre Annahme ist jedoch unzutreffend, vgl. MÜLLER, Heribert, S. 86f., so daß auch dieses Indiz für eine mögliche Identifizierung der von Thietmar kritisierten *iuvenes* entfällt. Als *iuvenis* wird der wohl einem führenden Adelsgeschlecht des nördlichen Hessens entstammende Franco bezeichnet, der 998 Bischof von Worms wurde (vgl. Thietmar, Chronicon IV 61, MGH SS rer. Germ. NS 9, S. 200; Vita Burchardi 3, MGH SS 4, S. 833; die genaue Herkunft Francos ist unbekannt, vgl. METZ, Herkunft, S. 42); Franco soll jedoch in gutem Verhältnis zu Adelheid gestanden haben, vgl. BU 1287b.

336 Die Unzufriedenheit Otto II. überliefert die Anekdote vom Besuch Ottos I. im Kloster St. Gallen, wo der Kaiser, um die Zucht der Mönche zu prüfen, einen Stock fallen ließ; als das Geschehen Otto II. berichtet wurde, soll er geantwortet haben: *Miramur, ait, cum tam firmiter imperium teneat, quod baculus deciderit! Enimvero quasi leo regna quae adhuc cepit, firmissime tenuit, neque mihi, quamvis filio, partem vel unam dedit.* Ekkehard von St. Gallen, Casus s. Galli 16, MGH SS 2, S. 147.

337 Für die Zerwürfnisse im Umkreis der namentlich faßbaren Erzieher Ottos III. vgl. jetzt ALTHOFF, Vormundschaft, S. 281-285.

338 CLAUDE, Geschichte 1, S. 176.

gekannt. Bei Otto II. stand er zweifellos in besonders hohem Ansehen[339]. Die Annahme, daß dies unverändert auch für die Zeit der Vormundschaftsregierung nach dem
Tod Ottos II. gegolten habe, bestimmt gemeinhin das Bild von Giselhers Tätigkeit in
diesem Zeitraum[340]. Indessen sind daran einige Zweifel angebracht: Selbst während
der Vormundschaftsregierung lassen sich nämlich verschiedene Phasen für Giselhers
Stellung unterscheiden. Im Thronstreit mit Heinrich dem Zänker stand er 984/85 zumindest kurzzeitig auf der Seite des Bayernherzogs gegen Otto III.[341] Es überrascht
kaum, daß seine alte Vertrauensstellung darunter gelitten hat: In den Urkunden Ottos III. taucht er erst 987 an wenig hervorgehobener Stelle als Intervenient wieder
auf[342]. In einer am 1. Mai 991 ausgestellten Urkunde wird er mit auszeichnenden Worten bedacht[343]; im Jahr zuvor hatte sich Giselher am Feldzug gegen die Slawen beteiligt, und im Sommer 991 zog er erneut gegen sie[344] - möglicherweise ein Grund für die
anerkennenden Worte. Nach dem Tod der Kaiserin Theophanu am 15. Juni 991
scheint Giselhers Einfluß während der Vormundschaftsregierung der Kaiserinwitwe
Adelheid bis September 994 zugenommen zu haben: Wenigstens interveniert er 992
und 993 fünf Mal[345] und erhält sechs Schenkungen für Magdeburg[346], vier davon auf
Intervention der Kaiserin Adelheid. Die Annahme, Giselher habe sich vor allem auf das
Vertrauen Adelheids gestützt, ist daher nicht unbegründet. Mit Beginn der selbständigen Regierung Ottos III. trat Giselher als Intervenient jedoch völlig zurück[347], und von

---

339 So Thietmar, Chronicon III 13, MGH SS rer. Germ. NS, S. 112. Dies bestätigen die zahlreichen Urkunden Ottos II. für Giselher als Bischof von Merseburg: BM 670, 671, 748 (*ob iuge fidelique
servitium*), 749 (*ob iuge fideleque servicium*), 777 (*vir venerabilis Gisalharius, noster videlicet fidelis episcopus, nostrae legationis ac servitutis causa in quibus plus omnibus maxime ac fideliter laboraverat...*),
791, 805; für Giselher als Erzbischof von Magdeburg: BM 869 *(fidelis nostri)* und 870. Ferner ist Giselher mehrfach zusammen mit den wichtigsten Personen des Hofes als Intervenient bei Otto II. nachweisbar, vgl. BM 868, 891, 904, 907, 910 und 911.

340 So unterscheidet CLAUDE, Geschichte 1, S. 172-176 bei seiner Untersuchung der Urkunden für
Magdeburg und der Interventionen Giselhers weder grundsätzlich zwischen der Zeit der Vormund-
schafts- und der selbständigen Regierung Ottos III. noch zwischen Phasen unterschiedlich intensiver
Urkundentätigkeit zugunsten Giselhers während der Vormundschaftsregierung. In dieser Hinsicht genauer: SCHETTER, Intervenienz, S. 36ff.

341 Siehe dazu oben, S. 167. Am 14. Februar 985 erhielt Giselher ein Privileg für Magdeburg, vgl.
BU 967; zu diesem Zeitpunkt muß er sich also bereits wieder der ottonischen Partei angeschlossen haben.

342 Vgl. BU 989; wenige Monate später eine erste Schenkung Ottos III. für Magdeburg, vgl.
BU 992.

343 *... ac votum et amorem cari fidelisque nostri Gisalherii ... qui sepius pio animo devotum nobis exhi-
buit servitium...* DO.III. 71 = BU 1033.

344 BU 1024a, c und 1035f. Inwieweit sich Giselher zwischen 983 und 990 an Kriegszügen gegen
die Slawen beteiligt hat, ist unbekannt; für den Zeitraum vor 990 ist seine Teilnahme nur für das Jahr
983 belegbar, vgl. BU 916c.

345 BU 1047, 1069, 1081, 1088 und 1100.

346 BU 1037 (Deperditum), 1048, 1064, 1074, 1086 und 1108 (*ob... devotum ac frequens servitium fidelis nostri*).

347 Einzige Ausnahme ist BU 1154 vom 26. Oktober 995, etwa ein Jahr nach Beginn der selbständigen Regierung Ottos III. In diesem Zeitraum fallen auch noch die vereinzelten Interventionen des Erzbischofs Willigis von Mainz, siehe dazu oben, S. 125 mit Anm. 10.

zwei Schenkungen im Jahr 997 und 1000 abgesehen[348] - die letzte bezeichnenderweise zum Seelenheil von Adelheid - erfreute sich Giselher auch keiner Zuwendungen des Kaisers mehr. Mit einiger Plausibilität lassen sich also für die Zeit der Vormundschaftsregierung drei Phasen in Giselhers Verhältnis zum Hof unterscheiden: Eine erste bis Anfang/Mitte 987, die von der Irritation über seine Parteinahme für Heinrich den Zänker bestimmt war; die zweite Phase reicht bis zum Tod Theophanus und gipfelt, wie die auszeichnende Erwähnung im Mai 991 zeigt, in der Wiederannäherung Giselhers an den Hof. Die dritte Phase fällt in die Zeit der Vormundschaftsregierung unter der Kaiserin Adelheid und dürfte mit Ottos Mündigkeit im September 994 geendet haben. Mit der Entfernung Adelheids vom Hof wird auch Giselher seinen Einfluß auf die Politikgestaltung verloren haben.

Als Otto im Juli oder September 994[349] vierzehnjährig die Regierung übernahm, waren Willigis, Bischof Hildebold von Worms und Giselher bereits über fünfzig Jahre alt[350]. Willigis und Hildebold, die beiden während der Vormundschaftsregierung entscheidenden Männer blieben im Gegensatz zu Giselher unter den vornehmsten Beratern Ottos, deren Kreis seit September 994 namentlich um den damals etwa fünfundzwanzigjährigen Heribert, einen Schüler Hildebolds, vermehrt erscheint[351]. Willigis trat nach 997 in den Hintergrund[352]. Nach dem Tod Hildebolds im August 998 wurde die Stellung Heriberts durch Zusammenlegung der deutschen und italienischen Kanzlei weiter gestärkt[353]. Im September 996 ist erstmals der Kapellan Leo, der spätere Bischof von Vercelli, nachweisbar, der ebenso wie der seit Frühjahr 997 zur Hofkapelle zählende Gerbert von Aurillac ein enger Berater des Kaisers war[354]; Gerbert, Leo und Heribert waren »die dominierende Trias innerhalb des neuen Freundes- und Beraterkreises, dessen Mitglieder der junge König selbst erwählt hatte.«[355]

---

348 BU 1229 und 1341.
349 Während bisher der Sohlinger Reichstag im September als entscheidendes Datum galt, spricht sich LAUDAGE, Problem, S. 274 für spätestens 6. Juli 994 als Datum der Mündigkeit aus.
350 Die Geburtsdaten sind in allen Fällen unbekannt; BÖHMER, Willigis, vermutet S. 8 Anm. 3 das Geburtsjahr des Mainzer Erzbischofs mit guten Gründen im Zeitraum zwischen 930 und 945. Hildebold wurde spätestens 979 zum Bischof von Worms erhoben, und trat sein Amt damit vier Jahre später an als Willigis in Köln. Giselher wurde 971 Nachfolger des Bischofs Boso von Merseburg. Da nach den kanonischen Vorschriften die Bischofsweihe frühestens im Lebensalter von 30 Jahren erteilt werden konnte, dürften Willigis, Hildebold und Giselher etwa gleichalt gewesen sein.
351 Zur Stellung von Willigis und Hildibald während der Vormundschaftsregierung vgl. FLECKENSTEIN, Hofkapelle 2, S. 83f. und 102-110; zuletzt DERS., Kanzlei, S. 307ff. Zu Heriberts Geburtsjahr um 970 vgl. MÜLLER, Heribert, S. 61f.; zu den Urkundeninterventionen Hildebolds und Heriberts vgl. SCHETTER, Intervenienz, S. 58ff. und 43-47.
352 Siehe dazu oben, S. 125.
353 Vgl. dazu MÜLLER, Heribert, S. 122-133.
354 Zu den Daten vgl. FLECKENSTEIN, Hofkapelle 2, S. 90 und 93; zur Widerlegung der These von Mathilde UHLIRZ, Leo sei Deutscher gewesen, ebenda, S. 91 Anm. 213; zu Gerbert vgl. ausführlich unten, S. 211-216.
355 MÜLLER, Heribert, S. 120.

Daß namentlich der Einfluß Gerberts und Leos Widerstand hervorgerufen habe, wird aufgrund einer Stelle in Bruns Vita quinque fratrum vermutet[356]. Brun nennt jedoch keine Namen, sondern greift nur ganz allgemein eitle und weltliche Personen im Umkreis Ottos an. Zwar ist grundsätzlich denkbar, daß er mit dieser Charakteristik Eindrücke wiedergab, die »in seine Kapellanszeit zurückgehen«[357], »sicher« ist das jedoch keineswegs. Ebensogut denkbar, wenn nicht sogar wahrscheinlicher ist, daß Brun den weltlichen Lebenswandel einiger Gefolgsleute Ottos, der dem Eremiten naturgemäß als anstößig erscheinen mußte, sowie die Unruhe kritisierte, die das kaiserliche Gefolge in der Einsiedelei von Pereum seit Ende März 1001[358] verursacht hat: Mehrfach äußert sich Brun verbittert über die dadurch gründlich gestörte Ordnung[359], und unterscheidet aufgrund dieser *turbatio* der *vita contemplativa* beim neuerlichen Erscheinen des Kaisers in Pereum Ende Oktober 1001[360] verärgert zwischen *bonos et malos* in seinem Gefolge[361], nennt allerdings wiederum keine Namen. Berücksichtigt man, daß weder nach Ausweis der Quellen noch aufgrund der erkennbaren Motivation der »innenpolitischen« Konflikte im nördlichen Reichsteil von einer allgemeinen Gegnerschaft gegen die Rompolitik Ottos III. gesprochen werden kann, dann erscheint es auch wenig plausibel, ohne ausdrücklichen Quellenbeleg eine Ablehnung der Beraterfunktion Gerberts und Leos zu unterstellen[362].

Die aus den Gesta episcoporum Cameracensium zitierte Stelle über die »römischen« Berater Ottos III. ist in Ermangelung sonstiger Quellen leider nicht konkreter zu fassen. Um diesen Personenkreis namhaft zu machen, böte sich vor allem die Auswertung von Zeugenlisten an, wäre nicht vor der Mitte des 11. Jahrhunderts die

---

356 *Cuius (Ottonis) inter cetera bona hec nobilis consuetudo erat, quamvis pro iuventute viros vanos vel seculares adamaret, plus adamare solebat homines bonos, et amare quemque, quanto meliorem noverat, studebat, si laicus, si clericus, maxime si servus Dei erat.* Brun, Vita quinque fratrum 8, MPH NS 4.3, S. 48. Für WENSKUS, Studien, ist es S. 185 »selbstverständlich klar«, daß sich diese Worte Bruns »auf die Vertreter jener von Brun als heidnisch und eitel abgelehnten Politik der Renovatio« beziehen, insbesondere auf Gerbert, aber auch, wenngleich weniger kompromißlos, auf Leo von Vercelli (ebenda, S. 186). Vgl. auch WENSKUS, S. 128f., 141 und 173f.

357 FLECKENSTEIN, Hofkapelle 2, S. 95.

358 Zur Datierung vgl. BU 1404b.

359 *Turbata est valde vita contemplativa, et dum ille (Otto III.) ad nos, aut nos vocamur ad illum, ad nihilum redacta heremus perdidit ordinem suum; ... in inicio de nostra heremo ad salutem plurimorum sancta voluntate cenobium construere aggressus est (Otto III.), quamvis pro peccatis nostris hoc opus in contrariam partem laberetur, dum - ut in fine apparet - et heremum perdidit, et monasterium non fecit;* und *Ergo, toto illo anno quo non semel turbati ... stetere fratres in illa heremo; Ibi cum nil preter solitum sequens populus heremum adimpleret...;* Brun, Vita quinque fratrum 2 und 3, MPH NS 4.3, S. 34f. und 37.

360 Vgl. BU 1426b.

361 *Ergo defluo amne, Ravennam venit onerata carina, portans iuxta regium latus bonos et malos populum monachorum.* Brun, Vita quinque fratrum 4, MPH 4.3, S. 39.

362 ALTHOFF, Vormundschaft, meint S. 287, die zeitgenössischen Quellen hätten »dennoch deutliche Kritik an Gerbert geübt: indem sie die neue Rompolitik grundsätzlich kritisierten.« Dieses summarische Urteil bündelt die Interpretationsergebnisse der älteren Forschung, ohne nach Autor und jeweiligem Kritikpunkt an Otto III. zu unterscheiden. - Leo von Vercelli wird beispielsweise in der Vita Bernwardi lobend erwähnt (siehe schon oben, S. 100), so daß die Annahme einer allgemein verbreiteten Ablehnung seiner Beraterfunktion nicht überzeugt.

Erwähnung von Zeugen in Königsurkunden eine außerordentlich seltene Erscheinung, so daß dieser Weg ausscheiden muß. Die meisten Berichte in anderen Quellen sind nur allgemein gehalten und nicht präzisierbar[363]. Lediglich Thietmar erwähnt in seinem Bericht über Ottos Gnesenzug den *patricius* Ziazo und den Oblationar Robert als Angehörige des kaiserlichen Gefolges[364]; Ziazo ist nach allgemeiner Ansicht der Sachse Dedi-Ziazo[365], und auch der Oblationar scheint kein Römer gewesen zu sein[366]. Als einziger Otto III. nahestehender Römer ist nur ein gewisser Gregor belegt; er wird allgemein mit dem *praefectus navalis* Graf Gregor von Tusculum identifiziert[367]. Als wichtige Amtsinhaber in der neuen päpstlichen und kaiserlichen Verwaltung in Rom sind Angehörige der römischen Familie de Miccina nachweisbar[368], nähere Informationen über den Einfluß dieser Römer am Hof fehlen jedoch ebenso wie weitere Namen von römischen Gefolgsleuten. Die Nachricht der Gesta episcoporum kann angesichts dieses Befunds nur dahingehend verstanden werden, daß sie auf konkrete Entscheidungen Ottos III. in Rom bezogen werden muß, die er auf den Rat einheimischer Adliger hin traf. Dieser Personenkreis tritt jedoch sonst nicht in Erscheinung; soweit nachweisbar, hat auf die reichspolitischen Entscheidungen kein römischer *consiliarius* Einfluß genommen. Daher kann auch nicht einfach von einer allgemeinen Bevorzugung der Römer vor den *Teutonicis* im Kreis der Ratgeber gesprochen werden. Das Wörtchen *praeferens* im Bericht der Gesta episcoporum erklärt sich vielleicht aus dem zeitlichen Abstand zum geschilderten Geschehen oder aber aus dem antirömischen Affekt ihrer Darstellung, der für ein tendenziös verzerrendes Abbild der historischen Realität verantwortlich sein könnte.

Man kann aber noch fragen, welche Personen Otto III. selbst als *consiliarius* bezeichnete[369]. Die Begriffskombination *consensu* und *consultu* oder *consilio fidelium* erscheint insgesamt achtmal in den Urkunden der Vormundschaftsregierung, und zwar fast ausschließlich ohne Verbindung mit Namen[370]; nur zwei Urkunden aus der Zeit der selbständigen Regierung enthalten die Wendung *consensu et consilio*, beide Male mit namentlichem Bezug auf den kurz zuvor erhobenen Papst Gregor V. und ansonsten

363 *...non paucis ex Romano senatu una secum pergentibus*, Annales Quedlinburgenses ad a. 1000, MGH SS 3, S. 77. Wesentlich später die Nachricht bei Martin von Troppau, Chronicon pontificum et imperatorum, MGH SS 22, S. 466: *ducens secum nobiles aliquos Romanos*.
364 Vgl. Thietmar, Chronicon IV 44, MGH SS rer. Germ. NS 9, S. 182.
365 Siehe dazu oben, S. 153.
366 Vgl. UHLIRZ, Jahrbücher, S. 367 Anm. 74; zur weiteren Zusammensetzung des Gefolges bei der Gnesenfahrt vgl. ebenda, S. 313f.
367 *Post haec Gregorius, qui cesari valde carus erat, dolo eum capere nisus occultas tendebat insidias.* Thietmar, Chronicon IV 48, MGH SS rer. Germ. NS 9, S. 186. Zu Gregor von Tusculum siehe unten, S. 252f. und 256.
368 Siehe dazu ausführlich unten, S. 259ff.
369 Die zur Erfassung des weiteren Ratgeberkreises Ottos III. während der Vormundschaftsregierung und der selbständigen Regierung unabdingbare Untersuchung der Interventienten und der Namenslisten in den Urkunden ist trotz der Ankündigung von Mathilde UHLIRZ im Jahr 1938 (vgl. DIES., Gefolge S. 25 Anm. 12 und S. 30 Anm. 30: »meine demnächst zum Abschluß gelangende Untersuchung«) nicht erschienen, möglicherweise wegen der ähnlich gelagerten, allerdings häufig nicht ausreichend detaillierten Arbeit von SCHETTER, Intervenienz.
370 DDO.III. 30, 32, 52, 62, 111, 118, 130 und 157.

ungenannte Bischöfe und Laien[371]. Der Begriff *consiliarius* erscheint in den Urkunden vor September 994 überhaupt nicht und taucht auch später nur äußerst selten auf, wird dann aber bezeichnenderweise mit einer einzigen Ausnahme nur geistlichen Ratgebern beigelegt, die höchste Ämter in Kapelle und Kanzlei innehatten: So erscheinen 996 der Erzkapellan Willigis und der Kanzler Hildebold als *consiliarii nostri*[372], 998 der Kanzler Heribert[373] und Ende 1001 der italienische Erzkanzler Bischof Petrus von Como[374]. Nur ein einziger weltlicher Fürst wird so hervorhebend erwähnt: In einer Urkunde des Jahres 998 bezeichnet Otto III. den Markgrafen Ekkehard von Meißen als *summus consiliarius*[375]. Mit seinen Erfolgen an der sächsischen Ostgrenze und in Rom hatte sich Ekkehard als gleichzeitig äußerst tatkräftiger und besonders zuverlässiger Vasall erwiesen, dem Otto deshalb wohl auch besondere Autorität im Kreis seiner Ratgeber zubilligte. Auch sprechen die mehrfachen Interventionen Ekkehards in Urkunden Ottos III. für sein hohes Ansehen am Hof[376]. Das mußte beispielsweise für Erzbischof Giselher besonders bitter sein, der seinen Einfluß am Kaiserhof nach Ende der Vormundschaftsregierung weitgehend eingebüßt hatte und zudem mit dem Markgrafen Ekkehard in gespanntem Verhältnis stand.

Wie schon gezeigt, führten die guten Beziehungen Ekkehards zum Kaiser in Sachsen bei denjenigen zu Neid und Mißgunst, für die sich diese überragende Machtstellung des Markgrafen nachteilig auswirkte: Daß Ekkehard damit das subjektive Recht dieser Adligen auf Mitgestaltung der Politik und objektiv ihren Einfluß zurückdrängte, liegt auf der Hand. Bei der Untersuchung der sächsischen Verschwörung zeigte sich gerade die gemeinsame Gegnerschaft gegen Ekkehard als zentrales Motiv, das die Adligen um den Markgrafen Liuthar miteinander verband und wohl auch dem Erzbischof Giselher unterstellt werden muß. Wenn also bestimmte Veränderungen im Ratgeberkreis Ottos III. auf Kritik stießen, dann dürfte sie weniger Gerbert und Leo gegolten haben, wie aufgrund der irrigen Prämisse einer allgemeinen Gegnerschaft gegen die Rompolitik Ot-

---

371 DDO.III. 197 und 208.

372 ... *quoniam Villigisius venerabilis archiepiscopus sancte Mogontine ecclesie atque Hildebaldus egregius presul Varmaciensis reverentissimi consiliarii nostri...* DO.III. 207 für Como. Die ganze Urkunde übernimmt allerdings weitgehend wörtlich die Formulierungen der Vorurkunde des italienischen Königs Lothar aus dem Jahr 950; der entsprechende Passus heißt dort: *...quoniam Manasses venerabilis Archiepiscopus noster, et consanguineus, atque Atto egregius Praesul reverendissimi consiliarii nostri*, vgl. die Edition bei Ughelli, Italia Sacra 5, Sp. 276. Während Ottos Krönungszug kam Willigis und Hildebold jedoch noch entscheidende Bedeutung in Ottos Umgebung zu, vgl. Fleckenstein, Hofkapelle 2, S. 103f., so daß die Verwendung von *consiliarius* nicht nur mit Hinweis auf die gleichlautende Vorurkunde erklärt werden kann, sondern auch damit, daß die Bezeichnung die damalige Funktion von Willigis und Hildebold auch korrekt umschrieb.

373 Siehe unten, Anm. 375.

374 ... *interventu nostri consiliarii Cumani episcopi*, DO.III. 413; zu Bischof Petrus von Como vgl. Pauler, Regnum Italiae, S. 157-161.

375 ... *precibus Anardi (wohl statt Aicardi) marchionis caesaris summi consiliarii et Heriberti etiam consiliarii interventu...* DO.III. 302 Anm. d. Zur Identifikation des Anardus/Aicardus mit Ekkehard vgl. BU 1294 und schon oben, S. 216 Anm. 209. Eine weitere gemeinsame Intervention von Ekkehard und Heribert in DO.III. 281.

376 Vgl. dazu Schetter, Intervenienz, S. 114f.

tos III. und einer Rivalität zwischen Sachsen und Römern um die Rolle des Reichsvolks
bisher angenommen wurde, sondern vielmehr dem Einfluß von Ottos mächtigem sächsischen Parteigänger Ekkehard von Meißen, des Kaisers *marchio amabilis* und *summus consiliarius*. Vor diesem Hintergrund war die sächsische Adelsopposition« mit Sicherheit auch die Verschwörung gegen einen der »regierenden Ratgeber« Ottos. Daß
der Kaiser demgegenüber zahlreiche Römer in seiner Umgebung gehabt, ihnen besonderen Einfluß auf die Gestaltung seiner Politik eingeräumt und damit Widerstand unter
den Adligen aus dem nördlichen Reichsteil provoziert habe, läßt sich nicht nachweisen[377].

V. Resümee

Thietmars Nachricht über die *conspiratio* von Adligen und Bischöfen gegen Otto III.
wird immer wieder als Beweis für eine weitverbreitete oppositionelle Strömung herangezogen. Vor einer Überbewertung dieser Nachricht muß aber schon die Tatsache warnen, daß andere Quellen von einem solchen Widerstand nicht berichten - und ihr
Schweigen nicht als Ausdruck einer dem Kaiser gewissermaßen posthum erwiesenen
Loyalität gedeutet werden kann. Vollends gegen eine unbedenkliche Verallgemeinerung
von Thietmars Mitteilung spricht aber, daß nach allem, was über die wahrscheinliche
Zusammensetzung des bei Thietmar namenlosen Verschwörerkreises gesagt werden
kann, mehrere Familienmitglieder des Merseburger Bischofs den eigentlichen Kern der
Gruppe bildeten: Sie sahen ihre Machtstellung in Sachsen bedroht und wollten unter
Anknüpfung an die personelle Kontinuität der in die Aufstände gegen Otto I. und
Otto II. verwickelten Adelssippen den Sohn Heinrichs des Zänkers an die Spitze ihrer
Verschwörung stellen - vergeblich übrigens, wie betont zu werden verdient.

Die Zugehörigkeit der Hauptmitglieder des Verschwörerkreises zu Thietmars Verwandtschaft erklärt sein Wissen über die Verschwörung einerseits, sein Verschweigen
der Namen andererseits und schließlich auch den Versuch, seine Familie durch den er-
weckten Eindruck zu schützen, es habe sich um eine umfassende Adelsopposition gegen den Kaiser gehandelt[378]. Thietmars Darstellung ist zutiefst parteiisch und spiegelt

---

377 Schon UHLIRZ, Gefolge, resümierte S. 32, es sei »nicht der geringste Beweis« dafür zu erbringen,
daß Otto III. »seine deutschen Ratgeber und Freunde von sich gestoßen und Italiener an ihre Stelle gesetzt hätte«. Dieses Ergebnis bestätigt sich, auch wenn die Untersuchung von UHLIRZ unter dem in ihrem 1938 veröffentlichten Aufsatz einleitend formulierten Bekenntnis leidet, die »historische Forschung« sei zu diesem Zeitpunkt »in tieferem Sinn als jemals zuvor von dem Gefühl nationaler Verant-
wortung geleitet« (ebenda, S. 21). Die Bemühung, eine Ehrenrettung des bisher als »undeutsch« gezeichneten Otto III. zu betreiben, führt in der Konstruktion eines »Hildesheimer Kreises« um Otto
(ebenda, S. 27) zu mancher Überzeichnung des »deutschen« Elements. Dessen ungeachtet erschien
beispielsweise 1944 die dritte Auflage von Johannes HALLERS erstmals 1926 aufgelegtem Buch »Das
altdeutsche Kaisertum« mit dem S. 40 unverändert und gründlich falschen Diktum »die Deutschen
scheinen den Hof (Ottos III.) zu meiden«.
378 Es sei an dieser Stelle daran erinnert, daß der fast eineinhalb Jahrhunderte nach Thietmar schreibende und sein Werk aus einer Vielzahl sächsischer Quellen kompilierende Annalista Saxo keine über

die Verhältnisse im sächsischen Adel keineswegs unverzerrt wider; sie kennzeichnet lediglich die Haltung jener Gruppe von Adligen, als deren Mitglieder Markgraf Liuthar, Graf Richbert, die beiden jüngeren Katlenburger und Northeimer Grafen sowie Graf Wilhelm II. von Weimar namhaft gemacht werden können. Ihre Unzufriedenheit mit Otto III. lag in einzelnen als ungerecht empfundenen Entscheidungen des Kaisers gegenüber Liuthar, Richbert und Heinrich von Katlenburg begründet, darüber hinaus aber in der Konkurrenz zu Markgraf Ekkehard von Meißen, dem neben Herzog Bernhard I. mächtigsten und zuverlässigsten sächsischen Vasallen Ottos III.

Dieser *conspiratio* dürfte sich auch Erzbischof Giselher von Magdeburg angenähert haben, der seit der Mündigkeit Ottos III. kontinuierlich seinen Einfluß bei Hof eingebüßt hatte, während Markgraf Ekkehard aufgrund seiner militärischen Erfolge im Osten und auf dem zweiten Romzug gleichzeitig zu einem einflußreichen Berater des Kaisers aufgestiegen war. Die Vermutung, der Anlaß für Giselhers Haltung liege in einem durch die Gründung des Erzbistums Gnesen ausgelösten Konflikt mit dem Kaiser, beruht auf allzuviel ungewissen Voraussetzungen, um überzeugen zu können. Wahrscheinlicher ist, daß der Gegensatz zu Otto III. durch die Merseburger Frage ausgelöst wurde, die den Erzbischof seit Anfang 997 mit einer Verkleinerung seiner Diözese, der Rückkehr auf den ärmeren Merseburger Bischofsstuhl, ja sogar mit Amtsverlust bedrohte.

Die in Umrissen erkennbare sächsische, keineswegs den ganzen nördlichen Reichsteil erfassende Adelsopposition konnte Otto III. zumindest vorerst nicht ernsthaft gefährlich werden. Im Gegensatz zu seinem Großvater Otto I. weilte er nicht lange Zeit ununterbrochen im südlichen Reichsteil: Im Sommer 1000 aus dem nördlichen Reichsteil nach Rom gezogen, plante Otto III. bereits für Frühling 1002 die Rückkehr nach Sachsen zur Beilegung des Gandersheimer Streits. Auch mußte er im Unterschied zu Otto I. nicht um die Zuverlässigkeit seiner mächtigsten Vasallen in Sachsen bangen: Herzog Bernhard I., Markgraf Ekkehard von Meißen und Markgraf Gero II. standen treu auf seiner Seite. Nach Thietmars Bericht, aber auch aufgrund der Urteile über Otto III. in den anderen Quellen erscheint es ausgeschlossen, die *conspiratio* der sächsischen Adligen in ihrer Gegnerschaft gegen die kaiserliche Rom- oder Polenpolitik begründet zu sehen. Stattdessen fügt sich die Auflehnung - was die Grafen von Walbeck und von Weimar betrifft, sogar auch unter dem Gesichtspunkt der personellen Kontinuität - bruchlos in die Reihe der seit der Königskrönung Ottos I. periodisch aufflammenden Rebellionen sächsischer Adliger, die sich aus dem befürchteten oder tatsächlich erlittenen Verlust an Einflußmöglichkeiten auf die Politikgestaltung erklären. Eine zentrale Rolle scheint in unserem Fall der mit Mißgunst verfolgte Aufstieg des Markgrafen Ekkehard von Meißen gespielt zu haben, der einer der einflußreichsten Berater Ottos III. geworden war.

Thietmars Bericht hinausgehenden Nachrichten über eine *conspiratio* kannte, also offenbar weder aufgrund anderer Quellen noch aus eigenem Wissen präziser werden konnte. Auch das spricht gegen die Existenz einer starken Opposition gegen Otto III. Siehe dazu schon oben, S. 175 Anm. 321.

Von ganz anderer Art war dagegen der Gandersheimer Streit, der den mächtigsten geistlichen Fürsten nördlich der Alpen, den Erzbischof Willigis von Mainz, in Konflikt mit Kaiser und Papst brachte. Der schließlich eskalierte Streit mit dem Hildesheimer Bischof Bernward um die Diözesanzugehörigkeit des Kanonissenstifts Gandersheim war keine Auseinandersetzung zwischen dem eine deutsche Oppositon anführenden Mainzer Metropoliten und dem »deutsche Belange« zugunsten Roms vernachlässigenden Kaiser; dagegen spricht schon, daß sich Willigis durch die Entsendung des angeforderten Kontingents für den Feldzug gegen Rom Anfang 1002 als unbedingt loyal erwies. Den eigentlichen Konfliktpunkt bildete die von Willigis aufgrund seiner Metropolitanrechte von vornherein für sich selbst in Anspruch genommene Befugnis zur Streitentscheidung, obwohl er doch seiner Interessenlage wegen eindeutig befangen und parteiisch war. Der Versuch, ein die beiden streitenden Parteien gleichstellendes, gerechtes Verfahren unter Vorsitz des Papstlegaten Friedrich als unparteiischem Richter durchzuführen, scheiterte an Willigis, der sich als *vicarius papae* im nördlichen Reichsteil gegen eine solche Lösung zur Wehr setzte. Es bestand demnach Uneinigkeit über das rechtmäßigerweise zu wählende Verfahren, nicht aber ein durch die Renovatiopolitik motivierter, politischer Konflikt zwischen Willigis und Otto III. um die richtige Politik für das Reich.

Schließlich erweist sich auch die These als unzutreffend, die Fürsten hätten dem Kaiser aus Opposition gegen seine Italienpolitik beim letzten Heeresaufgebot im Winter 1001/1002 die Gefolgschaft verweigert: Die weltlichen Reichsfürsten waren zur Heeresfolge wahrscheinlich nicht aufgerufen worden, das Aufgebot sollten dieses Mal lediglich die geistlichen Fürsten stellen. Wenngleich aus den Quellen nicht eindeutig hervorgeht, ob das Aufgebot an den ganzen Reichsepiskopat gerichtet oder aber von vorneherein nur auf einige seiner bedeutenden Vertreter eingeschränkt war, so kann doch festgestellt werden, daß die engsten und vielfältig begünstigten Anhänger Ottos III. unter den Reichsbischöfen etwa 700 Panzerreitern gestellt und damit ungefähr die Stärke des Kontingents erreicht haben dürften, das die Reichskirche 996 für den Romzug zur Kaiserkrönung gestellt hatte. Daraus ergibt sich der Eindruck einer bemerkenswert effektiven Heranziehung von Vertretern des Episkopats zum Reichsdienst, nicht aber der Hinweis auf eine »Hilfsverweigerung« aus politischer Opposition.

Die These, daß sich eine nördlich der Alpen angeblich weitverbreitete Opposition gegen die Renovatiopolitik Ottos III. im Gandersheimer Streit und in der sächsischen Adelsopposition niedergeschlagen habe, berücksichtigt nicht die Eigenart der jeweiligen Ereignisse und kann deshalb nicht überzeugen. In keinem der Fälle wird die Ablehnung einer etwaigen politischen Schwerpunktverlagerung nach Süden als Ausgangspunkt des Konflikts oder auch nur als Motiv von zweitrangiger Bedeutung erkennbar.

Teil 3: Die Rompolitik Ottos III.

Percy Ernst Schramms 1929 erschienenes Buch »Kaiser, Rom und Renovatio« hat wie kein zweites das Bild Ottos III. in der Forschung bis heute maßgeblich bestimmt. Seine neue Beurteilung des Kaisers war gegenüber der bis dahin üblichen, von der bürgerlich-nationalen Geschichtsschreibung des 19. und beginnenden 20. Jahrhunderts vorgenommenen Einordnung des »undeutschen« Kaisers als religiös-weltfremden Phantasten[1] insoweit eine Rehabilitierung, als sie Otto III. erstmals aus den geistigen Strömungen seiner Zeit zu begreifen suchte und damit den Zugang zu einem tieferen Verständnis seiner Politik eröffnete. So beseitigte Schramm insbesondere die seit Giesebrecht und Gregorovius tradierte Interpretation der Wiederaufnahme römisch-byzantinischer Ämterbezeichnungen als Zeichen für einen »byzantinischen Hofstaat« des Kaisers sowie die Fehldeutung der Titel *servus Jesu Christi* und *servus apostolorum* als Zeichen religiöser Schwärmerei des »Mönchskaisers«; ebenso wegweisend waren Schramms Hinweise auf den Karlskult Ottos III. und seine umsichtige Interpretation der berühmten Schenkungsurkunde über die acht Grafschaften in der Pentapolis an Silvester II. (DO.III. 389). Neu war vor allem die geistesgeschichtliche Interpretation der Politik Ottos III., derzufolge der »Römische Erneuerungsgedanke« die eigentliche politische Antriebskraft der Regierung des Kaisers war: Otto III. habe versucht, seine Politik nach dem Vorbild eines idealen, antiken Rom zu gestalten, worin ihn insbesondere Gerbert-Silvester II. und Bischof Leo von Vercelli sowie anfangs auch die Römer selbst unterstützt haben sollen. Unter diesem Blickwinkel betrachtet erschien die Rompolitik Ottos III. als von vorrangig auf literarischer Bildung, nicht aber auf dem Vorsatz realer Machtfestigung fußenden »ideologischen Motiven«[2] bestimmt gewesen zu sein; die visionäre Idee einer Erneuerung des alten Römischen Reiches mußte sich deshalb als idealistische Verkennung tatsächlicher Gegebenheiten erweisen, zumal der deutsche Reichsteil als Grundlage kaiserlicher Macht zugunsten Roms vernachlässigt und damit notwendig in die Opposition getrieben wurde.

Mathilde Uhlirz ergänzte die Sichtweise Schramms insoweit, als sie die Politik des Kaisers mehr unter dem Aspekt der Herrschaftskonsolidierung im südlichen Reichsteil betrachtete und damit Otto III. die Absicht unterstellte, im südlichen Reichsteil die

---

1 SCHRAMM beschränkt sich in Kaiser 2, S. 9-16 im wesentlichen auf eine kritische Auseinandersetzung mit dem 1915 erschienenen vierten Teilband von HARTMANNS »Geschichte Italiens im Mittelalter«; eine umfassendere Diskussion des damaligen Forschungsstands und vor allem der nationalen Urteilsbasis bei TER BRAAK, Otto III., S. 405-424.
2 SCHRAMM, Kaiser 1, S. 185.

reale Macht des Kaisertums zu festigen[3]. Stärker als Schramm betonte sie den Aspekt der Zusammenarbeit zwischen Kaiser und Papst im Zeichen eines »ecclesiastischen Imperium«, dessen Ziel vor allem die Gewinnung Polens und Ungarns für das Christentum römischer Prägung gewesen sei[4]; die Rompolitik im engeren Sinne sah sie als eine Konsequenz der Erkenntnis Ottos III., daß er zur »Aufrechterhaltung seiner Herrschaft in Italien eines festeren Ausbaus seiner Stellung in Rom bedurfte«[5]. Die heutige Sicht der Politik Ottos III. verbindet im wesentlichen die Positionen von Schramm und Uhlirz, so daß die Bemühungen um eine Herrschaftssicherung im Süden ebenso wie die Neugestaltung der Beziehungen zu Polen und Ungarn als feste Bestandteile der Politik Ottos III. gewürdigt werden[6]. Was die Rompolitik betrifft, so ist es nach Schramms Untersuchung die herrschende Meinung, daß der »Romkult« unter Otto III. »zur Richtschnur politischen Handelns« geworden sei[7].

Schramms Ergebnisse sind nicht unwidersprochen geblieben. So wurden vereinzelt Vorbehalte insbesondere gegen seine überwiegend geistesgeschichtlich orientierte Sichtweise geäußert; sie fanden indessen keinen Eingang in die Forschungsdiskussion, weil sie - mit Ausnahme eines Beitrages von Albert Brackmann - nie zu einer Untersuchung verdichtet[8], sondern nur in Rezensionen oder beiläufig in anderem Zusammenhang erhoben wurden[9]. Einen anderen, wichtigen Aspekt gab Gerhart Ladner - freilich ebenfalls nur beiläufig - zu bedenken, indem er Schramms Interpretation der Renovatio für allzu einseitig auf die Antike bezogen und demgegenüber die Verbindung zur religiö-

---

3 Vgl. SCHRAMM, Kaiser 1, S. 185. Mathilde UHLIRZ entwickelte ihre Sichtweise kontinuierlich seit ihrer frühen Arbeit über »Die italienische Kirchenpolitik der Ottonen« bis hin zu ihrer abschließenden Beurteilung Ottos III. in den Jahrbüchern, S. 414-422. SCHRAMMS These vom an der Antike orientierten »Römischen Erneuerungsgedanken« maß sie dabei keine Bedeutung zu.

4 UHLIRZ, Werden, S. 210.

5 UHLIRZ, Werden, S. 208.

6 Vgl. dazu den zusammenfassenden Überblick bei HLAWITSCHKA, Frankenreich, S. 145f. und 223ff.

7 BEUMANN, Ottonen, S. 156.

8 BRACKMANN, Erneuerungsgedanke, betonte S. 130 in Abgrenzung zu SCHRAMM, daß der »Erneuerungsgedanke« letztlich nur ein »Mittel zum Zweck der größeren Sicherung Roms« gewesen sei und die römische Politik Ottos III. sich aus seiner Kaiserpflicht als *defensor ecclesiae* ergeben habe. Die Sicht von Mathilde UHLIRZ ist dieser Relativierung der Thesen Schramms in zentralen Punkten verpflichtet.

9 PIVEC wandte sich in seiner Rezension von SCHRAMMS Buch S. 231 gegen die Gleichsetzung von *Renovatio* mit *Restitutio*. Schärfer waren die Einwände in Marc BLOCHS Besprechung, S. 11: »Et puis, une idée, quelle qu'elle soit, n'existe pas, historiquement parlant, d'une vie indépendante, quasiment platonicienne. Elle n'a vécu qu'en tant qu'elle a été pensée par des hommes ou des groupes d'hommes; ... Ces divers groupements humains, M. Schramm manque trop souvent à nous les montrer. ... Comme beaucoup d'autres histoires d'idées, celle-ci, dont le détail est souvent instructif, manque trop souvent de chair et d'os; et c'est grand dommage.« ERDMANN, Reich, betonte die Herkunft der Renovatio-Idee aus dem Norden und lehnte gegen SCHRAMM jede lokalrömische Tradition ab. TOUBERT, Les structures 2, wandte sich S. 1000f. gegen eine Überbewertung des »Römischen Erneuerungsgedankens« und bezeichnete ihn als »climat psychologique«. TELLENBACH, Kaiser, fürchtet S. 231, daß bei der geistesgeschichtlichen Betrachtung das »nüchterne Bedenken des Faktischen ... leicht ein wenig zu kurz kommt.« Vgl. jetzt auch FRIED, Formierung, S. 172.

sen Reformidee für klärungsbedürftig hielt[10]. Auch Raffaello Morghen betonte die Verbindung zwischen kirchenreformerischer Zielsetzung und der Renovatiopolitik Ottos III.[11] Daß diese Anregungen nicht weiter diskutiert und vertieft wurden, liegt wohl nicht zuletzt an der suggestiven Kraft von Schramms Interpretation, die der Regierungszeit Ottos III. den klaren Umriß einer systematisch und geradlinig verfolgten politischen Konzeption verliehen hatte. Eine Konsequenz der Fixierung auf die römisch-antike Seite der Renovatio war, daß das Verhältnis zwischen höchster weltlicher und höchster geistlicher Macht nur im Bann der imperialen Herrschaftskonzeption Ottos III. gesehen wurde; mit der Erörterung des belasteten Verhältnisses zwischen Otto III. und Gregor V. sowie der Zusammenarbeit zwischen Otto III. und Silvester II. war dieses Problem abschließend behandelt[12]. Die Frage nach dem Zweck des zweiten Romzugs schien wiederum Schramm hinreichend geklärt zu haben, indem er in Gerberts Worten *Nostrum, nostrum est Romanum imperium* das politische Programm formuliert fand, dessen Umsetzung die Maßnahmen Ottos III. seit seinem zweiten Aufbruch nach Rom im Oktober 997 gegolten haben sollen[13]. Die Frage nach der Situation des Papsttums in Rom trat demgegenüber völlig in den Hintergrund.

Es bleibt daher festzustellen, daß der Sog von »Kaiser, Rom und Renovatio« so stark gewesen ist, daß bestimmte Aspekte der Rompolitik Ottos III. zugunsten der Annahme vom gelehrten »Romkult« als politischer Handlungsmaxime keiner näheren Betrachtung gewürdigt wurden. Damit ist gleichzeitig das Ziel des dritten Teils der vorliegenden Untersuchung umrissen: Zunächst bedürfen manche Ergebnisse Schramms einer erneuten Überprüfung. Insbesondere weckt seine Hauptthese, wonach der »Römische Erneuerungsgedanke« die politische Richtschnur Ottos III. gewesen sei, bei genauerem Hinsehen doch einige Zweifel - zumal neue Forschungen auch zeigen, daß die Antike erst im 12. Jahrhundert in dem von Schramm schon Otto III. unterstellten Ausmaß Bezugspunkt politischer Programmatik und politischer Aktion wurde[14]. Jedoch handelt es sich bei der hier vorzubringenden Kritik nicht darum, einer klassisch gewordenen Darstellung vor dem Hintergrund dieser neuen Forschungsergebnisse

---

10 LADNER, Reformidee, S. 587 Anm. 111. In seiner jüngsten Arbeit »L'immagine dell'imperatore Ottone III« (1988) griff LADNER diese Frage jedoch nicht wieder auf.

11 MORGHEN, Ottone III, insb. S. 22 und S. 29-34; wenig überzeugend gegen MORGHENS Einordnung TOUBERT, Les structures 2, S. 1013 mit Anm. 2.

12 Das Verhältnis zwischen Otto III. und den beiden Päpsten ist schon von UHLIRZ, Kaiser, umrissen worden und hat seitdem keine Neuinterpretation erfahren, vgl. z. B. FICHTENAU, Ansehen, S. 122; ZIMMERMANN, Päpste , S. 75-78.

13 Vgl. SCHRAMM, Kaiser 1, S. 95-102.

14 So hat BLOCH, Autor, die von SCHRAMM, Kaiser 1, S. 193-217 und S. 220ff. auf »um 1030« datierten Graphia als Werk des Petrus Diaconus aus der Mitte des 12. Jahrhunderts erkannt und damit der Annahme SCHRAMMS, ein »Graphia-Kreises« habe den unter Otto III. so entscheidend gewordenen »Römischen Erneuerungsgedankens« bewahrt und weiterentwickelt, den Boden entzogen. Vgl. dazu auch STRUVE, Kaisertum, S. 452f. Zur Antikerezeption im 12. Jahrhundert vgl. ferner BAUMGÄRTNER, Rombeherrschung; BENSON-CONSTABLE, Renaissance.

manche Irrtümer in Einzelheiten nachweisen und vorwerfen zu wollen[15]. Die Einwände zielen grundsätzlicher auf die Methode, mit der Schramm die geistesgeschichtliche Tradition des »Römischen Erneuerungsgedankens« als verpflichtend für Otto III.
nachwies[16]. Sodann bleibt zu fragen, ob die Rompolitik Ottos III. mit einem Konzept
zur Reform des Papsttums in Zusammenhang gestanden haben könnte. Zu diesem
Zweck muß die Vorbereitung des zweiten Romzugs sowie die römische Politik Ottos III. näher untersucht werden.

I. Die Rompolitik Ottos III.
in Percy Ernst Schramms Interpretation

Für eine Lektüre von Schramms Buch, aber auch für die Rezeption seiner Ergebnisse erscheint es sinnvoll, sich wenigstens in Umrissen über die wissenschaftsge-
schichtlichen Zusammenhänge zu orientieren, auf die die Publikationsreihe »Studien
der Bibliothek Warburg« hinweist, als deren siebzehnter Band Schramms Buch 1929
erschien. Es stand damit in enger Beziehung zu den kulturwissenschaftlich orientierten
Forschungen des Kreises um Aby Warburg. Schramm selbst gedachte mehrfach des
prägenden Einflusses von Warburg, der ihm den Zugang zum Problem des Nachlebens
der Antike gebahnt habe, und er nannte sich sogar einen »Warburg-Schüler« im freilich
»nicht streng akademischen Sinn«[17]. Fritz Saxl, einer der engsten Mitarbeiter War-
burgs, bezeichnete es als Aufgabe der »Bibliothek Warburg«, der »Ausbreitung und
(dem) Wesen des Einflusses der Antike auf die nachantiken Kulturen« nachzuspü-
ren[18]. Diesem Forschungsfeld ordnete auch Schramm sein Buch zu, mit dem er am Beispiel des »Römischen Erneuerungsgedankens« die Nachwirkung der Antike verfolgen
und Aufschluß darüber erhalten wollte, ob »eine geistige Beziehung« zwischen den
»noch spätantiken« und den »schon renaissancehaften« Vorstellungen der Stauferzeit
bestand[19].

---

15 Neben der genannten Arbeit von BLOCH ist auf die grundlegende Neuinterpretation hinzuweisen,
die DO.III. 389 mittlerweile erfuhr, vgl. dazu FUHRMANN, Schenkung, insb. S. 128-162; zuletzt
ZEILLINGER, Otto III.
16 Dabei bleibt mit Blick auf SCHRAMMS Werk uneingeschränkt gültig, was SCHRAMM selbst
formulierte, als er die Ergebnisse HARTMANNS einer kritischen Überprüfung unterzog: »Denn das muß
einer Einzelkritik an den Hartmannschen Ausführungen vorausgeschickt werden: Sie soll nicht als eine
nörgelnde Herabsetzung dieses Werkes aufgefaßt werden, dessen Verdienst ja gar keiner Worte bedarf,
und das auch in dem Abschnitt über Otto III. so viel neues Licht verbreitet hat, daß alle folgenden
Bearbeiter dieser Zeit auf Hartmanns Schultern stehen werden, selbst wenn sie ihm gegenüber
grundsätzliche Vorbehalte zu machen haben.« SCHRAMM, Kaiser 2, S. 11.
17 SCHRAMM, Lehrer, S. 37. Vgl. auch die autobiographische Skizze in DERS., Kaiser, Könige 1,
S. 7-11. Zu SCHRAMMS akademischer Laufbahn vgl. KAMP, Percy Ernst Schramm, insb. S. 350f.
18 Vgl. SAXL, Bibliothek, S. 1. Siehe auch die Danksagung SCHRAMMS an Aby WARBURG und Fritz
SAXL in Kaiser 1, Vorwort, S. IX.
19 SCHRAMM, Kaiser 1, S. 7.

Dieses Erkenntnisinteresse stellte die Interpretation Ottos III. gleichzeitig in den Zusammenhang mit der während der 20er Jahre leidenschaftlich geführten Debatte um den Renaissancebegriff[20]. Nachdem schon der Germanist Konrad Burdach die unter dem Eindruck der Forschungen Jacob Burckhardts zunächst feststehende Epochengrenze zwischen Mittelalter und Renaissance verwischt hatte[21], führte in den Folgejahren der »Aufstand der Mediävisten«[22] dazu, mehr die Kontinuitäten der historischen Entwicklung vom Mittelalter zur Renaissance zu untersuchen, insbesondere die Kontinuität antiker Traditionen in der mittelalterlichen Bildungsgeschichte. Die Rezeption antiker Kultur erwies sich als Entwicklungslinie, die die beiden zuvor scharf voneinander getrennten Epochen wieder miteinander verband. Die Grenzziehung zwischen einer als »Renaissance« verstandenen intensiven Rezeption antiker Kultur und der Renaissance als wie auch immer definierter kultureller Wandel zur Vorbereitung der Neuzeit erwies sich jedoch als schwierig; dabei wurde die Modernitätsschwelle durch die Entdeckung immer neuer »Renaissancen« auch immer weiter ins Mittelalter zurückverlegt[23]. So entdeckte Burdach das 10. Jahrhundert als »Ausgangspunkt der mittelalterlichen nationalrömischen Staatsidee«, an deren Tradition anknüpfend Cola di Rienzo im 14. Jahrhundert »als einer der großen Feuerbringer und Lichtentzünder aus dem Mittelalter ins Freie trat«[24]. Ein ähnliches Bild entwarf Fedor Schneider mit seiner die christlich-religiösen zugunsten der heidnisch-antiken Traditionen stark vernachlässigenden Deutung des 10. Jahrhunderts als des »heroischen Säkulum des Romgedankens«[25]. In einem solchen Kontext mußte Otto III., vor allem aber auch Gerbert von Aurillac als Lichtgestalt im Dunkel des Mittelalters erscheinen, war doch gerade Gerberts Anknüpfung an antike Autoren und antike Bildungstradition schon seit langem aufgefallen. Bereits Ernst Sackur hatte in Otto III. den ersten »vom Schlage der Rienzi« gesehen, »die ihre Ideale nicht kirchlichen Anschauungen, sondern der antiken Literatur entnahmen«[26]. Burdach sah den Kaiser und seinen Ratgeber vor demselben Hintergrund[27], und Schneider behauptete schließlich, Otto III. habe - »ganz renaissancemäßig gedacht« - die »Herstellung der alten Kaiserherrlichkeit in reiner Gestalt« beabsichtigt[28]. Aus dieser Perspektive betrachtet erschien Otto III. als eine Art von Proto-

---

20 Vgl. dazu die Darstellung von FERGUSON, Renaissance, insb. S. 329-385; BUCK, Begriff, insb. S. 19ff.; MOOS, Renaissance; ein geraffter Überblick zur wissenschaftlichen Diskussion um den Begriff bei SCHIMMELPFENNIG, Renaissance.
21 Vgl. dazu FERGUSON, Renaissance, S. 307-310.
22 Die Formulierung geht auf FERGUSON, Renaissance, S. 329 zurück, der einen Abschnitt seiner Darstellung der Renaissanceforschung mit dem Titel »The Revolt of the Medievalists. The Renaissance Interpreted as Continuation of the Middle Ages« überschrieb.
23 Vgl. MOOS, Renaissance, S. 3f.; SCHIMMELPFENNIG, Renaissance, S. 385ff.
24 BURDACH, Rienzo, S. 181.
25 SCHNEIDER, Rom, S. 179ff.; vgl. dazu die Einwände in der facettenreichen Studie von SEIDLMAYER, Rom, S. 405.
26 SACKUR, Cluniazenser, S. 354.
27 Otto III. sei »von dem phantastischen Zauber dieses schillernden Begriffs (Romanus)« ergriffen gewesen, vgl. BURDACH, Rienzo, S. 186; die römische Rebellion habe seinem »ins Grenzenlose fliegenden Geist ... die enge, harte Wirklichkeit« enthüllt, ebenda, S. 188.
28 SCHNEIDER, Rom, S. 197.

humanist auf dem Kaiserthron, durch den der Romgedanke aus der Welt des Geistes in
die Welt des politischen Handelns hinaustrat. Diese Sichtweise verschärfte dann unter
ausdrücklicher Berufung auf Schneider Elisabeth Pfeil, nach deren Meinung die
»humanistische Begeisterung« den jungen Kaiser von der Basis des »Volkstums« entfernt habe[29]. Schramm, dessen Buch wie das von Pfeil 1929 erschien, enthielt sich
zwar so zugespitzter Bewertung und erkannte einerseits ein ganzes Bündel von karolingischen, ottonischen, römischen und christlichen Traditionen in der Politik Ottos III.;
andererseits war sein methodischer Zugriff so sehr von Burdach und dessen Renaissan-
cekonzeption beeinflußt, daß er die Beziehungen seiner eigenen Studien zu dessen Werken als so »mannigfaltig« bezeichnete, »daß von fortlaufenden Verweisen auf diese abgesehen ist«[30]. Es war daher nur konsequent, daß Schramm bei seiner abschließenden
Charakterisierung Ottos III. mit den Worten Burdachs feststellte, der Kaiser habe den
»Traum einer Wiederherstellung des Imperiums im vollen antiken Sinn« geträumt[31];
dieses Ergebnis stimmt in einem zentralen Punkt mit den Überlegungen Schneiders
überein[32]. Hatte die ältere Forschung Otto III. noch religiöse und byzantinische
Schwärmerei vorgeworfen, war es nun humanistische Träumerei, die das Kaisertum
seiner deutschen Grundlage entfremdet haben soll.

Von entscheidender Bedeutung für Schramms Ergebnis ist der auf Burdach und
seinen Mitarbeiter Paul Piur zurückgehende Begriff vom »römischen Erneuerungsgedanken«. Piur knüpfte an Burdachs Untersuchung der geistesgeschichtlichen Traditionen der Renaissance an und unterschied mit Blick auf Petrarcas »Welterneuerungs-
programm« zwischen vier Erneuerungsgedanken unterschiedlicher Tradition und Zielsetzung[33]; das vierte, von Piur »nationalrömisch« genannte Programm habe die Neugestaltung des Erdkreises von einer weltlichen Erneuerung Roms erhofft[34]. Unter ausdrücklicher Bezugnahme auf Piur griff Schramm diesen Traditionsstrang heraus und
bezeichnete ihn mit einem neueingeführten Begriff als »Römischen Erneuerungsgedanken«[35], ohne daß damit ein substantieller Unterschied zu Burdach oder Piur umschrieben werden sollte: Unter dem »Römischen Erneuerungsgedanken« verstand Schramm
die vor dem Hintergrund der christlichen Lehre von den Weltreichen stehende, jedoch
als Konsequenz einer »Säkularisierung dieser Gedankenwelt« ganz diesseitig ausgerich-
tete »Hoffnung auf die Erneuerung des alten Römischen Reiches«; sie vereine in sich
alle »konkreten Forderungen« und »praktische(n) Versuche, durch die der alte Zustand

---

29 PFEIL, Reichsidee, S. 216.
30 SCHRAMM, Kaiser 1, S. 4 Anm. 1.
31 SCHRAMM, Kaiser 1, S. 187.
32 SCHNEIDER betont in seiner Rezension von SCHRAMMS Buch S. 389 die gegenseitige Übereinstim-
    mung in der Bewertung Ottos III. als »einen der hervorragendsten Vertreter des Romgedankens«.
    SCHRAMM seinerseits kritisierte in seiner Besprechung von SCHNEIDERS Werk S. 265 lediglich die Orien-
    tierung an SPENGLERS Geschichtsphilosophie. Vgl. ferner die Rezensionen von Alfred DOREN, S. 262
    (»Bekenntnisschrift«) und von Ernst MAYER, S. 424 (»lautes Buch«).
33 PIUR, Buch ohne Namen, S. 16-32.
34 PIUR, Buch ohne Namen, S. 25.
35 SCHRAMM, Kaiser 1, S. 5ff.; zur Bezugnahme auf PIUR vgl. ebenda, S. 4 Anm. 2.

wiederhergestellt werden soll«[36]; der »Römische Erneuerungsgedanke« sei demnach »eigentlich innerweltlich eingestellt und politisch ausgerichtet«[37], sei ein »politisches Programm«[38], das ganz der weltlich-antiken, nicht aber der christlichen Tradition Roms verpflichtet ist und auf die Wiederherstellung der im antiken Rom vermeintlich existierenden politischen Verhältnisse zielt. Auch Schramms Ansicht, daß der »Römische Erneuerungsgedanke« nicht nur bei den Stadtrömern, sondern bei all jenen beheimatet gewesen sei, die sich »als Römer fühlten«[39], ist von Burdachs Überlegungen abhängig, wonach die »Hoffnung auf eine nationale Restauration« des Römischen Reiches nicht an eine bestimmte Abstammung gebunden, sondern durch »die Fühlung mit der alten Tradition der antiken Literatur« legitimiert war[40]. Auf diesen Gedanken gründet letztlich Schramms problematische Behauptung, der Kreis um Otto III. und »die Römer« hätten sich im gemeinsamen Ziel der römischen Erneuerung getroffen.

Problematisch ist diese Annahme deshalb, weil die Terminologie der lateinischsprachigen Quellen implizit eine antike literarische Tradition weiterführt, der jedoch nicht ohne weiteres programmatische Funktion für die Politikgestaltung unterstellt werden kann. Bloß deshalb, weil die Maßnahmen Ottos III. mit Begriffen geschildert werden, die sich dem breiten Ideenbereich des »Römischen Erneuerungsgedankens« zuordnen lassen, muß die Politik des Kaisers noch nicht antikisch inspiriert gewesen sein. Vielmehr muß auch für die Zeugnisse Ottos III. das Verhältnis zwischen antiker Form und antikem Inhalt problematisiert werden, die Frage also, ob und inwieweit die antike Form tatsächlich auch antiken Inhalt transportierte[41]. Schramm griff deshalb zu kurz, indem er beispielsweise die Begriffe *res publica* und *honestus* einfach als Indikatoren antiker Geisteshaltung bei Gerbert von Aurillac aufgefaßt hat[42]. Jedoch blieb seiner Schwerpunktsetzung entsprechend das Bild vom »Romkult« des Kaisers stets ebenso dominierend wie die Ansicht, die römisch orientierte Erneuerungspolitik sei ein fundamentaler Irrtum und ausschlaggebend für das schließliche Scheitern Ottos III.

36 SCHRAMM, Kaiser 1, S. 6.
37 SCHRAMM, Kaiser 1, S. 5.
38 SCHRAMM, Kaiser 1, S. 6.
39 SCHRAMM, Kaiser 1, S. 6.
40 BURDACH, Rienzo, S. 185; diese Einschätzung führt BURDACH sogar zu der Behauptung, der römische Stadtherr Crescentius habe 997 den Gegenpapst Johannes Philagathos lediglich seiner antiken Bildung wegen eingesetzt.
41 Vgl. zu diesem Problem MOOS, 12. Jahrhundert, S. 8.
42 Eine Auflistung von Belegstellen, die die jeder antiken Reminiszenz bare Verwendung von *res publica* bei den Historiographen der Zeit, aber auch in den Urkunden Ottos III. und in den Briefen Gerberts selbst beweist, kann hier unterbleiben; stattdessen sei auf die diesbezüglichen Bemerkungen in den Rezensionen zu SCHRAMMS Buch von PIVEC, s. 231 und GANSHOF, S. 1150 verwiesen. Vgl. ferner BRACKMANN, Erneuerungsgedanke, S. 129 mit Anm. 105; ZIMMERMANN, Gerbert, S. 245 mit Anm. 29. Zur Kritik an SCHRAMMS Interpretation von *honestus* bei Gerbert (Kaiser 1, S. 98 und 129) vgl. HARFF, Kaisergedanke, S. 53.

gewesen[43]. Dieses Ergebnis scheint jedoch allzu stark von der Renaissancediskussion der 20er Jahre mitbestimmt zu sein, als daß es heute noch ungebrochen Gültigkeit beanspruchen könnte. Weil dieser zwar begründete, aber gleichzeitig nur pauschale Vorbehalt Schramms Werk als einem unverzichtbaren Orientierungspunkt für die Darstellung Ottos III. jedoch nicht gerecht wird, bedarf es noch eingehenderer Analyse bestimmter, für Schramms Bild von Otto III. wichtiger Einzelergebnisse.

1. Die Bezeichnung Roms als *caput mundi*

Problematisch ist Schramms Methode, einzelne, als Reminiszenz an die antike Größe Roms verstandene Begriffe aus ihrem Kontext zu lösen und sie isoliert als Beleg für den »Römischen Erneuerungsgedanken« zu bewerten. Ein solches Vorgehen ruft Bedenken hervor, wenn es die Bedeutungsverschiebung des nunmehr in einem christlichen und eben nicht mehr heidnisch-antiken Zusammenhang gebrauchten Begriffs nicht angemessen berücksichtigt. Einige Beispiele mögen die Einseitigkeit der Ergebnisse einer solchen Interpretation und damit auch ihre Fragwürdigkeit illustrieren.

Papst Johannes XIII. dankt in einer Urkunde vom 20. April 967 Otto I. dafür, daß er in Rom »das Haupt der Welt und die universale Kirche« wiederhergestellt habe[44]. Indem Schramm die Worte *Roma, caput totius mundi et aecclesia universalis* aus ihrem ursprünglichen Zusammenhang in der Arenga herauslöst, gewinnt er einen Beleg dafür, daß der Papst »also in der Wendung von 962 eine weltliche und geistliche Erneuerung zugleich« gesehen habe[45]. Diese Bewertung ist in zweierlei Hinsicht problematisch. Der erste wird bei der Lektüre der ganzen Arenga sofort offensichtlich, denn aus ihr geht hervor, daß die Worte Johannes' XIII. nicht der Kaiserkrönung von 962 gelten, sondern der im *anno apostolicatus nostri secundo* geschehenen Wiederherstellung der früheren Ehre Roms: Damit aber ist keine »weltliche und geistliche Erneuerung« Roms gemeint, sondern viel vordergründiger die durch Ottos I. dritten Italienzug erzwungene Rückführung des Papstes nach Rom, nachdem er vom Stadtadel zunächst gefangengenommen und dann in die Campagna verbannt worden war[46]. Das »Haupt der Welt« war bis zum von Otto I. durchgesetzten Wiedereinzug Johannes XIII. in die Stadt von Unwürdigen fast zugrunde gerichtet worden - *ab iniquis pene pessumdata*; die Verwendung des antiken Ehrennamens *caput mundi* für Rom bezeichnet die mit ihrer Funktion als Apostelstadt und Sitz des Papsttums unauflöslich verknüpfte Vor-

---

43 Vgl. z. B. PRINZ, Grundlagen, S. 177; BEUMANN, Ottonen, S. 155; HLAWITSCHKA, Frankenreich, S. 142 und 146.

44 *Notum esse volumus, qualiter inspirante Sancto Spiritu meritisque apostolorum principis Petri et vase electionis sanctissimi Pauli ac milia milium martirum Christi Roma, caput totius mundi et aecclesia universalis ab iniquis pene pessumdata, a domno Ottone augusto inperatore, a Deo coronato cesare magno et ter benedicto, anno apostolicatus nostri secundo ipsiusque prenominati nostri spiritualis filii sanctissimi inperii sexto, erepta est et in pristinum honorem omni reverentia redacta.* ZIMMERMANN, Papsturkunden 1, n. 177 S. 347.

45 SCHRAMM, Kaiser 1, S. 85.

46 Zu den Ereignissen vgl. ZIMMERMANN, Papstabsetzungen, S. 95-98.

rangstellung Roms in der christlichen Welt, nicht aber die längst versunkene weltliche Machtstellung des antiken Rom. Damit wird die zweite Schwierigkeit erkennbar: Die Wendung *caput mundi* allein enthält nicht, wie Schramm voraussetzt, das Bekenntnis zu einem weltlichen Romgedanken, sondern hat einen Bedeutungswandel durchgemacht[47], der schon in einer Predigt Papst Leos des Großen zum Peter-und-Pauls-Tag präzise ausgedrückt ist: Demnach waren es die Apostelfürsten und Märtyrer, die die Roma »zu solcher Glorie geführt haben, daß du (Roma) ein heiliges Geschlecht, ein erwähltes Volk, eine priesterliche und königliche Stadt und durch den Heiligen Stuhl des seligen Petrus das Haupt der Welt wurdest und deinen Vorrang durch die göttliche Religion weiterhin erstrecktest als (zuvor) durch die irdische Gewalt.«[48] Daß der neapolitanische Grammatiker Eugenius Vulgarius auf die rein weltliche Tradition Roms zurückgriff und in einem Gedicht an Papst Sergius III. (904-911) die Rückkehr der Rutenbündel, der römischen Togen und der kurulischen Sitze erhoffte sowie die Wendung *caput mundi* ausschließlich im Zusammenhang antiker Reminiszenzen gebrauchte, erscheint vor diesem Hintergrund eher als ein Sonderfall von Gelehrtenpoesie denn als eine repräsentative, »für die ganze Zeit (des 10. und 11. Jahrhunderts) charakteristische Wertung der Römischen Vergangenheit«[49]. Gerade aus der Zeit Ottos III. haben sich zwei Beispiele erhalten, die an Klarheit kaum hinter der Predigt Leos des Großen zurückstehen: So heißt es in den vor 1012 entstandenen, Otto III. freundlich gesonnenen Miracula S. Alexii aus dem römischen Aventinkloster, Rom sei mehr durch die Macht des Apostels Petrus als durch den Entschluß der Könige *domina urbium*[50]. Ähnlich steht in der wohl im Jahr 1000 im Auftrag des Kaisers entstandenen Vita Adalberti des Johannes Canaparius[51], die Roma allein mache die Könige zu Kaisern, weil sie *caput mundi* und *urbium domina* sei; weil sie den Leib des Apostelfürsten in ihrem Schoß berge, komme es ihr zu, die Fürsten der Welt einzusetzen[52]. Auch hier ist die Stellung Roms als *caput mundi* mit der Eigenschaft als Apostelstadt begründet, die antike Tradition der Roma als Haupt der Welt ist ganz im christlichen Sinne umgeformt und in das Bild des durch Apostel und Märtyrer geheiligten Rom als Haupt der christlichen Welt eingeschmolzen. Eine Trennung in

---

47 Das Stellenverzeichnis für die Verwendung des Ehrennamens *caput mundi* bei SCHRAMM, Kaiser 1, S. 37f. berücksichtigt diesen Aspekt nicht.

48 *Isti sunt qui te ad hanc gloriam provexerunt, ut gens sancta, populus electus, civitas sacerdotalis et regia, per sacram beati Petri sedem caput orbis effecta, latius praesideres religione divina quam dominatione terrena.* Leo d. Große, Sermo 82, MPL 54, Sp. 422f. Die deutsche Übersetzung nach CASPAR, Geschichte 1, S. 562. Dort auch in Anm. 2 ein Hinweis auf das *Carmen de ingratis* des Prosper (+ wohl 463), wo in den Versen 40-42 derselbe Gedanke formuliert wird: *Sedes Roma Petri, quae pastoralis honoris / Facta caput mundi, quidquid non possidet armis / Religione tenet.*

49 So aber SCHRAMM, Kaiser 1, S. 54.

50 *...Romam plus solius Petri potestate quam regum iudicio urbium dominam*, Miracula S. Alexii 2, MGH SS 4, S. 619. Die kaiserfreundliche Haltung erklärt sich aus den reichen Schenkungen Ottos III. für das Kloster SS. Bonifacio e Alessio auf dem Aventin, vgl. dazu cap. 3 der Miracula sowie unten, S. 247.

51 Zu Entstehungszeit und Verfasser vgl. MPH NS 4.1, S. XLIX.

52 Vita Adalberti 21, MPH NS 4.1, S. 32f. Der Text schon oben, S. 42 mit Anm. 160.

»kirchliche« und »weltliche« Sphäre der römischen Vorrangstellung gerade aus dieser Quelle herauszulesen[53] heißt, diese Einheit künstlich aufzusprengen.

Das gleiche gilt für die Arenga der berühmten Schenkungsurkunde Ottos III. für Silvester II.: *Romam caput mundi profitemur, Romanam ecclesiam matrem omnium ecclesiarum esse testamur*[54]. Zweifelsohne kommt diesen Worten schon deshalb eine über rein formelhafte Arengen hinausweisende, besondere Bedeutung zu, weil sie als wichtiges Zeugnis für das politische Selbstverständnis des Kaisers gilt. Ob aber das Bekenntnis Ottos III. zu Rom als *caput mundi* die weltliche Seite seiner Rompolitik illustriert, ist nicht so deutlich wie Schramm meint: Kann Otto III. Rom nicht gerade deshalb als »Haupt der Welt« bezeichnet haben, weil die römische Kirche die Mutter aller Kirchen ist, der Beiname *caput mundi* also ganz im Sinne der zitierten Predigt Leos des Großen auch hier nicht die Kaiser-, sondern die Apostelstadt Rom meint[55]? Auch die Bezeichnung Roms als *urbs regia* ist nicht ungewöhnlich, nannten doch auch schon die Päpste Leo der Große und Johannes VIII. die Petrusstadt *civitas regia*[56]. Bleibt also die Beweiskraft der Arenga von DO.III. 389 für den weltlich ausgerichteten »Römischen Erneuerungsgedanken« als politischer Leitlinie Ottos III. nur sehr gering, so ist darüber hinaus vor ihrer unverhältnismäßigen Gewichtung zugunsten einer Romfixiertheit des Kaisers zu warnen: In keiner anderen der 108 mit Arengen versehenen Urkunden aus der selbständigen Regierung Ottos III. wird ein Bezug auf Rom formuliert[57]. Dieses Ergebnis ist deshalb einigermaßen überraschend, weil die Arengen trotz ihrer unbestrittenen Formelhaftigkeit doch allgemein Aussagen über Herrschaftslegitimation und -zweck sowie das politische Selbstverständnis der Urkundenaussteller enthalten[58]; die Erwartung, daß sich deshalb eine so »konsistente politische Idee«[59] wie der bei Otto III. diagnostizierte »Römische Erneuerungsgedanke« auch in Formulierungen wie

---

53 SCHRAMM, Kaiser 1, S. 132.

54 DO.III. 389.

55 Diese Vermutung wird durch die von FUHRMANN, Schenkung, S. 135 mit Anm. 197 nachgewiesene Beteiligung Gerberts-Silvesters II. an der Abfassung von DO.III. 389 gestärkt, zumal in den Eingangsworten dieser Urkunde Gerberts Formulierung *Romana ecclesia, quae mater et caput omnium ecclesiarum est* in den Acta Concilii Causeiensis, MGH SS 3, S. 691 Z. 39f. deutlich anklingt. Ähnlich aber auch schon Papst Johannes VIII.: *...in gremio sedis apostolicae, quae caput est orbis et omnium mater fidelium*. MGH Epp. 7, S. 74.

56 Für Leo d. Gr. siehe oben S. 195 Anm. 48; für Johannes VIII. vgl. MGH Epp. 7 S. 74: *civitas sacerdotalis et regia per sacram beati Petri sedem*. SCHRAMM, Kaiser 1, S. 30 möchte die Bezeichnung *urbs regia* seit der Übersiedlung der Kaiser in den Osten nur noch auf Konstantinopel angewandt sehen und gibt keine Erklärung der ebenda, Anm. 2 erwähnten Ausnahmen. Möglich ist schließlich auch, daß die Bezeichnung Roms als *urbs regia* nach dem Vorbild der *regia Roma* bei Horaz, Epist. I 7, S. 266 Z. 44 erfolgte; zu Gerberts Horazkenntnissen vgl. die Nachweise in der Briefedition, MGH Epp. DK 2, S. 281.

57 An dieser Stelle danke ich Frau stud. phil. Isabelle de Keghel für gewährten Einblick in ihre unveröffentlichte Seminararbeit über die »Endzeiterwartung in den Urkunden Ottos III.« und die Ergebnisse ihrer mühsamen Auszählung der Urkunden.

58 Für die Arengen Ottos I. ist auf die Untersuchung von NEUMANN, Arengen, zu verweisen; eine vergleichbare Untersuchung für Otto III. gibt es bisher nicht.

59 BEUMANN, Ottonen, S. 155.

beispielsweise *Ad laudem Romani nominis* und *Ad gloriam et honorem Romani principatus* oder vergleichbaren Wendungen hätte niederschlagen können, erscheint nicht von vornherein als unrealistisch. Indessen stammen die zitierten Formulierungen aus Urkunden Friedrich Barbarossas[60] - dem man deswegen schwerlich einen »Rom-kult« unterstellen möchte -, und die Suche nach ähnlichen Stellen in den Urkunden Ottos III. bleibt ergebnislos; die Arengen seiner Urkunden betonen nur die traditionellen kirchlich-religiösen Herrscherpflichten. Von denen seiner Vorgänger unterscheiden sie sich allerdings insoweit, als sie den Aspekt der Fürsorge für Kirchen und Geistliche auffallend stark, die weltlichen Herrscheraufgaben indessen weniger ausgeprägt akzentuieren[61]. Was die Arenga von DO.III. 389 betrifft, so bleibt festzuhalten, daß sie bei unvoreingenommener Betrachtung keine an der Antike orientierte weltliche Politik widerspiegeln muß. Mit größerer Plausibilität ist sie in den breiten Traditionsstrom einzuordnen, der den antiken Ehrennamen *caput mundi* schon lange der christlichen Tradition anverwandelt hat und der letztlich auch die Begründung dafür ist, daß die Roma auf dem Widmungsbild des Reichenauer Evangeliars als erste von vier allegorischen Frauengestalten dem Kaiser huldigt[62].

Auch Papst Silvester II. selbst soll »geistliche und weltliche Ziele« miteinander verbunden haben und sich - ungewöhnlich für einen Papst - »als Streiter für das Ansehen des Römischen Ruhms in aller Welt« eingesetzt haben[63]. Schramms Urteil stützt sich auf die Wendung *ut et Petro solvendi libera sit potestas et Romanae gloriae ubique fulgeat dignitas* der Arenga in der ersten Papsturkunde aus Silvesters II. Pontifikat[64]. Betrachtet man freilich den ganzen Satz, so wird klar, daß es keinen Anlaß zu einer den weltlich-römisch-antiken Aspekt betonenden Differenzierung zwischen »geistlichem und weltlichem« Ziel gibt: Denn der Kontext umschreibt die päpstliche Aufgabe, Sündern zu helfen und Fehler wiedergutzumachen[65]. Ginge nicht bereits aus diesem Zusammenhang hervor, daß mit der *gloria Romana* keineswegs der weltliche Ruhm der Stadt, sondern der Ruhm des römischen Papstamtes gemeint ist, so macht die zweimalige Verwendung von *Romana* als Synonym zu *apostolica* in demselben Brief den Bezug eindeutig klar[66]. Zwar ist die Wendung *gloria Romana* in Papsturkunden

---

60 DDF.I. 741 und 629.

61 Diese Feststellung beruht auf der allerdings nur rein kumulativen Auswertung der Arengenmotive bei MÜLLER, Einleitungsformeln, S. 91ff. Eine nach dem Vorbild der Analyse von NEUMANN durchzuführende Untersuchung der Arengen Ottos III. kann an dieser Stelle nicht erfolgen.

62 In der Folge von SCHRAMM, Kaiser 1, S. 118f. wurde das Bild immer wieder als Beweis für die von Otto III. den Römern zugewiesene Bedeutung als »Reichsvolk« interpretiert, obwohl doch Roms Stellung als Krönungs-, Apostel- und Märtyrerstadt diesen Vorrang hinreichend begründet. Zu den anderen Buchmalereien, die ebenfalls huldigende Nationen, jedoch mit anderen Namen in anderer Reihenfolge zeigen, vgl. LADNER, L'immagine, S. 46ff. und 52f. mit Abb. 10-12 und 22-24.

63 SCHRAMM, Kaiser 1, S. 132.

64 ZIMMERMANN, Papsturkunden 2, n. 366.

65 *Apostolici culminis est, non solum peccantibus consulere, verum etiam lapsos erigere et propriis privatos gradibus reparatae dignitatis insignibus reformare, ut et Petro solvendi libera sit potestas et Romanae gloriae ubique fulgeat dignitas.* ZIMMERMANN, Papsturkunden 2, n. 366 S. 714.

66 *Romano assensu caruit; Romanum decretum violare.* Ebenda.

ungewöhnlich: Das Wort findet sich ansonsten nahezu ausschließlich in Verbindungen wie *gloria aeternae beatitudinis* und ähnlichen Wendungen ohne Rombezug[67]. Mit dem Begriff *gloria* selbst wird aber doch - beispielsweise von Papst Leo dem Großen und Bischof Leo von Vercelli, aber auch von Gerbert selbst[68] - das unvergleichliche Ansehen der Apostelstadt beschrieben. Man wird also auch in der Arenga der ersten Papsturkunde Gerberts-Silvesters II. keinen Beleg für den in ihm lebendigen »Römischen Erneuerungsgedanken« erblicken dürfen.

2. Leos von Vercelli »Versus de Gregorio«

Die problematische Zweiteilung in geistliche und weltliche, ganz dem antiken Vorbild verpflichtete Seite der Politik Ottos III., in »Apostolischen« und »Römischen Erneuerungsgedanken« prägt auch Schramms Interpretation der Versus de Gregorio et Ottone augusto[69]. Zwar sei der in Leos Versen ausgedrückte Plan einer Römischen Erneuerung »zum mindesten sehr wesentlich aus christlichem Geiste erdacht«[70], spiegele aber ebenso das »großgedachte Programm« Ottos III. wider, neben der kirchlichen Erneuerung auch eine weltliche Erneuerung Roms anzustreben, eben »das Reich der Römer zu erneuern, wie es in der Zeit der alten Kaiser gewesen war«[71]; dieses politische Ziel sei in Leos als »notwendige Schlußfolgerung« aus dem »Plan einer konsequent zu Ende gedachten Renovatio«[72] erwachsener Forderung nach »Weltvorherrschaft«[73] für das erneuerte Römische Reich formuliert. Bedeutet es aber eine neue weltliche Machtstellung, wenn die *Babilonia ferrea* und die *aurata Grecia* Otto III. mit gebeugtem Nacken dienen[74]? Hier wird doch zunächst an die christliche, auf den Traum Daniels zurückgehende Lehre von den aufeinanderfolgenden vier Weltreichen zu denken sein, wonach das babylonische, persische und griechische als Vorläufer des römischen Weltreichs fungierten, das bis zum Anbruch der Endzeit Bestand haben sollte; die Tatsache, daß Leo nicht drei, sondern nur zwei Reiche erwähnt, spricht nicht gegen diese Interpretation seiner Verse, hatte doch schon selbst Adso von Montier-en-Der in seiner be-

---

67 Z. B. ZIMMERMANN, Papsturkunden 1, n. 189; vgl. ansonsten die Angaben zum Lemma *gloria* in ZIMMERMANN, Papsturkunden 3, S. 1525f.

68 *Isti sunt (apostoli et martyri) qui te (Roma) ad hanc gloriam provexerunt...* Leo d. Große, Sermo 82, MPL 54, Sp. 422. Bei Leo von Vercelli wird nicht die Roma, sondern Papst Gregor V. angesprochen: *Tuos et tuam gloriam habe in memoria.* Versus de Gregorio et Ottone augusto, MGH Poetae 5, S. 480 v. 14. Die *gloria* bezieht sich nicht auf die Person Gregors, sondern auf sein - im vorangegangenen Vers genanntes - Amt als *vicarius Petri.* Die Stelle *ut caput ecclesiarum Dei, quod in sublime erectum, gloria et honore coronatum est* in Gerberts Acta concilii Remensis 28, MGH SS 3, S. 672 Z. 42f. bezieht sich auf die Auszeichnung des Papstes und des römischen Stuhles vor allen anderen Bischöfen und Bischofssitzen.

69 SCHRAMM, Kaiser 1, S. 119-127.

70 SCHRAMM, Kaiser 1, S. 122.

71 SCHRAMM, Kaiser 1, S. 127.

72 SCHRAMM, Kaiser 1, S. 124.

73 SCHRAMM, Kaiser 1, S. 123.

74 Versus de Gregorio et Ottone augusto, MGH Poet. lat. 5, S. 477-480, hier S. 479 Str. 8.

rühmten Epistola de ortu et tempore Antichristi mit dem persischen und griechischen Reich ebenfalls nur zwei der drei Vorläufer Roms genannt[75]. Otto III., dem die beiden Reiche dienen, erscheint in Leos Versen weniger als Kaiser mit bisher nie dagewesener Machtfülle, sondern als Herrscher des in eschatologischer Perspektive betrachteten Römischen Reiches als des Endreiches: Für eine solche Interpretation der achten Strophe spricht schließlich auch ihr dritter Vers, die den Kaiser als Herrscher über die ganze Welt feiert, die dereinst von Christus, dem König der Könige, befreit werden wird[76]. Die Parallele zu den von Adso von Montier-en-Der formulierten Gedanken liegt auf der Hand: Vor der Ankunft des Antichrist und der darauffolgenden Wiederkehr Christi werde das Römische Reich das mächtigste von allen sein, und ihm würden alle anderen Völker und Reiche unterworfen sein[77]. Schließlich wird man zu bedenken haben, daß Leo die dem ganzen Renovatio Komplex zugehörigen Begriffe wie *renovare, recreare* und *reparare* ausschließlich auf Christus oder den Papst bezieht und damit diesen die Fähigkeit und Macht zur Renovatio beilegt, nicht aber dem Kaiser, dessen Funktion er ausschließlich mit der *cura corporum* und der Ausübung der *potentia* umschreibt, unter deren Schutz der Papst die Welt reinigen werde[78]. Wäre Leos Gedicht tatsächlich die Summe eines »konsequent zu Ende gedachten Renovatio«-Planes, als die Schramm den Rhythmus betrachtet, würde die fehlende, ausdrückliche Verbindung des Kaisers mit der weltlichen Erneuerung Roms doch sehr überraschen. Die Behauptung, daß Otto durch Leo »für die Größe des alten Rom und des Imperium Romanorum gewonnen wurde«[79], kann sich auf den durch und durch christlichen Inhalt seiner Verse nicht berufen und bleibt in Ermangelung weiterer Quellenaussagen willkürlich.

3. Die zweite Kaiserbulle Ottos III.

Die Romideologie sah Schramm besonders deutlich im zweiten Bullentypus Ottos III. verwirklicht, dessen gegenüber dem ersten Typus verkleinertem Format die Umschrift *Renovatio imperii Romanorum* zum Opfer fiel. Darin erkannte Schramm indes-

---

75 *Scimus enim quoniam post regnum Grecorum, sive etiam post regnum Persarum, ex quibus unumquodque suo tempore magna gloria viguit et maxima potentia floruit, ad ultimum quoque, post cetera regna, regnum Romanorum cepit, quod fortissimus omnium superiorum regnorum fuit et omnia regna terrarum sub dominacione sua habuit ...* Adso von Montier-en-Der, Epistola de ortu et tempore Antichristi, CChrCM 45, S. 25 Z. 102 - S. 26 Z. 107. Adsos Erwähnung nur dreier Weltreiche dürfte auf lückenhafte Erinnerung an die Chronik Frechulfs zurückgehen, der seinerseits aus der Chronik des Hieronymus geschöpft hatte, vgl. dazu KONRAD, Antichristvorstellung, S. 34f. Zu Adso jetzt auch FRIED, Endzeiterwartung, S. 419-422.

76 *Mundo (cunc?)to perimperat, quem rex regum liberat.* Versus de Gregorio et Ottone augusto, MGH Poet. lat. 5, S. 479 Str. 8.

77 Siehe dazu oben Anm. 75 sowie die bei Adso erstmals in der abendländischen Überlieferung auftauchende Sage vom Endkaiser, vgl. Adso, Epistola, CChrCM 45 , S. 26 Z. 117-123 und dazu KONRAD, Antichristvorstellung, S. 35-53.

78 *Imperat Otto tercius pervigil et strenuus/Qui secundum apostolum curam habet corporum* und *Sub caesaris potentia purgat papa secula.* MGH Poet. lat. 5, S. 479 Str. 6 und S. 480 Str. 10.

79 SCHRAMM, Kaiser 1, S. 127.

sen keinen Verlust an programmatischer Bestimmtheit, im Gegenteil sei die
»Bildersprache dieser Bulle« so zu deuten, daß Otto III. seine bisherigen Anschauungen
über Reich und Rom noch »mehr auf die Antike zugespitzt« vertreten habe als zuvor.
Diese Schlußfolgerung stütze sich auf die Verbindung von Kaiserkopf mit der Umschrift *Aurea Roma* auf dem Avers der Bulle sowie auf ihren kleinen Durchmesser von
nur etwa 18 mm, der dem »normale(n) Durchschnitt antiker Münzen« genau entsprochen habe; für die zweite Bulle sei auf »eine römische Kaisermünze als Muster« zurückgegriffen worden, die »Wiederherstellung antiken Brauches« sei beabsichtigt gewesen[80]. Schramm selbst erkannte seine Interpretation Jahrzehnte später als überspitzt
und nahm sie zurück: Als formales Vorbild habe nicht eine römische Münze gedient,
sondern eine - freilich nur erschließbare - Bulle Ottos I., die die später von Heinrich II.
wieder aufgenommene Devise *Renovatio regni Francorum* gezeigt habe[81]; das kleine
Format sei »ein rechtes Zeichen christlicher Bescheidenheit«[82]. Bei dieser Neudeutung
vermied Schramm den Begriff »Antike« und entwertete damit gleichzeitig einen von
ihm zunächst für sehr wichtig gehaltenen Beleg für die Antike als Bezugspunkt der Politik Ottos III.

   Die Frage nach einem eventuellen Vorbild der zweiten Bulle kann nicht eindeutig
beantwortet werden. Der Revers mit seiner Kombination von Kaisernamen und Titel in
Schriftzeilen könnte sein Muster in Papstbullen gefunden haben, die auf der Rückseite
ebenfalls Papstnamen und Titel in waagrechter Anordnung zeigen; allerdings ist eine
solche Gestaltung der Papstbullen um das Jahr 1000 nicht belegt und läßt sich nur für
das siebte Jahrhundert nachweisen, bevor sie dann aber seit der zweiten Hälfte des 11.
Jahrhunderts zur Norm wurde[83]. Zeitgenössische Münzen können als Vorbild ausgeschlossen werden[84]. Viel wahrscheinlicher jedoch ist, daß die zweite Bulle Ottos III. -
wie vermutlich schon die erste - auf karolingische Vorbilder zurückgeht: Die Bullen
Ludwigs II. und Karls III. wirken mit ihrer Kombination von rechtsgewandtem Profilbild auf dem Avers und waagrechter Schrift auf dem Revers wie unmittelbare Vorgän-

---

80 SCHRAMM, Kaiser 1, S. 156; eine schöne, stark vergrößerte Abbildung der Bulle jetzt bei ALTHOFF,
Vormundschaft, S. 278f.
81 Die Rücknahme findet sich in den Nachträgen von 1957, vgl. SCHRAMM, Kaiser 1, S. 349 (zu
Seite 117); vgl. auch DERS., Kaiser und Könige, S. 187. Zur Renovatio-Bulle der Vorgänger Ottos III.
siehe unten, S. 201.
82 SCHRAMM, Kaiser 1, S. 352 (zu Seite 156).
83 Die einzige mir bekannte Verbindung von Name und Titel in Schriftzeilen findet sich auf einer
Bulle des Papstes Deusdedit (615-618); eine Bulle Johannes XI. (931-936) zeigt auf dem Revers nur
den Titel als Schriftzeile; Name und Titel in Schriftzeilen sind seit Urban II. (1088-1099) die Regel,
vgl. die Abbildungen bei EWALD, Siegelkunde, Tafel 35. Die Bullen Gregors V. und Silvesters II.
kommen als Muster nicht in Frage, vgl. schon SCHRAMM, Kaiser 1, S. 155 Anm. 1 mit Literatur; sie
zeigen auf dem Avers den Papstnamen, auf dem Revers in runder Umschrift *papae*.
84 Keine einzige der bei KLUGE, Münzgeschichte, abgebildeten Exemplare zeigt auf dem Revers die
Kombination von Kaisernamen und Titel in Schriftzeilen; in dieser Form erscheint nur der Name der
Münzstätte, vgl. z. B. Tafel 3 Abb. 16; Tafel 4, Abb. 19-21. Der Titel *rex* mit Umschrift auf einer karolingischen Münze, vgl. Tafel 1 Abb. 6. Die Münze des Erzbischofs Brun von Köln, deren Revers
zweizeilig *Bruno/archieps* zeigt (vgl. Tafel 61 Abb. 361), ist auch unter den Prägungen geistlicher Herren eine Ausnahme.

ger[85]. Die Größe der Bulle könnte päpstlichen Silbermünzen des 10. Jahrhunderts nachempfunden sein, jedenfalls sind Münzen Papst Benedikts VI. (973-974) oder Benedikts VII. (974-983) mit einem Durchmesser von 18 mm bekannt[86]. Die möglichen Vorbilder weisen also allesamt nicht auf antike, sondern auf karolingische und päpstliche Tradition.

Das Silberstück des Benedikt-Papstes ist noch aus einem anderen Grund interessant: Sein Revers zeigt die Legende *Otto imper. Roma*, die einen zweitürmigen Bau mit doppeltem Tor umschließt[87]. Weil schon Otto I. und Otto II. Metallbullen verwendet haben[88], vermutete Wilhelm Erben in ihnen das »Bindeglied« zwischen dem nahezu identischen Rombild der Bulle Karls des Großen und dem der Papstmünze[89]. Damit stellt sich auch die Frage, inwieweit die Bullen Ottos III. in der Tradition derjenigen seiner beiden Vorgänger stehen. Übereinstimmung besteht insoweit, daß die Bulle Ottos I. nach karolingischem Vorbild eine Renovatio-Devise geführt haben dürfte; aber welche? Erben vertrat die Auffassung, die Bulle wenigstens einer der beiden älteren Ottonen hätte »im Anschluß an die Bulle Karls des Großen das Rombild und wahrscheinlich auch die *Renovatio romani imperii* auf seine Bulle setzen lassen«[90]. Ohne Auseinandersetzung mit dieser These meinte dagegen Schramm, die Bulle Ottos I. habe die Devise *Renovatio regni Francorum* getragen[91]. Die eine Annahme ist so unbeweisbar wie die andere, weil keine Metallbulle Ottos I. oder Ottos II. erhalten und ihr Aussehen durch keine Beschreibung verbürgt ist. Wahrscheinlich ist allerdings doch, daß Otto I. eher an das Vorbild Karls des Großen als an das Ludwigs des Frommen angeknüpft, also wenn überhaupt, dann eher die römische als die fränkische Renovatio-Devise verwendet haben dürfte. Es muß deshalb damit gerechnet werden, daß die gemeinhin als charakteristische Neuerung Ottos III. gewertete Devise *Renovatio imperii Romanorum* schon von seinem Vater oder Großvater auf Bullen gesetzt wurde.

Lediglich die mit Schild und Lanze gewappnete Roma der ersten Bulle Ottos III. wird man mit einigem Recht als Neuerung betrachten können, gibt es doch für diese Darstellung überhaupt kein Vorbild. Auch die Legende *Aurea Roma* der zweiten Bulle scheint eine Neuschöpfung gewesen zu sein, die dann seit Konrad II. - ergänzt durch

---

85 Vgl. die Abbildungen bei SCHRAMM, Kaiser und Könige, S. 301 Abb. 27 und S. 324 Abb. 56; auf dem Revers allerdings nicht Name und Titel, sondern die fränkische Renovatio-Devise in Schriftzeilen.
86 Vgl. die Abbildungen bei ERBEN, Kaiserbullen, nach S. 160 sowie die Beschreibung auf S. 167. Zur problematischen Zuschreibung der Benediktmünzen vgl. LADNER, Papstbildnisse 1, S. 173. Die Papstbullen der Zeit sind deutlich größer, vgl. schon SCHRAMM, Kaiser 1, S. 155; ERBEN, Kaiserbullen, S. 150f.
87 Vgl. die Beschreibung bei ERBEN, Rombilder, S. 29; DERS., Kaiserbullen, S. 153.
88 Diesen Nachweis führte zuerst BRESSLAU, Lehre, S. 367 und 369f.; daran anschließend ERBEN, Rombilder, S. 30 Anm. 16 und S. 85; SCHRAMM, Kaiser und Könige, S. 187 und 193.
89 ERBEN, Kaiserbullen, S. 153; DERS., Rombilder, S. 30.
90 ERBEN, Rombilder, S. 30.
91 SCHRAMM, Kaiser 1, S. 349 (zu Seite 117); nur allgemein von einer »Renovatioinschrift« spricht SCHRAMM, Kaiser und Könige, S. 187. Bei SCHRAMM, Staatssymbolik, heißt es S. 173 ohne weitere Begründung, es lasse »sich wahrscheinlich machen, daß (die Kaiserbulle Ottos I.) die von Ludwig dem Frommen an benutzte Inschrift *Renovatio regni Francorum* trug«. Wieso Otto I. aber auf dieses Vorbild zurückgegriffen haben sollte, bleibt unerörtert.

den von Wipo stammenden Vers *Roma caput mundi regit frena orbis rotundi* - den Revers der Kaiserbulle zierte[92]. Falls es sich bei dem Kopf auf dem Avers um einen Jünglingskopf handeln sollte - also um Otto III., dann wäre der Verzicht auf Krone oder Lorbeerkranz ebenso eine Neuerung wie die Verbindung des Kaiserporträts mit der Roma-Legende, weil der Bullenavers soweit bekannt nie einen Romaschriftzug trug[93]. Sollte es sich indessen um einen Frauenkopf handeln, so läge eine Variation der von der ersten Bulle bekannten Roma-Personifikation vor; absolut ungewöhnlich wäre dann aber der Verzicht auf das Kaiserporträt zugunsten nur des Kaisernamens und Titels auf dem Revers[94].

Die »Bildersprache« der zweiten Bulle birgt also manches Rätsel; in jedem Fall aber handelt es sich um eine Neugestaltung, die karolingischen Vorbildern nachempfunden sein dürfte und eine enge Beziehung zwischen Kaiser und Rom versinnbildlicht. Die erfolgreiche Politik Ottos III. in Rom zwischen 998 und Anfang 1001 könnte der Anlaß dafür gewesen sein[95]. Als Ausdruck von auf die Antike zugespitzten politischen Vorstellungen wird man sie indessen nicht zu deuten haben. Die im Vergleich zum qualitätsvollen Stempel der ersten Bulle Ottos III. überaus rohe Ausführung sowie die ungewöhnliche niederdeutsche Namensform *Oddo*, die sonst nur auf sächsischen Münzen nachweisbar ist[96], lassen Zweifel daran aufkommen, daß die Entwicklung der Kaiserbulle unter Otto III. mit diesem Typus bereits ihren Abschluß hätte finden sollen[97]. »Stilbildend« wirkte sich jedenfalls nur die Legende *Aurea Roma* aus.

---

92 Vgl. dazu ERBEN, Rombilder, S. 41; ebenda, S. 43 schon die Vermutung über Wipos Autorschaft. Ablehnend SCHRAMMS Rezension in HZ 147 (1933) S. 159. Jedoch stützt neuerdings BLOCH, Autor, S. 93ff. ERBENS These mit guten Argumenten.

93 Vgl. die Abbildung der Bulle bei ALTHOFF, Vormundschaft, S. 286. Ich danke an dieser Stelle Herrn Dr. Ernst-Dieter Hehl für hilfreiche Kritik und Anregung. - Für eine Männergestalt spricht, daß der Mantel auf der rechten Schulter von einem Band oder einer Fibel zusammengehalten wird; diese für den römischen Feldherrnmantel typische Schließung wird in der mittelalterlichen Herrschertracht weitergeführt. Könnte es sich insoweit also um ein Kaiserporträt handeln, so fehlt aber Krone oder Lorbeerkranz als ansonsten übliches Bildelement. Eine Legende mit Rombezug in Verbindung mit der Rom symbolisierenden »Stadtansicht« findet sich ausnahmslos auf dem Revers der Bullen, vgl. dazu die Abbildungen der Bullen Karls des Großen, Heinrichs II., Konrads II., Heinrichs III., Heinrichs IV., Lothars III. und Friedrichs I. Barbarossa bei SCHRAMM, Kaiser und Könige, S. 274, 368, 387, 398, 419, 447 und 460.

94 Die Roma hätte dann sowohl Helm als auch Schild und Lanze eingebüßt, mit Ausnahme des Feldherrnmantels also alle Bildelemente, die sie auf dem ersten Bullentyp kennzeichneten. Ob dieser Verlust durch das stark reduzierte Format der Prägung erklärt werden kann, ist fraglich. Kaisersiegel ohne Herrscherdarstellung sind nicht bekannt.

95 Siehe dazu ausführlicher unten, S. 268f.

96 Vgl. DANNENBERG, Münzen 1, S. 241, 289 und 302; KLUGE, Münzgeschichte, Tafel 5 Abb. 28-30 sowie Tafel 8 Abb. 44 und 46-47.

97 ERBEN, Kaiserbullen, gibt S. 152 mit Anm. 1 zu bedenken, daß der kleinere Bullenumfang durch »ganz äußerliche Gründe« während der unruhigen politischen Lage nach der römischen Rebellion herbeigeführt worden sein könnte und denkt dabei an einen knapper gewordenen Bleivorrat.

4. Das »Romerlebnis« Ottos III.

Ein weiterer Einwand muß der unbelegten Behauptung Schramms gelten, Otto III. und die Römer hätten sich »in dem Gedanken der Römischen Erneuerung eng vereinen« können[98] und diesen »engen Bund«[99] im Jahre 998 auch verwirklicht, als der Kaiser unter dem Einfluß der »Römischen Herren« aus dem Umkreis der Tusculanergrafen »ein Bewunderer Roms«[100] geworden sei und mit der Errichtung einer Residenz »das Kernstück jeder Hoffnung auf eine Renovatio verwirklicht«[101] habe. Wird es der von rivalisierenden Adelsfamilien geprägten politischen Wirklichkeit in Rom schon nicht gerecht, »die Römer« als kollektive Größe aufzufassen und damit die Existenz einer homogenen Interessengruppe zu suggerieren[102], so bleibt angesichts fehlender Quellenaussagen schon der Kreis jener Römer, deren Einfluß sich der Kaiser vielleicht aussetzte, vollends aber die von ihnen eventuell vermittelten Ansichten über die Bedeutung Roms völlig im Dunkeln. Die These, daß die Tusculaner als Nachfahren des mächtigen Alberichs II., der sich *princeps* und *senator omnium Romanorum* genannt hatte, gerade von der Anwesenheit Ottos III. die Verwirklichung ihrer »Hoffnung auf eine Erneuerung der Aurea Roma«[103] versprochen haben sollen, verkennt die partikulare Tendenz der Verbindung von stadtrömischem Autonomieanspruch und antiker Tradition im 10. Jahrhundert. Paolo Brezzi hat sie anschaulich als »patriottismo civico romano« bezeichnet[104]. Ferner lassen gerade auch die von Schramm herangezogenen Quellenaussagen aus der Zeit vor 962 jede Orientierung auf ein wiedererstarkendes Kaisertum vermissen; man denke nur an die berühmt-berüchtigte Klage des Mönches Benedikt vom Monte Soratte über den Fall Roms unter die Sachsen[105]. Darüberhinaus bleibt zugunsten der Annahme einer Kaiser und Rom verbindenden römisch-antiken Tradition die Kluft unberücksichtigt, die sich doch schon sofort nach der Kaiserkrönung Ottos I. zwischen dem kaiserlichen Anspruch auf Kontrolle des Papsttums einerseits und dem eingespielten System in Rom andererseits aufgetan hatte: Seit Alberich II. über die Crescentier bis hin zum Tusculanerpapsttum in der ersten Hälfte des 11. Jahrhunderts suchte das römische Adelspapsttum auf verschiedene Weise den Ausgleich zwischen dem weltlichen Herrschaftsanspruch des Papstes und den Machtambitionen der

---

98 SCHRAMM, Kaiser 1, S. 177.

99 SCHRAMM, Kaiser 1, S. 108.

100 SCHRAMM, Kaiser 1, S. 105.

101 SCHRAMM, Kaiser 1, S. 108.

102 Wie unübersichtlich und kaum durchschaubar die Verhältnisse in Rom gegen Ende des 10. Jahrhunderts waren, zeigt für die Zeit Ottos I. ZIMMERMANN, Parteiungen. Für die Zeit Ottos III. vgl. KÖLMEL, Rom, insb. S. 25-56; DERS., Beiträge; GERSTENBERG, Studien. Die Erkenntnisse dieser älteren Darstellungen sind weitgehend berücksichtigt bei TOUBERT, Les structures 2, S. 963-1038.

103 SCHRAMM, Kaiser 1, S. 105.

104 BREZZI, L'idea, S. 93.

105 SCHRAMM, Kaiser 1, referiert sie zwar S. 66, erwägt jedoch nicht, daß diese Worte auch repräsentativ für eine tief verwurzelte Gegnerschaft der Römer gegen jede Wiederrichtung des Kaisertums durch einen romfremden Herrscher gewesen sein könnten.

mächtigsten römischen Adelsfamilien[106]. In Rom waren die Versuche Ottos I. und Ottos II., mit Leo VIII. und Johannes XIV. Päpste gegen den Willen des Adels durchzusetzen, gründlich gescheitert[107]. Otto III. setzte mit der Erhebung seines Vetters Brun von Kärnten zum Papst die Reihe der Eingriffe in die innerrömische Mächtekonstellation fort und führte sie mit der Hinrichtung des Crescentius im April 998 zu einem blutigen Höhepunkt. Und mit diesem Herrscher sollen die Römer in einen »engen Bund« getreten sein, weil sie in ihm den langersehnten Erneuerer antiker Größe erblickten? In Rom, wo schon zur Zeit Ottos I. die Präsenz des kaiserlichen Heeres als drückende Last empfunden worden war[108], hätte man die Ankunft Ottos III. im Frühjahr 998 kaum gründlicher mißverstehen können. Die Behauptung, die Römer hätten erst »eines Tages« gemerkt[109], daß ihre Interessen nicht die des Kaisers waren, kann daher nicht überzeugen. Statt eine Phase beiderseitiger Desillusionierung zwischen 998 und Januar 1001 über die mit dem »Römischen Erneuerungsgedanken« verbundenen, einander jedoch diametral entgegengesetzten Zielen von Kaiser und Stadtadel wird man eine Phase des auf militärische Übermacht gegründeten Übergewichts Ottos III. annehmen dürfen[110]; dadurch war seine Anwesenheit in Rom so lange gesichert, bis sich das Kräfteverhältnis auf nicht mehr rekonstruierbarem Weg im Januar 1001 so sehr zum Nachteil des Kaisers verschoben hatte, daß er aus der Stadt vertrieben werden konnte[111].

Anzunehmen, daß diese Rebellion dem Kaiser einen »Stoß ins Herz«[112] gegeben, zum Zusammenbruch seiner Persönlichkeit und zur Erkenntnis seiner bisherigen Politik als Irrtum geführt haben soll, heißt gleichzeitig, ihm eine vollständige Blindheit für die politische Situation in Rom zu unterstellen. Genau das suggeriert die herrschende Darstellung der Vertreibung Ottos III. aus Rom als jähes Erwachen des kaiserlichen Jünglings aus seinen phantastischen Träumen. Sie steht aber auf ebenso brüchigem Fundament« wie die psychologisierenden Spekulationen über das »Romerlebnis« Ottos III. als Antrieb seiner Politik: Wir wissen nicht, ob er zum »Bewunderer Roms« geworden ist, ob er von dem »Eindruck dieser Stadt« tatsächlich »ergriffen« war, ob der »Anblick Roms auf den jugendlichen Kaiser, der sich überall tiefer Empfindung fähig erwiesen hat, eine gewaltige Wirkung übte«[113]. Diese Bereitschaft zur nachempfindenden Einfühlung in die Seelenverfassung des noch nicht zwanzigjährigen Kaisers ist er-

---

106 Vgl. dazu TOUBERT, Les structures 2, S. 963-974 und 998-1038.

107 Vgl. ZIMMERMANN, Papstabsetzungen, S. 88-95 und 102f.

108 *His ita gestis sperans sanctissimus imperator cum paucis Romae se degere posse, ne consumeretur Romanus populus ob multitudinem exercitus, multis, ut redirent, licentiam dedit.* Liudprand von Cremona, Historia Ottonis: De rebus gestis Ottonis magni imperatoris 17, MGH SS. rer. Germ. 41, S. 172; der Bericht gilt der Situation im Jahr 964.

109 SCHRAMM, Kaiser 1, S. 108.

110 Es sei daran erinnert, daß Otto III. sogar die als uneinnehmbar geltende Engelsburg erstürmen konnte, was beispielsweise Heinrich IV. 1084 nicht gelang.

111 Zu den Ursachen der Rebellion siehe ausführlicher unten, S. 250-263.

112 SCHRAMM, Kaiser 1, S. 179.

113 SCHRAMM, Kaiser 1, S. 106; vgl. auch UHLIRZ, Jahrbücher, S. 209 über das »empfindsame Herz des kaiserlichen Jünglings«.

kennbar mehr der Tradition des deutschen Italienerlebnisses seit Winckelmann und
Goethe als dem nüchternen Abwägen der wenigen Quellenaussagen verpflichtet. Es
paßt ins Genrebild vom Romaufenthalt idealistischer Jünglinge, daß es denn auch »rein
menschliche Gründe« gewesen sein sollen, durch die Otto III. in Rom so »schnell hei-
misch geworden ist« - nämlich durch die Beziehung zu »irgendeine(r) Römerin«[114].
Auch diese Überlegung preßt Otto III. zwar in das Erlebnisschema von Goethes Römischen Elegien[115], vernachlässigt aber die Frage nach seinem politischen Problembe-
wußtsein, die man ja wohl nicht einfach zugunsten des gelehrter Bildung entsprungenen
»Römischen Erneuerungsgedankens« ausblenden kann. Größte Skepsis verdienen auch
die Spekulationen über einen persönlichen Zusammenbruch des Kaisers, denn wie die
Nachricht über den geplanten Feldzug gegen Rom zeigt, scheint der Kaiser nicht so
sehr unter dem Zerschellen seiner »Romidee« an der bitteren Wirklichkeit gelitten zu
haben, wie es die Mutmaßungen über sein »Romerlebnis« glauben machen wollen. Die
Quellen schildern keine »innere Krise«, der der Kaiser nach dem Zusammenbruch sei-
ner römischen Träume »nicht mehr Herr geworden ist«[116], sondern einen tatkräftigen
Herrscher, der mit rasch eingeleiteten Maßnahmen die militärische Vergeltung für die
Rebellion vorantreibt[117].

5. Gerberts *Nostrum, nostrum est Romanum Imperium*

Schließlich bedarf die These, derzufolge das Zusammenwirken von Kaiser und
Papst nicht Zweck, sondern nur Mittel der Renovatio-Politik war, genauerer Betrachtung: Voraussetzung der »politischen Renovatio« war nach Schramm der Besitz

---

114 SCHRAMM, Kaiser 1, S. 107. In der mit Nachträgen versehenen Neuauflage seines Buches von
1957 räumt SCHRAMM S. 347 (zu S. 107 Anm. 2) ein, daß seine Annahme, Otto III. sei durch eine
Römerin in seiner Liebe zu Rom bestärkt worden, falsch war. Sie fügte sich freilich bruchlos in den
psychologisierenden Bericht über das »Romerlebnis« des Kaisers ein, und ist ein aussagekräftiges Zeichen dafür, unter welchem Blickwinkel Schramm die Rompolitik Ottos III. bei Erscheinen seines Buches betrachtet hatte. Die nur in späterer Überlieferung greifbaren Berichte über ein Verhältnis Ottos III. zu der Frau des Crescentius geben indessen stets erneut Anlaß zu merkwürdigen Fragen nach
der Persönlichkeit des Kaisers, vgl. dazu jüngst WOLF, Prinzessin, der S. 122 mit Anm. 143 Ottos III.
»einziges bekanntes Verhältnis mit der wohl viel älteren griechischen Frau des Crescentius« dem Charakter des »mit allen Vorzügen und Problemen« im Sternzeichen Krebs geborenen Kaisers zuschreibt.
115 »Noch betracht' ich Kirch' und Palast, Ruinen und Säulen,/Wie ein bedächtiger Mann schicklich
die Reise benutzt./Doch bald ist es vorbei, dann wird ein einziger Tempel,/Amors Tempel nur sein, der
den Geweihten empfängt./Eine Welt zwar bist du, o Rom; doch ohne die Liebe/Wäre die Welt nicht
die Welt, wäre denn Rom auch nicht Rom.« Johann Wolfgang VON GOETHE, 1. Römische Elegie.
116 SCHRAMM, Kaiser 1, S. 186; zu der in diesem Zusammenhang stets überstrapazierten Nachricht
Bruns von Querfurt über den Aufenthalt Ottos III. in Romualds Einsiedelei in Pereum siehe schon
oben, S. 31 mit Anm. 101.
117 Die Bemerkung SCHRAMMS, Kaiser 1, S. 17, der Kaiser sei »damals nicht sofort mit aller Kraft
daran gegangen, die Niederlage wettzumachen«, übersieht zum einen, daß er bereits im Mai/Juni einen
ersten, freilich erfolglosen Zug gegen Rom unternahm, der ihn sogar bis S. Paolo fuori le mura führte
(vgl. BU 1418 a-d), zum anderen, daß die militärische Dimension des Unternehmens Verstärkung aus
dem Norden erforderlich machte.

Roms[118]. Den eigentlichen Inhalt der Renovatio-Politik sah er programmatisch im Prolog des Anfang 998 von Gerbert dem Kaiser gewidmeten Libellus de rationali et ratione uti ausgedrückt und in der berühmten Wendung *Nostrum, nostrum est Romanum imperium* auf den Punkt gebracht[119]. Die Hochschätzung dieser Stelle als quasi offizielle politische Zielformulierung ergab sich aus der grundsätzlich richtigen Skepsis gegenüber der Aussagekraft der erst nach dem Tod Ottos III. entstandenen Quellen[120]. Gerberts Worte erscheinen so geradezu als Quintessenz eines politischen Entschlusses, den der zweite Romzug in die Tat umsetzen sollte, und Gerbert selbst als Vater »jener Theorien«[121], die Otto III. 997 zum zweiten Romzug veranlaßt haben sollen. Seit Schramm wird Gerberts Prolog fast ausnahmslos als zukunftsorientiertes Programm verstanden, das das ottonische Kaisertum in einer Wendung gegen Byzanz durch den Rückgriff auf die antike Tradition gerechtfertigt und die theoretische Grundlage für die spätere Angliederung Polens und Ungarns als *amici* an das Imperium gebildet habe[122]. Zweifel an der Berechtigung dieser herrschenden Meinung äußerte schon Mathilde Uhlirz[123] und in jüngerer Zeit Harald Zimmermann, der den Einfluß Gerberts auf Otto III. für allgemein überschätzt hielt und zu erwägen gab, ob Gerberts Prolog zum Zeitpunkt der Niederschrift tatsächlich »programmatisch gedacht« oder »nicht nur situationsbedingt« gewesen sei[124].

Löst man sich einmal von der seit Schramm kanonisch gewordenen Deutung, so spricht tatsächlich nur wenig für den Prolog als zukunftsweisendes Programm, sehr viel aber dafür, daß Gerbert mit diesen Worten nichts formulierte, was Anfang 998 nicht schon politische Realität war: Das »früchtereiche Italien«, das »männerreiche Gallien und Germanien« und die »tapferen Reiche der Skythen«[125] fehlten dem Imperium schon damals nicht[126]; die Bemerkung bezüglich der Überlegenheit Ottos III. über die

---

118 SCHRAMM, Kaiser 1, S. 102.

119 SCHRAMM, Kaiser 1, S. 101 und DERS., Basileus, S. 463; das Zitat aus dem Libellus bei Gerbert, Opera, S. 298. Zum Werk selbst vgl. FROVA, Gerberto; ferner PRATT LATTIN, The Letters, S. 328f.

120 Vgl. SCHRAMM, Kaiser 1, S. 88.

121 SCHRAMM, Kaiser 1, 116; auch BEUMANN, Otto III., gewichtet S. 86f. den politischen Gehalt von Gerberts Prolog außerordentlich stark.

122 Vgl. z. B. RICHÉ, Gerbert, S. 187f.: »... une sorte de magnifique manifeste ..., présentant à son impérial disciple un programme politique digne de lui ...«. FROVA, Gerberto, läßt S. 375 Anm. 69 die dem Prolog üblicherweise unterstellten politischen Implikationen ausdrücklich unberücksichtigt.

123 UHLIRZ, Jahrbücher, S. 271f.

124 ZIMMERMANN, Gerbert, S. 246; SCHRAMM, Kaiser 1, hatte S. 97 das Verhältnis zwischen Gerbert und Otto III. noch als »Bund zwischen Kaiser und Philosophen« gefeiert und mit der Beziehung zwischen Alexander dem Großen und Aristoteles sowie zwischen Friedrich dem Großen und Voltaire verglichen.

125 *Dant vires ferax frugum Italia, ferax militum Gallia et Germania, nec Scythae nobis desunt fortissima regna.* Gerbert, Opera, S. 298.

126 Den Nachweis, daß die *Scythae* bei Gerbert nur die Ungarn sind, versucht UHLIRZ, »Scythae«, faßt den Begriff damit aber doch zu eng, vgl. ZIMMERMANN, Gerbert, S. 243 Anm. 2. Man wird darunter auch die Polen zu verstehen haben, deren Herrscher Mieszko I. 986 dem noch nicht sechsjährigen Otto III. gehuldigt hatte, vgl. BU 980b; Boleslaw hatte Otto III. im August 995 gegen die Elbslawen unterstützt, vgl. BU 1143. Für den Sommer 997, als sich Gerbert bei Otto III. während der Vorbereitungen zu einem erneuten Zug gegen die Elbslawen aufhielt (vgl. BU 1229a und 1230b), sind

Griechen konnte durchaus eine Spitze gegen Byzanz gewesen sein[127], ist in ihrer panegyrischen Tonlage aber doch eher ein Herrscherlob des kurz zuvor vom Kaiser beschenkten und zudem von ihm aus der unhaltbaren Reimser Situation an den Kaiserhof geholten Gerbert[128] als die visionär-programmatische Basis der dann verfolgten Renovatio-Politik. Auch die anderen Wendungen in Gerberts Prolog sind gänzlich unspektakulär[129]: *Romanorum imperator* hatte sich Otto III. seit 996 genannt - wie lange davor schon sein Vater; das ottonische Reich hatte schon Hrotsvit von Gandersheim *imperium Romanum* genannt[130], und Gerbert selbst hatte bereits 984 Bischof Dietrich von Metz *decus Romani imperii* genannt[131]. Das *imperium Romanum* war für Gerbert also in Gestalt des ottonischen Herrschaftsbereiches schon lange vor seiner »programmatischen« Widmung an Otto III. existent[132], und seine Formulierung im Prolog ist kaum mehr als effektsicher kalkulierte Rhetorik[133]. Berücksichtigt man darüber hinaus, daß auch für Gerbert das römische Reich das letzte der Weltreiche gewesen sein dürfte, was nicht nur seiner nachweisbaren Bekanntschaft mit Adso von Montier-en-Der wegen wahrscheinlich ist[134], so ist in seinem *nostrum, nostrum est Romanum imperium* erst recht kein neuer Gedanke enthalten. Die Basis für die Annahme, in Gerberts Prolog sei ein zukunftsweisendes Programm verborgen, ist also bei genauerer Betrachtung außerordentlich schmal.

---

zwar keine Kontakte mit Boleslaw belegt; jedoch dürfte Gerbert bekannt gewesen sein, daß der polnische Fürst (bis zur Gnesenfahrt im Jahr 1000) tributabhängig und mit Otto III. verbündet war.

127 *Graecos imperio superas...* Gerbert, Opera, S. 298. Zur Wertung vgl. Schramm, Basileus, S. 462f.

128 Siehe dazu unten, S. 211f.

129 *Noster es, Caesar, Romanorum imperator et Auguste*, Gerbert, Opera, S. 298. Dazu paßt die Einschätzung von Frova, Gerberto, S. 354, daß Gerberts Liber de ratione... die im sächsischen Heerlager geführten Dispute zusammenfaßt. Dieser Gedanke ist auch auf den Inhalt des Prologs übertragbar: Er enthält nichts, was den Zuhörern im Sommer 997 in Magdeburg nicht schon bekannt gewesen ist.

130 Vgl. dazu Karpf, Herrscherlegitimation, S. 137 und 207.

131 Gerbert von Aurillac, ep. 33, MGH Epp. DK 2, S. 60 Z. 12. Als *decus imperii* sollte er später auch Otto III. bezeichnen, vgl. Gerberts Elogium Boethii, abgedruckt bei Moehs, Gerbert, S. 348.

132 Gerbert gebraucht den Begriff *Romanum imperium* zudem nicht einmal in feststehender Bedeutung, sondern macht ihn ganz vom gewünschten Effekt beim Adressaten abhängig; so bezeichnet er einmal auch das oströmische Reich als *imperium Romanum*, vgl. Zimmermann, Gerbert, S. 245.

133 Selbst die verstärkende Doppelnennung *Nostrum, nostrum* ist schon aus Gerberts Acta concilii Remensis 28, MGH SS 3, S. 672 Z. 43f. als rhetorische Figur bekannt: *Nostrum, nostrum est hoc peccatum...*

134 Adso war unter den Zuhörern des Disputs zwischen Gerbert und Ohtrich 980 in Ravenna, vgl. K. Uhlirz, Jahrbücher, S. 139; vgl. weiterhin Gerberts epp. 8 und 81, MGH Epp. DK 2, S. 30f. und 110. Vgl. auch Erdmann, Reich, S. 430; die dort S. 431ff. entwickelte Ansicht, daß Gerbert jedoch eine von Adso abweichende »Lehre« entwickelt habe, berücksichtigt nicht die rhetorische Situationsgebundenheit der Antichristvorwürfe in Gerberts Konzilsakten. Fried, Endzeiterwartung, sieht S. 424ff. diesen Teil der Rede als Zeichen für die Verbreitung endzeitlicher Erwartungen vor der Jahrtausendwende.

6. Zusammenfassung

Faßt man die gegen Schramms Deutung geäußerten Vorbehalte nunmehr zusammen, so sei zunächst betont, daß mit der Kritik an der These vom »Römischen Erneuerungsgedanken« nicht grundsätzlich die gestaltende Kraft großer Ideen in Frage gestellt werden soll; auch handelt es sich keineswegs darum, jegliche substantielle Überzeugung Ottos III. als Richtschnur seiner Politik zugunsten eines reinen Machtpragmatismus in Abrede zu stellen. Jedoch ist große Skepsis gegenüber dem Erklärungswert der These vom »Römischen Erneuerungsgedanken« geboten: Denn Schramm konnte den Einfluß dieser geistesgeschichtlichen Tradition auf die handelnden Personen nur durch eine den weltlichen und geistlichen Aspekt im Romgedanken künstlich trennende und im Einzelfall oft gepreßte Interpretation »nachweisen«. Darüberhinaus überzeugt die einfache Kausalverknüpfung dieser Interpretation mit den historischen Ereignissen in zentralen Punkten nicht. Zwar war Schramms Buch ein Durchbruch im bis damals gültigen Verständnis Ottos III. Die Fixierung auf den »Römischen Erneuerungsgedanken« hatte aber auch zur Folge, daß Schramm die Frage, welche Rolle die Situation des Papsttums in Rom für die Rompolitik Ottos III. gespielt haben könnte, nur oberflächlich behandelt hat; zwar wies er mehrfach auf die Vorstellung einer gemeinsamen Herrschaft von Kaiser und Papst hin, bewertete sie aber nur auffallend unentschlossen: Einerseits betrachtete er sie als Funktion von Ottos Ziel der weltlichen Erneuerung Roms[135], andererseits räumte er ein, die Renovatio sei »kirchlich gedacht«[136], eine Feststellung, die in seiner Darstellung Ottos III. jedoch eine nur sehr untergeordnete Rolle spielte[137]. Die Ursache dieser Unschärfe liegt in den zwei Zielen begründet, die Schramm gleichzeitig anpeilte, die sich jedoch gegenseitig verdeckten: Es war zum einen der Versuch, durch die dringend notwendige Korrektur am herkömmlichen Bild Ottos III. in der Historiographie zu einem tieferen Verständnis des Geschehens zu gelangen. Zum anderen war es der von Konrad Burdachs Rienzo-Buch und vom Forschungsinteresse des Warburg-Kreises inspirierte Versuch, im Kontext der Renaissance-Debatte der 20er Jahre das Nachwirken der Antike im Mittelalter, besonders aber ihre Vorbildfunktion für Otto III. aufzuspüren. Dabei hat Schramm häufig nur die schon durch die Latinität der Quellen begründete Kontinuität antiker literarischer Traditionen erfaßt und sie als programmatische Aussage über die weltliche Seite der Politik Ottos III. verstanden, die deshalb an einer vorbildhaften Antike orientiert erscheinen mußte; die Frage, ob der antiken Form aber auch antiker Gehalt entsprach, wurde zugunsten einer einfachen Kontinuitätsannahme jedoch häufig allzu unkritisch bejaht. Nur diese einseitige Interpretation der Quellen

---

135 SCHRAMM, Kaiser 1, S. 102 und 186f.

136 SCHRAMM, Kaiser 1, S. 246; vgl. auch S. 127.

137 Allerdings erkannte SCHRAMM diesen Bereich als noch klärungsbedürftig und bezeichnete es in Kaiser 1, S. 136, als »lockende Aufgabe, der religiösen Entwicklung Ottos nachzugehen«. Diese Richtung schlugen vor allem TER BRAAK und STEGEMANN ein; TER BRAAK wurde wegen seiner Nähe zum augustinischen Schematismus der BERNHEIM-Schule jedoch kaum ernsthaft rezipiert, STEGEMANNS Dissertation von 1950 blieb ungedruckt. Neuerdings findet die religiöse Sphäre in der Politik Ottos III. wieder verstärkt Beachtung, vgl. SANSTERRE, Otton III, und DERS., Le monastère.

konnte den »Römischen Erneuerungsgedanken« zu einer die politische Wirklichkeit bereits unter Otto III. gestaltenden Idee machen.

II. Die Kritik an der Situation des Papsttums in Rom. Zur Vorgeschichte des zweiten Romzugs Ottos III.

Fragt man, was neben dem allgemeinen Ziel der Herrschaftssicherung und -effektivierung im südlichen Reichsteil[138] bei der Entschlußfassung am Kaiserhof eine Rolle gespielt haben könnte, so tritt das Verhältnis zwischen Kaiser und Papst in den Vordergrund. Damit stellt sich gleichzeitig die Frage, ob die Rom- und Renovatiopolitik Ottos III. nicht erst durch die Situation des Papsttums in Rom ausgelöst worden sein könnte. Schon Anfang Oktober 996 hatte der römische Stadtherr Crescentius Papst Gregor V. aus Rom vertrieben[139] und im Februar 997 den Kalabresen Johannes Philagathos als Papst Johannes XVI. auf den Stuhl Petri erhoben[140]. Bevor Otto III. in die römischen Verhältnisse eingriff, gab er der Sicherung der sächsischen Ostgrenze Vorrang und führte im Sommer 997 einen der seit 990 fast regelmäßig stattfindenden Feldzüge gegen die Elbslawen[141].

Das Jahr 997 wird gemeinhin als entscheidend für die Entstehung des Konzepts von der Renovatio imperii angesehen, weil Rom erst ab April 998 eine erkennbar wichtige Stellung in der Politik Ottos III. einnimmt, zwischen erstem und zweitem Romzug also eine politische Grundsatzentscheidung von weitreichender Bedeutung gefallen sein muß[142]. Schramm hielt Gerbert für die treibende Kraft einer Renovatio nach antikem Vorbild, Mathilde Uhlirz schloß einen so dominierenden Einfluß Gerberts kategorisch aus[143], sah die »Idee eines ecclesiastischen Reiches« erst seit März 999 einer Verwirklichung näher gerückt, als mit Gerbert-Silvester II. ein Mann auf den Papstthron kam,

---

138 Dieser Aspekt ist selbstverständlich nicht zu vernachlässigen, kann im Rahmen unserer Fragestellung jedoch ausgeblendet werden, zumal bereits Mathilde UHLIRZ in verschiedenen Arbeiten die Wiederaufrichtung der kaiserlichen Herrschaft im Süden untersucht hat, vgl. zusammenfassend UHLIRZ, Werden, S. 208f. Damit war ein zweifellos zentrales Motiv für den erneuten Italienzug angesprochen, wurde der südliche Reichsteil doch schon seit Otto I. wie ein Gebiet unmittelbarer Königsherrschaft behandelt und ist insoweit der Francia und Saxonia als politischem Zentralraum vergleichbar, vgl. dazu MÜLLER-MERTENS, Reichsstruktur, S. 141, 225ff. und 251; KELLER, Reichsstruktur, insb. S. 126f.
139 Vgl. BU 1210b; BZ 772.
140 Vgl. BZ 784.
141 Vgl. dazu BU 1025b für 990; BU 1035e für 991; BU 1067a für 992; BU 1105a für 993; BU 1143a für 995. UHLIRZ, Jahrbücher, sieht S. 247 den Italienzug zusätzlich verzögert durch die Entwicklung in Ungarn, wo eine heidnische Reaktion die noch nicht gefestigte Herrschaft des Arpaden Stephan bedroht und damit auch wieder die Gefahr der Ungarneinfälle heraufbeschworen habe.
142 Vgl. dazu mit freilich unterschiedlicher Akzentuierung SCHRAMM, Kaiser 1, S. 95-102 und UHLIRZ, Werden, S. 207f.
143 Vgl. UHLIRZ, Jahrbücher, S. 271f.

von dem Otto III. - im Gegensatz zu Gregor V. - »das widerspruchslose Eingehen auf seine politischen Pläne erwarten« konnte[144].

Jedoch ist die Vermutung naheliegend, daß am Hof Ottos III. schon bei der Planung des zweiten Romzugs Überlegungen bezüglich der Situation des Papstes in Rom angestellt worden sein müssen. Über die vorausgegangene Entscheidungsfindung sind wir jedoch nur schlecht unterrichtet und besitzen außer einem Brief Gerberts, der in die Entschlußfassung keinen Einblick gewährt[145], und einer wenig aussagekräftigen Formulierung in einer Urkunde Ottos III.[146] keine direkte Nachricht. Lediglich rückblikkend geben manche Quellen die Reform von Kirche und Papsttum als das Ziel Ottos III. an. Leo von Vercelli feiert in seinen Versus de Ottone et Heinrico die Regierungszeit Ottos III. als glückliche Zeit der Kirche und des Reichs[147]. Laut Thietmar von Merseburg hat sich der Kaiser mit großer Anstrengung darum bemüht, »unsere Kirche zu erneuern«[148]. Den vor 1051 entstandenen Gesta episcoporum Cameracensium zufolge wollte Otto III. die *mores etiam aecclesiasticos, quos avaricia Romanorum pravis conmercationum usibus viciabant, ad normam prioris gratiae reformare*, wobei er gleichzeitig *virtutem Romani imperii ad potentiam veterum regum attollere conabatur*[149]. Auch die Fundatio monasterii Brunswilarensis verbindet die Wiederherstellung von Papsttum, Kirche und Reich miteinander: *Italiam tendit ..., non solum tempestatis illius auctoribus poenas debitas illaturus, verum etiam, firmata Romae, quae diu vacillaverat, sede apostolica, sanctae ecclesiae statum simul et imperium reparaturus*[150]. Man wird dieser Quelle aufgrund ihrer späten Enstehung zwischen 1065 und 1091 und der deshalb möglichen Färbung des Berichts unter dem Eindruck des Investiturstreits keinen allzu großen Wert beimessen dürfen[151]; bemerkenswert bleibt aber immerhin, daß die Tradition des Klosters Brauweiler, das auf eine Gründung des Pfalzgrafen Ezzo und seiner Frau Mathilde, der Schwester Ot-

---

144 UHLIRZ, Jahrbücher, S. 210. Zur Annahme eines Gegensatzes zwischen Otto III. und Gregor V. siehe ausführlich unten, S. 228-232.

145 Gerbert, ep. 219, MGH Epp. DK 2, S. 260; vgl. dazu auch ZIMMERMANN, Gerbert, S. 243.

146 *Inter curas et sollicitudines quas pro nostrorum dispositione ac tranquillitate regnorum instantissime patimur,...* DO.III. 263; die Urkunde wurde am 13. Dezember 997 bereits nach Überquerung der Alpen in Trient ausgestellt.

147 *Ad triumphum ecclesiae coepit Otto crescere/Sumpsit Otto imperium, ut floreret seculum* und *Plangat mundus, plangat Roma, lugeat ecclesia...* Leo von Vercelli, Versus de Ottone et Heinrico, MGH Poet. lat. 5, S. 481, Str. 2 und 6. Vgl. dazu auch BORNSCHEUER, Miseriae regum, S. 169-180.

148 *... nostram renovare studuit aecclesiam conatu mentis summo.* Thietmar von Merseburg, Chronicon IV 53, MGH SS rer. Germ. NS 9, S. 192. Daß sich Thietmars Bemerkung nicht nur auf das Bistum Merseburg bezieht, sondern universaler gemeint ist, wird allgemein angenommen, vgl. TER BRAAK, Otto III., S. 523; BRACKMANN, Anfänge, S. 179 Anm. 108; SCHULZE, Otto III., S. 47 und 131; UHLIRZ, Jahrbücher, S. 398.

149 Gesta episcoporum Cameracensium I 114, MGH SS 7, S. 451. Daß die Wendung *reges veteres* heidnische Herrscher bezeichnet und diese Äußerung daher neben die Kritik Bruns von Querfurt an der Erneuerung des längst untergegangenen Glanzes des heidnischen Roms zu stellen wäre, ist nicht eindeutig.

150 Fundatio monasterii Brunswilarensis, MGH SS 14, S. 130.

151 Zur Entstehungszeit vgl. WATTENBACH-HOLTZMANN, Geschichtsquellen 2, S. 645.

tos III. zurückgeht[152], die Verpflichtung des Kaisers für den Stuhl Petri so deutlich betont[153]. Ähnliche Aussagen finden sich auch noch in der Ende des 11. Jahrhunderts geschriebenen Chronik Sigeberts von Gembloux[154] und der zwischen 1237 und 1251 entstandenen Sächsischen Weltchronik[155].

So übereinstimmend die zitierten Quellen eine Reform der Kirche als Ziel Ottos III. beschreiben, so ungenau bleibt das von ihnen gezeichnete Bild: Es fehlt jede genauere Aussage dazu, inwiefern sich ein wiederhergestelltes Papsttum vom vorangegangenen Zustand hätte unterscheiden sollen. Sucht man also vergeblich nach einer Konkretisierung der allgemeinen Aussagen über das Reformvorhaben Ottos III., so ist die Aussagekraft der Quellen in dieser Hinsicht jedoch noch nicht erschöpft; denn die Entscheidungsfindung am Kaiserhof dürfte in hellerem Licht erscheinen, wenn man - was bisher nicht geschah - die Aussagen wichtiger Persönlichkeiten aus dem Umkreis Ottos III. über die Situation des Papsttums untersucht, die auf die Zeit vor den zweiten Italienzug datiert werden können: Aus eventuell kritisierten Mißständen könnten sich Forderungen an und Zielbeschreibungen für den *defensor ecclesiae* ergeben haben, die dann als Orientierungspunkt und Richtschnur für die in Rom schließlich ergriffenen Maßnahmen Ottos III. dienten.

1. Gerbert von Aurillac

Betrachten wir im Rahmen dieser Fragestellung zunächst Gerbert von Aurillac: Er war Otto III. schon im Sommer 996 in Rom begegnet und bereits damals in so engen Kontakt zum Kaiser getreten, daß er in seinem Auftrag mehrere Briefe formulierte, so etwa die Mitteilung an die Kaiserin Adelheid über die römische Krönung ihres Enkels und zwei Schreiben an Gregor V.[156] Die Wege trennten sich jedoch rasch wieder, als Gerbert im Herbst 996 nach Reims zurückkehrte, wo sich seine Stellung nach dem Tod Hugo Capets rasch verschlechterte, weil König Robert der Fromme zunehmend dazu bereit war, Gerbert als Reimser Erzbischof fallen zu lassen, um das durch seine kanonisch bedenkliche Eheschließung mit Bertha von Blois belastete Verhältnis zu Gregor V. zu entspannen[157]. In dieser für ihn nahezu aussichtslosen Situation erreichte Gerbert Ende 996/Anfang 997 der Brief, mit dem ihn der Kaiser als Lehrer in den

---

152 Vgl. dazu GLOCKER, Verwandte, S. 211-215.

153 Die Passage aus der Brauweiler Gründungsgeschichte findet sich dann wörtlich inseriert in zwei dem 13. Jahrhundert entstammenden Handschriften B 1 und C 2 der Kölner Königschronik, vgl. Chronica regia Coloniensis ad a. 1001, MGH SS rer. Germ. 18, S. 32.

154 *(Otto III.) tractans qualiter iura regni et aecclesiae ad antiquum statum reformaret...* Sigebert von Gembloux, Chronographia ad a. 1002, MGH SS 6, S. 354.

155 *(Otto III.) wolde bringen dat rike und den stol to Rome wider an de alden stat.* Sächsische Weltchronik, MGH Deutsche Chroniken 2, S. 166; zur Entstehungszeit ebenda, S. 48.

156 Gerbert von Aurillac, ep. 215, 213 und 216; ferner ep. 214.

157 Vgl. dazu RICHÉ, Gerbert, S. 168-174.

Wissenschaften und Berater in politischen Dingen an seinen Hof bat[158]. Wohl von
Anfang April bis Mitte Juli 997 weilte Gerbert bei Otto III. zunächst in Aachen, dann in
Magdeburg, zog sich daraufhin auf das ihm zuvor geschenkte Gut Sasbach zurück und
fand sich schließlich Anfang November 997 wieder in Aachen ein[159], von wo aus er im
Gefolge des Kaisers am zweiten Romzug teilnahm. Soweit das Datengerüst. Welche Ge-
danken Gerbert in seinen Gesprächen mit Otto III. äußerte, ist - abgesehen von der
Nachricht, daß er vor dem Kaiser in philosophischen Erörterungen Wesen und Anwendung der Vernunft entwickelt hat[160] - unbekannt. Wie wenig Gerberts Prolog des
Libellus de ratione et rationali uti dazu berechtigt, sie als Programm eines antikisch in-
spirierten Renovatio-Planes zu werten, wurde schon oben gezeigt[161]. Auch wird man in
Gerbert nicht bloß den Adepten Ciceros erblicken dürfen, »der mehr als seine Zeitgenossen vom Geist der "Alten" gespürt hatte, und dem die Antike ein Lebenselement geworden war«[162]; sicher war seine Kenntnis der antiken Literatur stupend; gewiß
konnte er den hohen Ansprüchen ciceronianischer Beredsamkeit genügen und damit
nicht nur seinen Schüler Richer von St. Remis beeindrucken[163] - aber dieser Fähigkei-
ten bediente er sich doch im Rahmen und zum Zweck einer geistlichen Karriere, die den
einfachen Mönch niederer Herkunft[164] zum Abt von Bobbio, dann zum Leiter der
Reimser Domschule, zum Erzbischof zuerst von Reims, dann von Ravenna machte und
ihn schließlich als Silvester II. sogar auf den Papstthron führte. Seit kurzem entdeckt die
Forschung nicht mehr nur die antike Bildung des Gelehrten Gerbert, sondern auch die
Frömmigkeit des im cluniazensischen Reformkloster Aurillac aufgewachsenen Mönchs
und den Kirchenreformer Gerbert[165]. Seine Gespräche mit dem Kaiser galten mit Sicherheit nicht nur antiker Philosophie und Literatur, sondern auch den kirchlichen Zu-
ständen der Zeit; die Vermutung, auch die römische Frage müsse zwischen Gerbert und
Otto III. erörtert worden sein, liegt nahe. Schließlich hatte ihn der Kaiser in seinem Ein-
ladungsschreiben doch allgemein auch um *in re publica consilium* gebeten[166]. Welche
Einstellung zum Papsttum könnte Gerbert geäußert, welchen Rat könnte er Otto III.
gegeben haben?

---

158 Gerbert von Aurillac, ep. 186 = DO.III. 241; zur Datierung BU 1216. Zum Einladungsschrei-
ben vgl. auch ZIMMERMANN, Gerbert, S. 238.
159 Vgl. BU 1219a, 1229a, 1230b und 1246b. Zum geschenkten Gut Sasbach vgl. SCHMID,
Sasbach, insb. S. 43-50.
160 Vgl. dazu BU 1229a.
161 Siehe oben, S. 205ff.
162 SCHRAMM, Kaiser 1, S. 97.
163 Vgl. dazu KORTÜM, Richer, S. 15-18 und 69.
164 Vgl. dazu RICHÉ, Gerbert, S. 17-23.
165 Vgl. dazu TOSI, Il governo; LECLERQ, Interpretazione; VASINA, Gerberto; McGUIRE, The Church;
auch RICHÉ, Gerbert, S. 239-242. Dagegen stehen die Darstellungen von Uta LINDGREN, Gerbert,
S. 94, und DIES., Lehre, S. 302, ganz unter bildungsgeschichtlichem Vorzeichen und verweisen bezüglich der politischen Bedeutung Gerberts auf SCHRAMMS Ergebnisse. Auch BEUMANN, Otto III., sieht
Gerbert S. 90f. zu einseitig nur unter dem Gesichtspunkt der Vermittlung antiker Bildung und Wissenschaft.
166 Gerbert von Aurillac, ep. 186 = DO.III. 241; vgl. dazu auch ZIMMERMANN, Gerbert, S. 238.

Zur Beantwortung dieser Frage bedarf es einer Rückblende: Während des Konflikts um das Erzbistum Reims, der durch die Absetzung des Erzbischofs Arnulf und die Erhebung Gerberts im Jahr 991 ausgelöst wurde, im April 998 mit der Ernennung Gerberts zum Erzbischof von Ravenna sein faktisches und mit der Bestätigung der erzbischöflichen Würde Arnulfs durch Gerbert-Silvester II. im April 999 sein juristisches Ende fand[167], setzte sich Gerbert zur Rechtfertigung seiner Position intensiv mit den päpstlichen Rechten auseinander. Die von ihm verfaßten Berichte über die Synoden von St. Basle in Verzy (991), Mouzon (995) und Reims (ebenfalls 995)[168] sind keine »aktenmäßige Erfassung« des Konzilverlaufs, sondern »literarische Darstellung(en) apologetischer Zielsetzung«[169]; so betrachtet man insbesondere die Rede des Bischofs Arnulf von Orléans in Verzy mit ihren antirömischen und antipäpstlichen Invektiven als Gerberts Werk[170]. Seine Ausführungen über das Verhältnis zwischen Konzilsbeschluß und päpstlicher Autorität[171] sind in unserem Zusammenhang weniger wichtig als die Begründung der Angriffe auf das zeitgenössische Papsttum. Den Vorrang des römischen Bischofssitzes vor allen anderen stellte Gerbert grundsätzlich nicht in Frage[172], warf aber 991 auf der Synode in Verzy und nochmals 995 auf der Synode in Reims dem damaligen Amtsinhaber Johannes XV. mangelnde persönliche Eignung für die Anforderungen des hohen Amtes vor: Die Absetzung Arnulfs durch Konzilsbeschluß in St. Basle de Verzy erscheint dadurch gerechtfertigt, daß Hugo Capet nach dem Konzil von Senlis im Juni 990 eine päpstliche Entscheidung in der Angelegenheit Arnulfs von Reims gebeten, aus Rom aber weder einen Legaten noch eine schriftliche Antwort erhalten hatte[173]; Rom hat sein Recht zur Entscheidung durch Schweigen verwirkt[174]. In der Rede Bischof Arnulfs steht das Schweigen Johannes XV. vor dem Hintergrund einer massiven Attacke gegen vorangegangene Verfehlungen der römischen Päpste: Gegen die Laster Johannes XII., die unkanonische Erhebung Leos VIII., die Deposition Benedikts V. und gegen das des Mordes schuldige *horrendum monstrum* Bonifaz VII.[175] Gerade der Pontifikat von Bonifaz VII. war Gerbert schon zuvor

167 Zu den Ereignissen vgl. ZIMMERMANN, Studien 1, S. 141-145; DERS., Abt Leo; KORTÜM, Richer, S. 32-37; RICHÉ, Gerbert, S. 120-178.
168 Acta concilii Remensis ad sanctum Basolum, Acta concilii Mosomensis und Acta concilii Causeiensis, MGH SS 3, S. 658-686, 690-691 und 691-693.
169 KORTÜM, Richer, S. 68.
170 Vgl. dazu KLINKENBERG, Primat, S. 32 (von Gerbert für Arnulf verfaßt); KORTÜM, Richer, S. 69 mit Anm. 59 (Gerberts Konzilbericht als ein Stück Literatur); RICHÉ, Gerbert, S. 131 (»le discours d'Arnoul ... certainement inspiré par Gerbert«); CAROZZI, Gerbert, S. 667 Anm. 21 (»Ce discours ... a été composé par Gerbert«).
171 Vgl. dazu KLINKENBERG, Primat, S. 30-40.
172 *Nos quidem ... Romanam aecclesiam propter beati Petri memoriam semper honorandam decernimus, nec decretis Romanorum pontificum obviare contendimus;* Gerbert von Aurillac, Acta concilii Remensis 28, MGH SS 3, S. 671f. Vgl. dazu auch TER BRAAK, Otto III., S. 519f.; KLINKENBERG, Primat, S. 30.
173 Vgl. dazu BZ 692 und 693.
174 So KLINKENBERG, Primat, S. 32; ZIMMERMANN, Abt Leo, S. 331.
175 Gerbert von Aurillac, Acta concilii Remensis 28, MGH SS 3, S. 672; zu dieser Passage der Rede Bischof Arnulfs vgl. ZIMMERMANN, Abt Leo, S. 334.

als Symbol für den rechtlosen Zustand in ganz Italien erschienen, den er während seiner Abtszeit 984/984 in Bobbio bei seinem Bemühen um Rückerstattung des entfremdeten Klostergutes als besonders unerträglich empfunden hatte[176]. Der Nachfolger Bonifaz VII., Johannes XV., fügt sich mit seinem Schweigen in den unrühmlichen Reigen römischer Päpste ein, die ihr Amt nur unzulänglich ausübten, und Gerbert stellt das Schweigen Johannes XV. mehrfach als ursächlich für die dann in Verzy getroffene Entscheidung dar[177]; achtzehn Monate lang habe man vergeblich auf eine Antwort Roms gewartet; ob man den apostolischen Stuhl etwa wie ein göttliches Orakel anrufen müsse[178]?

Das Schweigen selbst sieht Gerbert durch die Situation in Rom erzwungen: Zwar seien, wenn *scientia* und *meritum vitae* den Papst empfehlen, weder Schweigen noch neuartige Verfügungen des päpstlichen Stuhles zu befürchten; die Päpste der Gegenwart ließen jedoch gerade diese persönliche Idoneität vermissen und seien *Romae tirannide praevalente* ihrem Amt *vel ignorantia vel metu vel cupiditate* entfremdet[179]. Damit erkennt Gerbert in der Abhängigkeit vom römischen Tyrannen die eigentliche Ursache für den ausgebliebenen Entscheid Johannes XV. und macht gleichzeitig die Machtverhältnisse in Rom dafür verantwortlich, daß persönlich unzulängliche Kandidaten das Petrusamt überhaupt übernehmen konnten. Diesen Vorwurf wiederholt er noch pointierter in seiner Rede vor dem Reimser Konzil 995: Die römische Kirche sei von der Tyrannei des Crescentius unterdrückt, die Entscheidungsfähigkeit des Papstes von der materiellen Zufriedenstellung des *membrum diaboli* Crescentius abhängig, der apostolische Stuhl sei unfähig geworden, ein *liberum iuditium* zu fällen[180]. Mit aller

---

176 *Tota Italia Roma michi visa est. Romanorum mores mundus perhorrescit. In quo nunc statu Roma est?* Gerbert von Aurillac, ep. 40, MGH Epp. DK 2, S. 68. Der Passus über die *mores Romanorum* bezieht sich auf das gewaltsame Vorgehen Bonifaz VII. gegen seinen Vorgänger Johannes XIV., vgl. ebenda, Anm. 2.

177 *Consultus est ergo Romanus episcopus ut oportuit, et de huius Arnulfi depositione, et de eius qui domui Dei digne praeesse possit substitutione. Sed cur nihil responderit, quorum interest ipsi viderint;* und *quoniamque Romana aecclesia a nobis consulta, nullam iudicii formam promulgavit.* Gerbert von Aurillac, Acta concilii Remensis 28, MGH SS 3, S. 673 Z. 37ff. und S. 676 Z. 49f. *Interea legatis et literis synodicis Romanus pontifex, ut ecclesiae turbatae subveniat, ammonetur. Sed neque legatis, neque literis consulentibus consulit.* Gerbert von Aurillac, Opera, S. 109. Vgl. dazu auch RICHÉ, Gerbert, S. 156-159.

178 *Sed neque primati romano injuriam illatam, cum per XVIII menses literis et legatis commonitus respondere noluerit ... Sed esto, in non judicatis novum et ex aequitate Petri ponatur judicium, indeque ad sedem apostolicam tanquam ad divinum recurratur oraculum?* Gerbert von Aurillac, Opera, S. 121f. (in WEIGLES Edition ep. 217).

179 *Sed si Romanus episcopus is est, quem scientia et vitae meritum commendet, nec silentium nec nova constitutio metuenda sunt. Quod si vel ignorantia, vel metu, vel cupiditate abalienatur, vel conditio invidiam facit, quod fere sub haec tempora vidimus, Romae tirannide praevalente, tunc multo minus idem silentium et nova constitutio formidanda sunt. Non enim is qui quolibet modo contra leges est, legibus praeiudicare potest.* Gerbert von Aurillac, Acta concilii Remensis 28, MGH SS 3, S. 672 Z. 11-16.

180 *Et iam cum Romam ventum fuerit, non apostolicae sedi liberum licebit proferre iuditium, sed quod auri talentum obtinere poterit apud Crescentium, diaboli membrum. Non ignota loquimur. Regii ac nostri legati Romam profecti epistolas pontifici porrexerunt, et ab eo digne suscepti sunt. Sed, ut credimus, quia Crescentio nulla munuscula obtulerunt, per triduum a palatio seclusi, nullo responso accepto redierunt.*

ihm zu Gebote stehenden rhetorischen Wucht klagt Gerbert vor dem Papstlegaten Abt Leo von SS. Bonifacio e Alessio Crescentius an, durch seine korrupte Tyrannei jede geordnete Rechtsfindung zu hintertreiben; deshalb, so Gerbert, orientiere sich jeder päpstliche Entscheid nicht mehr am Recht, sondern an der eingesetzten Bestechungssumme[181]. Im Jahre 997 dürfte Gerbert vor Otto III. den noch 991 in Verzy entscheidenden Vorwurf, dem Papst fehlte *scientia* und *meritum vitae*[182], kaum erhoben haben: Schließlich war Gregor V. vom Kaiser selbst für das Amt bestimmt worden und, wie Abbo von Fleury berichtet[183], dem Vernehmen nach sowohl durch Wissen wie auch eigene Lebensführung ein für das Petrusamt geeigneter Mann. Es wäre wohl auch eine arge Verkennung seiner Einflußmöglichkeiten gewesen, wenn sich Gerbert dazu verstiegen hätte, seine früheren Vorwürfe auch gegen den kaiserlichen Papst zu erheben, war doch Gerbert ganz und gar auf die kaiserliche Gunst angewiesen[184]. Umso mehr jedoch mußte die Vertreibung Gregors V. aus Rom den zweiten früheren Vorwurf Gerberts bestätigen und berechtigt erscheinen lassen, das Papsttum sei der Tyrannei des Crescentius ausgeliefert. *Romana ecclesia, quae mater et caput omnium ecclesiarum est, per tirranidem oppressa* - was Gerbert im Juli 995 vor der Reimser Synode gesagt hatte[185], war durch den Gang der Dinge erneut dramatisch bestätigt worden. Rom, die *domina omnium gentium*, benötigte nicht nur göttliche, sondern auch menschliche Hilfe[186].

Quod peccatis nostris provenire non dubium est, ut Romana ecclesia, quae mater et caput omnium ecclesiarum est, per tirannidem oppressa, omnia membra debilitentur? Gerbert von Aurillac, Acta concilii Causeiensis, MGH SS 3, S. 691 Z. 34-41. Zur Synode selbst vgl. BU 1139b und BZ 727; RICHÉ, Gerbert, S. 162ff.; WOLTER, Synoden, S. 140f. Zur rätselhaften Bezeichnung *Concilium Causeium* vgl. RICHÉ, S. 269 Anm. 25.

181 *Sed o christiana fides, o religio christiana; quis umquam nocens habebitur, si patriae proditor hodie velud innocens absolvitur? Sileant ammodo leges, iura regum conticescant, si neminem in iudiciis attingere fas est, nisi quem Crescentius tirannus mercede conductus voluerit absolvere vel punire? Patriae proditor ferat praemium, et qui eam liberaverit, propellatur in exilium.* Gerbert von Aurillac, Acta concilii Causeiensis, MGH SS 3, S. 693 Z. 19-24. Vgl. dazu RICHÉ, Gerbert, S. 162ff. Der Papstlegat räumt seinerseits eine Abhängigkeit Johannes XV. von Crescentius ein, siehe dazu unten, S. 217f. Vgl. auch die Cronica pontificum et imperatorum S. Bartholomaei in insula Romani, MGH SS 31, S. 214: *(Johannes XV.) multas persequaciones substinuit a Crescentio.*

182 *Num talibus monstris hominum ignominia plenis, scientia divinarum et humanarum rerum vacuis, innumeros sacerdotes Dei per orbem terrarum, scientia et vitae merito conspicuos, subici decretum est? ... Si enim in quovis ad episcopatum electo, morum gravitas, vitae meritum, divinarum ac humanarum rerum scientia subtiliter investigantur, quid in eo qui omnium episcoporum magister videri appetit, investigandum non est? Cur ergo in summa sede sic infimus constituitur, ut etiam in clero nullum habere locum dignus inveniatur?* Gerbert von Aurillac, Acta concilii Remensis 28, MGH SS 3, S. 672 Z. 38-49.

183 Siehe dazu unten, S. 224f.

184 UHLIRZ, Jahrbücher, S. 272 sieht denn auch allgemein Gerberts Haltung »in erster Linie durch seine unbedingte persönliche Gebundenheit an den Kaiser bestimmt.«

185 Siehe dazu schon oben, S. 214 Anm. 180.

186 *Sed o infelicia tempora, quibus patrocinio tantae frustramur aecclesiae! Ad quam deinceps urbium confugiemus, cum omnium gentium dominam humanis ac divinis destitutam subsidiis videamus?* Gerbert von Aurillac, Acta concilii Remensis 28, MGH SS 3, S. 676 Z. 33ff.

Auch ein würdiger Papst konnte das Petrusamt nicht ordnungsgemäß ausüben, so-lange das Papsttum selbst von den schwankenden römischen Machtverhältnissen ab-hängig war: In dieser Erkenntnis dürfte Gerbert den Kaiser beeinflußt oder bestärkt ha-ben. Gerbert allein wird sie jedoch nicht zuzuschreiben sein, denn sie wurde auch von anderer Seite an den Kaiser herangetragen.

2. Abt Leo von SS. Bonifacio e Alessio

Eine wichtige Person im Reimser Streit ist der Papstlegat Leo. Seit 981 Abt des erst vier Jahre zuvor gegründeten römischen Aventinklosters SS. Bonifacio e Alessio[187], vermittelte er in den Jahren zwischen 991 und 997 mehrfach als Legat zwischen den Positionen des Papstes und des um Gerbert gescharten Teils des französischen Episko-pats, der die Absetzung des Reimser Erzbischofs 991 in Verzy mitgetragen hatte. Zwei-fellos kommt seiner Tätigkeit eine besondere Bedeutung zu, und man wüßte gerne mehr über diesen Mann, dem nicht nur Gerbert und Abbo von Fleury gleichermaßen ihre Wertschätzung ausdrückten, sondern auch Otto III., bei dem Leo mehrfach weilte und von dem er 999 zum Erzbischof von Ravenna erhoben wurde[188]. Wenn unser Bild von Leo nur sehr verschwommen bleibt, so deshalb, weil von seiner Hand nur ein einziger, auf Anfang Juni 993 datierbarer Brief an die beiden französischen Könige Hugo und Robert erhalten[189], jedoch keine ausführlichere Nachricht über sein Leben überliefert ist; seine Tätigkeit als Legat muß großenteils erschlossen werden und ist nur selten in wünschenswerter Klarheit belegt[190].

Trägt man die einzelnen Nachrichten zusammen, so ergibt sich das Bild eines rast-losen Diplomaten in heiklen Missionen: Seine erste Legationsreise führte ihn im Auf-trag Johannes XV. von Mitte Juni 991 bis Juni 992 über die Alpen und im März 992 in Aachen zu einer ersten Begegnung mit dem damals noch nicht selbständig regierenden Otto III. und seiner Großmutter, der Kaiserin Adelheid[191]. Wohl im Februar 993 brach Leo von Rom aus erneut auf, beriet in Anwesenheit Ottos III. am 6. April auf einer Syn-ode in Ingelheim mit dem deutschen Episkopat die Reimser Frage, zog im Gefolge des Königs nach Lothringen und knüpfte von dem zur Reimser Erzdiözese gehörenden

---

187 Zur Klostergeschichte vgl. CARAFFA, Monasticon 1, n. 47. Ausführlicher HAMILTON, The Mona-stery. Die alte Frage, ob das Aventinkloster zur Zeit Ottos III. ein Zentrum der Slawenmission war, verneint mit überzeugenden Gründen SANSTERRE, Le monastère.

188 Abbo schätzte an Leo sowohl dessen vorbildlichen Lebenswandel wie auch dessen Gelehrsamkeit: *Facundiae praerogativa cum vitae merito et sapientiae doctrina mirabiliter intonanti domino L. Sancti Bonifacii charissimorum charissimo abbati...* Abbo von Fleury, ep. 15 ad Leonem abbatem, MPL 139, Sp. 459. Zu Gerberts ep. 196, MGH Epp. DK 2, S. 238f., siehe unten, S. 219f.; zur Erhebung Leos vgl. BU 1321b sowie unten, S. 219.

189 Leo, Epistola ad Hugonem et Rotbertum reges, MGH SS 3, S. 686-690. Zur Datierung vgl. UHLIRZ, Jahrbücher, S. 481f. und zum Brief selbst ZIMMERMANN, Abt Leo.

190 Die Darstellung Leos bei SCHIEFFER, Legaten, S. 37-44 ist seit den Forschungen von Mathilde UHLIRZ in weiten Teilen überholt.

191 Reisedauer erschlossen aus BZ 696 und 706; zur Synode in Aachen vgl. BU 1054c.

Kloster Mouzon aus erfolglose Verhandlungen über den Tagungsort einer Synode an; in Mouzon erhielt Leo auch die von Gerbert verfaßten »Akten« des Konzils von St.Basle de Verzy und bezeichnete sie aufgrund der darin enthaltenen schweren Angriffe auf das Papsttum als *liber apostaticus*. Noch in Mouzon verfaßte er das erwähnte Schreiben an die französischen Könige und kehrte wohl Mitte 993 nach Rom zurück[192]. Seine dritte Reise trat Abt Leo Anfang 995 an; sie führte ihn zunächst wiederum an den Hof Ottos III. nach Aachen, wo er auf der Ostersynode den deutschen König und den Episkopat für die päpstliche Position im Reimser Streit zu gewinnen versuchte. Die erste Begegnung Leos mit Gerbert fand dann auf der Synode von Mouzon am 2. Juni 995 statt, wo Gerbert ebenso wie auf der darauffolgenden Synode am 1. Juli in Reims durch geschickte Verteidigung eine für ihn nachteilige Entscheidung abwenden konnte[193]. Wann Leo wieder nach Rom zurückkehrte, ist unklar. Es wurde vermutet, daß er erst mit dem Krönungszug Ottos III. im Mai 996 nach Rom kam[194]; seine Spur findet sich jedenfalls erst dann wieder, als er von Otto III. am 31. Mai, nur einige Tage nach der Kaiserkrönung, in Rom reich belohnt wurde: Leos Aventinkloster erhielt eine umfangreiche Besitzbestätigung, den Krönungsmantel des Kaisers als Geschenk sowie auf Intervention Ottos III. von Gregor V. Einkünfte an der Porta S. Paolo[195]. Mathilde Uhlirz hat zwischen diesen Schenkungen und dem sowohl Kaiser wie auch Papst offensichtlich zufriedenstellenden Legatendienst Leos sicher zurecht eine Verbindung hergestellt[196], und in der Tat sprechen die kaiserlichen Gunstbeweise gegen die Annahme eines tiefgreifenden Gegensatzes zwischen dem Abt und Otto III., wie er sich etwa aus einer Parteinahme des Kaisers für den zunehmend unter Druck geratenen Gerbert hätte ergeben können. Auch für die vierte und letzte Legationsreise Leos, die ihn Anfang Februar 997 von Pavia aus zum Kaiser nach Aachen, dann Mitte April nach Reims zur Wiedereinsetzung Erzbischof Arnulfs, im September zu Gerbert und im Oktober wieder nach Aachen zu Otto III. führte[197], fehlt jeder Anhaltspunkt für ein etwa belastetes Verhältnis des Papstlegaten zum Kaiser.

Leos Meinung über die Situation des Papsttums in Rom deckte sich in einem zentralen Punkt mit Gerberts Ansicht. Leo hatte seine Kritik an der Abhängigkeit des Papstes von Crescentius in seinem Brief vom Juni 993 mit den Begriffen *tribulatio* und *oppressio* deutlich formuliert und das lange Schweigen Johannes XV. in der Reimser

---

192 Reisedauer erschlossen aus BZ 713 und 718; zu den erwähnten Ereignissen vgl. BU 1085b, 1088b und 1094a. Das Zitat aus Leos Brief, MGH SS 3, S. 686 Z. 41.

193 Zum Reiseantritt vgl. BU 1133a und BZ 727; zu den erwähnten Ereignissen BU 1135b, 1138f und 1139b. HAMILTON, The Monastery, S. 292, und MOSTERT, Political Theology, S. 46, nehmen irrig an, Leo sei schon 991 auf der Synode von Verzy als Papstlegat anwesend gewesen. Dies ist jedoch ausgeschlossen, weil Leo erst später von den Ereignissen in Verzy erfuhr, vgl. BZ 696

194 So SCHIEFFER, Legaten, S. 42.

195 Vgl. dazu BU 1185 und BZ 760; ETIENNE, Espace urbain, S. 103 mit Anm. 20.

196 UHLIRZ, Jahrbücher, S. 206 und BU 1185. ZIMMERMANN vermutet, daß schon die Befreiung des Aventinklosters von bestimmten Abgaben durch Johannes XV. Anfang 995 in Zusammenhang mit Leos Legationsreise erfolgte, vgl. BZ 726.

197 Zum Reiseantritt vgl. BU 1217 und BZ 786; zu den erwähnten Ereignissen BU 1218e, 1219, 1226b und 1240.

Frage sowie seine eigene verspätete Legation als Konsequenz der Bevormundung durch den römischen Stadtherrn dargestellt[198]. Damit hatte er kein zweitrangiges Problem angesprochen, denn schließlich sah Gerbert im Schweigen Roms den Auslöser für die dann strittige Absetzung Arnulfs: Erst die vergebliche Bitte um eine päpstliche Entscheidung hatte den Synodalbeschluß zur Deposition Arnulfs herausgefordert. Diesen Aspekt hob Gerbert in seiner Rede vor Leo auf der Reimser Synode 995 ja auch nochmals besonders hervor[199] und bediente sich damit eines Arguments, dessen Richtigkeit Leo auch in seinem Brief an die französischen Könige 993 hatte einräumen müssen. Leo hatte darin zwar mehrfach die Heilsbedeutung der römischen Kirche für die ganze Christenheit und ihren von Gott verliehenen Vorrang vor allen anderen Kirchen betont[200]; daß sein Brief dennoch nur eine »keineswegs ganz geglückte Apologie Roms und des Papsttums« war[201], erklärt sich nicht zuletzt aus Leos Dilemma, ein unter den obwaltenden Umständen nur eingeschränkt entscheidungsfähiges Papsttum gegen die Folgen einer ausgebliebenen Entscheidung verteidigen zu müssen: Johannes XV. hatte eben nicht wie und wann er wollte Antwort geben können - *quia in tanta tribulatione et oppressione a Crescentio ... positus fuit*[202]. Die Auslieferung des Papstes an den bestimmenden Einfluß des römischen Stadtherrn erscheint also auch bei Leo als Gefährdung des Papstamtes; damit räumt er freilich ein, daß das lange Ausbleiben der päpstlichen Antwort die Hauptursache für die Entscheidung in Verzy war und gibt in diesem Punkt Gerbert implizit recht, ohne jedoch die von Gerbert in diesem Fall verfochtene Überordnung der Synodalentscheidung gegenüber einem päpstlichen Entscheid anzuerkennen. Die Vertreibung Gregors V. aus Rom hatte die Leo schon vertraute Machtlosigkeit des Papsttums gegenüber dem römischen Stadtherrn erneut verdeutlicht. Ob Leo Anfang 997 von Gregor V. beauftragt worden war, Otto III. um Hilfe zu bitten[203], ist unbekannt. Fragt man freilich, in welchem Ziel der Papstlegat Otto III. vor seinem Romzug unterstützt haben könnte, so liegt die Antwort klar zutage: Nach allem, was wir über Leo wissen, dürfte er dem Kaiser die Sicherung des Papsttums gegen die bestimmende Einflußnahme des römischen Stadtherrn nahegelegt haben.

Eine solche Position Leos mußte umso mehr Gehör finden, je mehr Vertrauen der Papstlegat am Kaiserhof genoß; und tatsächlich scheint der römische Abt das besondere Vertrauen des Kaisers genossen zu haben. Von keinem anderen hochrangigen Gesandten war man am Hof Ottos III. zwischen 991 und 997 so regelmäßig über die Situation in Rom informiert worden, und die Übertragung der Abtei von Nonantola an

---

198 *Notum est omnibus, quia in tanta tribulatione et oppressione a Crescentio ... nunc positus fuit (Johannes XV.), ut quando voluit et qualiter voluit, nec vobis nec aliis responsum dare potuit; sed tamen citius quam potuit, nos ad investigandam et inquirendam vestram causam direxit.* Leo, epistola, MGH SS 3, S. 689 Z. 42-45.

199 Siehe dazu schon oben, S. 213.

200 Vgl. dazu ZIMMERMANN, Abt Leo, S. 331.

201 ZIMMERMANN, Abt Leo, S. 327.

202 Zum Brieftext siehe schon oben Anm. 198.

203 So UHLIRZ, Jahrbücher, S. 247; BU 1218e.

Leo durch Otto III. im März 997[204] zeigt deutlich, daß der Römer beim Kaiser in hohem Ansehen stand. Diese Wertschätzung steigerte sich noch nach dem zweiten Romzug: Höchstwahrscheinlich ist Leo mit jenem *Leo archidiaconus sacri imperii palatii* identisch, der im März und April 998 bei Verhandlungen des Hofgerichts in Rom nachweisbar ist und als Missus des Kaisers fungiert hat[205]. Ferner wird angenommen, daß der wohl im Mai 999 erhobene Erzbischof Leo von Ravenna ebenfalls mit Abt Leo vom Aventinkloster zu identifizieren ist[206]. Damit erhielt Leo, der ursprünglich als päpstlicher Legat noch gegen den Reimser Erzbischof Gerbert angetreten war, als Nachfolger des nunmehr zum Papst erhobenen Gerbert dessen Erzdiözese Ravenna, die wichtigste im ganzen südlichen Reichsteil[207]. Kein Zweifel, daß Otto III. Gerberts Nachfolger wenigstens ebenso stark vertraut haben dürfte wie Gerbert selbst[208]. Zusammen mit Gerbert-Silvester II., Bischof Leo von Vercelli, Erzbischof Heribert von Köln und Markgraf Hugo von Tuszien nahm Erzbischof Leo dann auch an der oft erörterten Beratung *pro restituenda re publica* Mitte September 999 in der Umgebung Roms teil[209]. Das überrascht zunächst deshalb, weil Leo doch wenige Jahre zuvor im päpstlichen Auftrag Gerbert zur Resignation auf sein Reimser Amt gedrängt und die Restitution Arnulfs betrieben hatte; im Herbst 999 erscheint er dann aber mit Gerbert-Silvester II. im Kreis der wichtigsten und engsten Berater Ottos III.

Diese Tatsache legt die Frage nach dem Verhältnis zwischen Leo und Gerbert in den Jahren zuvor nahe. Waren sie in der Tat so gründlich miteinander verfeindet, wie es der scharfe Ton von Leos Brief an die Kapetingerkönige aus dem Jahr 993 zunächst einmal vermuten läßt? Mit Recht wurde festgestellt, daß schon die 995 in Gerberts Reimser Rede enthaltenen Angriffe auf das Papsttum bedeutend schwächer ausfielen als noch 991 in Verzy[210]. Gerbert mußte schon seit Herbst 994 seine Position in Reims zunehmend als unhaltbar einschätzen lernen[211]; wie sich unter diesen Umständen das Verhältnis zu Leo entwickelte, ist mangels Quellen nicht genau rekonstruierbar, jedoch läßt Gerberts Ende 995 an den Papstlegaten Leo geschriebener Brief erkennen, daß zwischen ihnen über das weiterhin einzuschlagende Verfahren irgendeine Art von Übereinkunft erzielt worden sein muß. Diese Möglichkeit hatte man bisher deshalb nicht bedacht, weil Gerberts Brief - ganz im Banne der vermeintlich gegensätzlichen Positionen zwischen Leo und Gerbert - stets als Zeichen einer unter übertriebener Höflichkeit verborgenen Feindschaft abgetan worden ist[212]. Jedoch spricht schon der erste

---

204 Vgl. dazu BU 1219.

205 Vgl. BU 1321b.

206 Vgl. z. B. BU 1321b; Registereinträge bei BZ, S. 581 und bei BEUMANN, Ottonen, S. 194; RICHÉ, Gerbert, S. 214.

207 Die strategische Bedeutung Ravennas für die Beherrschung des südlichen Reichsteils betont insbesondere UHLIRZ, Restitution; zu Ravenna siehe auch unten, S. 229ff.

208 So auch UHLIRZ, Jahrbücher, S. 296.

209 Vgl. dazu BU 1325b und BZ 883.

210 SCHIEFFER, Legaten, S. 42.

211 Vgl. dazu UHLIRZ, Jahrbücher, S. 483ff.; KORTÜM, Richer, S. 35.

212 Zwar vermutete schon SCHLOCKWERDER, Untersuchungen, S. 43, es sei Gerbert gelungen, Leo für sich zu gewinnen. Dieser Gedanke wurde jedoch nicht wieder aufgenommen oder weitergeführt; statt-

Satz *Sciens magnam benivolentiam vestram erga me tanti viri amicitia felicem me iudico*[213] nicht unbedingt für bloß rhetorische Freundlichkeit; schließlich ist bekannt, daß Gerbert der *amicitia* als Ausdruck der persönlichen Freundschaft und geistigen Verbundenheit damaliger Gelehrter hohen Wert zumaß[214], daß der Begriff aber auch Gerberts Absicht, zur Sicherung der eigenen Karriere ein Geflecht persönlicher und politischer Beziehungen zu knüpfen, illustriert[215]. Unabhängig davon, welche persönliche Dimension die *amicitia* Gerberts zu Leo nun hatte, ist es doch sehr wohl möglich, daß der Brief nicht nur inhaltsleere Schmeichelei enthält, sondern Gerberts Erleichterung über eine Annäherung an den zunächst als Gegner betrachteten Papstlegaten ausdrückt.

Diese Möglichkeit verdichtet sich bei weiterer Lektüre des Briefes zur Sicherheit: Mit den Worten *nostra servitus minus vobis obsecundata est quam oportuerit* räumt Gerbert vorsichtig einen Ungehorsam ein, der freilich nicht bösem Willen zuzuschreiben sei, sondern der obwaltenden *necessitas*[216]. Worauf Gerbert anspielt, geht aus dem erhaltenen Brief zwar nicht direkt hervor, jedoch kann diese Wendung mit guten Gründen auf sein Beharren auf der Rechtmäßigkeit seiner Wahl zum Erzbischof bezogen werden: Dieser Akt war für den Papstlegaten ein Akt des Ungehorsams gegenüber dem von ihm vertretenen römischen Primatsanspruch, er erschien Gerbert jedoch durch die Notwendigkeit, trotz der ausgebliebenen päpstlichen Entscheidung den Fall von Arnulfs Deposition lösen zu müssen, als gerechtfertigt - *necessitate cogente*. Ein solches Verständnis der Briefstelle wird gedeckt durch eine fast gleichlautende Formulierung Gerberts in den »Konzilsakten« von Mouzon, wonach seine Wahl, sofern sie von den *canones* abweichen sollte, nicht durch *malicia*, sondern durch die *necessitas temporis* verursacht worden sei[217]. Auf dieser Basis können die beiden vormaligen Antipoden denn auch zu einer Verständigung gekommen sein, zumal beide in der negativen Bewertung der Situation des vom römischen Stadtherrn abhängigen Papsttums übereinstimmten. Inmitten seiner von allen Seiten bedrängten Position ist es ausgerechnet der Papstlegat - der ja an der Verschärfung des Konflikts entscheidenden Anteil hatte -, dem Gerbert nun, wie er schreibt, seine *secreta pectoris* anvertrauen kann, dem er

---

dessen übernahm PIVEC, Briefsammlung, S. 59 nur SCHLOCKWERDERS Charakteristik von Gerberts Freundlichkeiten als in »kriechendste(r) Sprache« verfaßt. Wie UHLIRZ, Untersuchungen, S. 176 (»Brief voll übertriebener Höflichkeit«) geht auch PRATT LATTIN, The Letters, S. 233 (»bitter, sarcastic tone«) davon aus, daß der Ton des Briefes nicht Gerberts tatsächlichem Verhältnis zu Leo entsprach. Vorsichtiger dagegen RICHÉ, Gerbert, S. 147.

213 Gerbert von Aurillac, ep. 196, MGH Epp. DK 2, S. 238 Z. 8f.

214 Vgl. dazu KORTÜM, Richer, S. 16.

215 Vgl. dazu ausführlicher FELD, Politik, insb. S. 703 und 722-728. Ferner McGUIRE, The Church, S. 37-46.

216 *Enimvero quia nostra servitus minus vobis obsecundata est, quam oportuerit, non malivolentiae asscribendum est sed necessitati.* Gerbert von Aurillac, ep. 196, MGH Epp. DK 2, S. 238 Z. 9-10.

217 *Quod si forte a sacris legibus quippiam deviatum est, non id malicia, sed temporis importavit necessitas.* Gerbert von Aurillac, Acta concilii Mosonensis, MGH SS 3, S. 690 mit S. 656 Z. 22f. Auch in ep. 217 stellt Gerbert die ausgebliebene päpstliche Antwort als Ursache der Entscheidung von Verzy dar, siehe dazu schon oben, S. 214 Anm. 178.

einen rätselhaften Brief *sub triplicatae crucis signo* geschickt hatte und bei dem er sich für das Ausbleiben weiterer Briefe entschuldigt[218]; sich und seine Sache stellt Gerbert *sub vestra dispositione*, und zwar so, daß jedes Vorgehen gegen ihn selbst gleichzeitig eine *iniuria* vor dem *domno Leoni pontifici* wäre[219]. Alles weitere scheint damit in die Hände des Legaten gelegt zu sein[220]. Schließlich spricht auch der Abt Leo aufgetragene Gruß an einen *domnum Amicum episcopum*[221] nicht für eine formelle Korrespondenz zwischen politischen Gegnern, sondern für die persönliche Vertrautheit zwischen Schreiber und Adressat. In der Ursachenanalyse des Reimser Streits waren sich Gerbert und Leo insoweit einig, als beide die Abhängigkeit des Papstes von Crescentius als Grund für die ausgebliebene Entscheidung Johannes XV. betrachteten. Auf dieser gemeinsamen Basis konnte dann auch nach einer einvernehmlichen Lösung gesucht werden, als klar geworden war, daß Gerbert den Vorrang einer päpstlichen Entscheidung nicht grundsätzlich bestritt und die Entscheidung von Verzy vor allem durch die aktuelle Lage in Rom herausgefordert sah. Konnte das Reimser Problem so gelöst werden, daß die Beteiligten ihr Gesicht wahren konnten?

Überblickt man die weitere Entwicklung des Streitfalls, so zeichnet sich wenigstens in Umrissen eine Antwort ab. Die Berechtigung von Gerberts Vorwürfen gegen den unter Crescentius seiner Entscheidungsfreiheit beraubten Papst Johannes XV. konnte Gregor V. kaum abstreiten; andererseits stand außer Frage, daß Gregor V. auf den Vorrang einer päpstlichen Entscheidung gegenüber dem Konzilsbeschluß von Verzy beharren mußte - wie ja auch Gerbert, erst einmal Papst geworden, 999 den von ihm selbst acht Jahre zuvor unterstützten Beschluß wieder aufhob[222]. Gregors V. Ziel war daher, die Entschlüsse von Verzy rückgängig zu machen. Erzbischof Arnulf wurde restituiert[223], jedoch hielt sich Gregor V. die Möglichkeit offen, ein tatsächliches Fehlverhal-

---

218 *Inter varios quippe tumultus, quibus assidue quatimur, vix aliquis idoneus repperitur, cui tuto secreta pectoris referentur, ita sibi virtutis arcem dolus et fraus, simulatio et dissimulatio vicissim occupaverunt. Hinc est, quod, postquam a me disgressi estis, nulla litterarum mutua perfunctione usi sumus nisi ea, quam vobis sub triplicatae crucis signo direximus.* Gerbert von Aurillac, ep. 196, MGH Epp. DK 2, S. 238 Z. 11-15; UHLIRZ, Untersuchungen, vermutet S. 176 Anm. 82 »einen Geheimbrief«.

219 *Itaque nos et nostra sub vestra dispositione ita constituimus, ut, qui forte nos leserit, domno Leoni pontifici iniuriam inrogasse visus sit.* Gerbert von Aurillac, ep. 196, MGH Epp. DK 2, S. 238 Z. 15-17. Die Bezeichnung Leos als *pontifex* kann - abgesehen von dem breiten Bedeutungsspektrum des Wortes als Papst, Bischof und Priester in Gerberts Briefen, vgl. dazu ebenda, S. 238 Anm. 4 - auch eine Anspielung auf Leos päpstlichen Auftrag sein.

220 *Nec erit deinceps nostri iuris, quid, quantum, quibus et quando placitura parentur, sed domno Leoni diligens aderit obsequium ministri.* Gerbert von Aurillac, ep. 196, MGH Epp. DK 2, S. 238 Z. 17-19.

221 *Saluto domnum Amicum episcopum per omnia reverendum, multum de eius sapientia et eloquentia praesumens et singulari morum probitate, ac per hoc obsequio eius me obnoxium reddens.* Gerbert von Aurillac, ep. 196, MGH Epp. DK 2, S. 238f., Z. 19-3. Wahrscheinlich ist Bischof Dominicus von Sabina gemeint, vgl. BZ 696 und WOLTER, Synoden, S. 132 Anm. 163.

222 Vgl. BZ 867; *...quia tua abdicatio Romano assensu caruit.* ZIMMERMANN, Papsturkunden 2, n. 366, S. 714.

223 Vgl. BZ 776, 786, 795 und 796.

ten Arnulfs gegenüber dem französischen König verurteilen zu können[224]. Was Gerbert
betrifft, so war seine erzbischöfliche Gewalt mit dem gegen ihn noch von Johannes XV.
verhängten Interdikt aufgehoben[225]. Jedoch wurde Gerbert dann auf der von Gregor V.
und Otto III. geleiteten römischen Krönungssynode im Mai 996 nicht verurteilt, weil
keine (!) Anklage gegen ihn erhoben worden war; stattdessen wurde die Angelegenheit
auf ein späteres römisches Konzil vertagt[226]. 997 wurde Gerbert durch seine Berufung
an den Hof Ottos III. und die Schenkung des Gutes Sasbach aus seiner bedrohlichen
Reimser Lage vorläufig befreit; auch in dieser Zeit stand Leo mit Gerbert in Verbindung. Die dunkle Andeutung in einem auf September 995 zu datierenden Brief Gerberts, daß Leo *alia inventa magnis ingeniis* dem Kaiser überbringe, die *magnis consi-
liis* ausgeführt werden sollten, erweckt ebenso wie die Bezeichnung des Papstlegaten als
noster Leo den Eindruck, daß eine gemeinsame Strategie verfolgt wurde[227]. Theoretisch bestand noch immer die Möglichkeit von Gerberts Wiedereinsetzung in Reims,
vorausgesetzt, Arnulf könnte die ursprünglich vorgeworfene Untreue zu seinem königlichen Lehnsherrn nachgewiesen werden. Möglicherweise hätte genau das auf der in
Aussicht genommenen zweiten römischen Synode erfolgen sollen, auf die Gerbert denn
auch seine letzten Hoffnungen setzte[228]. Jedoch war auf der Seite des Kapetingers Robert, des potentiellen Anklägers, das Interesse an einer solchen Ahndung geschwunden,
weil er durch die Restitution Arnulfs die päpstliche Zustimmung zu seiner unkanonischen Eheschließung erhalten zu können hoffte[229]. Standen die Zeichen für Gerbert
also nicht günstig, so setzte in dieser Situation seine im April 998 möglich gewordene
Erhebung auf den Erzstuhl von Ravenna dem Reimser Streit ein Ende; diese Lösung
vermied es gleichzeitig, einen der Beteiligten zu desavouieren. Ein Zusammenwirken
zwischen Otto III. und Gregor V. bei diesem Interessenausgleich ist wahrscheinlich,
und die Anrede Gerberts als *noster spiritualis filius* signalisiert eine Annäherung zwischen dem Papst und ihm[230]. Am Zustandekommen dieser letztlich durch Aufschub
erreichten Lösung könnte Abt Leo maßgeblich beteiligt gewesen sein, und seine besondere Wertschätzung durch Otto III. könnte nicht zuletzt durch den Erfolg seiner Bemühungen um Gerbert erklärt werden.

---

224 Vgl. BZ 803.
225 Vgl. UHLIRZ, Jahrbücher, S. 485f.; BU 1133a und BZ 727.
226 Vgl. BZ 756.
227 Vgl. dazu Gerbert von Aurillac, ep. 183, MGH Epp. DK 2, S. 216 Z. 12 und S. 217 Z. 1-2.
Zur Datierung BU 1235b. Mit *noster Leo* könnte grundsätzlich auch Leo, der Hofkapellan und spätere
Bischof von Vercelli, gemeint sein, vgl. dazu die Erwägungen bei UHLIRZ, Untersuchungen, S, 161; berücksichtigt man jedoch, daß über die Tätigkeit des Hofkapellans vor seiner Bischofserhebung außer
der Teilnahme am zweiten Romzug Ottos III. absolut nichts bekannt ist (vgl. BU 1250a, 1250b (?),
1259a, 1279d, 1285 (?), 1291 und 1319d), erscheint die Identifikation mit dem römischen Abt Leo
plausibler, so schließlich auch UHLIRZ selbst in BU 1235b. Für die bei PRATT LATTIN, The Letters,
S. 291 Anm. 4 behauptete Reise Leos von Italien aus zum Kaiser fehlt jedes Indiz.
228 Vgl. dazu Gerbert von Aurillac, ep. 181, MGH Epp. DK 2, S. 213 mit Anm. 5 und S. 214 mit
Anm. 12.
229 Vgl. dazu Gerbert von Aurillac, ep. 181, MGH Epp. DK 2, S. 211 Z. 6-10; BZ 776; KORTÜM,
Richer, S. 36.
230 ZIMMERMANN, Papsturkunden 2, n. 354, S. 691; vgl. dazu BZ 830.

Um nun wieder auf den Zeitraum vor dem Aufbruch zum zweiten Romzug im Dezember 997 zurückzulenken: Daß Gerbert, Abt Leo und Otto III. während des gemeinsamen Aufenthaltes von Leo und Gerbert Ende März/Anfang April und im Oktober/November 997 beim Kaiser[231] wahrscheinlich in ihrer Einschätzung der Situation des Papsttums in Rom übereinstimmten, liegt in der Konsequenz der geschilderten Ereignisse und Problemfelder. Jahre später konnte sich Leo in seiner Gerbert gegenüber seit 993 vertretenen Position sogar bestätigt fühlen: Denn als Gerbert im April 999, numehr Papst geworden, einräumte, daß der in Verzy vollzogenen Deposition Arnulfs die erforderliche Zustimmung Roms gefehlt habe, gab er die anfangs leidenschaftlich verfochtene Position vom Vorrang des Konzilbeschlusses auf[232]. Als Gerbert-Silvester II. so entschied, befand er sich auch nicht - wie der von ihm attackierte Johannes XV. - in Abhängigkeit vom römischen Adel, sondern hatte soeben den Stuhl Petri unter dem Schutz Ottos III. bestiegen, der in Rom weilte. Auch wird der neue Papst davon überzeugt gewesen sein, die von ihm noch 991 in Verzy eingeforderte Voraussetzung von *scientia* und *meritum vitae* erbringen zu können. In der gewandelten Situation von 999 wurden die ursprünglich gegen das Papsttum erhobenen Vorwürfe gegenstandslos, da ihre Ursachen - jedenfalls vorerst - als beseitigt gelten konnten.

3. Abt Abbo von Fleury

Der 988 zum Abt des cluniazensischen Reformklosters Fleury erhobene Abbo war ein Gerbert von Aurillac nahezu ebenbürtiger Gelehrter[233]. Das Verhältnis zwischen beiden war allerdings nicht nur von einer Art akademischer Rivalität überschattet, sondern vor allem von ihrer unterschiedlichen Parteinahme im Reimser Streit beeinträchtigt[234]. Abbo war schon kurz nach seinem Amtsantritt mit seinem Diözesanbischof Arnulf von Orléans in der Frage der Rechtsstellung Fleurys in Konflikt geraten und wandte sich 991 auf dem Konzil von Verzy als Anwalt der französischen Reformklöster gegen Arnulf und Gerbert als die führenden Vertreter des französischen Episkopats, der sowohl die Herrschaft über die Klöster als auch die faktische Unabhängigkeit von Rom

---

231 Zur zeitlichen Nähe der jeweiligen Aufenthalte vgl. BU 1218e und 1219a sowie BU 1240 und 1246b.

232 *Quapropter tibi, Arnulfo, Remensi archiepiscopo, quibusdam excessibus pontificali honore privato, subvenire dignum duximus, ut, quia tua abdicatio Romano assensu caruit, Romanae pietatis munere credaris posse reparari.* ZIMMERMANN, Papsturkunden 2, n. 366, S. 714. Vgl. dazu auch KLINKENBERG, Primat, S. 32.

233 Zu Abbo von Fleury vgl. die allerdings häufig apologetische Arbeit von COUSIN, Abbon, sowie jetzt MOSTERT, Political Theology, mit Schwergewicht auf der Untersuchung von Abbos politisch-theologischer Vorstellungswelt. Nützlich ist noch immer der Überblick bei SACKUR, Cluniazenser 1, S. 270-299; ebenso WERNER, Vorbilder, S. 88-93. Zu Abbos wissenschaftlichen Werken vgl. VYVER, Les oeuvres.

234 MOSTERT, Political Theology, S. 32; zur Biographie der beiden Antipoden Gerbert und Abbo vgl. RICHÉ, Nouvelles vies, insb. S. 425 zu Abbos kaum ernstzunehmender Bezeichnung Gerberts als *amicus* in ep. 1, MPL 139, Sp. 420.

in der Entscheidung der Reimser Frage beanspruchte. Demgegenüber war Abbo ein entschiedener Verteidiger des römischen Primats und hatte auch die von Gerbert und Arnulf erhobene Forderung nach persönlicher Idoneität des Papstes nicht geteilt. Abbos Position lag schon deshalb im Interesse der Reformpartei, weil sie zur Privilegierung klösterlicher Rechte und zur Abwehr der Einflußnahme des Diözesanbischofs auf päpstliche Unterstützung angewiesen war; die Verteidigung des päpstlichen Primats wurde in Verzy vollends zu einem kirchenpolitischen Grundsatzkonflikt[235].

Daß das Papsttum jedoch keineswegs selbstverständlich die Funktion erfüllen konnte, die ihm Abbo zudachte, sondern seinerseits den konkreten politischen Bedingungen in Rom unterworfen war, mußte er auf seiner Romreise im Sommer 994 erfahren: Möglicherweise sollte Abbo als Legat der französischen Könige Johannes XV. über die Reimser Angelegenheit informieren, sicher jedoch wollte er sich vom Papst die Privilegien Fleurys bestätigen lassen, was indessen an römischer Bestechlichkeit scheiterte[236]. In seiner Vita Abbonis schreibt Aimoin von Fleury, der Abt habe den Papst als *turpis lucri cupidum atque in omnibus suis actibus venalem* vorgefunden[237], und auch Abbo selbst fand noch im Juni 996 in einem Brief an den Papstlegaten Leo, der ihm spätestens seit den Konzilen im Sommer 995 bekannt war, deutliche Worte über den vor Gregor V. unwürdig besetzten Papstthron[238].

Diese Situation hatte sich jedoch im Mai 996 geändert, als Abbo von der Einsetzung Gregors V. erfuhr, über die er sich nach eigenen Worten mehr als über Gold und Edelsteine gefreut habe, weil er diesen Mann für seines Amtes würdig hielt[239]. Ihm traute Abbo nach den Worten seines Biographen Aimoin auch eine Erneuerung der *norma religionis* zu[240]. Daraufhin unternahm Abbo eine zweite Reise nach Rom, wo Crescentius den Papst jedoch schon vertrieben hatte, so daß der Abt Gregor V. erst nach längerem Suchen in Spoleto fand[241]. Während seines dortigen Aufenthaltes gewann Abbo offenbar starken Einfluß auf den gerade 24jährigen Papst, und man wird sich das Verhältnis zwischen dem gelehrten Abt von Fleury und Gregor V. ähnlich vorzustellen haben wie jenes zwischen Otto III. und Gerbert von Aurillac. Ein deutliches Zeugnis für die dort entstandene Freundschaft ist der Briefwechsel, den Abbo nach seiner Rückkehr mit dem Papst führte und in dem er seiner Wertschätzung für Gregor V. ebenso

---

235 Vgl. dazu KLINKENBERG, Primat, S. 52-55; WERNER, Vorbilder, S. 90ff.; MOSTERT, Political Theology, S. 46ff.

236 Vgl. dazu BZ 721.

237 Aimoin von Fleury, Vita Abbonis XI, MPL 139, Sp. 401.

238 *Haec autem omnia perficere voti erat, quando magnifica principis apostolorum membra supplex adii; sed Romanam Ecclesiam digno viduatam pastore, heu, proh dolor! offendi.* Abbo von Fleury, ep. 15, MPL 139, Sp. 460. Zur Datierung vgl. UHLIRZ, Jahrbücher, S. 518 Anm. 5.

239 *Nuper autem audivi nuntium, quod me laetificavit super aureum et topazium, erectum esse apostolicum decus per quemdam imperialis sanguinis virum, totum virtutibus et sapientia compositum.* Abbo von Fleury, ep. 15, MPL 139, Sp. 460.

240 *Et cupidus pacis cum foret, leve ducebat omne genus defatigationis, dummodo eum (Gregorium) reperiret virum per quem, fama vulgante, audierat ad pristinum posse statum religionis resurgere normam.* Aimoin von Fleury, Vita Abbonis 11, MPL 139. Sp. 401.

241 Vgl. BU 1210g und BZ 776; ferner MOEHS, Gregorius V, S. 44-49.

deutlichen Ausdruck verlieh wie umgekehrt dieser seinem Wohlwollen gegenüber dem *amicus specialis*[242], als den er Abbo zu schätzen gelernt hat. Die Bestätigung der Exemtion Fleurys scheiterte dieses Mal denn auch nicht an Korruption; im Gegenteil scheint Gregor V. Abbo sogar dazu aufgefordert zu haben, ein Konzept für die gewünschte Bestätigungsurkunde zu erstellen, wodurch der Abt Gelegenheit erhielt, mittels einer gefälschten Vorurkunde Gregors IV. die Exemtion von der bischöflichen Gewalt zu erreichen[243]. Wie Abt Leo von SS. Bonifacio e Alessio, der zu dieser Zeit wahrscheinlich ebenfalls in der Umgebung des Papstes weilte, erhielt auch Abbo den Auftrag, die Restitution Arnulfs von Reims durchzusetzen[244].

Wichtiger als Abbos Rolle bei der Beendigung des Reimser Streits ist für uns jedoch die Tatsache, daß er auch die Verbindung zu Otto III. anstrebte. Inwieweit dabei der Besuch Adalberts von Prag in Fleury kurz vor seinem Aufenthalt am Kaiserhof im Herbst 996 bedeutsam war[245], kann nicht festgestellt werden. Als sicheres Zeugnis für den Kontakt zum Kaiser hat sich nur Abbos schwerverständliches Carmen acrostichum erhalten[246]. Faßt man dessen Inhalt zusammen, so fällt insbesondere die Otto III. verpflichtende Vorbildfunktion Ottos I. auf; mehrfach preist ihn Abbo als Vorbild, dem der Enkel nacheifern solle. Der Großvater war ein mächtiger König, liebte das Gesetz Roms, seine Regierungszeit war eine Zeit des Friedens, er war unbesiegt und im sicheren Besitz der Krone; auch Otto II. war wie sein Vater Sieger in harten Zeiten; nun solle sich auch der dritte Otto des gemeinsamen Namens würdig erweisen, nicht seine königliche Bestimmung vernachlässigen, nicht weiter in fernen Kriegen verweilen, sondern die »Austrasier« verlassen; durch ihn würden die Heiligtümer Gottes wieder in den alten Stand gesetzt werden[247]. So sehr in der Forschung darüber Einigkeit besteht, daß Abbo mit seinem ausgeklügelten poetischen Kunststück den Kaiser zu einer Romfahrt und damit zur Unterstützung des Papstes bewegen wollte[248], so wenig wird man Abbos Gedicht jedoch als Zeichen dafür nehmen können, daß er sich »mit den Italienern auf eine Stufe« stellte[249] oder Rom als Mittelpunkt des Imperium und Italien als Zen-

---

242 Die Briefe Abbos an Gregor V. in MPL 139, Sp. 419-423. Vgl. dazu BZ 796, 797 und 798; ferner Moehs, Gregorius V, S. 56f. Zum Antwortbrief Gregors V. vgl. BZ 799, das Zitat bei Zimmermann, Papsturkunden 2, n. 344.

243 Vgl. dazu jetzt Mostert, Urkundenfälschungen, S. 298-306. Demnach ist entgegen der Datierung bei BZ 777 die Urkunde Gregors V. als »validierte Empfängerausfertigung« erst im November 997 ausgestellt worden.

244 Vgl. dazu BU 1226b und BZ 795.

245 Zu Adalberts Reise nach Fleury und anschließendem Aufenthalt in Mainz vgl. Johannes Canaparius, Vita Adalberti 25, MPH NS 4.1, S. 37; Brun von Querfurt, Vita Adalberti redactio longior 19, MPH NS 4.2, S. 25.

246 Die unzulängliche Edition des *Carmen acrostichum ad Ottonem imperatorem* in MPL 139, Sp. 519f. ist überholt durch die Edition von Bezzola, Kaisertum, S. 198f.

247 Vgl. die Übersetzung bei Bezzola, Kaisertum, S. 161f.

248 Ganz allgemein von einer damit beabsichtigten Unterstützung des Papstes sprechen Vyver, Les oeuvres, S. 167; Cousin, Abbon, S. 126 mit Anm. 54; Uhlirz, Jahrbücher, S. 231; BU 1210g; Moehs, Gregorius V, S. 55; Riché, Gerbert, S. 189; vgl. auch Werner, Vorbilder, S. 92.

249 So Schramm, Briefe, S. 114 Anm. 1.

trum des ottonischen Reiches verstand[250]. Denn es ist nicht recht verständlich, aus welchem Grund sich der Abt von Fleury zum Anwalt eines italischen Reichsschwerpunktes gemacht und weshalb er zu dessen Propagierung ausgerechnet auf Otto I. und Otto II. zurückgegriffen haben sollte, die doch beide Italien und Rom keineswegs zum Zentrum des Reiches gemacht hatten und daher auch insoweit keine Vorbildfunktion für Otto III. haben konnten.

Hält man jedoch an der Interpretationsprämisse fest, daß sich Abbos panegyrische Verse auf einen bestimmten Mißstand seiner Gegenwart bezogen, die Otto III. nach dem Vorbild seines Vaters und Großvaters beseitigen sollte, so bleibt als Bezugspunkt nur die aktuelle Situation in Rom, wo Crescentius Gregor V. vertrieben und mit der Erhebung des Johannes Philagathos zum Gegenpapst dem Kaiser offen getrotzt hatte. Damit hatte sich allerdings fortgesetzt, was sich seit der Krönung Ottos I. 962 in Rom stets wiederholt hatte, waren doch schon unter dem Stadtpräfekten Petrus Johannes XIII. und unter Crescentius de Theodora, dem Vater des Crescentius, zuerst Benedikt VI. gestürzt und ermordet, dann schließlich Benedikt VII. aus der Stadt verjagt worden; wenigstens den Päpsten Johannes XIII. und Benedikt VII. konnten die Kaiser zu Hilfe eilen, während Benedikt VI. vom kaiserlichen Legaten nicht gerettet werden konnte und auf Befehl Bonifaz VII. ermordet worden war. Anfang Januar 967 hatte Otto I. den Stadtpräfekten ins Exil geschickt und die zwölf militärischen Führer der römischen Regionen hinrichten lassen, im März 981 hatte Otto II. Benedikt VII. nach Rom zurückgeführt, was möglicherweise der Anlaß für den Rückzug des Crescentius de Theodora ins Kloster von SS. Bonifacio e Alessio war[251].

Auch wenn im Carmen acrostichum ein ausdrücklicher Bezug auf diese Ereignisse fehlt, so ergibt der Text doch nur dann einen Sinn, wenn die von Abbo als vorbildhaft gepriesenen Taten Ottos I. und Ottos II. gerade auf die zweimalige Unterstützung der aus Rom vertriebenen Päpste bezogen werden. Damit hatte Abbo eine der Situation Gregors V. Rechnung tragende, eindringliche Mahnung an Otto III. vorgebracht, sich nun des Namens seiner Ahnen würdig zu erweisen und auch diesen Papst wieder nach Rom zurückzuführen. Über die Reaktion am Hof Ottos III. auf diese Bitte in Gedichtform ist nichts bekannt, aber es ist doch wahrscheinlich, daß Abbos Carmen den Kaiser erreichte, wenngleich nicht zu entscheiden ist, ob durch Vermittlung des Papstlegaten Leo oder vielleicht durch den Mönch Dietrich von Amorbach[252].

---

250 So BEZZOLA, Kaisertum, S. 163.
251 Zu den erwähnten Ereignissen vgl. BZ 391, 392, 396 und 406; 523 und 525; 575, 577 und 582. Der Grund für den Eintritt des Crescentius ins Aventinkloster bleibt unklar, vgl. BOSSI, I Crescenzi, S. 32f.; BREZZI, Roma, S. 153; HAMILTON, The Monastery, S. 275; ZIELINSKI, Crescentier, Sp. 344.
252 Eine Übergabe durch Abt Leo von SS. Bonifacio e Alessio vermutet UHLIRZ, vgl. BU 1218, und auf dieser Grundlage MOEHS, Gregorius V, S. 55. Dietrich von Amorbach, der sich bis 1002 in Fleury aufhielt, bezeichnet sich selbst in seiner Vita beati Firmani als *apud praefatum principem (Ottonem) dudum non vilipensus*, S. 25. Möglicherweise widmete Dietrich seine Schrift *De consuetudinibus et statutis monasterii Floriacensis* Bischof Bernward von Hildesheim, der ja in enger Beziehung zu Otto III. stand. Die Herkunft Dietrichs bleibt leider ebenso wie der Grund für sein Ansehen beim Kaiser im Dunkeln, jedoch belegt die Nachricht immerhin, daß zwischen Fleury und Otto III. ein offenbar nicht nur beiläu-

Indessen sind Abbos Vorstellungen über das Verhältnis von weltlicher und geistlicher Gewalt aus seinen Werken so gut bekannt[253], daß die Frage lohnend ist, welche Position er vor Gregor V. und möglicherweise mittelbar - durch den Überbringer des Gedichts - vor Otto III. zur Unterstützung der päpstlichen Bitte um einen Romzug vertreten haben könnte. Nach Abbos Vorstellungen ergänzen sich die beiden Gewalten gegenseitig, ohne daß die weltliche der geistlichen untergeordnet ist. Diese Vorstellung führte Abbo in seinem 994 an die kapetingischen Könige gesandten Liber Apologeticus näher aus: Zentraler Aspekt ist dabei die *concordia in diversis officiis*; wie die *majestas pontificalis* die *lex Domini* den Völkern *specialiter* verkündet, so leiht die *majestas regalis* nötigenfalls den bewaffneten Schutz zu ihrer Durchsetzung; die aus frühchristlicher Zeit belegte aktive Teilnahme der Kaiser an Konzilien ist für Abbo daher selbstverständlich[254]. An anderer Stelle fordert Abbo zwei Advokaten für die Kirche, einen *in rebus temporalibus*, einen *in spiritualibus*[255].

Nichts spricht dagegen, Abbos auf das Verhältnis zwischen König und Bischof bezogene Gedanken analog auf das Verhältnis zwischen Kaiser und Papst zu übertragen, denn Abbo sieht weder einen Rangunterschied zwischen Kaiser und König[256] noch bedroht eine kaiserliche Einflußnahme unter den Bedingungen der Jahre 996/997 den von ihm verfochtenen päpstlichen Primat[257]; auch äußert Abbo keine Kritik an der Einsetzung Gregors V. durch Otto III., sondern begrüßt den Pontifikatsbeginn des würdigeren, mit dem Kaiser verwandten neuen Papst ausdrücklich[258]. In seiner zwischen 994 und 996 entstandenen Collectio canonum siedelt Abbo Aufgaben und Pflichten des Herrschers nach dem Vorbild des Kaisers Konstantin sowie der Karolingerkaiser Karls des Großen und Ludwigs des Frommen nicht nur außerhalb und zum Schutz, sondern auch ganz selbstverständlich innerhalb und zur Stärkung der Kirche an[259]. Ebenso selbstverständlich war ihm die Zustimmung zum Gehorsam Papst Gregors des Großen gegenüber der kaiserlichen Autorität seiner Zeit[260]. Die Schlußfolgerung, daß es für

---

figer Kontakt bestand. Zu Dietrich vgl. DAVRIL, Un moine, insb. S. 98; Dietrich von Amorbach, Consuetudines Floriacenses Antiquiores, Corpus consuetudinum monasticarum 7.3, S. 7.

253 Vgl. dazu MOSTERT, Political Theology, insb. S. 124-130 und 194ff.

254 Abbo von Fleury, Liber Apologeticus, MPL 139, Sp. 467. Vgl. dazu MOSTERT, Political Theology, S. 126 mit Anm. 13, und zur Abfassung des Liber ebenda, S. 48-51.

255 Vgl. dazu MOSTERT, Political Theology, S. 60 und 125f.

256 Vgl. dazu MOSTERT, Political Theology, S. 130ff.

257 Vgl. dazu KLINKENBERG, Primat, S. 52-56.

258 Siehe dazu schon oben, S. 224.

259 *Quale ministerium regis sit, et ipse sui officii nomine prodit, et totius regni suscepta cura innotescit; nec magis ulla sententia animum regis ad bene agendum subrigit quam diversorum principum clementia proposita sub exemplis, quia et Constantini imperatoris mansuetudo laudatur inter dissidentes episcopos, et Marciani pura fides inter haereticos et orthodoxos. Sed de externis quid loquor, et loquendo immoror, cum ad dispensationem reipublicae et utilitatem ecclesiarum tanta fuerit pietas ac prudentia Caroli, et filii ejus Ludovici?* Abbo von Fleury, Collectio canonum cap. 3, MPL 139, Sp. 477. Vgl. dazu MOSTERT, Political Theology, S. 176-179 und 194ff. sowie zur Entstehungszeit der Collectio S. 52ff.

260 Abbo von Fleury, Collectio canonum cap. 42, MPL 139, Sp. 497. Vgl. dazu MOSTERT, Political Theology, S. 196.

Abbo eine selbstverständliche Pflicht des Kaisers gewesen sein muß, den Papst nach Rom zurückzuführen und in seiner Stellung gegen äußere Bedrohung zu schützen und ihn gleichzeitig in seiner Tätigkeit auf den ihm zustehenden spirituellen Bereich zu beschränken, erscheint daher zulässig. Abbo verstand ein solches Vorgehen Ottos III. auch nicht als Anschlag auf die übergeordnete Stellung des Papsttums, wie es die Zeitgenossen des Investiturstreits getan hätten; er sah darin vielmehr die wünschenswerte Wiederherstellung der Ordnung, die den Rahmen der von Gott verliehenen Herrscherpflicht zur *defensio ecclesiae* nicht sprengte und ein Zeichen war für die der ganzen Christenheit förderlichen *concordia* zwischen geistlicher und weltlicher Gewalt.

Natürlich dachte Abbo dabei nicht nur in der universalen Kategorie des Vorteils für die *christianitas*, sondern ganz konkret auch an den Vorteil seines Klosters. Der Verlauf des Konzils von Verzy hatte 991 gezeigt, mit welchem Erfolg der Vorwurf moralischer Verderbtheit und abhängigkeitsbedingter Entscheidungsunfähigkeit gegen den päpstlichen Primatsanspruch erhoben werden konnte. Jede Schwächung der päpstlichen Autorität bedeutete potentiell auch eine Schwächung des in ihrem Namen privilegierten und vor bischöflicher Einflußnahme geschützten Klosters, denn Korruption und Verfall des römischen Papsttums könnten den Bischofsversammlungen den Vorwand dazu liefern, die Gültigkeit päpstlicher Privilegien durch Beschluß aufzuheben[261]. Abbo hatte in Verzy diese mögliche Konsequenz der antirömischen Attacke für die Rechtsstellung seines Klosters klar erkannt und sich deshalb zum strikten Verteidiger des päpstlichen Rechtsstandpunktes gemacht. Stünde der Stuhl Petri jedoch unter kaiserlichem Schutz, wäre er damit von der Bevormundung durch den römischen Stadtherrn und dem damit verbundenen Übel der Bestechlichkeit befreit, würde der Amtsinhaber schließlich der Forderung nach persönlicher Idoneität gerecht - wie Gregor V. -, dann entfielen gewichtige Vorbehalte gegen das Papsttum. Auch wenn kein päpstlicher Auftrag an Abbo zur Abfassung seines Carmen acrostichum in den Quellen faßbar ist[262], so steht doch außer Frage, daß im November 996 die Interessen des aus Rom vertriebenen Papstes und des Abtes von Fleury in die gleiche Richtung gingen. Wenn eine Botschaft Abbos zusammen mit seinem Gedicht den Kaiserhof erreicht haben sollte, was nicht ausgeschlossen werden kann, dann konnte der Abt Otto III. nur dazu aufgefordert haben, durch persönliches Eingreifen das Papstamt aus seiner Abhängigkeit vom römischen Stadtadel herauszulösen.

4. Papst Gregor V.

Die enge Beziehung Abbos von Fleury zu Gregor V. lenkt den Blick schließlich auf das Verhältnis des Papstes zum Kaiser. Im Mai 996 hatte der knapp sechzehnjährige

---

261 Die Frontlinie zu Gerbert, der in Verzy den Konzilsbeschluß über die Autorität päpstlicher Dekrete gestellt hatte, ist klar, vgl. dazu KLINKENBERG, Primat, S. 32-36 und MOSTERT, Political Theology, S. 47. Im Rahmen unserer Fragestellung braucht Abbos Opposition gegen diese »konziliare« Position nicht weiter thematisiert zu werden.

262 Das betont ZIMMERMANN, Rezension zu BÖHMER-UHLIRZ, S. 577 gegen BU 1210g.

Otto III. aus dem Personenkreis der Hofkapelle seinen damals rund zehn Jahre älteren Verwandten Brun von Kärnten gerade so als Nachfolger Johannes XV. ausgewählt und eingesetzt[263], als ob der römische Bischof nur ein Reichsbischof unter anderen sei. Dieses die Bestimmungen des Ottonianum über die Papstwahl[264] überschreitende Vorgehen scheint den Vorsatz nachdrücklicher Einflußnahme auf das Papsttum zu signalisieren. Seit den Forschungen von Mathilde Uhlirz gilt jedoch, daß Gregor V. die Hoffnungen seines kaiserlichen Vetters rasch enttäuscht und sich schon wenige Tage nach dem Beginn seines Pontifikats den traditionellen Anspruch des Papsttums auf die Restitution des Exarchats zueigen gemacht habe, daß Otto III. aus Ärger über diese unerwartete Kehrtwendung Rom und Italien frühzeitig wieder verlassen habe[265]. Teta Moehs zeichnete diesen Gegensatz besonders scharf und sah Gregor V. als unbedingten Vertreter einer päpstlichen Suprematie, der den Kaiser nur als dienenden Helfer gesehen und jegliche Einflußnahme auf das Papsttum abzuwehren versucht habe[266]. Da keine diesbezüglichen Selbstaussagen des Papstes überliefert sind und das referierte Bild Gregors V. vor allem auf der Interpretation nur weniger Worte in einem Brief Gerberts beruht, erscheint es sinnvoll, sich der Tragfähigkeit dieser These erneut zu versichern.

Zentral für das von Mathilde Uhlirz skizzierte Verhältnis zwischen Otto III. und Gregor V. ist die Annahme eines kurz nach der Kaiserkrönung im Mai 996 ausgebrochenen Konflikts um die vom Papst auf der Grundlage des Ottonianum geforderte Restitution des Exarchats von Ravenna an die römische Kirche. Die 1936 von Uhlirz publizierte Untersuchung ist bis heute für die Einschätzung des Geschehens bestimmend geblieben; nach ihrer Ansicht hatte Otto I. noch 967 Papst Johannes XIII. den Stadtdistrikt von Ravenna, die acht Grafschaften Comacchio, Ferrara, Montefeltro, Cesena, Cervia, Decimano, Traversara und Imola restituiert. Auf Druck des Kaisers habe der Papst dann aber sowohl den Ravennater *districtus* als auch die Grafschaft von Comacchio der Kaiserin Adelheid auf Lebenszeit übertragen[267]. Die also keineswegs vollständig erfolgte Restitution päpstlicher Rechte habe erneut auf der Krönungssynode im Mai 996 eine Rolle gespielt. Da keine Synodalakten erhalten sind, ist der von Gerbert formulierte Brief Ottos III. an Gregor V. die einzige Quelle zu dieser Frage; der Kaiser läßt den Papst wissen, daß er jene »acht Grafschaften, die strittig sind«, dem Grafen Konrad von Spoleto und Camerino unterstellt habe, der seinerseits die Entrichtung der dem Papst schuldigen Abgaben gewährleisten werde[268]. Aus der Tatsache, daß Otto im Januar 1001 mit der berühmten Schenkungsurkunde an Silvester II. dem heiligen Petrus acht namentlich genannte Grafschaften in der Pentapolis übertrug - Pesaro, Fano,

---

263 Vgl. dazu BZ 741 und 742.

264 Selbst die Anfang November 963 vorgenommene Erweiterung der Papstwahlbestimmungen des Ottonianum sah nur den kaiserlichen Konsens zu Papstwahl und -weihe vor, vgl. dazu ZIMMERMANN, Parteiungen, S. 334-338.

265 Vgl. dazu neben BU 1174a und 1189b UHLIRZ, Jahrbücher, S. 215 sowie insbesondere UHLIRZ, Restitution, S. 20f. Zuletzt ein trotz mancher Vorbehalte (»allem Anschein nach«, »wahrscheinlich«, »indessen scheint es«) zustimmendes Referat dieser Thesen bei ZEILLINGER, Otto III., S. 511f.

266 Vgl. MOEHS, Gregorius V, S. 41f., 66f., 77 und 81.

267 UHLIRZ, Restitution, S. 11 und 15.

268 BU 1195, DO.III. 228.

Senigallia, Ancona, Fossombrone, Cagli, Jesi und Osimo[269] - folgerte Uhlirz, daß diese
acht Grafschaften jene sein mußten, die 996 *sub lite* waren[270]. Nach den Restitutionen
Ottos I. im Exarchat hätte Gregor V. also die Restitution der in der Pentapolis gelegenen
Grafschaften gefordert, über deren Ablehnung durch Otto III. es dann zur Entfremdung
zwischen Kaiser und Papst gekommen sei. Wieder scheint Ottos III. von dem Weg ab-
gewichen zu sein, den Otto I. vorgezeichnet hatte.

Seit den Untersuchungen von Wilhelm Kölmel und - davon unabhängig - von Gina
Fasoli steht jedoch fest, daß die von Mathilde Uhlirz vermuteten Restitutionen Ottos I.
im Exarchat wahrscheinlich nicht stattgefunden haben und daß die Erfüllung der Pakt-
versprechen schon für Otto I. keineswegs gleichbedeutend war mit der Übergabe ge-
schlossener Hoheitsgebiete an den Papst[271]. Was den unterstellten Konflikt auf der
Krönungssynode 996 betrifft, so kann seine Ursache jedenfalls nicht in einem Bruch
Ottos III. mit der Politik seiner beiden Vorgänger gesehen werden: Der neue Kaiser war
aufgrund der strategischen Bedeutung Ravennas für die Sicherung der kaiserlichen
Herrschaft in Italien so wenig wie sein Vater und Großvater dazu bereit, die Pakttitel in
unmittelbar realisierte Herrschaft des Papstes umzusetzen. Das Problem war also 996
nicht neu, sondern seit der Kaiserkrönung Ottos I. 962 ungelöst. In welchem Ausmaß es
zu einer Verstimmung zwischen Otto III. und seinem Vetter Gregor V. führte, ist nicht
überliefert, und man sollte an diese vage Vermutung keine weitreichenden Spekulationen über ein gespanntes Verhältnis zwischen Kaiser und Papst knüpfen. Richtig ist,
daß die Formulierung *sub lite* einen Rechtsstreit signalisiert[272]. Richtig ist aber auch,
daß der römischen Kirche im Vergleich zur bisherigen Lage keine Benachteiligung
drohte, wie die Garantie der dem Papst zustehenden Abgaben zeigt[273]. Durch die Abreise Ottos III. im Juni 996 wurde eine Übereinkunft vorerst aufgeschoben. Aufgrund
der sich vielfach überkreuzenden Herrschaft von Papst und Kaiser sowie ihrer nachgeordneten Herrschaftsträger im Exarchat[274] kam eine Gesamtübertragung des Exarchats als eines geschlossenen Herrschaftsgebiets im Umfang der einstigen byzantini-

---

269 Vgl. BU 1399, DO.III. 389 (*octo comitatus, qui sub lite sunt*).

270 UHLIRZ, Restitution, S. 21.

271 KÖLMEL, Herrschaft, S. 264-270; vgl. die zustimmende Rezension von KELLER, S. 465. FASOLI, Il
dominio, S. 112-115.

272 Waren die acht umstrittenen Grafschaften gar nicht die der Pentapolis, die Otto III. 1001 an Silvester II. übertrug, sondern jene anderen acht Grafschaften im nördlichen Exarchat - Comacchio,
Ferrara, Montefeltro, Cesena, Cervia, Decimano, Traversara und Imola -, die Otto I. entgegen der
Annahme von UHLIRZ dem Papst eben noch nicht »restituiert« hatte? Den Besitz dieser Grafschaften
bestätigte Otto III. im September 999 dem Erzbischof Leo von Ravenna, vgl. DO.III. 330. FASOLI, Il
dominio, hält es S. 113 für wahrscheinlich, daß die Grafschaften direkt aus der kaiserlichen Verwaltung
jener des Ravennater Erzbischofs übergeben wurden, ohne daß zuvor eine Restitution an den Papst
stattgefunden habe. War die Schenkung der acht Pentapolis-Grafschaften im Januar 1001
(DO.III. 389) eine »Kompensation« für die ungewöhnlich starke Förderung des Ravennater Erzbistums auf Kosten der päpstlichen Ansprüche?

273 Es bleibt sogar noch die Deutung offen, daß erst durch die Einsetzung des Grafen von Spoleto als
kaiserlichen Beauftragten in den acht Grafschaften der römischen Kirche Abgaben tatsächlich
zuflossen, auf die sie zuvor nur Anspruch erhoben hat.

274 Vgl. KÖLMEL, Herrschaft, S. 296.

schen Verwaltungseinheit an das Papsttum ohnehin nicht in Frage. Jede punktuelle Durchsetzung ihrer Rechtstitel konnte die römische Kirche daher schon als Gewinn verbuchen; der aber war nicht gegen den Kaiser, sondern nur mit seiner Zustimmung zu erhalten. Es bleibt deshalb festzuhalten, daß die Frontlinie zwischen Otto III. und Gregor V. keineswegs so deutlich ist, wie man sie bisher im Lichte der Thesen von Mathilde Uhlirz über die Ravennater Restitutionen zu sehen gewohnt war. Mit entsprechend großem Vorbehalt muß man auch den Feststellungen von Teta Moehs begegnen, die Kaiser und Papst durch ihre angeblich unterschiedlichen Amtsinteressen auf der Krönungssynode in unauflösbaren Gegensatz zueinander gebracht sieht[275].

Angesichts der schmalen Quellengrundlage für die Haltung Gregors V. in der Ravennater Frage und der kaum aufhellbaren Herrschaftsverhältnisse im Exarchat[276] ist es angebracht, einige Fakten zu beachten, die für sein Verhältnis zum Kaiser deutlicheres Zeugnis ablegen können. Während des kaum dreiwöchigen Aufenthaltes Ottos III. in Rom zeigen sich Kaiser und Papst in enger Zusammenarbeit: Am 22. und 28. Mai gewährt Otto III. auf Rat und Zustimmung Gregors V. dem Bischof von Freising und dem Erzbischof von Salzburg Marktprivilegien[277]; am 25. Mai führen sie den gemeinsamen Vorsitz auf der Krönungssynode[278], und Otto III. unterzeichnet dabei sogar eine Papsturkunde für das Frauenstift Vilich[279]. Gregor V. nimmt auf Bitten des Kaisers das Kloster Petershausen bei Konstanz in päpstlichen Schutz[280], verleiht dem vom Kaiser bereits reich beschenkten Aventinkloster SS. Bonifacio e Alessio zusätzliche Einkünfte[281] und befiehlt den Mönchen des Klosters Monte Amiata in einer singulären Anweisung, für den Bestand des Reiches Ottos III. zu beten[282]. Könnte man gerade diese zuletzt genannte Verfügung für einmalig und durch den feierlichen Anlaß der vorausgegangenen Krönung bedingt halten, so schlägt sich das Konzept einer gegenseitigen Unterstützung von Kaiser und Papst auch in Urkunden nieder, die erst nach der Vertreibung Gregors V. aus Rom und in Abwesenheit Ottos III.

---

275 Daß Gregor V. in den Fragen von Adalberts Rückkehr nach Prag, der Behandlung Gerberts und der Exemtion des Klosters von Brugnato gegen den jeweils widerstrebenden Kaiser das Prinzip päpstlicher Suprematie durchgesetzt habe, wie MOEHS, Gregorius V, S. 34-40 plausibel zu machen versucht, verkürzt die jeweilige Sachlage allzu sehr: Weder hatten Adalbert und Gerbert zu diesem Zeitpunkt bereits den ihnen von MOEHS zugeschriebenen Einfluß auf Otto III. noch ist erkennbar, weshalb sich der Kaiser der Exemtion von Brugnato widersetzt haben sollte.

276 Vgl. dazu FASOLI, Il dominio, S. 111-117, insb. S. 115.

277 BU 1172, BZ 753; BU 1183, BZ 759.

278 BZ 756, BU 1174a.

279 BU 1174b, BZ 754.

280 BU 1174c, BZ 755.

281 BZ 760; vgl. BU 1185 und schon oben, S. 217.

282 *Ob hoc precipue, ut in eodem monasterio pro stabilitate regni gloriosissimi imperatoris nostri Ottonis tertii et pro nostra anima nostrorumque antecessorum seu successorum pontificum devota sine intermissione fiat oratio.* ZIMMERMANN, Papsturkunden 2, n. 329, S. 644. Die Anweisung des Gebets für Kaiser und Reich in einer Papsturkunde ist, soweit ich sehe, in dem von ZIMMERMANNS Edition umfaßten Zeitraum zwischen 896 und 1046 ohne Parallele. Dagegen findet sich eine ausdrückliche Gebetspflicht zugunsten von Kaiser und Reich in den Kaiserurkunden häufiger, vgl. etwa die besonders anschaulichen Beispiele in DDO.III. 249 und 392.

ausgestellt wurden: In der Arenga des Privilegs für Aachen vom 8. Februar 997 heißt es, der Papst halte es für billig und geziemend, *imperialis honorem regiminis et potestatem* durch die apostolische *auctoritas* väterlich zu festigen[283]; am 7. Juli 997 unterstellt er *pro statu regni domni invictissimi tercii Ottonis imperatoris augusti* das Bistum Montefeltro dem Erzbischof von Ravenna[284]. Päpstliche Verfügungen sollten die Herrschaft Ottos III. festigen.

Umgekehrt mußte sich Gregor V. wenn nicht schon von Anfang an, dann doch spätestens nach seiner Vertreibung aus Rom, bei seinen vergeblichen Rückkehrversuchen und der Bedrohung seiner Legitimität durch den Gegenpapst Johannes XVI. gänzlich von kaiserlicher Unterstützung abhängig wissen. Rom konnte er aus eigenen Kräften nicht zurückerobern[285] und wartete deshalb das ganze Jahr 997 über auf kaiserliche Hilfe[286]. Daß sich Gregor V. unter diesen Bedingungen einer »Unterordnung« der »Kirche« unter den »Staat« widersetzt und sich nach seiner Rückführung nach Rom nur deshalb nicht gegen den Kaiser zur Wehr gesetzt haben soll, weil ihm die militärische Macht dazu fehlte - diese zugespitzten Behauptungen von Teta Moehs[287] werten ebenso wie ähnliche Bemerkungen von Mathilde Uhlirz das Verhältnis zwischen Otto III. und Gregor V. bereits im Licht des Investiturstreits. Nach allen Quellenaussagen hat sich Gregor V. gegenüber Otto III. nie als Verteidiger des »Papsttums« gegen Ansprüche des »Kaisertums« verstanden[288]. Sollte er sich auf der Krönungssynode 996 tatsächlich mit den Interessen der römischen Kirche bezüglich der Restitutionen identifiziert haben - was nach den Forschungen von Kölmel und Gina Fasoli jedoch keineswegs wahrscheinlich ist -, dann mußte ihn die Vertreibung aus Rom belehrt haben, daß die Gefahr für die Unabhängigkeit des Papstamtes nicht vom Kaiser, sondern vom römischen Adel ausging, dessen Interessen sich in den Zeiten des Adelspapsttums seit Anfang des 10. Jahrhunderts mit denen der römischen Kirche verbunden hatten. Dieses Übel zu beseitigen muß nach allem, was wir erkennen können, die Hoffnung gewesen sein, deren Erfüllung sich Gregor V. vom Kaiser erwartete: Die Bedingungen, denen das Papsttum bisher in Rom ausgesetzt war, müssen als änderungsbedürftig erschienen sein, nicht aber das Verhältnis zum Kaiser, dessen Schutz doch die Voraussetzung dafür war, den unübersehbar gewordenen Mißstand überhaupt beseitigen zu können.

---

283 Vgl. ZIMMERMANN, Papsturkunden 2, n. 340, S. 663.

284 Die von FASOLI, Il dominio, S. 128 geäußerten Zweifel an der Echtheit der Urkunde gründen auf den ungewöhnlichen Bestimmungen zugunsten Ravennas, die das Ergebnis einer Verfälschung sein können; für die zitierte Formulierung ist jedoch kein Fälschungsinteresse erkennbar.

285 Vgl. BZ 774 und BU 1210d.

286 Vgl. BZ 780, wonach Gregor V. vielleicht schon Anfang 997 mit dem Anmarsch des Kaisers rechnete.

287 »For obvious reasons he (Gregor V.) could not accept a secondary role for himself. If he as pope was to be subject to the emperor, then the Church would also be subservient to the State. Gregor V could not stand by and let this happen. His predicament was that he had neither the military power nor the necessary backing to do much about it.« MOEHS, Gregorius V, S. 77.

288 Gegen die Gültigkeit dieses schablonenhaften Gegensatzes für das ausgehende 10. Jahrhundert wandte sich schon früh TER BRAAK, Otto III., S. 474-478. Vgl. auch TELLENBACH, Geschichte, S. 172.

5. Die Entscheidungsfindung am Hof Ottos III.

Was nun die Meinungsbildung am Kaiserhof betrifft, so trug die Entscheidung zum zweiten Romzug erkennbar zwei unterschiedlichen Aspekten Rechnung, die freilich in enger Wechselbeziehung zueinander standen. Zum einen mußte die kaiserliche Herrschaft in Rom zur Geltung gebracht, zum anderen die prekäre Situation des Papsttums in Rom gefestigt werden.

Die Herausforderung durch Crescentius konnte nicht ungestraft bleiben, der Kaiser konnte kaum ernsthaft daran denken, seinen Verwandten Gregor V. dem römischen Gegenpapst zu »opfern«[289]. Die Vertreibung Gregors V., die Einsetzung des Johannes Philagathos als Gegenpapst Johannes XVI. und die Verhinderung von dessen Rücktritt durch den römischen Stadtherrn sowie die Einkerkerung der nach Rom entsandten kaiserlichen Boten[290] und der damit vollends offenkundig gewordene Wille zur Abwehr jeglicher kaiserlicher Einflußnahme auf die römischen Verhältnisse und die Besetzung des Papstamtes - all das war nicht nur marginaler Ungehorsam, sondern eine kompromißlose Auflehnung gegen den Herrschaftsanspruch des Kaisers über Rom, die schließlich in der harten Bestrafung sowohl des Crescentius wie auch des Gegenpapstes ihren komplementären Ausdruck fand: Grundsätzlicher hätte das Selbstverständnis des Kaisers als Herrscher und als *defensor ecclesiae* nicht in Frage gestellt werden können, und gründlicher als durch die Verstümmelung Johannes XVI. und die Hinrichtung des Crescentius hätte der Herrschaftsanspruch Ottos III. in Rom zunächst auch nicht demonstriert werden können[291]. Otto III. muß schon bei seinem ersten Romaufenthalt im Mai 996 die Lage als instabil eingeschätzt und Gregor V. keineswegs wie noch Otto I. Papst Leo VIII. »der Treue der Römer wie ein Lamm den Wölfen« anvertraut haben[292]. Dafür spricht jedenfalls sowohl die Verbannung des Crescentius, die erst unter Einfluß Gregors V. rückgängig gemacht wurde, als auch die Beauftragung der Markgrafen Hugo von Tuszien und Konrad von Spoleto mit dem Schutz des Papstes. Ob Otto III. bei seiner Abreise aus Rom mit so rasch und massiv einsetzender Auflehnung

---

289 MOEHS, Gregorius V, unterstellt S. 55 Gregor V. die Befürchtung, Otto III. könnte wegen Gregors Beharren auf päpstlicher Suprematie gegenüber dem Kaiser Johannes XVI. anerkennen. Von der hier zugrunde liegenden, völlig einseitigen Deutung Gregors V. war schon oben die Rede, siehe S. 231. MOEHS übersieht aber auch gänzlich den mit einem solchen Schritt verbundenen immensen politischen Prestigeverlust für Otto III. Aus dem gleichen Grund dürfte auch Otto I. einer Restitution des im Mai 964 ohne kaiserlichen Konsens gewählten, schon im Juni 964 wieder abgesetzten und nach Hamburg verbannten Papstes Benedikt V. nicht zugestimmt haben, vgl. ZIMMERMANN, Parteiungen, S. 381.

290 Zur Einsetzung Johannes XVI., seinen Rücktrittsabsichten und zur Festsetzung der Gesandten vgl. BZ 784, 804 und 805 sowie BU 1246c.

291 Zu diesen Ereignissen zwischen Februar und April 998 vgl. BZ 817, 819 und 828 sowie BU 1267a und 1272; vgl. auch UHLIRZ, Jahrbücher, Exkurs XVI: Der Tod des Crescentius, S. 526-533; ROMEO, Crescenzio Nomentano, S. 563f. NITSCHKE, Papst, vermutet, daß die Verstümmelung des Johannes Philagathos auf einem Gerichtsurteil nach griechischem Recht basierte.

292 Mit diesen Worten kennzeichnete Liutprand von Cremona die Situation in Rom, nachdem Otto I. im Januar 964 Leo VIII. in die Stadt zurückgeführt hatte: *Igitur Romanorum fidei eundem papam, quemadmodum lupis agnum, commisit.* Liudprand von Cremona, Historia Ottonis 18, MGH SS rer. Germ. 41, S. 173.

gerechnet hatte, kann dahingestellt bleiben, angesichts der Ereignisse von 996/997 mußte jedenfalls im Kreis der Berater Ottos III. darüber nachgedacht werden, wie das notorisch ungehorsame Rom befriedet werden könnte. Die Einsetzung des romfremden Papstes Gregor V. dürfte dabei nicht als politischer »Fehler« eingestuft worden sein. Die Erfahrung Ottos I., auf Dauer keinen Papst gegen den Widerstand der Römer durchsetzen zu können[293], hatte sich zu keiner bleibenden Einsicht in den begrenzten Spielraum kaiserlicher Interventionsmöglichkeiten in Rom verdichtet. Schon Otto II. hatte sich über die »Erkenntnis« seines Vaters hinweggesetzt und wollte zuerst Abt Majolus von Cluny zum Papst erheben, bevor seine Wahl dann auf seinen italischen Erzkanzler Bischof Petrus von Pavia fiel; dieser bestieg im September 983 als Johannes XIV. den Stuhl Petri und wurde binnen Jahresfrist ermordet[294]. Mit anderen Worten: Die Einsetzung romfremder Päpste konnte Otto III. bereits in der Politik seines Vaters vorgezeichnet sehen.

Über die Haltung einer so einflußreichen Persönlichkeit wie des Kanzlers Heribert in der römischen Frage fehlt leider jegliche Nachricht[295]. Die schon erwähnten Versus de Gregorio erlauben es immerhin, den Hofkapellan und späteren Bischof von Vercelli Leo als überzeugten Fürsprecher eines kaiserlichen Schutzes über das Papsttum bis hin zu einem wirksamen Eingriff in die römische Situation namhaft zu machen. Indessen entstanden die Verse erst nach dem siegreichen Einzug in Rom und formulierten daher zwar das Ziel in fast programmatischer Klarheit, geben aber keinen Aufschluß über die vorangegangene Entscheidungsfindung, so daß Leos Anteil an der Entschlußfassung darin nicht greifbar wird.

Die Entscheidung zum Romzug wurde vor dem Hintergrund einer Entwicklung getroffen, die das Papsttum nach dem Tod Ottos II. wieder in völlige Abhängigkeit vom römischen Stadtherrn gebracht und damit jenen Mißstand verursacht hatte, der im Reimser Streit als dem »heftigste(n) und grundsätzlichste(n) Angriff auf die päpstliche Autorität«[296] im 10. Jahrhundert eine so zentrale Rolle gespielt hatte. Mit Gerbert und dem Papstlegaten Leo befanden sich vor dem Aufbruch nach Rom zwei von Otto III. geschätzte Persönlichkeiten am Kaiserhof, die beide im Reimser Bistumsstreit eine zentrale Rolle gespielt hatten. Mit Abbo von Fleury trat eine dritte wichtige Persönlichkeit des Reimser Konflikts in Kontakt mit dem Kaiser. Während des kirchenpolitischen Grundsatzkonflikts um die Absetzung Erzbischof Arnulfs von Reims hatten als Folge der Verweltlichung des Papsttums in den vorangegangenen Jahrzehnten zwei Ge-

---

293 Vgl. dazu ZIMMERMANN, Papstabsetzungen, S. 89–94 und 102; DERS., Parteiungen, S. 382, 391 und 411.

294 Vgl. BZ 621 und 634.

295 Zwar sieht UHLIRZ, Jahrbücher, S. 269 und 271 Heribert als einen »Inaugurator der Rompolitik« Ottos III., bleibt indessen eine plausible Begründung für diese Charakteristik schuldig. Die wenigen Zeilen eines von Heribert selbst oder aus seinem Umkreis stammenden Epitaphs, die die Herrschaft Ottos III. über Rom preisen (vgl. dazu SCHRAMM, Kaiser 1, S. 131 und MÜLLER, Heribert, S. 17 Anm. 85 und S. 117) sind für so weitreichende Schlußfolgerungen eine jedenfalls nur unzureichende Grundlage. Sicher kann man von einer Übereinstimmung zwischen Kaiser und Kanzler ausgehen, aber über diese allgemeine Feststellung ist auch nicht hinauszukommen.

296 TELLENBACH, Geschichte, S. 175.

sichtspunkte an Gewicht gewonnen, die auch die Positionen von Gerbert, Leo und Abbo in wichtigen Einzelheiten übereinstimmen ließen: Zum einen die Situation des Papsttums in Rom, zum anderen die persönliche Eignung des Amtsinhabers.

Was den ersten Punkt betrifft, so hatte die Abhängigkeit Johannes XV. von Crescentius die von Hugo Capet und dem französischen Episkopat erbetene Entscheidung im Falle des Erzbischofs Arnulf von Reims verhindert und damit den Anlaß zur umstrittenen Deposition Arnulfs in Verzy gegeben. In dieser Beurteilung traf sich Gerbert sogar mit seinem anfänglichen Gegner, dem Papstlegaten Leo. Was die Idoneitätsforderung angeht, so steigerte Gerbert die Kritik am Papst bis hin zur Forderung nach den persönlichen Qualifikationen von *sapientia* und *meritum vitae*. So weit war der Legat Leo nicht gegangen, und auch Abbo von Fleury hatte noch 991 in Verzy den päpstlichen Primat ungeachtet persönlicher Eignung des Amtsinhabers verteidigt; die Begegnung mit dem von ihm als unwürdig bezeichneten Johannes XV. 994 in Rom ließ ihn in dieser Einschätzung möglicherweise schwanken. Jedoch war das Problem der Idoneität seit der Erhebung Gregors V. erledigt: Gerbert war seiner zunehmend unhaltbar gewordenen Lage in Reims wegen völlig von der Protektion Ottos III. abhängig geworden und konnte sich schon deshalb keinen Vorwurf gegen den kaiserlichen Papst leisten; außerdem war Gregor V. nach Mitteilung der römischen Adalbertsvita ein überaus gelehrter Kleriker[297], womit er Gerberts Kriterium von *sapientia* erfüllte[298]. Abbo hatte von der persönlichen Eignung des neuen Papstes eine hohe Meinung und lobte sowohl seine *virtus* als auch seine *sapientia*[299]. Leo blieb weiterhin mit der Reimser Angelegenheit betraut und besaß also offenkundig das Vertrauen Gregors V. Kein Zweifel, daß für Gerbert ebenso wie für Abbo mit dem nach Bildung und Lebenswandel gleichermaßen würdigen Gregor V. ein Amtsinhaber von solcher persönlicher Integrität auf dem Stuhl Petri saß, wie es ihrem Verständnis vom Petrusamt entsprach. Damit allein konnte die mißliche Situation in Rom jedoch noch nicht als bereinigt gelten. Die Vertreibung Gregors V. durch Crescentius zeigte, daß ein Papst bestenfalls nur eingeschränkt handlungsfähig, schlimmstenfalls darüber hinaus noch eine unwürdige Kreatur sein würde, so lange der bestimmende Einfluß des römischen Stadtherrn nicht ausgeschaltet war.

In der Person Abbos von Fleury wird die cluniazensische Reformbewegung als dritte Kraft neben Kaiser und Papst erkennbar, der ebenfalls an einer Regelung der römischen Verhältnisse im skizzierten Sinn gelegen sein mußte: Das Streben der cluniazensischen Reformklöster nach päpstlicher Exemtion und ihre Durchsetzung gegenüber den Diözesanbischöfen war im selben Ausmaß gefährdet, in dem das Papsttum selbst zum Spielball römischer Mächtegruppen wurde, sich damit dem Korruptionsvorwurf aussetzte und an Autorität einbüßte. Diese Gefahr hatte Abbo in Gerberts Argumentation in Verzy 991 und bei seiner vergeblichen Romfahrt 994 als

---

297 *Erat item in capella regis quidam clericus nomine Bruno, secularibus litteris egregie eruditus et ipse regio sanguine genus ferens; magnae scilicet indolis ...* Johannes Canaparius, Vita Adalberti 21, MPH NS 4.1, S. 33.

298 Auch als Erzbischof von Ravenna verfolgte Gerbert energisch das Ziel einer Reform des Klerus, wobei die *sapientia* wiederum als wichtige persönliche Voraussetzung für die geistliche Laufbahn erscheint, vgl. dazu Vasina, Gerberto, S. 262ff.

299 Abbo von Fleury, ep. 15, MPL 139, Sp. 460; der Text schon oben, S. 224 Anm. 239.

sehr real erkennen müssen. Zweifellos setzte er sich während seines Aufenthaltes bei Gregor V. für ihre Beseitigung ein. So deutlich Abbos an Otto III. gerichtetes Carmen acrostichum für den Versuch einer Einflußnahme auf den Kaiser spricht, so wenig Erkenntnisse über die Stärke des cluniazensischen Einflusses auf die Entscheidungsfindung am Kaiserhof läßt es zu. Jedoch ist es schwerlich ein Zufall, daß Odilo selbst, der Abt von Cluny, kurz nach dem Eintreffen Ottos III. im südlichen Reichsteil beim Kaiser in Ravenna nachweisbar ist und sich während der folgenden Jahre um die Klosterreform in Norditalien, aber auch in Rom selbst bemühte[300]. Aus einem Brief Odilos an Heinrich II. ist bekannt, daß der Abt von Cluny die Kirchenhoheit des Kaisers anerkannte und seine Verfügungsgewalt über das Papsttum nicht bezweifelte[301]; es ist nicht anzunehmen, daß er Anfang 998 vor Otto III. eine andere Position vertreten oder sich gegen eine Neuordnung der römischen Verhältnisse unter kaiserlichem Schutz ausgesprochen hatte.

Wir können daher als Ergebnis festhalten: Die während des Reimser Streits offenkundig gewordene Kluft zwischen hoher religiöser Auffassung vom Papstamt und dessen ständiger Existenzbedrohung in der Apostelstadt selbst war mit der Erhebung Gregors V. keineswegs geschlossen worden. Diese Erkenntnis spielte im Zuge der Vorbereitungen zum zweiten Romzug wahrscheinlich eine zentrale Rolle. Nach den Erfahrungen mit der eigenwilligen Machtpolitik des Crescentius während der zurückliegenden Jahre mußte am Kaiserhof bezweifelt werden, daß die Rückführung Gregors V. nach Rom allein bereits die Sicherheit des Papstes und die Würde des Amtes langfristig sichern konnte. Der römische Stadtherr hatte in der Vergangenheit die Handlungsfreiheit des Papstes so sehr eingeschränkt, daß das Amt selbst kompromittiert worden war. Sollte die Gefahr einer erneuten Lähmung des Petrusamtes vermieden werden, so mußte es aus seiner Abhängigkeit vom mächtigen Stadtadel herausgelöst und damit auch das Grundübel beseitigt werden, das die eigentliche Ursache für die Eskalation des Reimser Konflikts gewesen war. Der Papstlegat Abt Leo von SS. Bonifacio e Alessio, Abt Abbo von Fleury und Gerbert von Aurillac, die allesamt die bisherige Situation des Papsttums kritisiert hatten und vor dem Romzug in engem Kontakt mit dem Kaiserhof standen, dürften auf die Entscheidungsfindung Ottos III. in diesem Sinne eingewirkt haben. Eine Absicherung des Papstamtes gegen die dominierende Einflußnahme des römischen Adels mußte unter den herrschenden Umständen aber gleichzeitig eine Kraftprobe zwischen dem Kaiser und der politischen Führungsschicht Roms heraufbeschwören.

---

300 Siehe dazu ausführlich unten, S. 243–246.

301 Vgl. dazu ERDMANN, Reich, S. 436f.; LAMMA, Momenti, hält S. 99 den Brief Odilos für einen bloßen »esercizio di retorica«, betont aber gleichwohl die darin der »istituzione imperiale« ausgedrückte große Sympathie.

III. Die Ansätze einer kirchlichen Reform in der Rompolitik Ottos III.

Die Schwierigkeiten, die mit einem Eingriff Ottos III. in das Verhältnis zwischen Papsttum und römischem Stadtadel verbunden waren, werden erst vor dem Hintergrund der bis dahin herrschenden Machtverhältnisse in Rom deutlich. Daher erscheint ein kurzer Überblick über die politische Situation in Rom und ihre Entwicklung im 10. Jahrhundert erforderlich.

1. Das Papsttum und die römische Stadtherrschaft im 10. Jahrhundert

Die enge Verflechtung Roms mit seinem Umland ist ein wichtiger Schlüssel zum Verständnis der innerrömischen Entwicklung in diesem Zeitraum. Sie war geprägt von einem langandauernden Interessenkonflikt zwischen dem Papsttum und der römischen Aristokratie. Das Papsttum war seit dem 8. Jahrhundert darum bemüht, seine Herrschaft über das Patrimonium Petri mit Hilfe der Frankenkaiser nach außen zu festigen. Im Inneren des Patrimonium standen der tatsächlichen Ausübung päpstlicher Herrschaft jedoch starke Bestrebungen des Adels entgegen, eine den süditalischen Fürstentümern von Benevent und Gaeta in etwa vergleichbare, auf dynastische Kontinuität gestützte Territorialherrschaft aufzubauen. Das politische Dauerproblem, wie die formelle Herrschaft des Papstes mit dem konkreten Machtanspruch der führenden römischen Adelsfamilien in Übereinstimmung gebracht werden konnte, erfuhr seit der Zeit Theophylakts (+ ca. 925) verschiedene Lösungsversuche[302]. Mit ihm war ein Adelsgeschlecht auf die politische Bühne Roms getreten, dessen letzte Zweige - die Crescentier und Tusculaner - das Schicksal der Stadt bis weit ins 11. Jahrhundert hinein bestimmten. Theophylakts Aufstieg vollzog sich vor dem Hintergrund des gemeinsamen Interesses von Papst und römischem Adel, zur Wiederherstellung der Ordnung im römischen Umland und zur Sicherung der dortigen Besitzungen die Sarazenengefahr ebenso zu beseitigen wie das herrschende Bandenunwesen[303]. Als *vestararius* verwaltete Theophylakt die päpstlichen Finanzen und die Besitzungen der römischen Kirche, als *magister militum* führte er das militärische Kontingent Roms und beeinflußte maßgeblich die militärischen Unternehmungen in Latium. Seine dominierende Stellung stützte sich auf den breiten Konsens des weltlichen Adels wie der päpstlichen Verwaltung, so daß er nurmehr als »porte-parole d'une oligarchie« erscheint[304]. Diese Position war dann die Grundlage für die Hausmachtpolitik seines Enkels Alberich II. (932-954). Unter ihm trat der personale Aspekt der Herrschaft klarer hervor; seine Titel *princeps* und *se-*

---

302 Ausführlich dazu TOUBERT, Les structures 2, S. 960-1038; vgl. auch die Rezension von TABACCO, insb. S. 912ff., und HOFFMANN, Kirchenstaat, S. 22-27.
303 Zur Schlacht am Garigliano gegen die Sarazenen und zur Rolle Johannes X. vgl. BZ 34 und 35; zum Anteil Theophylakts vgl. TOUBERT, Les structures 2, S. 972ff.
304 TOUBERT, Les structures 2, S. 970.

nator omnium Romanorum legen dafür ein deutliches Zeugnis ab. Durch die Ausübung der Machtpolitik im römischen Umland sicherte er sich die faktische Superiorität über den Papst, dem er nur als geistlichem Führer der Christenheit freie Hand ließ, nicht aber als Herrscher im Patrimonium[305]. Während die Päpste dieser Zeit von ihm abhängig waren[306], schuf der *princeps* durch die Überlassung einzelner Rechte an lokale Machthaber und die daran geknüpfte Verleihung von Titeln wie *rector* und *comes* sowie durch Eingriffe in die Besitzrechte des bis dahin immunen Reichsklosters Farfa eine zunehmend intensivierte Territorialherrschaft unter seinem bestimmenden Einfluß[307]. Alberich II. hatte kurz vor seinem Tod die Römer eidlich verpflichtet, bei der nächsten Sedisvakanz seinen Sohn Octavian zum Papst zu wählen; der Fürst scheint damit der Erkenntnis Rechnung getragen zu haben, daß der Herrschaftsanspruch seiner Familie nur erfolgreich behauptet werden könne, wenn der Inhaber des Papstamtes nicht nur vom *princeps* abhängig war, sondern auch dessen Familie angehörte; das tusculanische Familienpapsttum des frühen 11. Jahrhunderts erscheint hier bereits vorweggenommen.

Die fast ein halbes Jahrhundert dauernde relative Stabilität der innerrömischen Verhältnisse geriet durch die Anwesenheit Ottos I. und Ottos II. nach 962 immer wieder aus dem Gleichgewicht[308]. Zwar gab es nach der Wiederbegründung des Kaisertums weder eine kontinuierlich kaiser- oder gar deutschfreundliche Partei in Rom noch eine wirkliche Rompolitik Ottos I. und Ottos II.[309] Jedoch brachten die Aufenthalte der Kaiser einen Unruhefaktor ins Spiel, der es bisher wenig einflußreichen Minderheiten in Rom erlaubte, sich etwa durch Unterstützung eines Kompromißkandidaten wie Benedikts VI. gegen den Kandidaten der Crescentier, den Diakon Franco und späteren Papst Bonifaz VII., zu artikulieren[310]. Auch wenn die familiären Beziehungen der Päpste Johannes XIII. (965-972), Benedikt VII. (974-983) und Johannes XV. (985-996) mit dem in der zweiten Jahrhunderthälfte führenden Geschlecht der Crescentier nicht eindeutig klar sind[311], so steht doch fest, daß die genannten Päpste den Aufstieg der

---

305 Vgl. TOUBERT, Les structures 2, S. 977.

306 Die Erhebung Leos VII. (936-939) und Marinus II. (942-946) ist auf den bestimmenden Einfluß Alberichs II. zurückzuführen, vgl. BZ 119 und 165. Die Erhebung Stephans VIII. (939-942) und Agapits II. (946-955) dürfte unter vergleichbarer Einflußnahme Alberichs erfolgt sein.

307 Das von der älteren Forschung, namentlich von VEHSE, Herrschaft, S. 129-136 gezeichnete Bild einer von Alberich II. aufgebauten, durch das Rektorensystem zentralisierten päpstlichen Verwaltung der Sabina relativiert TOUBERT, Les structures 2, S. 988-996 durch den Nachweis der Herrschaftskontinuität lokaler Machthaber, mit denen Alberich in engere Beziehung trat. HOFFMANN, Kirchenstaat, hält jedoch S. 23 VEHSES Begriff vom »bürokratischen Zentralismus« unter Alberich II. für berechtigt.

308 Vgl. zu den Aufenthalten der drei Ottonen in Rom die Tabelle bei TELLENBACH, Kaiser, S. 250.

309 So erwies sich etwa die ältere Annahme vom bestimmenden Einfluß Ottos I. auf die Papstwahlen seiner Zeit als unzutreffend, vgl. dazu die Zusammenfassung bei ZIMMERMANN, Parteiungen, S. 407-412.

310 Vgl. dazu BZ 507 und 524; ZIMMERMANN, Parteiungen, S. 403-406; TOUBERT, Les structures 2, S. 1021.

311 Johannes XIII. wird von TOUBERT, Les structures 2, S. 1009 als Familienmitglied der Crescentier betrachtet; dagegen aber schon ZIMMERMANN, Parteiungen, S. 386-390 und BZ 386, wonach eine enge, aber nicht verwandtschaftliche Beziehung zu den Crescentiern anzunehmen ist. Auch die Zuord-

Familie durch die Abtretung päpstlicher Rechte und der damit verbundenen Einkünfte in der Sabina und dem südlichen Latium ganz entscheidend förderten: So kam der Crescentierzweig der Stefaniani unter Johannes XIII. zu großem Einfluß in der Sabina, und der spätere römische Stadtherr Crescentius II. Nomentanus erhielt vom selben Papst Stadt und Grafschaft Terracina im südlichen Latium mit allen päpstlichen Besitzungen und Rechten[312]. Der Zeitraum zwischen 965 und 990 kann daher insgesamt als eine Phase der Expansion der Crescentier in Latium[313] gelten. Der Ausbau ihrer innerrömischen Machtposition war durch das übrigens schwer erklärbare Aufgreifen des alten Patriziustitels charakterisiert: Mit Johannes I. Crescentius (+988) und dem Sohn des Crescentius II. (+998), Johannes II. Crescentius (1003-1012), führte das jeweilige Familienoberhaupt den Titel *patricius* als Attribut[314]. Nach dem Tod seines Bruders Johannes I. übte Crescentius II. Nomentanus seit Anfang der neunziger Jahre eine zunehmend autokratische Herrschaft in Rom aus, wobei ihm die »kaiserfreie« Zeit nach dem Tod Ottos II. zustatten kam[315]. Nicht zuletzt der von ihm wiederaufgenommene, zuvor von Alberich II. geführte Titel *senator omnium Romanorum*[316] verdeutlicht seine überragende Machtstellung. Von der in und um Rom gesicherten Machtposition ausgehend setzte er Johannes XV. zunehmend Pressionen aus[317]. Sie wurden durch den Reimser Bistumsstreit auch außerhalb Roms publik und gipfelten 995 in der Vertreibung des Papstes, die wiederum der Anlaß für den ersten Romzug Ottos III. war[318]. Die kurzfristige Präsenz des Kaisers in Rom und die Erhebung Gregors V. brach den Herrschaftsanspruch des Römers jedoch nicht: Ein Verwandter der Kaisers als Inhaber

---

nung Benedikts VII. zu den Crescentiern bereitet Schwierigkeiten, vgl. BZ 527, und TOUBERT, S. 1028 Anm. 2. Für die Wahl Johannes XV. ist eine Einflußnahme des Patricius Johannes I. Crescentius und des Sabinagrafen Benedikts II. aus dem Stefaniani-Zweig der Crescentier anzunehmen, vgl. BZ 641. Schließlich bleibt der Vorgänger von Johannes XV., Bonifaz VII., zu erwähnen, der als Kandidat der Crescentier gegen Benedikt VI. gilt, vgl. ZIMMERMANN, Parteiungen, S. 404ff. Nach der Ermordung Benedikts VI. und Johannes XIV. auf seinen Befehl (BZ 525 und 634) wird er jedoch den Crescentiern nicht mehr tragbar erschienen sein und erlitt einen möglicherweise gewaltsamen Tod, vgl. BZ 640. TOUBERT läßt S. 1021 mit Anm. 4 und S. 1027f. Bonifaz VII. unerwähnt und gewichtet daher den Einfluß der Crescentier allzu stark; gerade die zweimalige Vertreibung Bonifaz VII. weist auf seine trotz Unterstützung durch die Crescentier bedrohte Lage hin.

312 Zur Stellung der Stefaniani vgl. BZ 424, ferner BZ 471; TOUBERT, Les structures 2, S. 1027f. Zur Verleihung der Grafschaft von Terracina vgl. TOUBERT, S. 1028, aber auch BZ 425, wonach die Übertragung schon 967 noch an den Vater des Crescentius II. Nomentanus, Crescentius de Theodora, stattgefunden haben kann.

313 Vgl. TOUBERT, Les structures 2, S. 1029.

314 Vgl. TOUBERT, Les structures 2, S. 1018; zur umstrittenen Bedeutung des Amtes vgl. unten, S. 254 Anm. 403.

315 Vgl. dazu KÖLMEL, Beiträge, S. 531-537; GERSTENBERG, Studien, S. 12-21; ROMEO, Crescenzio Nomentano, S. 561f.; ZIELINSKI, Crescentier, Sp. 344.

316 Vgl. das Zitat aus einer ungedruckten Urkunde in BZ 425.

317 Die von TOUBERT, Les structures 2, S. 1028 angenommene weitere Begünstigung der Crescentier durch Johannes XV. in Gestalt der Verleihung von Terracina verliert durch die Möglichkeit einer früheren Übertragung (siehe dazu oben, Anm. 312) an Wahrscheinlichkeit.

318 Vgl. dazu SCHNEIDER, Papst, S. 201-215.

des Papstamtes paßte nicht in das eingespielte System, das dem Dynasten einen seiner Familie nahestehenden oder sogar zugehörigen Papst an die Seite stellte. Die Vertreibung Gregors V. lag daher in der Konsequenz sowohl der allgemeinen, seit Jahrzehnten herrschenden politischen Praxis in Rom als auch der besonderen Machtstellung des Crescentius.

2. Restitution entfremdeten Kirchenguts

Wie bereits ausgeführt, war aller Wahrscheinlichkeit nach als Ziel des zweiten Romzugs nicht nur die Beseitigung des Crescentius und des Gegenpapstes Johannes XVI. ins Auge gefaßt worden, sondern eine grundlegende Umgestaltung der Verhältnisse in Rom beabsichtigt, um eine erneute Abhängigkeit des Papsttums von den weltlichen Machthabern in der Apostelstadt zu unterbinden. Weil eine solche Absicherung des Papstes aber nur gegen die Interessen der etablierten römischen Führungsschicht durchgesetzt werden konnte, mußten die Maßnahmen Ottos III. von vornherein einen Doppelcharakter von kirchlicher Reformpolitik und stadtrömischer Machtpolitik tragen. Diesen beiden Aspekten wurde bisher weniger Aufmerksamkeit gewidmet als der Frage nach den möglichen ideengeschichtlichen Hintergründen der Rompolitik des Kaisers. Es erscheint deshalb berechtigt, ihre faktische Seite näherer Betrachtung zu unterziehen. Daraus könnten sich neue Gesichtspunkte für die Beurteilung des Kaisers und der angeblich gelehrt-literarischen Provenienz seiner Rompolitik ergeben.

Die Erfahrung hatte gezeigt, daß das Papsttum im Kräftespiel des römischen Adels Zwängen ausgesetzt war, die durch die Beseitigung eines wichtigen Exponenten der lokalen Führungsschicht kaum grundsätzlich zu beheben waren. Mit der Einsetzung der romfremden Päpste Gregor V. und Gerbert-Silvester II. war ein Schritt in Richtung auf die Zurückdrängung des römischen Adelspapsttums getan, den man fünfzig Jahre später als »déromanisation de la papauté«[319] auch in der Kirchenreform seit Clemens II. wiederfindet. Auch das ebenfalls aus der Reformzeit bekannte Ziel der Wiederherstellung des entfremdeten Kirchenguts zieht sich wie ein roter Faden durch die Maßnahmen Ottos III.: Noch im Juni 998 führte er zusammen mit Gregor V. einen Feldzug gegen den Sabinagrafen Benedikt II., einen Angehörigen der Stefaniani-Linie der Crescentier, und zwang ihn zur Rückgabe von Cerveteri an den Papst[320]. Hatte die Hinrichtung des römischen Sippenoberhaupts also unmittelbare Konsequenzen für den Besitzstand der sabinischen Crescentier, so diente auch die Verleihung von Stadt und Grafschaft Terracina an den Grafen Daiferus II. von Traetto durch Silvester II. dazu, die Machtstellung der Crescentier im südlichen Latium zu brechen[321]. Ausdrücklich kritisierte Gerbert-Silvester II. in der diesbezüglichen Urkunde die Praxis seiner Amtsvorgänger, die die größten Besitzungen der Kirche gegen einen viel zu geringen Zins aus der Hand ge-

---

319 Toubert, Les structures 2, S. 962.
320 Vgl. dazu BZ 840 und 841.
321 Vgl. dazu BZ 924.

geben hätten[322]. Der gleiche Vorwurf gegen die Verschleuderung des Kirchenguts findet sich bekanntlich in der Schenkungsurkunde Ottos III. über die acht Grafschaften in der Pentapolis[323], und man sieht in dieser »Philippika in Diplomform« sicher zurecht die Position Silvesters II. ausgedrückt[324], der nun in entschiedener Abwendung von den Gepflogenheiten des Adelspapsttums auf eine Erneuerung der materiellen Grundlage des Papsttums durch Einziehung der entfremdeten Rechte und Besitzungen hinarbeitete. Daß dies alles nur mit der Unterstützung Ottos III. geschehen konnte, belegt die Bitte des Papstes um gemeinsames Vorgehen zur Rückgewinnung von Gütern in der Sabina mit aller Deutlichkeit[325].

Die Wiederherstellung des Kirchengutes beschränkte sich aber nicht nur auf die päpstlichen Besitzungen im Patrimonium, sondern galt auch dem Kirchenbesitz in Norditalien. Das am 20. September 998 auf einer Synode in Pavia erlassene Capitulare de praediis ecclesiarum regelte die Verpachtung von Kirchengut und dessen Rückforderung[326]. Gerbert, damals noch Erzbischof von Ravenna, dürfte die Urkunde nicht nur promulgiert[327], sondern den Text auch inhaltlich mitgestaltet haben, hatte er doch in Bobbio die Bedrohung des Klosterlebens durch weitgehenden Entzug seiner materiellen Grundlagen kennengelernt und sein Abbatiat ganz an den von Cluny entwickelten Grundsätzen über die Autonomie des Klosters bis hin zur direkten Verbindung mit

---

322 *Et quoniam sancte Romane ecclesie pontifices nomine pensionis per certas indictiones hec et alia nonnulla attribuisse nonnullis indifferenter constat, cum lucris operam darent et sub parvissimo censu maximas res ecclesie perderent, id genus doni totum in melius commutamus, uti ...* ZIMMERMANN, Papsturkunden 2, n. 393 S. 752. TOUBERT, Les structures 2, weist S. 1098-1102 darauf hin, daß die vom Papst in der Narratio der Urkunde angekündigte Neuerung in der Vergabepraxis inhaltlich genau eine Weiterführung der bis dahin üblichen emphyteutischen Pachtverträge war. Man hat also zu unterscheiden zwischen dem von Silvester II. programmatisch verkündeten Ziel der Erneuerung des Kirchenguts und den Möglichkeiten der Praxis, in der die bisherige juristische Tradition weiterhin galt und den tatsächlichen Handlungsspielraum erheblich einschränkte. Der von Daiferus II. verlangte Jahreszins in Höhe von drei Goldsolidi war ähnlich symbolisch wie der Zins, den Johannes XIII. 970 von der Senatrix Stephania für die Verleihung der Stadt Palestrina samt allen Rechten und Einkünften verlangte, vgl. dazu BZ 471.

323 *Nam non solum quae extra urbem esse videbantur, vendiderunt et quibusdam colluviis a lare sancti Petri alienaverunt, sed quod absque dolore non dicimus, si quid in hac nostra urbe regia habuerunt, ut maiori licentia evagarentur, omnibus iudicante pecunia in commune dederunt et sanctum Petrum, sanctum Paulum, ipsa quoque altaria spoliaverunt et pro reparatione semper confusionem induxerunt.* DO.III. 389, S. 820 Z. 2-7.

324 Das Zitat bei FICHTENAU, Elemente, S. 136. Jedoch dürfte nicht Leo von Vercelli der Verfasser der Urkunde gewesen sein, wie FICHTENAU in Übereinstimmung mit der älteren Forschungsmeinung noch vermutete, sondern eher Silvester II., vgl. FUHRMANN, Schenkung, S. 135 mit Anm. 197; ZEILLINGER, Otto III., S. 517.

325 Vgl. dazu BZ 911.

326 Vgl. BU 1291; Edition des Textes in MGH Const. 1, S. 49ff. Auch das wohl gleichzeitig erlassene Verbot der Freilassung kirchlicher Unfreier diente dem gleichem Ziel, vgl. BU 1292.

327 *Promulgata per manus Gerberti sanctae Ravennatis aecclesiae archiespicopi...* MGH Const. 1, S. 50 Z. 35.

Rom ausgerichtet[328]. Die Klage, daß die geschädigten Klöster und Kirchen den verlangten Reichsdienst nicht mehr leisten könnten, hat Mathilde Uhlirz zum Anlaß genommen, die Bedeutung des Capitulare de praediis für die Wiederherstellung der militärischen Grundlagen der Kaiserherrschaft in Italien zu betonen[329].

Damit ist ein wichtiger, nicht aber der einzig wichtige Aspekt dieser Maßnahmen angesprochen. Denn die Bezugnahme auf die *utilitas ecclesiarum* und den *status ecclesiarum Dei*[330] stellt auch die Verbindung her zwischen der materiellen Grundlage der kirchlichen Institutionen und der Sicherung ihrer geistlichen und seelsorgerischen Funktionen. Auch damit war ein genuin reformerischer Standpunkt formuliert; die Entfremdung des Kirchengutes hatte einschränkende, materielle Abhängigkeitsverhältnisse geschaffen, die es nun wieder zu beseitigen galt. Weil Schutz der Kirche und Sorge für sie zu den gottgewollten Herrscheraufgaben gehören, stehen Wohlfahrt der Kirche und des Reichs in enger Wechselbeziehung[331]. Programmatisch formuliert findet sich dieses Bekenntnis in der Urkunde Ottos III. vom 7. Mai 999 für das Bistum Vercelli[332]; noch zugespitzter heißt es in der Besitzbestätigung für das Kloster San Lorenzo in Campo, es komme dem Kaiser zu, den Kirchen verlorene Rechte zurückzugeben und ihnen Sicherheit sowie Freiheit ihres Besitzes zu schenken, damit sie so ungehinderter für das Imperium beten könnten[333]. Die ungewöhnliche Formulierung ist möglicherweise Gerbert-Silvester II. zuzuschreiben, auf dessen Intervention die Verfügung Ottos III. erfolgte und der auffälligerweise gerade in jenen Urkunden als Intervenient genannt ist, die die Herrscherpflicht zur Sicherung des Kirchenbesitzes besonders betonen[334]. Mit dem Problem der Besitzentfremdungen durch Pachtverträge hatte Gerbert

---

328 Vgl. dazu Tosi, Il governo, insb. S. 104f.; zu Gerberts Klagen über das Bobbio entfremdete Klostergut vgl. Riché, mille ans, S. 476-479; Ders., Gerbert, S. 241. Tosi bezieht pointiert Stellung gegen das verbreitete Bild von Gerbert als unmönchischem Abt.

329 Vgl. dazu Uhlirz, Kirchenpolitik, S. 288-292; Dies., Jahrbücher, S. 278; ferner Bittler, Kirchenpolitik, S. 51-54 und 57f.

330 *Comperimus, quod episcopi et abbates aecclesiarum possessionibus abutantur et per scripta quibusque personis attribuant, et hoc non ad utilitatem aecclesiarum, sed pecuniae, affinitatis et amicitiae causa. ... Proinde quia status aecclesiarum Dei anullatur...* und *Omne quippe ius, sive lex, sive quodlibet scriptum, vel quelibet consuetudo, si contra aecclesiae utilitatem proferuntur, in irritum deducenda sunt.* MGH Const. 1, S. 50, Z. 5ff., 10 und 21ff.

331 So untersagt Silvester II. im Mai 1000 Besitzstörungen des Klosters Capolona bei Arezzo *ob statum regni domini invictissimi tertii Ottonis imperatoris augusti*, vgl. Zimmermann, Papsturkunden 2, n. 385 S. 743.

332 Vgl. DO.III. 324, S. 753 Z. 1-4; dazu auch Schramm, Kaiser 1, S. 129f.

333 *Imperatoriae felicitatis est ecclesiis amissa iura restituere et de his quae ad presens possident, securitatis ac libertatis eis in futurum munus concedere, ut dum remotis iurgium litibus in summa pace quiescunt, pro imperii statu totiusque generis salute sponso suo deo vivo et vero supplicare liberius possint.* DO.III. 392, S. 823 Z. 6. Der daran anschließende Text stellt einen dem Sinn nach mit DO.III. 324 vergleichbaren Zusammenhang zwischen Wohlfahrt der Kirche und des Reiches her; die Beteiligung eines päpstlichen Notars an der Abfassung der Urkunde ist anzunehmen, vgl. BZ 940.

334 Von den genannten DDO.III. 324 und 392 sowie dem Capitulare de praediis abgesehen vgl. auch DO.III. 304, S. 731 Z. 2-6 und dazu BU 1296. Aus der Zeit vor dem zweiten Italienzug betonen besonders DDO.III. 206 und 237 vom 27. Mai 996 und 25. März 997 die Schutzpflicht des Herrschers gegenüber der Kirche; auch zu diesen Zeitpunkten befand sich Gerbert im Gefolge Ottos III., vgl. BU 1174a und 1219a.

schon während seiner Abtszeit in Bobbio gekämpft und sich bei Kaiser und Papst über die daraus resultierende, völlig unzureichende materielle Absicherung des Klosterlebens beklagt[335]. Auch in seiner Argumentation im Reimser Bistumsstreit spielte dieser Aspekt eine wichtige Rolle, war doch nach Gerberts Ansicht - aber auch nach Meinung des Papstlegaten Leo und des Abtes Abbo - das Papsttum in unwürdige Abhängigkeit vom weltlichen Machthaber Crescentius geraten und deshalb zunehmend unfähig zur Ausübung seiner geistlichen Aufgaben geworden. Im Capitulare de praediis wurde den Bischöfen und Äbten vorgeworfen, sie hätten *pecuniae, affinitatis et amicitiae causa* das Kirchengut verschleudert[336]. Dieser Vorwurf traf der Sache nach aber besonders die Begünstigung der Crescentier durch die römischen Adelspäpste. Wegen päpstlicher Mißwirtschaft hat denn auch nach Meinung Ottos III. und Silvesters II. das Constitutum Constantini seine Gültigkeit verloren[337]. Die Entfremdung päpstlicher Rechte und Besitzungen wollte Otto III. in Zusammenarbeit mit Gregor V. und Silvester II. rückgängig machen.

3. Odilo von Cluny und Ansätze einer Klosterreform in Rom

Aus der Tatsache, daß Odilo von Cluny in den Jahren zwischen 998 und 1001 mehrfach am Hof Ottos III. in Italien nachweisbar ist, hat schon Mathilde Uhlirz geschlossen, daß dem Abt des Reformklosters »ohne Zweifel ein sehr bedeutender Anteil an allen Entschlüssen in geistlichen Angelegenheiten zugekommen ist«[338]. In der Zeit vor ihrer Begegnung im Januar 998 in Pavia[339] ist kein direkter Kontakt zwischen dem Kaiser und Odilo belegt. Dennoch war die Zusammenkunft in Oberitalien sicher kein

---

335 An Otto II.: *Sed cum videam monachos meos attenuari fame, premi nuditate, tacere quomodo potero? Tolerabile quidem hoc malum, si non etiam simul melior spes foret ablata. Nescio quibus codicibus, quos libellos dicunt, totum sanctuarium Dei venundatum est, collecta pecunia nusquam repperitur, apothecae et horrea exhausta sunt, in marsupiis nichil est.* Gerbert, ep. 2, MGH Epp. DK 2, S. 25. An Papst Johannes XIV.: *Morari difficile, quoniam nec in monasterio nec extra quicquam nobis relictum est praeter virgam pastoralem et apostolicam benedictionem.* Gerbert, ep. 14, ebenda, S. 37. Vor diesem Hintergrund stehen Besitzbestätigung und Verleihung der Immunität durch Otto III. an Bobbio, vgl. BU 1295 und 1332 sowie RICHÉ, mille ans, S. 482f.
336 Zum Text siehe oben, S. 242 Anm. 330.
337 Seit der Untersuchung von SCHRAMM, Kaiser 1, S. 163f. wurde allgemein angenommen, daß Otto III. in DO.III. 389 die Konstantinische Schenkung selbst als Fälschung verworfen habe. Dagegen machte FUHRMANN, Schenkung, S. 137f. plausibel, daß der Fälschungsvorwurf nur einem vom Kardinaldiakon Johannes hergestellten Exemplar des Constitutum galt; zur Forschungsdiskussion ausführlich ZEILLINGER, Otto III., S. 515-524. FUHRMANNS Interpretation weiterführend kommt ZEILLINGER dann S. 531-536 zu dem überzeugenden Ergebnis, daß der Kaiser die Konstantinische Schenkung als nicht mehr rechtsgültig betrachtet habe.
338 UHLIRZ, Jahrbücher, S. 287. Ähnlich schon TOMEK, Studien, S. 50; die älteren Darstellungen von TOMEK, S. 49-57, und SACKUR, Cluniazenser 1, S. 336-341 und 351-355, leiden unter der Verzeichnung Ottos III. als phantastischem Träumer.
339 Vgl. dazu BU 1250a.

Zufall. Odilo hatte gewiß vom Aufbruch des Kaisers nach Süden erfahren, und zwar am ehesten von Abt Abbo von Fleury, der sich 997 zur Unterstützung Gregors V. an Otto III. gewandt hatte und Odilo persönlich nahestand[340]. In Betracht kommt aber auch die Kaiserin Adelheid, die die cluniazensische Bewegung schon unter Abt Majolus gefördert hatte und in deren Umgebung sich Odilo nach eigener Aussage mehrfach aufhielt[341]. Ungleich schwieriger zu beantworten ist jedoch die Frage, inwieweit Odilo über die römischen Pläne des Kaisers informiert war und ob ihm dabei von vornherein eine bestimmte Aufgabe zugedacht war. Eine Untersuchung der Tätigkeit Odilos im Süden könnte dieses Problem einer Lösung nahebringen.

Während der ersten beiden der insgesamt drei Italienreisen, die Odilo während der Regierungszeit Ottos III. unternahm[342], bildete die Sicherung von Besitz und Rechtsstellung der beiden cluniazensischen Reformklöster S. Pietro in Ciel d'oro und S. Maria in Pavia einen Schwerpunkt seiner Interventionen beim Kaiser[343]. Damit setzte Odilo eine Politik fort, die bereits sein Vorgänger Majolus in Pavia eingeleitet hatte[344]. Einen weiteren Schwerpunkt bildete naturgemäß die Stellung von Cluny selbst, dessen umfangreichen Besitz Gregor V. auf Intervention Ottos III. schon 998 ebenso bestätigte wie die geistliche und weltliche Exemtion des Klosters[345]. Seit Alberich II. Odo von Cluny 936 zur Klosterreform nach Rom gerufen und als *archimandrita* an die Spitze aller römischen Klöster gestellt hatte[346], bestanden aber auch Beziehungen zwischen Cluny und Rom. Als Ausgangsbasis für die Tätigkeit Odos in Rom hatte S. Paolo fuori le mura gedient; trotz mehrerer, allerdings nur kurzer Aufenthalte war es Odo nicht gelungen, die cluniazensischen Gewohnheiten in Rom zu verankern[347]. Nach Odos Tod mußte sich Papst Agapit II. mit seiner Bitte um weitere Unterstützung der Reform sogar nach Gorze wenden[348], und als Majolus - wahrscheinlich 967 - in Rom erschien, war das Paulskloster schon wieder so weit in Verfall geraten, daß der Abt von Cluny seinen Ein-

---

340 Abbo bezeichnet Odilo in einem Brief als *totius religionis signifer*, vgl. Abbo von Fleury, ep. 8, MPL 139, Sp. 431. Zwei weitere Briefe an Odilo (epp. 7 und 12, ebenda, Sp. 425-429 und 438f.) belegen die Verbundenheit der beiden Äbte, vgl. dazu SACKUR, Cluniazenser 1, S. 298f.; MOSTERT, Political Theology, S. 62f.

341 So beanspruchte Odilo für seine Gedächtnisschrift zu Ehren Adelheids die Glaubwürdigkeit eines Augenzeugen: *Hec enim, que de ea dicimus, non modo auditu, sed et visu et experimento cognovimus*, Epitaphium Adelheide, S. 33 Z. 3f. Adelheids Klosterstiftung Selz war seit ihrer Gründung von Cluny geprägt, wenn auch rechtlich nicht von Cluny abhängig, vgl. dazu WOLLASCH, Grabkloster; GLOCKER, Verwandte, S. 96f.

342 Vgl. dazu SACKUR, Cluniazenser 1, S. 336ff., 340f., 347 und 351f.; HOURLIER, Saint Odilon, S. 61-67.

343 Vgl. dazu BU 1266 und 1310.

344 Vgl. dazu SACKUR, Cluniazenser 1, S. 223 und 236f.; PENCO, Storia, S. 194.

345 Vgl. BZ 813 und 826; ferner BU 1258 für das Cluny unterstehende Reformkloster Peterlingen.

346 *(Albericus) eum (Oddonem) archimandritam constituit super cuncta monasteria Rome adiacentia...* Hugo von Farfa, Destructio monasterii Farfensis, FSI 33, S. 39 Z. 28f.

347 Vgl. dazu SACKUR, Cluniazenser 1, S. 101; SCHUSTER, La basilica, S. 44-48; TRIFONE, Serie, S. 110f.; ANTONELLI, L'opera, S. 25f., 30 und 35; FERRARI, Roman Monasteries, S. 265f.; PENCO, Storia, S. 190f.; HAMILTON, Monastic Revival, S. 47f.

348 Vgl. BZ 223.

fluß nurmehr mit Geldgeschenken und der Einsetzung eines Priors mehr vorübergehend als dauerhaft geltend machen konnte[349]. Jedoch dürfte diese Erneuerung der Bindung den Ausschlag dafür gegeben haben, daß die cluniazensische Klostergemeinschaft in den Wirren der römischen Parteikämpfe S. Paolo verließ und unter Mitnahme ihrer wertvollsten Reliquien nach Cluny zog[350]. Als Odilo 998 nach Rom kam, dürften Odos Reformversuche dort kaum mehr als eine verblaßte Erinnerung gewesen sein, die der Abt von Cluny jedoch umgehend zu neuem Leben erweckte: Während Otto III. und Silvester II. die regelwidrig lebenden Mönche in S. Paolo durch Kanoniker ersetzen wollten, wurde das Kloster auf Einfluß Odilos nicht aufgehoben, sondern erneut reformiert[351]. Zur gleichen Zeit bestätigte Silvester II. den Klosterbesitz; eine päpstliche Besitzbestätigung hatte S. Paolo zuletzt von Agapit II. erhalten, als dieser sich um die Absicherung der von Odo eingeleiteten Reformen bemühte[352]; die Maßnahme Silvesters II. dürfte demselben Ziel gedient haben. Daß sich Odilo der Traditionen bewußt war, die er in Rom fortführte, zeigt auch die Wahl von S. Maria in Aventino als Aufenthaltsort[353]: Das Kloster geht auf eine Stiftung Alberichs II. zurück und wurde unmittelbar nach seiner Gründung von Odo dem Reformabt Balduin von S. Paolo unterstellt[354].

Ebenso wie das römische Kloster war das Reichskloster Farfa schon Ziel von Reformbemühungen Odos gewesen[355]. Auch an diesem Punkt knüpfte Odilo an: Als Otto III. im Februar 998 Abt Hugo wieder in sein Amt einsetzte, kam die damit verbundene Bestimmung über die Abtswahl wahrscheinlich auf Odilos Einfluß zustande[356]. Sofort nach seiner Restitution bemühte sich Hugo um eine Reform Farfas und nahm zu diesem Zweck Verbindungen mit Subiaco, Montecassino, Ravenna und Cluny auf[357]. Nachdem ein Reformversuch mit Mönchen Romualds von Camaldoli an

---

349 Vgl. Sackur, Cluniazenser 1, S. 224f.; Schuster, La basilica, S. 55f.; Trifone, Serie, S. 111; Penco, Storia, S. 194.

350 Über den Transport der Asche der Apostel Petrus und Paulus von Rom nach Cluny vgl. den Anfang des 12. Jahrhunderts geschriebenen Brief des Mönches Hugo an Abt Pontius von Cluny, ed. Cowdrey, Memorials, S. 117. Demnach setzte Erzbischof Hugo von Bourges (969-985) bei der Weihe von Cluny II im Februar 981 die Urne in einer Säulennische bei; die Mönche müssen Rom also schon vor 981 verlassen haben. Dagegen verlegen Trifone, Serie, S. 112, und Penco, Storia, S. 196, das Ereignis fälschlich in die Zeit Ottos III. um das Jahr 1000. Richtig dagegen schon Sackur, Cluniazenser 1, S. 224.

351 Vgl. die Nachricht bei Rodulfus Glaber, Liber Historiarum I 14, S. 34ff; dazu BZ 865. Wahrscheinlich im Zusammenhang mit der Klosterreform setzte Otto III. in S. Paolo auch einen *custos* ein, vgl. Vita Bernwardi, MGH SS 4, S. 770 Z. 42f., was Schuster, La basilica, S. 62 als Abtseinsetzung versteht.

352 Vgl. BZ 866 (Silvester II.) und BZ 224 (Agapit II.).

353 *In Romulea urbe, quae sui magnitudine et formositate necnon et apostolica dignitate arcem totius retinet orbis, reverendus senior Odilo uno in tempore morabatur. Habebat autem hospitium in monasterio sacrae puerperae virginis, quod est situm in Aventino monte,...* Jotsald von Cluny, Vita s. Odilonis II 9, MGH SS 15.2, S. 816 Z. 18-21.

354 Vgl. dazu Antonelli, L'opera, S. 26; Hamilton, Monastic Revival, S. 51; ferner Hülsen, Le chiese, S. 314f.; Ferrari, Roman monasteries, S. 203-206; BZ 184.

355 Vgl. Antonelli, L'opera, S. 27; Penco, Storia, S. 191.

356 Vgl. BU 1260; zur Vorgeschichte von Hugos Restitution vgl. BZ 809 mit weiterer Literatur.

357 Vgl. Hugo von Farfa, Relatio constitutionis, FSI 33, S. 55f.

deren strenger Frömmigkeit gescheitert war, verpflichtete sich Hugo 999 in Anwesenheit Odilos zur Einführung der Cluniazensergewohnheiten in Farfa, was Silvester II. mit einem Dekret bestätigte[358]. Diese Veränderungen geschahen wohl unter dem Einfluß, zumindest aber mit Billigung Ottos III., dem Hugo seit seiner Restitution eng verbunden war. Zum letzten Mal ist Odilo am 4. April 1001 als Teilnehmer einer Gerichtssitzung Ottos III. in S. Apollinare in Classe bei Ravenna belegbar; auch dieses Kloster war bereits unter Abt Majolus erstmals cluniazensischem Einfluß geöffnet worden[359].

Die Suche nach weiteren Anzeichen für eine in Rom mit Unterstützung Ottos III. durchgeführte Klosterreform stößt rasch an die Grenzen, die die nur spärlichen Nachrichten über den langen Romaufenthalt des Kaisers ziehen. Enthält die historiographische Überlieferung mit Ausnahme des Berichts über S. Paolo keine weiteren einschlägigen Mitteilungen, so führen doch immerhin zwei Adressaten der insgesamt drei überlieferten Urkunden Ottos III. für römische Empfänger weiter in den Kreis der Reformklöster. Bei den Urkunden handelt es sich um Besitzbestätigungen für die Klöster S. Andreas in Clivo Scauri und SS. Bonifacio e Alessio[360]. Im Falle von S. Andreas bewegt man sich wieder auf den Spuren von Odos Tätigkeit in Rom: Unter seinem Einfluß war das Kloster vom griechischen Ritus zum lateinischen übergegangen und hatte die Benediktregel angenommen[361]. Eine unmittelbare Verbindung zwischen dem Kloster und Odilo ist nicht belegt, und die kaiserliche Besitzbestätigung erfolgte erst im November 999, als Odilo schon über Farfa nach Cluny zurückgekehrt war. Die dem Kloster zum Unterhalt seiner Mönche bestätigten Pertinenzen eines *castellum sancti Pauli* liegen auffälligerweise zu einem großen Teil nahe bei Palestrina, und es ist immerhin denkbar, daß der Abt von S. Andrea angesichts der Auseinandersetzungen Ottos III. mit dem Crescentierzweig der Stefaniani, deren Sitz Palestrina war, eine solche Absicherung des Klosterbesitzes für notwendig erachtete[362]. Möglich ist ferner die Fürsprache seitens der kirchlich gesinnten Familie der de Miccina, die das Kloster schon früher mit Schenkungen bedacht hatte; zwei ihrer Mitglieder sind in führender Stellung in der kaiserlichen und päpstlichen Verwaltung in Rom nachweisbar[363]. Festzuhalten bleibt, daß

---

358 Vgl. BZ 885 und Hugo von Farfa, Relatio, S. 56ff. Die aus Farfa überlieferte Aufzeichnung der cluniazensischen Gebräuche entstand jedoch erst zwischen 1024 und 1048, vgl. dazu WOLLASCH, Datierung.

359 Zur Gerichtssitzung vgl. BU 1404b und 1407; BZ 941. Zur Tätigkeit von Majolus vgl. SACKUR, Cluniazenser 1, S. 227f.; PENCO, Storia, S. 194.

360 DDO.III. 209 und 336 (= BU 1185 und 1333); die dritte Urkunde für einen römischen Empfänger ist DO.III. 389 für Silvester II. Trotz des vielversprechenden Titels ist die Darstellung von MALE, Études, für unsere Frage unergiebig.

361 Vgl. dazu SACKUR, Cluniazenser 1, S. 102f.; ANTONELLI, L'opera, S. 22 und 36; FERRARI, Roman Monasteries, S. 147; HAMILTON, The City, S. 7; CARAFFA, Monasticon Italiae 1, S. 56f.

362 Zu den Ortsidentifikationen vgl. BU 1333. *Castellum sancti Pauli* bezeichnet wohl nicht die Befestigung bei S. Paolo fuori le mura, die Papst Johannes VIII. zum Schutz der Basilika errichten ließ (vgl. SILVESTRELLI, Lo stato, S. 222; ferner Liudprand, Historia Ottonis 8, MGH SS rer. Germ. 41, S. 164 Z. 22), sondern den Ort Poli bei Palestrina, vgl. den Registereintrag bei MITTARELLI-COSTADONI, Annales Camaldulenses 4, S. 760, Lemma Otto III. Zur Auseinandersetzung mit den Stefaniani siehe oben, S. 240.

363 Zu den de Miccina siehe unten, S. 253f.

mit S. Andrea in Clivo Scauri ein weiteres Kloster von Otto III. begünstigt wurde, das Jahrzehnte zuvor von Abt Odo reformiert worden war; ob jedoch Odilo auch hier an den früheren Einfluß Clunys anknüpfte, muß offen bleiben.

Verbindungen zwischen Cluny und SS. Bonifacio e Alessio sind nicht bezeugt; es gibt auch keinerlei Hinweise darauf, zumal dieses Kloster der cluniazensischen Reform nicht anhing[364]. Die schon während des ersten Romaufenthaltes Ottos III. erfolgte Besitzbestätigung sowie die Schenkung des Krönungsmantels erklärt sich, wie bereits ausgeführt, vor allem aus der Wertschätzung des Kaisers für Abt Leo und seinen Anteil an der schwierigen Bewältigung des Reimser Bistumsstreits[365]. Es mochte auch von Bedeutung gewesen sein, daß schon Otto II. und Theophanu in guten Beziehungen zu dem von Abt Leo geleiteten Kloster gestanden hatten[366]. Dagegen dürfte die Verehrung Adalberts von Prag, der sich von 990 bis 992 und erneut von 995 bis 996 im Aventinkloster aufgehalten hatte, während des ersten Romzuges im Mai 996 noch keine Rolle gespielt haben, da der Bischof erst im zweiten Halbjahr 996 größeren Einfluß auf Otto III. ausübte[367]. Nach dem Märtyrertod Adalberts gewann aber auch das Kloster an Ansehen, in dem der Heilige gelebt hatte. Die persönliche Verehrung des Kaisers für Adalbert drückte sich schon vor seiner Pilgerfahrt nach Gnesen im Jahre 1000 darin aus, daß er zu Ehren des neuen Heiligen eine Kirche auf der Tiberinsel in Rom gründete[368]. Gleichzeitig erwies Otto III. damit auch dem Aventinkloster eine große Gunst, befand sich die Tiberinsel doch seit 987 im Besitz von SS. Bonifacio e Alessio. So erfuhr der Märtyrer die ihm gebührende Verehrung und das Kloster eine Stärkung seiner an beiden Tiberufern ohnehin schon bedeutenden wirtschaftlichen Position[369]. Schließlich weisen sowohl die Freundschaft des Abtes Leo mit dem von Otto III. verehrten Eremiten Nilus von Rossano als auch die auf kaiserliche Anordnung von Leos Nachfolger Johannes Canaparius verfaßte Adalbertsvita auf das Aventinkloster als ein Zentrum monastischer Spiritualität in Rom hin. Jean-Marie Sansterre stellt diesen Aspekt in seinen jüngsten Forschungen stark in den Vordergrund und weist die bisher verbreitete Ansicht, dem Kloster sei als Ausbildungszentrum für die Slawenmission ein besonderer

---

364 Die Behauptung von SCHNEIDER, Papst, S. 200 Anm. 18, Leo sei »ein Cluniacenser«, beruht offenbar auf einem Mißverständnis von SACKUR, Cluniazenser 2, S. 332-334, der Leo aber nur als Anhänger der römischen Reformpartei schildert.

365 Dazu siehe schon oben, S. 218f.

366 Vgl. dazu HAMILTON, The Monastery, S. 271.

367 Vgl. BU 1210a; zum Verhältnis zwischen dem Kaiser und Adalbert vgl. jetzt SANSTERRE, Otton III, S. 379-387.

368 Vgl. BU 1279e und BUCHOWIECKI, Handbuch 1, S. 437f.

369 Die Schenkung der Insel geschah durch Erben des Demetrius Meliosus, eines römischen Adligen aus dem Umkreis Alberichs II.: ...concedimus vobis insula una in integrum, cum ecclesia infra se ad honorem Salvatoris domini nostri Hiesu Christi, et cellas, vel omnia infra se habentes, sicuti a fluminibus circumdata esse videtur..., vgl. MONACI, Regesto, n. 2 S. 366. Bestätigung der Insel und weiterer Besitzungen an den Tiberufern in Rom in DO.III. 209, S. 620 Z. 36-40. Die Insel wird allgemein mit der Tiberinsel identifiziert, vgl. FERRARI, Roman Monasteries, S. 82; HAMILTON, The Monastery, S. 279 und 281; KRAUTHEIMER, Rom, S. 280f.

Stellenwert innerhalb der Renovatio-imperii-Konzeption zugekommen, als Konsequenz zwar gängiger, aber ungenauer und voreingenommener Interpretation zurück[370].

Bedenkt man, wie ausgewogen sich das Kloster vor der Ankunft Ottos III. in Rom der Gunst der Tusculaner und der Crescentier, aber auch Ottos II. zu versichern und damit seine Stellung in den Stürmen der innerrömischen Auseinandersetzungen sogar noch auszubauen verstand, so überrascht sein rasches Absinken in Bedeutungslosigkeit nach dem Tod des Abtes Johannes Canaparius im Jahre 1004[371]. Möglicherweise hatten Askese und Armut, die als klösterliche Lebensform unter Abt Leo und Adalbert von Prag einen starken Impuls erfahren hatten[372], im außerordentlich vermögenden Aventinkloster rasch ihren verpflichtend-vorbildlichen Modellcharakter eingebüßt. Offenbar fand die von Adalbert repräsentierte Frömmigkeitsform von der vorübergehenden Intensivierung unter dem Eindruck seines Märtyriums und der Heiligsprechung abgesehen keinen dauernden Rückhalt in Rom. Auch der cluniazensische Einfluß, den Odo, Majolus und schließlich Odilo in die Apostelstadt brachten, überschritt nicht die Grenzen einer nur kurzfristigen sittlichen Erneuerung[373]. Das traditionelle städtische Mönchtum in Rom erwies sich als unempfänglich für einen radikalen Wandel der Frömmigkeitsformen. Offenbar hat Nilus von Rossano diese Hindernisse erkannt und deshalb auch die Bitte Ottos III., ein Kloster in Rom zu übernehmen, zuerst 998 und dann nochmals 999 abgelehnt[374], und wohl nicht nur aus Enttäuschung über das Schicksal des Johannes Philagathos: Die Nähe zum lauten und weltlichen Treiben der Stadt war für den Eremiten ebenso wie die aus der Übernahme eines Klosters entstehenden Verpflichtungen eine Gefahr für das persönliche Seelenheil[375].

---

370 Vgl. Sansterre, Otton III, S. 382; Ders., Le monastère, S. 495-503.

371 Zur Beziehung des Klosters zu den römischen Parteiungen vgl. Hamilton, The Monastery, S. 275 und 278; zum Bedeutungsverlust ebenda, S. 307f.

372 Abt Leo war auch für die Umformung der Alexiuslegende zur Vita eines römischen »Adelsheiligen« verantwortlich, wodurch der Heilige in Rom rasch populär wurde, vgl. dazu Werner, La légende, S. 535-538.

373 Vgl. dazu Penco, Storia, S. 195f.

374 Die Vita Nili überliefert die Bitte Ottos III. in wörtlicher Rede: *Parati sumus ad implenda omnia, quae tuae pietati placent, si et ipse nostram petitionem adiveris et non dedignatus fueris accipere monasterium in hac urbe, quodcumque volueris, ut nobiscum perpetuo maneas.* Vita s. Nili 90, MGH SS 4, S. 617 Z. 1-5. Nilus nahm Aufenthalt im griechischen Kloster S. Anastasius außerhalb der Mauern Roms *procul a turba positum*, ebenda, Z. 7f. Zu den Begegnungen Ottos III. mit Nilus vgl. BU 1261c, 1263b und 1302a; BZ 818 und 820; Sansterre, Les coryphées, S. 522-528. Daß Nilus die Leitung des Klosters übertragen wurde (ebenda, S. 523), geht aus dem Quellentext nicht hervor.

375 Aus diesen Erwägungen heraus lehnte Nilus auch die Bischofswürde von Rossano ab und vermied den Umgang mit den weltlichen Herren, vgl. Vita Nili 68 und 89 in der kommentierten Übersetzung von Giovanelli, S. 84 und 106. Eine ähnlich schroffe Haltung ist auch für Romuald von Camaldoli bezeugt.

4. Zusammenfassung

Das Interesse der beiden reformorientierten Päpste stimmte mit dem Interesse Ottos III. überein, Macht und Einfluß der Crescentier zurückzudrängen. Den Päpsten mußte schließlich umso mehr an der Wiederherstellung ihrer Verfügungsgewalt in Latium liegen, als der Kaiser eine umfassende Restitution im Exarchat offenbar nicht beabsichtigte, das Patrimonium also die wichtigste wirtschaftliche Basis des Papstes war[376].

Die bisherige Zusammenarbeit zwischen der mächtigsten römischen Familie - zuletzt der Crescentier - und den von ihnen eingesetzten oder abhängigen Päpsten wurde durch die enge Zusammenarbeit zwischen den neuen romfremden Päpsten und dem Kaiser ersetzt[377]. Damit war das System des Adelspapsttums vorläufig aus den Angeln gehoben. Die in Angriff genommene Restitution entfremdeten römischen Kirchenguts sollte gleichzeitig eine weitere Voraussetzung für die von materiellen Abhängigkeiten unbeeinträchtigte Ausübung des höchsten geistlichen Amtes schaffen.

Was Ansätze zu einer Klosterreform in Italien während der Jahre 998 bis 1001 betrifft, so kann festgehalten werden, daß Odilo von Cluny mit Klöstern in Verbindung trat, die sich Cluny bereits unter seinen Vorgängern Odo und Majolus - in freilich unterschiedlich starkem Ausmaß - geöffnet hatten. Es fällt schwer, angesichts dessen nicht an einen systematisch verfolgten Plan Odilos zur Erneuerung und Vertiefung des cluniazensischen Einflusses im südlichen Reichsteil zu glauben. Daß die Beziehung Ottos III. zu dem Abt von Cluny wohl weniger von persönlicher Verehrung geprägt war als sein Verhältnis zu Adalbert von Prag, Nilus von Rossano und Romuald von Camaldoli, spricht nicht gegen die Vermutung einer engen Zusammenarbeit. Odilos Nähe zum Hof Ottos III. und die Freundschaft zu Gerbert-Silvester II., der ihn sogar mit dem Brudertitel ausgezeichnet haben soll[378], läßt sein Wirken als gewollten Bestandteil der neuen Kirchenpolitik erscheinen, die Otto III. in Zusammenarbeit mit Gregor V. und Silvester II. seit Frühjahr 998 verfolgte. Odilos Reformversuch in S. Paolo fuori le mura paßt

---

376 Zur Frage der Restitutionen siehe schon oben, S. 229ff.

377 Für die Zeit nach der Rückführung Gregors V. nach Rom sieht UHLIRZ, Kaiser, S. 264 als Grund des gebesserten Verhältnisses nur die völlige Abhängigkeit Gregors V. vom Kaiser. Warum kann nicht von Zusammenarbeit gesprochen werden? Die Darstellung von MOEHS, Gregorius V, leidet unter der Annahme eines prinzipiellen Gegensatzes zwischen Kaisertum und Papsttum, womit jedoch die Verhältnisse unter Heinrich IV. auf die Jahrtausendwende zurückprojiziert werden, siehe dazu schon oben, S. 232. Eine Auswertung von ZIMMERMANNS Papstregesten für den Zeitraum zwischen der Zusammenkunft Gregors V. mit Otto III. in Pavia Ende 997 und dem Tod des Papstes zeigt Gregor V. in nur 14 von insgesamt 32 Fällen alleine handelnd (BZ 811ff., 829, 831ff., 842, 845, 847-851). Dabei sind BZ 812f., 829, 842 und 848f. in Zusammenhang mit gleichgerichteten Maßnahmen Ottos III. zu sehen. Kaiserliche Interventionen in BZ 823 und 825f. (für Klosterprivilegien), 822 und 830 (Bestätigung bzw. Neubesetzung der Erzbistümer Benevent und Ravenna); gemeinsame Entscheidungen in BZ 828 (Hinrichtung des Crescentius), 834f. und 846 (Synodenvorsitz) sowie 840f. (Feldzug in der Sabina). Für Silvester II. nimmt die Forschung übereinstimmend engste Zusammenarbeit mit dem Kaiser an.

378 Vgl. BZ 860; auch nach dem Tod Ottos III. stand Odilo noch mit Silvester II. in Kontakt, vgl. BZ 960; RICHÉ, Gerbert, S. 240.

zu der verstärkten kaiserlichen Förderung bereits bestehender Reformklöster wie SS. Bonifacio e Alessio und S. Andrea in Clivo Scauri. Daß Odilo dabei der Rompolitik Ottos III. ablehnend gegenübergestanden haben soll, ist weder aus den Quellen zu begründen noch aus der Situation plausibel zu machen[379]. Die Besitzbestätigungen für die römischen Klöster gehören in den größeren Zusammenhang der Sicherung von Kirchengut, die ein Hauptkennzeichen der italienischen Kirchenpolitik Ottos III. war[380]. Sie lassen sich im Rahmen der engeren Rompolitik aber auch mit den Ansätzen zu einer Klosterreform verbinden, die in der Tätigkeit Odilos von Cluny in S. Paolo und im allerdings vergeblichen Versuch des Kaisers, dem Eremiten Nilus von Rossano ein stadtrömisches Kloster zu übertragen, ebenso greifbar werden wie in der besonderen Förderung von SS. Bonifacio e Alessio. Die Vermutung, daß eine von Otto III. mit Nachdruck geförderte Klosterreform die gleichzeitig angestrebte Reform des Papsttums in Rom seit 998 flankierte, erscheint daher hinreichend begründet. Dabei mag die schon aus der Klosterreform Alberichs II. bekannte politische Überlegung[381] eine Rolle gespielt haben, mit zunehmender Kontrolle über die römische Kirche ein Gegengewicht gegen den kaum kontrollierbaren Adel zu schaffen.

IV. Otto III. und die römischen Adelsfamilien

Die Maßnahmen zur Sicherung der Stellung des Papstes in Rom bedrohten nicht nur die Crescentier, sondern die Machtposition der ganzen bisher dominierenden römischen Adelsschicht mit ihrem Tradition gewordenen Einfluß auf die Besetzung des Petrusamtes und ihrer ebenso traditionell gewordenen Bereicherung durch übertragenes Kirchengut. Angesichts dieser Beeinträchtigung konkreter Machtinteressen bleibt es fraglich, ob die Inanspruchnahme altrömischer Traditionen das Konfliktpotential, das die kaiserliche Präsenz schuf, auch nur ansatzweise entschärfen konnte. Jedenfalls müßte erst eigens bewiesen werden, daß den Adelskreisen das »antike Gewand«, unter

---

379 SACKUR, Cluniazenser 1, S. 354, und TOMEK, Studien, S. 55f. meinen, Odilo habe in seinem Epitaphium Adelheide durch den Mund der Kaiserin die Rompolitik Ottos III. verurteilt. Grundlage für diese Ansicht ist der von Odilo überlieferte Ausruf Adelheids, als sie vom Tod des Bischofs Franco in Rom erfuhr: *Peribit post ipsos, ut timeo, heu misera, auguste indolis Otto, remanebo omni humano destituta solacio. Absit, o Domine,..., ut videam superstes tam lugubre dispendium.* Epitaphium Adelheide, S. 40 Z. 22-25. Die Vorahnung der Kaiserin ist jedoch eine Prophezeiung ex eventu, die Odilo beim Abfassen seiner Schrift nach dem Tod Ottos III. der Kaiserin in den Mund legt, vgl. dazu BORNSCHEUER, Miseriae regum, S. 42 und 51. Der hagiographische Topos der Prophezeiung hat im Rahmen der zwischen den Polen von *passio* und *sublimatio* angesiedelten Vita die Funktion, Adelheids Sehnsucht nach ihrem eigenen baldigen Tod zu illustrieren; er sollte ihr nach dem miterlebten Tod von Gemahl und Sohn eine erneute *passio* in Gestalt des Todes ihres Enkels ersparen.

380 Vgl. dazu UHLIRZ, Kirchenpolitik, S. 284.

381 Vgl. dazu ANTONELLI, L'opera, S. 23f. mit Anm. 13; ROTA, La riforma, S. 12ff.; HAMILTON, Monastic Revival, S. 63.

dem Otto III. in ihre politische Handlungsfreiheit eingriff, als »Erhöhung, nicht als Einengung ihrer Freiheit erscheinen« mußte[382]. Alle Erwägungen der stadtrömischen Machtverhältnisse sprechen indessen dafür, daß das Verhältnis des Kaisers zu den römischen Machthabern von Anfang an spannungsgeladen gewesen ist. Es erscheint daher berechtigt, verstärkt nach der machtpolitischen Seite der Rompolitik zu fragen, um dadurch die Interessengegensätze, die die Position Ottos III. in Rom stets bedroht haben, klarer erkennen zu können. Die Quellenlage für ein solches Vorhaben ist dünn; die ungelösten Probleme in der Genealogie der Crescentier und Tusculaner sowie die großenteils im Dunkeln liegende stadtrömische Geschichte dieser Jahre bergen sicher die Gefahr, erkennbare Entwicklungen unter allzu schematische Kriterien zu subsumieren[383]. Eine nochmalige Untersuchung zweier eigentlich bekannter Sachverhalte aus der Zeit des zweiten Romaufenthaltes Ottos III. könnte dem bisher bekannten Bild aber neue Züge hinzufügen. Es handelt sich dabei um die im Rahmen des schon viel behandelten »römischen Ämterwesens« Ottos III. greifbar werdenden Adelsgruppierungen und um die kaiserlichen Gerichtsurteile zugunsten des Reichsklosters Farfa in zwei Streitfällen mit römischen Kirchen. Im ersten Fall erscheint es notwendig, das einfache Schema von der Vernichtung der Crescentier und dem Aufstieg der Tusculaner zu differenzieren; im zweiten Fall geben die Entscheidungen gegen die Kirchen SS. Cosma e Damiano in Mica Aurea und S. Eustachio Hinweise auf mögliche Reibungsflächen zwischen der Politik Ottos III. und den Interessen der römischen Führungsschicht.

1. Adel und Ämter während des Aufenthaltes Ottos III. in Rom

Rodulfus Glaber berichtet, Otto III. habe im April 998 beim Erscheinen des Crescentius im kaiserlichen Lager vor der Engelsburg gefragt, warum man den Fürsten der Römer, der doch Kaiser auserwähle, Gesetze erlasse und Päpste ordiniere, in die erbärmlichen Zelte der Sachsen gelassen habe; stattdessen solle Crescentius von der obersten Mauer offen herabgeworfen werden, damit die Römer nicht sagen könnten, man hätte ihren Fürsten weggeführt[384]. Auch wenn man Zweifel am überlieferten Wortlaut haben kann, so hatte Rodulfus Glaber mit Abt Odilo von Cluny einen Augenzeugen der römischen Ereignisse als guten Gewährsmann für seinen Bericht[385], und der höhnische Spott Ottos III. illustriert durchaus glaubwürdig seine Verachtung des ungehorsamen Römers. Die Grafen von Tusculum waren es, die nach allgemeiner An-

---

382 So SCHRAMM, Hofstaat, S. 291.
383 Vgl. dazu die Überlegungen in Hagen KELLERS Rezension zu ZIMMERMANN, Parteiungen, S. 405ff.
384 *Cur, inquiens, Romanorum principem, imperatorum decretorem datoremque legum atque ordinatorem pontificum intrare sivistis magalia Saxonum? ... Per superiora, inquit, propugnacula illum deicite aperte, ne dicant Romani suum principem vos furatos fuisse.* Rodulfus Glaber, Historiarum Liber I 12, S. 32ff.
385 Vgl. dazu Rodulfus Glaber, Historiarum libri quinque, ed. FRANCE, S. XLVII. Ähnlich schon SCHULZE, Otto III., S. 63; UHLIRZ, Jahrbücher, S. 531. CAVALLO-ORLANDI halten dagegen in ihrer Edition Glabers S. 303 Anm. 64 den Bericht für unglaubwürdig.

sicht den größten Vorteil aus dem blutigen Schauspiel zogen: Graf Gregor I. von Tusculum, der Vater der späteren Tusculanerpäpste, und sein Sohn Alberich (III.) sollen als *praefectus navalis* bzw. *imperialis palatii magister* in kaiserliche Dienste getreten sein und die Hinrichtung ihres alten Gegners in eigenen Machtzuwachs umgemünzt haben[386]. Jedoch gibt es Einwände gegen diese Deutung: Einer betrifft das Amt Gregors von Tusculum, der andere die Identifikation seines vermeintlichen Sohnes Alberich.

Percy Ernst Schramm wies darauf hin, daß der *praefectus navalis* seit der Mitte des 12. Jahrhunderts stets als päpstlicher Würdenträger auftrat und die Seepräfektur deshalb auch schon zur Zeit Ottos III. ein päpstliches Amt gewesen sein kann[387]. Der Zeitpunkt, zu dem Gregor von Tusculum dieses Amt übernahm, muß daher nicht mit seiner ersten und einzigen Erwähnung in DO.III. 339 vom 2. Dezember 999 zusammenfallen. Diese Möglichkeit wird umso wahrscheinlicher, wenn man die Verbindung Gregors zu seinem Onkel, Papst Benedikt VII. (974-983) berücksichtigt. Dieser hatte ihn zwischen 974 und 980 zum Rektor des römischen Klosters Renati gemacht[388]; weitere Protektion des 961 erstmals als *consul et dux*, im Juni 986 wohl auch als *senator Romanorum* belegten Tuskulanergrafen[389] während des Pontifikats seines Onkels ist wahrscheinlich, allerdings nicht belegt. Im Juni 1000 ist Gregor als Bote Silvesters II. an Otto III. nachweisbar[390], also auch hier eher der päpstlichen als der kaiserlichen Verwaltung zuzuordnen. Denkbar ist deshalb, daß der schon lange vor dem zweiten Romzug Ottos III. zum Kreis der einflußreichsten Familien zählende und mit den Crescentiern verwandte Tusculaner[391] die Funktion eines *praefectus navalis* in der päpstlichen Verwaltung ausübte und sie nach der Hinrichtung des Crescentius auch nicht verlor. Daß eine solche Kontinuität in der Amtsführung trotz der Beseitigung des Crescentius wenigstens grundsätzlich möglich war, zeigt die Karriere des Johannes de Benedicta, der von 993 bis 1002 ununterbrochen als *praefectus urbis* fungierte[392].

---

386 Die Ausführungen über den Aufstieg der Tusculaner bei SCHRAMM, Kaiser 1, S. 112f. sind für den heutigen Forschungsstand noch immer repräsentativ.

387 Zum *praefectus navalis* vgl. SCHRAMM, Hofstaat, S. 288f.

388 BZ 533.

389 Vgl. dazu GERSTENBERG, Studien, S. 5f.; HERRMANN, Tuskulanerpapsttum, S. 3. Bei der Grenzbeschreibung eines Grundstücks im nördlich von Rom in der Sabina gelegenen *territorium Collinensis* wird der angrenzende Besitz des *domni Gregorii romanorum senatoris* genannt, vgl. CARUSI, Cartario, S. 4. GERSTENBERG, Entwicklung, S. 51 Anm. 31, und DERS., Studien, S. 5 Anm. 22, identifiziert diesen Gregor mit dem Grafen von Tusculum.

390 BZ 911.

391 TOUBERT hält Gregor sogar für einen Vetter Crescentius II., vgl. Les structures 2, S. 1085. Zu der in vielen Punkten unsicheren Genealogie von »Crescentiern« und »Tusculanern« vgl. ebenda, S. 1015ff. sowie die »Tableaux généalogiques simplifiés« S. 1085ff. Zu den dort in Anm. 1 genannten genealogischen Rekonstruktionsversuchen ist noch die Tabelle bei ZIMMERMANN, Parteiungen, S. 414 hinzuzufügen.

392 Vgl. dazu SCHRAMM, Hofstaat, S. 284ff. Der Stadtpräfekt Johannes de Benedicta wird noch in einer Urkunde vom 8. März 1002 erwähnt, vgl. ZIMMERMANN, Papsturkunden 2, n. 402 (= BZ 963). Die Belege für die Zeit vor 1002 bei SCHRAMM, S. 284 Anm. 16, denen noch ZIMMERMANN, Papsturkunden 2, n. 375 S. 700 (= BZ 835) hinzuzufügen ist. Zur Funktion des Präfekten auch TOUBERT, Les structures 2, S. 1208 Anm. 4.

Ist die Zuordnung Gregors I. von Tusculum zum Kreis der römischen Parteigänger Ottos III. also nicht zwingend, so gilt dies noch weniger für seinen Sohn Alberich III. In derselben Urkunde, in der Graf Gregor *praefectus navalis* genannt wird, erscheint auch der *imperialis palatii magister* Alberich, den man im Wissen um den 1013 erstmals als *consul et dux* belegten[393] Bruder der Tusculanerpäpste Benedikt VIII. und Johannes XIX. für einen Sohn Gregors I. von Tusculum hält. Der Quellentext selbst widerspricht jedoch dieser Identifikation: Der Reihenfolge der Namen nach zu schließen war Alberich nicht der Sohn Gregors von Tusculum, sondern des *Gregorius Miccinus*[394]. In der Namensreihe wird nicht nach päpstlichen und kaiserlichen Würdenträgern unterschieden, so daß auch kein eventueller Ehrenvorrang päpstlicher Ämter die Trennung Alberichs von seinem angeblichen Vater Gregor von Tusculum erklären könnte.

Damit aber fällt neues Licht auf jenen Kreis der Römer, aus dem Otto III. seinen Palastmagister auswählte: Diese besondere Vertrauensstellung trug er nämlich keinem Sproß der mächtigen, mit den Crescentiern verwandten Tusculanergrafen an, sondern einem Familienmitglied der de Miccina, die einem kirchlich und crescentierfeindlich gesinnten Kreis im römischen Adel zuzurechnen sind[395]. Gregors Vater Johannes de Miccina hatte 966 an der Empörung gegen den von Otto I. in Übereinstimmung mit den Spitzen der römischen Aristokratie erhobenen Papst Johannes XIII. teilgenommen und sich damit jenem Kreis römischer Adliger angeschlossen, der in politischem Gegensatz zu den Nachkommen Theophylakts als führender Familie Roms stand[396]. Der Sohn des Johannes de Miccina, jener 999 als päpstlicher Vestarar belegte *Gregorius Miccinus*, nahm 981 an einer im Auftrag Benedikts VII. durchgeführten Gerichtsverhandlung und wahrscheinlich auch im Juli 996 an einer weiteren Gerichtsverhandlung Gregors V. in Grassano bei Sutri teil[397]. Mit Gregor de Miccina findet sich ein Gegner der Crescentier bereits im Umfeld Gregors V., der seinerseits vom römischen Stadtherrn bedrängt wurde. Ein Jahr nach der Hinrichtung Crescentius II. ist Gregor de Miccina als päpstlicher Vestarar nachweisbar und hatte damit jenes Amt inne, das die Machtgrundlage für Theophylakt und den Aufstieg seiner Familie gebildet hatte[398]. Daß Gregor eine so einflußreiche Position bei Gerbert-Silvester II. einnehmen konnte, ließe sich

---

393 Vgl. dazu KÖLMEL, Rom, S. 60f.; TOUBERT, Les structures 2, S. 1208 Anm. 5; HERRMANN, Tuskulanerpapsttum, S. 8 Anm. 51.

394 *Gregorio excellentissimo viro qui vocatur de Tusculana atque praefecto navali, Gregorio viro clarissimo qui vocatur Miccinus atque vestarario sacri palatii, Alberico filio Gregorii atque imperialis palatii magistro...* DO.III. 339, S. 708 Z. 37-40. Charakteristisch für die undiskutierte Identifizierung Alberichs mit dem Sohn Gregors von Tusculum schon GREGOROVIUS, Geschichte 3, S. 481 Anm. 2. Lediglich HARTMANN, Geschichte 4.1, S. 140 scheint Alberich bereits für einen Sohn des Gregor Miccinus gehalten zu haben.

395 Grundlegend dazu KÖLMEL, Beiträge, S. 522-527; ZIMMERMANN, Parteiungen, S. 393-406. Die de Imiza oder de Miccina gehörten ihrerseits zu der weitverzweigten Sippe der Ildebrandi-Stefaneschi, vgl. dazu MARCHETTI-LONGHI, Ricerche, insb. S. 294 und 297f.

396 Vgl. dazu ZIMMERMANN, Parteiungen, S. 397.

397 Vgl. dazu KÖLMEL, Beiträge, S. 525; BZ 601 und 769; ZIMMERMANN, Papsturkunden 2, n. 331 S. 649.

398 Zum Amt des Vestarar vgl. KÖLMEL, Beiträge, S. 528; ausführlicher SCHRAMM, Hofstaat, S. 286f.; ZIMMERMANN, Parteiungen, S. 392 Anm. 275.

noch besser verstehen, wenn die 983/84 als Vertraute Theophanus und Gerberts belegte *domna Imiza* der Familie der de Imiza/de Miccina zugeordnet werden
könnte[399]. Die Ernennung Alberichs de Miccina zum Magister der neuen Kaiserpfalz
auf dem Palatin war auch aus einem weiteren Grund naheliegend: Die stadtrömischen
Besitzungen der Familie erstreckten sich vom südwestlichen Abhang des Palatin bis hin
zum Anstieg des capitolinischen Hügels[400], so daß sich die neue Kaiserpfalz auf dem
Palatin[401] in unmittelbarer Nachbarschaft der römischen Verbündeten Ottos III. befand. Aus dieser klerikalen und crescentierfeindlichen Familie, der vielleicht auch der
auf Befehl Bonifaz VII. 974 ermordete Papst Benedikt VI. entstammte[402], rekrutierte
der Kaiser zwei wichtige Beamte der neuen päpstlichen und kaiserlichen Verwaltung in
Rom.

Wie groß aber war sein Spielraum für eine konsequente Neubesetzung wichtiger
Ämter und die Ausschaltung der bisherigen Führungsschicht? Mußten Änderungen im
römischen Machtgefüge wie der Aufstieg der de Miccina nicht den Widerstand der bisher einflußreichen Familien zusätzlich verhärten? Sogar im kleinen Kreis jener anderen
Ämter, die neben dem *praefectus navalis* und dem *imperialis palatii magister* stets als
Neuerungen Ottos III. angeführt werden, spiegelt sich dieses Problem wider. Für die
Jahre 1000 und 1001 ist als *patricius Romanorum* der Sachse Ziazo belegt, der zuvor
dem Kaiser als Kämmerer gedient hatte[403]. Offenbar waren es die schlechten Erfahrungen mit Crescentius II., die den Kaiser dazu bewogen, nicht ein Mitglied der römischen Führungsschicht zum *patricius* zu ernennen, sondern einen Angehörigen seines
sächsischen Gefolges - ein deutliches Zeichen von Mißtrauen, das Otto III. den Römern
gegenüber für angebracht hielt[404].

---

399 Vgl. dazu Gerberts ep. 22 an Imiza sowie ihre Erwähnung in ep. 14, MGH Epp. DK 2, S. 44f.
und 37. Mathilde UHLIRZ hält *Imiza* freilich für die »deutsche Koseform« von Irmintrud und vermutet
in der Ratgeberin Theophanus die Enkelin des Herzogs Gottfried des Älteren von Niederlothringen
oder eine Tochter des Grafen Megingoz, vgl. BU 956s.
400 Dazu und zu den Schenkungen der Familie für das auch von Otto III. geförderte Kloster
S. Andreas in Clivo Scauri vgl. MARCHETTI-LONGHI, Ricerche, S. 297.
401 Vgl. dazu BRÜHL, Kaiserpfalz.
402 Vgl. ZIMMERMANN, Parteiungen, S. 403-406.
403 Die Nennung als *patricius Romanorum* in DDO.III. 346 und 406; die weiteren Belege für Ziazo
bei SCHRAMM, Hofstaat, S. 291 Anm. 57. Zur sächsischen Herkunft Ziazos vgl. BU 1146 und 1321c.
404 Trotz lebhafter Forschungsdiskussion sind die Kompetenzen des Amtes bis heute unklar. Für
den Patriziat als kaiserliches Amt mit Funktion der kaiserlichen Stellvertreterschaft: SCHRAMM, Kaiser 1,
S. 62f.; DERS., Hofstaat, S. 291ff.; APPELT, Verleihung, insb. S. 73f.; ERDMANN, Forschungen,
S. 92-111; UHLIRZ, Jahrbücher, S. 301; BEUMANN, Ottonen, S. 145; BRÜHL, Deutschland, S. 613
Anm. 447. VOLLRATH, Patriziat, läßt S. 21 die Frage der Ernennung offen. Der *patricius* könnte auch
weltlicher Beauftragter des Papstes gewesen sein, vgl. TOUBERT, Les structures 2, S. 1018 Anm. 2;
ARNALDI, Rinascita, S. 47. KÖLMEL, Beiträge, S. 537-542 vertritt diese These mit Nachdruck; demnach
wäre Ziazo nicht von Otto III., sondern von Silvester II. ernannt worden, vgl. ebenda, S. 542 und
DERS., Rom, S. 39. In der Forschung wurden KÖLMELS Thesen nicht diskutiert, vgl. die nur pauschale
Ablehnung als »Rückschritt« in Karl JORDANS Rezension, Sp. 1278; dagegen aber QuF 27 (1936-37)
S. 293f. KÖLMELS Überlegungen bleiben erwägenswert, weil gerade angesichts der schmalen Quellenba-
sis für den Patriziat die Nähe des Amtes zum Papst nicht einfach übergangen werden kann. Wichtig dafür eine Urkunde von 988: *...reclamationem facite super me ad domnum apostolicum aut eius patricium*
vel ante domnam imperatricem vel ad suos missos, Regesto di Farfa 3, doc. n. 401, S. 104. Bemer-

Weniger deutlich liegt der Fall des *imperialis militiae magister* Girardus, der nur ein einziges Mal mit diesem Titel belegt ist, nämlich in der Gerichtsurkunde DO.III. 339 vom 2. Dezember 999, die er aber als *consul et dux* unterschreibt[405]. Girardus wird für den Stammvater der Grafen von Galeria gehalten, die ihrerseits mit den Crescentiern verwandt waren[406]. Seine Tätigkeit als *rector* in der Sabina steht wohl in Zusammenhang mit der Zurückdrängung der Crescentier in diesem Gebiet[407]. Die Selbstbezeichnung des Girardus als *consul et dux* weist ihn der oberen römischen Führungsschicht zu[408]; berücksichtigt man zudem die familiäre Beziehung zu den Crescentiern, so dürfte er ihrer Klientel zuzurechnen sein. Möglicherweise schien es Otto III. angeraten, die Herausforderung, die in der Umbenennung der römischen *militia* in eine kaiserliche lag, durch die Berufung eines Mitglieds der traditionellen Führungsschicht als ihres *magister* abzuschwächen.

Ähnliche Überlegungen müssen auch bei der Ernennung des päpstlichen *praefectus urbis* Johannes de Benedicta zum kaiserlichen *comes palatii* eine Rolle gespielt haben. Dieser Johannes war unter Crescentius II. Nomentanus, dann unter Otto III. und auch nach dessen Tod noch unter dem Patricius Johannes II. Crescentius *praefectus urbis*[409]. Man kann daher annehmen, daß er keine Kreatur des Kaisers, sondern ein Angehöriger der crescentierfreundlichen römischen Führungsschicht gewesen war, den seines Amtes zu entsetzen Otto III. offenbar für nicht oportun gehalten hatte. Daß Johannes analog zum italischen *comes palatii* in Pavia mit den Gerichtsbefugnissen eines römischen Pfalzgrafen ausgestattet wurde, dürfte ein Versuch gewesen sein, ein Mitglied der römischen Führungsschicht ohne Beeinträchtigung seiner vor 998 ausgeübten Funktion in die neue kaiserliche Verwaltung einzubinden. Während der Stadtpräfekt Johannes sein Amt noch 1002 innehatte, trat nach 1004 als Rektor in der Sabina ein Rainerius auf, in dem man einen Nachkommen des *imperialis militiae magister* Girardus erblickt[410]. Die Machtposition der Familie kann demnach durch die Vertreibung

---

kenswert ist daran doch die Zuordnung des Amtes zum Papst. Es ist daher nicht auszuschließen, daß nicht Otto III., sondern Silvester II. den neuen *patricius* ernannte. Mit Ziazo hätte er freilich einen Kandidaten des Kaisers gewählt, was angesichts der engen Zusammenarbeit zwischen Otto III. und dem Papst aber auch nicht weiter überrascht. Damit wäre eine Erklärung für die Anwesenheit Ziazos in Gnesen gefunden, die doch rätselhaft bliebe, wenn der *patricius* tatsächlich die Stellvertreterschaft für den Kaiser beinhaltet hätte.

405 *Gerardo gratia dei inclito comite atque imperialis militiae magistro...* DO.III. 339 S. 768 Z. 37; *Girardus consul et dux*, ebenda, S. 769 Z. 23f.

406 Vgl. dazu SCHRAMM, Kaiser 1, S. 104 Anm. 4 mit weiterer Literatur; ferner KÖLMEL, Rom, S. 159f. VEHSE, Herrschaft, schließt S. 142 offenbar ohne Kenntnis dieser These eine Verwandtschaft mit den Crescentiern aus.

407 Zu Girardus vgl. VEHSE, Herrschaft, S. 142 mit den Belegen für die Tätigkeit als Sabinarektor in Anm. 7. KÖLMEL, Rom, läßt S. 34 Anm. 99 offen, ob die Funktion des Girardus in der Sabina auf kaiserliche Einsetzung zurückgeht.

408 Gruppenbewußtsein und sozialer Rang dieser Schicht drückte sich in der Inanspruchnahme antikisierender Titel aus, vgl. dazu TOUBERT, Les structures 2, S. 963ff., 969f. und 977f.; ARNALDI, Rinascita, S. 46f.

409 Siehe dazu schon oben, S. 252 Anm. 392.

410 Vgl. dazu SCHRAMM, Kaiser 1, S. 104 Anm. 4 mit weiterer Literatur.

Ottos III. nicht stark erschüttert worden sein. Auch Gregor I. von Tusculum ist 1002 noch als nach wie vor einflußreich belegt[411]. Vom Vestarar Gregor de Miccina und seinem Sohn, dem Palastmagister Alberich, fehlt dagegen jede Spur[412]. Gregor von Tusculum, vielleicht sogar als *senator Romanorum* belegt[413], führte ebenso wie Girardus den Titel *consul et dux*, durch den beide als Angehörige der relativ begrenzten obersten römischen Führungsschicht erkennbar sind. Mit aller aufgrund der Quellensituation gebotenen Vorsicht wird man schließen dürfen, daß die Angehörigen der traditionellen Führungsschicht ihre Machtstellung unbeschadet ihrer vordergründigen Integration in die neue päpstliche und kaiserliche Verwaltung auch nach der Vertreibung Ottos III. behielten und während des nachfolgenden Patriziats Johannes II. Crescentius weiterhin einflußreich blieben. Für die de Miccina läßt sich eine solche Feststellung nicht treffen. Der durch kaiserliche Protektion erreichte Aufstieg konnte unter den gänzlich veränderten Umständen nach dem Aufstand gegen den Kaiser offenbar nicht verteidigt werden.

2. Zwei kaiserliche Gerichtsentscheide gegen römische Kirchen

Als weitere Ursache für Konflikte zwischen Otto III. und dem führenden römischen Adel könnten Besitzverschiebungen in Betracht kommen, die durch den Entscheid zweier Streitigkeiten zwischen stadtrömischen Kirchen und dem Reichskloster Farfa stattfanden. Während die erhaltenen Gerichtsurkunden selbst nur für den engeren Sachverhalt, nicht aber für den weiteren politischen Hintergrund aussagekräftig sind, könnte diese Informationslücke durch die Suche nach Hinweisen auf eventuelle Verflechtungen der Kirchen mit den Familien der römischen Oberschicht geschlossen werden.

Betrachten wir zunächst den am 2. Dezember 999 entschiedenen Streit zwischen dem Reichskloster Farfa und dem in Trastevere gelegenen Kloster SS. Cosma e Damiano in Mica Aurea (heute S. Cosimato). Nachdem Gregor, der Abt des römischen Klosters, trotz mehrmaliger Ladung vor Kaiser und Papst nicht erschienen war, erhielt Abt Hugo von Farfa das Besitzrecht am ca. 80 Kilometer westlich von Farfa in der Nähe von Tarquinia gelegenen Kloster S. Maria al Mignone zugesprochen[414]. Die Vorgeschichte des Konflikts führt zurück in die Zeit Alberichs II.: Um 930 hatte Abt Campo von Farfa (936-947) den Mönch Venerandus mit dem Wiederaufbau des Jahrzehnte zuvor von den Sarazenen zerstörten Marienklosters am Mignone beauftragt

---

411 In Kap. 97 der Vita des heiligen Nilus wird berichtet, Gregor von Tusculum habe 1004 Nilus Land zur Gründung eines Klosters geschenkt, vgl. die kommentierte Übersetzung von GIOVANELLI, S. 114 und S. 237ff.

412 Im Jahr 1010 ist Lucia, die Frau des Johannes Miccinus, belegt, die gemäß dem Wunsch ihres verstorbenen Mannes dem Kloster Farfa Güter überträgt, vgl. Regesto di Farfa 4, doc. n. 606 und doc. n. 618. Für 1017 ist kein *Gregorius de Mitzina* belegt, wie TOUBERT, Les structures 2, S. 1224 Anm. 3 meint, sondern ein *Gratianus a balneo miccino*, vgl. Regesto di Farfa 3, doc. n. 504, S. 215.

413 Siehe dazu schon oben, S. 252 Anm. 389.

414 Vgl. dazu BU 1302e, 1305e, 1320a, 1335a, 1336 und 1337; BZ 853, 884 und 894 mit weiterer Literatur.

und ihm sowie seinen zwei Nachfolgern zur rascheren Sicherung der wirtschaftlichen Grundlagen alle Einnahmen des Klosters mit Ausnahme eines an Farfa zu leistenden Jahreszinses überlassen; wenige Jahre später war Venerandus mit Zustimmung des Abtes von Farfa als Abt an die Spitze der neuen römischen Klostergründung SS. Cosma e Damiano getreten. Bereits der erste, von 949 bis 973 nachweisbare Nachfolger des Venerandus, Abt Silvester, hatte die Rechte Farfas an der Marienzelle jedoch nicht mehr anerkannt und die Zinszahlung verweigert. Die Ursache für diesen plötzlichen Umschwung verschweigt Gregor von Catino, dessen Chronicon Farfense die wichtigste Quelle für die Vorgeschichte des Streitfalls ist[415].

Es gibt jedoch einige Anhaltspunkte für einen Zusammenhang mit der politischen Konstellation um die Mitte des 10. Jahrhunderts. Zunächst kann davon ausgegangen werden, daß Abt Silvester ein Kandidat des Gründers von SS. Cosma e Damiano gewesen ist, eines gewissen Benedictus Campaninus. Dieser Benedictus war seinerseits für Alberich II. als Brautwerber nach Konstantinopel gezogen und gilt als einer der einflußreichsten und engsten Parteigänger des *princeps*[416]. Auffälligerweise stellte Abt Silvester die Zinszahlung an Farfa zu einem Zeitpunkt ein, als dort mit Dagobert (947-953) und Adam (953-963) Äbte regierten, die beide von Alberich II. eingesetzt worden waren[417]. Gegen den Anspruch des römischen Klosters auf die Marienzelle erhob erst Abt Johannes III. von Farfa (967-997) Klage, nachdem mit dem Erscheinen Ottos I. in Rom die Machtposition der Dynastie Alberichs II. bereits zusammengebrochen war und damit die Aussicht bestand, das Reichskloster wieder in seine frühere Unabhängigkeit vom römischen Stadtherrn zurückzuführen[418]. Alberich hatte versucht, die Sonderstellung des Reichsklosters zu beseitigen, - das sich, unter langobardischem Recht stehend, wie ein Wellenbrecher der Ausdehnung des römischen Einflusses in der Sabina entgegenstellte -, und das Kloster mit immer noch bedeutendem, aber doch wesentlich verkleinertem Besitz unter die Kontrolle Roms zu bringen[419]. Das Vorgehen des Abtes Silvester fügt sich genau in dieses größere politische Konzept des *princeps* ein, lag das Kloster am Mignone doch weit westlich von Farfa und außerhalb der Sabina, auf die der römische Stadtherr den Besitz von Farfa weitgehend beschränken zu wollen schien.

---

415 Die Schilderung der Konfliktursache bei Gregor von Catino, Chronicon Farfense, FSI 34, S. 10-14. Dazu FEDELE, Le carte 1, S. 18-25. Zum Kloster vgl. auch HÜLSEN, Le chiese, S. 240f.; FERRARI, Roman Monasteries, S. 103-106; CARAFFA, Monasticon Italiae 1, S. 50f.

416 Vgl. dazu FEDELE, Le carte 1, S. 23f.; GERSTENBERG, Entwicklung, S. 36f.; BREZZI, Roma, S. 118f.; TOUBERT, Les structures 1, S. 646 mit Anm. 1, und 2, S. 981ff. Die Klostergründung Benedikts paßt zu Alberichs II. Kirchengründungen und -erneuerungen, vgl. dazu HAMILTON, Monastic Revival, S. 55f. PENCO, Storia, weist S. 192 die Gründung von SS. Cosma e Damiano irrtümlich Alberich II. selbst zu.

417 Vgl. dazu SCHUSTER, L'imperiale abbazia, S. 101f.; VEHSE, Herrschaft, S. 129f. und 136f.; TOUBERT, Les structures 2, S. 987.

418 *Qua de causa magna controversia orta est inter illum et Iohannem abbatem huius monasterii (Farfensis) ante praesentiam domni Ottonis imperatoris primi in synodo generali quae tunc facta fuit in basilica Sancti Petri maiori.* Gregor von Catino, Chronicon Farfense, FSI 34, S. 13 Z. 17-20. In BÖHMER-OTTENTHALS Regesten Ottos I. ist dieser Streit nicht erwähnt.

419 So TOUBERT, Les structures 2, S. 986ff.

Über das Verhältnis von SS. Cosma e Damiano zur römischen Aristokratie während der folgenden Jahrzehnte existiert leider keine instruktive Nachricht, jedoch geben die von Pietro Fedele edierten Urkunden einen deutlichen Hinweis auf Verbindungen des Klosters zur Crescentiersippe[420]. Ob sich deshalb aber die Crescentier durch die Entscheidung zum Nachteil der römischen Kirche in ihren Interessen benachteiligt sah, muß offen bleiben. Auffällig ist jedoch, daß das kaiserliche Urteil nicht lange Bestand hatte: Am 25. März 1005 bestätigte Papst Johannes XVIII., der Ende 1003 als zweiter Nachfolger Gerbert-Silvesters II. unter dem Einfluß des römischen *patricius* Johannes II. Crescentius erhoben worden war, dem Kloster in Mica Aurea unter Abt Andreas den Besitz von S. Maria al Mignone samt allen Pertinenzen[421]. Damit setzte der Abt einen Anspruch durch, der von seinem Kloster seit den Tagen Alberichs II. verfochten worden war und der sich nach dem Intermezzo Ottos III. wieder genau in die Politik des neuen patricius einfügte: Wie Alberich II. versuchte Johannes II. Crescentius, Farfa in die Abhängigkeit von Rom zu ziehen[422]. Mit seiner Entscheidung zuungunsten des in und um Rom reich und mächtig gewordenen Klosters SS. Cosma e Damiano in Mica Aurea, das durch den Pachtvertrag mit einem Crescentius dem Interessenbereich der weitverzweigten Sippe der Crescentier zuweisbar ist, könnte sich Otto III. weitere Gegner im Kreis der crescentierfreundlichen Führungsschicht geschaffen, zumindest aber ihrem latenten Widerstand neue Nahrung gegeben haben.

Etwas klarer liegen die Dinge im Fall eines weiteren kaiserlichen Urteils zum Nachteil einer römischen Kirche. Am 9. April 998 entschieden kaiserliche und päpstliche Richter einen Streit zwischen der römischen Kirche S. Eustachio und dem Reichskloster Farfa zu dessen Gunsten; wenige Tage zuvor hatten fünf Presbyter vor Otto III. und Gregor V. Klage gegen Abt Hugo von Farfa erhoben, weil dieser angeblich unberechtigt den Besitz der Kirchen S. Maria und S. Benedikt sowie des Salvatororatoriums in den alexandrinischen Thermen beansprucht habe[423]. Das Urteil zog vor allem wegen der detailliert überlieferten Gerichtsverhandlung einige Aufmerksamkeit auf sich, nicht aber wegen des eigentlichen Streitgegenstands, dessen politischen Hintergrund jedoch eine neue Untersuchung über die alexandrinischen Thermen im 10. und 11. Jahrhundert auf überraschende Weise beleuchtet[424]. Demnach war der zwischen der heutigen

---

420 In einer Urkunde vom 17.9.985 wird als Partner eines emphyteutischen Pachtvertrages ein *Crescentius illustrissimus puer Stephaniae nobilissimae feminae filius* (FEDELE, Le carte 1, n. 10 S. 57) erwähnt, der aber nicht in die bisher bekannte Genealogie der Crescentier eingeordnet werden kann.

421 Zur Erhebung Johannes XVIII. vgl. BZ 980 und zur Besitzbestätigung ZIMMERMANN, Papsturkunden 2, n. 419 S. 796: ...*ecclesiam, quae est aedificata in honorem sancte Dei genitricis Mariae, quae supra Minione fluvio sita est et aliquando tempore a barbaricis gentibus destructa fuit, cum curte et cellis...* Vgl. aber BZ 1037 mit gegenteiliger Anordnung Papst Sergius IV. Endgültig wurde der Streit erst 1072 von Papst Gregor VII. zugunsten Farfas entschieden, vgl. FEDELE, Le carte 1, S. 22 mit Anm. 3.

422 Vgl. dazu VEHSE, Herrschaft, S. 143f.

423 DO.III. 278; vgl. dazu BU 1262 b und 1263; BZ 821. Zu den Kirchen vgl. HÜLSEN, Le chiese, S. 212f., 326f. und 455f.; FERRARI, Roman Monasteries, S. 65f.

424 FIORE CAVALIERE, Le Terme. Einen knappen Überblick über den Besitz Farfas in Rom liefert LORI SANFILIPPO, I possessi, S. 14-21.

Piazza Navona und der Piazza della Rotonda gelegene, damals im wesentlichen geschlossene antike Thermenkomplex eine »fortezza naturale«, die mit geringem Aufwand in ein »castello imprendibile« verwandelt werden konnte[425]; die strategische Bedeutung des Areals wird klar, wenn man seine topographische Lage als Sperriegel auf dem Verbindungsweg zwischen der päpstlichen Residenz im Lateranpalast und St. Peter auf dem jenseitigen Tiberufer bedenkt[426]. Waren die Thermen »un blocco chiuso, citadella nella città«[427], so waren die in ihnen gelegenen Kirchen Farfas samt ihrer Pertinenzen eine Insel langobardischen Rechts mitten in Rom; die Gerichtsverhandlung vom April 998 läßt im Streit über das anzuwendende Recht klar erkennen, welche Reibungsfläche diese juristische Sonderstellung bot[428]. Die Kollision unterschiedlicher Rechtskreise wurde verschärft durch offenkundig konkurrierende Besitzansprüche, so daß das Eigentum Farfas in den Thermen ein beständiger Zankapfel blieb[429].

Wenn die Verhältnisse im einzelnen auch unklar sind, so ist doch sicher, daß die Crescentier in unmittelbarer Nachbarschaft der Farfenser Kirchen Besitz in den Thermen hatten. So ließ der Stadtpräfekt Crescentius 1006 unmittelbar nördlich der Thermen an der Stelle der heutigen Kirche S. Agostino eine dem Märtyrer Tryphon geweihte Kirche errichten, S. Trifone in posterula[430]. Marinus, ein Bruder des zwischen 1006 und 1017 belegten Stadtpräfekten, führte den Beinamen *de turre*; aus ihm hat man auf die heute in den Palazzo Madama integrierte Torre dei Crescenzi als dessen Besitz geschlossen[431]. Leider ist es bisher nicht gelungen, den Stadtpräfekten und seinen Bruder eindeutig als Angehörige einer der beiden Crescentierzweige der Stefaniani oder Octaviani nachzuweisen; man wird sich deshalb damit begnügen müssen, beide Personen nur ganz allgemein der weitverzweigten Sippe der Crescentier zuzuordnen[432].

---

425 FIORE CAVALIERE, Le terme, S. 122 Anm. 6.

426 So führte beispielsweise die Ostermontagsprozession des Papstes nach St. Peter sowohl auf dem Hin- wie auch auf dem Rückweg an den Thermen vorbei: transiens *ante sanctum Trifonem juxta posterulas usque ad pontem Adrianum...; prosiliens per Parrionem inter circum Alexandri et theatrum Pompeii...* Benedictus canonicus, Liber politicus, S. 154 Z. 4f. und 17f.

427 FIORE CAVALIERE, Le terme, S. 128.

428 Vgl. DO.III. 278, S. 700 Z. 32 - S. 701 Z. 36.

429 Der 998 entschiedene Streit flammte 1011 erneut auf, vgl. Regesto di Farfa 4, doc. n. 616; eine systematische Auswertung der bereits gedruckten Quellen, insbesondere des Liber Largitorius Gregors von Catino, des Regesto di Farfa und des Regesto Sublacense für die Besitzverhältnisse in den Thermen steht auch nach den zitierten Arbeiten von FIORE CAVALIERE und LORI SANFILIPPO noch aus.

430 Vgl. dazu BZ 1009 und 1010; zur Kirche HÜLSEN, Le chiese, S. 494f.; BUCHOWIECKI, Handbuch 1, S. 297; HÜLS, S. Trifone, S. 336f.

431 Vgl. dazu BOSSI, I Crescenzi, S. 77ff. und Regesto di Farfa 3, doc. n. 524 sowie 4, doc. n. 658. Zustimmend BORINO in seiner Rezension zu BOSSI, S. 398f. Zur Torre dei Crescenzi ausführlicher FIORE CAVALIERE, Le terme, S. 135ff. Wichtige, bisher unbekannte Quellen zum Besitz der Crescentier könnte das noch immer unzugängliche Archiv Serlupi-Crescenzi enthalten, ebenda, S. 137.

432 BOSSI, I Crescenzi, S. 78 und DERS., I Crescenzi di Sabina, S. 113 und 146 weist beide den Octaviani zu, während sie BREZZI, Roma, S. 194, und TOUBERT, Les structures 2, S. 1086, für Stefaniani halten. Überzeugender jedoch KÖLMEL, Rom, S. 158f.: Gegen eine Zuordnung zu einem der beiden Crescentierzweige spricht die von der Erwähnung beider Sippen separierte Nennung des Marinus im Regesto di Farfa 3, doc. n. 492. TOUBERT hält S. 1224 Anm. 1 Marinus irrtümlich für einen Sohn des Präfekten Crescentius, HÜLS, S. Trifone, S. 336 Anm. 5 für einen Sohn des *patricius* Johan-nes II. Crescentius.

Die Torre dei Crescenzi erhebt sich über den Resten des Zentraleingangs der antiken Thermen und beherrschte damit auch den Zugang zu den drei im Besitze Farfas befindlichen Kirchen innerhalb des Thermenkomplexes. Es wurde vermutet, daß das Salvatororatorium sogar als Familienkapelle der Crescentier gedient haben könnte[433]. In unmittelbarer Nähe der Torre, nämlich im den Thermen vorgelagerten antiken *Nemus Thermarum*, lag die Kirche S. Eustachio. Eine direkte Verbindung zwischen den Presbytern von S. Eustachio und den Crescentiern ist nicht nachweisbar; es bleibt nur Vermutung, daß beide gleichermaßen an der Beseitigung der Farfenser Enklave in ihrer unmittelbaren Nachbarschaft interessiert gewesen sein könnten. Allerdings gibt es auch Hinweise auf Verbindungen zwischen der Kirche und den Stefaniani. Die Senatrix Stephania, Cousine Alberichs II. und Namensgeberin der Stefaniani, der sabinischen Linie der Crescentier, hatte nach Ausweis einer heute zerstörten Inschrift die Eustachiusbasilika vor 987 erneuert[434]. Ihr Sohn, Graf Benedikt II. von der Sabina, legte 998 unmittelbar nach der Hinrichtung des Crescentius aus Furcht vor einer Einmischung Ottos III. einen Streit mit Hugo von Farfa bei[435]. Zu diesem Zweck fand er sich wenige Tage nach dem kaiserlichen Urteil zugunsten Farfas in S. Maria de Thermis ein. Der gewählte Verhandlungsort war gleichzeitig eine Machtdemonstration des vom Kaiser gestützten Abtes gegenüber dem Sabinagrafen, gegen den sich kaum zwei Monate später auch ein gemeinsamer Feldzug Ottos III. und Gregors V. richtete[436]; Abt Hugo demonstrierte damit aber auch den Besitzanspruch Farfas auf seine Kirchen gegenüber anderen Ansprüchen, wie sie die Presbyter von S. Eustachio vielleicht in Interessengemeinschaft mit den Crescentiern erhoben.

Für eine solche Verbindung fehlt wie gesagt ein eindeutiger Beleg, jedoch müssen letztlich gleichgerichtete Absichten bestanden haben: Nachdem am 1. Juni 1011 eine erneute Klage von S. Eustachio gegen Farfa abgelehnt worden war, übertrug am 2. Juni 1011 eine *Stephania nobilissima femina, filia vero Marozzae* dem Reichskloster ihren Besitz am Salvatororatorium, das schon 998 zwischen Farfa und S. Eustachio umstrit-

---

433 Vgl. Bossi, I Crescenzi, S. 75; zustimmend Fiore Cavaliere, Le terme, S. 141.

434 Dieser weitere Beleg für die Kirchenerneuerung unter Alberich II. und seinen drei Cousinen wurde bisher übersehen, vgl. dazu ansonsten Hamilton, Monastic Revival, und Ders., The House. Größere bauliche Maßnahmen auf Veranlassung der Senatrix sind grundsätzlich denkbar, vgl. Krautheimer, Corpus 1, S. 216f. Die Inschrift hatte der Jesuit Athanasius Kircher im 17. Jahrhundert noch gesehen, vgl. Ders. Historia, S. 163. Die Datierung der Inschrift auf das Ende des 12. Jahrhunderts durch Forcella, Iscrizioni 2, S. 386, und ihm folgend Appetiti, S. Eustachio, S. 17 überzeugt dagegen nicht, vgl. auch Buchowiecki, Handbuch 1, S. 694. Die Senatrix ist zum letzten Mal wohl 987 belegt, vgl. ihre Schenkung für SS. Bonifacio e Alessio bei Monaci, Regesto, n. 3 S. 368f. Falsch ist die Identifikation der Stephania als Gemahlin Alberichs II. Dieser Irrtum bei Krautheimer und Buchowiecki geht auf Kircher und dessen italienische Vorlage zurück.

435 *Ipso denique anno interfectus est Crescentius comes iussu Ottonis imperatoris et Gregorii pape, ut audistis, qui nimis districte placita infra Romam exercebant. Quorum territus pavore prefatus comes (Benedictus) quesivit nobis pactum, imperatore ac papa scientibus, et refutavit..., unde brevem testatam habemus.* Hugo von Farfa, Exceptio relationum de monasterii Farfensis diminutione, FSI 33, S. 64 Z. 18-23. Die erwähnte Urkunde ist ediert im Regesto di Farfa 3, doc. n. 428; vgl. dazu auch BZ 824.

436 Vgl. BZ 840 und 841.

ten gewesen ist[437]. Die Tatsache, daß sich Stephania im Gegenzug aber Güter in der Sabina übertragen ließ, spricht für einen Vergleich, mit dem ein offenkundig längerwährender Streit zwischen Farfa und den Crescentiern um das Oratorium ein Ende fand.

3. Zusammenfassung

Die vorstehenden Überlegungen führen zu dem Ergebnis, daß sich das Verhältnis Ottos III. zum römischen Adel komplizierter und differenzierter gestaltete, als es die übliche Gegenüberstellung von kaiserfeindlichen Crescentiern und kaiserfreundlichen Tusculanern bisher erkennen ließ. Diese Sichtweise rückte den Aspekt der rivalisierenden Machtinteressen beider Familien allzu ausschließlich in den Vordergrund, vernachlässigte dabei aber die nicht minder wichtige Frage nach den Bedingungen der Machtausübung innerhalb der römischen Adelsoligarchie.

Die Position Crescentius II. Nomentanus ist - wie auch schon die Machtstellung Theophylakts und Alberichs II. - ohne breiteren Konsens in der römischen Aristokratie nicht denkbar. Als »Tyrann« war der Stadtherr nicht den Römern, sondern dem »Ausländer« Gerbert erschienen, dessen idealer Vorstellung vom Petrusamt die politischen Realität in Rom widersprach. In Rom selbst stieß die Herrschaft des Crescentius wohl in Reformkreisen auf vereinzelten Widerspruch, wie die Äußerung des Abtes Leo von SS. Bonifacio e Alessio vermuten läßt, forderte aber keinen offenen Widerstand der anderen Adelsfamilien heraus. Auch macht die Verwandtschaft der Crescentier mit den Tusculanern die Annahme eines antagonistischen Gegensatzes zwischen den beiden Familienzweigen nicht unbedingt wahrscheinlich. Sicher spielten Interessenkonflikte eine Rolle, aber mit Begriffen wie »Putschversuch«[438] oder dem prinzipiellen Konflikt zwischen »alten Rivalen«[439] werden sie wohl zu dualistisch beschrieben. Das System dürfte elastischer gewesen sein, ermöglichte es doch den mächtigsten Vertretern der einen Familie während des situationsbedingten Vorrangs der anderen stets noch wesentlichen Einfluß[440]. Diese Herrschaftsstruktur war im Einzelfall sicher von Rivalitä-

---

437 Vgl. dazu Regesto di Farfa 4, doc. n. 616 und doc. n. 650. In die bisherigen Genealogien der Crescentier ist eine Stephania, Tochter der Marozia, nicht einzuordnen; ungeklärt auch die Identität von Stephanias Ehemann, des *vir nobilis Ursus de Baro*. Auffallend ist die Identität der 1011 erneut klagenden Priester von S. Eustachio mit einem Teil jener, die schon 998 vor Otto III. geklagt hatten. Die Verhandlung fand nun vor dem *patricius* Johannes II. Crescentius und dem Stadtpräfekt Crescentius statt.

438 HERRMANN, Tuskulanerpapsttum, S. 4.

439 SCHRAMM, Kaiser 1, S. 189.

440 So ist Gregor I. von Tusculum, der *praefectus navalis* Ottos III., zur Zeit von Papst Johannes XII., des Sohnes von Alberich II., ebenso als *consul et dux* nachweisbar wie später unter Benedikt VII. während der Konsolidierungsphase der Crescentier, vgl. HERRMANN, Tuskulanerpapsttum, S. 3. Umgekehrt blieb ein Crescentius 1012 nach dem Tod des Patricius Johannes II. Crescentius unter dem Tusculanerpapst Benedikt VIII. *praefectus* und unterstützte demnach nicht Gregor (VI.), den jedoch die sabinische Linie der Crescentier, die Stefaniani, begünstigten, vgl. ebenda, S. 5 Anm. 34; ferner KÖLMEL, Rom, S. 62ff. Möglicherweise haben die Tusculaner schon Einfluß auf die Wahl Sergius IV. (1009-1012) genommen, vgl. BZ 1036, was wiederum kaum gegen den Willen des *patricius* gesche-

ten geprägt, im ganzen aber doch auf Interessenausgleich und Machtbalance innerhalb des Kreises der führenden Familien ausgerichtet.

Die Maßnahmen Ottos III. bedrohten dieses System in mehr als einer Hinsicht: Die Erhebung Gerbert-Silvesters II. schloß die Aristokratie zum zweiten Mal hintereinander vom direkten Einfluß auf die Besetzung des Petrusamtes aus. Der Aufstieg Gregors de Miccina zum Vestarar Silvesters II. und seines Sohnes Alberich zum Palastmagister Ottos III. warf für die führenden Familien zudem den drohenden Schatten einer vom Kaiser planmäßig betriebenen, kontinuierlichen Machtverschiebung zum Nachteil der bisherigen Führungsschicht voraus. Darüberhinaus war Ottos III. sächsischer Gefolgsmann Ziazo als neuer *patricius Romanorum* eine weitere Einschränkung des gewohnten politischen Handlungsspielraums. Außerdem sahen sich die Crescentier in der Sabina größtem Druck von seiten des Kaisers und des Papstes sowie des von Otto III. protegierten Reichsklosters Farfa ausgesetzt. Im selben Kontext stehen auch die kaiserlichen Gerichtsentscheide zugunsten Farfas und zum Nachteil der römischen Kirchen SS. Cosma e Damiano und S. Eustachio; aus deren anzunehmenden Verbindungen mit den Crescentiern dürften sich neue Konflikte ergeben haben.

Insgesamt bündelten sich diese Einzelmaßnahmen zu einem massiven Eingriff in das traditionelle Machtgefüge Roms. Gleichwohl kann keine Rede davon sein, daß »alle Crescentiusanhänger aus ihren Positionen entfernt« wurden[441]. Ein so umfassender Austausch der Führungsschicht hätte schon auf praktische Schwierigkeiten stoßen müssen und wäre davon abgesehen ein politisch unkluger Konfrontationskurs gewesen, der ein enormes Konfliktpotential geschaffen hätte. Wie die Übertragung des neuen Pfalzgrafenamtes an den in seinem Amt belassenen Stadtpräfekten zeigt, sollte die potentielle Gegnerschaft der Crescentierklientel wohl durch Einbindung in die kaiserliche Verwaltung überwunden werden. Gleichzeitig aber wurde der Einfluß der bisherigen Machtelite durch den Aufstieg einer Familie wie der de Miccina eingedämmt und mit dem *patricius* Ziazo ein sächsischer Vertrauter als Garant für die Durchsetzung des kaiserlichen Willens in Rom eingesetzt. Damit war der bisherige Einfluß der Crescentier auf die Politikgestaltung ebenso grundsätzlich gefährdet wie jener der Tusculaner. Schon deshalb ist fraglich, ob Gregor von Tusculum jemals zu den »Parteigängern« Ottos III. gehört haben kann. Denn der Kaiser betrachtete einen wesentlichen Teil des politischen Spielraumes, über dessen Gestaltung innerhalb der römischen Adelsoligarchie zwar gestritten, aber auch Konsens erzielt worden war, nunmehr als seine ureigenste Angelegenheit und bedrohte damit naturgemäß die einflußreichsten Familien am meisten. Es lag daher in der Logik der Dinge, daß sich Gregor von Tusculum als ein Reprä-

---

hen sein kann. Erst nach dem Tod des Familienoberhaupts der Crescentier, des *patricius* Johannes II. im Jahr 1012, erwiesen sich die Tusculaner als durchsetzungsfähigste Gruppierung in der römischen Führungsschicht.

441 So aber HLAWITSCHKA, Kaiser, S. 159.

sentant der traditionellen Führungsschicht unter den Anführern der Rebellion gegen Otto III. befunden haben dürfte[442]. Da kein grundsätzlicher Interessenausgleich stattfand, sondern der traditionelle Machtanspruch der führenden Familien dem kaiserlichen Herrschaftsanspruch ebenso wie den Machtverschiebungen innerhalb des römischen Adels unverändert feindlich gegenüberstand, mußten die unter der Oberfläche schwelenden Konflikte bei passender Gelegenheit offen ausbrechen.

V. Rom als Hauptstadt?

Die besondere Bedeutung, die Otto III. Rom beigemessen hat, schlägt sich nach herrschender Meinung namentlich in seinem Plan nieder, Rom nach antikem Vorbild zur kaiserlichen Dauerresidenz und damit zur Hauptstadt des ottonischen Reiches zu machen. Ein solcher Plan wäre schon deshalb gänzlich weltfremd und phantastisch gewesen, weil er jenseits aller Praktikabilität zugunsten eines literarisch vermittelten Vorbilds mit dem Reisekönigtum als gängiger Herrschaftspraxis im ottonischen Reich gebrochen hätte[443], ohne auf einen auch nur ansatzweise existenten zentralen Verwaltungsapparat zur Reichsregierung zurückgreifen zu können. Weil aber schon der Begriff »Hauptstadt« mißverständlich ist, erscheint es angebracht, sich nochmals die Fakten zu vergegenwärtigen, auf deren Interpretation das gängige Urteil beruht, Otto III. habe Rom zur »zentrale(n) Residenz«[444] erheben wollen.

Unter der Bedingung des »Reisekönigtums« sind es vor allem zwei Kriterien, die eine Stadt zur »Hauptstadt« machen: Zum einen regelmäßige und möglichst lange Herrscheraufenthalte, zum anderen die Existenz eines königlichen *palatium*[445]. Beide Erfordernisse sind für Rom erfüllt: Otto III. verbrachte während sechs langer Aufenthalte insgesamt 15-16 Monate in Rom, den überwiegenden Teil davon während seines zweiten Italienzuges[446], und feierte dort zweimal das Oster- und zweimal das Weihnachtsfest. In Pavia verbrachte er dagegen nur vier bis fünf und in Ravenna nur etwa zwei Monate; das Weihnachts- und Osterfest feierte er in den beiden Städten jeweils

---

442 Daß Gregor führend beteiligt war, wird zwar allgemein angenommen, ist mit wünschenswerter Klarheit allerdings nicht belegt. Die einzige Quellenaussage findet sich bei Thietmar von Merseburg, der sich aber nicht präzise ausdrückt, sondern nur einen *Gregorius* erwähnt, *qui cesari valde carus erat*, vgl. Chronicon IV 48, MGH SS rer. Germ. NS 9, S. 186. Es bleibt unklar, auf wessen Initiative die Rebellion letztlich zurückgeht, zumal auch der in der Vita Bernwardi 25, MGH SS 4, S. 770 Z. 36 als offenbar hauptverantwortlich genannte *Benilo* nicht identifiziert werden kann.

443 Für die herrschende Meinung repräsentativ die Formulierung von ALTHOFF, Vormundschaft, S. 277: »(Die Politik Ottos III.) brach durch die geplante Hauptstadt-Funktion Roms mit der Praxis des Reisekönigtums...«

444 HLAWITSCHKA, Frankenreich, S. 141.

445 Vgl. dazu BRÜHL, Remarques, S. 207.

446 Vgl. dazu TELLENBACH, Kaiser, S. 235 und die Tabelle S. 250 mit zugehörigen Belegen. TELLENBACH spricht S. 234 von sechs Aufenthalten Ottos III. in Rom; BRÜHL, Fordrum, verzeichnet S. 462 mit Anm. 53 zehn Aufenthalte. Der Unterschied erklärt sich aus der verschiedenartigen Bewertung kurzer Abwesenheiten des Kaisers aus Rom: Während TELLENBACH einen längeren Aufenthalt dadurch nicht unterbrochen sieht, zählt BRÜHL jede Rückkehr nach Rom als Beginn eines neuen Aufenthaltes.

einmal[447]. Die längeren Aufenthalte in Pavia und Ravenna fallen erst in die Zeit nach der Vertreibung aus Rom[448]. Rom wurde bekanntlich auch durch den Bau eines neuen *palatium* ausgezeichnet: Inmitten der Ruinen auf dem Palatin ließ Otto III. beim Kloster S. Cesario in Palatio eine Pfalz erbauen und ersetzte damit die alte, außerhalb der Mauern bei St. Peter gelegene karolingische Kaiserpfalz durch eine neue, nunmehr innerhalb der Mauern Roms errichtete Residenz; mit dieser Ortswahl kann durchaus eine Anknüpfung an die imperiale Tradition der Antike beabsichtigt gewesen sein, denkbar ist aber auch, daß die Nähe zur Papstresidenz im Lateran wichtig war: Im Falle eines Konflikts in Rom wäre die Palatinpfalz weniger leicht zu isolieren gewesen als die auf dem jenseitigen Tiberufer gelegene[449].

Kann also schon vor diesem Hintergrund zurecht von einer »residenzartigen Ausgestaltung von Rom« gesprochen werden[450], so waren mit der starken kaiserlichen Präsenz in Rom auch die Änderungen im stadtrömischen Ämterwesen verbunden, von denen bereits die Rede war. Erlauben sie aber einen Hinweis auf die geplante Funktion Roms als »Hauptstadt«? Nur zwei Ämter können als wirkliche Neuschöpfungen angesehen werden: Erstens der *imperialis palatii magister*, dem die mit der Neugründung der Pfalz verbundenen Aufgaben übertragen worden sein dürften, und zweitens der römische *comes palatii*, der in Stellvertretung des Kaisers Gerichtsbefugnisse ausübte. Zweifellos war es das Ziel dieser Maßnahmen, in Rom den Herrschaftsanspruch Ottos III. durchzusetzen. Die Amtstitel belegen aber nur die tatsächliche oder zumindest beabsichtigte Integration ihrer Träger in eine neugeschaffene kaiserliche Verwaltung, die - Loyalität einmal vorausgesetzt - natürlich auch in Abwesenheit des Kaisers funktionieren konnte. Hinweise auf den Plan einer ständigen Anwesenheit Ottos III. in Rom lassen sich daher aus den Amtsbezeichnungen nicht gewinnen.

Die These, daß Rom zentrale Dauerresidenz werden sollte, könnte schließlich ihre Hauptstütze in einer Bemerkung Bruns von Querfurt finden, wonach der Kaiser den kindischen Vorsatz gehabt habe, in Rom »immer zu bleiben« und die Stadt zum Glanz ihrer früheren Würde zu erneuern[451]. Diese Nachricht soll nicht hinwegdisputiert werden, jedoch ist zu fragen, ob sie tatsächlich als Aussage über die Absichten Ottos III. verstanden werden darf. An einer anderen Stelle benutzt Brun nicht die Wendung *sem-*

---

447 Vgl. dazu die Tabelle bei TELLENBACH, Kaiser, S. 236.
448 Vgl. für Pavia BU 1424b-1426; für Ravenna BU 1405b-1417, 1422e-1423a und 1426c-1434b.
449 Während die Gesta episcoporum Cameracensium den Aventin als Ort der Kaiserpfalz nennen, plädierte BRÜHL, Kaiserpfalz, insb. S. 26ff. für den Palatin. Den Vorteil eines Stützpunktes innerhalb der Mauern läßt die Situation während des Romzugs Lothars III. erkennen, vgl. dazu BERNHARDI, Lothar, S. 468ff.: Zwischen dem Aventin, wo der Kaiser 1133 mit Hilfe der Anhänger Innozenz II. sein Lager aufschlagen konnte, und dem Lateran, wohin er den Papst dann führte, konnten die gegnerischen Pierleoni, deren Einflußzone um das Marcellustheater lag, keinen Riegel schieben. Darf für die Entscheidung Ottos III. nicht auch Rücksicht auf innerrömische Verhältnisse unterstellt werden - zumal die de Miccina als seine Anhänger am Palatin begütert waren (siehe dazu oben, S. 254), die Crescentier aber in der Gegend des Tiberknies gegenüber der Engelsburg bzw. am Westabhang des Quirinal?
450 So KELLER, Reichsstruktur, S. 89, der diese Charakteristik freilich ebenso für Aachen und Ingelheim in Anspruch nimmt.
451 *Num cum sola Roma ei placeret, et ante omnes Romanum populum pecunia et honore dilexisset, ibi semper stare, hanc renovare ad decorem secundum pristinam dignitatem ioco puerili in cassum cogitavit.* Brun von Querfurt, Vita quinque fratrum 7, MPH NS 4.3, S. 43 Z. 8-11.

per stare, sondern *sedulo stare*[452]. Dieser Unterschied ist deshalb wichtig, weil in der Bedeutungsnuance von *semper* und *sedulo* auch zwei Deutungsmöglichkeiten greifbar werden: Während *semper* die Dauer des Aufenthaltes bezeichnet (»immer, unbegrenzt«), beschreibt *sedulo* seine Qualität (»emsig, geschäftig; ernstlich«), bezieht sich also auf die ungewöhnlich intensive, persönliche Intervention Ottos III. in Rom, ohne damit eine Aussage über ihre beabsichtigte Dauer zu treffen. Es wurde schon festgestellt, daß Bruns Bericht von geschichtstheologischen Spekulationen um die Ursache des frühen Todes Ottos III. und von hagiographischem Darstellungsinteresse geprägt ist und darüberhinaus wegen seines retrospektiven Charakters nur sehr beschränkt als Aussage über die politische Realität in Rom unter Otto III. gelten kann. Die Errichtung einer Kaiserpfalz war für Brun ein Bruch der Konstantinischen Schenkung, seine Aussagen über die Ziele Ottos III. in Rom sind von der summarischen Verwerfung seiner Politik als *peccatum* gegen den Apostelfürsten bestimmt. Begünstigt diese Optik schon manche Verzerrung, könnte bei Brun auch mangelnde Vertrautheit mit den Verhältnissen in Rom hinzukommen[453]: Der Pfalzbau auf dem Palatin und der Kirchenbau auf der Tiberinsel betrafen hauptsächlich den dünn besiedelten römischen disabitato[454]. Dies mochte Brun rückblickend und ohne Kenntnis im Detail als beabsichtigte Wiederherstellung versunkener heidnischer Größe und empörende Geldverschwendung gedeutet haben[455]. Die neue Pfalz verstand er sicher als Symbol des dauerhaften kaiserlichen Herrschaftsanspruchs über die Apostelstadt; die relativ lange Anwesenheit Ottos III. in Rom könnte er rückblickend als Zeichen für den Plan einer römischen Dauerresidenz verstanden haben, ohne jedoch die tatsächliche Absicht Ottos III. zu kennen[456]. Bruns Bericht über den Kaiser ist eine Interpretation, die er zwar nur ein paar Jahre nach dessen Tod niederschrieb, die das Bild Ottos III. jedoch bereits deutend verzerrte. Wie die modernen Historiker stand schon der sächsische Geistliche vor dem Problem, ohne Kenntnis der tatsächlichen Intention des Kaisers eine Aussage über seine Ziele treffen zu wollen.

---

452 *(Romani) indignantes volentem extra preeuntium regum consueta sedulo stare apud illos pietate plenum cesarem cum suis linguaticis prope occiderunt.* Brun von Querfurt, Vita quinque fratrum 7, MPH NS 4.3, S. 44 Z. 12f.

453 Zur fehlenden Vertrautheit nichtrömischer Historiographen mit den lokalen Verhältnissen und den damit verbundenen Fehlurteilen vgl. die Bemerkungen von Toubert, Les structures 2, S. 1031f.

454 Zum disabitato vgl. Krautheimer, Rom, S. 340-356 sowie S. 280 zur Besiedlung der Tiberinsel.

455 Zur Erneuerung des einstigen Glanzes vgl. schon oben das Zitat in Anm. 438; weiterhin: *inveteratae Romae mortuum decorem renovare supervacuo labore insistit*, Brun von Querfurt, Vita quinque fratrum 7, MPH NS 4.3, S. 44 Z. 3f. Zur Geldverschwendung ebenda, Z. 11f.: *(Romani) obliti montem pecuniarum quas frustra - amans sed non amantes - plena manu quasi fudit (Otto III.) in abissum;* vgl. jetzt Etienne, Espace urbain, S. 74-83, der S. 81 »une constellation de cellules isolées, constituées quelquefois de quatre ou cinq maisons seulement« für charakteristisch hält.

456 Rückblickend sah es so aus, als ob Otto III. fast sein ganzes Leben in Rom verbracht hätte: *(Otto III.) in Romana urbe totum pene vitae suae tempus exegit.* Constantin von Metz, Vita Adalberonis 25, MGH SS 4, S. 667 Z. 36f. Damit traf Constantin keine Aussage über ein Vorhaben Ottos III., sondern resümierte unter dem Eindruck des frühen Todes Ottos III. die Gesamtdauer des Romaufenthaltes falsch, denn der Kaiser war nicht mehr als 15-16 Monate in Rom gewesen, siehe dazu schon oben, S. 263f.

Fraglos war Rom zwischen April 998 und Januar 1001 eine »Hauptstadt«. Trotz aller belegbaren Herrschaftsintensivierung in Rom wird man aber die Frage, ob Otto III. der Stadt die Funktion einer Dauerresidenz zugedacht hatte, verneinen dürfen. Der Aufenthalt des Kaisers in Rom muß vor dem Hintergrund der Ereignisse verstanden werden, die ihn erst herausgefordert hatten: Crescentius II. Nomentanus hatte sich mit der Vertreibung Gregors V. und der Erhebung Johannes XVI. fundamental gegen den kaiserlichen Herrschaftsanspruch aufgelehnt. Otto III. hatte den Stuhl Petri wie ein Reichsbistum besetzt und damit sein Verständnis von der Beziehung zwischen höchster geistlicher und höchster weltlicher Gewalt deutlich gemacht. Sein Eingreifen in Rom war eine durch die politische Konstellation erforderlich gewordene Schwerpunktsetzung, in der sich das Ziel der Herrschaftsstabilisierung in der Apostelstadt mit dem der Reform des Papsttums unauflöslich verband. Die Dauer des Herrscherbesuchs einer *sedes regni* ist grundsätzlich abhängig von den damit verbundenen administrativen und politisch-militärischen Zielen. Die Lage in Rom war kompliziert und konfliktgeladen genug, um die Anwesenheit Ottos III. für einen längeren Zeitraum erforderlich zu machen. Die Erfahrungen seiner beiden Vorgänger hatten zur Genüge gezeigt, wie wenig dauerhaft die Folgen eines Eingriffs in die römischen Verhältnisse waren, solange die kaiserliche Macht in der Stadt selbst nicht über ein hinreichend tragfähiges Fundament verfügte. Aus der zu diesem Zweck erforderlichen Absicherung der Herrschaft über Rom kann aber nicht auf das phantastische Ziel einer zentralen Residenz geschlossen werden. Die These, daß eine dauernde Schwerpunktverlagerung nach Süden beabsichtigt gewesen sein soll, hat ferner mit der Schwierigkeit zu kämpfen, damit Otto III. einen kaum vorstellbaren Irrtum über die Bedingungen der Herrschaftspraxis in seinem Riesenreich unterstellen zu müssen. Solange Machtausübung an die persönliche Präsenz des Herrschers gebunden war[457], konnte die ambulante Regierungspraxis nicht aufgegeben werden, ohne die Durchsetzung des Herrscherwillens entscheidend zu gefährden. Die geplante Rückkehr Ottos III. nach Sachsen zur Beilegung des Gandersheimer Streits läßt erkennen, daß der Kaiserhof nach wie vor in den verschiedenen Reichsteilen präsent sein wollte und mußte[458]. Schließlich verbietet doch der unerwartet frühe Tod des jungen Kaisers, seine Rompolitik als gescheitert zu betrachten: Vielmehr wurde sie an einem völlig beliebigen Punkt unterbrochen, ohne daß der Beweis ihrer praktischen Undurchführbarkeit schon erbracht worden wäre. Otto III. war schließlich nicht der einzige Kaiser, der sich mit Rebellionen in Rom auseinanderzusetzen hatte.

Nach Abwägung der Argumente erscheint es daher unwahrscheinlich, daß Otto III. versucht haben soll, das dem deutschen König fremde Prinzip der dauerhaften Herrschaft von einem festen Verwaltungsmittelpunkt aus durchzusetzen. Vor seinem zweiten Italienzug begünstigte Otto III. Aachen so zielgerichtet, daß man diese Phase als »zweite Glanzzeit« der Stadt nach Karl dem Großen bezeichnet hat[459]. Wie der Auf-

---

457 Zur *praesentia regis* als Bedingung der Machtausübung vgl. TELLENBACH, Kaiser, S. 233 mit Anm. 10; mit Otto III. setzt die periodische Präsenz des Hofes in allen Reichsteilen ein, die dann unter Heinrich II. zur Regel wurde, vgl. KELLER, Reichsstruktur, S. 89f.

458 Zur geplanten Rückkehr siehe schon oben, S. 129f.

459 FLECKENSTEIN, Hofkapelle 2, S. 146.

enthält Ottos III. in Aachen nach seiner Rückkehr aus Gnesen zeigt, riß die Bevorzugung der Stadt auch später nicht ab[460]. Der Bericht der Quedlinburger Annalen, wonach der Kaiser Aachen nach Rom allen anderen Städten vorzug[461], hat also seine tiefe Berechtigung, wobei sich der Vorrang Roms aus seiner Funktion als Apostelstadt und Stadt der Kaiserkrönung von selbst ergab. Was die Frage nach der »Hauptstadtfunktion« Roms angeht, bedarf es deshalb der in der Forschungsdiskussion immer wieder verlorengegangenen Präzision, mit der Carlrichard Brühl den zwar geläufigen, aber mißverständlichen Begriff »Hauptstadt« ablehnte und stattdessen *sedes regni* vorschlug; die verfügbaren Erkenntnisse bündelte Brühl zu dem Ergebnis, daß Otto III. Rom neben den bisherigen italischen Pfalzstädten Pavia und Ravenna nur zu einer weiteren - nicht aber zur alleinigen! - *sedes regni* im südlichen Reichsteil machen wollte[462].

VI. Bemerkungen zur Renovatio-Devise

Die Umschrift *Renovatio imperii Romanorum* auf der ersten Bulle Ottos III. wird als programmatische Formulierung eines das ganze staatliche und religiöse Leben umfassenden Reformprogramms verstanden. Das breite Bedeutungsspektrum des Begriffs *renovatio* ermöglicht es, die Reformtendenz in allen Aspekten der Politik Ottos III. widergespiegelt zu sehen. Der religiös-kirchliche Bereich ist durch die enge Zusammenarbeit von Kaiser und Papst, die Förderung von Mission und kirchlicher Reform abgedeckt; der staatlich-institutionelle durch die Herrschaftsstabilisierung im südlichen Reichsteil; der kulturelle durch das vertiefte Studium antiken Wissens; schließlich der persönlich-menschliche durch die Frömmigkeit des Kaisers selbst[463].

Wegen dieser vielfältigen Bedeutung von *renovatio*[464] ist die Bullenumschrift auch grundsätzlich offen für eine Deutung auf praktisch alle »Erneuerungen«, die die »ottonische Renaissance« ausmachen[465]; statt die Frage nach geistes- oder kulturgeschichtlichen Verbindungslinien weiter zu vertiefen, sei an dieser Stelle vielmehr die historische Situation ins Auge gefaßt, in der Otto III. eine *Renovatio imperii Romanorum* propagierte - sofern die Devise nicht von Bullen seiner beiden Vorgänger übernommen

---

460 Zum Aachenaufenthalt vgl. BU 1359a-1367. Zum Verhältnis Ottos III. zu Aachen vgl. BRÜHL, Fodrum, S. 151 und 154 Anm. 164; FLECKENSTEIN, Hofkapelle 2, S. 146-151. Zu Schenkungen Ottos III. für das Marienstift vgl. NOLDEN, Besitzungen, S. 296 und 379; zum Eigendiktat Ottos III. in DO.III. 347 für das Aachener Marienstift vgl. HOFFMANN, Eigendiktat, S. 398.

461 ...*Aquisgrani, quam etiam cunctis tunc post Romam urbibus praeferre moliebatur...* Annales Quedlinburgenses ad a. 1000, MGH SS 3, S. 77 Z. 31f. Schon für Otto I. und später für Friedrich II. gibt es vergleichbare Quellenaussagen über die Rangfolge Rom-Aachen, vgl. BRÜHL, Fodrum, S. 150f.

462 Vgl. BRÜHL, Fodrum, S. 503 mit Anm. 299; DERS., Remarques, S. 213.

463 Die Verbindung zwischen persönlicher *renovatio* und der des Imperium betonte jüngst SANSTERRE, Otton III, S. 386, und DERS., Le monastère, S. 499.

464 Zum Erneuerungsgedanken vgl. HEER, »Renaissance«-Ideologie; LADNER, Reformidee; DERS., Erneuerung; SCHIMMELPFENNIG, Bericht.

465 Vgl. dazu HEER, »Renaissance-Ideologie«, S. 63-81.

wurde[466]. Zum ersten Mal erscheint die Bleibulle mit der beziehungsreichen Devise an
der Urkunde Ottos III. für das Kloster Einsiedeln, die am 28. April 998 in Rom ausgestellt wurde, an dem Tag also, *quando Crescentius decollatus suspensus fuit*, wie in
der Datierungszeile ausdrücklich betont wird; zum letzten Mal ist die Bulle an der am
30. Mai 1000 in Aachen ausgestellten Urkunde für Trier nachweisbar[467]. Welche Bulle
während der restlichen Monate des Jahres 1000 verwendet wurde, ist mangels erhaltener Exemplare unbekannt. Sicher ist nur, daß seit Januar 1001 kontinuierlich der
zweite Typus mit der Umschrift *Aurea Roma* gebraucht wurde[468]. Die Renovatio-Devise wurde also von der Niederwerfung der Crescentius-Rebellion in Rom bis zur Rückkehr aus Gnesen verwendet. Ihre Einführung dürfte ebenso wie ihr Ersatz durch die Au-
rea-Roma-Devise auf eine Anordnung Ottos III. zurückgehen. Fraglich ist indessen,
welche politischen Maßnahmen der Kaiser der Renovatio-Devise ursprünglich verpflichtet sehen wollte. Vor dem Hintergrund der Gründung des polnischen und ungarischen Erzbistums erscheint sie als das politische Programm, unter dessen Vorzeichen
sich die Eingliederung der jungen christlichen Staaten in das christliche, als erneuertes
Römerreich verstandene Imperium Ottos III. vollzog. Jedoch muß offenbleiben, ob zu
dem Zeitpunkt, zu dem über die neue Siegelumschrift entschieden wurde, die Gnesenfahrt mit ihren politischen Implikationen überhaupt schon geplant war[469]. Die Erhebung Ungarns zum Königreich erfolgte schließlich erst im April 1001 nach Aufgabe der
Renovatio-Devise[470].

Weshalb Otto III. auf diese Bullenumschrift verzichtete, entzieht sich zunächst unserer Kenntnis; will man darin jedoch kein zufälliges Ereignis erblicken, so wird man
die Ursache dafür in der politischen Situation des Jahres 1000 suchen müssen. In den
vorangegangenen zwei Jahren hatte Otto III. Gregor V. nach Rom zurückgeführt, nach
dessen Tod mit Gerbert einen hochgebildeten Kleriker zum Papst erhoben, die römische Empörung niedergeworfen und eine neue kaiserliche Verwaltung in Rom errichtet,
die Erneuerung des religiösen Lebens in der Stadt durch Förderung der Klosterreform
begünstigt und die Restitution des römischen Kirchenguts durchzusetzen begonnen.
Mit diesem Maßnahmenbündel sollte das religiöse Zentrum der *christianitas* erneuert,
das Papsttum, dessen Verfall im Reimser Bistumsstreit so lautstark beklagt worden
war, auf eine neue Grundlage gestellt und schließlich der kaiserliche Herrschaftsanspruch über Rom gefestigt werden. In diesem Sinn konnte Rom, dessen tiefen Fall Ger-

---

466 Siehe dazu schon oben, S. 201.
467 Vgl. DO.III. 285, S. 796 Z. 29f. und DO.III. 368. Eine Übersicht über die Verwendung der
Kaisersiegel bei FOLTZ, Siegel, S. 39ff.; POSSE, Siegel 5, S. 15f.
468 Zuerst belegt für DO.III. 390 vom 23. Januar 1001; aber auch DO.III. 389 für Silvester II. trug
bereits diese Bulle, vgl. BU 1399.
469 Der Zeitpunkt, an dem Otto III. vom Märtyrertod Adalberts erfuhr, ist unbekannt; Mathilde
UHLIRZ vermutet Oktober 997, vgl. BU 1238a; die Planung der Gnesenfahrt datiert sie in die zweite
Hälfte 999, vgl. BU 1325b und DIES., Jahrbücher, S. 540ff. Sind diese Überlegungen richtig, so muß
der Plan, das christliche Polen dem Imperium als Gliedreich beizuordnen, in dem politischen Konzept
der *renovatio* von 998 noch nicht enthalten gewesen sein. Anders BEUMANN, Otto III., der S. 91 annimmt, die Todesnachricht sei ein Motiv für »den in diese Zeit fallenden politischen Kurswechsel«.
470 Vgl. BU 1407c; BZ 942; FRIED, Otto III., S. 66f.

bert wenige Jahre zuvor schon in eschatologischer Perspektive gedeutet hatte[471], im Jahr 1000 als »erneuert« gelten, und das höchste geistliche Amt hatte mit der Errichtung des polnischen Erzbistums in enger Zusammenarbeit mit dem Kaiser seine wiederhergestellte Funktionsfähigkeit eindrucksvoll unter Beweis gestellt. War dieses Rom nicht die Aurea Roma der Siegelumschrift, die aus der Sicht Ottos III. und Gerbert-Silvesters II. aus ihrem demütigenden Fall unter tyrannische Stadtherrn und unfähige Päpste zu neuem Glanz erhoben wurde? Konnte das Ziel der Renovatio nicht als erreicht gelten?

Ohne die Frage definitiv beantworten zu können ist doch anzunehmen, daß der Renovatio-Devise kaum die breite Bedeutung einer nie völlig erfüllten und auch nie völlig erfüllbaren Verpflichtung zur umfassenden religiösen und staatlichen Erneuerung beigelegt worden war, die man ihr als Ausdruck einer letztlich das ganze Mittelalter durchziehenden Reform- und Erneuerungsidee zuzumessen gewohnt ist. Der Verwendungszeitraum läßt ein anderes Verständnis zu: Gerade der Verzicht auf die Devise in der zweiten Jahreshälfte 1000 spricht eher dafür, daß sie nicht als Aussage über ein langfristiges »Regierungsprogramm« zu verstehen ist, sondern nur ein konkretes, kurzfristig gestecktes politisches Ziel umschrieb. Als die erfolgreiche Gnesenfahrt einen modifizierten Ausdruck des herrscherlichen Selbstverständnisses nahelegte, wie er in der Umschriftenkombination *Aurea Roma* und *Oddo imperator* der zweiten Bulle und dem gleichzeitig in der Intitulatio der Urkunden gebrauchten Titel servus apostolorum denn auch vorliegt, wurde die frühere Devise offenbar als überholt angesehen. Die nachweisbar beschränkte Verwendungszeit der Renovatio-Bulle läßt deshalb die Vermutung zu, daß die Devise ein vorrangig situationsgebundenes Motto war, das zu Beginn des zweiten Romzuges - vielleicht durchaus unter Anknüpfung an das Vorbild Karls des Großen[472] - aufgegriffen wurde und das politische Ziel umschrieb, die kaiserliche Herrschaft - gleichzeitig verstanden als Schutz der Kirche und des Papsttums - in Rom wieder zur Geltung zu bringen. Die Devise war dabei für einen Bezug auf die religiöse Erneuerung des als christliches Endreich verstandenen Römerreiches[473] ebenso offen wie für einen Bezug auf die politische Erneuerung des Reichs als Herrschaftsverband. Damit entsprach sie genau dem Nebeneinander von kirchenreformerischen und

---

471 Vgl. dazu den berühmt-berüchtigten Antichrist-Vorwurf an die Adresse des Papstes in der Rede des Bischofs Arnulf von Orléans bei Gerbert von Aurillac, Acta Concilii Remensis 28, MGH SS 3, S. 672. Zur wahrscheinlichen Autorschaft Gerberts siehe schon oben, S. 213 mit Anm. 170.

472 SCHRAMM hat sich mehrfach für ein Siegel Karls des Großen als Vorbild für die *Renovatio*-Bulle Ottos III. ausgesprochen, vgl. Kaiser 1, S. 117f. und DERS., Kaiser und Könige, S. 81f. Ein Beweis konnte dafür noch nicht erbracht werden, auch existiert auf den bekannten Siegeln Karls des Großen keine Kombination von Profilbild und *Renovatio*-Devise, wie sie aber die Bulle Ottos III. zeigt, vgl. die Abbildungen bei SCHRAMM, Kaiser und Könige, S. 273f. und 349.

473 Die Vermutung, daß Otto III. die Gedanken Adsos von Montier-en-Der über das römischen Endreich und den Antichrist gekannt haben muß, findet sich schon bei HAUPTMANN, Universalismus, S. 209. Erzbischof Heribert von Köln, der enge Vertraute Ottos III., war Adressat einer Abschrift von Adsos Traktat, vgl. MÜLLER, Heribert, S. 82 mit Anm. 176.; auch Gerbert dürfte Adsos *Libellus* gekannt haben, vgl. schon oben, S. 207. Jüngst vermutete FRIED, Endzeiterwartung, S. 431, »Otto III. dürfte sich nachhaltiger dem bangen Warten auf das Ende hingegeben haben, als gemeinhin angenommen wird.«

machtpolitischen Aspekten in der Rompolitik Ottos III. Daß der Renovatio-Plan über
eine solche »Erneuerung« Roms hinaus auch schon die Angliederung Polens und Ungarns an das christliche Imperium umfaßte, muß aufgrund der nur unbefriedigend aufhellbaren Vorgeschichte beider Vorgänge unentschieden bleiben. Zwar können beide
Ereignisse unter die Überschrift einer Renovatio-Politik subsumiert werden - wie es in
der Forschung auch üblich ist -, weil Mission und Glaubensverbreitung natürlich dem
Reformziel einer renovatio zugeordnet werden können[474]. Zu bedenken bleibt dabei
aber, daß die Ausweitung des Begriffs auf die gesamte Regierungstätigkeit Ottos III. seit
998 eine Schöpfung der modernen Historiker ist und der Kaiser selbst auf die Renovatio-Devise zur Kennzeichnung seiner Politik spätestens seit Anfang 1001 verzichtet hat.
Die Bedeutung des Begriffs renovatio für die Politik Ottos III. erschließt sich schon allein aus der christlichen Dimension einer Erneuerung Roms als des religiösen Zentrums
der Christenheit, ganz unabhängig von der Vergrößerung des Reichs und der Christenheit durch die Politik gegenüber Polen und Ungarn, aber auch unabhängig von der mit
dem »römischen Erneuerungsgedanken« angeblich verbundenen Schwerpunktverlagerung nach Rom.

   Wenn die Renovatio-Devise Ottos III. aber situationsgebunden zu verstehen sein
sollte, stellt sich gleichzeitig die Frage, welchen Erklärungswert ihre beliebte Gegenüberstellung mit der *Renovatio regni Francorum*-Devise Heinrichs II. dann noch beanspruchen kann.

   Die neue Bullenlegende wird häufig als Zeichen der Abkehr Heinrichs II. von der
Utopie seines Vorgängers hin zur »Bewältigung der Realitäten« im nördlichen Reichsteil verstanden; in ihr spiegele sich die Ablehnung der »als übersteigert und unrealistisch erachtete(n) Renovatio-Konzeption Ottos III. mit ihrer Zentrierung auf
Rom«[475]. Unter diesem Blickwinkel betrachtet kommt dem Bezug auf das *regnum
Francorum* die Bedeutung einer zentralen Aussage über die Politik des neuen Königs
zu. So könnte die Devise den beabsichtigten Ausbau Frankens zum Kernland des
Reichs[476] oder die Durchsetzung der ungeteilten Königsgewalt gegen alle weltlichen
und geistlichen Fürsten im Reich in prgrammatischer Kürze formuliert haben[477]. Auch
wurde der imperiale Charakter dieser ursprünglich karolingischen Formel betont, die
schon Ludwig der Fromme verwendet hatte, und die nunmehr die Anwartschaft Hein-

---

474 Aus diesem Grund betont HEER, »Renaissance-Ideologie«, S. 71, »daß Otto III. hiermit im
Grunde nichts anderes wollte, als seine kaiserlichen Ahnen und seine Nachfolger«.
475 HLAWITSCHKA, Frankenreich, S. 147f.; vgl. auch SCHIEFFER, Heinrich II., S. 385f.; DIEFENBACH,
Renovatio, S. 144; BEYREUTHER, Heinrich II., S. 87; BRÜHL, Deutschland, S. 640. Schon SCHRAMM,
Kaiser und Könige, gab allerdings S. 92f. zu bedenken, daß Heinrich II. vor seiner Kaiserkrönung die
Renovatio-Devise seines Vorgängers kaum unverändert hätte übernehmen können; ebenso BEUMANN,
König, S. 78.
476 So der Deutungsvorschlag von DIEFENBACH, Renovatio, S. 143ff.
477 So WEINFURTER, Zentralisierung, insb. S. 294f. Den Gegensatz zur Renovatio-Devise Ottos III.
relativiert WEINFURTER allerdings deshalb deutlich, weil Heinrich II. mehrfach seine Verbundenheit mit
seinem Vorgänger betont habe (ebenda, S. 291 mit Anm. 227) und bei seinem Vorhaben auf wesentli-
che verfassungspolitische Vorgaben Ottos III. habe aufbauen können. Vgl. auch HLAWITSCHKA, Frankenreich, S. 148.

richs II. auf die Kaiserwürde signalisieren sollte[478], möglicherweise gerade vor dem Hintergrund des Konflikts mit dem militärisch noch unbesiegten Gegenkönig in Italien, Arduin von Ivrea[479]. Bei all diesen Überlegungen tritt allerdings die Frage nach der Häufigkeit, mit der sich die Kanzlei Heinrichs II. der Bulle bediente, stark in den Hintergrund, obwohl doch auch dieser Aspekt für das politische Selbstverständnis des Königs wichtig sein könnte.

Untersucht man die tatsächlich belegbare Verwendung der Bulle, so ergibt sich die überraschende Feststellung, daß die Renovatio-Bulle nur während der ersten beiden Monate des Jahres 1003[480] und - vielleicht - ein weiteres Mal im April 1007 verwendet wurde[481]. Insgesamt vier erhaltenen Bullen Heinrichs II. stehen 23 Renovatio-Bullen Ottos III. gegenüber[482]. Angesichts der Menge der zwischen Juli 1002 und Dezember 1013 erhaltenen Exemplare des wächsernen Königssiegels Heinrichs II. steht außer Frage, daß die Königsbulle mit der fränkischen Renovatio-Devise ganz im Gegensatz zur Renovatio-Bulle Ottos III. nur äußerst selten in Gebrauch war. Nicht einmal im Januar und Februar 1003 wurde sie kontinuierlich verwendet, sondern nur parallel zum

---

478 Vgl. BEUMANN, König, S. 78; DERS., Ottonen, S. 160.

479 So SCHNEIDER, Heinrich II., S. 434.

480 Vgl. dazu FOLTZ, Siegel, S. 44; POSSE, Siegel 5, S. 17. Die Siegel sind erhalten an DDH.II. 37 und 38 vom 9.2.1003 und an DDH.II. 39a und 39b vom 23.2.1003. Nach FOLTZ und POSSE ist die Bulle von DH.II. 34 vom 15.1.1003 »abgefallen«. Eine Beschreibung der Orginalurkunde bei WIEGAND, Urkundenbuch 1, S. 40; demnach befindet sich rechts von der Signumzeile ein nahezu kreisrundes Loch, dessen Ränder keine Verfärbung des Pergaments durch Spuren eines Wachssiegels aufweisen; die Plica ist von sechs sich deckenden Presselöchern durchbohrt. So weit ich sehe, existiert keine Beschreibung der Urkunde vor Verlust des Siegels. Daß die Urkunde ein Loch statt eines Kreuz- oder Sternschnitts aufweist, der für ein aufgedrücktes Wachssiegel normalerweise angefertigt wurde, ist ungewöhnlich. Da das Loch nach Wiegands Beschreibung einen Durchmesser von etwa vier Zentimetern hat, das übliche Wachssiegel Heinrichs II. jedoch 7,4 bzw. 7,7 cm Durchmesser hat (vgl. FOLTZ, S. 41ff.), kann ursprünglich doch ein aufgedrücktes Wachssiegel vorgesehen gewesen sein. Als die Urkunde für die Besiegelung vorbereitet wurde, scheint man nicht an eine Bullierung gedacht zu haben.

481 Nach FOLTZ, Siegel, S. 44, und POSSE, Siegel 5, S. 17 ist die Bulle von DH.II. 130 vom 10.4.1007 »abgefallen« bzw. »verloren«. Diese Angabe stützt sich wohl auf die Mitteilung BÖHMERS, der das Original der Urkunde gesehen und »im Umschlage ... die Löcher« bemerkt hat, »in welchen das verlorne Siegel hing«, vgl. BÖHMER, Acta 1, S. 33. Weil FOLTZ für die Zeit der sächsischen Kaiser nur aufgedrückte Wachssiegel nachweisen konnte (vgl. S. 16f.), scheint er geschlossen zu haben, daß es sich um ein angehängtes Siegel (vgl. S. 25f.) und damit um die Bulle mit der Renovatio-Devise gehandelt haben muß. Eine positive Nachricht über Form und Umschrift des verlorenen Siegels existiert jedoch - soweit ich sehe - nicht. Die Corroboratio von DH.II. 130, S. 157 Z. 27 weist auf den Abdruck eines Siegelrings hin; die Ankündigung der Besiegelung wurde jedoch aus der Vorurkunde DO.I. 237 übernommen; diese Urkunde wiederum zeigt ein aufgedrücktes Wachssiegel, vgl. POSSE, Siegel 5, S. 12. Jedenfalls aber wäre die Verwendung der Bleibulle in DH.II. 130 in dieser Zeitspanne eine singuläre Ausnahme; schon am 15.4.1007 wurde am selben Ausstellungsort wieder mit dem üblichen wächsernen Königssiegel gesiegelt, vgl. DH.II. 131 und POSSE, Siegel 5, S. 43. Der bei FOLTZ und POSSE angegebene Verwendungszeitraum 1003-1007 vernachlässigt die seltene Verwendung der Bulle und vermittelt stattdessen den Eindruck kontinuierlichen Gebrauchs.

482 Vgl. POSSE, Siegel 5, S. 15ff.

üblichen Wachssiegel[483], während die Bulle Ottos III. zwischen April 998 und Mai 1000 ausschließlich gebraucht wurde[484]. Heinrich II. bediente sich demnach der fränkischen Renovatio-Devise keineswegs so häufig, wie man es vom programmatischen Ausdruck einer systematisch verfolgten neuen Herrscherpolitik eigentlich sollte erwarten können.

Ursächlich für das schnelle Verschwinden der Bulle dürfte letztlich die Wendung *regnum Francorum* gewesen sein, denn mit ihr enthielt die Devise einen Namen, den in Anspruch zu nehmen für Heinrich II. aus zwei Gründen problematisch war. Zum einen war der Frankenname bereits als Titelelement in die Legitimation des kapetingischen Königtums eingegangen[485] und bezeichnete in der damaligen Historiographie bereits das westfränkisch-kapetingische Reich[486]. Zum anderen wäre in einer zusammenfassenden ethnischen Bezeichnung für die *regna* nördlich der Alpen eine Reduzierung auf den Frankennamen der politischen Realität des supragentilen Herrschaftsverbandes nicht gerecht geworden. Der Frankenname konnte nicht zukunftsweisend sein, weil er die politische Wirklichkeit im ostfränkischen Reich nicht mehr ausdrückte. Aus diesem Grunde verzichtete auch Heinrich II. - ebenso wie seine Vorgänger - auf eine ethnische Spezifizierung des Rex-Titels[487].

Dessen ungeachtet weist die Bezeichnung *regnum Francorum* unmißverständlich darauf hin, daß Heinrich II. zu einem bestimmten Zeitpunkt ganz bewußt terminologisch an die fränkische Tradition anknüpfte. Damit rückt die Frage ins Zentrum, ob die politische Situation im Januar 1003 einen Anlaß zu der neuen Bullendevise gegeben haben könnte. Der mächtigste Gegenspieler des neuen Königs, Herzog Hermann II. von Schwaben, hatte erst im Oktober 1002 Heinrich II. gehuldigt, der damit aus den Kämpfen und Wirren des Thronstreits[488] als Sieger hervorgegangen war. Während des Hoftags in Diedenhofen wurde am 15. Januar 1003 eine Königsurkunde zugunsten des Bischofs Werner von Straßburg ausgestellt, die wohl als erste die neue Bulle trug[489]. Die Urkunde enthält auch jenen Passus, demzufolge Heinrich II. *sine aliqua divisione* das Königtum für sich beanspruchte[490]. Diese Formulierung wird gemeinhin als Beleg da-

---

483 Vgl. DH.II. 36 vom 5.2.1003 (Aachen); POSSE, Siegel 5, S. 17.

484 Vgl. POSSE, Siegel 5, S. 15f.

485 Vgl. BEUMANN, König, S. 78; KELLER, Reichsstruktur, S. 127f.

486 Vgl. allgemein BRÜHL, Deutschland, S. 129; Belege für Flodoard von Reims, Gerbert von Aurillac und Richer von St. Remi bei SCHNEIDMÜLLER, Terminologie, S. 56 Anm. 44, 69 Anm. 129 und 78 Anm. 174. Für Rodulfus Glaber vgl. DERS., Nomen Patriae, S. 65 Anm. 12.

487 Vgl. EHLERS, Schriftkultur, S. 305 mit Anm. 24. Der Titel *rex Francorum et Langobardorum*, den Heinrich II. bei seiner Königskrönung in Pavia annahm und mit Ausnahme von DH.II. 95 (2. Mai 1005) nur im Krönungsjahr führte (DH.II. 70, 74, 75, 76, 78, 79, 84, 85, 86), blieb Episode. SCHNEIDER, Heinrich II., führt S. 429-435 den Titelgebrauch auf die Rivalität mit Arduin von Ivrea zurück und betont die Ereignisbezogenheit des Titels.

488 Vgl. dazu HIRSCH, Jahrbücher 1, S. 212-220; möglicherweise wurde im Zuge dieser Konflikte auch die Basilika in Unterregenbach an der Jagst zerstört, vgl. HILSCH, Regenbach, insb. S. 68-71.

489 DH.II. 34; siehe dazu oben, S. 271 Anm. 480.

490 ...*ut deo praeside concors populorum et principum nobis concederetur electio et hereditaria in regnum sine aliqua divisione successio.* DH.II. 34, S. 38 Z. 11ff. Vgl. dazu HLAWITSCHKA, Thronkandidaturen, S. 53f. Von einer Teilung berichten auch die zeitgenössischen Annales Sangallenses maiores

für angesehen, daß sich Heinrich II. der Gefahr einer Abspaltung des Herrschaftsgebietes Herzog Hermanns II. vom ostfränkischen Reich habe erwehren müssen[491]. Seine Rebellion gegen den König bezahlte der schwäbische Herzog mit der Aufgabe von Straßburg; war die Stadt zuvor *caput ducatus sui*[492], so mußte Hermann II. die Stadtherrschaft an den Bischof von Straßburg übergeben und in der Diedenhofener Urkunde weiteren Abtretungen zustimmen[493]. Der neue König hatte den ersten Schlag gegen die königsgleiche Stellung des süddeutschen Herzogs geführt, dem in späteren Jahren eine ebenso gründliche Zerschlagung der bayrischen Herzogsgewalt folgen sollte[494].

Die in Diedenhofen getroffenen Entscheidungen besiegelten den Sieg Heinrichs II. über seinen mächtigen Gegner und zeigten ihn im Besitz der Königsgewalt im gesamten nördlichen Teil des ottonischen Reichs. Wurde Anfang 1003 der Name *regnum Francorum* vor allem deshalb gewählt, weil er den Anspruch Heinrichs II., den nordalpinen Teil des Reichs seines Vorgängers in ungeschmälertem Umfang zu übernehmen, am deutlichsten formulieren konnte? Die Devise Ottos III. war dazu schon deshalb ungeeignet, weil Heinrich II. bisher nur König war und die römische Kaiserkrönung noch ausstand[495], die Bullenumschrift also auch kaum *imperium Romanorum* enthalten konnte. So verstanden könnte die fränkische Renovatio-Devise den unveränderten Bestand des ostfränkischen Reichs unter dem Eindruck der gerade erst gebannten Gefahr einer Abspaltung des schwäbischen Herzogtums propagiert haben. Daß sich die neue Bulle zuerst ausgerechnet an der Urkunde befand, in der Hermann II. einer Beschränkung seiner Machtbasis zustimmen mußte, scheint kein Zufall gewesen zu sein, sondern wirkt wie eine Demonstration des Anspruchs Heinrichs II., den nördlichen Reichsteil in dem Umfang zu übernehmen, in dem ihn schon Heinrich I. als erster der Liudolfinger auf dem Königsthron besessen hatte. Gefahr für dieses Reich war nicht von der Rompolitik Ottos III. ausgegangen, sondern vom schwäbischen Herzog und seiner Sezessionsbestrebung nach dem Tod Ottos III.; man wird mit einiger Berechtigung vermuten dürfen, daß der Anlaß für die fränkische Renovatio-Devise nicht die Renovatio-Konzeption Ottos III. »mit ihrer Zentrierung auf Rom«[496] war, sondern der Widerstand gegen das Königtum Heinrichs II.

Betrachtet man das Vorkommen der beiden Bullen, so kann sowohl für die römische Renovatio-Devise Ottos III. als auch für die fränkische Renovatio-Devise Heinrichs II. eine ereignisbezogene Verwendung unterstellt werden. Die beiden Bleisiegel könnten deshalb analog zu der von Herwig Wolfram vorgeschlagenen Terminologie

---

ad a. 1002, S. 301: *Otto imperator Rome sine herede defunctus est; cui successit Heinricus de regio genere...cum quo et Herimannus dux Alamanniae et Alsatiae regnum forte dividere et parti aspirare temptabat.*

491 Zur Forschungsdiskussion vgl. jetzt die Zusammenstellung bei Brühl, Deutschland, S. 638f. ; Brühl spricht von »Abspaltung«, nicht von »Teilung«; dagegen favorisiert Semmler, Reichsteilung, S. 371 Anm. 189 die »Möglichkeit einer Reichsteilung«.

492 Thietmar, Chronicon V 12, MGH SS rer. Germ. NS 9, S. 234.

493 Vgl. BG 1525; Weinfurter, Zentralisierung, S. 271f.

494 Vgl. Weinfurter, Zentralisierung, S. 273-279.

495 Vgl. dazu Beumann, König, S. 78 mit Anm. 219.

496 Hlawitschka, Frankenreich, S. 148.

als »Sondersiegel« bezeichnet werden: Wie die »Sondertitel« der Herrscher[497] erklären sich ihre Devisen als Reaktion auf bestimmte, durchaus auch nur kurzfristig bestehende, politische Kräftekonstellationen. Als programmatische Formulierungen einer unterschiedlichen Reichspolitik zweier Herrscher, deren einer »die Deutschen« vernachlässigte und deren anderer diesen »Fehler« nicht machen wollte, sollten die Renovatio-Devisen Ottos III. und Heinrichs II. dagegen nicht in Anspruch genommen werden.

---

497 Vgl. dazu WOLFRAM, Intitulatio 2, S. 83-96 und 140-151.

Rückblick und Ausblick

»Selten«, so schrieb Percy Ernst Schramm in seiner Schlußbetrachtung über Otto III., »selten lassen sich Urteile über Nichtgeschehenes abgeben«; hier aber lägen »die historischen Kräfte so deutlich zutage, daß sich aus ihrer Kombinierung die ergebenden Machtverhältnisse voraus berechnen lassen«[1]; demnach wäre im Falle einer längeren Regierung des Kaisers »irgendein Verhängnis gewiß« gewesen, wenn das »Römische« in seiner Politik nicht zurückgetreten wäre.

Im glanzlosen Ende nahe der Stadt, die ihn wie keinen anderen seiner Vorgänger und Nachfolger in ihren Bann geschlagen haben soll, lauert immer auch die Versuchung, den Tod Ottos III. gleichzeitig als ein Sinnbild für das Scheitern seiner Politik zu sehen. Eine Auseinandersetzung mit dem gängigen Bild Ottos III. steht unter dem Eindruck mächtiger Fiktionen. An manchen Punkten erscheint es dennoch gleichermaßen möglich wie notwendig, die Mythen vom Material zu trennen, um der Versuchung zu entgehen, mehr Kausalität und Zwangsläufigkeit der »historischen Kräfte« herzustellen als die Quellen zulassen.

Auf der Suche nach den Anfängen der deutschen Nation hat die ältere Forschung manche Quellenaussagen in ihrer Beweisfunktion für ein bereits zur politischen Kraft gewordenes deutsches Reichsbewußtsein stark überstrapaziert. Bei unvoreingenommener Betrachtung bleiben die Indizien dafür, daß ein Gefühl der Zurücksetzung hinter Rom in Opposition gegen die Politik Ottos III. umgeschlagen haben soll, wenig überzeugend. Eine in Motiv und Argumentation gleichgerichtete Ablehnung der mit den Namen Rom und Gnesen verbundenen »Renovatiopolitik« Ottos III. kann in den untersuchten Quellen der Jahrtausendwende nicht nachgewiesen werden. Zwar kritisieren die sächsischen Historiographen einzelne Aspekte der Kaiserpolitik; aber nicht einmal Brun von Querfurt und Thietmar von Merseburg als die zumeist herangezogenen Kronzeugen treffen sich in gemeinsamer Ablehnung, geschweige denn in einem gemeinsam vertretenen »sächsischen« oder gar »deutschen Interesse«, das gegen den politischen Realitätsverlust Ottos III. hätte verteidigt werden müssen. In Bruns Fünfbrüdervita und in der Vita Bernwardi zeigt sich besonders deutlich, in welchem Ausmaß das vermittelte Bild Ottos III. von intentionalen Faktoren wie Darstellungsabsicht und literarischem Anspruch der Autoren bestimmt wird. Die Eigenart dieser Quellen als literarische Schöpfung verbietet es ebenso wie die deutlich tendenziöse Darstellung Thietmars von Merseburg, die jeweils unterschiedlichen Kritikpunkte zu einem repräsentativen Ausdruck einer weitverbreiteten Opposition gegen die Politik des Kaisers zu bündeln.

---

1 SCHRAMM, Kaiser 1, S. 186.

Auch der Gandersheimer Streit eskalierte nicht als Auseinandersetzung um die
»richtige« Reichspolitik, sondern als Rechtsstreit über die starre Position des Erzbischofs Willigis von Mainz, der sich in ein kirchenrechtlich unhaltbares Vorgehen geradezu verrannt hatte. Schließlich kann Thietmars rätselhafte Bemerkung über eine *conspiratio* gegen den Kaiser als Aussage über einen beschränkten, im wesentlichen um
Thietmars Onkel Graf Liuthar von Walbeck gescharten Kreis sächsischer Adliger plausibel gemacht werden, dem auch der von Amtsverlust bedrohte Erzbischof Giselher von
Magdeburg nahegestanden haben dürfte. Soweit erkennbar, war diese Verschwörung
nicht im Widerstand gegen eine »römisch orientierte und imperial überhöhte« Politik
Ottos III. begründet[2]. Stattdessen erwuchs sie aus dem von Hagen Keller kürzlich als
»Mangel an Herrschaftsrationalität« bezeichneten Grundproblem der ottonischen
Herrschaft[3], auf eine vom Königtum unabhängige Adelsmacht angewiesen zu sein, die
sich bei vermeintlicher oder tatsächlicher Beschneidung ihres Einflusses rasch zum Widerstand gegen den Herrscher zusammenfinden konnte. Die sächsische Empörung in
den Jahren 1001/02 wurde wahrscheinlich durch die übermächtig gewordene Stellung
des von Otto III. geschätzten und begünstigten Markgrafen Ekkehard I. von Meißen
ausgelöst und steht damit in der Tradition jener Adelsrevolten, die in Sachsen seit der
Königskrönung Ottos I. immer wieder aufflammten. Die Stellung Ottos III. in Sachsen
war aber wegen der Loyalität seiner wichtigsten Vasallen bei weitem weniger bedroht
als die seines Großvaters, dessen langjährige Abwesenheit während des dritten Italienzuges den Sachsenherzog Hermann Billung zur demonstrativen Usurpation herrscherlichen Zeremoniells veranlaßt hatte[4].

Schon die unbeachtet gebliebene Nachricht in Wolfhers älterer Godehardsvita, wonach der Kaiser wohl noch für das Jahr 1002 zur Beilegung des Gandersheimer Streits
nach Sachsen zurückkehren wollte, sollte davor warnen, Otto III. mit undiskutierter
Selbstverständlichkeit die geradezu revolutionäre Absicht zu unterstellen, er habe mit
der traditionellen Herrschaftspraxis des Reisekönigtums brechen und Rom zu seiner
»Zentralresidenz« machen wollen. Der relativ lange Romaufenthalt Ottos III. begründet diese These jedenfalls nur unzureichend, da die konfliktträchtige Lage in der Stadt
eine längere Anwesenheit des Kaisers durchaus erfordert haben kann, ohne daß deshalb aber ständige Präsenz geplant gewesen sein muß. Die seit Schramms Thesen über
den »Römischen Erneuerungsgedanken« gängige Annahme, Otto III. habe den gelehrten Romkult zum primären Orientierungspunkt seiner Politik gemacht, kann in zentralen Punkten nicht überzeugen. Bleibt man bei der Interpretation antikisierender For-
meln der Renovatio-Politik auf geistesgeschichtliche Traditionslinien angewiesen,
denen jedoch nicht ohne weiteres die eigentlich handlungsmotivierende Kraft unterstellt
werden kann, läßt eine verstärkte Berücksichtigung der faktischen politischen Entscheidungen ein verändertes Verständis der Rompolitik Ottos III. zu.

---

2 So die herrschende Meinung in der Formulierung von ERKENS, Opposition, S. 346.
3 KELLER, Charakter, S. 262.
4 Vgl. dazu ALTHOFF, Bett des Königs, S. 147-151.

Dabei rückt neben der Herrschaftsstabilisierung in Rom als Antwort auf die Herausforderung durch Crescentius vor allem der Einfluß kirchenreformerischer Impulse in den Vordergrund. Die Ansätze zu einer Klosterreform in Rom machen verständlich, daß Brun von Querfurt den Kaiser als *pater monachorum* und *religionis et karae fidei albus famulus*[5] sah und der Römer Johannes Canaparius als *christianissimus caesar, cui circa servos Dei maximum studium semper et diligens cura fuit*[6]. Aber auch die Vorstellung von einer Reform des Papsttums ist in den Maßnahmen Ottos III. erkennbar. Während des Reimser Bistumsstreits war die Bevormundung durch den römischen Stadtherrn als akuter Mißstand des römischen Papsttums offensichtlich geworden. Berücksichtigt man das Ansehen und Vertrauen, das die zwei anfänglichen Antipoden im Reimser Streit, Gerbert von Aurillac und der Papstlegat Abt Leo von SS. Bonifacio e Alessio, schon 997 am Kaiserhof genossen, so wird auch ihre Einflußnahme auf die Konzeption der Rompolitik Ottos III. wahrscheinlich. Neben der Absicht, den vertriebenen Gregor V. nach Rom zurückzuführen, wird das Ziel erkennbar, das Papsttum aus seiner zum Skandal gewordenen politischen und materiellen Abhängigkeit vom weltlichen Machthaber in Rom zu befreien, die der Entartung des Petrusamtes in der Vergangenheit Vorschub geleistet hatte. Die Auseinandersetzungen auf dem Konzil von Verzy hatten gezeigt, daß auch die Verteidigung der monastischen Freiheiten gegen die Amtsgewalt des Diözesanbischofs umso weniger Rückhalt am Papsttum finden konnte, je mehr seine religiöse und moralische Integrität in den Augen der Zeitgenossen untergraben war. Die Kontakte Abbos von Fleury und insbesondere Odilos von Cluny zu Otto III. geben Grund zur Annahme, daß die kaiserliche Politik zur Stabilisierung des Papsttums in Rom auch den Vorstellungen der Cluniazenser entsprach, wenngleich sich ihr Einfluss auf die Rompolitik nicht präziser bestimmen läßt. Die kaiserliche Schutzpflicht gegenüber der römischen Kirche war für Otto III. zweifellos eine höchst reale Aufgabe, und er setzte die Machtmittel des Imperium in bisher ungekannter Konsequenz für die Verteidigung der *libertas* der römischen Kirche gegen die Übergriffe weltlicher Machthaber in Rom ein. Hatte der Kaiser schon mit der Einsetzung Gregors V. über den Stuhl Petri wie über ein Reichsbistum verfügt, so erscheint sein weiteres Eingreifen in Rom als Analogie zu dem unmittelbaren Schutz, aber auch der unmittelbaren Herrschaft, mit der der König die »Freiheit« einer Kirche oder eines Klosters im Rahmen der Reichskirche garantierte[7]. Das Papsttum war noch nicht zum geistig-politischen Widerpart des Kaisertums geworden; der *servus Jesu Christi* und *servus apostolorum* Otto III. war, wie die Verse Leos von Vercelli deutlich zeigen, als *defensor ecclesiae* die einzig legitimierte Macht, die den Rahmen für eine Reform von Kirche und Papsttum schaffen und garantieren konnte. Es erscheint daher berechtigt,

---

5 Brun von Querfurt, Vita quinque fratrum 7, MPH NS 4.3, S. 47.

6 Johannes Canaparius, Vita Adalberti 22, MPH NS 4.1, S. 33.

7 In den Kirchendiplomen Ottos III. ist der Begriff *libertas* zum ersten Mal häufig und regelmäßig nachweisbar, vgl. dazu SZABO-BECHSTEIN, Schlüsselbegriff, S. 81-84 und 100.

die Verbindungslinie, die von Otto III. zu Heinrich III. führt, kräftiger zu betonen als bisher üblich[8].

Ging ein den kirchenreformerischen Impulsen vergleichbar starker Anstoß aber auch vom geistigen und politischen Erbe der Antike aus, das Gerbert von Aurillac dem jungen Kaiser als ein auf das antike Imperium bezogenes Erneuerungsprogramm vermittelt haben soll? Die intensivierte Anknüpfung Ottos III. an antike Traditionen soll keineswegs bestritten werden; aber erklärt sie sich tatsächlich aus einem gelehrt-literarischen Ursprung der Rompolitik? Bei der Suche nach einer Antwort auf diese Frage wurden die Bedingungen, unter denen die antike Tradition während der Regierung Ottos III. rezipiert wurde, bisher nicht immer angemessen berücksichtigt. Auf persönlicher Ebene war es die Rezeptionsvoraussetzung einer ungewöhnlich breiten Bildung, die sowohl Gerbert als auch Otto III. zweifellos hatten. Will man sich aber nicht damit begnügen, die Herrschaftslegitimation nur als Funktion persönlicher Bildung zu betrachten[9] und den »Kaiser und (seinen) Philosophen«[10] nicht als exotischen Fall politik- und realitätsferner Bildungsbegeisterung betrachten, so muß der Rückgriff auf die Antike in den Kontext des politischen Problems der Reichsintegration gestellt werden.

Das ottonische Reich war schon vor seiner Erweiterung nach Süden eine aus den mächtigen Traditionsverbänden der einzelnen Stämme zusammengesetzte politische Großmacht, der es jedoch sowohl an einem Kern einigender politischer Traditionen als auch am ethnischen Komplement eines »neuen« Stammes der *Teutonici*, eines neuen »deutschen« Volkes mangelte[11]. Die sächsische Reichsauffassung, die in der Frühphase der Ottonenherrschaft die Legitimationsvorstellung einer regelrechten *translatio regni Francorum ad Saxones* entwickelt hatte[12], konnte die Integrationsaufgabe angesichts des ungebrochenen gentilen Selbstverständnisses der Stämme nicht bewältigen; die noch in der Karolingerzeit übliche Lösung einer namensgebenden *gens* konnte sich nicht mehr durchsetzen, die ottonische Monarchie vermied jeden ethnischen Bezug und blieb »ethnogenetisch unproduktiv«[13]. Schon die Erneuerung des Kaisertums durch Otto I. wurde in der sächsischen Historiographie aber als Herausforderung begriffen, die noch namenlose Realität des supragentilen Herrschaftsbereichs auch begrifflich zu erfassen. Ernst Karpf konnte nachweisen, daß gerade sächsische Autoren dem ottonischen Kaisertum schon einige Jahre vor 982, als sich Otto II. kontinuierlich *Romanorum imperator augustus* zu nennen begann, den römischen Namen gaben. Bei der endgültigen Aufnahme des Römernamens in den Kaisertitel und ähnlicher oder

---

8 Mit ähnlicher Tendenz schon MORGHEN, Ottone III, S. 29-34; dagegen TOUBERT, Les structures 2, S. 1013 Anm. 2: »De toute manière, il ne nous parait pas très heureux de définir Otton III comme l'a fait R. Morghen comme une sorte de précurseur d'Henri III: sa conception de la place de Rome n'appartient qu'à lui … et elle n'est évidemment pas liée à un engagement à la *Reformatio Ecclesiae* mise en oeuvre par Henri III«. Die Fixierung auf den antikisierenden Rombezug übersieht seinen Zweck.

9 So LINDGREN, Gerbert, S. 302.

10 SCHRAMM, Kaiser 1, S. 97.

11 Vgl. EHLERS, Nation, S. 38.

12 Vgl. PÄTZOLD, Auffassung, S. 202-230.

13 EHLERS, Schriftkultur, S. 309.

gleichlautender Legitimationsterminologie in der sächsischen Historiographie handelte es sich um letztlich gleichgerichtete Tendenzen. Das Aufgreifen der römisch-antiken Tradition lieferte den Herrschern ein »Interpretationsmodell«, das ihrem Selbstverständnis »eine gewisse Konsistenz«[14] verlieh. Dazu bot allein die antike Tradition ein Vorbild.

In der Bewertung ihrer tatsächlichen politischen Bedeutung ist gegenüber der scheinbaren Klarheit, die sich aus der Wahl der Begriffe in Verbindung mit unserem heutigen Wissen über die Antike ergibt, jedoch große Skepsis angebracht. Das primäre Ziel Ottos III. war Herrschaftsausübung, und auch die *renovatio imperii Romanorum* war wie die *renovatio* des römischen Senats von 1144[15] eine vor allem kompilierende Aktivierung vorhandener Elemente antiker Traditionen. Der verstärkte Rückgriff auf römisch-antike Traditionen war bedingt durch die außergewöhnlich entschiedene Intensivierung kaiserlicher Herrschaft über Rom, die ihren hauptsächlichen Anstoß nicht von »gelehrt-literarischer Bildung« erhielt, sondern von den kirchlichen Reformbestrebungen der Jahrtausendwende in Verbindung mit heftiger Kritik an der Situation des Papsttums in Rom. Angesichts der in den Quellen stets betonten Frömmigkeit Ottos III. darf die Rompolitik aber auch nicht als nur pragmatisch-»realpolitische« Herrschaftssicherung mit geschickter Instrumentalisierung antiker Traditionen angesehen werden; vielmehr stand die religiöse Dimension der Rompolitik für Otto III. als den *defensor ecclesiae* sicher außer Frage.

Das politische Konfliktpotential, das dem Römernamen im Kontext des werdenden deutschen Zusammengehörigkeitsbewußtseins innegewohnt haben soll, sollte nicht überschätzt werden. Zur Zeit Ottos III. war, wie gezeigt werden konnte, die Romgebundenheit des Kaisertums ebenso wie die Herrschaft des Kaisers über Rom ein unbestritten akzeptierter Bestandteil der politischen Tradition des Ottonenreichs. In der sächsischen Historiographie der Jahrtausendwende ist weder die Vorstellung einer romfreien Kaiseridee noch ein »sächsisches Reichsvolkbewußtsein« als Grund für eine Ablehnung der Rompolitik nachweisbar. Bekanntlich haben die Nachfolger Ottos III. weder auf den Römernamen im Kaisertitel noch auf die Siegelumschrift *Aurea Roma* verzichtet; Heinrich II. ließ sich als erster König *Romanorum rex* nennen[16] - was kaum verständlich wäre, wenn sich gerade während der Regierung seines Vorgängers am Römernamen tatsächlich das »Reichsvolkproblem« entzündet hätte. Den verstärkten Gebrauch des Römernamens wird man als Versuch ansehen dürfen, dem Imperium einen bisher fehlenden Kern einigender politischer Tradition zu vermitteln. In diesen Bereich fällt auch die Verehrung Karls des Großen, die fast Züge eines Heiligenkults anzunehmen schien. Schließlich läßt die Gründung von Adalbertskirchen in Rom, Aachen und Ravenna den Schluß zu, daß der Kaiser den Kult eines neuen Reichsheiligen etablieren wollte; es waren die polnischen Kriege Heinrichs II., deren Motiv noch

---

14 KARPF, Sachsengeschichte, S. 569.
15 Vgl. BAUMGÄRTNER, Rombeherrschung, S. 70f.
16 Vgl. SCHNEIDER, Heinrich II., S. 429-443.

immer nicht hinreichend geklärt ist[17], die der Adalbertsverehrung dann rasch die Grundlage entzogen.

Am 30. Mai 1944 legte Thomas Mann in seinem Tagebuch wieder einmal Rechenschaft über den täglichen Fortschritt am »Doktor Faustus« ab und faßte seine Gedanken über die in Arbeit befindliche Romanstelle mit der Notiz »Antipathie gegen das Deutschtum (Otto III.)« zusammen. Die Fiktion, daß Otto III. wie Adrian Leverkühn »schamvoll unter seinem Deutschtum gelitten« und aus innerem Bedürfnis nach Welt und Weite dem dunklen und barbarischen Vaterland zugunsten Roms den Rücken gekehrt habe, hat in einem Roman, der die Geschichte Deutschlands als Geschichte der unpolitischen Innerlichkeit präsentiert, seinen guten Platz; die ältere historische Forschung hat das Muster dazu geliefert.

Versucht man heute, der historischen Stellung Ottos III. in der beginnenden deutschen Geschichte gerecht zu werden, so wird man seine Regierung insgesamt mehr als eine veränderten Bedingungen angepaßte Fortsetzung ottonischer Herrschaftspraxis ansehen dürfen als es bisher aufgrund der einseitigen Gewichtung des »Römischen Erneuerungsgedankens« der Fall war. Die zu beobachtende Tendenz der Verschmelzung von nördlichem und südlichem Reichsteil war in der Politik seiner Vorgänger ebenso vorgezeichnet wie die weiter zugespitzte sakrale Herrschaftslegitimation und die verstärkte Anknüpfung an die römisch-antike Tradition als einzigem Fundus herrschaftslegitimierender Terminologie für das supragentile Reich. Das neue Verhältnis zu Polen war schließlich die politisch adäquate Antwort auf die Situation im Osten, die sich durch den Slawenaufstand von 983 und den erstarkenden christlichen Piastenstaat grundlegend verändert hatte; dabei sah sich Otto III. unverändert als Träger der Missionsaufgabe und unterschied sich in diesem Punkt nicht vom Selbstverständnis seines Großvaters. Die *Renovatio imperii Romanorum* Ottos III. erscheint nicht als Bruch mit der Politik Ottos I., sondern als ihre gewandelten Bedingungen angepaßte Fortsetzung.

Mit Recht wird die Polenpolitik des Nachfolgers Ottos III. meist als »Zäsur« oder »Umschwung« angesehen. Aber vielleicht könnte ein neuer Weg zum Verständnis der Politik Heinrichs II. bereitet werden, wenn man sie nicht bloß als Kontrapunkt zu einer vermeintlich unrealistischen, romorientierten Reichspolitik seines Vorgängers sähe, sondern im Licht des langlebigen Gegensatzes zwischen Sachsen und Bayern in Bezug auf Böhmen und Polen[18]. Die Frage, ob und inwieweit der Bayernherzog auf dem Königsthron nach seinen Vorgängern aus dem sächsischen Zweig der Liudolfinger nunmehr einen eher »bayrischen« Kurs steuerte, muß an dieser Stelle offenbleiben. Ein

---

17 Vgl. FRIED, Otto III., S. 143: »Heinrichs Ziele bleiben im Dunkeln«.

18 WEINFURTER, Zentralisierung, weist die Kontinuität zwischen bayrischer Herzogspolitik und der Königspolitik Heinrichs II. gegenüber den Herzögen und der Reichskirche nach. Das Problem, inwieweit Heinrich II. auch eine »bayrische« Ostpolitik im Gegensatz zur »sächsischen« seiner Vorgänger verfolgte, trat bisher hinter die Erörterungen über eine neue »Reichspolitik« zurück. Der sächsisch-bayrische Gegensatz war aber beileibe kein gewissermaßen bloß »innerdeutscher« Konflikt. Vgl. zu diesem Aspekt die Bemerkungen bei BRÜHL, Deutschland, S. 279 Anm. 233; DERS., Geburt, S. 1102. Ausführlicher GRAUS, Böhmen, insb. S. 17ff., 25 und 32, allerdings ohne Verlängerung in die Zeit Heinrichs II.

bewußt »deutscher« Kurs als Gegenreaktion auf denjenigen Ottos III. dürfte es indessen nicht gewesen sein. Zumindest wurde der Rompolitik Ottos III. im nordalpinen Reichsteil zu keinem Zeitpunkt ein Widerstand entgegengesetzt, den man als wichtigen Schritt auf dem Weg zur Bildung der deutschen Nation im Mittelalter bezeichnen könnte.

Abkürzungsverzeichnis

ADipl	Archiv für Diplomatik
AHC	Annuarium historiae conciliorum
AHP	Archivum historiae pontificiae
AK	Archiv für Kulturgeschichte
ASRSP	Archivio della Società Romana di storia patria
BDLG	Blätter für deutsche Landesgeschichte
BG	BOEHMER-GRAFF, Regesta Imperii 2/4
BM	BOEHMER-MIKOLETZKY, Regesta Imperii 2/2
BO	BOEHMER-OTTENTHAL, Regesta Imperii 2/1
BU	BOEHMER-UHLIRZ, Regesta Imperii 2/3
BZ	BOEHMER-ZIMMERMANN, Regesta Imperii 2/5
D, DD(OI. usw.)	Diplom, Diplomata (Initialen der jeweiligen Herrscher)
DA	Deutsches Archiv für Erforschung des Mittelalters
FMASt	Frühmittelalterliche Studien
FS	Festschrift
FSI	Fonti per la storia d'Italia
GWU	Geschichte in Wissenschaft und Unterricht
HJb	Historisches Jahrbuch
HVj	Historische Vierteljahrschrift
HZ	Historische Zeitschrift
LdMA	Lexikon des Mittelalters
MGH	Monumenta Germaniae Historica
- Const.	Constitutiones
- Epp.	Epistolae Karolini aevi
- Epp. DK	Die Briefe der Deutschen Kaiserzeit
- SS	Scriptores
- SS rer. Germ.	Scriptores rerum Germanicarum in usum scholarum
- Libri mem. NS	Libri memoriales et Necrologia, Nova Series
- Poet. lat.	Poetae Latini medii aevi
MIÖG	Mitteilungen des Instituts für österreichische Geschichtsforschung
MPH NS	Monumenta Poloniae Historica Nova Series
NA	Neues Archiv der Gesellschaft für ältere deutsche Geschichtskunde
ND	Nachdruck
NDB	Neue Deutsche Biographie
NdsJb	Niedersächsisches Jahrbuch für Landesgeschichte

QFIAB	Quellen und Forschungen aus italienischen Archiven und Bibliotheken
RhVjbll	Rheinische Vierteljahrsblätter
SaAn	Sachsen und Anhalt
Sb	Sitzungsberichte
Sett. cent. it.	Settimane di studio del centro italiano di studi sull'alto medioevo
StM	Studi medievali
TRE	Theologische Realenzyklopädie
ZGO	Zeitschrift für Geschichte des Oberrheins
ZOF	Zeitschrift für Ostforschung
ZRG Germ. Abt.	Zeitschrift der Savigny-Stiftung für Rechtsgeschichte, Germanistische Abteilung
- Kan. Abt.	Kanonistische Abteilung
Zs	Zeitschrift

Quellen und Literatur

1. Quellen und Regestenwerke

Abbo von Fleury: Carmen acrostichum ad Ottonem imperatorem, ed. G. Bezzola, Das Ottonische Kaisertum in der französischen Geschichtsschreibung des 10. und beginnenden 11. Jahrhunderts (1956) S. 198f.

- Collectio canonum, MPL 139 (1880) Sp. 471-508
- Liber apologeticus, MPL 139 (1880) Sp. 461-472
- Epistolae, MPL 139 (1880) Sp. 419-462

Adalbold von Utrecht: Vita Heinrici secundi imperatoris, ed. G. Waitz, MGH SS 4 (1841) S. 679-695

Adam von Bremen: Gesta Hammaburgensis ecclesiae pontificum, ed. B. Schmeidler, MGH SS rer. Germ. 2 (1917[3])

Adémar von Chabannes: Chronicon, ed. J. Chavanon (Paris 1897) (= Collection de textes pour servir à l'étude et à l'enseignement de l'histoire 20)

Adso von Montier-en-Der: Epistola de ortu et tempore Antichristi, ed. D. Verhelst, Corpus Christianorum Continuatio Mediaevalis 45 (Turnhout 1976) S. 20-30

Aimoin von Fleury: Vita Abbonis, MPL 139 (1880) Sp. 387-414

Annales Hildesheimenses, ed. G. Waitz, MGH SS rer. Germ. 8 (1878)

Annales Magdeburgenses, ed. G. H. Pertz, MGH SS 16 (1859) S. 105-196

Annales Quedlinburgenses, ed. G. H. Pertz, MGH SS 3 (1839) S. 22-90

Annales Sangallenses maiores, ed. C. Henking: Die annalistischen Aufzeichnungen des Klosters St. Gallen (1884) S. 197-368

Annalista Saxo (Arnold von Nienburg), ed. G. Waitz, MGH SS 6 (1844) S. 542-777

Anonymus Haserensis: De gestis episcoporum Eistetensium ab initio usque ad Gundeharum, ed. u. übers. von S. Weinfurter: Die Geschichte der Eichstätter Bischöfe des Anonymus Haserensis (1987)

Appelt, H. (Hg.): Die Urkunden Friedrichs I., Bd. 3 (1985) (= MGH Dipl. regum et imp. Germ. X.3)

Arnold von St. Emmeram: Liber I de miraculis beati Emmerami, ed. G. Waitz, MGH SS 4 (1841) S. 543-574

Augustinus von Hippo: De civitate Dei, Corpus Christianorum Series Latina 47 und 48 (Turnhout 1955)

- Contra Faustum libri XXXIII, ed. J. Zycha, Corpus Scriptorum Ecclesiasticorum Latinorum 25 (1891) S. 249-797
- De diversis quaestionibus ad Simplicianum I/2, ed. u. übers. von K. Flasch, Logik des Schreckens - Augustinus von Hippo: Die Gnadenlehre von 397 (1990)

Benedictus canonicus: Liber politicus, ed. P. FABRE - L. DUCHESNE, Le liber censuum de l'église ro-
maine, Bd. 2 (Paris 1905) S. 139-183

BOEHMER, J. F. (Hg.): Acta Imperii Selecta, Bd. 1 (1870)

BOEHMER, J. F. - GRAFF, T.: Regesta Imperii 2/4: Die Regesten des Kaiserreiches unter Heinrich II.
(1971)

BOEHMER, J. F. - MIKOLETZKY, H. L.: Regesta Imperii 2/2: Die Regesten des Kaiserreiches unter
Otto II. (1950)

BOEHMER, J. F. - OTTENTHAL, E. v.: Regesta Imperii 2/1: Die Regesten des Kaiserreiches unter Heinrich I. und Otto I. (1893, ergänzter ND 1967)

BOEHMER, J. F. - UHLIRZ, M.: Regesta Imperii 2/3: Die Regesten des Kaiserreiches unter Otto III.
(1956)

BOEHMER, J. F. - ZIMMERMANN, H.: Regesta Imperii 2/5. Papstregesten 911-1024 (1969)

BRESSLAU, H. - BLOCH, H. (Hgg.): Die Urkunden Heinrichs II. und Arduins (1900-1903) (= MGH
Dipl. regum et imp. Germ. III)

Brun von Querfurt: Vita sancti Adalberti, ed. J. KARWASINSKA, MPH NS 4.2 (Warschau 1969)

- Vita quinque fratrum, ed. J. KARWASINSKA, MPH NS 4.3 (Warschau 1973) S. 1-41

- Epistola ad Heinricum regem, ed. J. KARWASINSKA, MPH NS 4.3 (Warschau 1973) S. 83-106

Burchard von Worms: Decretorum libri 20, MPL 140 (1853) Sp. 497-1053

CARUSI, E. (Hg.): Cartario di S. Maria in Campo Marzio (986-1190) (Rom 1948)

Chronica episcoporum ecclesiae Merseburgensis, ed. R. WILMANS, MGH SS 10 (1852) S. 157-212

Chronica Regia Coloniensis, ed. G. WAITZ, MGH SS rer. Germ. 18 (1880)

Constantin von Metz: Vita Adalberonis II. Mettensis episcopi, ed. G. H. PERTZ, MGH SS 4 (1841)
S. 658-672

Dietrich von Amorbach: Vita beati Firmani, ed. PONCELET, Analecta Bollandiana 18 (1899) S. 22-33

- Consuetudines Floriacenses Antiquiores, ed. A. DAVRIL - L. DONNAT, Corpus consuetudinum monasticarum VII.3 (1984) S. 7-60

Ekkehard IV. von St. Gallen: Casus s. Galli, continuatio I, ed. H. v. ARX, MGH SS 2 (1829)
S. 75-147

FEDELE, P. (Hg.): Carte del monastero dei SS. Cosma e Damiano in Mica Aurea, ASRSP 21 (1898)
S. 459-534 und 22 (1899) S. 25-107 und S. 383-447; zitiert nach der neupaginierten, von
P. PAVAN besorgten Ausgabe in der Reihe »Codice diplomatico di Roma e della regione romana«
(Rom 1981)

Fundatio Monasterii Brunswilarensis, ed. G. WAITZ, MGH SS 14 (1883) S. 121-144

Gerbert von Aurillac: Acta concilii Remensis ad sanctum Basolum, ed. G. H. PERTZ, MGH SS 3
(1839) S. 658-686

- Acta concilii Mosomensis, ed. G. H. PERTZ, MGH SS 3 (1839) S. 690-691

- Acta concilii Causeiensis, ed. G. H. PERTZ, MGH SS 3 (1839) S. 691-693

- Briefsammlung, ed. F. WEIGLE, MGH Epp. DK, Bd. 2 (1966)

- The Letters of Gerbert with his Papal Privileges as Sylvester II., transl. H. PRATT LATTIN (New York 1961)

- Opera - Oeuvres de Gerbert, ed. A. OLLERIS (Paris 1867)

Gesta archiepiscoporum Magdeburgensium, ed. W. SCHUM, MGH SS 14 (1883) S. 361-416

Gesta episcoporum Cameracensium, ed. L. BETHMANN, MGH SS 7 (1846) S. 402-525

Gesta episcoporum Halberstadensium, ed. L. WEILAND, MGH SS 23 (1874) S. 73-123

GIORGI, I. - BALZANI, U.: Il regesto di Farfa, 5 Bde. (Rom 1879-1892)

Gregor von Catino: Chronicon Farfense, ed. U. BALZANI, FSI 33 (1903) S. 107-336 und FSI 34 (1903) S. 1-287

HEIDINGSFELDER, F.: Die Regesten der Bischöfe von Eichstätt (bis zum Ende der Regierung des Bischof Marquard von Hagel 1324) (1938)

Historia canonizationis et translationis sancti Bernwardi, Acta Sanctorum Oct. XI, S. 1024-1034

Horaz: Opera, ed. D. R. SHACKLETON BAILEY (1985)

Hrotsvit von Gandersheim: Gesta Ottonis, ed. F. HOMEYER, Hrotsvithae Opera (1970) S. 390-438

Hugo von Farfa: Exceptio relationum de monasterii Farfensis diminuatione, ed. U. BALZANI, FSI 33 (1903) S. 59-70

- Relatio constitutionis, ed. U. BALZANI, FSI 33 (1903) S. 53-58

- Destructio monasterii Farfensis, ed. U. BALZANI, FSI 33 (1903) S. 25-51

Isidor von Sevilla: Etymologiarum sive Originum libri XX, ed. W. M. LINDSAY, 2 Bde. (Oxford 1911)

JAFFÉ, P.: Monumenta Bambergensia (1869) (= Bibliotheca Rerum Germanicarum 5)

Johannes Canaparius: Vita s. Adalberti, ed. J. KARWASINSKA, MPH NS 4.1 (Warschau 1962)

Jotsald von Cluny: Vita s. Odilonis, ed. G. WAITZ, MGH SS 15.2 (1888) S. 812-820

LADEWIG, P. - MÜLLER, T.: Regesta episcoporum Constantiensium. Regesten zur Geschichte der Bischöfe von Konstanz, Bd. 1 (1895)

Lantbert von Deutz: Vita Heriberti archiepiscopi Coloniensis, ed. G. H. PERTZ, MGH SS 4 (1841) S. 739-753

Leo von SS. Bonifacio e Alessio: Epistola ad Hugonem ed Robertum regem, ed. G. H. PERTZ, MGH SS 3 (1839) S. 686-690

Leo von Vercelli: Versus de Gregorio et Ottone augusto, ed. K. STRECKER, MGH Poet. lat. 5 (1939) S. 477-480

- Versus de Ottone et Heinrico, ed. K. STRECKER, MGH Poet. lat. 5 (1939) S. 480-483

Liudprand von Cremona: Historia Ottonis. De rebus gestis Ottonis magni imperatoris, ed. J. BECKER, MGH SS rer. Germ. 41 (1915) S. 159-173

LÜBKE, C.: Regesten zur Geschichte der Slaven an Elbe und Oder (vom Jahr 900 an), 5 Bde. (1984-1988) (= Gießener Abhandlungen zur Agrar- und Wirtschaftsforschung des europäischen Ostens 131, 133, 134, 152, 157)

Martin von Troppau: Chronicon pontificum et imperatorum, ed. L. WEILAND, MGH SS 22 (1872) S. 377-482

Miracula s. Alexii, ed. G. H. PERTZ, MGH SS 4 (1841) S. 619-620

MITTARELLI, G. B. - COSTADONI, A.: Annales Camaldulenses, Bd. 4 (Venedig 1759)

MONACI, A.: Regesto dell'abbazia di Sant'Alessio all'Aventino, ASRSP 27 (1904) S. 351-398 und ASRSP 28 (1905) S. 151-200 und S. 395-449

Die Necrologien von Merseburg, Magdeburg und Lüneburg, ed. G. ALTHOFF - J. WOLLASCH, MGH Libri memoriales et Necrologia, Nova Series 2 (1983)

Odilo von Cluny: Epitaphium domine Adelheide auguste, ed. H. PAULHART, MIÖG-Erg.Bd. 20.2 (1962)

Petrus Damiani: Vita beati Romualdi, ed. G. TABACCO, FSI 94 (1957)

Rodulfus Glaber: Historiarum Libri quinque - Cronache dell'anno Mille, ed. u. übers. von G. CAVALLO - G. ORLANDI (Mailand 1989); ed. u. übers. von J. FRANCE, in: Rodulfus Glaber, Opera, ed. N. BULST - J. FRANCE (Oxford 1989) S. 1-253

Sächsische Weltchronik, ed. L. WEILAND, MGH Deutsche Chroniken 2 (1877) S. 1-279

SICKEL, T. (Hg): Die Urkunden Konrad I., Heinrich I. und Otto I. (1879-1884) (= MGH Dipl. regum et. imp. Germ. 1)

- Die Urkunden Ottos II. (1888) (= MGH Dipl. regum et imp. Germ. 2.1)

- Die Urkunden Ottos III. (1893) (= MGH Dipl. regum et. imp. Germ. 2.2)

Sigebert von Gembloux: Chronographia, ed. L. BETHMANN, MGH SS 6 (1844) S. 268-374

Thangmar von Hildesheim: Vita Bernwardi episcopi Hildesheimensis, ed. G. H. PERTZ, MGH SS 4 (1841) S. 754-782; ed. u. übers. von H. KALLFELZ, Lebensbeschreibungen einiger Bischöfe des 10.-12. Jahrhunderts (1973) S. 263-361 (= Ausgewählte Quellen zur deutschen Geschichte des Mittelalters 22)

Thietmar von Merseburg: Chronicon, ed. R. HOLTZMANN, MGH SS rer. Germ. NS 9 (1935); ed. u. übers. von W. TRILLMICH (1985[6]) (= Ausgewählte Quellen zur deutschen Geschichte des Mittelalters 9)

Translatio Godehardi episcopi Hildesheimensis, ed. G. H. PERTZ, MGH SS 12 (1856) S. 639-652

UGHELLI, F.: Italia Sacra. Editio secunda, Bd. 5 (Venedig 1720)

Vita Burchardi episcopi Wormatiensis, ed. G. WAITZ, MGH SS 4 (1841) S. 829-846

Vita s. Nili abbatis Cryptae Ferratae, ed. G. H. PERTZ, MGH SS 4 (1841) S. 616-618

VOLKERT, W.: Die Regesten der Bischöfe und des Domkapitels von Augsburg, Bd. 1: Von den Anfängen bis 1152 (1985)

WEILAND, L. (Hg.): Constitutiones et acta publica imperatorum et regum Bd. 1 (1893) (= MGH Const. 1)

WENTZCKE, P.: Regesten der Bischöfe von Straßburg bis zum Jahre 1202, Bd. 1 (1908)

Widukind von Corvey: Rerum gestarum Saxonicarum libri III, ed. P. HIRSCH - H. E. LOHMANN, MGH SS rer. Germ. 60 (1935)

WIEGAND, W. (Hg.): Urkundenbuch der Stadt Strassburg, Bd. 1: Urkunden und Stadtrechte bis zum Jahr 1266 (Strassburg 1879)

Wipo: Gesta Chuonradi imperatoris, ed. H. BRESSLAU, MGH SS rer. Germ. 61 (1915)

Wolfher von Hildesheim: Vita Godehardi episcopi prior, ed. G. H. PERTZ, MGH SS 11 (1854)
     S. 167-196

- Vita Godehardi episcopi posterior, ed. G. H. PERTZ, MGH SS 11 (1854) S. 196-218

ZIMMERMANN, H. (Hg.): Papsturkunden 896-1046, 3 Bde. (1984-1989)

2. Literatur

ABB, G. - WENTZ, G.: Das Bistum Brandenburg (1929) (= Germania Sacra 1.1)

ALBERTS, W. - WEINFURTER, S.: Traiectum (Utrecht), in: Series episcoporum V, Bd. 1 (1982)
     S. 167-205

ALGERMISSEN, K.: Persönlichkeit und Charakter des Bischofs Bernward von Hildesheim, Unsere Diö-
     zese in Vergangenheit und Gegenwart 2-27 (1958) S. 1-65

- Die historischen Quellen über die Persönlichkeit, das Leben und Wirken Bernwards, in DERS.
     (Hg.): Bernward und Godehard von Hildesheim. Ihr Leben und Wirken (1960) S. 1-16.

ALTHOFF, G.: Unerkannte Zeugnisse vom Totengedenken der Liudolfinger, DA 32 (1976) S. 370-404

- Zur Frage nach der Organisation sächsischer coniurationes in der Ottonenzeit, FMASt 16 (1982)
     S. 129-142

- Das Bett des Königs in Magdeburg. Zu Thietmar II 28, in: FS für Berent SCHWINEKÖPER (1982)
     S. 141-153

- Adels- und Königsfamilien im Spiegel ihrer Memorialüberlieferung. Studien zum Totengedenken der
     Billunger und Ottonen (1984) (= Münstersche Mittelalterschriften 47)

- Heinrich der Löwe und das Stader Erbe. Zum Problem der Beurteilung des »Annalista Saxo«, DA
     41 (1985) S. 66-100

- Causa scribendi und Darstellungsabsicht: Die Lebensbeschreibungen der Königin Mathilde und an-
     dere Beispiele, in: FS für Johanne AUTENRIETH (1988) S. 117-133

- Königsherrschaft und Konfliktbewältigung im 10. und 11. Jahrhundert, FMASt 23 (1989)
     S. 265-290

- Die Thronbewerber von 1002 und ihre Verwandtschaft mit den Ottonen. Bemerkungen zu einem
     neuen Buch, ZGO 137 (1989) S. 453-459

- Verwandte, Freunde und Getreue (1990)

- Vormundschaft, Erzieher, Lehrer. Einflüsse auf Otto III., in A. v. EUW - P. SCHREINER
     (Hgg.): Kaiserin Theophanu. Begegnung des Ostens und Westens um die Wende des ersten Jahr-
     tausends, Bd. 2 (1991) S. 277-289

- Gandersheim und Quedlinburg. Ottonische Frauenklöster als Herrschafts- und Überlieferungszentren,
     FMASt 25 (1991) S. 123-144

ANTONELLI, G.: L'opera di Odone di Cluny in Italia, Benedictina 4 (1950) S. 19-40

APPELT, H.: Die angebliche Verleihung der Patriciuswürde an Boleslaw Chrobry, in: FS für Her-
     mann AUBIN (1951) S. 65-81

APPETITI, C.: S. Eustachio (Rom 1964) (= Chiese di Roma Illustrate 82)

ARBUSOW, L.: Colores rhetorici (1962)

ARNALDI, G.: Rinascita, fine, reincarnazione e successive metamorfosi del Senato romano (secoli V-XII), ASRSP 105 (1982) S. 5-56

AUER, L.: Der Kriegsdienst des Klerus unter den sächsischen Kaisern, MIÖG 79 (1971) S. 316-407 und 80 (1972) S. 48-70

AUERBACH, E.: Lateinische Prosa des 9. und 10. Jahrhunderts (Sermo humilis 2), Romanische Forschungen 66 (1955) S. 1-64

BACH, E.: Politische Begriffe und Gedanken sächsischer Geschichtsschreiber der Ottonenzeit (Diss. Münster 1948)

BANASZAK, M.: Das Problem der kirchlichen Abhängigkeit Poznans von Magdeburg in der polnischen Geschichtsschreibung, in F. SCHRADER (Hg.): Beiträge zur Geschichte des Erzbistums Magdeburg (1968) S. 214-228

BANNASCH, H.: Das Bistum Paderborn unter den Bischöfen Rethar und Meinwerk (983-1036) (1972) (= Studien und Quellen zur westfälischen Geschichte 12)

BAUMGÄRTNER, I.: Rombeherrschung und Romerneuerung. Die römische Kommune im 12. Jahrhundert, QFIAB 69 (1989) S. 27-79

BEELTE, C.: Thangmar, sein Leben und Beurteilung seiner Vita Bernwardi, in: Programm des Josephinums in Hildesheim (1881) S. 1-26

BENSON, R. - CONSTABLE, G. (Hgg.): Renaissance and Renewal in the 12th Century (Cambridge Mass. 1982)

BENZ, K. J.: Untersuchungen zur politischen Bedeutung der Kirchweihe unter Teilnahme der deutschen Herrscher im Mittelalter (1975)

BENZINGER, J.: Invectiva in Romam - Romkritik im Mittelalter vom 9. bis zum 12. Jahrhundert (1968)

BERNHARDI, W.: Jahrbücher der deutschen Geschichte. Lothar von Supplinburg (1879)

BERNHEIM, E.: Mittelalterliche Zeitanschauungen in ihrem Einfluss auf Politik und Geschichtsschreibung, Bd. 1 (1918, ND 1964)

BEUMANN, H.: Widukind von Korvei, Untersuchungen zur Geschichtsschreibung und Ideengeschichte des 10. Jahrhunderts (1950)

- Romkaiser und fränkisches Reichsvolk, in: FS für Edmund STENGEL (1952), S. 157-180

- Grab und Thron Karls des Großen zu Aachen, in W. BRAUNFELS - P. E. SCHRAMM (Hgg.): Karl der Große, Bd. 4: Das Nachleben (1967) S. 9-38; wiederabgedruckt in DERS.: Wissenschaft, S. 347-376

- Das päpstliche Schisma von 1130, Lothar III. und die Metropolitanrechte von Magdeburg und Hamburg-Bremen in Polen und Dänemark, in: Deutsche Ostsiedlung in Mittelalter und Neuzeit. Studien zum Deutschtum im Osten 8 (1971) S. 20-43; wiederabgedruckt in DERS.: Wissenschaft, S. 479-500

- Historiographische Konzeption und politische Ziele Widukinds von Corvey, in: Sett. cent. it. 17.2 (Spoleto 1970) S. 857-894; wiederabgedruckt in DERS.: Wissenschaft, S. 71-108

- Wissenschaft vom Mittelalter. Ausgewählte Aufsätze (1972)

- Die Bedeutung des Kaisertums für die Entstehung der deutschen Nation im Spiegel der Bezeichnungen für Reich und Herrscher, in DERS. - W. SCHRÖDER (Hgg.): Aspekte der Nationenbildung im Mittelalter (1978) (= Nationes 1) S. 317-365; wiederabgedruckt in DERS.: Aufsätze, S. 66-114

- Imperator Romanorum, rex gentium. Zu Widukind III 76, in: FS für Karl HAUCK (1982) S. 214-230; wiederabgedruckt in DERS.: Aufsätze, S. 324-340

- Der deutsche König als »Romanorum Rex« (1982) (= Sb. d. wiss. Gesellschaft an der Johann Wolfgang Goethe-Universität Frankfurt am Main 18.2)

- Otto III. (983-1002), in DERS. (Hg.): Kaisergestalten des Mittelalters (1984) S. 73-97

- Sachsen und Franken im werdenden Regnum Teutonicum, in: Sett. cent. it. 32.2 (Spoleto 1986), S. 885-912

- Ausgewählte Aufsätze aus den Jahren 1966-1986 (1987)

- Europäische Nationenbildung im Mittelalter. Aus der Bilanz eines Forschungsschwerpunktes, GWU 39 (1988) S. 587-593

- Die Ottonen (1991²)

- Entschädigungen von Halberstadt und Mainz bei der Gründung des Erzbistums Magdeburg, in: FS für Harald ZIMMERMANN (1991) S. 383-398

- SCHLESINGER, W.: Urkundenstudien zur deutschen Ostpolitik unter Otto III., ADipl 1 (1955) S. 132-256; zitiert nach dem erweiterten Nachdruck in W. SCHLESINGER: Mitteldeutsche Beiträge zur deutschen Verfassungsgeschichte des Mittelalters (1961) S. 306-411 und S. 479-487.

BEYREUTHER, G.: Otto III., in E. ENGEL - E. HOLTZ (Hgg.): Deutsche Könige und Kaiser des Mittelalters (1989) S. 73-83

- Heinrich II., in E. ENGEL - E. HOLTZ (Hgg.): Deutsche Könige und Kaiser des Mittelalters (1989) S. 84-93

BEZZOLA, G. A.: Das Ottonische Kaisertum in der französischen Geschichtsschreibung des 10. und beginnenden 11. Jahrhunderts (1956)

BITTLER, I.: Die italienische Kirchenpolitik der sächsischen Kaiser. Mit besonderer Berücksichtigung Heinrichs II. (Diss. München 1942, Maschschr.)

BLIESE, J.: Rhetoric and Morale: A Study of Battle Orations from the Central Middle Ages, Journal of Medieval History 15 (1989) S. 201-226

BLOCH, H.: Der Autor der »Graphia aureae urbis Romae«, DA 40 (1984) S. 55-175

BLOCH, M.: Rezension zu SCHRAMM, Kaiser, Révue critique d'histoire et de littérature 98 (1931) S. 9-11

BÖHMER, H.: Willigis von Mainz (1885)

BÖNHOFF, L.: Eid, der dritte Bischof von Meißen, Beiträge zur sächsischen Kirchengeschichte 28 (1914) S. 158-185

BÖRSTING, H.: Geschichte des Bistums Münster (1951)

BORINO, G. B.: Rezension zu BOSSI, I Crescenzi, ASRSP 38 (1915) S. 389-399

BORK, R.: Die Billunger. Mit Beiträgen zur Geschichte des deutsch-wendischen Grenzraumes im 10. und 11. Jahrhundert (Diss. Greifswald 1951, Maschschr.)

BORNSCHEUER, L.: Miseriae regum. Untersuchungen zum Krisen- und Todesgedanken in den herrschaftstheologischen Vorstellungen der ottonisch-salischen Zeit (1968) (= Arbeiten zur Frühmittelalterforschung 4)

BOSHOF, E.: Köln, Mainz, Trier - Die Auseinandersetzung um die Spitzenstellung im deutschen Episkopat in ottonisch-salischer Zeit, Jahrbuch des Kölnischen Geschichtsvereins 49 (1978) S. 19-48

BOSSI, G.: I Crescenzi. Contributo alla storia di Roma dal 900 al 1012 (Rom 1915)

- I Crescenzi di Sabina, Stefaniani e Ottaviani (dal 1012 al 1106), ASRSP 41 (1918) S. 111-170

BOYE, M.: Die Synoden Deutschlands und Reichsitaliens von 922-1059. Eine kirchenverfassungsgeschichtliche Untersuchung, ZRG kan. Abt. 18 (1929) S. 131-284

- Quellenkatalog der Synoden Deutschlands und Reichsitaliens von 922-1059, NA 48 (1930) S. 45-96

BRACKMANN, A.: Der »Römische Erneuerungsgedanke« und seine Bedeutung für die Reichspolitik der deutschen Kaiserzeit, Sb. d. Preuß. Akad. d. Wissenschaften Phil.-Hist. Kl. (1932) n. 17, S. 346-374; zitiert nach dem Wiederabdruck in DERS.: Gesammelte Aufsätze (1967²) S. 108-139

- Die Anfänge des polnischen Staates, Sb. d. Preuß. Akad. d. Wissenschaften Phil.-Hist. Kl. (1934) n. 29, S. 984-1015; zitiert nach dem Wiederabdruck in DERS.: Gesammelte Aufsätze (1967²) S. 154-187

- Reichspolitik und Ostpolitik im frühen Mittelalter, Sb. d. Preuß. Akad. d. Wissenschaften Phil.-Hist. Kl. (1935) n. 32, S. 946-966; zitiert nach dem Wiederabdruck in DERS.. Gesammelte Aufsätze (1967²) S. 188-210

- Kaiser Otto III. und die Umgestaltung Polens und Ungarns, Sb. d. Preuß. Akad. d. Wissenschaften Phil.-Hist. Kl. (1939) n. 1, S. 1-27; zitiert nach dem Wiederabdruck in DERS.: Gesammelte Aufsätze (1967²) S. 242-258

- Widukinds von Korvei Sachsengeschichte und die Chronik des Thietmar von Merseburg in neuer Ausgabe und die letzten Forschungen über ihren Quellenwert, Deutsches Archiv für Landes- und Volksforschung 5 (1941) S. 162-174

BRESSLAU, H.: Zur Lehre von den Siegeln der Karolinger und Ottonen, Archiv für Urkundenforschung 1 (1908) S. 355-370

BREZZI, P.: Roma e l'impero medioevale (Bologna 1947)

- L'idea e la realtà di Roma nel Medioevo, in: Roma, Constantinopoli, Mosca (Neapel 1983) S. 87-124 (= Da Roma alla terza Roma, Studi 1)

BRÜHL, C.: Die Kaiserpfalz bei St. Peter und die Pfalz Ottos III. auf dem Palatin, QFIAB 34 (1954) S. 1-30; zitiert nach der Neufassung in DERS.: Aus Mittelalter und Diplomatik. Gesammelte Aufsätze Bd. 1 (1989) S. 3-31

- Remarques sur les notions de »Capitale« et de »Résidence« pendant le haut Moyen Age, Journal des Savants (1967) S. 193-215

- Fodrum, Gistum, Servitium regis. Studien zu den wirtschaftlichen Grundlagen des Königtums in Frankreich und in den fränkischen Nachfolgestaaten Deutschland, Frankreich und Italien vom 6. bis zur Mitte des 14. Jahrhunderts (1968) (= Kölner Historische Abhandlungen 14.1,2)

- Die Anfänge der deutschen Geschichte (1972) (= Sb. d. wiss. Gesellschaft an der Johann Wolfgang Goethe-Universität Frankfurt am Main 10.5)

- Deutschland - Frankreich. Die Geburt zweier Völker (1990)

- Die Geburt des modernen Europa, in: Sett. cent. it. 38 (Spoleto 1991) S. 1085-1106

BUCHNER, R.: Die politische Vorstellungswelt Adams von Bremen, AK 45 (1963) S. 15-59

BUCHOWIECKI, W.: Handbuch der Kirchen Roms, Bd. 1 (1967)

BUCK, A.: Zu Begriff und Problem der Renaissance, in Ders. (Hg.): Zu Begriff und Problem der Renaissance (1969) S. 1-36

BÜTTNER, H.: Erzbischof Willigis von Mainz und das Papsttum bei der Bistumserrichtung in Böhmen und Mähren im 10. Jahrhundert, RhVjbll 30 (1965) S. 2-29

- Erzbischof Willigis von Mainz (975-1011), Jahresbericht der Görresgesellschaft (1967) S. 5-15

BURDACH, K.: Rienzo und die geistige Wandlung seiner Zeit (1913) (= Briefwechsel des Cola di Rienzo 1.1)

BURLEIGH, M.: Albert Brackmann (1871-1952), Ostforscher: The Years of Retirement, Journal of Contemporary History 23 (1988) S. 573-588

- Germany Turns Eastwards. A Study of »Ostforschung« in the Third Reich (Cambridge 1989)

CARAFFA, F.: Monasticon Italiae 1: Roma e Lazio (Rom 1981)

CAROZZI, C.: Gerbert et le concile de St. Basle, in: Gerberto - scienza, storia e mito (Bobbio 1985) S. 661-676 (= Archivum Bobiense, Studia 2)

CARTELLIERI, A.: Otto III., Kaiser der Römer, in: FS für Walther JUDEICH (1929) S. 173-205

- Die Weltstellung des Deutschen Reiches 911-1047 (1932)

CASPAR, E.: Geschichte des Papsttums von den Anfängen bis zur Höhe der Weltherrschaft, Bd. 1 (1930)

CLASSEN, P.: Corona Imperii. Die Krone als Inbegriff des römisch-deutschen Reiches im 12. Jahrhundert, in: FS für Percy Ernst SCHRAMM, Bd. 1 (1964) S. 90-101

CLAUDE, D.: Geschichte des Erzbistums Magdeburg bis in das 12. Jahrhundert, Bd. 1 (1972) (= Mitteldeutsche Forschungen 67.1)

COUSIN, P.: Abbon de Fleury-sur-Loire, un savant, un pasteur, un martyr à la fin du Xe siècle (Paris 1954)

COWDREY, H. E. J.: Memorials of Abbot Hugh of Cluny (1049-1109), Studi Gregoriani 11 (1978) S. 11-175

DANNENBERG, H.: Die deutschen Münzen der sächsischen und fränkischen Kaiserzeit, 4 Bde. (1876-1905)

DAVRIL, A.: Un moine de Fleury aux environs de l'an Mil, Thierry, dit d'Amorbach, in R. LOUIS (Hg.): Etudes ligériennes d'Histoire et d'Archéologie Médiévale (Paris 1975) S. 97-104

DEÉR, J.: Der Anspruch der Herrscher des 12. Jahrhunderts auf die apostolische Legation, AHP 2 (1964) S. 117-186

DIEFENBACH, H. J.: Die »Renovatio Regni Francorum« durch Kaiser Heinrich II. (Diss. Köln 1952, Maschschr.)

DIETERICH, J.: Über Thangmars Vita Bernwardi episcopi, NA 25 (1900) S. 427-451

- Streitfragen der Schrift- und Quellenkunde des Deutschen Mittelalters (1900)

DOREN, A.: Rezension zu SCHNEIDER, Rom, Historische Vierteljahrschrift 24 (1929) S. 256-265

DRÖGEREIT, R.: Die Vita Bernwardi und Thangmar, Unsere Diözese in Vergangenheit und Gegenwart 28 (1959) S. 2-46

- Bischof Bernward von Hildesheim, Jahrbuch d. Gesellschaft für Niedersächsische Kirchengeschichte 58 (1960) S. 5-22

EGGERT, W.: Das Wir-Gefühl bei fränkischen und deutschen Geschichtsschreibern bis zum Investiturstreit, in DERS. - B. PÄTZOLD: Wir-Gefühl und regnum Saxonum bei frühmittelalterlichen Geschichtsschreibern (1984) S. 13-179

EHLERS, J.: Nation und Geschichte. Anmerkungen zu einem Versuch, Zs. für historische Forschung 11 (1984) S. 205-218

- Rezension zu W. SCHLESINGER, Ausgewählte Aufsätze, Göttingische Gelehrte Anzeigen 240 (1988) S. 263-282

- Die deutsche Nation als Gegenstand der Forschung, in DERS. (Hg.): Ansätze und Diskontinuität deut-
scher Nationbildung im Mittelalter (1989) S. 11-58 (= Nationes 8)
- Schriftkultur, Ethnogenese und Nationsbildung in ottonischer Zeit, FMASt 23 (1989) S. 302-317
EICHENBERGER, T.: Patria. Studien zur Bedeutung des Wortes im Mittelalter (6.-12. Jahrhundert)
(1991) (= Nationes 9)
ENDRES, R.: Die Rolle der Grafen von Schweinfurt in der Besiedlung Nordostbayerns, Zs. für fränki-
sche Landesforschung 32 (1972) S. 1-44
ENGELS, O.: Die Gründung des Kirchenprovinz Magdeburg und die Ravennater »Synode« von 968,
AHC 7 (1975) S. 136-158
- Der Reichsbischof (10. und 11. Jahrhundert), in: FS für Josef KARDINAL HÖFFNER (1986) S. 41-94
- Der Reichsbischof in ottonischer und frühsalischer Zeit, in I. CRUSIUS (Hg.): Beiträge zu Geschichte
und Struktur der mittelalterlichen Germania Sacra (1989) S. 135-175 (= Studien zur Germania
Sacra 17)
ERBEN, W.: Anwendung neuer Lichtbildverfahren für die Heraugabe der Kaiserurkunden, NA 46
(1925) S. 11-33
- Kaiserbullen und Papstbullen, in: FS für Albert BRACKMANN (1931) S. 148-167
- Die Rombilder auf kaiserlichen und päpstlichen Siegeln des Mittelalters (1931)
ERDMANN, C.: Die Entstehung des Kreuzzugsgedankens (1935, ND 1980)
- Das Grab Heinrichs I., DA 4 (1940) S. 76-97
- Das ottonische Reich als Imperium Romanum, DA 6 (1943) S. 412-441
- Forschungen zur politischen Ideenwelt des Frühmittelalters (1951)
ERKENS, F. R.: Fürstliche Opposition in ottonisch-salischer Zeit, AK 64 (1982) S. 307-370
ETIENNE, H.: Espace urbain et habitat à Rome du Xe siècle à la fin du XIIIe siècle (Rom 1990)
(= Collection de l'Ecole française de Rome 135)

FASOLI, G.: Il dominio territoriale degli arcivescovi di Ravenna fra l'VIII e l'XI secolo, in C. G. MOR -
H. SCHMIDINGER (Hgg.): I poteri temporali dei vescovi in Italia e in Germania nel medioevo
(Bologna 1979) S. 87-140 (= Annali dell'Istituto storico italo-germanico 3)
FELD, H.: Die europäische Politik Gerberts von Aurillac: Freundschaft und Treue als politische Tu-
genden, in: Gerberto - scienza, storia e mito (Bobbio 1985) S. 695-731 (= Archivum Bobiense,
Studia 2)
FERGUSON, W. K.: The Renaissance in Historical Thought (Cambridge Mass. 1948)
FERRARI, G.: Early Roman Monasteries. Notes for the History of the Monasteries and Convents at
Rome from the V through the X Century (Vatikan 1957)
FICHTENAU, H.: Rhetorische Elemente in der ottonisch-salischen Herrscherurkunde, MIÖG 68 (1960),
S. 39-62; zitiert nach dem Wiederabdruck in DERS.: Beiträge zur Mediävistik, Bd. 2 (1977)
S. 126-156
- Vier Reichsbischöfe der Ottonenzeit, in: FS für Ferdinand MAASS (1973) S. 81-96
- Vom Ansehen des Papsttums im 10. Jahrhundert, in: FS für Friedrich Kempf (1983) S. 117-124
- Gentiler und europäischer Horizont. Römische Historische Mitteilungen 23 (1981) S. 227-243, zi-
tiert nach dem Wiederabdruck in DERS.: Beiträge zur Mediävistik, Bd. 3 (1986) S. 80-97
FIGUEIRA, R. C.: Legatus apostolice sedis: The Pope's alter ego According to Thirteenth-Century Ca-
non Law, StM 27 (1986) S. 527-574

FINCK VON FINCKENSTEIN, A. Graf: Bischof und Reich. Untersuchungen zum Integrationsprozeß des ottonisch-frühsalischen Reiches (919-1056) (1989) (= Studien zur Mediävistik 1)

FIORE CAVALIERE, M. G.: Le Terme Alessandrine nei secoli X-XI, i Crescenzi e la »cella Farfae«, Rivista dell'Istituto Nazionale d'Archeologia e Storia dell'Arte serie III, 1 (1978) S. 119-145

FLECKENSTEIN, J.: Die Hofkapelle der deutschen Könige, Bd. 2: Die Hofkapelle im Rahmen der ottonisch-salischen Reichskirche (1966) (= Schriften der MGH 16.2)

- Grundlagen und Beginn der deutschen Geschichte (1980²)

- Über die Anfänge der deutschen Geschichte (1987); zitiert nach dem Wiederabdruck in DERS.: Ordnungen und formende Kräfte des Mittelalters. Ausgewählte Beiträge (1989) S. 147-167

- Hofkapelle und Kanzlei unter der Kaiserin Theophanu, in A. v. EUW - P. SCHREINER (Hgg.): Kaiserin Theophanu. Begegnung des Ostens und Westens um die Wende des ersten Jahrtausends, Bd. 2 (1991) S. 305-310

FOLTZ, K.: Die Siegel der deutschen Könige und Kaiser aus dem sächsischen Hause 911-1024, NA 3 (1878) S. 9-45

FOLZ, R.: L'interpretation de l'empire ottonien, in: Occident et Orient au Xe siècle (Paris 1979) S. 5-22 (= Publications de l'Université de Dijon 57)

- Adalbéron II éveque de Metz 984-1005, in: FS für Harald ZIMMERMANN (1991) S. 399-415

FORCELLA, V.: Iscrizioni delle chiese e d'altri edificii di Roma dal secolo XI fino ai giorni nostri, Bd. 2 (Rom 1873)

FRASE, M.: Friede und Königsherrschaft. Quellenkritik und Interpretation der Continuatio Reginonis (1989)

FREUND, W.: Modernus und andere Zeitbegriffe des Mittelalters (1957) (= Neue Münstersche Beiträge zur Geschichtsforschung 4)

FREYTAG, H.-J.: Die Herrschaft der Billunger in Sachsen (1951) (= Studien und Vorarbeiten zum Historischen Atlas Niedersachsens 2)

FRIED, J.: Formen päpstlichen Schutzes für Laienfürsten (9. bis 13. Jahrhundert), in: Proceedings of the Fifth International Congress of Medieval Canon Law (Vatikan 1980) S. 345-359

- Brunos Dedikationsgedicht, DA 43 (1987) S. 574-583

- Endzeiterwartung um die Jahrtausendwende, DA 45 (1989) S. 381-473

- Otto III. und Boleslaw Chrobry. Das Widmungsbild des Aachener Evangeliars, der »Akt von Gnesen« und das frühe polnische und ungarische Königtum. Eine Bildanalyse und ihre historischen Folgen (1989) (= Frankfurter Historische Abhandlungen 30)

- Die Formierung Europas 840-1046 (1991)

- Theophanu und die Slawen. Bemerkungen zur Ostpolitik der Kaiserin, in A. v. EUW - P. SCHREINER (Hgg.): Kaiserin Theophanu. Begegnung des Ostens und Westens um die Wende des ersten Jahrtausends, Bd. 2 (1991) S. 361-370

FRITSCH, J.: Die Besetzung des Halberstädter Bistums in den vier ersten Jahrhunderten seines Bestehens (Diss. Halle 1913)

FRITZE, W.: Brun von Querfurt, in: TRE, Bd. 7 (1980) S. 233-236

- Der slawische Aufstand von 983 - eine Schicksalswende in der Geschichte Mitteleuropas, in E. HENNING - W. VOGEL (Hgg.): FS der landesgeschichtlichen Vereinigung für die Mark Brandenburg (1984) S. 9-55

FROVA, C.: Gerberto philosophus: il »De rationali et ratione uti«, in: Gerberto - scienza, storia e mito (Bobbio 1985) S. 351-377 (= Archivum Bobiense, Studia 2)

FUHRMANN, H.: Konstantinische Schenkung und abendländisches Kaisertum. Ein Beitrag zur Überlieferungsgeschichte des Constitutum Constantini, DA 22 (1966) S. 63-178

- Einfluß und Verbreitung der pseudoisidorischen Fälschungen. Von ihrem Auftauchen bis in die neuere Zeit. 3 Bde. (1972-1974) (= Schriften der MGH 24.1-3)

GANSHOF, F.-L.: Rezension zu SCHRAMM, Kaiser, Révue belge de philologie et d'histoire 10 (1931) S. 1146-1150

GATTERMANN, G.: Die deutschen Fürsten auf der Reichsheerfahrt (Diss. Frankfurt 1956, Maschschr.)

GERSTENBERG, O.: Die politische Entwicklung des römischen Adels im 10. und 11. Jahrhundert (Diss. Berlin 1933)

- Studien zur Geschichte des römischen Adels im Ausgang des 10. Jahrhunderts, HVj 31 (1937) S. 1-26

GIESE, W.: Der Stamm der Sachsen und das Reich in ottonischer und salischer Zeit. Studien zum Einfluß des Sachsenstammes auf die politische Geschichte des deutschen Reichs im 10. und 11. Jahrhundert und zu ihrer Stellung im Reichsgefüge mit einem Ausblick auf das 12. und 13. Jahrhundert (1979)

- Lothar (Liuthar), in: NDB 15 (1987) S. 228f.

GIESEBRECHT, W. v.: Geschichte der deutschen Kaiserzeit, Bd. 1 (1881[5])

GIOVANELLI, G.: S. Nilo di Rossano (Badia di Grottaferata 1966)

GLAESKE, G.: Die Erzbischöfe von Hamburg-Bremen als Reichsfürsten (937-1258) (1962)

GLOCKER, W.: Die Verwandten der Ottonen und ihre Bedeutung in der Politik. Studien zur Familienpolitik und zur Genealogie des sächsischen Kaiserhauses (1989)

GÖRICH, K.: Ein Erzbistum in Prag oder in Gnesen?, ZOF 40 (1991) S. 10-27

- KORTÜM, H.-H.: Otto III., Thangmar und die Vita Bernwardi, MIÖG 98 (1990) S. 1-57

GOETTING, H.: Das Bistum Hildesheim 1: Das reichsunmittelbare Kanonissenstift Gandersheim (1973) (= Germania Sacra NF 7)

- Das Hilwartshäuser Chirograph von 1004, ADipl 25 (1979) S. 37-58

- Gründung und Anfänge des Reichsstifts Hilwartshausen an der Weser, NdsJb 52 (1980) S. 145-180

- Das Bistum Hildesheim 3: Die Hildesheimer Bischöfe von 815 bis 1221 (1227) (1984) (= Germania Sacra NF 20)

GOETZ, H.-W.: Staatsvorstellung und Verfassungswirklichkeit in der Karolingerzeit, untersucht anhand des Regnum-Begriffs in erzählenden Quellen, in J. FICHTE, K.-H. GÜLLER, B. SCHIMMELPFENNIG (Hgg.): Zusammenhänge, Einflüsse, Wirkungen (1986) S. 229-240

- Regnum: Zum politischen Denken in der Karolingerzeit, ZRG Germ. Abt. 104 (1987) S. 110-189

GOEZ, W.: Leben und Werk des heiligen Willigis, in H. HINKEL (Hg.): 1000 Jahre St. Stephan in Mainz (1990) S. 15-32 (= Quellen und Abhandlungen zur mittelrheinischen Kirchengeschichte 63)

GRAUS, F.: Böhmen zwischen Bayern und Sachsen. Zur böhmischen Kirchengeschichte des 10. Jahrhunderts, Historica 17 (1969) S. 5-42

- Lebendige Vergangenheit. Überlieferung im Mittelalter und in den Vorstellungen vom Mittelalter (1975)

- Der Heilige als Schlachtenhelfer - Zur Nationalisierung einer Wundererzählung in der mittelalterlichen Chronistik, in: FS für Helmut BEUMANN (1977) S. 330-348

GREGOROVIUS, F.: Geschichte der Stadt Rom im Mittelalter, Bd. 3 (1860)

GROSSE, R.: Das Bistum Utrecht und seine Bischöfe im 10. und frühen 11. Jahrhundert (1987) (= Kölner Historische Abhandlungen 33)

GROTEN, M.: Von der Gebetsverbrüderung zum Königskanonikat, HJb 103 (1983) S. 1-34

GÜNTER, H.: Die Bischöfe und die deutsche Einheit im Mittelalter, HJb 55 (1935) S. 143-159

- Das deutsche Fürstentum und die Reichspolitik im Hochmittelalter, HJb 57 (1937) S. 209-216

GUTH, K.: Kulturkontakte zwischen Deutschen und Slawen nach Thietmar von Merseburg, in: FS für Franz-Josef SCHMALE (1988), S. 88-102

HALLINGER, K.: Neue Forschungen über Willigis von Mainz (975-1011), Studien und Mitteilungen des Benediktiner-Ordens und seiner Zweige 84 (1973) S. 7-51

- Willigis von Mainz und die Klöster, in: Willigis und sein Dom. Quellen und Abhandlungen zur Mittelrheinischen Kirchengeschichte 24 (1975) S. 93-134

HAMILTON, B.: The City of Rome and the Eastern Churches in the Tenth Century, Orientalia Christiana Periodica 27 (1961) S. 5-26; mit derselben Paginierung wiederabgedruckt als Beitrag I in DERS.: Monastic Reform, Catharism and the Crusades (London 1979)

- The Monastic Revival in the 10th Century Rome, Studia Monastica 4 (1962) S. 35-68; mit derselben Paginierung wiederabgedruckt als Beitrag II in DERS.: Monastic Reform, Catharism and the Crusades (London 1979)

- The Monastery of S. Alessio and the Religious and Intellectual Renaissance in Tenth-Century Rome, Studies in Medieval and Renaissance History 2 (1965); mit derselben Paginierung wiederabgedruckt als Beitrag III in DERS.: Monastic Reform, Catharism and the Crusades (London 1979)

- The House of Theophylact and the Promotion of the Religious Life among Women in the Tenth Century Rome, Studia Monastica 12 (1970); mit derselben Paginierung wiederabgedruckt als Beitrag IV in DERS.: Monastic Reform, Catharism and the Crusades (London 1979)

HAMPE, K.: Kaiser Otto III. und Rom, HZ 140 (1929) S. 513-533

HANNIG, J.: Consensus Fidelium. Frühfeudale Interpretationen des Verhältnisses von Königtum und Adel am Beispiel des Frankenreichs (1982) (= Monographien zur Geschichte des Mittelalters 27)

HARFF, C. v.: Der Kaisergedanke in den Urkunden und Berichten der Zeitgenossen von Heinrich I. bis Konrad II. (919-1039) (1937)

HARTMANN, L. M.: Geschichte Italiens im Mittelalter, Bd. 4.1 (1915)

HAUCK, A.: Kirchengeschichte Deutschlands, Bd. 3 (1954[8])

HAUCK, K.: Rituelle Speisegemeinschaft im 10. und 11. Jahrhundert, Studium Generale 3 (1950) S. 611-621

HAUPTMANN, L.: Universalismus und Nationalismus im Kaisertum der Ottonen, in: FS für Karl Gottfried HUGELMANN, Bd. 1 (1959) S. 189-211

HAUSBERGER, K.: Geschichte des Bistums Regensburg, Bd. 1: Mittelalter und frühe Neuzeit (1989)

HEER, F.: Die »Renaissance«-Ideologie im frühen Mittelalter, MIÖG 57 (1949) S. 23-81

HEHL, E.-D.: Iuxta canones et instituta sanctorum patrum. Zum Mainzer Einfluß auf Synoden des 10. Jahrhunderts, in: FS für H. FUHRMANN (1991) S. 117-133

HEINEMEYER, W.: Erzbischof Willigis von Mainz, BDLG 112 (1976) S. 41-58

HELBIG, H.: Der wettinische Ständestaat. Untersuchungen zur Geschichte des Ständewesens und der landständischen Verfassung in Mitteldeutschland bis 1485 (1955) (= Mitteldeutsche Forschungen 4)

HERPICH, W. - KLUGER, H.: Minda (Minden), in: Series episcoporum 5, Bd. 1 (1982) S. 84-108

HERRMANN, K.-J.: Das Tusculanerpapsttum (1012-1046) (1973) (= Päpste und Papsttum 4)

HILSCH, P.: Der Bischof von Prag und das Reich in sächsischer Zeit, DA 28 (1972) S. 1-41

- Regenbach und die Schenkung der Kaiserin Gisela, Zs. für Württembergische Landesgeschichte 42 (1983) S. 52-81

HIRSCH, S. - PABST, H. - BRESSLAU, H.: Jahrbücher des Deutschen Reiches unter Heinrich II., 3 Bde. (1862-1875)

HLAWITSCHKA, E.: »Merkst du nicht, daß dir das vierte Rad am Wagen fehlt?« Zur Thronkandidatur Ekkehards von Meißen (1002) nach Thietmar, Chronicon IV 52, in: FS für Heinz LÖWE (1978) S. 281-311

- Die Thronkandidaturen von 1002 und 1024, in K. SCHMID (Hg.): Reich und Kirche vor dem Investiturstreit (1985) S. 49-64

- Vom Frankenreich zur Formierung der europäischen Staaten- und Völkergemeinschaft 840-1046 (1986)

- Die Ottonen-Einträge der Lausanner Annalen, in: FS für Ilona OPELT (1988) S. 125-148

- Nochmals zu den Thronbewerbern des Jahres 1002, ZGO 137 (1989) S. 460-467

- Kaiser Otto III. (983-1002), in K. R. SCHNITH (Hg.): Mittelalterliche Herrscher in Lebensbildern (1990) S. 155-165

HOFFMANN, H.: Zur Geschichte Ottos des Großen. DA 28 (1972) S. 42-73; zitiert nach dem Wiederabdruck in H. ZIMMERMANN (Hg.): Otto der Große (1976) S. 9-45

- Der Kirchenstaat im hohen Mittelalter, QFIAB 57 (1977) S. 1-45

- Eigendiktat in den Urkunden Ottos III. und Heinrichs II., DA 44 (1988) S. 390-423

HOFFMANN, U.: König, Adel und Reich im Urteil fränkischer und deutscher Historiker des 9.-11. Jahrhunderts (Diss. Freiburg 1968)

HOLTZMANN, R.: Die Quedlinburger Annalen, SaAn 1 (1925) S. 64-125; zitiert nach dem Wiederabdruck in DERS.: Aufsätze, S. 193-254

- Die Aufhebung und Wiederherstellung des Bistums Merseburg, SaAn 2 (1926) S. 35-75; zitiert nach dem Wiederabdruck in DERS.: Aufsätze, S. 86-126

- Über die Chronik Thietmars von Merseburg, NA 50 (1935) S. 159-209

- Kaiserpolitik und deutsche Grenzpolitik im hohen Mittelalter, Zs. für deutsche Geisteswissenschaft 1 (1938) S. 97-118; zitiert nach dem Wiederabdruck in DERS.: Aufsätze, S. 290-316

- Geschichte der sächsischen Kaiserzeit (erstmals 1941; 1979[6])

- Aufsätze zur deutschen Geschichte im Mittelelberaum (1962)

HOURLIER, J.: Saint Odilon, abbé de Cluny (Löwen 1964)

HUCKE, R. G.: Die Grafen von Stade 900-1144. Genealogie, politische Stellung, Comitat und Allodialbesitz der sächsischen Udonen (1956) (= Einzelschriften des Stader Geschichts- und Heimatvereins 8)

HÜLS, R.: Sui primordi di S. Trifone a Roma, ASRSP 99 (1976) S. 336-341

HUELSEN, C.: Le chiese di Roma nel medio evo (Florenz 1927, ND 1975)

JARNUT, J.: Gedanken zur Entstehung des mittelalterlichen deutschen Reiches, GWU 32 (1981) S. 99-114

JÄSCHKE, K.-U.: Königskanzlei und imperiales Königtum im zehnten Jahrhundert, HJb 84 (1964) S. 288-333; zitiert nach dem Wiederabdruck in H. ZIMMERMANN (Hg.): Otto der Große (1976) S. 137-196

- Die älteste Halberstädter Bischofschronik (1970) (= Mitteldeutsche Forschungen 62.1)

JOHNSON, E. N.: The Secular Activities of the German Episcopate (Lincoln 1932)

JORDAN, K.: Rezension zu KÖLMEL, Rom, Deutsche Literaturzeitung 1936, Sp. 1277-1279

KADE, R.: Beschreibung eines Legendars, NA 8 (1882) S. 365-367

KAHL, H.-D.: Compellere intrare. Die Wendenpolitik Bruns von Querfurt im Lichte hochmittelalterlichen Missions- und Völkerrechts, ZOF 4 (1955) S. 161-193; zitiert nach dem ergänzten Wiederabdruck in H. BEUMANN (Hg.): Heidenmission und Kreuzzugsgedanke in der deutschen Ostpolitik des Mittelalters (1963) S. 177-274

KAMP, N.: Percy Ernst Schramm und die Mittelalterforschung, in H. BOOCKMANN - H. WELLENREUTHER (Hgg.): Geschichtswissenschaft in Göttingen. Eine Vorlesungsreihe (1987) S. 344-363

KARPF, E.: Herrscherlegitimation und Reichsbegriff in der ottonischen Geschichtsschreibung des 10. Jahrhunderts (1985) (= Historische Forschungen 10)

- Von Widukinds Sachsengeschichte bis zu Thietmars Chronicon. Zu den literarischen Folgen des politischen Aufschwungs im ottonischen Sachsen, in: Sett. cent. it. 32.2 (Spoleto 1986) S. 547-584

- Giselher, in: LdMA, Bd. 4 (1989) Sp. 1468-1469

KEHR, P.: Die Urkunden Otto III. (1890)

- Das Erzbistum Magdeburg und die erste Organisation der christlichen Kirche in Polen, Abhandlungen der preussischen Akademie der Wissenschaften, Phil.-Hist. Klasse (1920) Nr. 1

KELLER, H.: Rezension zu ZIMMERMANN, Parteiungen, QFIAB 48 (1968) S. 405-407

- Rezension zu KÖLMEL, Herrschaft, QFIAB 49 (1969) S. 465

- Das Kaisertum Ottos des Großen im Verständnis seiner Zeit, DA 20 (1964) S. 325-388; zitiert nach dem Wiederabdruck in H. ZIMMERMANN (Hg.): Otto der Große (1976) S. 218-295

- Reichsstruktur und Herrschaftsauffassung in ottonisch-frühsalischer Zeit, FMASt 16 (1982) S. 74-128

- Herrscherbild und Herrschaftslegitimation. Zur Deutung der ottonischen Denkmäler, FMASt 19 (1985) S. 290-311

- Zum Charakter der »Staatlichkeit« zwischen karolingischer Reichsreform und hochmittelalterlichem Herrschaftsausbau, FMASt 23 (1989) S. 248-264

KESSEL, E.: Thietmar und die Magdeburger Geschichtsschreibung, SaAn 9 (1933) S. 52-85

KIENAST, W.: Der Herzogstitel in Frankreich und Deutschland (9.-12. Jahrhundert). Mit Listen der ältesten deutschen Herzogsurkunden (1968)

KIRCHBERG, J.: Kaiseridee und Mission unter den Sachsenkaisern und den ersten Saliern von Otto I. bis Heinrich III. (1934) (= Historische Studien 259)

KIRCHER, A.: Historia Eustachio-Mariana (Rom 1665)

KLINKENBERG, H. M.: Der römische Primat im 10. Jahrhundert, ZRG Kan. Abt. 72 (1955) S. 1-57

KLUGE, B.: Deutsche Münzgeschichte von der späten Karolingerzeit bis zum Ende der Salier (ca. 900 bis 1125) (1991)

KLUGER, H. - SPICKER-WENDT, A.: Osnabrugensis ecclesia, in: Series episcoporum 5, Bd. 1 (1982) S. 136-166

KNUSSERT, R.: Die deutschen Italienfahrten 951-1220 und die Wehrverfassung (1931)

KÖLMEL, W.: Rom und der Kirchenstaat im 10. und 11. Jahrhundert bis in die Anfänge der Reform (1935)

- Beiträge zur Verfassungsgeschichte Roms im 10. Jahrhundert, HJb 55 (1935) S. 521-546

- Die kaiserliche Herrschaft im Gebiet von Ravenna (Exarchat und Pentapolis) vor dem Investiturstreit (10./11. Jahrhundert), HJb 88 (1968) S. 257-299

KÖTTING, B.: Reliquienverehrung, ihre Entstehung und Formen, Trierer Theologische Zs. 67 (1958) S. 321-334

KOHLENBERGER, R.: Die Vorgänge des Thronstreits während der Unmündigkeit Ottos III. 983-985 (Diss. Erlangen 1931)

KONRAD, R.: De ortu et tempore Antichristi. Antichristvorstellung und Geschichtsbild des Abtes Adso von Montier-en-Der (1964)

KORTÜM, H.-H.: Richer von Saint-Remi. Studien zu einem Geschichtsschreiber des 10. Jahrhunderts (1985) (= Historische Forschungen 8)

KOSSMANN, O.: Deutschland und Polen um das Jahr 1000 - Gedanken zu einem Buch von Herbert Ludat, ZOF 21 (1972) S. 401-466

KRAH, A.: Absetzungsverfahren als Spiegelbild von Königsmacht (1987) (= Untersuchungen zur deutschen Staats- und Rechtsgeschichte NF 26)

KRAUTHEIMER, R.: Corpus Basilicarum Christianarum Romae. Le basiliche cristiane antiche di Roma, Bd. 1 (Vatikan 1937)

- Rom. Schicksal einer Stadt 312-1308 (1987)

KUPPER, J.-L.: Leodium (Liège/Luik), in: Series episcoporum 5, Bd. 1 (1982) S. 43-83

KURTH, G.: Notger de Liège et la civilisation au Xe siècle, 2 Bde. (Paris 1905)

LABANDE, E.-R.: Mirabilia mundi. Essai sur la personalité d'Otton III, Cahiers de civilisation médiévale 6 (1963), S. 297-313 und 455-476; mit derselben Paginierung wiederabgedruckt als Beitrag I in DERS.: Spiritualité et vie littéraire de l'Occident, X^e-XIVe siècle (London 1974)

LADNER, G. B.: Die Papstbildnisse des Altertums und des Mittelalters, Bd. 1: Bis zum Ende des Investiturstreits (Città del Vaticano 1941)

- Die mittelalterliche Reformidee und ihr Verhältnis zur Idee der Renaissance, MIÖG 60 (1952) S. 31-59; zitiert nach dem Wiederabdruck in DERS.: Images and Ideas in the Middle Ages. Selected Studies in History and Art, Bd. 2 (Rom 1983) S. 559-593

- Erneuerung, in: Reallexikon für Antike und Christentum, Bd. 6 (1965) Sp. 240-275

- L'immagine dell'imperatore Ottone III (Rom 1988)

LAMMA, P.: Momenti di storiografia cluniacense (Rom 1961) (= Studi storici 42-44)

LANGE, K.-H.: Die Stellung der Grafen von Northeim in der Reichsgeschichte des 11. und frühen 12. Jahrhunderts, NdsJb 33 (1961) S. 1-107

LAUDAGE, J.: Zur Kaiserkrönung Ottos III., Geschichte in Köln 6 (1979) S. 13-31

- Priesterbild und Reformpapsttum im 11. Jahrhundert (1984)

- Das Problem der Vormundschaft über Otto III., in A. v. EUW - P. SCHREINER (Hgg.): Kaiserin Theophanu. Begegnung des Ostens und Westens um die Wende des ersten Jahrtausends, Bd. 2 (1991) S. 261-275

LAUSBERG, H.: Handbuch der literarischen Rhetorik. Eine Grundlegung der Literaturwissenschaft (1960)

LECLERQ, J.: Interpretazione gerbertiana della vita monastica, in: Gerberto - scienza, storia e mito (Bobbio 1985) S. 677-689

LEYSER, K. J.: Herrschaft und Konflikt. König und Adel im ottonischen Sachsen (1984)

LINDGREN, U.: Gerbert von Aurillac und das Quadrivium. Untersuchungen zur Bildung im Zeitalter der Ottonen (1976)

– Gerbert von Reims und die Lehre des Quadriviums, in A. v. EUW - P. SCHREINER (Hgg.): Kaiserin Theophanu. Begegnung des Ostens und Westens um die Wende des ersten Jahrtausends, Bd. 2 (1991) S. 291-303

LINTZEL, M.: Die Beschlüsse der deutschen Hoftage von 911 bis 1056 (1924)

LIPPELT, H.: Thietmar von Merseburg (1973)

LORENZ, H.: Die Jahrbücher von Hersfeld nach ihren Ableitungen untersucht und wiederhergestellt (Diss. Leipzig 1885)

LORI SANFILIPPO, I.: I possessi romani di Farfa, Montecassino e Subiaco. Secoli IX-XII, ASRSP 103 (1980) S. 13-39

LOTTER, F.: Methodisches zur Gewinnung historischer Erkenntnisse aus hagiographischen Quellen, HZ 229 (1979) S. 298-356

– Brun von Querfurt, in: LdMA, Bd. 2 (1983) Sp. 755-756

LUDAT, H.: An Elbe und Oder um das Jahr 1000 - Skizzen zur Politik des Ottonenreiches und der slavischen Mächte in Mitteleuropa (1971)

– Boleslaw I. Chrobry, in: LdMA, Bd. 2 (1983) Sp. 359-364

LÜNTZEL, H. A.: Geschichte der Diöcese und Stadt Hildesheim, 2 Bde. (1858)

LÜPKE, S.: Die Markgrafen der sächsischen Ostmarken in der Zeit von Gero bis zum Beginn des Investiturstreits (940-1075) (Diss. Halle 1937)

MACHATSCHEK, E.: Geschichte der Bischöfe des Hochstifts Meißen (1884)

MALE, E.: Etudes sur les églises romaines, l'empereur Otton III à Rome et les églises du Xe siècle, Revue des deux mondes 107 (1937) S. 54-82

MARCHETTI-LONGHI, G.: Ricerche sulla famiglia di Gregorio VII, Studi Gregoriani 2 (1947) S. 287-333

MARTIN, J.: Antike Rhetorik. Technik und Methode (1974) (= Handbuch der Altertumswissenschaften 2.3)

MAURER, H.: Konstanz als ottonischer Bischofssitz. Zum Selbstverständnis geistlichen Fürstentums im 10. Jahrhundert (1973((= Studien zur Germania Sacra 12)

MAY, G.: Die Organisation der Erzdiözese Mainz unter Erzbischof Willigis, in A. BRÜCK (Hg.): Willigis und sein Dom. FS zur Jahrtausendfeier des Mainzer Doms (1975) (= Quellen und Abhandlungen zur mittelrheinischen Kirchengeschichte 24)

MAYER, E.: Rezension zu SCHRAMM, Kaiser, ZRG Germ. Abt. 50 (1930) S. 423-439

McGUIRE, B. P.: Friendship and Peace in the Letters of Gerbert 982-97, in DERS. (Hg.): War and Peace in the Middle Ages (Kopenhagen 1987) S. 29-55

METZ, W.: Zur Herkunft und Verwandtschaft Burchards I. von Worms, Hessisches Jahrbuch für Landesgeschichte 26 (1976) S. 27-42

- Genealogisch-verfassungsgeschichtliche Probleme vornehmlich im Deutschen Reich des 10. und frühen 11. Jahrhunderts, HJb 110 (1990) S. 76-109

MEYSZTOWICZ, W.: La vocation monastique d'Otton III, Antemurale 4 (1958) S. 27-75

- Szkice o swietym Brunie-Bonifacym, Sacrum Poloniae Millenium, Bd. 5 (Rom 1958) S. 445-501

MIKOLETZKY, H. L.: Zur Charakteristik Bruns von Querfurt, in L. SANTIFALLER (Hg.): FS zur Feier
des 200jährigen Bestandes des Haus-, Hof- und Staatsarchivs, Bd. 1 (1949) S. 378-391

MINGROOT, E. v.: Kritisch onderzoek omtrent de datering van de Gesta episcoporum Cameracensium,
Revue belge de philologie et d'histoire 53 (1975) S. 281-332

MOEHS, T. E.: Gregorius V (996-999). A Biographical Study (1972) (= Päpste und Papsttum 2)

- Gerbert of Aurillac as Link between Classicism and Medieval Scolarship, in: Gerberto - scienza, storia e mito (Bobbio 1985) S. 331-350 (= Archivum Bobiense, Studia 2)

MOOS, P. v.: Das 12. Jahrhundert - eine »Renaissance« oder ein »Aufklärungszeitalter«?, Mittellateini-
sches Jahrbuch 23 (1988) S. 1-10

MORGHEN, R.: Ottone III »Romanorum imperator servus Apostolorum«, in: Sett. cent. it. 2 (Spoleto
1955) S. 11-35

MOSTERT, M.: The Political Theology of Abbo of Fleury. A Study of the Ideas about Society and Law
of the Tenth-Century Monastic Reform Movement (Hilversum 1987)

- Die Urkundenfälschungen Abbos von Fleury, in: Fälschungen im Mittelalter, Bd. 4 (1988)
S. 287-318 (Schriften der MGH 33.4)

MÜLLER, H.: Heribert, Kanzler Ottos III. und Erzbischof von Köln (1977) (= Veröffentlichungen des
Kölnischen Geschichtsvereins 33)

MÜLLER, M.: Die Einleitungsformeln (Arengen) in den Urkunden von Konrad I. bis Otto III. (Diss.
Greifswald 1910)

MÜLLER-MERTENS, E.: Regnum Teutonicum. Aufkommen und Verbreitung der deutschen Reichs- und
Königsauffassung im früheren Mittelalter (1970) (= Forschungen zur mittelalterlichen Geschichte 15)

- Die Reichsstruktur im Spiegel der Herrschaftspraxis Ottos des Großen. Mit historiographischen Pro-
legomena zur Frage Feudalstaat auf deutschem Boden, seit wann deutscher Feudalstaat? (1980)
(= Forschungen zur mittelalterlichen Geschichte 25)

NAUMANN, H.: Rätsel des letzten Aufstandes gegen Otto I. (953-954), AK 46 (1964) S. 133-184; zitiert nach dem Wiederabdruck in H. ZIMMERMANN (Hg.): Otto der Große (1976) S. 70-136

NEUMANN, R.: Die Arengen der Urkunden Ottos des Großen, ADipl. 24 (1978) S. 292-358

NITSCHKE, A.: Der mißhandelte Papst. Folgen ottonischer Italienpolitik, in: Gedenkschrift für
Joachim LEUSCHNER (1983) S. 40-53

NOLDEN, R.: Besitzungen und Einkünfte des Aachener Marienstifts, Zs. des Aachener Geschichtsvereins 86/87 (1979/80) S. 1-456

OEXLE, O. G.: Conjuratio und Gilde im frühen Mittelalter. Ein Beitrag zum Problem der sozialge-
schichtlichen Kontinuität zwischen Antike und Mittelalter, in B. SCHWINEKÖPER (Hg.): Gilden und
Zünfte. Kaufmännische und gewerbliche Genossenschaften im frühen und hohen Mittelalter
(1985) S. 151-214 (= Vorträge und Forschungen 29)

ORTMANNS, K.: Das Bistum Minden in seinen Beziehungen zum König, Papst und Herzog bis zum
Ende des 12. Jahrhunderts (1972)

PATZE, H.: Die Entstehung der Landesherrschaft in Thüringen (1962) (= Mitteldeutsche Forschungen 22.1)

PÄTZOLD, B.: »Francia et Saxonia« - Vorstufe einer sächsischen Reichsauffassung, Jb. für Geschichte des Feudalismus 3 (1979) S. 19-51

- Die Auffassung des ostfränkisch-deutschen Reiches als »regnum Saxonum« in Quellen des 10. Jahrhunderts (vornehmlich bei sächsischen Geschichtsschreibern), in W. EGGERT - DIES.: Wir-Gefühl und regnum Saxonum bei frühmittelalterlichen Geschichtsschreibern (1984) S. 181-286

PAULER, R.: Das Regnum Italiae in ottonischer Zeit (1982)

PENCO, G.: Storia del monachesimo in Italia dalle origini alla fine del Medio Evo (Rom 1961)

PERLBACH, M.: Zu den ältesten Lebensbeschreibungen des hl. Adalbert, NA 27 (1901) S. 35-70

PETERSOHN, J.: Lubeka (Lübeck), in: Series episcoporum 5, Bd. 2 (1984) S. 53-69

PFEIL, E.: Die fränkische und deutsche Romidee des frühen Mittelalters (1929) (= Forschungen zur Mittelalterlichen und Neueren Geschichte 3)

PIUR, P.: Petrarcas »Buch ohne Namen« und die päpstliche Kurie. Ein Beitrag zur Geistesgeschichte der Frührenaissance (1925)

PIVEC, K.: Rezension zu SCHRAMM, Kaiser, MIÖG 45 (1931) S. 224-232

- Die Briefsammlung Gerberts von Aurillac, MIÖG 49 (1935) S. 15-74

- Stil- und Sprachentwicklung in mittellateinischen Briefen vom 8.-12. Jahrhundert, MIÖG-Erg.Bd. 14 (1939) S. 33-51

POSSE, O.: Die Markgrafen von Meißen und das Haus Wettin bis zu Konrad dem Großen (1881)

- Die Siegel der deutschen Kaiser und Könige von 751 bis 1806, 5 Bde. (1909-1913)

PRATT LATTIN, H.: The Letters - siehe Gerbert von Aurillac, The Letters...

PRINZ, F.: Grundlagen und Anfänge. Deutschland bis 1056 (1985)

RATHSACK, M.: Die Fuldaer Fälschungen. Eine rechtshistorische Analyse der päpstlichen Privilegien des Klosters Fulda von 751 bis ca. 1158, 2 Bde. (1989) (= Päpste und Papsttum 24.1,2)

REINECKE, K.: Hammaburgensis sive Bremensis eccl. (Hamburg-Bremen), in: Series episcoporum 5, Bd. 2 (1984) S. 4-52

REUTER, T.: The »Imperial Church System« of the Ottonian and Salian Rulers, Journal of Ecclesiastical History 33 (1982) S. 347-374

RICHÉ, P.: Gerbert d'Aurillac. Le pape de l'an mil (Paris 1987)

- Il y a mille ans: Gerbert d'Aurillac en Italie du Nord, Byzantinische Forschungen 12 (1987) S. 471-484

- Nouvelles vies parallèles: Gerbert d'Aurillac et Abbon de Fleury, in: FS für Karl Ferdinand WERNER (1989) S. 419-427

RITTENBACH, W. - SEIFERT, S.: Geschichte der Bischöfe von Meißen (968-1581) (1965) (= Studien zur katholischen Bistums- und Klostergeschichte 8)

ROGGE, H.: Verbrechen des Mordes begangen an weltlichen deutschen Fürsten in der Zeit von 911 bis 1056 (Diss. Berlin 1918)

ROMEO, C.: Crescenzio Nomentano, in: Dizionario biografico degli Italiani, Bd. 30 (1984) S. 561-564

ROTA, A.: La riforma monastica del »princeps« Alberico II nello stato romano ed il suo significato per il potere indipendente del »princeps«, ASRSP 79 (1956) S. 11-22

RUSSELL, F.: The Just War in the Middle Ages (Cambridge 1975)

- Love and Hate in Medieval Warfare: The Contribution of Saint Augustin, Nottingham Medieval Studies 31 (1987) S. 108-124

SACKUR, E.: Die Cluniazenser, 2 Bde. (1894, ND 1965)
- Sibyllinische Texte und Forschungen. Pseudomethodius, Adso und die Tiburtinische Sibylle (1898)
SANSTERRE, J.-M.: Les coryphées des apôtres, Rome et la papauté dans les »Vies« des Saints Nil et Barthélemy de Grottaferrata, Byzantion 55 (1985) S. 516-543
- Otton III et les saints ascètes de son temps, Rivista di storia della chiesa in Italia 43 (1989) S. 377-412
- Le monastère des Saints-Boniface-et-Alexis sur l'Aventin et l'expansion du christianisme dans le cadre de la »Renovatio imperii Romanorum« d'Otton III, Revue bénédictine 100 (1990) S. 493-506
SAXL, F.: Die Bibliothek Warburg und ihr Ziel, Vorträge der Bibliothek Warburg 1 (1923) S. 1-10
SCHERER, E.: Bischof Werner I. von Straßburg, Elsaß-Lothringisches Jahrbuch 2 (1923) S. 26-48
SCHERFF, B.: Studien zum Heer der Ottonen und der ersten Salier (919-1056) (Diss. Bonn. 1985)
SCHETTER, R.: Die Intervenienz der weltlichen und geistlichen Fürsten in den deutschen Königsurkunden (911-1056) (1935)
SCHIEFFER, R.: Der ottonische Reichsepiskopat zwischen Königtum und Adel, FMASt 23 (1989) S. 291-301
SCHIEFFER, T.: Die päpstlichen Legaten in Frankreich vom Vertrage von Meersen (870) bis zum Schisma von 1130 (1935) (= Historische Studien 263)
- Heinrich II. und Konrad II. Die Umprägung des Geschichtsbildes durch die Kirchenreform des 11. Jahrhunderts, DA 8 (1950) S. 384-437
SCHIMMELPFENNIG, B.: Renaissance/Proto-Renaissance, Renovatio/Renewal, Rezeption. Bericht über eine Begriffsdiskussion, in W. ERZGRÄBER (Hg.): Kontinuität und Transformation der Antike im Mittelalter (1988) S. 383-390
SCHLESINGER, W.: Eid (Eiko) von Meißen, in: Neue Deutsche Biographie, Bd. 4 (1959) S. 388
- Kirchengeschichte Sachsens im Mittelalter, Bd. 1 (1962) (= Mitteldeutsche Forschungen 27.1)
- Erbfolge und Wahl bei der Königserhebung Heinrichs II. 1002, in: FS für Hermann HEIMPEL, Bd. 3 (1972) S. 1-36; zitiert nach dem Wiederabdruck in DERS.: Ausgewählte Aufsätze (1987) S. 221-253 (= Vorträge und Forschungen 34)
- Die sogenannte Nachwahl Heinrichs II. in Merseburg, in: FS für Karl BOSL (1974) S. 350-369; zitiert nach dem Wiederabdruck in DERS.: Ausgewählte Aufsätze (1987) S. 255-271 (= Vorträge und Forschungen 34)
SCHLIERER, R.: Weltherrschaftsgedanke und altdeutsches Kaisertum (Diss. Tübingen 1934)
SCHLOCKWERDER, K. T.: Das Konzil zu St-Basle, ein Beitrag zur Lebensgeschichte Gerberts von Aurillac, Jahrbuch des Paedagogiums Zum Kloster Unserer Lieben Frau in Magdeburg (1906) S. 1-34
SCHMALE, F.-J.: Franken vom Zeitalter der Karolinger bis zum Interregnum (716/19-1257), in M. SPINDLER (Hg.): Handbuch der bayerischen Geschichte 3.1 (1971) S. 29-112
SCHMID, K.: Die Thronfolge Ottos des Großen, ZRG Germ. Abt. 81 (1964) S. 80-163
- Sasbach und Limburg. Zur Identifizierung zweier mittelalterlicher Plätze, ZGO 137 (1989) S. 33-63
SCHMIDT, R.: Königsumritt und Huldigung in ottonisch-salischer Zeit, in: Vorträge und Forschungen 6 (1961) S. 97-233

SCHNEIDER, A.: Studien zu Thietmar von Merseburg (Diss. Halle 1954, Maschschr.)

- Thietmar von Merseburg über kirchliche, politische und ständische Fragen seiner Zeit, AK 44 (1962) S. 34-71

SCHNEIDER, F.: Zur Geschichte der Ottonen, Vierteljahrschrift für Sozial- und Wirtschaftsgeschichte 14 (1918) S. 495-508

- Papst Johannes XV. und Ottos III. Romfahrt, MIÖG 39 (1923) S. 193-218

- Rom und Romgedanke im Mittelalter. Die geistigen Grundlagen der Renaissance (1926)

- Rezension zu TER BRAAK, Otto III., HZ 140 (1929) S. 132-135

- Rezension zu SCHRAMM, Kaiser, HZ 147 (1933) S. 387-390

SCHNEIDER, R.: Die Königserhebung Heinrichs II. im Jahre 1002, DA 28 (1972) S. 74-104

SCHNEIDER, W. C.: Heinrich II. als »Romanorum Rex«, QFIAB 67 (1987) S. 421-446

SCHNEIDMÜLLER, B.: Französisches Sonderbewußtsein in der politisch-geographischen Terminologie des 10. Jahrhunderts, in H. BEUMANN (Hg.): Beiträge zur Bildung der französischen Nation im Früh- und Hochmittelalter (1983) S. 49-91 (= Nationes 4)

- Nomen Patriae. Die Entstehung Frankreichs in der politisch-geographischen Terminologie (10.-13. Jahrhundert) (1987) (= Nationes 7)

SCHÖLKOPF, R.: Die sächsischen Grafen 919-1024 (1957) (= Studien und Vorarbeiten zum Histori- schen Atlas Niedersachsens 22)

SCHOLZ, S.: Transmigration und Translation. Studien zum Bistumswechsel der Bischöfe von der Spätantike bis zum Hohen Mittelalter (1992) (= Kölner Historische Abhandlungen 37)

SCHRAMM, P. E.: Die Briefe Kaiser Ottos III. und Gerberts von Reims aus dem Jahr 997, AU 9 (1926) S. 87-122

- Rezension zu SCHNEIDER, Rom, HZ 135 (1927) S. 261-266

- Kaiser, Rom und Renovatio, 2 Bde. (1929), Bd. 1 zitiert nach der vierten Auflage 1984

- Rezension zu ERBEN, Rombilder, HZ 147 (1933) S. 157-163

- Der »byzantinische Hofstaat« Ottos III., sein historischer Kern und dessen Bedeutung, in DERS.: Kaiser II, S. 17-33; zitiert nach dem erweiterten Wiederabdruck in DERS.: Kaiser, Könige und Päpste. Gesammelte Aufsätze zur Geschichte des Mittelalters Bd. 3 (1969) S. 280-297

- Kaiser, Basileus und Papst im Zeitalter der Ottonen, HZ 129 (1929) S. 424-475

- Mein Lehrer Aby Warburg (erstmals 1967), zitiert nach dem Wiederabdruck in S. FÜSSEL (Hg.): Mnemosyne. Beiträge zum 50. Todestag von Aby M. Warburg (1979) S. 36-41

- Kaiser, Könige und Päpste. Gesammelte Aufsätze zur Geschichte des Mittelalters, Bd. 1 (1968)

- Die deutschen Kaiser und Könige in Bildern ihrer Zeit 751-1190 (hg. von F. MÜTHERICH) (1983)

SCHRÖDER, F. J.: Völker und Herrscher des östlichen Europa im Weltbild Widukinds von Korvei und Thietmars von Merseburg (Diss. Münster 1977)

SCHULZE, W.: Otto III. im Urteil der deutschen Geschichtsschreibung vom Ende des zehnten bis zur Mitte des dreizehnten Jahrhunderts (Diss. Halle 1948, Maschschr.)

SCHUSTER, I.: L'imperiale abbazia di Farfa. Contributo alla storia del Ducato Romano nel Medio Evo (Rom 1921)

- La basilica e il monastero di S. Paolo fuori le mura (Turin 1934)

SEELAND, H.: Was wissen wir von der Bennoburg bei Hildesheim? Hat St. Bernward sich Bischof von Bennopolis genannt?, Unsere Diözese in Vergangenheit und Gegenwart 20 (1951) S. 58-73

SEIDEL, A: Die deutsche Opposition gegen Otto III. (Diss. Halle 1944, Maschschr.)

SEIDLMAYER, M.: Rom und Romgedanke im Mittelalter, Saeculum 7 (1956) S. 395-412

SEMMLER, J.: Die Geschichte der Abtei Lorsch von der Gründung bis zum Ende der Salierzeit (764-1125), in F. KNÖPP (Hg.): Die Reichsabtei Lorsch. FS zum Gedenken an ihre Stiftung 764, Bd. 1 (1973) S. 75-173

- Francia Saxoniaque oder Die ostfränkische Reichsteilung von 865/76 und die Folgen, DA 46 (1990) S. 337-374

SILVESTRELLI, G.: Lo stato feudale dell'abazia di S. Paolo, Roma 1 (1923) S. 221-231

SMIDT, W.: Deutsches Königtum und deutscher Staat des Hochmittelalters während und unter dem Einfluß der italienischen Heerfahrten (1964)

STABER, J.: Kirchengeschichte des Bistums Regensburg (1966)

STEGEMANN, Religiöse Persönlichkeiten um Otto III. (Diss. Münster 1950, Maschschr.)

STENGEL, E.: Die Grabinschrift der ersten Äbtissin von Quedlinburg, DA 3 (1939) S. 361-370

- Das imperiale Königtum und die Königskanzlei Ottos des Großen, DA 22 (1966) S. 277-278; zitiert nach dem Wiederabdruck in H. ZIMMERMANN (Hg.): Otto der Große (1976) S. 197-199

STRUNK, G.: Kunst und Glaube in der lateinischen Heiligenlegende. Zu ihrem Selbstverständnis in den Prologen (1970) (= Medium Aevum. Philologische Studien 12)

STRUVE, T.: Kaisertum und Romgedanke in salischer Zeit, DA 44 (1988) S. 424-454

SZABO-BECHSTEIN, B.: Libertas Ecclesiae. Ein Schlüsselbegriff des Investiturstreits und seine Vorge-schichte. (Rom 1985) (= Studi Gregoriani 12)

TABACCO, G.: Rezension zu TOUBERT, Les structures, Studi Medievali 15 (1974) S. 901-918

TELLENBACH, G.: Vom karolingischen Reichsadel zum deutschen Reichsfürstenstand (zuerst 1943), zi-tiert nach dem Wiederabdruck in DERS.: Ausgewählte Abhandlungen und Aufsätze, Bd. 3 (1988) S. 889-940

- Kaiser, Rom, Renovatio. Ein Beitrag zu einem großen Thema, in N. KAMP - J. WOLLASCH (Hgg.): Tradition als historische Kraft. Interdisziplinäre Forschungen zur Geschichte des Mittelal-ters (1982) S. 231-253

- Zur Geschichte der Päpste im 10. und früheren 11. Jahrhundert, in: FS für Josef FLECKENSTEIN (1984) S. 165-177

TER BRAAK, M.: Kaiser Otto III. Ideal und Praxis im früheren Mittelalter (Amsterdam 1928); zitiert nach dem Wiederabdruck in DERS.: Verzameld Werk, Bd. 1 (1950) S. 401-609

THOMAS, H.: Erzbischof Siegfried I. von Mainz und die Tradition seiner Kirche, DA 26 (1970) S. 368-389

- Regnum Teutonicorum = Diutiskono richi? Bemerkungen zur Doppelwahl des Jahres 919, RhVjbll 40 (1976) S. 17-45

- Kaiser Otto III. Eine Skizze (1980) (= Gocher Schriften 2)

- Die Deutschen und die Rezeption ihres Volksnamens, in W. PARAVICINI (Hg.): Nord und Süd in der deutschen Geschichte des Mittelalters (1990) S. 19-50

- Julius Caesar und die Deutschen. Zu Ursprung und Gehalt eines deutschen Geschichtsbewußtseins in der Zeit Gregors VII. und Heinrichs IV., in S. WEINFURTER (Hg.): Die Salier und das Reich, Bd. 3 (1991) S. 245-277

THORAU, P.: Iuvenes, in: LdMA, Bd. 5 (1990) Sp. 832

TIERSCH, W.: Das Vergangenheitsbild in der Historiographie der Ottonenzeit (Diss. Halle 1952, Maschschr.)

TOMEK, G.: Studien zur Reform der deutschen Klöster im XI. Jahrhundert (1910)

TOSI, M.: Il governo abbaziale di Gerberto a Bobbio, in: Gerberto - scienza, storia e mito (Bobbio 1985) S. 71-234 (= Archivum Bobiense, Studia 2)

TOUBERT, P.: Les structures du Latium, 2 Bde. (Rom 1973)

TRADELIUS, L.: Die größeren Hildesheimer Jahrbücher und ihre Ableitungen (Diss. Berlin 1936)

TRIFONE, B.: Serie dei prepositi, rettori ed abbati di S. Paolo di Roma, Rivista storica Benedettina 4 (1909) S. 101-113 und 246-264

UHLIRZ, K.: Jahrbücher des Deutschen Reiches unter Otto II. (1902)

UHLIRZ, M.: Die italienische Kirchenpolitik der Ottonen, MIÖG 48 (1934) S. 201-321

- Die Restitution des Exarchats Ravenna durch die Ottonen, MIÖG 50 (1936) S. 1-34

- Das deutsche Gefolge von Kaiser Otto III. in Italien, in: FS für Heinrich VON SRBIK (1938) S. 21-32

- Kaiser Otto III. und das Papsttum, HZ 162 (1940) S. 258-268

- Der Fürstentag zu Mainz im Februar-März 983, MIÖG 58 (1950) S. 267-284

- Die »Scythae« in den Briefen Gerberts von Aurillac, MIÖG 59 (1951) S. 411-415

- Zur Kaiserkrönung Ottos III., in: FS für Edmund STENGEL (1952) S. 263-271

- Jahrbücher des Deutschen Reiches unter Otto III. (1954)

- Das Werden des Gedankens der »Renovatio imperii Romanorum« bei Otto III., in: Sett. cent. it. 2 (Spoleto 1955) S. 201-219

- Untersuchungen über Inhalt und Datierung der Briefe Gerberts von Aurillac, Papst Sylvesters II. (1957)

- Rezension zu WENSKUS, Studien, ZRG Germ. Abt. 74 (1957) S. 286-289

USLAR-GLEICHEN, E. v.: Die Abstammung der Grafen von Northeim und Katlenburg von den Grafen von Stade (1900) (= Veröffentlichungen zur niedersächsischen Geschichte 3)

VASINA, A.: Gerberto arcivescovo di Ravenna, in: Gerberto - scienza, storia e mito (Bobbio 1985) S. 255-270 (= Archivum Bobiense, Studia 2)

VEHSE, O.: Die päpstliche Herrschaft in der Sabina bis zur Mitte des 12. Jahrhunderts, QFIAB 21 (1929) S. 120-175

VOIGT, H. G.: Brun von Querfurt. Mönch, Eremit, Erzbischof der Heiden und Märtyrer (1907)

- Eine neuerdings wiederentdeckte mittelalterliche Lebensbeschreibung des Preussenmissionars Brun von Querfurt, SaAn 3 (1927) S. 87-134

VOLLRATH, H.: Kaisertum und Patriziat in den Anfängen des Investiturstreits, Zs. für Kirchengeschichte 85 (1974) S. 14-44

VYVER, A. van de: Les oeuvres inédits d'Abbon de Fleury, Revue bénédictine 47 (1935) S. 125-169

WARNKE, C.: Ursachen und Voraussetzungen der Schenkung Polens an den heiligen Petrus, in: FS für Herbert LUDAT (1980) S. 127-177

WATTENBACH, W. - HOLTZMANN, R.: Deutschlands Geschichtsquellen im Mittelalter; Neuausgabe besorgt von F.-J. SCHMALE, 3 Bde. (1971)

WEHLT, H.-P.: Reichsabtei und König (1970)

WEINFURTER, S.: Die Zentralisierung der Herrschaftsgewalt im Reich unter Kaiser Heinrich II., HJb 106 (1986) S. 241-297

WEINRICH, L.: Der Slawenaufstand von 983 in der Darstellung des Bischofs Thietmar von Merseburg, in: FS für Franz-Josef SCHMALE (1988) S. 77-87

WELLMER, H.: Persönliches Memento im deutschen Mittelalter (1973) (= Monographien zur Geschichte des Mittelalters 5)

WENDEHORST, A.: Das Bistum Würzburg, Bd. 1: Die Bischofsreihe bis 1254 (1962) (= Germania Sacra NF 1.1)

WENSKUS, R.: Über den Quellenwert des »Lobgedichts auf den Hl. Adalbert« für die Vorgänge in Gnesen im Jahre 1000, ADipl 1 (1955) S. 250-256

- Forschungsbericht: Brun von Querfurt und die Stiftung des Erzbistums Gnesen, ZOF 5 (1956) S. 524-537

- Studien zur historisch-politischen Gedankenwelt Bruns von Querfurt (1956) (= Mitteldeutsche Forschungen 5)

WENTZ, G.: Das Bistum Havelberg (1933) (= Germania Sacra 1.2)

WERNER, E. M.: Anonymus Hascrensis von Eichstätt. Studien zur Biographie im Hochmittelalter (Diss. München 1966)

WERNER, K. F.: Die literarischen Vorbilder des Aimon von Fleury und die Entstehung seiner »Gesta Francorum«, in: FS für Walther BULST (1960) S. 69-103

- Heeresorganisation und Kriegführung im deutschen Königreich des 10. und 11. Jahrhunderts, in: Sett. cent. it. 15.2 (Spoleto 1968) S. 791-843

- Les nations et le sentiment national dans l'Europe médiévale, Revue historique 244 (1970) S. 285-304

- La genèse des duchés en France et en Allemagne, in: Sett. cent. it. 27 (Spoleto 1981) S. 175-207; zitiert nach dem Wiederabdruck in DERS.: Vom Frankenreich zur Entfaltung Deutschlands und Frankreichs. Ursprünge - Strukturen - Beziehungen (1984) S. 278-310

- Deutschland, in: LdMA, Bd. 3 (1986) Sp. 782-789

- La légende de saint Alexis: un document sur la religion de la haute noblesse vers l'an mil, in: FS für Pierre RICHÉ (La Garenne-Colombes 1990) S. 531-546

WINZER, H.-J.: Die Grafen von Katlenburg 999-1106 (Diss. Göttingen 1974)

WOLF, A.: Wer war »Kuno von Öhningen«? Überlegungen zum Herzogtum Konrads von Schwaben (+ 997) und zur Königswahl vom Jahre 1002, DA 36 (1980) S. 25-83

WOLF, G.: Über die Hintergründe der Erhebung Liudolfs von Schwaben, ZRG Germ. Abt. 80 (1963) S. 315-325; zitiert nach dem Wiederabdruck in H. ZIMMERMANN (Hg.): Otto der Große (1976) S. 56-69

- Prinzessin Sophie (978-1039), Äbtissin von Gandersheim und Essen, Enkelin, Tochter und Schwester von Kaisern, NdsJb 61 (1989) S. 105-123

- König Heinrichs I. Romzugsplan 935/36, Zs. für Kirchengeschichte 103 (1992) S. 33-45

WOLFRAM, H.: Intitulatio II. Lateinische Herrscher und Fürstentitel im neunten und zehnten Jahrhundert, MIÖG Erg. Bd. 24 (1973) S. 19-178

WOLLASCH, J.: Das Grabkloster der Kaiserin Adelheid in Selz am Rhein, FMASt 2 (1968) S. 135-143

- Zur Datierung des Liber tramitis aus Farfa anhand von Personen und Personengruppen, in: FS für Karl SCHMID (1988) S. 239-255

WOLTER, H.: Monasterium (Münster), in: Series episcoporum 5, Bd. 1. (1982) S. 109-135

- Die Synoden im Reichsgebiet und in Reichsitalien von 916 bis 1056 (1988)

ZEILLINGER, K.: Otto III. und die Konstantinische Schenkung. Ein Beitrag zur Interpretation des Diploms Kaiser Ottos III. für Papst Silvester II. (DO.III. 389), in: Fälschungen im Mittelalter, Bd. 2 (1988) S. 509-553 (MGH-Schriften 33.2)

ZIELINSKI, H.: Der Reichsepiskopat in spätottonischer und salischer Zeit, Teil 1 (1984)

- Crescentier, in: LdMA, Bd. 3 (1986) Sp. 343-344

ZIMMERMANN, G.: Die Klosterrestitutionen Ottos III. an das Bistum Würzburg, ihre Voraussetzungen und ihre Auswirkungen, Würzburger Diözesangeschichtsblätter 25 (1963) S. 1-28

ZIMMERMANN, H.: Rezension zu BOEHMER-UHLIRZ, Regesta Imperii 2/3, Mitteilungen des österreichischen Staatsarchivs 11 (1958) S. 572-576

- Ottonische Studien I: Frankreich und Reims in der Politik der Ottonenzeit, MIÖG-Erg. Bd. 20 (1962) S. 122-146; wiederabgedruckt in DERS.: Bann, S. 1-25

- Rechtstradition in Papsturkunden, in: XII. Congrès International des sciences historiques, Vienne 1965, Rapports 4: Methodologie et Histoire contemporaine (1965) S. 131-146; zitiert nach dem Wiederabdruck in DERS.: Bann, S. 184-199

- Abt Leo an König Hugo Capet. Ein Beitrag zur Kirchengeschichte des 10. Jahrhunderts, in: FS für Karl PIVEC (1966) S. 327-343 (= Innsbrucker Beiträge zur Kulturwissenschaft 12)

- Papstabsetzungen des Mittelalters (1968)

- Parteiungen und Papstwahlen in Rom zur Zeit Kaiser Ottos des Großen, Römische Historische Mitteilungen 8-9 (1966) S. 29-88; zitiert nach dem Wiederabdruck in DERS. (Hg.): Otto der Große (1976) S. 325-414

- Die Päpste des »dunklen Jahrhunderts«, in: M. GRESCHAT (Hg.): Gestalten der Kirchengeschichte, Bd. 11 (1985) S. 129-139; zitiert nach dem Wiederabdruck in DERS.: Bann, S. 70-80

- Gerbert als kaiserlicher Rat, in: Gerberto - scienza, storia e mito (Bobbio 1985) S. 235-253 (= Archivum Bobiense, Studia 2)

- Im Bann des Mittelalters. Ausgewählte Beiträge zur Kirchen- und Rechtsgeschichte (1986)

Register der Orts- und Personennamen

Folgende Abkürzungen wurden verwendet:

B. = Bruder; Bf. = Bischof; Ebf. = Erzbischof; Fl. = Fluß; Frkr. = Frankreich; G. = Gemahl(in); Gf. = Graf; gest. = gestorben; Hzg. = Herzog; It. = Italien; Kg. = König; Kl. = Kloster; Ks. = Kaiser; M. = Mutter; Mgf. = Markgraf; ndl. = nördlich; Nl. = Niederlande; O. = Ort; Östr. = Österreich; P. = Papst; S. = Sohn; sdl. = südlich; T. = Tochter; Terr. = Territorium; V. = Vater.